Garfield · Psychotherapie

Sol. L. Garfield

Psychotherapie

Ein eklektischer Ansatz

Aus dem Amerikanischen
übersetzt von H. Wenninger

Beltz Verlag · Weinheim und Basel

Titel der Originalausgabe:

Psychotherapy. An Eclectic Approach.
A Wiley-Interscience Publication.

CIP-Kurztitelaufnahme der Deutschen Bibliothek

Garfield, Sol L.:
Psychotherapie : e. eklekt. Ansatz / Sol L. Garfield.
Aus d. Amerikan. übers. von H. Wenninger. –
Weinheim ; Basel : Beltz, 1982.
Einheitssacht.: Psychotherapy <dt.>
ISBN 3-407-54625-4

Umschlaggestaltung: Eckard Warminski, Frankfurt/Main
Gesamtherstellung: Beltz, Offsetdruck, 6944 Hemsbach über Weinheim
Printed in Germany

ISBN 3 407 54625 4

Vorwort

In diesem Buch will ich meine Auffassungen von Psychotherapie und vom psychotherapeutischen Prozeß zur Diskussion stellen. Wie ich im ersten Kapitel ausführe, haben mich verschiedene Faktoren dazu veranlaßt, meine Überlegungen und Reflexionen auf den – wie mir scheint – derzeit ziemlich chaotischen Zustand der Psychotherapie zu konzentrieren. Die rapide Vermehrung diverser Schulen und Methoden und deren jeweils proklamierter Anspruch auf Gültigkeit sind ein wichtiger Anstoß gewesen. Ein anderer Faktor ist der immer wieder zutage tretende Gegensatz zwischen der erklärten theoretischen Position der Therapeuten und ihrer tatsächlichen therapeutischen Praxis. Lange Zeit hat mich auch die mögliche Bedeutung von wenig beachteten Merkmalen der Psychotherapie beschäftigt, die zwar den meisten Therapieformen eigen, in fast allen Darstellungen über Psychotherapie aber unterbelichtet sind. Mir schien deshalb ein Versuch lohnenswert, meine eigenen Auffassungen von Psychotherapie zusammenzufassen und zu systematisieren.

Darüber hinaus wurde ich auch davon angeregt, daß ihrer Anlage nach die meisten Bücher über Psychotherapie entweder nur einer ganz bestimmten theoretischen Orientierung verbunden sind oder nur einen kurzen Überblick über eine Vielfalt psychotherapeutischer Methoden geben. Ich habe auch kein Buch gefunden, das Studenten, die ein Studium der Psychotherapie beginnen, darüber wirklich umfassend informiert. Die eine Kategorie von Büchern führt nur in eine einzige theoretische Position ein, und die andere stellt die spezifischen Charakteristika verschiedener Psychotherapieschulen heraus, ohne jedoch einen Versuch der Synthese bzw. einer Beschreibung der möglichen gemeinsamen Faktoren zu unternehmen.

Ich versuche deshalb, ein Bild von Psychotherapie zu zeichnen, das in einigen Fällen meine eigene Praxis widerspiegelt und Akzente und Verfahren einbezieht, die aus einer Reihe von Ansätzen stammen. Dieses Vorgehen kommt in hohem Maße in der Praxis der meisten Psychotherapeuten vor. Man sollte eigentlich zu dieser Realität stehen und die Psychotherapie auch in dieser Form darstellen – daher auch der Untertitel dieses Buches: „Ein eklektischer Ansatz".

Ich habe versucht, sowohl diejenigen Charakteristika und Verfahren der Psychotherapie zu beschreiben, von denen ich glaube, daß sie für die meisten Therapien gelten, als auch einige derjenigen Ansätze, die ich unter bestimmten Umstände für zweckmäßig halte. Grundlage für diese Auswahl sind die einschlägig relevante empirische Literatur und meine eigenen

Erfahrungen als Ausbilder und Praktiker der Psychotherapie. Andere Therapeuten mögen mit Recht den Gegenstand anders beurteilen und mit einer unterschiedlichen Darstellung aufwarten. Darauf muß man gefaßt sein, denn wir sind weit entfernt davon, auf alle wichtigen Fragen über den psychotherapeutischen Prozeß zuverlässige Antworten geben zu können. Nichtsdestoweniger bin ich der Überzeugung, daß der Zeitpunkt günstiger denn je ist, eine eklektische Darstellung der Psychotherapie zu wagen, so unfertig ein solcher Versuch notwendigerweise auch sein mag.

Ich habe sowohl eine Vielzahl empirischer Befunde als auch die Auffassungen vieler im Bereich der Psychotherapie forschender und praktizierender Personen herangezogen. Da manche Bereiche gründlicher als andere untersucht worden sind, ist folglich auch meine Bezugnahme auf Forschungsdaten zu den verschiedenen Themengebieten unterschiedlich ausgefallen. Dies spiegelt sich wider im Grad der Quellenbenutzung bei den verschiedenen Kapiteln und im eingeschränkten Vertrauen auf andere Quellen wie zum Beispiel die eigene Erfahrung. Ich habe jedoch die unterschiedlichen Ausgangspunkte für die getroffenen Aussagen kenntlich gemacht. Ich hoffe, daß sich das vorliegende Buch bei der Ausbildung von Psychotherapeuten und Mental Health Counselors als nützlich erweist und auch für erfahrene Therapeuten interessant ist. Zum Schluß möchte ich gegenüber der Washington University meine Dankbarkeit für eine Freistellung zum Ausdruck bringen, wodurch mir die Zeit und das Privileg gewährt waren, einen ersten Entwurf dieses Buches in London zu schreiben. Zu Dank verpflichtet bin ich auch meiner Frau Amy, die dafür sorgte, daß ich nicht gestört wurde, sowie Marie McDonnel, die meine Entwürfe zuverlässig in eine annehmbare Reinschrift tippte.

Sol L. Garfield

Inhaltsverzeichnis

Kapitel 1: Einleitung 1

Der Psychotherapeut 5
Was ist Psychotherapie? 9
Der Zugang zu psychotherapeutischer Versorgung 12
Der Themenschwerpunkt dieses Buches 14
Literatur 15

Kapitel 2: Traditionelle Ansätze und Orientierungen der Psychotherapie 17

Psychoanalytische Schulen 21
Der klientenzentrierte Ansatz 23
Kognitive und verhaltensorientierte Ansätze 25
Sonstige Ansätze 28
Bewertung der verschiedenen Ansätze 30
Literatur 36

Kapitel 3: Klientenvariablen 39

Selektion und Akzeptanz der Klienten 41
Therapiedauer und Therapieabbruch 43
Klientenvariablen und Therapieergebnis 53
Literatur 63

Kapitel 4: Der Psychotherapeut 69

Lehranalyse für Psychotherapeuten 71
Weiterführende Überlegungen 74
Therapeut und psychotherapeutische Interaktion 82
Ethische und professionelle Verpflichtungen 86
Literatur 92

Kapitel 5: Spezifizierung der therapeutischen Variablen 95

Die Therapeut-Klient-Beziehung 95
Deutung, Einsicht und Verstehen 99
Katharsis und emotionale Freisetzung 104

Verstärkung als Therapievariable 106
Desensibilisierung 113
Entspannung 116
Informationsvermittlung 117
Beruhigung und Unterstützung 118
Erwartung als therapeutische Variable 119
Modell-Lernen 120
Facing oder Problemkonfrontation 121
Die Zeit als Therapievariable 123
Der Placebo-Effekt 126
Literatur 129

Kapitel 6: Allgemeine und spezifische Therapiefaktoren 133

Allgemeine Therapiefaktoren 136
Spezifische Therapiefaktoren 144
Literatur 152

Kapitel 7: Der psychotherapeutische Prozeß – I 155

Therapieaufnahme 155
Die Entwicklung der therapeutischen Beziehung und Anfangsprobleme 164
Fortführung der Psychotherapie und Anpassung an die Individualität des Klienten 173
Literatur 179

Kapitel 8: Der psychotherapeutische Prozeß – II 181

Die Zwischenstufen der Therapie 181
Die Beurteilung der psychotherapeutischen Interaktion 185
Konsistenz und Flexibilität in der Therapie 189
Die späteren Therapieabschnitte 192
Beendigung der Therapie 200
Literatur 209

Kapitel 9: Kognitionen, Affekte und Verhalten 211

Traditionelle und moderne Akzentuierung von Kognitionen in der Psychotherapie 212
Affektive Akzente in der Psychotherapie 217
Die behavioristische Akzentsetzung in der Psychotherapie 220
Der Stellenwert von Kognitionen, Affekten und Verhalten in der Psychotherapie 224
Literatur 226

Kapitel 10: Spezifizierung der Psychotherapie 229

Spezifität am Beispiel der Verhaltenstherapie 231
Ein eklektischer Ansatz der Spezifität in der Psychotherapie 237
Literatur 242

Kapitel 11: Psychotherapieforschung 243

Grundüberlegungen in der Psychotherapieforschung 244
Kontrollierte und unkontrollierte Forschung 256
Statistische und klinisch-praktische Überlegungen 261
Allgemeine Bemerkungen zur Psychotherapieforschung 264
Literatur 269

Kapitel 12: Zur Effektivitätsbestimmung in der Psychotherapie . . . 273

Negative Effekte der Psychotherapie 281
Therapieeffizienz 284
Abschließende Bemerkungen 290
Literatur 291

Kapitel 13: Psychotherapie: Schlußbemerkung 295

Ungelöste Probleme 301
Schlußbemerkung 306
Literatur 309

Autorenverzeichnis 313
Sachregister 317

Kapitel 1
Einleitung

Zu diesem Buch wurde ich aus mehreren Gründen motiviert. Zum einen wollte ich damit meine Gedanken, Beobachtungen und Erfahrungen auf dem Gebiet der Psychotherapie ordnen. Nach mehr als fünfunddreißig Jahren therapeutischer Praxis war es mir ein persönliches Anliegen, mir über meinen eigenen Standort Klarheit zu verschaffen. Ein zweiter Grund war die Vielzahl von Therapiekonzepten, reich an widersprüchlichen und unbestätigten Theorien und Verfahrensweisen, deren Zahl in jüngster Zeit stark zugenommen hat. In einer neueren Veröffentlichung des National Institute of Mental Health beispielsweise werden über 130 unterschiedliche Therapieansätze aufgeführt (Report of the Research Task Force of the National Institute of Mental Health, 1975). Diese Vielfalt ist nicht nur verwirrend, sondern wirft zudem einige grundsätzliche und hochinteressante Fragen danach auf, was denn nun Psychotherapie wirklich ist, oder anders gesagt: Welche Prozesse in der Psychotherapie führen dazu, daß Therapiekonzepte beibehalten oder geändert werden? Hat die eine Therapieschule ein besseres Verständnis für solche fundamentalen Vorgänge als die anderen, betrachten alle Ansätze im Prinzip nur verschiedene Teile des Gegenstands, oder charakterisieren sie ähnliche Phänomene nur in abgrenzender und damit erst unterschiedlicher Weise? Ähnliches läßt sich feststellen, wenn kognitiven, verhaltens-, kommunikations- und erlebensorientierten Ansätzen unterschiedliches Gewicht beigemessen wird (Binder/Binder/Rimland, 1976; Morse/Watson, 1977). Ist das eine Konzept nutzbringender als das andere? Wirken einige bei bestimmten Menschen oder Problemausprägungen besser als die anderen, und wenn dem so ist – welche Konzepte sind es? Oder ist die enorme Vielfältigkeit der Psychotherapien einfach nur Ausdruck dafür, wie relativ unentwickelt dieses Feld noch ist und Zeichen einer allgemeinen Unwissenheit? Dies ist sicherlich eine provokative Frage, mit der ich mich schon seit vielen Jahren auseinandersetzte.

Vielfalt von Therapieansätzen

Ein dritter Grund, der ebenfalls meine Ansichten über die Psychotherapie beeinflußt hat, hängt mit dem gegenwärtigen Stand der psychotherapeutischen Forschung zusammen. Obwohl es einen beträchtlichen quantitativen Aufschwung und eine zunehmend differenzierte Forschung auf diesem Gebiet gibt, hat dies zu relativ wenigen maßgebenden oder spektakulären Erkenntnissen und zu einer verwirrend großen Menge an widersprüchlichen Ergebnissen geführt (Garfield/Bergin, 1978). Zugegeben – die Psychotherapieforschung ist schwierig und komplex. Gemessen daran jedoch, welchen Einfluß sie auf die Praxis ausübt, fallen ihre

Einflußlose Ergebnisse der Therapieforschung

Ergebnisse enttäuschend gering ins Gewicht. Mögliche Gründe dafür werden wir später im Detail behandeln. Nichtsdestoweniger sind viele der für die Praxis folgenlosen und widersprüchlichen Ergebnisse provokativ und haben anscheinend doch gewisse Implikationen für unsere Sichtweise der Psychotherapie.

Konzeptvielfalt als Verständigungsbarriere

Meine Ansichten über Psychotherapie sind von einer weiteren Beobachtung beeinflußt worden, und zwar von dem Unterschied zwischen dem, was Menschen sagen, und dem, was sie tatsächlich tun. Ich selbst habe die Erfahrung gemacht, daß recht häufig Diskrepanzen bestehen zwischen dem, was Therapeuten über ihre therapeutischen Behandlungen erzählen und dem, was sich bei Überprüfung der Behandlung anhand von Aufzeichnungen tatsächlich abgespielt hat. Abgesehen von Ursachen, die offensichtlich beim Therapeuten liegen – schlechtes Gedächtnis und subjektive Verzerrungen –, wird diese Diskrepanz auch hervorgerufen durch den exklusiven Gebrauch von Konzepten und abstraktiven Begriffen in einzelnen Therapieschulen wie auch allgemein in der Psychotherapie. Wenn der Therapeut solche Termini wie Übertragung, Widerstand, Affekt, Passivität, Beziehung und Einsicht benutzt, um nur einige zu nennen, können echte Probleme aufkommen, wenn man sich darüber verständigen will, welche Verhaltensweisen, Kognitionen und Affekte beschrieben wurden und welche spezifischen Interaktionen tatsächlich stattgefunden haben.

Eklektischer Ansatz als Integrationsversuch

Diese Faktoren sind wichtig gewesen, als ich zu verstehen versuchte, was in der psychotherapeutischen Interaktion abläuft. Sie sind auf diese oder jene Art deutlich geworden – in Diskussionen zum Thema Psychotherapie, in einschlägiger Lehre und Supervision sowie in einigen Workshops über Probleme der Psychotherapie, die ich nach Abschluß meiner Doktorarbeit leitete. Dieses Buch ist nun ein Versuch, sowohl diese Probleme in den Griff zu bekommen als auch für interessierte Studenten oder Praktiker ein einigermaßen organisiertes Bild von Psychotherapie zu zeichnen. Die Arbeit wird mit „ein eklektischer Ansatz“ überschrieben und zeigt damit an, daß ich kein Anhänger einer bestimmten Therapieschule oder -richtung bin. Darüber hinaus hat das Wort „eklektisch“ keine fest umrissene Bedeutung (Garfield/Kurtz, 1977). Für das vorliegende Buch heißt das aber nicht, daß nur eine Anzahl unterschiedlicher Ansätze und Schulen der Psychotherapie dargestellt werden. Vielmehr wird unter Rückgriff auf Forschungsergebnisse versucht, augenscheinlich bedeutungsvolle Variablen oder Phänomene der Psychotherapie zu ordnen, sofern dies nur möglich ist. Persönliche Standpunkte und Vermutungen des Autors werden als solche jeweils kenntlich gemacht.

Obwohl der Ausdruck Psychotherapie häufig benutzt wird, um eine bestimmte Form von Therapie oder Behandlung im Gegensatz zu anderen therapeutischen Vorgehensweisen zu kennzeichnen, sollte man ihn eigentlich besser auf eine Gruppe von Therapien, auf die psychologischen Therapien, beziehen. Zwar läßt sich Psychotherapie unterscheiden von Pharmakotherapie, Elektroschocktherapie und ähnlichem, dabei sollte man aber immer vor Augen haben, daß es verschiedene Typen und Formen der Psychotherapie gibt. Und auf Psychotherapie als einen einheitlichen Prozeß zu verweisen, bedeutet schlichtweg eine Verzerrung der Situation – es sei denn, wir wollten darüber nur in äußerst vager Form uns auslassen. KIESLER (1966, 1971) sprach vom „Mythos der Uniformität", was im übertragenen Sinne heißt, daß wir generalisierte Betrachtungen über „den Klienten" und „den Therapeuten" anstellen würden. Man sollte diesen Punkt sehr wohl im Auge behalten, obwohl es manchmal nötig sein wird, auf die allgemeinen Begriffe Klient, Therapeut und Therapie zurückzugreifen.

Uniformitätsmythos

Wenngleich später mehr über ausgewählte Schulen und Orientierungen der Psychotherapie zu sagen sein wird, seien bereits jetzt einige Anmerkungen erlaubt.

Therapiepraxis: Dominanz der Eklektiker

1. Wir können feststellen, daß, wo immer auch die bekanntesten und populärsten Orientierungen, wie Psychoanalyse und ihre Weiterentwicklungen und Verhaltenstherapie, entscheidenden Einfluß auf die Entwicklung gehabt haben, offensichtlich die Mehrheit aller Praktiker nicht ausschließlich einer einzelnen Schule folgt oder sich auf die Methoden einer einzigen theoretischen Orientierung beruft. In einer kürzlich durchgeführten Befragung von 855 Klinischen Psychologen beispielsweise bezeichneten sich über die Hälfte von ihnen als Eklektiker (GARFIELD/KURTZ, 1976). Obwohl also vieles in den veröffentlichten Arbeiten und in der Psychotherapieausbildung auf eine sehr starke Schulorientierung hinweist, sind unter denjenigen, die in der Psychotherapie tätig sind, bedingungslose Anhänger dieser Schulen in der Minderzahl.

Gründe für individuelle Therapieorientierungen

2. Wenn ein Psychotherapeut sich für eine bestimmte Orientierung entscheidet, so geschieht dies am wenigsten aus einer wissenschaftlich begründeten Überzeugung heraus. Mit vielen der verschiedenen Therapieansätze gingen wenig oder keine Forschungsarbeiten einher, die die Wirksamkeit ihrer Methode unter Beweis stellen könnten. Entscheidet sich folglich jemand dafür, ein Freudianer, ein Anhänger von JUNG oder ADLER oder ein Existentialist zu werden, so ist der Grund dafür weniger, daß das Konzept sich als wirksam erwiesen hat. Der eine wurde entweder in einer bestimmten Methode ausgebildet und erhielt seine eigene Therapie von einem Therapeuten einer ganz bestimmten Schule, der andere wählte aus anderen, persönlichen Gründen eine spezifische Therapieform für sich aus.

Geringe Aussagekraft der Schulbezeichnungen

3. Nicht vergessen sollte man auch, daß die Bezeichnung oder Nennung einer bestimmten Therapieform einem nicht unbedingt sagt, welche spezifischen Arbeitsmethoden in der Therapie selbst Anwendung finden. Mit anderen Worten: Zwei Therapeuten, die ihrer Therapie den gleichen Namen geben, brauchen nicht unbedingt in der Therapie selbst identisch vorzugehen. Sie können diese mit ähnlichen Begriffen beschreiben und ähnliche theoretische Konstrukte verwenden, können aber mit den jeweiligen Klienten in ganz unterschiedlicher Weise interagieren. Da die

wirklichen Abläufe in der therapeutischen Situation im Mittelpunkt des Interesses stehen, kann man folglich bei der Bestimmung ihres tatsächlichen Stellenwerts nicht von den Schulbezeichnungen ausgehen.

Welche Therapievariablen führen zum Therapieerfolg?

4. Es wurde schon darauf angespielt, daß wir trotz der verschiedenen Beschreibungen des therapeutischen Prozesses – jedenfalls so, wie sie die jeweiligen Therapieschulen selbst vornehmen – keineswegs Gewißheit darüber haben, welche Prozesse oder Vorgehensweisen tatsächlich positive oder negative Veränderungen beim Klienten bewirken. Jede Therapieschule tendiert dazu, die tatsächlich in der Therapie ablaufenden Prozesse auf etwas unterschiedliche Weise und mittels einer unterschiedlichen Theoriesprache zu deuten und zu beschreiben. Da alle ihrem eigenen Anspruch nach wirksame Therapien sein sollen, ist es folglich nur schwer auszumachen, welche Variablen im therapeutischen Prozeß tatsächlich Veränderungen bewirken. Sichern die verschiedenen psychotherapeutischen Ansätze die erhofften Veränderungen mit unterschiedlichen Mitteln, oder verwenden sie lediglich unterschiedliche theoretische Begriffe bei der Beschreibung von Phänomenen, die zwar ähnlich sind, aber wohl in ihrer Bedeutung nicht klar erfaßt worden sind? Diese wichtige und komplexe Frage wird in den folgenden Kapiteln dieses Buchs ausführlich diskutiert.

Therapieinflation in den USA

Aus den bisherigen Erläuterungen über die Vielfalt therapeutischer Methoden, die es gegenwärtig gibt, läßt sich schließen, daß es auf diesem Gebiet vor allem in den letzten Jahren zu einem beträchtlichen Aufschwung gekommen ist – und dies besonders in den Vereinigten Staaten, wo die Psychotherapie allgemein relativ guten Anklang gefunden hat. Dafür gibt es zweifellos eine Reihe von Gründen. Einer davon scheint mit einer in früheren Jahren positiveren Einstellung zu psychischen Störungen bzw. zu „mental illness“ allgemein zusammenzuhängen. Ein anderer Faktor war die Entscheidung der Regierung, Fonds für Ausbildung und Forschung auf diesem Gebiet einzurichten, um damit den Bedürfnissen der Bevölkerung besser zu entsprechen. Der Bericht der Joint Commission on Mental Illness and Health (1961), der vom Kongreß der Vereinigten Staaten gutgeheißen wurde, war in dieser Hinsicht förderlich und trug zu noch höheren Fonds für Dienstleistungen im Mental-Health-Bereich bei. Zum einen als Ergebnis einer unmittelbar danach folgenden Gesetzgebung, zum anderen mit der bereits vorher erfolgten Gründung des National Institute of Mental Health zusammenhängend, kam es danach zu einer gewaltigen Ausweitung in der Ausbildung von Grundberufen im Mental-Health-Bereich und zur Schaffung von ambulanten klinischen Einrichtungen. Besondere Beachtung bei der Entwicklung dieser Basisdienste erfuhr die Psychotherapie. Dies traf insbesondere auch für die Zeit unmittelbar nach dem zweiten Weltkrieg zu. Noch waren für die Behandlung von psychisch Kranken keine Tranquilizer entwickelt, und die Psychotherapie war für die nun bereits weit verbreiteten Berufe des Klinischen Psychologen und für die Sozialarbeit in der Psychiatrie die einzige oder zumindest die vorrangige Behandlungsmethode. Ein Ergebnis davon war, daß es in den 25 oder 30 Jahren nach dem Krieg zu einer beträchtlichen Ausweitung der Reichweite psychotherapeutischer Dienste kam; der Tendenz nach war die Psychotherapie diejenige Behandlungsform, mit der in ambulanten klinischen Einrichtungen vorrangig behandelt wurde. Auch schien die Psychotherapie in der Öffentlichkeit immer mehr als adäquate Therapie bei psychischen Störungen anerkannt zu werden, und dies besonders in der Mittel- und Oberschicht.

Erwartungen an die Psychotherapie: Enthusiasmus vs. Zurückhaltung

In gleichem Maße wie das Bewußtsein über das Ausmaß der Problematik psychischer und emotionaler Störungen sich entwickelte, weitete sich der Psychotherapiebereich beträchtlich aus. Da andere, bewährte Behandlungsformen bei psychischen Störungen fehlten und man glaubte, daß solche Störungen in erster Linie Ergebnis psychologischer Wirkvariablen seien, sah man in der Psychotherapie eine vielversprechende oder zumindest prinzipiell mögliche Behandlungsmethode für eine ganze Reihe von Störungen und unerwünschte Verhaltensweisen. Zusätzlich zu der eher traditionellen Betrachtung der Psychotherapie als eine Behandlungsmethode bei psychoneurotischen Störungen im Sinne von FREUD begann man mit dem Einsatz der Psychotherapie bei vielen Zuständen und gesellschaftlich bedingten Krankheiten – Psychosen, Alkoholismus, Delinquenz, psychosomatische Störungen, Lernstörungen und ähnliches eingeschlossen. Obwohl diese Entwicklung von manchen als beträchtliche Überschätzung der potentiellen Effektivität der Psychotherapie angesehen wurde, spiegelte sich darin der Enthusiasmus wider, den zumindest einige Praktiker zeigten. Zwar muß man fairerweise sagen, daß heute eine gewisse Zurückhaltung im Vordergrund steht, es kommt aber immer noch zu beträchtlichen Kontroversen unter den Psychotherapeuten, sobald die Effektivität von Psychotherapie bei verschiedenen Formen von Störungen zur Diskussion steht. Dies hängt in einer bestimmten Weise mit der beruflichen Identität und dem theoretischen Standort der einzelnen Praktiker zusammen. Im folgenden Abschnitt werden wir deshalb über diejenigen Personen diskutieren, die psychotherapeutische Dienstleistungen erbringen.

Der Psychotherapeut

Gegenwärtig kann man auf vielerlei Weise Psychotherapeut werden. Dies hängt damit zusammen, daß es keinen ausdrücklich gekennzeichneten oder erkennbaren Psychotherapieberuf gibt. Es lassen sich vielmehr viele Berufe finden, für die Psychotherapie eine wichtige Funktion hat. Diese Situation ist mehr oder weniger zufälliges Ergebnis von historischen Entwicklungen. Es ist noch nicht allzu lange her, daß abweichendes Verhalten mit bösen Geistern und mit Sünde in Verbindung gebracht wurde und Staat oder Kirche für „Heilungen" offiziell zuständig waren. Wer sich abweichend verhielt, wurde entweder eingekerkert oder verschiedenen Ritualen unterworfen, die allerdings – wie im Falle von Ertränken oder Verbrennungen auf dem Scheiterhaufen – ziemlich schweren Bestrafungen gleichka-

Historische Entwicklungen

Staat und Kirche

men. Im Zuge der Zeit und einhergehend mit verschiedenen Fortschritten im medizinischen Bereich begann man, den Ursprung devianten Verhaltens im Organischen zu sehen und als Krankheit zu definieren – speziell als Geisteskrankheit, und man nahm an, daß möglicherweise Zusammenhänge mit Dysfunktionen des Gehirns und des Zentralnervensystems bestünden. Wenn auch nicht ausschließlich, so doch größtenteils als Folge der Entwicklung der Psychoanalyse durch FREUD, setzte dann in der zweiten Hälfte des 19. Jahrhunderts eine Sichtweise ein, wonach man bei einigen Störungen, zumal solchen ohne klar erkennbare organische Verursachung, psychische Ursachen vermutete. Die Psychoanalyse lieferte sowohl eine theoretische Erklärung der neurotischen Störungen als auch psychologische Behandlungsformen. Sowohl die Betrachtung solcher Störungen als Krankheit als auch die Tatsache, daß FREUD Mediziner war, trugen dazu bei, Psychotherapie unter medizinische Behandlungsformen einzuordnen – selbst wenn FREUDS theoretische Auffassungen von seinen Fachkollegen nicht gerade positiv aufgenommen wurden. FREUD (1926) selbst war nicht der Meinung, daß die Psychoanalyse nur als medizinische Behandlungsform zu betrachten sei oder nur von Medizinern durchgeführt werden sollte. Er glaubte vielmehr, daß eine medizinische Ausbildung dann und wann einen Erfolg bei der Anwendung der Psychoanalyse auch verhindern könne. Diese Meinung FREUDS jedoch wurde von seinen Anhängern, überwiegend Psychiater, nicht geteilt. Sie mutmaßten, daß sich die Verhältnisse in den USA sehr stark von denen in Europa unterschieden und daß sich sehr viele „Scharlatane" für die Psychoanalyse interessieren würden, falls sie nicht auf die Mediziner beschränkt bliebe.

Psychoanalyse

Psychotherapie und Medizin

Anfängliche Dominanz der Psychoanalyse

Die Folge davon war, daß die Psychotherapie, zwar noch immer eine bescheidene Entwicklung und von der Psychoanalyse dominiert, in den ersten zwei bis drei Jahrzehnten des 20. Jahrhunderts größtenteils als Domäne der Medizin betrachtet wurde. So war beispielsweise die Klinische Psychologie in erster Linie für die Anwendung von psychologischen Tests zuständig, und psychiatrische Sozialarbeiter waren durch Einzelfallarbeit in Anspruch genommen. Obwohl man in diesen Berufen vereinzelt und bis zu einem gewissen Grad auch mit Psychotherapie und Erziehungs- und Berufsberatung konfrontiert wurde, blieb die Zahl derer klein, die sich intensiv mit ihr auseinandersetzten. Ähnliches gilt für einige zwar ziemlich bekannte „Laienanalytiker", die es aber nur selten gab.

Starke Ausweitung der psychologischen Dienste

Diese Situation hat sich in den letzten 25 Jahren sichtlich geändert. Teilweise als Folge der bereits erwähnten Entwicklung in der Nachkriegszeit kam es zu einem zahlenmäßig starken Anstieg in der Ausbildung von Klinischen Psychologen, Sozialarbeitern und Pflegern in der Psychiatrie wie auch von Psychiatern. Außerdem schrieben viele andere Spezialisierungen, wie beispielsweise Beratungspsychologie (counseling psychology), Pastoralberatung (pastoral counseling), Schulpsychologie und Erziehungsberatung zumindest etwas Ausbildung in Beratung und Psychotherapie vor. Ferner traten etwa in den letzten zehn Jahren eine Vielzahl neuer Typen von Mental-Health-Beschäftigten mit relativ geringer formaler Ausbildung in Erscheinung, die alle eifrig bemüht waren, psychologische Dienste der einen oder anderen Art anzubieten. Als Ergebnis finden wir Personen vor, die eine sehr unterschiedliche Ausbildung in Psychotherapie besitzen und in irgendeiner Weise als Psychotherapeuten wirken.

Mental-Health-Berufe

Da den meisten Lesern Hintergründe und Ausbildung der traditionellen Mental-Health-Berufe wahrscheinlich bekannt sind, wollen wir auf diese Gruppen nur kurz eingehen. Psychiater werden zuerst als Mediziner ausgebildet. Obwohl sie in dieser Zeit ein wenig in Interviewtechniken und eventuell auch Psychotherapie eingeführt werden, erhalten sie erst als psychiatrische Assistenzärzte (psychiatric residency) oder in nachfolgendem zusätzlichem Spezialtraining ihre eigentliche Ausbildung. In ihrer Assistenzzeit werden sie aber nicht primär bzw. ausschließlich in Psychotherapie ausgebildet, sie ist vielmehr nur eine von vielen vorgeschriebenen Wissensformen, die je nach Ausbildungsort unterschiedlich lang und mit unterschiedlichen Schwerpunkten vermittelt werden. Der psychiatrische Assistenzarzt wird unter anderem auch eingeführt in Pharmakotherapie, Neurologie, psychiatrische Untersuchung und Psychopathologie und erhält auch die Möglichkeit, eine Station mit Klienten zu leiten. Psychotherapieausbildung macht folglich nur einen Teil der Instruktionen aus, die ein Psychiater in seiner dreijährigen Assistenzzeit erhält. Viele Psychiater mit einem primären Interesse an Psychotherapie lassen sich deshalb in einem psychoanalytisch oder sonstwie orientierten Psychotherapy Training Institute zusätzlich ausbilden. Nach Beendigung seiner psychiatrischen Assistenzzeit kann der Psychiater später seinen Unterhalt im Spezialfach Psychiatrie verdienen. Die einschlägigen Prüfungen zielen jedoch darauf ab, grundlegendes Wissen in den Bereichen der Psychiatrie zu überprüfen und bescheinigen auf keinen Fall Kompetenz in der eigentlichen Psychotherapie.

Ausbildung der Psychiater

Geringe Psychotherapiekompetenz

Ausbildung des Klinischen Psychologen

Die Ausbildung des Klinischen Psychologen in den USA hat zwar äußerlich Ähnlichkeiten mit der des Psychiaters, unterscheidet sich aber davon grundsätzlich recht stark. Sobald der Student das College hinter sich und damit auch eine Reihe von Grundkursen in Psychologie absolviert hat, schreibt er sich in ein Doctoral Program in Klinischer Psychologie ein. Der Beschreibung nach handelt es sich um ein 4- bis 5-Jahres-Programm, die meisten Studenten brauchen für den Abschluß aber mehr Zeit. Bis vor kurzem noch waren alle diese Programme „Ph. D. Programs“ unter der Verwaltung der University Graduate School und des Department of Psychology. Als solche hatten die meisten Programme bestimmte allgemeine Charakteristika. Folgt man den allgemeinen Richtlinien, die in verschiedenen nationalen Ausbildungskonferenzen empfohlen wurden (RAIMY, 1950; HOCH/ROSS/WINDER, 1966), lag das Schwergewicht in diesen Graduate Programs auf wichtigen Gebieten der Allgemeinen Psychologie, Persönlichkeitstheorie, Psychopathologie, Testdiagnostik, Forschung und Psychotherapie. Im Laufe der Jahre verlor die Testdiagnostik an Bedeutung und die Psychotherapie rückte stärker in den Vordergrund. Parallel zu dieser Entwicklung ist der Bedeutungsanstieg der Psychotherapie zu derjenigen Aktivität zu sehen, die nun im Mittelpunkt der Klinischen Psychologie steht (GARFIELD/KURTZ, 1976).

Psychotherapie als Mittelpunkt

Unterschiede zwischen Psychiatern und Klinischen Psychologen

Obwohl die Psychotherapie sowohl in der Ausbildung des Klinischen Psychologen als auch des Psychiaters – wenn auch unterschiedlich – enthalten ist, unterscheiden sich beide Disziplinen recht grundsätzlich voneinander. Wesentliche Bestandteile der Psychiatrieausbildung sind der Erwerb von grundlegendem Wissen in Medizin und die Applikation von Medikamenten. In der Ausbildung zum Klinischen Psychologen stehen Grundlagenkenntnisse in Psychologie und Forschungskompetenz im Vordergrund. Gemeinsam ist ihnen ein allgemeines Interesse für Psychopathologie und Psychotherapie, wobei aber jeweils spezifische Grundorientierungen, Traditionen und Wertvorstellungen dominieren. Während die Psychiater – wie auch die Mediziner – eher dazu neigen, von psychischen Störungen als Defekte und Krankheit auszugehen, tendieren Psychologen dazu, diese als gelernte Verhaltensmuster bzw. -störungen zu sehen. Und aufgrund des auf Forschung ausgerichteten Ausbildungsschwerpunkts ist Forschung im Psychotherapiebereich außerdem häufig von Psychologen durchgeführt worden.

Unterschiedliche Ausbildungsmodelle

Zwar sind in den letzten Jahren verschiedene neue Programme zur Ausbildung zum Klinischen Psychologen entwickelt worden. Dennoch ist das eben beschriebene Modell in den USA seit 1950 charakteristisch und immer noch am häufigsten anzutreffen. Neu ist der an einigen Universitäten zu vergebende Doctor of Psychology Programs sowie die Gründung von Professional Schools of Psychology (POTTHARST, 1970). Obwohl als akademischer Grad der Ph. D. zugesprochen wird, steht in diesen Programmen das traditionelle Erlernen von Forschungstechniken zur Anfertigung einer Doktorarbeit im Hintergrund bzw. wird sogar ausgeklammert. Noch sind diese Entwicklungen aber zu neu, als daß sie angemessen zu bewerten wären.

Ausbildung des psychiatrischen Sozialarbeiters

Auch die Ausbildung des psychiatrischen Sozialarbeiters und Pflegers unterscheidet sich deutlich von der des Psychiaters und des Klinischen Psychologen. Die meisten Sozialarbeiter erhalten ihre Ausbildung in einem zweijährigen Programm an einer Graduate School of Social Work, psychiatrische Pfleger hingegen in einem vergleichbaren Zeitraum im Rahmen eines Graduate Program of Nursing Education. Jeder Bereich hat wiederum seine eigenen, traditionellen Schwerpunkte, die aber hier nicht weiter ausgeführt werden. Im Vergleich zu Psychiatrie und Klinischer

Kurze Ausbildung in Psychotherapie

Psychologie ist die Ausbildung insgesamt und speziell auch in Psychotherapie relativ oberflächlich und auch kürzer, außer im Falle von zusätzlichen Spezialausbildungen. Im Unterschied zu Pflegern, die vor allem im klinischen Bereich arbeiten, kommen Sozialarbeiter in ambulanten Einrichtungen und Krankenhäusern zum Einsatz, wobei einige sogar in privaten Praxen arbeiten.

Weitere Psychotherapie-Professionen

Neben diesen traditionellen Berufen gibt es noch viele andere Professionen mit irgendeiner psychotherapeutischen Funktion (GARFIELD, 1977). So haben die Doctoral Programs in Counseling und Schulpsychologie gewisse Ähnlichkeiten mit den Programmen in Klinischer Psychologie. In beiden Bereichen wird in Psychotherapie oder Beratung ausgebildet und in der Praxis gearbeitet, wenngleich im Rahmen von Counseling vor allem relativ geringe oder „normale“ Anpassungsprobleme und in der Schulpsychologie viele Erziehungs- und Anpassungsprobleme der Kinder im schulpflichtigen Alter anfallen. Zusätzlich zu diesen Programmen jedoch gibt es viele Master's Level Programs in Counseling, Schulpsychologie und Unterweisung (guidance) sowie in Klinischer Psychologie, die noch weiteres, begrenztes Training in psychotherapeutischen Verfahren anbieten. Darüber hinaus gibt es noch Beratung durch Geistliche (pastoral counselors), Familienberatung, Kinder- und Jugendlichenpsychotherapeuten (growth enhancement specialists), Leiter von Encountergruppen, Psychodramatherapeuten sowie eine Unmenge von Mental-Health-Workers, Mental-Health-Associates und ähnliche mehr (GARFIELD, 1969; COWEN/GARDNER/ZAX 1967). Wir brauchen aber darauf hier nicht weiter einzugehen. Wir wollen hier nur auf die Vielzahl von Personen mit unterschiedlicher Schulbildung und Therapieausbildung hinweisen, die in irgendeiner Weise mit Psychotherapie zu tun haben – ob wir es nun Counseling, Psychotherapie, Growth Experience oder sonstwie nennen wollen. Da verbindliche Definitionen der Psychotherapie sowie der dazu erforderlichen Ausbildung fehlen, finden wir eine etwas ungewöhnliche und verwirrende Situation vor. Tatsache ist, daß Psychotherapie keine ausschließliche Domäne irgendeiner Profession ist. Auch wird sie in der einen oder anderen Form von vielen Personen und in vielen Berufen durchgeführt. Während man Lizenz und Zertifikat haben muß, um als Mediziner, Jurist, Klinischer Psychologe oder Kosmetikerin arbeiten zu dürfen, gibt es derzeit keine Bestimmungen und Regelungen für die Ausübung von Psychotherapie, ausgenommen die Fälle, in denen sie laut Vorschriften anerkannter Berufe geregelt ist.

Unterschiedliche Ausbildungsqualität

Uneinheitliche Regelungen der Therapieausübung

Was ist Psychotherapie?

An dieser Stelle sollten wir versuchen, dem Leser eine allgemeine Beschreibung oder Definition von Psychotherapie zu geben. Dabei sind wir uns der Schwierigkeit bewußt, die vielfältigen Sichtweisen und Praxisansätze angemessen zu berücksichtigen. Grundsätzlich beruht Psychotherapie darauf, daß mindestens zwei oder auch mehr Personen interagieren. Eine davon, der Klient, ersucht Hilfestellung bei einem Problem, von dem er selbst, eine andere Person oder Institution, oder der Therapeut glaubt, daß eine psychotherapeutische Intervention möglicherweise zur Lösung beitragen kann. Die andere Person ist klar ersichtlich der Therapeut, von dem man aufgrund seiner Ausbildung und Persönlichkeit erwartet, daß er dem Klienten bei seinem Problem helfen kann. Die Interaktion zwischen den beiden Interaktionspartnern verläuft in erster Linie verbal, wenngleich auch Körperhaltung, Bewegungen und emotionaler Ausdruck noch hinzukommen. Somit scheint die Psychotherapie weitgehend auf der verbalen Interaktion von zwei Personen – einem Therapeuten und einem Klienten – zu beruhen, wodurch die erste Person der zweiten irgendwie dabei helfen will, ihre Schwierigkeiten zu überwinden. Da sich verbale Interaktionen

Psychotherapie = Interaktion zweier Parteien

Primär verbale Interaktion

zwischen zwei Personen in vielen anderen sozialen Situationen abspielen, taucht zu Recht die Frage auf, was denn an dieser speziellen Beziehung oder Interaktion einzigartig ist, und wodurch es potentiell möglich ist, einer Person bei der Bewältigung ihrer Probleme zu helfen und ihre persönliche Stabilität zu erhöhen. Obwohl sich dieses Buch schwerpunktmäßig genau mit diesem Thema auseinandersetzt, sollen einige Antworten vorweg gegeben werden.

Was hält man von Psychotherapie in der Öffentlichkeit?

Aus Büchern und aufgrund von anderen Erfahrungen haben zwar viele Leute gewisse Vorstellungen von Psychotherapie oder einzelnen Therapieformen; die Allgemeinheit aber dürfte ein ziemlich verschwommenes Bild davon haben, was mit Psychotherapie verbunden ist. Einige sehen im Psychotherapeuten so etwas ähnliches wie einen „Doktor" und erwarten von ihm, daß er ihnen sagt, woran es fehlt und was zu tun ist. In ähnlicher Weise erhoffen sich andere vom Therapeuten, daß er innerhalb von wenigen Sitzungen ihre Schwierigkeiten diagnostiziert und ihnen die passenden Arzneien oder heilende Maßnahmen verschreibt. Manche dürften ziemlich skeptisch sein, ob ihnen „bloßes Reden" in irgendeiner Weise helfen kann. Wiederum andere mögen die Erwartung hegen, daß der Therapeut sie hypnotisiere, irgendwie ihre Gedanken lese oder etwas ganz Ungewöhnliches mit ihnen mache. Solche vorgefaßten Meinungen oder Erwartungen, die der Klient mit in die therapeutische Situation bringt, sind deshalb von ziemlicher Wichtigkeit für Fortschritte in der Therapie, und dies insbesondere dann, wenn sie mit denen des Therapeuten nicht übereinstimmen.

Traditionelle Therapieansätze

Aus der Sicht vieler traditioneller psychodynamischer und kommunikativ-orientierter Therapieformen bietet die Psychotherapie dem einzelnen Klienten die Möglichkeit, etwas über Teile seines Ichs in Erfahrung zu bringen, die vorher nicht bewußt waren, und die – so die Theorie – ursächlich für seine Störungen sind. Die Funktion des Therapeuten ist hier, zu führen und Hilfestellung zu geben. Der Klient hingegen hat sich zu einer schwierigen Form von Mitarbeit zu verpflichten, nämlich zur Selbstexploration und zur Auseinandersetzung mit all den negativen Ereignissen in Vergangenheit und Gegenwart, die die derzeitigen Schwierigkeiten bewirkt haben. Obwohl dies eine etwas vereinfachte Betrachtung ist, so charakterisiert sie doch eine bestimmte Sichtweise des therapeutischen Prozesses, die in den vergangenen Jahren und auch in noch älteren Therapieformen überwogen hat: Die Verantwortung bei dem Versuch, seine Anpassungsfähigkeit zu verbessern, wird dem Klienten aufgetragen. Der subjektiv empfundene Leidensdruck und die Motivation, davon loszukommen, müssen so stark sein, daß sich der Klient dazu bereit erklärt, die manchmal anstrengende Aufgabe der Selbstexploration und späteren Verhaltensmodifikation anzugehen und dabei durchzuhalten. Obwohl man es sich natürlich etwas leicht macht, wenn man die gesamte Verantwortung für den Erfolg und die Schuld bei Mißerfolg der Therapie auf den Klienten abschiebt, so ist nicht von der Hand zu weisen, daß der Klient an diesem Prozeß interessiert sein und aktiv teilnehmen muß. Sogar in relativ direktiven Therapien, wie z.B. in der Verhaltenstherapie oder der rational-emotiven Therapie, in denen dem Klienten Instruktionen gegeben und Aufgaben gestellt werden, die in Gegenwart des Therapeuten auszuführen sind, bedarf es einer aktiven und kooperativen Teilnahme, damit es zu Verhaltensänderungen kommt (MARKS, 1978). In diesen Therapien allerdings strukturiert und lenkt der Therapeut relativ stark.

Festgelegte Rollenverteilung bei Therapeut-Klient-Beziehung

Psychotherapie ist also eine sprachliche Interaktion zwischen dem Therapeuten und dem Klienten, in der aber im Vergleich zu anderen Interaktionen, in denen persönliche Angelegenheiten diskutiert werden, für beide Teilnehmer die Rollenverteilung festgelegt ist. Der Klient muß sich aktiv einbringen und auch zur Diskussion sehr persönlicher und vertraulicher Dinge bereit sein. Oft werden Themen diskutiert, die ihn sehr stark belasten und über die er mit anderen Personen kaum ins Gespräch kommt. Aber auch der Therapeut muß eine ganz bestimmte Rolle spielen, damit sich die therapeutische Interaktion von anderen unterscheidet. Er soll im Umgang mit psychischen Störungen ein Experte sein und die gesellschaftlich zugeschriebene Rolle eines „Psycho-Heilers“ einnehmen. Dieser Rolle entspricht, daß sich der Klient an ihn wenden und ihm seine Schwierigkeiten anvertrauen kann, wenn er Hilfe braucht. Je mehr der Therapeut als fachlich kompetente und persönlich zuverlässige Person wahrgenommen wird, die den Klienten nicht wie andere Personen beurteilt, um so eher wird der Klient Vertrauen fassen und seine Probleme dem Therapeuten offen darstellen. Es kann sich dann eine ziemlich enge Beziehung zwischen Therapeut und Klient ergeben, die es dem Klienten ermöglicht, sich schneller selbst zu explorieren, Anleitungen zu folgen und die Bereitschaft zur Verhaltensänderung zu entwickeln.

Gemeinsame Charakteristika der Psychotherapien

In den bisherigen Ausführungen wurden zwar eher traditionelle und kommunikativ-orientierte Therapieformen beschrieben. Viele der skizzierten Merkmale sind aber in gewisser Hinsicht auch für andere Formen von Psychotherapie charakteristisch. Ausnahmslos wird der Klient in der Regel aufgefordert, seine Schwierigkeiten zu beschreiben, die Situationen, in denen diese zutage treten, bisherige Versuche, mit ihnen umzugehen und warum er jetzt beim Therapeuten Hilfe sucht. Der Klient wird somit also gebeten, einen offenen Bericht über seine Probleme abzugeben, die doch sehr persönlicher Natur sein können. Ungeachtet der theoretischen Orientierung des Therapeuten muß von ihm ein bestimmtes Maß an Vertrauen und Zuversicht ausstrahlen, damit der Klient willig solche Informationen anbietet und die Therapie voranschreitet. Nimmt außerdem der Klient den Therapeuten als eine Person wahr, die ihn anerkennt und baldige Fortschritte erhoffen läßt, oder zu erkennen gibt, daß seine Probleme keineswegs ungewöhnlich sind, dann sieht der Klient den Therapeuten tendenziell in einem positiven Licht. Er wird sich wahrscheinlich auf die nächsten Sitzungen freuen und seiner Therapie und der neuen Beziehung zum Therapeuten einen ziemlich hohen Stellenwert beimessen.

Therapeut-Klient-Beziehung als Therapievariable

Die Psychotherapie ist deshalb in gewisser Hinsicht eine irgendwie spezifische Situation oder Beziehung, die es erlaubt, daß bestimmte Prozesse zustandekommen. Der äußerst vertrauliche Interaktionscharakter, die Rolle des Therapeuten als interessierter und verständnisvoller

Experte, Leidensdruck bzw. Therapiemotivation des Klienten und die enge Beziehung zwischen den zwei Interaktionspartnern – all diese Gesichtspunkte tragen zu einer ganz spezifischen und potentiell therapeutisch wirksamen Situation bei. Die Komplexität dieser therapeutischen Situation werden wir später im Detail untersuchen.

Der Zugang zu psychotherapeutischer Versorgung

Bisher stand der Psychotherapeut im Mittelpunkt des Interesses. An dieser Stelle nun wollen wir auf die Personen näher zu sprechen kommen, die auf der Suche nach irgendeiner Art psychologischer Hilfe sind, sowie auf die Umstände, die damit verbunden sind. Sehr viele Personen aus allen sozialen Schichten und Kreisen erfahren seelische Not gleich welcher Art und bemühen sich auf verschiedene Weise um Hilfestellungen bei ihren Schwierigkeiten. Häufig wird bei solchen Problemen der Hausarzt bzw. bei Kindern der Kinderarzt angesprochen. In vielen Fällen handelt es sich um Beschwerden, die augenscheinlich körperlicher oder ziemlich vager und diffuser Natur sind. Der Hausarzt ist deshalb eine erste Ansprechstelle. Ist nach Diskussion mit dem Arzt und erfolgter Medikation etwas Zeit verstrichen und sind die Beschwerden sichtlich geringer geworden, wird in der Regel keine weitere Behandlung erfolgen. Stellt sich jedoch keine Besserung ein und deuten die Symptome auf eine primär psychische Verursachung hin, dann wird der Patient je nach Erfahrung, Präferenz oder persönlichen Beziehungen des Arztes an eine Mental-Health-Fachkraft oder -Stelle verwiesen.

Anlaufstelle Hausarzt

Verhaltensstörungen bei Kindern

Bei Kindern mit manifesten Schwierigkeiten und Verhaltensstörungen in der Schule wird etwas anders verfahren. Erfolgte eine Benachrichtigung seitens der Schule oder nach Unterredung mit der Schulbehörde, können die Eltern ihr Kind auch zu ihrem Kinderarzt bringen, ihn über eine Vertrauensperson (referral) konsultieren oder auch direkt psychologische Hilfe ersuchen. In den meisten Fällen jedoch besteht die Möglichkeit, daß das Kind über den Lehrer in die Schulberatung oder zum Schulpsychologen kommt. Sobald eine Diagnose möglich ist, wird für das Kind eine bestimmte Form psychologischer Hilfestellung vorgeschlagen, oder man empfiehlt den Eltern eine passende Vertrauensperson anderswo. Manchmal wird auch der für die Familie zuständige Geistliche bzw. Pfarrer konsultiert werden, wodurch sich somit eine weitere Beratungsform ergibt.

Obwohl es sich hier um wichtige Ausgangspunkte für die Inanspruchnahme von Dienstleistungen und Beratung handelt, suchen offensichtlich immer mehr Personen solche Hilfe auf eigene Faust oder auf Empfehlung von Freunden, die bereits Therapieerfahrungen gemacht haben. Diese Entwicklung hängt damit zusammen, daß in der Öffentlichkeit in den letzten Jahren der Bekanntheitsgrad von psychischen Störungen angestiegen und das Angebot an therapeutischen Hilfen größer geworden ist. Sie läßt sich vor allem bei gebildeteren Personen aufzeigen, die nicht nur mehr über Mental-Health-Probleme und -Angebote Bescheid wissen, sondern

Unterschiedliche Einstellungen zur Psychotherapie

offensichtlich auch positiver gegenüber psychologischen Hilfeleistungen und den Ratsuchenden eingestellt sind. Personen mit sehr niedrigem sozioökonomischem Status hingegen verbinden, wenngleich sich ihre Einstellung zu „mental illness" in letzter Zeit geändert hat, mit psychischen Symptomen tendenziell häufiger Schande und wehren sich gegen die Gewährung von Hilfen bei ihren Problemen solange, bis die Situation ziemlich akut oder ernst wird (HOLLINGSHEAD/REDLICH, 1958).

Das Psychotherapie-angebot

Dienstleistungsangebote und Beratung stehen in einer ganzen Reihe von sozialen und öffentlichen Einrichtungen zur Verfügung. Dazu zählen öffentliche Dienstleistungs- und Wohlfahrtsbehörden, Gerichte, Gefängnisse, Alters- und Behindertenheime und vergleichbares mehr. Bei der heterogenen Population, für die diese Einrichtungen und Institutionen zuständig sind, tritt die übliche Bandbreite von psychischen Störungen zutage. Bei diesen Problemen können manche Einrichtungen direkt helfen, in vielen Fällen jedoch werden die hilfesuchenden Personen an spezialisierte Mental-Health-Einrichtungen verwiesen. Obwohl der ökonomische Status der betroffenen Personen im allgemeinen ausschlaggebend dafür ist, an wen man sich wendet, schicken öffentliche Einrichtungen ihre Fälle am wahrscheinlichsten an vergleichbare Institutionen weiter, während praktizierende Ärzte, wie beispielsweise Hausärzte mit privater Praxis, viel häufiger an andere Privatpraxen überweisen.

Überweisungspraxis

Selektionsprozesse und Spezialisierungen

Personen mit psychischen Problemen können folglich in gewisser Hinsicht einem Selektionsprozeß unterworfen sein, bevor sie endlich mit einem Psychotherapeuten in Berührung kommen. Manche gehen zu Psychotherapeuten mit einer Privatpraxis. Im allgemeinen handelt es sich um solche Personen, welche die recht beachtlichen Behandlungshonorare bezahlen können oder sie von ihren Krankenkassen bezahlt bekommen. Die Mehrzahl jedoch richtet sich bzw. wird überwiesen an eine der vielen ambulanten Kliniken, deren Behandlungshonorare in der Regel viel niedriger sind oder sich nach dem Einkommen der Klienten staffeln. Diese Abteilungen können sowohl zu Krankenhäusern, zu University Psychology Departments als auch zu Medical Schools gehören; andere wiederum sind primär Community Mental Health Centers oder bieten speziell für Kinder ihre Dienste an. Manche sind auch spezialisiert auf eine ganz bestimmte Psychotherapieform oder auf eine spezifische Bevölkerungsgruppe. So hat beispielsweise die Veterans Administration in den USA ein Netz an Kliniken und Krankenhäusern für Kriegsveteranen eingerichtet. Auch werden psychotherapeutische Dienstleistungen sowohl in allgemeinen als auch in psychiatrischen Krankenhäusern angeboten.

Privatpraxen und ambulante Kliniken

Die jeweiligen psychotherapeutischen Dienstleistungen, die in diesen Institutionen und Bereichen angeboten werden, können stark differieren. Manchmal besteht die Psychotherapie aus einigen Interviews, die sich auf die aktuelle Krisensituation konzentrieren. In anderen Fällen hingegen, insbesondere in den Privatpraxen von Psychoanalytikern, erstreckt sich die Therapie über mehrere Jahre hinweg. In einigen Fällen steht Individualtherapie im Vordergrund, anderswo Gruppen- bzw. Familientherapie. Unterschiede gibt es auch in bezug auf die Person, die die Psychotherapie

Unterschiedliche Therapiedauer

Unterschiedliche Mental-Health-Professionen

durchführt. In einer Privatpraxis ist es zumeist jemand aus einer eher traditionellen Mental-Health-Profession, der seine Ausbildung abgeschlossen und sich für diese Art beruflicher Karriere entschieden hat. In Kliniken, Krankenhäusern und Medical Schools mit Ausbildungsschwerpunkten werden Psychotherapien ziemlich häufig von Personen durchgeführt, die sich noch in Ausbildung befinden – klinische Assistenzpsychologen (clinical psychology interns), psychiatrische Assistenzärzte (psychiatric residents) und Social Work Trainees. In einigen Einrichtungen kann das Personal ausschließlich aus Vertretern einer einzigen Profession bestehen, in anderen hingegen ist es stark interdisziplinär zusammengesetzt. In vielen Universitäten und Colleges gibt es solche Dienstleistungen für Studenten im University Counseling Center oder Student Health Service.

Es stehen also für die Bevölkerung potentiell eine ganze Reihe von Dienstleistungen unterschiedlicher Qualität zur Verfügung. Allerdings variiert die Verteilung und Verfügbarkeit dieser Dienstleistungen je nach Einkommen, Informationsstand und Wohnort der fraglichen Klienten. In

Regionale Differenzen

großen Städten wie New York und Los Angeles beispielsweise gibt es ein sehr großes Angebot an professionellen Psychotherapeuten, wohingegen es in ländlichen Gegenden um die psychotherapeutische Versorgung viel schlechter bestellt ist. Auch Ausbildungszentren für Mental-Health-Personal tragen dazu bei, daß solche Dienstleistungen bei relativ geringen Kosten zugänglich sind.

Der Themenschwerpunkt dieses Buches

Nach einer allgemeinen Einführung in die Psychotherapie folgt nun ein kurzer Überblick über den Inhalt dieses Buches. Im Mittelpunkt steht eine systematische Beschreibung dessen, was Psychotherapie mit sich bringt, und zwar aus der Sicht und mit dem Verständnis eines teilnehmenden Beobachters. Ich beabsichtige, in diesem Bereich Ergebnisse und Beobach-

Der Stellenwert von empirischen Daten

tungen unter möglichst weitgehendem Einbezug empirischer Daten zu integrieren. Psychotherapie ist eine vergleichsweise immer noch relativ junge und unentwickelte Disziplin, in der Forschungsstudien erst seit relativ kurzer Zeit entwickelt und durchgeführt werden. Wie schon aufgezeigt wurde, ist dieser Bereich gekennzeichnet durch eine ganze Reihe von Schulen und theoretischen Überzeugungen, und viele Publikationen sind Darstellungen dieser Überzeugungen auf primär klinischem Gebiet. Der vorliegende Band wird keine Neuauflage solcher früheren Ansätze und auch keine Kurzfassung ausgewählter Psychotherapieschulen sein. Es wird vielmehr der Versuch unternommen, eine logisch zusammenhängende Beschreibung des therapeutischen Prozesses und der Rollen und Aktivitäten der jeweiligen Teilnehmer vorzunehmen sowie Forschungsprobleme und -lücken zu diskutieren, die nach unserem derzeitigen

Eklektischer Therapieansatz

Wissensstand bestehen. Meine Darstellungen werden eklektisch sein und das Augenmerk auf Ideen und Beiträge verschiedener Positionen richten, von denen anzunehmen ist, daß sie für Erklärung und Verständnis des therapeutischen Prozesses wertvoll sind. Ich werde auch versuchen, Prozesse und Methoden, die je nach Therapieorientierung unterschiedlich bezeichnet und erklärt werden, aufeinander abzustimmen und neu zu definieren.

Ich hoffe, daß der vorliegende Band dem Leser eine umfassende und bedeutsame Einsicht in die Psychotherapie sowie in die Verfahren vermittelt, die mit dieser speziellen Therapieform verbunden sind. Ich hoffe auch, daß diese ausführliche Darstellung für Studenten und für die Praktiker der Psychotherapie, ungeachtet der jeweiligen beruflichen Ausrichtung oder eventuellen theoretischen Verbundenheit, von Nutzen sein wird.

Literatur

Binder, V., Binder, A., and Rimland, B. *Modern therapies.* Englewood Cliffs, N.J.: Prentice-Hall, 1976.

Cowen, E. L., Gardner, E. A., and Zax, M. (Eds.), *Emergent approaches to mental health problems.* New York: Appleton-Century-Crofts, 1967.

Garfield, S. L. New developments in the preparation of counselors. *Community Mental Health Journal,* 1969, *5,* 240–246.

Garfield, S. L. Research on the training of professional psychotherapists. In A. Gurman and A. Razin (Eds.), *Effective psychotherapy: A handbook of research.* New York: Pergamon Press, 1977.

Garfield, S. L. and Bergin, A. E. (Eds.), *Handbook of psychotherapy and behavior change,* 2nd ed. New York: Wiley, 1978.

Garfield, S. L. and Kurtz, R. Clinical psychologists in the 1970s. *American Psychologist,* 1976, *31,* 1–9.

Garfield, S. L. and Kurtz, R. A study of eclectic views. *Journal of Consulting and Clinical Psychology,* 1977, *45,* 78–83.

Hoch, E. L., Ross, A. O., and Winder, C. L. (Eds.), *Professional preparation of clinical psychologists.* Washington, D.C.: American Psychological Association, 1966.

Hollingshead, A. B. and Redlich, F. C. *Social class and mental illness: A community study.* New York: Wiley, 1958.

Joint Commission on Mental Illness and Health. *Action for mental health.* New York: Basic Books, 1961.

Kiesler, D. J. Some myths of psychotherapy research and the search for a paradigm. *Psychological Bulletin,* 1966, *65,* 110–136.

Kiesler, D. J. Experimental design in psychotherapy research. In A. E. Bergin and S. L. Garfield (Eds.), *Handbook of psychotherapy and behavior change.* New York: Wiley, 1971.

Marks, I. Behavioral psychotherapy of adult neurosis. In S. L. Garfield and A. E. Bergin, (Eds.), *Handbook of psychotherapy and behavior change,* 2nd ed. New York: Wiley, 1978.

Morse, S. J. and Watson, R. I., Jr. *Psychotherapies: A comparative casebook.* New York: Holt, Rinehart, and Winston, 1977.

Pottharst, K. E. To renew vitality and provide a challenge in training—The California School of Professional Training. *Professional Psychology*, 1970, *1*, 123–130.

Raimy, V. (Ed.), *Training in clinical psychology*. New York: Prentice-Hall, 1950.

Report of the Research Task Force of the National Institute of Mental Health. *Research in the Service of Mental Health*. DHEW Publication No. (ADM) 75–236. Rockville, Md.: 1975.

Kapitel 2 Traditionelle Ansätze und Orientierungen der Psychotherapie

Wir brauchen nicht bis in die Geschichte der Heilverfahren und -praktiken zurückzugehen, um feststellen zu können, daß die Psychoanalyse, der Beitrag Sigmund FREUDS (1938), das erste logisch zusammenhängende System war, das im Bereich der Psychotherapie einen nennenswerten Einfluß ausübte. Da vermutlich den meisten Lesern die Geschichte und Entwicklung der psychoanalytischen Bewegung (FREUD, 1938) ziemlich bekannt sein dürfte, braucht darauf im einzelnen nicht eingegangen zu werden. Wir können uns statt dessen auf diejenigen Grundzüge dieses Systems konzentrieren, die sich für die Entwicklung der Psychotherapie als sehr einflußreich erwiesen haben.

Grundzüge der Psychoanalyse

FREUDS Verständnis von Psychotherapie wurde sowohl von den damaligen wissenschaftlichen und kulturellen Strömungen als auch gleichermaßen von seinen eigenen klinischen Erfahrungen und ersten theoretischen Entwürfen beeinflußt. Von besonderer Wichtigkeit waren seine Erfahrungen mit sogenannten hysterischen Patienten. Nachdem er zu Anfang die Hypnose und kathartische Methoden angewendet hatte, kam er im Laufe der Zeit davon ab und entwickelte die neuen klassischen Verfahren der Psychoanalyse. Diese Verfahren bzw. Techniken hingen natürlich sehr stark mit seinen Vorstellungen über Persönlichkeit und abnormes Verhalten zusammen. Sein Verständnis von Verdrängung, unbewußter Motivation, psychischem Determinismus und psychosexueller Entwicklung beeinflußten ganz deutlich seinen therapeutischen Ansatz.

Neurotische Symptome = Manifestation von Konflikten

Neurotische Symptome waren für ihn Manifestationen von verborgenen Konflikten, die das Individuum verdrängt hatte, weil sie quälend und störend waren. FREUD glaubte nun, gestützt auf seine Erfahrung mit früheren therapeutischen Verfahren, daß sogar augenscheinlich erfolgreiche Versuche bei der Beseitigung der Symptome des Klienten nur von kurzer Dauer wären und sich anschließend andere Ersatzsymptome bilden würden. Das wirkliche Problem war für ihn der zugrundeliegende Konflikt, und solange dieser nicht aufgedeckt und gelöst war, würde keine dauerhafte Besserung erfolgen können. Diese unbewußten Konflikte ins Bewußtsein des Klienten zu bringen, war folglich Voraussetzung für positive Ergebnisse und erforderte deshalb verschiedene Mittel und Wege. Aus psychoanalytischer Sicht war dies jedoch nicht leicht zu erreichen.

Verdrängung

Denn es kann nicht erwartet werden, daß der Klient verdrängte Gedanken, Affekte oder Triebimpulse, die bei Wiedererinnerung sehr schmerzhaft sind, ohne Schwierigkeiten von selbst in Erinnerung rufen

Abwehrmechanismen

kann. Der Klient hat dieses Material nicht nur verdrängt und verschiedene Abwehrmechanismen entwickelt, damit sie nicht ins Bewußtsein dringen, sondern scheint sich auch den Versuchen des Analytikers zu widersetzen, der ihm bei der Bewältigung seiner Schwierigkeiten helfen will. Dieser scheinbare Widerspruch läßt sich anhand der psychoanalytischen Theorie erklären. Demnach leistet der Klient bei jedem direkten Angehen seiner Probleme und Abwehrmechanismen Widerstand, weil er dies als persönliche Bedrohung erlebt. Wer psychische Energie und eine Abwehrstruktur dazu verwendet, Dinge von sich fernzuhalten, die sein Ich bedrohen, von dem kann erwartet werden, daß er alle Versuche abwehren will, die auf deren Offenlegung ausgerichtet sind, und somit auch das daraus resultierende Schmerzerlebnis vermeiden will. Solche Abwehrmanöver des Klienten zeigen sich in der Therapie, wenn er zu spät zum Behandlungstermin erscheint, die Zusammenarbeit mit dem Analytiker abblockt, die Behandlung abbricht, in der Therapie über Banalitäten sich unterhalten will und ähnliches mehr. FREUD bezeichnete solches Verhalten als Widerstand.

Widerstand

Daraus folgt zum einen, daß – wie FREUD mit gewisser Berechtigung schon vermutete – zu schnell durchgeführte Versuche, die Abwehrmechanismen aufzubrechen und das unbewußte Material zu enthüllen, traumatische Folgen haben können, und zum anderen, daß der analytische Prozeß einen längeren Zeitraum erforderlich macht. Der Zeitraum wiederum hängt vom jeweiligen Klienten, seiner individuellen Einstellung und seinen spezifischen Problemen ab.

Zeitintensität

Die Hauptmethode, die FREUD schließlich entwickelte, die freie Assoziation, ist bis heute relativ gut bekannt und kennzeichnend für die Psychoanalyse. Bei dieser Methode wird der Klient gebeten, sich auf eine Couch zu legen; der Analytiker sitzt hinter ihm und außerhalb seiner direkten Blickrichtung. Der Klient wird angewiesen, sich zu entspannen, seinen Gedanken freien Lauf zu lassen und auszusprechen, was ihm in den Sinn kommt. Dahinter steckt die Annahme, daß der Klient in diesem entspannten Zustand seine Assoziationen viel freier verbalisieren kann und diese am Ende auf seine Problembereiche hinweisen oder hinführen. Der Analytiker soll im allgemeinen so wenig wie möglich Einfluß darauf nehmen, wie der Klient die Assoziationen zustande bringt, sondern vielmehr dabei auftretendes Zögern, Blockieren und plötzlichen Wechsel der Assoziationen und ähnliches beobachten. Zum geeigneten Zeitpunkt können zwar vom Analytiker Erläuterungen und Interpretationen angeboten werden, das Hauptaugenmerk jedoch liegt auf der Produktion von Assoziationen durch den Klienten. Vor allem zu Beginn der Therapie ist es die Aufgabe des Analytikers, freie Assoziationen des Klienten zu fördern.

Die freie Assoziation

Übertragungsreaktion

Mit fortschreitender Therapie, anfangs mit meist täglich stattfindenden Sitzungen, vertieft sich die Beziehung zwischen Analytiker und Klient, und es zeigen sich beim Klienten charakteristische Antwortmuster gegenüber dem Therapeuten, die FREUD als Übertragungsreaktionen bezeichnete. Manchmal hätten Klienten, häufig Frauen, nichts dagegen, sexuelle Beziehungen mit dem Analytiker aufzunehmen – eine Situation, die

FREUD anfangs störte und überraschte. Zu anderen Zeitpunkten wiederum kann der Klient völlig entgegengesetztes Verhalten an den Tag legen und den Analytiker beschuldigen, er sei eine widerwärtige Person und an seinem Fall gar nicht richtig interessiert. Aus psychoanalytischer Sicht handelt es sich dabei seitens des Klienten um Übertragung. Er reagiert nicht tatsächlich auf die Person des Analytikers, sondern auf ihn als Ersatz- oder Vaterfigur, und zwar mit Verhaltensmustern oder Affekten, die er in der Vergangenheit gegenüber konkreten Personen nicht zeigen durfte. Somit überträgt der Klient solche Verhaltensweisen auf den Analytiker und nimmt ihn in einer persönlich gefärbten oder verzerrten Weise wahr. Obwohl dies als ein mehr oder weniger typisches Phänomen der Psychoanalyse gilt, ist es vorstellbar, daß einzelne Analytiker durch ihre eigenen Verhaltensweisen und Interaktionen in der therapeutischen Situation den Klienten beeinflussen können. Aus diesen Gründen auch ist es von Wichtigkeit, daß der Analytiker Einsicht in seine eigene Persönlichkeit hat, um sie nicht unnötigerweise in die analytische Situation einzubringen.

Positive und negative Übertragung

Selbst wenn eine positive Übertragung sicherlich dazu beitragen mag, daß der Klient zur Fortführung der Therapie angehalten wird, kann sie – sollen Fortschritte erzielt werden – nicht unbegrenzt andauern; das gleiche gilt natürlich für Fälle von negativer Übertragung. Früher oder später muß der Klient die reale Situation verstehen, und in diesem Prozeß trägt der Analytiker dazu bei, dem Klienten eine Interpretation dessen anzubieten, was sich im einzelnen ereignet. Dies ist nicht so einfach, wie es klingen mag. Denn der Klient braucht die Deutung, die ihm vom Analytiker angeboten wird, nicht unbedingt zu akzeptieren. Der Analytiker jedoch würde an dieser Aufgabe festhalten und auf eine Reihe von Assoziationen oder Vorkommnisse hinweisen, die seinen Standpunkt im Prinzip bestätigen. Wie dieser Deutungsvorgang wirklich abläuft, ist zwar nicht deutlich beschrieben worden, in psychoanalytischen Schriften wird ihm aber ein großes Gewicht beigemessen. Der Lösung von Übertragungsproblemen, der Überwindung des Widerstandes gegen die Therapie und der Aufgabe, dem Klienten Einsicht in und Verständnis für seine zugrundeliegenden Probleme zu verschaffen, wird entscheidende Bedeutung zugeschrieben. Auf die Art und Weise der Deutung werden wir folglich jetzt noch etwas näher eingehen und an anderer Stelle dieses Bandes einige allgemeine Erläuterungen hinzufügen.

Die Deutung durch den Analytiker

Relevanz und Problematik der Deutung

Die Wahl des richtigen Zeitpunkts und die Genauigkeit der Deutung im Verlauf der psychoanalytischen Therapie sind eingehend thematisiert und diskutiert worden (HAMMER, 1968). Während man eine genaue und zeitlich richtig gegebene Deutung für Verlauf und Fortschritt der Psychotherapie förderlich einschätzt, kann eine ungenaue und verfrühte Deutung nicht nur nicht konstruktiv sein, sondern möglicherweise die Therapie verlangsamen und für den Klienten von Nachteil sein. Positiv formuliert kann das bedeuten: Wenn der Klient die Deutung des Analytikers akzeptiert, dann kann er sein Bewußtsein über seine Schwierigkeiten und die sie verursachenden Probleme erweitert und einen besonders ausweglosen Punkt in der Therapie überwunden haben; die Deutung war wahrscheinlich richtig, und der Klient reagiert auf die Aktivitäten des Therapeuten positiv. Ist andererseits die Deutung fehlerhaft und zum falschen Zeitpunkt eingebracht worden, erfolgt wahrscheinlich nicht nur eine Verschlechterung der vorher erzielten Ergebnisse, es kann vielmehr auch zu einem stärkeren Widerstand des Klienten kommen und in manchen Fällen auch zu noch mehr Störungen. Die verfrühte Konfrontation des Klienten mit angstverursachendem Material, das er nicht wahrhaben will, kann also zu einer noch ernsthafteren Störung oder noch mehr Verwirrung führen. Der Klient wird im Grunde genommen mit Realitäten konfrontiert, mit denen er noch nicht fertig werden kann. Die Deutung gilt folglich als ein wichtiger Aspekt in der Psychoanalyse, der seitens des Analytikers ziemlich viel Übung und Sensibilität erfordert, damit die Therapie einen befriedigenden Verlauf nehmen kann.

Einsichtslernen und Deutung

Es gibt noch zwei weitere wichtige Aspekte und Bestandteile der psychoanalytischen Therapie: das Einsichtslernen des Klienten und die „Aufarbeitung". FREUD sah im Einsichtslernen und im Verständnis der zugrundeliegenden Schwierigkeiten eine für die Besserung des Klienten wesentliche Voraussetzung. Obwohl man damit einen ziemlich langwierigen und schwierigen Prozeß verbindet, gilt er als wesentlich für eine tatsächliche Besserung. Nur wenn der Klient versteht, was sich hinter seinem gestörten Verhalten verbirgt, wird es ihm allmählich möglich werden, sein Verhalten konstruktiver zu gestalten. Anstelle von Reaktionsformen, die durch Mißverständnisse und verzerrte Erfahrungen zustandegekommen sind, kann er nun adäquater und wirklichkeitsnaher reagieren. Genauso wie der Klient sich zu seinem Analytiker verhalten kann, als sei dieser sein Vater, so können viele der gegenwärtigen Verhaltensweisen außerhalb der therapeutischen Situation nicht durch die gegenwärtigen Realitäten, sondern durch frühere Erfahrungen determiniert sein. Indem diese zurückliegenden und verdrängten Erlebnisse allmählich aufgedeckt werden und der Klient sie zu interpretieren lernt, kann er sein Selbstbewußtsein erhöhen und allmählich ausgewogener und realitätsbezogener reagieren. Eine wichtige Hilfe für den Klienten, damit er sein Verhalten verstehen lernt, sind die Deutungen des Analytikers sowohl zu den in Erinnerung gerufenen Träumen als auch zu den Assoziationen und Verhaltensweisen, die sich in der Therapie offenbaren. Auch hier ist die Einsicht bedeutsamer und kommt bereitwilliger zustande, wenn der Klient darauf gut vorbereitet wird und die Deutungen des Analytikers angemessen gegeben werden.

Einsichtslernen und Aufarbeitungsprozeß

Schwieriger ist der „Prozeß der Aufarbeitung" zu beschreiben, der in den darauf folgenden Stufen der Therapie stattfindet. Im Gegensatz zu manchen Meinungen werden Einsichten in der Regel nicht in dramatischen „Aha-" oder „Heureka-"Erlebnissen gewonnen. Bis der Klient die Einsicht voll akzeptiert und integriert hat, bedarf es vielmehr eines beständigen und wiederholten Lernens oder einer Reihe von damit zusammenhängenden Wahrnehmungen und Einsichten (WOLBERG, 1954). Das in der Therapie gewonnene Wissen muß aufgearbeitet und aufgenommen werden. Daraus läßt sich schlußfolgern, wie wichtig es für den therapeutischen Prozeß ist, welchen Eindruck der Klient vom Analytiker hat und wie überzeugend dieser ist.

Bedeutung der Psychoanalyse

Bisher wurden einige Hauptkonzepte und -verfahren des von FREUD entwickelten psychoanalytischen Systems beschrieben. Es war die erste, wirklich zusammenhängende und systematische Psychotherapieform, und obwohl anfänglich von FREUDS Medizinkollegen nicht besonders anerkannt, wurde sie bald zur einflußreichsten Psychotherapieschule. FREUD gewann nicht nur viele eifrige Anhänger in allen Teilen der Welt, und es wurden nicht nur Institute, Zeitschriften und Organisationen gegründet, um der Bewegung größere Einheit und Durchschlagskraft zu verleihen – es gab keine vergleichbaren Systeme, die mit der Psychoanalyse konkurrieren konnten. Die meisten Orientierungen, die bekannt wurden, waren tendenziell die Ergebnisse der ersten FREUD-Schüler, wobei mir scheint, daß keiner von ihnen ein so zusammenhängendes System wie FREUD anzubieten hatte und die Organisationsfähigkeit FREUDS besaß. Außerdem war FREUD ein intelligenter Kliniker und Beobachter sowie ein ausgezeichneter Schreiber, und sein System dominierte ganz klar über mehrere Jahre hinweg. Obwohl der Höhepunkt der psychoanalytischen Denkrichtung etwa 1960 erreicht zu sein schien, spiegeln sich in vielen gegenwärtigen Psychotherapien analytische Schwerpunkte wider; und wie wir später noch diskutieren werden, sind offensichtlich eine Reihe FREUDscher Beobachtungen und Formulierungen für das Verständnis des psychotherapeutischen Prozesses wertvoll.

Psychoanalytische Schulen

Schüler FREUDS: JUNG und ADLER

Einige der ersten Schüler FREUDS und Anhänger der Psychoanalyse spalteten sich später von der Hauptströmung der Psychoanalyse ab; darunter waren einige, die in der Geschichte der Psychotherapie eine wichtige Rolle spielen. Dennoch ging auf diesem Gebiet von keinem ein so langanhaltender Anstoß und Einfluß wie von FREUD aus. Weder JUNG noch ADLER, wohl die bekanntesten unter den ersten Schülern FREUDS, die später ihre eigenen Wege gingen, waren so einflußreich wie FREUD. Darüber hinaus waren deren Interessen weiter gespannt und nicht primär nur auf therapeutische Prozesse bezogen.

HORNEY und SULLIVAN

In den USA gilt ähnliches für HORNEY (1939) und SULLIVAN (1953). Zuerst war SULLIVANS Einfluß zwar auf seine Schüler beschränkt; dann aber verschafften ihm seine posthumen Schriften eine relativ kleine Gruppe von Psychotherapeuten als Anhängerschaft. Aufgrund ihrer Schriften war HORNEY bekannter; in ihren Arbeiten thematisierte sie jedoch relativ allgemein die Persönlichkeit und die Neurosen und viel weniger psychotherapeutische Techniken. Obwohl auch SULLIVAN und HORNEY einige Anhänger gewinnen konnten, konnte ihre Arbeit den Einfluß der Psychoanalyse auf dem Gebiet der Psychotherapie keineswegs zurückdrängen. Eine Reihe von praktizierenden Psychotherapeuten mag vielleicht einige ihrer Ansichten und Verfahren gewissermaßen als Ergebnis solcher neuerer Standpunkte modifiziert haben – besonders dadurch, daß sozialen Faktoren für gestörtes Verhalten größere Bedeutung zugeschrieben und die Beziehung zwischen dem Therapeuten und dem Klienten stärker betont wurde –, die klassischen analytischen Verfahren jedoch schienen davon nicht berührt zu werden. Keine dieser neuen Strukturen oder Systeme konnte FREUDS Ansatz vollständig ersetzen. Wie diese neueren Ansätze bewirkten auch noch andere Faktoren einige Änderungen, sie implizierten aber keine signifikante Modifikation der klassischen therapeutischen Konzepte. So folgten beispielsweise viele Therapeuten, die zu den offiziellen Ausbildungsinstituten für Psychoanalyse nicht zugelassen wurden oder sich dort nicht ausbilden lassen wollten, nicht den orthodoxen psychoanalytischen Verfahren. Sie baten ihre Klienten nicht auf eine Couch oder zu fünf therapeutischen Behandlungen pro Woche. Statt dessen hatte der Klient auf einem Stuhl Platz zu nehmen, und pro Woche wurden zwei oder drei Sitzungen oder sogar nur eine verabredet, wenn der Therapeut gerade Zeit hatte oder weil sich der Klient nur wöchentliche Besuche leisten konnte. Manchmal können sich offensichtlich Praxiszwänge über strenge theoretische Standpunkte hinwegsetzen.

Modifikationen der klassischen Vorgehensweisen

Wenngleich es zu manchen methodischen Modifikationen kam und einige theoretische Standpunkte und Ansätze sich änderten, wurden nichtsdestotrotz viele grundlegende Postulate FREUDS, wie zum Beispiel das von den verdrängten unbewußten Konflikten, von Übertragung und Widerstand und die wichtige Rolle von Deutung und Einsicht in die Psychotherapie, von den sogenannten psychodynamischen Psychotherapeuten beibehalten. HORNEY beispielsweise setzte FREUDS Hervorhebung biologischer Faktoren sowohl bei der Entstehung von Neurosen als auch in bezug auf die psychosexuelle Entwicklung und die Persönlichkeit der Frau eine Betrachtung entgegen, die soziale Faktoren betonte; dennoch akzeptierte sie seine Auffassung über unbewußte Motivation und internalisierte Konflikte als wichtige Faktoren bei neurotischen Störungen. Ähnliches gilt für SULLIVAN, der zwar in verschiedenen Fragen nicht mit FREUD übereinstimmte und einige eigene Konzepte und Termini entwickelte, trotzdem aber auch eine grundlegend psychodynamische Position bei Persönlichkeitsstörungen einnahm. Bis zu diesem Grade wiesen deshalb diese Positionen trotz aller Unterschiede eine prinzipiell gleiche Basis auf. Die meisten Beispiele sprachen für eine Form der Materialgewinnung im therapeutischen Prozeß, die erreichen sollte, daß verdrängtes Material ins Bewußtsein gebracht wird und der Klient Einsicht erhält. Mochten auch die verschiedenen Gruppen in ihren Deutungen nicht übereinstimmen und auch die jeweils entsprechenden Einsichten differieren, so schienen doch die tatsächlichen therapeutischen Prozesse und Verfahren ähnlicher zu sein als anderweitig. Mögen sich manche Therapeuten auch als Freudianer, als Anhänger von SULLIVAN oder der interpersonalen Therapie, manche wiederum als Schüler von HORNEY bezeichnen, so haben sie doch alle den gemeinsamen Bezugspunkt, daß sie Analytiker sind bzw. eine psychoanalytisch oder psychodynamisch orientierte Psychotherapie durchführen. Sie würden in den meisten Fällen auch die sogenannte stützende Therapie von

Gleiche Basis und grundlegende Postulate

der mehr aufdeckenden oder Einsicht verschaffenden Therapie unterscheiden, die für fast ihre gesamte eigene klinische Arbeit charakteristisch ist.

Eklektizismus und analytische Konzepte

Wir haben an dieser Stelle einen allgemeinen Überblick über psychoanalytische und psychodynamische Theorien gegeben, weil diese Ansätze auf Theoriebildung und Praxis im Bereich der Psychotherapie einen entscheidenden Einfluß ausgeübt haben. Viele dieser Konzepte haben bei Therapeuten Verwendung gefunden, die sich selbst als eklektische Therapeuten bezeichnen könnten. Außerdem machen analytisch orientierte Therapeuten zweifellos einen signifikanten Prozentsatz aller ausgebildeten Therapeuten aus. Und in der Zeit nach dem zweiten Weltkrieg nahmen die Vertreter dieser Orientierung in vielen psychiatrischen Abteilungen und in Clinical Psychology Programs führende Positionen ein. In einer Untersuchung über die Klinischen Psychologen in den USA aus dem Jahre 1960 beispielsweise wurde festgestellt, daß sich 41 Prozent der erfaßten Stichprobe als Schüler FREUDS, als Vertreter der Neopsychoanalyse oder der Position von SULLIVAN bezeichneten (KELLY, 1961). Auf einige dieser psychodynamischen Konzepte und Verfahren werden wir auch in den nachfolgenden Diskussionen über den psychotherapeutischen Prozeß immer wieder zurückkommen.

Klinische Psychologen und Psychoanalyse

Der klientenzentrierte Ansatz

Ein von der Psychoanalyse etwas divergierender Beitrag kommt von Carl ROGERS, einem allgemein bekannten Klinischen Psychologen, und der klientenzentrierten Schule. ROGERS wurde Ende der dreißiger Jahre mit den traditionellen Ansätzen der Psychotherapie unzufrieden und entwikkelte seine eigene Methode, die er zuerst „nichtdirektive“ Beratung und Psychotherapie nannte (ROGERS, 1942). Ein danach folgendes Buch hieß „Klientenzentrierte Psychotherapie“, und diese Bezeichnung hat sich für diese spezifische Orientierung durchgesetzt (ROGERS, 1951).

Statt Helferrolle: Selbstexploration der Klienten

An dieser Stelle verdienen einige Akzentsetzungen seines Ansatzes eine Würdigung. Auslösend war, daß ROGERS die äußerst traditionelle „Experten“-Rolle des Psychotherapeuten zurückwies. Aufgrund ihrer Ähnlichkeit mit der allgemein bekannten Rolle von Medizinern und Rechtsanwälten könnte der Klient auch vom Therapeuten erwarten, daß er etwas für ihn tut oder ihm sagt, was er tun soll. Geht man jedoch von der Annahme aus, daß der Klient selbst die Fähigkeit zur Selbstexploration und Veränderung besitzt, bedeutet die traditionelle Helferrolle eher ein Hindernis dafür, diesen Prozeß sichtbar werden zu lassen und zu erleichtern. Hier liegt ein Grund dafür, daß ROGERS seine Therapie als nichtdirektiv bezeichnete, in späteren Veröffentlichungen weniger die Therapietechniken betonte und statt dessen auf die Persönlichkeit des Therapeuten und die Fähigkeit des Klienten, sich zu entfalten, besonderes Gewicht legte. In gewisser Hinsicht trug er auch dazu bei, größeres Augenmerk auf die Gefühle der an der Therapie Beteiligten anstelle von Einsichtslernen und Kognitionen zu legen.

In letzter Zeit sind hauptsächlich die therapeutischen Bedingungen herausgestellt worden, die für eine positive Entwicklung und Veränderung in der Psychotherapie notwendig sind (TRUAX/CARKHUFF, 1967; TRUAX/MITCHELL, 1971). Zwar hat ROGERS auch weiterhin die potentielle Fähigkeit des Einzelnen zur Selbstentfaltung betont, in Wirklichkeit aber waren es charakteristische Merkmale des Therapeuten, die als die grundlegenden therapeutischen Bedingungen im Vordergrund standen. Anfangs sechs aufgelistete Bedingungen (ROGERS, 1957) wurden zu dreien zusammengefaßt, die die meiste Beachtung und das meiste Forschungsinteresse fanden: Empathie, nonpossessive Wärme und Echtheit bzw. Selbstkongruenz. Aus klientenzentrierter Sicht handelt es sich hier um die hinreichenden und notwendigen Bedingungen für eine Änderung mittels Psychotherapie. Ein Therapeut mit diesen Eigenschaften wird eine Persönlichkeitsänderung und Selbstexploration seitens des Klienten erleichtern; Therapeuten hingegen, denen diese Qualitäten fehlen, können nicht nur Fortschritte der Therapie in Frage stellen, sondern tatsächlich zu einer Verschlechterung beim Klienten führen (ROGERS et al., 1967).

Empathie, Wärme, Echtheit

Theoretisch anders orientierte Therapeuten haben ROGERS manchmal kritisiert, weil er zu verstehen gab, daß sich nur sein Ansatz auf den Klienten konzentrieren würde. Es stimmt aber tatsächlich, daß ROGERS' Ansatz in gewisser Hinsicht Unterschiede aufweist. ROGERS vertraut auf die in jedem Menschen vorfindbare Entwicklungsfähigkeit und hat sich bemüht, jedes direkte Vorgehen, wie zum Beispiel Verhaltensweisen des Klienten zu mißbilligen oder in irgendeiner Weise Ratschläge zu erteilen, zu vermeiden. Die Aufgabe des Therapeuten besteht darin, auf die Mitteilungen und die dahinter verborgenen Gefühle des Klienten sorgfältig, sensibel und einfühlsam zu antworten. Auch andere therapeutische Positionen haben die Relevanz von Empathie, Wärme und Echtheit des Therapeuten erwähnt, in keiner jedoch wird diesen Bedingungen wie in der klientenzentrierten Schule ein solch zentraler Stellenwert zugeschrieben. Auch fanden nirgendwo so intensive Untersuchungen und Forschungen statt, die für diese Orientierung charakteristisch ist. In diesem Zusammenhang verdienen einige bemerkenswerte Beiträge von ROGERS und seinen Nachfolgern Erwähnung, wie zum Beispiel die schon früh vorgenommene systematische Erforschung der Psychotherapie, zu Forschungszwecken die Einführung von Bandaufnahmen bei therapeutischen Sitzungen und der allgemeine Nachdruck, der auf die Forschung und ihre Wichtigkeit zur Verbesserung der psychotherapeutischen Praxis gelegt wurde. Sie waren in vielerlei Hinsicht bedeutende Pioniere in der doch sehr langwierigen und schwierigen Psychotherapieforschung. Jedenfalls hat die durch die klientenzentrierte Schule in den Vordergrund gestellte Relevanz, die den Eigenschaften des Therapeuten bei seinen Interaktionen mit dem Klienten in Hinblick auf Therapiefortschritte zukommt, für alle Psychotherapeuten allgemeine Bedeutung.

Pioniere der Therapieforschung

Kognitive und verhaltensorientierte Ansätze

Zu den neueren Beiträgen im psychotherapeutischen Bereich zählen verhaltensorientierte und kognitive Therapien. Der verhaltensorientierte Ansatz ist wahrscheinlich die wichtigste neuere Entwicklung in der Psychotherapie; sie hat ihren Ursprung in den Konditionierungsuntersuchungen von PAWLOW sowie in den später folgenden Entwicklungen der Lerntheorie. Während man vor allem in Europa dazu tendiert, zwischen Psychotherapie und Verhaltenstherapie zu differenzieren und damit andeutet, daß entweder die eine oder die andere Therapie durchgeführt wird, finden sich in den USA ziemlich viele Psychotherapeuten, die dazu neigen, Verfahren aus beiden Ansätzen anzuwenden (GARFIELD/KURTZ, 1977). Im vorliegenden Buch betrachten wir die Verhaltenstherapie als eine Methode oder Form der Psychotherapie.

Ausgangspunkt: Lerntheorie

Der verhaltensorientierte Ansatz enthält Akzente, die sich von den bisher erwähnten, eher traditionellen Methoden in mancherlei Hinsicht recht stark unterscheiden. Im Gegensatz zu den psychodynamischen Orientierungen legen die Verhaltenstherapeuten in ihrer Begrifflichkeit keinen Wert auf unbewußte Motive und Konflikte und wollen im allgemeinen mit solchen abgeleiteten hypothetischen Konstrukten nichts zu tun haben. Ihre Betonung liegt vielmehr, wie der Name schon sagt, nachdrücklich auf dem Verhalten. Die offenkundigen Schwierigkeiten von Klienten sollen nicht als Symptome für zugrundeliegende Konflikte aufgefaßt werden, sondern als das, was sie faktisch sind: gestörte bzw. abweichende Verhaltensmuster. Diese Verhaltensmuster werden ferner als gelernt angesehen, und zwar als Ergebnis falschen Lernens. Man habe Ängste, Phobien, Zwänge und Vermeidungsverhalten erlernt – und was man durch Lernen erworben hat, könne man auch durch die spezifische Anwendung von Lernprinzipien modifizieren. Im Prinzip kann alles, was gelernt worden ist, wieder verlernt werden. Und es besteht keine Veranlassung dazu, bei persönlichen Schwierigkeiten unbewußte Mechanismen und ähnliches mehr zu postulieren, wenn man mit Hilfe von Lernprinzipien viel einfacher und ökonomischer mit ihnen umgehen kann. Die Verhaltenstherapie beruht folglich auf Annahmen und Ansichten, die sich von denen psychodynamischer Psychotherapeuten ziemlich stark unterscheiden.

Abweichendes Verhalten = gelerntes Verhalten

Auch zwischen den Sichtweisen der klientenzentrierten Therapeuten und den Verhaltenstherapeuten gibt es offensichtlich einige wichtige Unterschiede. Bei beiden Ansätzen spielt der Theorie nach der Therapeut eine ganz unterschiedliche Rolle. In der Verhaltenstherapie übernimmt der Therapeut ganz klar die Rolle des sachkundigen Helfers. Im allgemeinen läuft die Therapie unter Anleitung des Verhaltenstherapeuten ab, wobei er sich vom Klienten sowohl eine umfassende Schilderung seiner gegenwärtigen Beschwerden als auch des anfänglichen Auftretens des störenden Verhaltens und der Bedingungen, unter denen seine Verhaltensweisen (Symptome) verstärkt auftreten und ähnliches mehr erzählen läßt. Er kann dem Klienten Anweisungen geben, wie man sich entspannt, eine Liste mit

Unterschiede zwischen Verhaltenstherapie und klientenzentrierter Therapie

Entspannungsübungen für zu Hause aufstellen, ihn anleiten, wie man sich in Gedanken bestimmte Erlebnisse vorstellt und ihm dabei helfen, eine Hierarchie angstauslösender Situationen aufzubauen. In dieser Rolle gleicht der Verhaltenstherapeut sehr stark dem Arzt und anderen sachkundigen Helfern, und er verhält sich keineswegs nichtdirektiv.

Spezifische Therapiepläne

Die Verhaltenstherapie hat dazu beigetragen, eine gründliche Analyse der Klientenprobleme in den Mittelpunkt zu stellen und einen Therapieplan bzw. Plan zur Abhilfe zu entwickeln, der auf den spezifischen Fall zugeschnitten ist. Im Gegensatz zu klientenzentrierten und psychodynamischen Therapieschulen hat sie der Persönlichkeit bzw. Persönlichkeitseigenschaften des Therapeuten relativ wenig Aufmerksamkeit geschenkt. Therapeutenvariablen wie Echtheit, Empathie und Wärme werden von den Verhaltenstherapeuten nur selten beachtet, außer man hält sie zum Zwecke positiver Verstärkung für erforderlich; dann aber geschieht es unter Bezug auf Lerntheorien und wird somit unterschiedlich wahrgenommen. Wenngleich solche therapeutische Bedingungen bzw. Therapeutenvariablen im verhaltensorientierten Denkmuster nicht besonders betont werden, darf man nicht annehmen, daß den Verhaltenstherapeuten solche Eigenschaften fehlen oder sie in kalter und mechanistischer Weise therapieren. In den meisten Fällen ist das jedenfalls nicht so, und in einer Untersuchung, in der diese mit dem Therapeuten zusammenhängenden Bedingungen bei einer Gruppe von Psychoanalytikern und einer Gruppe von qualifizierten Verhaltenstherapeuten bewertet wurden, zeigte sich nicht nur bei beiden Gruppen in bezug auf diese Bedingungen ein relativ hohes Level. In manchen Variablen lagen die Verhaltenstherapeuten sogar höher als ihre psychoanalytisch orientierten Kollegen (Sloane et al., 1975). Wie wir schon an früherer Stelle erwähnt haben, ist es also wichtiger, den Therapeuten daraufhin zu betrachten, was er tatsächlich tut und nicht, was er darüber zum Besten gibt.

Echtheit, Empathie und Wärme bei Verhaltenstherapeuten

Systematische Beschreibung und Beurteilung des Problemverhaltens

Ein bedeutender Beitrag der Verhaltenstherapie ist in ihrem Versuch zu sehen, die Schwierigkeiten ihrer Klienten systematisch zu beurteilen, das Problem mit verhaltensorientierten Begriffen möglichst exakt zu beschreiben und danach für den jeweiligen Klienten ein spezifisches Therapieprogramm zu entwerfen. Man kann folglich sagen, daß die Tätigkeit des Therapeuten stärker als in den meisten anderen Therapieschulen von dessen Beurteilung festgelegt wird, welche Schritte bei jedem einzelnen Fall jeweils zu unternehmen sind. Während ein klientenzentrierter Therapeut dem Klienten aufmerksam zuhört und immer versucht, Empathie, Wärme und Echtheit – die wesentlichen Kennzeichen des Therapeuten – auszudrücken oder zu übermitteln, würde der Verhaltenstherapeut, nachdem er die Probleme des Klienten analysiert hat, entscheiden müssen, welche spezifischen Verfahren zur Anwendung kommen sollen. Dabei mag er zwar bestimmte Verfahren, wie zum Beispiel Entspannung und systematische Desensibilisierung, bei sehr vielen Fällen vorziehen, die jeweiligen Angsthierarchien jedoch, die dabei zumeist Verwendung finden, würde er häufig für den einzelnen Klienten neu entwickeln. In Abhängigkeit vom jeweiligen Problem können außerdem noch andere Techniken,

Nach Verhaltensanalyse: Entscheidung über Methodeneinsatz

wie Verhaltenstraining (behavioral rehearsal), Assertive Training und ähnliches zum Einsatz kommen. Die Therapieaufgaben und die Bewertung von Fortschritten sind durch verhaltenstheoretische Begriffe viel klarer definiert und folglich für den Klienten auch viel verständlicher; auch können sie schneller und exakter bewertet werden. Diese angeführten Akzentsetzungen werden von vielen Therapeuten mit anderen Orientierungen, vor allem psychodynamischen, humanistischen und kommunikativ-orientierten (relationship-oriented) Therapeuten nicht besonders anerkannt, selbst wenn sich diese Lage zu ändern scheint (BIRK/BRINKLEY-BIRK, 1974; FEATHER/RHOADS, 1972; MARMOR, 1971). Die ausgeprägten Forschungsanstrengungen der Behavioristen, die Veröffentlichung positiver Forschungsergebnisse und die im Vergleich zu vielen anderen Therapien relativ kurze Behandlungsdauer haben zu dem Einfluß beigetragen, den die Verhaltenstherapie zur Zeit innerhalb der Psychotherapie besitzt.

Steigender Einfluß der Verhaltenstherapie

Von einigem Interesse ist in diesem Zusammenhang auch die neuerdings zu verzeichnende Entwicklung kognitiver Akzente in verschiedenen psychotherapeutischen Ansätzen. Beispielhaft dafür sind die rational-emotive Psychotherapieschule von Albert ELLIS (1962) und der kognitive Ansatz, der kürzlich von A. T. BECK (1976) beschrieben wurde. In diesen und ähnlichen Ansätzen vermutet man die Ursachen von gestörtem Verhalten in irrationalen Denkweisen und Kognitionen des Klienten. Der Klient ist unglücklich oder deprimiert, weil er einen falschen Denkansatz hat. Dies führt dazu, daß er sich und anderen gegenüber falsche Erwartungen hat und seine Erwartungen folglich zu Mißerfolg und Traurigkeit führen. Damit eine Besserung erfolgen kann, müssen falsche oder verzerrte Überzeugungen aufgegeben und wirklichkeitsbezogenere erworben werden. Im Vergleich zu den meisten anderen Ansätzen der Psychotherapie wird somit Kognitionen hier eine relativ starke Bedeutung beigemessen. Demzufolge unterscheiden sich auch die eigentliche Rolle des Therapeuten und seine Methode von denen anderer Therapieorientierungen. Ein rational-emotiver Therapeut lenkt im Gegensatz zur FREUDschen Methode die Aufmerksamkeit des Klienten aktiver direkt auf irrationale Überzeugungen und auf die Notwendigkeit, sich davon selbst zu befreien. Der Klient kann auch verschiedene andere Instruktionen und Anleitungen erhalten, die Vorschläge dazu enthalten, wie er sich außerhalb der Beratungssituation bei bestimmten Aktivitäten im konkreten Alltag verhalten soll. Die Unterschiede zwischen solchen kognitiven und dem klientenzentrierten Standort zugehörigen Therapeuten sollten nun soweit sichtbar geworden sein, daß wir keine weiteren Erläuterungen mehr brauchen.

Kognitive Akzentsetzung: ELLIS und BECK

Modifikation irrationaler Überzeugungen

Es hat zwar den Anschein, als seien kognitive Therapien unabhängig und offensichtlich aus Unzufriedenheit mit der Effektivität der analytisch orientierten Therapie entwickelt worden. In den letzten Jahren jedoch ist es, so scheint mir, in mancherlei Hinsicht zur Annäherung und Vermischung mit verhaltensorientierten Therapien und Methoden gekommen. Dementsprechendes wird über die rational-emotive Therapie oder die

Rational-emotive Therapie

Kognitive Verhaltenstherapie

kognitive Verhaltenstherapie berichtet (MEICHENBAUM, 1977), und die Anwendung und der Nutzen verhaltensorientierter Verfahren wird unter anderem von BECK (1976) ganz klar zugegeben. Einige Verhaltenstherapeuten haben in Untersuchungen verhaltensorientierte und kognitive Verfahren der Psychotherapie miteinander verglichen und sich neue Methoden ausgedacht, in denen sie Aspekte der Verhaltenstherapie und der kognitiven Therapie miteinander verbinden wollen (GOLDFRIED, 1971; MAHONEY/ARNKOFF, 1978; MEICHENBAUM, 1972). Diese Forschungen sind zu einem großen Teil in ihrer Aussagekraft dadurch begrenzt, daß sie auf einer geringen Zahl von Versuchspersonen und zudem nur auf College-Studenten basieren. Dennoch ist die Arbeit insofern interessant und innovativ, weil darin versucht wird, Verfahren zweier unterschiedlicher Orientierungen zu kombinieren. Sie verweist auf die Möglichkeit, in systematischer Form Verfahren aus mehr als einer Psychotherapieschule stammend zu benutzen und dadurch die Effektivität der Psychotherapie zu verbessern. Weitere Vorstellungen in dieser Richtung beginnen sich auch bereits in der Literatur niederzuschlagen (FEATHER/RHOADS, 1972; WACHTEL, 1977; WOODY, 1968).

Kombination von Methoden

Sonstige Ansätze

Die bisher diskutierten Methoden und Ansätze sowie die Orientierungen, von denen sie abgeleitet worden sind, scheinen mir sowohl in theoretischer als auch methodischer Hinsicht zu den wichtigsten zu zählen, die auf dem Gebiet der Psychotherapie entwickelt worden sind. Bevor wir weiter über sie diskutieren, wollen wir jedoch auf einige andere Ansätze kurz eingehen, die – wie mir scheint – auf die psychotherapeutische „Szene", zumindest aus professioneller Sicht, weniger Einfluß ausgeübt haben. Sie werden hier in einem Abschnitt gemeinsam abgehandelt, wodurch der Anschein erweckt werden könnte, als handle es sich um irgendwie ähnliche Akzente – obwohl sich einige davon stark voneinander unterscheiden; vielleicht haben auch fehlende Sachkenntnis und Trugschlüsse meinerseits zu dieser Sichtweise beigetragen.

Humanistische und existentialistische Therapie

Eine dieser Entwicklungen ist die humanistische und existentialistische Psychotherapie. Oft stehen hinter solchen Begriffen keine präzisen Definitionen und sagen jedem etwas anderes. Im vorliegenden Fall handelt es sich mehr um philosophische Betrachtungen über den Menschen und seine alltägliche Existenz und weniger um Techniken und empirische Befunde. BINSWANGER (1956), FRANKL (1965) und MAY (1958) sind repräsentative Vertreter dieses Standpunkts. In der Regel setzen sich solche Abhandlungen mit der menschlichen Existenz und individuellem Erleben der gegenwärtigen Realität, wie man also im Hier und Jetzt lebt und mit dieser Welt interagiert, auseinander; in einigen jedoch, insbesondere bei FRANKL (1965), werden auch spezifische Therapietechniken diskutiert, die trotz anderer Bezeichnung sehr stark den Techniken ähneln, wie sie von einem doch äußerst unterschiedlichen Ansatz wie der Verhaltenstherapie beschrieben werden (GARFIELD, 1974).

Erleben im Hier und Jetzt

Obwohl auch einige klientenzentrierte Therapeuten ziemlich viel Nachdruck auf die unmittelbare Selbstwahrnehmung des Klienten bzw. den Prozeß des „Experiencing" (GENDLIN, 1961) gelegt haben, ist diese Akzentsetzung am typischsten für Existentialisten. Tatsächlich stellte sich in einer Untersuchung, in der klientenzentrierte Therapeuten mit anderen Orientierungen verglichen wurden, auch heraus, daß ihre Ansichten denen einer eklektischen Therapeutengruppe ähnlicher waren als die von humanistischen oder existentialistischen Therapeuten (GARFIELD/KURTZ, 1975; 1976). Eine gewisse Ähnlichkeit liegt jedoch in bezug auf die allgemeine Bedeutung vor, die der bewußten Wahrnehmung der eigenen Gefühle und Erlebnisse und dem „being in touch with them" zugeschrieben wird. Aufgrund der existenzphilosophischen Orientierung und des Nachdrucks, der auf solche Konzepte wie „Existenz" und „Dasein" liegt, scheint sich dieser Ansatz hauptsächlich an relativ gebildete und kulturell interessierte Klienten zu wenden, die diese Philosophie teilen. Dies ist allerdings nur eine Vermutung von mir, da mir in dieser Richtung keine Untersuchungen bekannt sind.

Experiencing

Existenz und Dasein

Eine davon etwas unterschiedliche Entwicklung finden wir in der Gestalttherapie und Encounter-Bewegung vor. Wir führen sie hier wegen ihrer besonderen Betonung der freien Äußerung von Emotionen und der alltäglichen Realität des Hier und Jetzt auf. Besonders bei der Variante des Gruppen-Encounter, auch Marathon-Gruppe genannt, die ohne Unterbrechung über einige Tage hinweg oder ein Wochenende lang stattfindet, liegt eine starke Betonung auf den emotionalen Interaktionen. Emotionen und Affekte sollen frei geäußert werden können. Der Ablauf dieser Therapien bzw. Interaktion in der Gruppe kann die Wahrscheinlichkeit emotionaler Äußerungen und „Ansteckung", das Charakteristikum vieler solcher Gruppen, erhöhen. Gleichzeitig versucht der Therapeut oder Gruppenleiter offensichtlich, solche emotionale Erregungen und Äußerungen zu stimulieren und zu fördern, wobei es allerdings in dieser Beziehung zwischen den einzelnen Therapeuten Unterschiede gibt (LIEBERMAN/YALOM/MILES, 1973).

Gestalttherapie und Encounter

Gruppen-Encounter

Emotionale Akzente

Man streitet sich zwar noch darüber, ob man Encounter- und Marathongruppen überhaupt zur Psychotherapie zählen kann oder ob sie lediglich eine gruppenfördernde Aktivität für „normale" Personen sind. Bei einer beträchtlichen Anzahl professioneller Psychotherapeuten findet diese Art von Aktivität jedoch Anwendung. Auch eine ganze Reihe von Personen mit verschiedenen Formen psychischer Schwierigkeiten suchen solche Gruppen auf, weil sie dadurch deren Bewältigung erhoffen. Darüber hinaus gibt es noch andere Gründe, warum wir dieser Entwicklung hier Aufmerksamkeit schenken. Wir haben schon angeführt, daß der Äußerung von Emotionen und Gefühlen große Bedeutung beigemessen wird. Affekte sind ein wichtiger Teil menschlicher Existenz und scheinen eine wichtige Rolle bei verschiedenen Formen von Anpassungsschwierigkeiten zu spielen. Genauso dürften sie bei den Bemühungen des Therapeuten zur Behebung dieser Schwierigkeiten nicht unerhebliche Wirkungen zeitigen. Denn bloßes Reden ist nicht unbedingt schon eine Therapie, und in vielen

Ist Encounter eine Therapie?

Zentrale Bedeutung von Emotionen

Veröffentlichungen der Psychoanalyse ist darauf verwiesen worden, daß beim Klienten lediglich intellektuelles Verstehen und Einsehen nicht sehr effektiv zu sein scheint (ALEXANDER/FRENCH, 1946; WOLBERG, 1954). Soll in der Psychotherapie Entwicklung stattfinden, muß der Klient anscheinend auch emotional involviert werden. Andernfalls wird Therapie zu einer primär kognitiven Übung gemacht. Der Nachdruck, der bei der Encounter-Bewegung und damit verwandten Aktivitäten auf die emotionalen Erscheinungen gelegt wird, scheint somit von einigem Wert zu sein. Dies gilt selbst für den Fall, daß man glaubt, dieser Nachdruck allein würde nicht ausreichen, sei übertrieben oder in manchen Fällen möglicherweise sogar gefährlich.

Marathongruppen

Ein weiterer Aspekt des Marathonverfahrens verdient Erwähnung und betrifft mögliche Vorteile, die zumindest theoretisch daraus folgen können, daß man ja eine massierte Therapieform anwendet. Man muß zu Recht fragen, ob nicht die mutmaßlich starken emotionalen Interaktionen und Ausdrucksformen in den Marathongruppen vor allem dadurch zustande kommen, daß sie über einen längeren Zeitraum kontinuierlich erfolgen. Denn in den konventionelleren Therapieformen kann der Klient vielleicht ein- oder zweimal pro Woche für je etwa 50 Minuten interagieren. Aufgrund dieser kürzeren und unterteilten Therapieabschnitte könnte die Interaktion weniger intensiv sein und deshalb die Therapie weniger emotionale Erregung verursachen. Obwohl diese Vermutung rein spekulativ ist, scheint sie doch auch plausibel zu sein. In dieser Richtung wurden auch von FREUD Überlegungen angestellt. Er zog den Schluß, daß tägliche Treffen von Analytiker und Klient erforderlich sind, damit ein maximaler Nutzeffekt erreicht werden kann. Andererseits sind viele Therapeuten der Meinung, daß die Überprüfung dessen, was in der Therapie gelernt wurde, und die Integration des Gelernten seine Zeit braucht. Die zu diesem Problem vorliegenden Forschungsergebnisse sind wenig überzeugend (BEDNAR/KAUL, 1978).

Bewertung der verschiedenen Ansätze

Viele Therapievarianten

Wer sich zum ersten Male mit Psychotherapie beschäftigt, dürfte gelegentlich über die Menge an Psychotherapieformen verblüfft sein, die alle für sich Anspruch auf Erfolg erheben und auf unterschiedlichen Wegen zum gleichen Ziel kommen wollen. Über die bereits erwähnten Psychotherapien hinaus gibt es zahlreiche andere Varianten, die aber notgedrungen hier nicht aufgeführt werden können (BINDER/BINDER/RIMLAND, 1976; BRY, 1972; HARPER, 1975; MORSE/WATSON, 1977). Wie soll man aus diesem weit gefächerten Angebot eine Auswahl treffen? Wie soll man wissen, welche dieser Psychotherapien die beste ist? Gäbe es einen umfassenden und standardisierten Test, mit dem sich alle Psychotherapien anhand eines gemeinsamen Kriteriums an vergleichbaren Personengruppen vergleichen ließen, hätte man auf diese Fragen wenigstens einige mögliche Antworten zur Hand. Einen solchen Test gibt es aber nicht. Und es existiert keine

Agentur wie etwa die Federal Food and Drug Administration, um Stärken und möglicherweise auch nachteilige Wirkungen all dieser Psychotherapien zu überprüfen. Auf diesem Gebiet gibt es nicht einmal einen „Konsumentenverband". Im Prinzip steht nur die Forschungsliteratur als Anleitung und Hilfe zur Verfügung. Diese wiederum ist aber nicht nur weit gestreut und in vielerlei Hinsicht defizitär, sondern es gibt tatsächlich von den meisten der existierenden Psychotherapien wenig oder keine Forschungsergebnisse zu vermelden.

Wenige Forschungsergebnisse

Ferner scheinen die meisten Psychotherapeuten eine ganz bestimmte Psychotherapieform zu bevorzugen und ihre therapeutischen Verfahren vor einem Hintergrund auszuwählen, der am wenigsten durch Forschungsergebnisse fundiert ist. Über dieses selektive Vorgehen ist noch nie eine systematische Untersuchung durchgeführt worden. Folglich lassen sich nur einige Vermutungen über diese Vorgehensweise anstellen, die auf persönlichen Erfahrungen und Beobachtungen beruhen, und noch eine Untersuchung anführen, die von eklektisch orientierten, klinischen Psychologen erstellt wurde (GARFIELD/KURTZ, 1977).

Gründe für die Schulen-Orientierungen

Einige Psychotherapeuten werden wahrscheinlich durch den jeweiligen Ansatz beeinflußt, der während ihrer Ausbildung im Studium oder nach Studienabschluß im Vordergrund steht. Während des Studiums dürfte dies eher zufallsbedingt sein, da Studenten in dieser Phase noch relativ wenig Ahnung von diesem Bereich haben. Während der berufsbezogenen und praxisorientierten Ausbildung gehen Studenten in der Regel selektiver vor und suchen sich die Schule oder das Programm aus, das mit ihren derzeitigen Präferenzen übereinstimmt. Diese Hinwendung ist dort am wahrscheinlichsten, wo eine spezielle Institution existiert, die bekannterweise eine ganz bestimmte Position favorisiert. In solchen Fällen kann man aus einer ganzen Reihe von persönlichen Gründen von einem spezifischen Standpunkt angezogen werden. Dieser kann entweder theoretisch überzeugend sein, mit den eigenen persönlichen Erfahrungen offensichtlich übereinstimmen und durch eine Einzelperson mit einer großen Überzeugungskraft geprägt worden sein, oder aber die eigene Therapie hat darauf einen starken Einfluß ausgeübt. Nach Abschluß der beruflichen Ausbildung kann man aufgrund der eigenen Praxis oder als Folge davon, daß man an professionellen Meetings teilnimmt, in speziellen Instituten arbeitet oder aufgrund von Gruppenzugehörigkeit und ähnlichem mehr, durchaus seine Ansichten und therapeutischen Verfahren modifizieren. Auch die jeweilige eigene Persönlichkeit kann darauf Einfluß haben, wie man auf eine bestimmte Orientierung anspricht, diese interpretiert und sie in die eigene praktische Tätigkeit einfügt. Für keine Therapieschule gilt, daß auch nur zwei ihrer Anhänger unbedingt in genau der gleichen Weise wirksam sind (GLOVER, 1955; LIEBERMAN/YALOM/MILES, 1973; LUBORSKY/SPENCE, 1971).

Persönliche Prioritäten der Therapeuten

In vielen Diskussionen mit Personen, die im psychotherapeutischen Bereich tätig sind, hat sich herausgestellt, daß diese einer ganz bestimmten Orientierung folgen oder Verfahren entwickelt haben, die auf sie persönlich zugeschnitten sind. In vielen Fällen wird auch stillschweigend gefolgert, daß dabei Verfahren zur Anwendung kommen, die sich effektiver als andere erwiesen haben. Andererseits scheinen Therapeuten auch gerne Wege zu gehen, die sie persönlich befriedigen. Diese beiden Aspekte fallen nicht unbedingt zusammen. Einige Medizinstudenten zum Beispiel haben mir erzählt, daß sie einen Therapietyp deswegen einem anderen vorziehen, weil der eine interessanter und spannender ist und der andere als ziemlich langweilig beurteilt wird. Sie beziehen sich dabei keinesfalls auf die Effektivität der Therapien, sondern auf die persönliche Befriedigung, die ihnen bei der einen Methode sicherer als bei der anderen scheint – und nicht immer bringen Versuche, sie mit der Effektivität vertraut zu machen, auch Erfolge mit sich.

Zielsetzungen dieses Buches

Es lassen sich somit viele unterschiedliche Begründungen dafür finden, weshalb bestimmte Ansätze der Psychotherapie gewählt werden. Persönliche Vorlieben und zufällige Bedingungen scheinen dabei so häufig vorzukommen wie nachweislich sinnvolle Erwägungen. Da es sich hier um eine offensichtlich gängige Praxis handelt, müssen wir versuchen, diejenigen Verfahren zu ordnen, zu bewerten und zu integrieren, die in vielen der verschiedenen Vorgehensweisen ähnlich sind oder denen, gestützt auf Erfahrungen und Forschungsergebnisse, ein bestimmter therapeutischer Nutzeffekt zuzusprechen sein dürfte. Im wesentlichen ist damit das Ziel des vorliegenden Buches genannt, wobei auf den vorhergehenden Seiten versucht worden ist, sowohl verschiedene Ansätze in den Vordergrund zu stellen, die für die Entwicklung der Psychotherapie von Wichtigkeit gewesen sind, als auch einige der großen Unterschiede in bezug auf Orientierungen und Verfahren darzustellen. Würde man nur oberflächlich von den Bezeichnungen ausgehen, würden sich die diskutierten Ansätze so sehr voneinander unterscheiden, daß es extrem schwierig, wenn nicht sogar unmöglich, erscheinen könnte, sie in irgendeiner geordneten Weise in Einklang zu bringen. Zweifellos stimmt dies auch in gewisser Hinsicht – und treue Anhänger einer bestimmten Sichtweise werden auch nicht bekehrt werden können –, aber diese Aufgabe muß nicht so ausweglos sein, wie es vielleicht scheinen mag. Um sie jedoch bewältigen zu können, bedarf es einer unvoreingenommenen Suche nach einem bereits vorhandenen Konzept und einer dahingehenden Betrachtung, was es für die Praxis hergibt. Wer daraufhin festgelegt worden ist, ein bestimmtes Phänomen in einer bis ins Einzelne festgelegten Weise wahrzunehmen, kann dabei Schwierigkeiten haben, es zu verändern und Gegenstände in einem anderen Licht zu sehen. Wir wissen sowohl aus Untersuchungen zur Einstellungsänderung als auch durch unsere psychotherapeutische Tätigkeit, daß es nicht leicht ist, jemandens Ansichten und Wahrnehmungen zu ändern, vor allem dann nicht, wenn daran eigene Emotionen und persönliche Sicherheit geknüpft werden. Dennoch ist eine Änderung möglich und damit eine Basis für eventuelle Besserung gegeben. Die Aufgabe scheint folglich lohnenswert, obwohl das Ziel nicht ganz erreicht werden dürfte.

Beispiele

Einige Beispiele sollen veranschaulichen, was damit gemeint ist. Wir haben auf einem sehr allgemeinen Niveau verschiedene Ansätze der

Psychotherapie diskutiert, die einem oder mehreren unterschiedlichen Aspekten des menschlichen Daseins besondere Beachtung zu schenken scheinen. Zumindest in wichtigen schriftlichen Darstellungen wird bei einigen Ansätzen Verhaltenskomponenten besondere Bedeutung für Veränderungen beigemessen, andere stellen Kognitionen als den bedeutenden Weg für eine Veränderung in den Vordergrund, und wiederum andere tendieren dazu, Erfahrungen im affektiven Bereich als die ausschlaggebenden Variablen in der Psychotherapie in den Mittelpunkt zu rücken. Diese verschiedenen Ansätze mögen auf den ersten Blick sehr unterschiedliche Wege auf ein gleiches Ziel hin hervorheben. Für mich jedoch sind diese verschiedenartigen Konzeptualisierungen viel zu generalisierte oder konzentrierte Abstraktionen davon, was sich in Wirklichkeit ereignet. Der Mensch funktioniert als Gesamtorganismus, und es ist höchst zweifelhaft, daß man sich ausschließlich auf Kognitionen konzentrieren kann, ohne gleichzeitig oder wechselseitig irgendwie auch Verhalten oder Affekte einzubeziehen. Wer verbal interagiert, übermittelt zumeist nicht nur ausschließlich an den Verstand gerichtete Botschaften. Diese können vielmehr jemanden auch verärgern, verängstigen oder ermutigen bzw. auch dazu veranlassen, eine andere Person zu schlagen, einfach wegzulaufen oder ohnmächtig zu werden und das Bewußtsein zu verlieren. Um bei Personen Veränderungen hervorzurufen, kann verbalen Interaktionen eine sehr wichtige Bedeutung zukommen, wenngleich wir noch viel dazu lernen müssen, damit sie in der Psychotherapie für förderliche Zwecke zum Einsatz kommen.

Unterschiedliche Wege – gleiche Ziele

Ähnlich verhält es sich mit Empathie, Wärme und Echtheit des Therapeuten, deren Wichtigkeit klientenzentrierte Therapeuten herausgestellt und dazu am meisten geforscht haben. Niemand kann behaupten, daß andere Therapeuten in ihrer therapeutischen Arbeit mit Klienten solche Merkmale nicht zeigen oder damit verbinden. Obwohl die Verhaltenstherapeuten in ihren Publikationen und Forschungsarbeiten solchen Therapeuteneigenschaften nur geringe Aufmerksamkeit geschenkt haben, hat mindestens eine wichtige Untersuchung, in der von klientenzentrierten Therapieforschern entwickelte Skalen Verwendung fanden, bei diesen Eigenschaften im Falle von Verhaltenstherapeuten und ihrem therapeutischen Umgang mit Klienten ein hohes Niveau aufzeigen können (Sloane et al., 1975). Mit anderen Worten: Mögen Vertreter einer bestimmten Orientierung in ihren Veröffentlichungen auch wenig oder überhaupt nicht auf besondere Variablen oder Verfahren verweisen, so bedeutet dies nicht, daß die fraglichen Variablen von diesen Therapeuten nicht berücksichtigt werden. Ein theoretisches System scheint sich aus einzelnen Beobachtungen und inhaltlichen Formulierungen heraus bei dem Versuch zu entwikkeln, spezifische Ansichten über das zur Diskussion gestellte Phänomen zu organisieren. Dabei wird versucht, sie aufeinander abzustimmen und ein zusammenhängendes System aufzubauen. Sobald man eine bestimmte Position oder einen Bezugsrahmen sich zu eigen gemacht hat, werden damit zusammenhängende Beobachtungen und Formulierungen davon beeinflußt. Notwendigerweise wird man selektieren müssen, und Konzepte, die

Therapeutenmerkmale in den verschiedenen Therapieansätzen

von den eigenen Grundkonzepten weit entfernt oder dazu gegensätzlich sind, werden ignoriert oder beiseite geschoben. Die Folge davon ist, daß die eine Schule dazu neigt, manche Aspekte der Psychotherapie herauszustellen, eine andere dagegen diesen wenig oder keine Beachtung schenkt.

Gleiche Phänomene – unterschiedliche Bezeichnungen

Mit ziemlicher Wahrscheinlichkeit können im Prinzip ähnliche Phänomene von manchen psychotherapeutischen Orientierungen sowohl etwas anders beschrieben und bezeichnet als auch unterschiedlich gewichtet werden. Im Psychodrama (MORENO, 1946) beispielsweise, einer spezifischen Methode der Psychotherapie, fand das Rollenspiel auf seiten des Therapeuten und auch des Klienten schon viele Jahre lang Anwendung, bevor andere Therapeuten sich diesem Verfahren zuwandten. In den Schriften der Verhaltenstherapeuten tauchte es später unter der Bezeichnung Verhaltenstraining (behavioral rehearsal) auf. Derselbe Verfahrenstyp läßt sich gleicherweise in Beschreibungen eines traditionellen Verhaltenstherapeuten und eines modernen Existentialisten vorfinden. Knight DUNLAP, der vor über 40 Jahren publizierte, beschrieb ein Verfahren, das er negative Übung (negative practice) nannte. Es handelte sich dabei um Versuche, ständig wiederkehrende Fehler im Schreibmaschinenschreiben zu korrigieren. Wenn jemand häufig „TEH" statt „THE" tippte, kam es durch die Instruktion, bewußt „TEH" zu tippen, zur Korrektur des Fehlers. FRANKL (1965) beschreibt in ähnlicher Weise die bewußte und vorsätzliche Anwendung eines Verfahrens, bei dem sich ein Patient vorsätzlich auf ein Verhalten konzentriert, das er eigentlich vermeiden möchte; FRANKL nennt es paradoxe Intention (paradoxical intention). Hierzu könnten noch weitere Beispiele angeführt werden.

Sind alle Therapien effektiv?

Ein letzter Punkt soll hier noch angeführt werden. Es geht dabei um die Tatsache, daß trotz unterschiedlicher Formulierungen und Akzentuierungen all diese Varianten der Psychotherapie von sich behaupten, daß sie erfolgreich sind. Weniger wirksam als andere zu sein, behauptet niemand, und ich mußte noch von keinem Psychotherapeuten hören, daß seine eigene Psychotherapie eine minderwertige Therapieform sei. Dieses Phänomen hat mich viele Jahre lang fasziniert und meine Ansichten über die Psychotherapie stark beeinflußt (GARFIELD, 1957, 1974a und b). Obwohl ich mich damit auf Zurückliegendes beziehe, sind einige zusätzliche Anmerkungen angebracht.

Gleiche allgemeine Therapievariablen

Es ist zwar denkbar, daß jede Psychotherapievariante einen einzigartigen und unterscheidbaren Weg beinhaltet, um positive Veränderungen im Verhalten des Klienten zu bewirken. Es ist aber auch vorstellbar, daß die in den verschiedenen Methoden in den Vordergrund gestellten Faktoren in der Praxis sich ähneln oder nicht die für Veränderungen ursächlichen und entscheidenden Faktoren sind. Mit anderen Worten: Selbst wenn die eine Schule die Selbsterfahrung hervorhebt, eine andere die Desensibilisierung und wiederum eine andere Empathie und Wärme, so ist es möglich, daß diese Variablen im Gegensatz zur Theorie für die Therapien nicht die ausschlaggebende Bedeutung haben. Es kann sich vielmehr dabei um andere Variablen oder Komponenten solcher Variablen handeln, die wohl für die meisten Psychotherapien Gültigkeit haben, in den verschiedenen theoretischen Ausformulierungen jedoch wenig Aufmerksamkeit und Hervorhebung erfahren. Im Augenblick soll ein Beispiel dafür ausreichen, wenngleich dieses Thema in einem später folgenden Abschnitt dieses Buches mehr Beachtung finden wird.

Beispiel: Das Einsichtslernen

Zur Illustration wollen wir das Beispiel der „Einsicht" zur Sprache bringen. Für die meisten psychoanalytisch orientierten Therapeuten ist die Einsicht in die eigenen, verborgenen Probleme ein wichtiger Faktor. Was jedoch ist Einsicht eigentlich, und wie erwirbt man sie? Man lernt die eigenen, zugrundeliegenden Probleme über die verbalen Interaktionen mit einem Therapeuten verstehen und wird durch dessen theoretische Ansichten beeinflußt. Folglich werden sich die durch einen Psychoanalytiker vermittelten Einsichten von denen eines Schülers von Alfred ADLER oder Karen HORNEY völlig unterscheiden. Im ersten Fall ist es wahrscheinlich, daß man Einsicht in seine sexuellen oder aggressiven Konflikte erhält, die sich aus zurückliegenden Stufen der psychosexuellen Entwicklung ableiten lassen. Zu einer solchen Einsicht würde man ziemlich wahrscheinlich in einer Therapie nach ADLER nicht gelangen. Dem Klienten würden statt dessen möglicherweise seine Rolle in der Familie, seine Minderwertigkeitsgefühle und seine Kompensationsversuche klar werden. Schüler von HORNEY würden dafür Sorge tragen, daß ihre Klienten einen noch anderen Typ von Einsicht erlangen – doch alle Klienten würden aus diesen doch sehr unterschiedlichen Einsichten vermutlich ihren Nutzen ziehen.

Es ist deshalb möglich, daß nicht die von den Klienten erworbenen, spezifischen Einsichten therapeutisch wirken, sondern etwas anderes dafür ursächlich ist. Und was immer dies auch sein mag – es dürfte sich herausstellen, daß es dem ähnlich ist, was die drei verschiedenen Ansätze thematisieren. Bei genauerer Betrachtung können wir zumindest von dem gemeinsamen Gesichtspunkt ausgehen, daß der Therapeut dem Klienten eine Erklärung für seine Probleme anbietet. Anscheinend ist das, was dem Klienten erzählt wird, nicht von besonderer Wichtigkeit, da ja jedem etwas anderes erzählt wird. Einen therapeutischen Wert dürfte jedoch die Erklärung haben, die dem Klienten angeboten wird und die er offensichtlich auch akzeptiert. Der relevante gemeinsame Gesichtspunkt dieser divergenten Therapien könnte deshalb sein, daß ein interessierter Experte in der Rolle des Helfers irgendeine Erklärung von Problemen gibt (FRANK, 1971; TORREY, 1972). Damit soll natürlich nicht ausgesagt sein, daß dies alleine schon Psychotherapie ist oder die entscheidende Variable darin zu sehen ist, daß man die Probleme anderer versteht. Damit soll nur beispielhaft aufgezeigt werden, daß sich einige wichtige theoretische Standorte verschiedener Theorieschulen einmal auch von einer ganz anderen Warte aus betrachten lassen, wobei möglicherweise die Relevanz von potentiell gemeinsamen Merkmalen der Therapie zutage tritt.

Beispiel: Systematische Desensibilisierung

Sogar für die Verhaltenstherapie, die über die Einsicht in die Psychotherapie praktisch keine Aussage macht und auf dem Standpunkt stehen dürfte, daß diese für sie keine Folgen hat, läßt sich zeigen, daß mit den Orientierungen, auf die wir bisher Bezug genommen haben, Gemeinsamkeiten bestehen. Bei Anwendung der systematischen Desensibilisierung vermitteln die Verhaltenstherapeuten nämlich im allgemeinen ein Verständnis für die verwendeten Verfahren und ihre Grundprinzipien. In diesem Sinne vermitteln sie daher dem Klienten auch eine gewisse Einsicht und ein bestimmtes Verständnis dafür, wie sich seine Probleme entwickelt haben und was er von der Therapie für die Modifikation seines derzeitigen Verhaltens erwarten kann.

Die bisherige Diskussion dürfte gezeigt haben, daß es beim jetzigen Stand der Psychotherapie nicht richtig wäre, nur ein einziges System einer psychotherapeutischen Methode vorzustellen oder sich zu sehr an irgendeine festgelegte Auffassung zu klammern. Gleichzeitig würde ein bloßes Nebeneinanderstellen einer Reihe unterschiedlicher therapeutischer Systeme, die einen interessieren, kein wirklich klares, umfassendes Verständnis des psychotherapeutischen Prozesses ergeben. Gerade das aber wollen wir in den folgenden Kapiteln erreichen.

Literatur

Alexander, F. and French, T. M. *Psychoanalytic therapy*. New York: Ronald, 1946.

Beck, A. T. *Cognitive therapy and the emotional disorders*. New York: International Universities Press, 1976.

Bednar, R. L. and Kaul, T. J. Experiential group research: Current perspectives. In S. L. Garfield and A. E. Bergin (Eds.), *Handbook of psychotherapy and behavior change*, 2nd ed. New York: Wiley, 1978.

Binder, V., Binder, A. and Rimland, B. *Modern therapies*. Englewood Cliffs, N.J.: Prentice-Hall, 1976.

Binswanger, L. Existential analysis and psychotherapy. In F. Fromm-Reichman and J. L. Moreno (Eds.), *Progress in psychotherapy 1956*. New York: Grune and Stratton, 1956, pp. 144–148.

Birk, L. and Brinkley-Birk, A. W. Psychoanalysis and behavior therapy. *American Journal of Psychiatry*, 1974, *131*, 499–509.

Bry, A. *Inside psychotherapy*. New York: Basic Books, 1972.

Ellis, D. *Reason and emotion in psychotherapy*. New York: Lyle Stuart, 1962.

Feather, B. W. and Rhoads, J. M. Psychodynamic behavior therapy. I. Theory and rationale. *Archives of General Psychiatry*, 1972, *26*, 496–502.

Frank, J. D. Therapeutic factors in psychotherapy. *American Journal of Psychotherapy*, 1971, *XXV*, 350–361.

Frankl, V. E. *The doctor and the soul*, 2nd ed. New York: Alfred A. Knopf, 1965.

Freud, S. The history of the psychoanalytic movement. In *The basic writings of Sigmund Freud*. New York: Modern Library, Random House, 1938.

Garfield, S. L. *Introductory clinical psychology*. New York: Macmillan, 1957.

Garfield, S. L. *Clinical Psychology: The study of personality and behavior*. Chicago: Aldine, 1974a.

Garfield, S. L. What are the therapeutic variables in psychotherapy? *Psychotherapy and Psychosomatics,* 1974b, *24,* 372–378.

Garfield, S. L. and Kurtz, R. Clinical psychologists: A survey of selected attitudes and values. *The Clinical Psychologist,* 1975, *28,* 4–7.

Garfield, S. L. and Kurtz, R. Clinical psychologists in the 1970s. *Amercian Psychologist,* 1976, *31,* 1–9.

Garfield, S. L. and Kurtz, R. A study of eclectic views. *Journal of Consulting and Clinical Psychology,* 1977, *45,* 78–83.

Gendlin, E. T. Experiencing: A variable in the process of psychotherapeutic change. *American Journal of Psychotherapy,* 1961, *15,* 233–245.

Glover, E. *The technique of psychoanalysis.* New York: International Universities Press, 1955.

Goldfried, M. R. Systematic desensitization as training in self-control. *Journal of Consulting and Clinical Psychology,* 1971, *37,* 228–234.

Hammer, E. R. (Ed.), *Use of interpretation in treatment.* New York: Grune and Stratton, 1968.

Harper, R. A. *Psychoanalysis and psychotherapy: 36 systems.* Englewood Cliffs, N.J.: Prentice-Hall, 1959.

Harper, R. A. *The new psychotherapies.* Englewood Cliffs, N.J.: Prentice-Hall, 1975.

Horney, K. *New ways in psychoanalysis.* New York: W. W. Norton, 1939.

Kelly, E. L. Clinical psychology—1960: Report of survey findings. *American Psychological Association, Division of Clinical Psychology Newsletter,* 1961, *14*(1), 1–11.

Lieberman, M. A., Yalom, I. D., and Miles, M. B. *Encounter Groups: First facts.* New York: Basic Books, 1973.

Luborsky, L. and Spence, D. P. Quantitative research on psychoanalytic therapy. In A. E. Bergin and S. L. Garfield (Eds.), *Handbook of psychotherapy and Behavior Change.* New York: Wiley, 1971.

Mahoney, M. J. and Arnkoff, D. B. Cognitive and self-control therapies. In S. L. Garfield and A. E. Bergin (Eds.), *Handbook of psychotherapy and behavior change,* 2nd ed. New York: Wiley, 1978.

Marmor, J. Dynamic psychotherapy and behavior therapy. Are they irreconcilable? *Archives of General Psychiatry,* 1971, *24,* 22–28.

May, R. Contributions of existential psychotherapy. In R. May, E. Angel, and H. F. Ellenberger (Eds.), *Existence: A new dimension in psychiatry and psychology.* New York: Basic Books, 1958, pp. 37–91.

Meichenbaum, D. Cognitive modification of test anxious college students. *Journal of Consulting and Clinical Psychology,* 1972, *39,* 370–380.

Meichenbaum, D. (Ed.), *Cognitive behavior modification: An integrative approach.* New York: Plenum, 1977.

Moreno, J. L. *Psychodrama, Vol. 1* (2nd rev. ed.). New York: Beacon House, 1946.

Morse, S. J. and Watson, R. I., Jr. *Psychotherapies. A comparative casebook.* New York: Holt, Rinehart, and Winston, 1977.

Rogers, C. R. The necessary and sufficient conditions of therapeutic personality change. *Journal of Consulting Psychology,* 1957, *21,* 95–103.

Rogers, C. R., Gendlin, E. T., Kiesler, D. J., and Truax, C. B. *The therapeutic relationship and its impact: A study of psychotherapy with schizophrenics.* Madison: University of Wisconsin Press, 1967.

Sloane, R. B., Staples, F. R., Cristol, A. H., Yorkston, N. J. and Whipple, K. *Psychotherapy versus behavior therapy*. Cambridge: Harvard University Press, 1975

Sullivan, H. S. *The interpersonal theory of psychiatry*. New York: W. W. Norton, 1953.

Torrey, E. F. What western psychotherapists can learn from witchdoctors. *American Journal of Orthopsychiatry,* 1972, *42,* 69–76.

Truax, C. B. and Carkhuff, R. R. *Toward effective counseling and psychotherapy*. Chicago: Aldine, 1967.

Truax, C. B. and Mitchell, K. M. Research on certain therapist interpersonal skills in relation to process and outcome. In A. E. Bergin and S. L. Garfield (Eds.), *Handbook of psychotherapy and behavior change*. New York: Wiley, 1971.

Wachtel, P. L. *Psychoanalysis and Behavior Therapy*. New York: Basic Books, 1977.

Wolberg, L. R. *The technique of psychotherapy*. New York: Grune and Stratton, 1954.

Woody, R. H. Toward a rationale for psychobehavioral therapy. *Archives of General Psychiatry,* 1968, *19,* 197–204.

Kapitel 3
Klientenvariablen[1]

Drei Hauptvariablen

Für das Verständnis des psychotherapeutischen Prozesses muß man wissen, daß seinen Ablauf drei Hauptvariablen beeinflussen können: Der Klient, der Psychotherapeut und die Interaktion zwischen diesen beiden Therapieteilnehmern. Die soziale Umwelt ist ebenfalls eine wichtige Variable, die auf den Klienten in manchen Fällen stark einwirken kann; wir werden uns aber in erster Linie auf die drei Hauptvariablen konzentrieren. Wo es möglich ist, werden bedeutsame Umwelteinflüsse bei der Diskussion der Klientenvariablen berücksichtigt.

Da in der Psychotherapie das Hauptaugenmerk auf die Klienten und ihren Umgang mit Problemen gerichtet ist, wenden wir uns diesen wichtigen Therapieteilnehmern mit Recht gleich am Anfang unserer Darstellung zu. Ich habe bereits im ersten Kapitel ganz allgemein einiges über den „Konsumenten" psychotherapeutischer Dienstleistungen geschrieben; nun jedoch werden Merkmale und Partizipation des Klienten so detailliert untersucht, wie es ihr Stellenwert für den psychotherapeutischen Prozeß und dessen Ergebnis nahelegen.

Forschungsstand

Über den Klienten in der Psychotherapie ist schon eine ganze Menge gesagt und geschrieben worden, und eine Reihe von Untersuchungen sind durchgeführt worden, die den Zusammenhang von Klientenvariablen mit anderen ausgewählten Variablen in der Psychotherapie zum Gegenstand hatten (GARFIELD, 1978). Sofern replizierte Forschungsergebnisse vorliegen, finden wir eine ziemlich sichere Basis für Schlußfolgerungen vor. Wie auch in anderen Wissenschaftsbereichen können wir auf diese Art und Weise Hypothesen aus dem klinischen und alltäglichen Bereich stützen bzw. zurückweisen. Da die Psychotherapieforschung aber kompliziert ist und erst seit relativ kurzer Zeit Ergebnisse zeitigt, gibt es bis jetzt immer noch viele Bereiche, denen wenig Aufmerksamkeit geschenkt wurde. Wo Forschungsergebnisse verfügbar sind, werde ich sie wie andere Variablen auch in die Diskussion über den Klienten einzubringen versuchen. Liegen hingegen Forschungsdefizite oder -erfordernisse vor, werde ich darauf hinweisen und meinen eigenen, subjektiven Standort kenntlich machen.

Wie schon im Kapitel 1 aufgezeigt wurde, fragt eine ganze Reihe von Personen mit vielen unterschiedlichen Problembereichen aus eigener Initiative oder vermittelt durch verschiedene Instanzen nach psychotherapeutischer Hilfe nach. Je nach den jeweiligen situativen Umständen kann

---

1 Dieses Kapitel nimmt größtenteils Bezug auf eine vom Autor bereits veröffentlichte Darstellung des Forschungsstandes zu diesem Thema (GARFIELD, 1978).

sich der Einzelne dazu entschließen, einen Psychiater oder Klinischen Psychologen in deren Privatpraxis oder einen der zahlreichen Berufskollegen in der Klinik oder im Krankenhaus aufzusuchen. Die Psychotherapie ist primär als eine Behandlungsform für Klienten definiert worden, die im allgemeinen als neurotisch oder persönlichkeitsgestört diagnostiziert werden, wenngleich auch bei Depressionen oder starken Ängsten behandelt werden kann. Bei psychotischen Klienten vertraut man oft auf Beruhigungsmittel oder andere Drogen, obwohl bei Einigen Psychotherapie genauso angebracht sein dürfte. In gewisser Hinsicht kann man somit die Psychotherapie als eine Behandlungsform für Klienten angesehen, die nicht allzu ernsthaft gestört sind.

Definition

Klientenmerkmale

Die Klienten können nicht nur nach der Schwere ihrer Störung, sondern auch anderweitig charakterisiert werden: nach Geschlecht, Alter, Schichtzugehörigkeit, Rasse, Bildung, Ausmaß körperlicher Beschwerden, Intelligenz, psychiatrischer Diagnose, Therapiemotivation und einer ganzen Reihe von Persönlichkeitseigenschaften. Diesen Charakteristika wird eventuelle Bedeutung zugeschrieben, und sie sind auch recht gründlich erforscht worden. Einige dieser Merkmale, wie zum Beispiel das Geschlecht, können natürlich ziemlich einfach und zuverlässig geschätzt werden, und das Alter ist eine quantitative, stetige Variable. Will man sich jedoch mit abgeleiteten Klientenmerkmalen wie Therapiemotivation und Persönlichkeitsdimensionen auseinandersetzen, ergeben sich bei näherer Betrachtung viele Schwierigkeiten, auf die wir jedoch jetzt nicht näher einzugehen brauchen. Sogar eine so weit verbreitete Einschätzung des Klienten unter Bezug auf eine psychiatrische Diagnose ist nur begrenzt zuverlässig (GARFIELD, 1974). Wir können folglich bei einigen dieser Themen erwarten, daß in den verschiedenen Literaturberichten dazu Unterschiedliches ausgesagt wird und die Formulierung zuverlässiger Generalisierungen manche Schwierigkeit mit sich bringt.

Bevor wir näher auf spezifische Klientenmerkmale und ihre Beziehung zu verschiedenen Aspekten der Psychotherapie eingehen, soll ein weiterer Punkt erwähnt werden. Bei jeder Darstellung eines komplexen Phänomens erhofft man sich gewöhnlich eine Diskussion seiner einzelnen Bestandteile. Es ist jedoch wichtig zu wissen, daß eine solche Analyse die Realität des Gesamtphänomens oder -prozesses nicht vollständig erfassen kann. In der Psychotherapie werden Eigenschaften und Verhaltensweisen des Klienten sehr stark von denen des Therapeuten beeinflußt, was im übrigen auch umgekehrt gilt. Wenn wir jedoch die stattfindenden Interaktionen analysieren, erweist es sich als notwendig, sich zuerst auf die einzelnen Teilnehmer und ihre spezifischen Rollen und Interaktionsbeiträge zu konzentrieren. Wenn wir deshalb Klientenvariablen zu solchen Kriterien wie Resultat oder Fortsetzung der Psychotherapie in Beziehung setzen, sollten wir uns daran erinnern, daß solche Befunde mit einer ganz bestimmten Klientengruppe gewonnen werden, die von einer ganz bestimmten Therapeutengruppe eine Therapie erhalten haben. In jedem Falle aber ist es denkbar, daß die von einem Klienten erzielten Ergebnisse jeweils von seinem Therapeuten beeinflußt worden sind. Nichtsdestotrotz

Interdependenz von Klienten- und Therapeutenvariablen

bringen uns solche Befunde einige nützliche Informationen darüber, was sich in der klinischen Psychotherapiepraxis tagtäglich tatsächlich abspielt. Wir werden deshalb zuerst von repräsentativen Befunden über Klientenvariablen und den Zusammenhängen mit ausgewählten Aspekten in der Psychotherapie berichten. Diese Befunde werden den Leser zwar nicht darüber informieren, wie man eine Psychotherapie durchführt, sollten ihm aber eine wertvolle Hilfe dafür sein, um ganz allgemein die Probleme und Wirklichkeit der Psychotherapie unserer Zeit zu verstehen. Einige Ergebnisse könnten sogar recht überraschend sein – denn was sich in der klinischen Praxis ereignet, braucht nicht ganz das gleiche zu sein, was oft in einigen Veröffentlichungen und bekannten Darstellungen über Psychotherapie geschrieben steht, und kann sich auch von den Ansichten eines Praktikers unterscheiden, der auf seine eigene, begrenzte Erfahrung verwiesen ist.

Selektion und Akzeptanz der Klienten

Die meisten Angaben darüber, wer denn eigentlich eine Psychotherapie erhält, stammen in der Regel aus Untersuchungen im klinischen Bereich und allgemeinen Umfragen. Wir wissen relativ wenig über Klienten, die in privaten Praxen behandelt werden; von dort gibt es nur einige wenige Angaben über diejenigen Personen, die zum Psychoanalytiker kommen. Wir finden wahrscheinlich in diesen therapeutischen Situationen große Abweichungen in der Population vor. Gestützt zumindest auf einige dieser Berichte können wir annehmen, daß sich das Klientel in den privaten Praxen von Psychoanalytikern überdurchschnittlich aus Personen zusammensetzt, die einen relativ hohen sozioökonomischen Status haben und relativ gebildet sind (Hamburg et al., 1967; Knapp et al., 1960). Wir können davon ausgehen, daß in bezug auf die Klienten, die in eine solche Behandlung einbezogen werden, eine hohe Selektivität vorliegt. Allgemeine Kliniken und ambulante Abteilungen (community clinics and outpatient departments) werden im allgemeinen weniger selektive Klientengruppen haben, weil sie etwas unterschiedliche Selektionskriterien anlegen (Garfield, 1978; Kadushin, 1969). Doch wir wollen uns sowieso einigen Befunden dieses Bereichs näher zuwenden.

Das Klientel in Privatpraxen

Als erster Punkt soll genannt werden, daß nicht alle Personen, die um eine Psychotherapie nachsuchen, auch eine bekommen. Und außerdem – nicht alle, denen tatsächlich eine Psychotherapie angeboten wird, nehmen sie auch an. Viele interessierte Anfänger unter den Studenten können diesem Befund nicht leicht Glauben schenken. Aber aus drei älteren Untersuchungen wissen wir, daß etwa ein Drittel oder noch mehr von den Personen, die in die Klinik kamen und bei denen eine Psychotherapie für notwendig erachtet wurde, diese zurückwiesen, sobald sie ihnen angeboten wurde (Garfield/Kurtz, 1952; Rosenthal/Frank, 1958; Weiss/Schaie, 1958). Und auch Marks (1978) berichtete erst vor kurzem, daß 23 Prozent von mehreren hundert Klienten, denen im Maudsley Hospital

Ablehnung des Therapieangebots durch Klienten

eine Verhaltenstherapie angeboten wurde, die Therapie schließlich ablehnten. In zwei Untersuchungen von ambulanten Klienten im Boston City Hospital schließlich stellte sich heraus, daß annähernd 40 Prozent der Klienten zum Termin der ersten Zusammenkunft nicht erschienen (RAYNES/WARREN, 1971a und b). Aufgrund solcher Berichte läßt sich voraussagen, daß in den meisten ambulanten Einrichtungen relativ viele Klienten, die für eine Psychotherapie vorgesehen sind, diese Möglichkeit ausschlagen, indem sie zum ersten Treffen nicht erscheinen. So überraschend es auch sein mag, aber es gibt eine bedeutende Anzahl von Klienten, die in klinische Einrichtungen kommen und tatsächlich die Psychotherapie zurückweisen, sobald sie ihnen angeboten wird.

Mögliche Gründe für die Ablehnung der Therapie

Es gibt zwar keine Berichte, die auf Interviews mit solchen Personen über die Gründe für ihre Ablehnung der Psychotherapie beruhen; in mehreren Untersuchungen ist jedoch einigen Faktoren nachgegangen worden, die möglicherweise mit der Ablehnung einer Psychotherapie zusammenhängen. Dabei wurden von ROSENTHAL und FRANK (1958) signifikante Zusammenhänge festgestellt zwischen Akzeptanz seitens des Klienten und seinem Einkommen sowie zwischen Akzeptanz und geschätzter Höhe seiner Therapiemotivation. In einer weiteren Untersuchung wird von einer signifikanten Korrelation zwischen niedrigem sozioökonomischem Status des Klienten und Nichterscheinen zum ersten Therapietermin berichtet (YAMAMOTO/GOIN, 1966), wohingegen sich bei den Variablen Geschlecht, Bildung oder Alter in einer weiteren Untersuchung keine signifikanten Befunde ergaben (NOONAN, 1973). In dieser Untersuchung wird auch erwähnt, daß diejenigen, die zum ersten Therapietermin nicht erscheinen, im Vergleich zu denjenigen, die den Termin einhalten, ihre Probleme in einer vagen und schwer verständlichen Weise vorbringen. Obwohl es sich hier um keinen schlagenden Beweis handelt, scheint ein gewisser Zusammenhang zwischen der Variable „sozialer Status“ und Nichtakzeptanz der Psychotherapie vorzuliegen.

Sozialer Status

Selektion bei der Therapiezuweisung

Eine damit zusammenhängende Erscheinung bezieht sich auf diejenigen Klienten, die zwar in den Kliniken erscheinen, denen aber keine Psychotherapie angeboten wird. In mehreren Untersuchungen wird von einer positiven Beziehung zwischen Indizes für soziale Schichtzugehörigkeit und Zuweisung zu einer Psychotherapie berichtet (BRILL/STORROW, 1960; COLE/BRANCH/ALLISON, 1962; ROSENTHAL/FRANK, 1958; SCHAFFER/MYERS, 1954). Etwa vergleichbare Ergebnisse werden bei Klienten berichtet, die einer Psychotherapie zugeführt werden, im Vergleich zu Klienten, die einer anderen Behandlung zugewiesen werden (BAILEY/WARSHAW/EICHLER, 1959; LUBIN et al., 1973). Die Untersuchung von LUBIN et al. (1973) zeigte, daß Klienten mit etwas College-Bildung und relativ hohem beruflichem Status häufiger einer Psychotherapie zugeleitet wurden als Personen mit weniger als 12jähriger Schulbildung und niedrigerem beruflichem Status. In einer weiteren Untersuchung über eine Walk-in-Clinic wird von einem signifikanten Zusammenhang zwischen niedrigem sozioökonomischen Status und der Häufigkeit von Drogenbehandlungen anstelle von Psychotherapie berichtet (SHADER, 1970).

Sozialer Status

In verschiedenen anderen Untersuchungen sind ebenfalls Hinweise auf einen Zusammenhang zwischen Indizes der sozialen Schichtzugehörigkeit und den jeweils erhaltenen Therapieformen gefunden worden. Ganz deutlich wurde dies in der nun bereits klassischen Studie von HOLLINGSHEAD und REDLICH (1958) in New Haven gezeigt, wo hauptsächlich Angehörige der Mittel- und Oberschicht mit psychoanalytischer Langzeittherapie versorgt wurden. Auch eine Umfrage über die Mental-Health-Aktivitäten in Boston machte deutlich, daß die Klienten in den Privatpraxen von Psychiatern eine sehr ausgewählte Gruppe verkörpern, die sich überwiegend aus Frauen mit etwas College-Bildung zusammensetzt (RYAN, 1969). Ähnliches stellte KADUSHIN (1969) in New York City fest, wonach sich die Antragsteller auf eine Psychotherapie je nach sozialer Schichtzugehörigkeit auf die verschiedenen Kliniken verteilten und zudem gilt, so KADUSHIN (1969, S. 51): „Je näher eine Klinik der orthodoxen psychoanalytischen Bewegung steht, desto höher wird die soziale Schicht sein."

Analytische Therapie für Mittel- und Oberschicht

Es scheint somit eine gewisse Selektivität hinsichtlich der Personengruppen vorzuliegen, die in eine Therapie einbezogen werden, wobei sozioökonomische Faktoren bei dieser Selektion eine Rolle spielen. Diese Selektivität gilt auch in bezug auf die Art der Klinik bzw. hinsichtlich des Ursprungs der angebotenen psychotherapeutischen Dienste als auch vielleicht in bezug auf die offerierten Behandlungsformen. Generalisierungen über die Klienten in der Psychotherapie müssen folglich angesichts der Selektivitätsunterschiede je nach den jeweiligen klinischen Settings vorsichtig gehandhabt werden. Wir werden deshalb weitere, isolierte Überlegungen zu den Eigenschaften des Klienten solange hintanstellen, bis wir weitere Aspekte der Psychotherapie, die für dieses Thema von Relevanz sind, untersucht haben.

Therapiedauer und Therapieabbruch

Ein spannendes Phänomen in der Psychotherapie, worauf sich meine Aufmerksamkeit vor fast 30 Jahren als erstes richtete, war die Tatsache, daß eine ganze Reihe von Klienten mit einem offensichtlichen Bedürfnis nach Psychotherapie nach einigen wenigen Interviews ihre Behandlungstermine nicht mehr einhielten. Sie zogen sich einfach aus der Therapie zurück. Meine Arbeitskollegen an der Veterans Administration Clinic schenkten diesem Phänomen augenscheinlich kaum Aufmerksamkeit; mich verblüffte und verwirrte es. In den Büchern über Psychotherapie wurde über solche Vorkommnisse selten berichtet. Statt dessen tendierte man dazu, eine Psychotherapie als einen ziemlich lange währenden Prozeß zu beschreiben, der trotz Widerstand des Klienten und negativer Übertragung einem glücklichen und harmonischen Ende zuzustreben schien. Meiner eigenen Erfahrung mit einer ganzen Reihe von Klienten entsprach diese Darstellung jedenfalls nicht. Die Folge war, daß ich mich dazu entschloß, mit Hilfe eines Kollegen alle Fälle zu untersuchen, die seit

Gründung der Klinik abgeschlossen worden waren. Die Ergebnisse, die auf der Analyse von über 1000 Fallakten beruhten, wurden 1952 veröffentlicht und waren ziemlich interessant (GARFIELD/KURTZ, 1952). Obwohl die Kollegen in der Klinik ihrer eigenen Meinung nach eine psychoanalytisch orientierte, intensive Therapie durchführten, lag bei den 560 Fällen mit ausreichendem Datenmaterial die durchschnittliche Anzahl von Interviews in Wirklichkeit bei sechs Interviews. Mit anderen Worten, bis zum sechsten Interview hatte die Hälfte der Klienten ihre Therapie vorzeitig beendet. Des weiteren gaben fast 43 Prozent der Klienten vor dem fünften Interview auf, und nur 8,8 Prozent kamen zu 25 oder mehr Therapiesitzungen. Dies war insofern ein interessanter Befund, als es sich um ein engagiertes Klinikpersonal handelte. Bei Sichtung der Literatur jedoch fand ich einige Studien, die in den vorhergehenden vier Jahren vergleichbare Ergebnisse erbracht hatten.

Hohe Abbruchquoten bei analytischen Therapien

Seit dieser Zeit ist von einer ganzen Reihe weiterer Untersuchungen berichtet worden, die der Tendenz nach diese Ergebnisse stützen; hierzu liegt an anderer Stelle ein Überblick vor (GARFIELD, 1978). Es scheint ziemlich sicher zu sein, daß eine große Anzahl von Personen, die eine Psychotherapie beginnen, nach nur wenigen Interviews damit wieder Schluß machen. Diese Muster frühzeitiger Beendigung sind außerdem in gleicher Weise in Veterans Administration Clinics, in psychiatrischen Kliniken, in Medical Schools, in State and Community Clinics und wahrscheinlich auch in privaten Praxen gefunden worden, obzwar es von letzteren darüber sehr wenige Berichte gibt.

Weitere Untersuchungen

Ich bin mir dessen bewußt, daß ich an diesem Problem ein größeres Interesse als die meisten Psychotherapeuten habe. Einige wenige Untersuchungen müssen jedoch noch zusätzlich erwähnt werden. Eine davon ist ein Bericht des National Center for Health Statistics (1966) über Klienten, die einen Psychiater während eines Zeitraums von 12 Monaten konsultierten. Durchschnittlich kam es dabei zu 4,7 Besuchen. In einem Literaturüberblick schlußfolgerte EDIUSON (1968), daß „30 bis 65 Prozent aller Klienten, repräsentativ auf alle psychiatrischen Dienstleistungen verteilt, die Therapie abbrechen". Auch zwei neuere Untersuchungen über Urban Mental Health Clinics erbrachten eine hohe Abbrecherquote. In der einen Studie, die drei solcher Zentren einbezog, beendeten 37 bis 45 Prozent der Klienten schon nach dem ersten oder zweiten Interview ihre Therapie (FIESTER/RUDESTAM, 1975). Und in der zweiten Studie zogen sich 43 Prozent vor dem vierten Interview zurück (CRAIG/HUFFINE, 1976).

Geringer Aufmerksamkeitsgrad solcher Ergebnisse

Obwohl es sich hier um wichtige Daten handelt, wurden solche Befunde in den meisten Abhandlungen über Psychotherapie nur selten gebührend beachtet. Therapeuten sollten darüber aber Bescheid wissen, damit sich ihre Erwartungen über die Dauer der Therapie in realen Grenzen halten. Unter Bezug auf verschiedene Quellen erwarten Psychotherapeuten in ihrer Ausbildung zu häufig, daß eine Psychotherapie im allgemeinen ein ziemlich langwieriger Prozeß sei und der Klient diese Erwartung teile. Wenn deshalb ein Student während der Ausbildung trotz seiner Versuche, „good teaching cases" vorzuweisen, mit dem plötzlichen und unerwarteten

Abbruch seines Klienten konfrontiert wird, ist er – um es gelinde auszudrücken – höchst enttäuscht. Lange Zeit schien es sich hiermit um ein unbedeutendes Problem zu handeln. Erst in den letzten Jahren wurde ihm mehr Bedeutung beigemessen, mit dem Ergebnis, daß einige Versuche zur Verbesserung dieser Situation unternommen worden sind (GARFIELD, 1978; HEITLER, 1976). Auf diese Arbeit wird in einem späteren Abschnitt noch näher eingegangen. Jetzt aber diskutieren wir dieses Problem unter dem Gesichtspunkt weiter, welche Kliententypen oder Klientenvariablen mit einem frühen Abbruch assoziiert werden können.

Welche Klienten brechen die Therapie vorzeitig ab?

Es sind eine ganze Reihe von Untersuchungen bekannt geworden, in denen eine Vielzahl von Variablen überprüft wurden. Da die Untersuchungen zu diesem Thema in einer neueren Darstellung von mir bereits bewertet wurden (GARFIELD, 1978), werden jetzt keine detaillierten Ausführungen folgen. Wir werden vielmehr nur diejenigen Befunde in Kürze besprechen, die unter Umständen äußerst wichtig sein könnten, die bedeutendsten Schlußfolgerungen erwähnen und auf weiterführende Untersuchungen verweisen.

Soziale Schichtzugehörigkeit und Therapieabbruch

Wiederum scheint „soziale Schicht“ diejenige Variable zu sein, die mit der Fortsetzung einer Psychotherapie die verläßlichste Relation aufweist, obwohl die Befunde durchaus nicht übereinstimmen oder miteinander vereinbar sind. In der Mehrzahl der diesbezüglichen Untersuchungen, die beispielsweise wie der Hollingshead Index of Social Class Kriterien wie „beruflicher Status“ und „Bildungsniveau“ einbeziehen, wurden positive Beziehungen zwischen diesen Indizes und der Fortsetzung einer Psychotherapie festgestellt. Die Therapie wird in Gruppen, die sich durch einen niedrigeren sozioökonomischen Status und geringeres Bildungsniveau kennzeichnen lassen, von mehr Teilnehmern abgebrochen als auf der Gegenseite in Gruppen mit höherem sozioökonomischem Status und Bildungsniveau (GARFIELD, 1978). Wer eine höhere Bildung hat, dürfte über Psychotherapie nicht nur besser informiert und darüber aufgeklärt sein, durch eine größere Ähnlichkeit mit dem Therapeuten in bezug auf kulturellen Hintergrund und verbaler Kommunikation dürfte sich auch eine einfachere und behaglichere Beziehung zwischen Therapeut und Klient ergeben. Klienten mit höherer Schichtzugehörigkeit können auf ihre Therapeuten folglich den Eindruck erwecken, für eine Psychotherapie sowohl geeigneter und höher motiviert zu sein, als auch eine Psychotherapie als angenehme Therapieform empfinden zu können.

Geschlecht und Therapiedauer

Während sich bei Variablen der sozialen Schichtzugehörigkeit eine relativ konsistente Beziehung zur Dauer der Psychotherapie feststellen läßt, ergeben sich bei einer Reihe von anderen Variablen, die in dieser Hinsicht analysiert worden sind, nur geringe oder keine solche Beziehungen. In mehreren Untersuchungen ist beispielsweise über die Variable „Geschlecht des Klienten“ geforscht worden. Bei den meisten Ergebnissen zeigten sich zwischen Männern und Frauen keine signifikanten Unterschiede in bezug auf einen frühzeitigen Abbruch (AFFLECK/GARFIELD, 1961; CRAIG/HUFFINE, 1976; FRANK et al., 1957; GARFIELD/AFFLECK, 1959; GROTJAHN, 1972; KORAN/COSTELL, 1973). In vier anderen Untersuchungen wurde bei Männern festgestellt, daß sie die Psychotherapie häufiger weiterführen; bei manchen jedoch ließ sich nur ein kleiner Teil der Gesamtvarianz aus dem Geschlecht des Klienten erklären (BROWN/KOSTERLITZ, 1964; CARTWRIGHT, 1955; ROSENTHAL/FRANK, 1958; WEISS/SCHAIE, 1958). Wenngleich die Ergebnisse nicht einheitlich sind, scheint das Geschlecht der Klienten kein signifikanter Prädiktor für die Fortdauer der Psychotherapie zu sein.

Alter und Therapieabbruch

Dem Alter, einer weiteren Klientenvariablen, ist zwar in klinischen Schriften über die Psychotherapie einige Beachtung geschenkt worden, nicht aber unter Bezugnahme auf die Dauer der Psychotherapie. Wohl scheinen manche Therapeuten jüngere Klienten zu bevorzugen, die Forschungsergebnisse verweisen jedoch nicht darauf, daß das Alter mit einem längeren Verbleib in der Therapie zusammenhängt (AFFLECK/GARFIELD, 1961; CARTWRIGHT, 1955; FRANK et al., 1957; GARFIELD/AFFLECK, 1959; ROSENTHAL/FRANK, 1958; RUBINSTEIN/LORR, 1956). In den Fällen, wo das Alter zwischen denjenigen, die die Therapie fortsetzten, und denjenigen, die sie abbrachen, auf einem statistisch signifikanten Niveau differenzierte, betrug die durchschnittliche Differenz weniger als zwei Jahre – ein Ergebnis von geringem praktischem Nutzen (SULLIVAN/MILLER/SMELSER, 1958).

Psychiatrische Diagnose und Therapieabbruch

Die psychiatrische Diagnose oder Klassifikation des Klienten ist eine weitere Variable, die erforscht wurde. Im allgemeinen deutet nichts darauf hin, daß die Diagnose des Klienten in irgendeinem signifikanten Zusammenhang mit einem vorzeitigen Therapieabbruch steht (AFFLECK/GARFIELD, 1961; BAILEY/WARSHOW/EICHLER, 1959; GARFIELD/AFFLECK, 1959; LIEF et al., 1961; POPE/GELLER/WILKINSON, 1975; ROSENTHAL/FRANK, 1958). Somit scheinen weder Geschlecht, Alter oder psychiatrische Diagnose signifikante Klientenvariablen zu sein, die eine Vorhersage auf die Dauer der Psychotherapie zulassen. Erst kürzlich wurde auch die Rasse als mögliche Variable dafür in einer Untersuchung berücksichtigt. Hier handelt es sich jedoch um ein kompliziertes Problem, bei dem oft Überlagerungen mit sozioökonomischen Variablen vorliegen. Zur Zeit scheinen keine zufriedenstellenden und übersichtlich auf das Problem zugeschnittenen Daten zu existieren, die zuverlässigen Schlußfolgerungen erlauben (GARFIELD, 1978; SATTLER, 1977).

Persönlichkeitsmerkmale des Klienten

Die Persönlichkeitsmerkmale des Klienten sind ein weiterer Variablenbereich, der ziemlich große Beachtung gefunden hat. Sie sind in einer Vielzahl von psychologischen Tests und klinischen Messungen erforscht worden. Bei der Bewertung dieser Persönlichkeitsvariablen kamen sehr viele unterschiedliche Techniken zur Anwendung, weshalb mit dieser Forschung mehrere methodologische Probleme verbunden sind (GARFIELD, 1978); wir werden deshalb unsere Diskussion auf einige wenige und allgemeine Beobachtungen beschränken. Zuvor jedoch wollen wir noch einige Anmerkungen zur Forschung in diesem Bereich und in Nachbargebieten machen.

Methodische Probleme

Es wurde bereits erwähnt, daß sich Kliniken und private Praxen in bezug auf die Vorauswahl ihrer Klienten unterscheiden können. Eine Folge davon ist, daß ähnlich wie im Falle von anderen Einflußfaktoren die Klientenstichproben, die solchen Forschungen zugrundeliegen, miteinander nicht vergleichbar zu sein brauchen. Folglich unterliegen auch die Konsistenz der Ergebnisse und die Möglichkeit, daraus bedeutsame Generalisierungen abzuleiten, Einschränkungen. Wenn es bei den Messungen der Klientencharakteristika an Reliabilität und Validität fehlt, spiegeln sich darin ähnliche Probleme wider. Wenn ferner der frühzeitige Abbruch oder die Weiterführung der Psychotherapie in den einzelnen Untersuchungen unterschiedlich definiert wird, so ist dadurch die Vergleichbarkeit der Ergebnisse ebenfalls eingeschränkt. Möglicherweise lassen sich die Ergebnisse einer Untersuchung auch aus einem der zahlreichen Gründe dem Zufall, einem ganz bestimmten Bias oder der Vorauswahl zuschreiben. Im komplexen Bereich der Psychotherapie können einer oder möglicherweise alle dieser Faktoren eine Rolle spielen und – unglücklicherweise – schon gespielt haben. Als Folge davon finden wir in der Literatur einige widersprüchliche Ergebnisse vor sowie Mißerfolge bei den Versuchen, frühere Befunde zu replizieren. Es ist also sowohl wichtig, über die Forschung auf seinem eigenen Arbeitsgebiet auf dem laufenden zu sein, als auch gleichermaßen notwendig, die Angemessenheit dieser Forschung einer Bewertung zu unterziehen. Deshalb möchte ich eine Vorgehensweise wärmstens empfehlen: Jeder einzelne Forschungsbericht ist solange als vorläufiger Bericht zu behandeln, bis diese Befunde repliziert worden sind, den Fall natürlich ausgeschlossen, wenn eine Analyse des Berichts so gravierende Unzulänglichkeiten zutage bringt, daß sich eine Replikation mit Sicherheit erübrigt.

Widersprüchliche Ergebnisse

Persönlichkeitstests als Meßinstrumente

Doch nun wollen wir unsere kurze Diskussion über Persönlichkeitsmerkmale des Klienten und Dauer der Psychotherapie fortsetzen. Die Anwendung des Rorschach-Tests beispielsweise führte in einer Reihe von früheren Untersuchungen zu wenig überzeugenden Resultaten. Das gleiche gilt für den MMPI und verschiedene andere Tests. Auf einigen der MMPI-Skalen fanden SULLIVAN et al. (1958) zwar manch signifikante Ergebnisse; sie setzten dann aber verdienstvollerweise ihre Arbeit mit zwei Versuchen einer Kreuzvalidierung fort und konnten ihre ersten Ergebnisse nicht replizieren.

Die für die Vorhersage der Psychotherapiedauer wahrscheinlich eindrucksvollsten Forschungen wurden vor mehreren Jahren von LORR und einigen Kollegen in der Veterans Administration durchgeführt (LORR/KATZ/RUBINSTEIN, 1958; MCNAIR/LORR/CALLAHAN, 1963; RUBINSTEIN/LORR, 1956). Sie setzten eine kurze Testbatterie und Fragebögen ein und versuchten, ihre Arbeit bei einigen ziemlich großen Stichproben mit Kriegsteilnehmern zu replizieren. Sie konnten für die Vorhersage multiple Korrelationen von annähernd .40 finden, die die üblichen Schätzungen für die Therapiedauer um etwa 15 Prozent übertrafen – auf diesem schwierigen Gebiet eine recht beachtliche Leistung. In einer kürzlich durchgeführten Untersuchung gelang es jedoch nicht, diese Ergebnisse bei einer anderen Personengruppe zu replizieren (STERN/MOORE/GROSS, 1975). Sowohl aufgrund der Stichprobendifferenzen als auch wegen der unterschiedlichen Definition der Personen, die die Therapie weiterführten, lassen sich eigentlich kaum verbindliche Schlüsse ziehen.

Man hat nicht nur anhand von Tests bestimmte Persönlichkeitsmerkmale eingeschätzt, sondern auch eine ganze Reihe anderer Eigenschaften der Klienten erforscht, unter anderem Suggestibilität, Ängstlichkeit, Motivation, Therapieerwartung, Ausdauer und ähnliches mehr. Die Ergebnisse vieler Einzelstudien wurden in vielen Fällen niemals repliziert oder erhärtet. So ist beispielsweise die Therapiemotivation des Klienten in vielen Diskussionen im klinischen Bereich als wichtiges Merkmal herausgestellt worden. In einer einzigen Untersuchung nur ist diese Ansicht bekräftigt worden (McNair et al., 1963), in drei anderen hingegen ist keine Bestätigung gelungen (Affleck/Garfield, 1961; Garfield/Affleck/Muffley, 1963; Siegel/Fink, 1962). Als mögliche Erklärung dafür und für ähnliche Fälle bietet sich an, daß ein psychotherapeutisches Konstrukt möglicherweise nicht exakt genug gedeutet oder definiert wird. Kliniker mögen sich dabei auf ein bestimmtes Konstrukt beziehen und vermeintlich dasselbe damit verbinden, und Therapieforscher können ganz unterschiedliche Bewertungsmethoden für das vermeintlich gleiche Phänomen anwenden.

Therapiemotivation des Klienten

Therapieerwartungen des Klienten

Für das Problem der Therapiedauer sind auch die Erwartungen der Klienten von Interesse, die sie an eine Psychotherapie herantragen. Viele relativ gebildete Personen sind zwar über Psychotherapie gut informiert und haben realistische Erwartungen über ihren Verlauf, für viele andere wiederum trifft dies nicht zu. Therapeuten mit wenig Erfahrung können diesen Gesichtspunkt übersehen oder es versäumen, ihm die notwendige Aufmerksamkeit zu schenken. Die Folge ist dann, daß sie einen neuen Klienten im Erstinterview nicht ausreichend darüber informieren, wie eine Psychotherapie abläuft, wie lange sie dauern kann oder wie sie ihm bei seinen derzeitigen Schwierigkeiten helfen können. Möglicherweise wenden sie auch nicht genügend Zeit auf, um die Therapieerwartungen des Klienten zu ermitteln und sie mit dem Klienten in verständlicher und unzweideutiger Sprache abzuklären. Der Klient kann begreiflicherweise unzufrieden werden und sich aus der Therapie zurückziehen, wenn seine Erwartungen einfach nicht mit dem übereinstimmen, was sich in der Therapie ereignet. Erwartet der Klient vom Therapeuten in kurzer Form eine Diagnose seiner Schwierigkeiten und in ein oder zwei Interviews Aufschluß darüber, was zur Verbesserung seiner Situation nötig ist, dann kann er völlig enttäuscht werden, wenn ihm der Therapeut darüber wenig oder gar nichts erzählt und stattdessen von ihm nur erwartet, daß er über sich selbst redet. Zur Erwartungshaltung von Klienten gegenüber Psychotherapie dürfte eine Untersuchung von Bedeutung sein, die vor einigen Jahren schon veröffentlicht wurde (Garfield/Wolpin, 1963).

Wichtige Untersuchung über Therapieerwartungen

In dieser Untersuchung wurden 70 Klienten, die einer ambulanten psychiatrischen Behandlung zugewiesen wurden und vorher keine Behandlung dieser Art erhalten hatten, gebeten, einen Fragebogen auszufüllen, bevor sie schließlich behandelt wurden. Diese Gruppe hatte durchschnittlich eine zwölfjährige Schulbildung vorzuweisen. Bei einem Item hatten die

Klienten aus einer Reihe von möglichen Behandlungen diejenige auszuwählen, die sie für die beste Behandlung ihrer jeweiligen Beschwerden hielten. Im Gegensatz zu den Befunden aus einigen älteren Untersuchungen wählten 88 Prozent dieser Personen als Behandlung ihrer Wahl die Psychotherapie aus, und die Mehrzahl von ihnen gab an, daß emotionale Faktoren bei ihren Schwierigkeiten von einiger Bedeutung seien. Auch gaben sie an, daß es in Hinblick auf eine Verbesserung ihrer persönlichen Schwierigkeiten hilfreich wäre, wenn sie diese verstehen könnten. Die Antworten auf diese Items ließen erkennen, daß diese Klienten der Psychotherapie anscheinend eine positive Einstellung entgegenbringen und auch einiges an ihr begreifen. Dessen ungeachtet standen ihre Ansichten bei anderen Items ganz im Widerspruch zu denen der meisten ihrer Therapeuten. Über ein Drittel der Gruppe glaubte, die Therapiesitzungen würden 30 Minuten oder weniger dauern. Sie hatten anscheinend noch nichts von der „50-Minuten-Stunde" gehört; ihre Schätzungen beruhten auf der Zeit, die sie normalerweise bei anderen Medizinern zubringen. 73 Prozent antizipierten ferner, daß sich irgendeine Besserung etwa bei der fünften Therapiesitzung zeigen würde, während 70 Prozent ein Ende der Psychotherapie etwa bei der 10. Therapiesitzung oder davor schon erwarteten. Wir haben schon einmal angemerkt, daß die letzte Vorhersage zwar für die Mehrzahl der in Psychotherapie befindlichen Klienten zutrifft, nicht aber die Meinung der Therapeuten ist, die davon ausgehen, daß Psychotherapie sehr viele Sitzungen notwendig macht.

Geringe Kongruenz zwischen Klienten- und Therapeutenerwartungen

In zwei Untersuchungen über die Therapieerwartungen und Therapiedauer unterschieden sich die Klienten, die früh abbrachen, von denjenigen, die in der Therapie blieben. In der Untersuchung von HEINE und TROSMAN (1960) stellten die Abbrecher die Suche nach der Medikation oder nach diagnostischen Informationen, einhergehend mit passiver Kooperation mit dem Therapeuten, in den Vordergrund, im Vergleich zu den Verbleibenden, die eher dazu neigten, Nachdruck auf Zusammenarbeit und Hilfe bei der Verhaltensänderung zu legen. In der Untersuchung von HEINE (1962) erwarteten die Abbrecher häufiger, daß sie im ersten Interview für ihre Probleme Ratschläge erhielten; diejenigen hingegen, die mit der Therapie weitermachten, erwarteten vom Therapeuten häufiger die Billigung ihrer Probleme. In beiden Fällen hatten diejenigen, die ihre Therapie fortführten, im Vergleich zu den Therapieabbrechern Erwartungen, die mit denen des Therapeuten stärker übereinstimmten. Ähnliches wurde in einer Untersuchung von 40 Klienten aus der Unterschicht berichtet (OVERALL/ARONSON, 1962). Im Vergleich zu den Klienten, die im allgemeinen ein „medizinisch-psychiatrisch" ausgerichtetes Interview erwarteten, mit Therapeuten in einer aktiv-stützenden Rolle, kamen Klienten mit äußerst unklaren Erwartungen signifikant seltener zur Behandlung wieder.

Unterschiedliche Erwartungen bei Therapieabbrechern

Während somit die Klientenerwartungen für die Therapiedauer ziemlich wichtig sein können, stellt der Hinweis auf die Kongruenz von Klienten- und Therapeuteneinstellungen wiederum heraus, daß eine Psychotherapie die Interaktion der daran Beteiligten einschließt. Den psychotherapeutischen Prozeß kann auch beeinflussen, wie der Therapeut aufgrund seiner

Die Klientenwahrnehmung des Therapeuten

eigenen Erwartungen den Klienten sieht. Wenn der Therapeut den Klienten für jemanden hält, dem es an Therapiemotivation fehle, der feindselig oder anspruchsvoll sei und von ihm erwarte, in der Therapie der aktive Teilnehmer zu sein, dann kann er begreiflicherweise vom Klienten glauben, daß dieser ein schlechter Fall sei und indirekt, oder sogar direkt, den Klienten zur Aufgabe der Therapie veranlassen. Leider ist dieser Frage in der Forschung kaum nachgegangen worden. Dennoch liegen aber ein paar Untersuchungen vor, die für dieses Thema von einiger Wichtigkeit zu sein scheinen.

Therapiefortführung beeinflußt Bewertung des Klienten

In einer Untersuchung wurden von Therapeuten nach der zweiten Sitzung einer Gruppentherapie Ratings vorgenommen. Sie wiesen darauf hin, daß die Einschätzungen der Therapeuten über ihre eigene Fähigkeit, sich in den Klienten hineinzuversetzen, ihre positiven Empfindungen gegenüber dem Klienten und wie sie den Klienten dahingehend bewerteten, eine therapeutische Beziehung gestalten zu können, jeweils mit der Fortdauer der Psychotherapie zusammenhingen (ROSENZWEIG/FOLMAN, 1974). In einer anderen Untersuchung ergaben sich Zusammenhänge zwischen den positiven Empfindungen des Therapeuten gegenüber den Klienten sowie ihren Behandlungsprognosen einerseits und der Fortsetzung der Therapie andererseits; bei Ratings der Psychopathologie war dies hingegen nicht der Fall (SHAPIRO, 1974). Zwar beschäftigen sich diese Untersuchungen mit den Wahrnehmungen und Bewertungen der Psychotherapeuten, sie betreffen aber Klientenmerkmale insofern, als diese in der therapeutischen Situation von Therapeuten wahrgenommen werden. Sie machen allerdings keine Aussagen über den relativen Einfluß jedes Teilnehmers auf die spezifische Interaktion oder darüber, wie sich dieser Prozeß entwickelt. Mit anderen Worten läßt sich fragen, ob die Klientenmerkmale und das Klientenverhalten die primären Faktoren für die Fortdauer der Therapie sind, oder ob sie nur als initiale Stimuli fungieren, die den Therapeuten dazu veranlassen, auf bestimmte Art und Weise zu reagieren, was wiederum den Klienten darin beeinflußt, wie er die Therapie wahrnimmt und in der Folge reagiert. Es besteht Grund zur Annahme, daß die persönlichen Merkmale des Klienten wohl eine Rolle für die Fortsetzung der Therapie spielen, daß der Prozeß aber positiv oder negativ von den persönlichen Eigenschaften des Therapeuten und seiner Art und Weise, dem Klienten zu begegnen, beeinflußt wird.

Klienten- und Therapeutenmerkmale beinflussen Therapiefortdauer

Bevor wir diesen Abschnitt abschließen, dürfte es sich lohnen, noch einige Worte über ein Merkmal des Psychotherapieklienten zu verlieren, das wir schon erwähnt haben, nämlich seine Motivation zur Behandlung. Wie gesagt gibt es für dieses Merkmal keine präzise Definition, und Untersuchungen, die auf die Bestimmung seiner Relevanz für die Fortführung der Therapie abzielten, konnten mit keinen positiven Ergebnissen aufwarten. Trotzdem glauben viele Therapeuten, wenn sie eine erste Einschätzung des Klienten vornehmen, daß es sich um einen wichtigen Gesichtspunkt handelt. Was nun meinen sie mit Motivation? Im Sinne von eher traditionell-analytisch orientierten Therapien scheint der Ausdruck „Motivation“ die Bereitschaft des Klienten zu betreffen, sich selbst zu

Behandlungsmotivation

explorieren, den negativen Komponenten seiner Persönlichkeit entgegenzutreten und allgemein den schmerzvollen Prozeß durchzustehen, vorher verdrängtes und konfliktreiches Material wieder hervorzuholen. Mit anderen Worten, der Klient ist bereit, sich den ziemlich anstrengenden Anforderungen einer langfristigen Therapieform zu stellen und sich mit ihnen auseinanderzusetzen. Denjenigen Personen hingegen, die sich mit Hilfe des Therapeuten eine schnelle Verbesserung ihrer Symptome erhoffen, wird fehlende Motivation zugeschrieben. Obwohl es sich hier um den Kern des Konzepts „Therapiemotivation“ zu handeln scheint, können auch andere Aspekte einbegriffen sein. Da über einen längeren Zeitraum währende, häufige Besuche teuer sind, wird Motivation auch als die Bereitschaft aufgefaßt, die damit notwendigerweise verbundenen, finanziellen Opfer zu bringen. Seit FREUD haben viele Analytiker betont, wie wichtig es für eine erfolgreiche Therapie sei, daß der Klient ein Honorar bezahlt und irgendein Opfer bringt. Ich erinnere mich sogar an einen Psychotherapeuten, der mir erzählte, daß er das Honorar erhöhte, um die Motivation für eine bessere Mitarbeit in der Therapie zu steigern.

Behandlungshonorar als „Opfer“

Weitere Klientenmerkmale

Außer diesem Merkmal des Klienten, für die Therapie Opfer bringen und sich dem Streß einer Psychotherapie unterziehen zu wollen, scheinen gelegentlich noch anderen Charakteristika mit Motivation assoziiert zu werden. Sowohl sein Interesse an Psychotherapie, seine Achtung und Bewunderung des Therapeuten, seine Bereitschaft, das Werte- und Bezugssystem des Therapeuten zu akzeptieren, als auch seine ersichtlichen bildungsbezogenen und intellektuellen Qualitäten können in das Urteil des Therapeuten eingehen, das er über die Motivation des Klienten fällt. Auch die Symptomarten oder Beschwerden des Klienten können eine Rolle spielen. Stellt ein Klient körperliche Beschwerden in den Vordergrund, so wird ihm Therapiemotivation weniger wahrscheinlich zugeschrieben als jemandem, der bereitwillig die Sichtweise teilt, daß Symptome psychischen Ursprungs sind. Auch eine abwehrende Haltung des Klienten kann, obwohl auch ein anderer Blickwinkel in bezug auf seine Persönlichkeit denkbar wäre, mit fehlender Motivation in Verbindung gebracht werden.

Probleme bei der Operationalisierung des Motivationskonzepts

Es überrascht keineswegs, daß als Ergebnis der vielen Bedeutungen, die von verschiedenen Therapeuten der Klientenmotivation zugeschrieben wird, Versuche bei der praktischen Umsetzung von Motivations-Ratings keine sehr verheißungsvollen Ergebnisse gebracht haben. Wer allgemeine Konzepte ohne spezifische operationale oder verhaltensorientierte Definition verwendet, muß mit widersprüchlichen oder vieldeutigen Ergebnissen rechnen. In diesem Zusammenhang dürfte ein sekundärer Befund aus drei verschiedenen Untersuchungen mit jeweils ganz unterschiedlichen klinischen Settings von Interesse sein. In einem Bericht über Privatklienten heißt es, daß diejenigen Klienten, die bei Therapiebeginn den MMPI ausfüllten, signifikant häufiger die Therapie fortsetzten als diejenigen, die den MMPI nicht ausfüllten (WIRT, 1967). Ähnliche Resultate zeigten sich in einer zweiten Untersuchung in einer University Outpatient Clinic (DODD, 1970). In einem dritten Bericht über Klienten in Gruppentherapie wird ebenfalls erwähnt, daß diejenigen, die vor der Therapie einen

Fragebogenset nicht beantworten wollten, bedeutend häufiger aus der Therapie herausfielen als diejenigen Klienten, die die Fragebögen ausfüllten (KORAN/COSTELL, 1973). Unter Bezug auf diese Ergebnisse scheinen offenbar Klienten, die bei Therapiebeginn irgendeinen Persönlichkeitsfragebogen ausfüllen, mit höherer Wahrscheinlichkeit in der Therapie zu bleiben. So ausgedrückt dürfte die Verallgemeinerung schlüssig und gerechtfertigt sein. Versuchen wir jedoch, den Vorgang des Fragebogenausfüllens mit Begriffen wie Willfährigkeit, Ausdauer, Entschlossenheit oder Motivation zu interpretieren, dann besteht die Gefahr, daß wir den tatsächlichen Vorgang etwas verfälschen bzw. neue Bedeutungen oder Operationen zulassen, um den gewählten Begriff abzusichern. Dieses Vorgehen kann bei vielen in der Psychotherapie gebräuchlichen Konzepten der Fall sein und ist offenbar nicht auf das Motivationskonzept beschränkt.

Zusammenfassung und Bewertung der Ergebnisse

Wir können abschließend feststellen, daß der vorzeitige Therapieabbruch ein Problem darstellt, das in Zusammenhang mit einer Reihe von unterschiedlichen Variablen untersucht worden ist. Variablen, die sich auf die soziale Schichtzugehörigkeit beziehen, muß man offensichtlich die größte Bedeutung beimessen. Dieser empirische Zusammenhang liefert uns jedoch noch keine spezifische Begründung dafür, warum dies so ist. Größere Gemeinsamkeit der Erwartungen über die Therapie und größere Ähnlichkeit der Wertsysteme von Therapeuten und Klienten sind ebenso wie die Einstellungen, die Therapeuten gegenüber Klienten verschiedener Schichtzugehörigkeit haben, einige Erklärungen gewesen, die wir angeboten haben. Während sich die zuerst genannte Erklärung durch Forschungsergebnisse einigermaßen stützen läßt, scheint die Beweiskraft der anderen eingeschränkter zu sein (MYERS/SCHAFFER, 1958; LERNER/FISKE, 1973). Wir können auch feststellen, daß der Intelligenzquotient, der gewöhnlich positiv mit der sozialen Schichtzugehörigkeit korreliert, in einigen Untersuchungen mit der Fortführung der Therapie zusammenhängt (AFFLECK/MEDNICK, 1959; AULD/ERON, 1953; GIBBY et al., 1954; HILER, 1958). Nicht unerwähnt sollte auch bleiben, daß die meisten Untersuchungen zu diesem Thema mehr oder weniger traditionelle Psychotherapien einbezogen haben, bei denen verbale Interaktionen im Vordergrund stehen. Über die Verhaltenstherapie liegen keine vergleichbaren Berichte vor. Eine Erklärung hierfür läßt sich möglicherweise zum Teil in den Differenzen zwischen diesen beiden Therapierichtungen finden. Eine Verhaltenstherapie scheint verhältnismäßig wenig Zeit zu erfordern, und der Klient erhält eine ausführlichere Erklärung zum Therapieablauf. Der Verhaltenstherapeut spielt auch bei der Ausrichtung der Therapie eine sehr aktive Rolle. Sofern diese Folgerungen stimmen, können sie Grundlage für ein besseres Verständnis einiger Gründe für einen vorzeitigen Therapieabbruch sein und somit eine Modifizierung unserer Methoden ermöglichen. Wir werden später, sobald die Anfangsphasen der Psychotherapie abgehandelt sind, über solche Versuche weiter diskutieren. Jetzt wollen wir unsere Aufmerksamkeit auf Zusammenhänge zwischen Klientenvariablen und Besserung in der Psychotherapie richten.

Klientenvariablen und Therapieergebnis

Nun mag es zwar für den Klienten wichtig sein, die Psychotherapie fortzusetzen, damit die Behandlungsmethode voll zur Anwendung kommen kann, das letztliche Ziel der Behandlung liegt allerdings in der Besserung des Klienten. Bleibt der Klient über einen langen Zeitraum hinweg in Behandlung und zeigt keine Änderung oder gar eine Verschlechterung, hätte er in der Tat besser daran getan, vorher abzubrechen. Obwohl jedoch eine positive Veränderung und die Verminderung der jeweiligen Beschwerden die gemeinsamen Ziele aller Therapien sind, kann keine für sich in Anspruch nehmen, hundertprozentig erfolgreich zu sein. Die meisten machen für sich geltend, fast immer helfen zu können oder effektiver als die anderen Therapieformen zu sein. Obwohl bei fast allen Personen eine positive Veränderung zu beobachten ist, gibt es auch welche, bei denen entweder keine Veränderung oder eine Verschlechterung eintritt. Da es sich beim Klienten um einen Hauptbeteiligten in der Therapie handelt, dürfen wir davon ausgehen, daß Unterschiede in der Person des Klienten das Ergebnis beeinflussen können.

Unterschiedliche Therapieeffektivität

Wenn wir über Klientenvariablen und Therapieergebnisse diskutieren, sollten wir unsere Aufmerksamkeit zuerst auf die Schwierigkeiten lenken, die mit der Beurteilung eines möglichen Zusammenhangs verbunden sind. Zusätzlich zum Problem der Einschätzung von Klientenvariablen tritt die Schwierigkeit auf, das Ergebnis einer Psychotherapie zu bewerten. Manchen Therapeuten wird schon die Abmilderung oder das Verschwinden der Symptome bzw. des gestörten Verhaltens des Klienten als Kriterium zur Bewertung des Erfolgs genügen. Anderen jedoch stellen sich die Symptome lediglich als oberflächliche Indikationen von grundlegenderen Problemen dar, und es müssen andere Überlegungen angestellt werden. Wiederum andere gewichten das Selbstkonzept des Klienten stärker und halten es bei der Bewertung des Therapieerfolgs für ausschlaggebend. Es liegt somit auf der Hand, daß in einigen Psychotherapievarianten bei Versuchen zur Ergebnisbeurteilung unterschiedliche Klientenvariablen berücksichtigt werden.

Bewertungsprobleme mit Effektivitätskriterien

Über mögliche Unterschiede in den Effektivitätskriterien hinaus gibt es noch das Problem, wie die verschiedenen Erfolgskriterien bewertet oder gemessen werden. Zwar sind tatsächlich eine ganze Reihe von Meßinstrumenten zur Anwendung gekommen, viele davon aber durch Psychotherapeuten mit unterschiedlichen theoretischen Positionen. Zu den gebräuchlichsten zählen Urteile oder Ratings des Therapeuten über Fortschritte der Therapie, Bewertung der Behandlung durch den Klienten, Ratings von unabhängigen Beurteilern, Tests, auf das Verhalten ausgerichtete Aufgaben und eine Menge an Fragebögen. Zwar ist unser primäres Interesse an dieser Stelle nicht die Auseinandersetzung mit methodologischen und forschungstechnischen Problemen bei der Bewertung des Therapieerfolgs, diese Probleme sind aber von solcher Wichtigkeit, daß wir einige der wichtigsten in diesem Bereich anführen. Ein Problem hängt mit der Bedeutung bzw. der Validität der Meßverfahren zusammen. Wenn

Unterschiedliche Erfolgskriterien

Validität der Meßinstrumente

beispielsweise ein Therapeut einen Klienten mit „sehr gebessert" beurteilt, welche Veränderungen sind tatsächlich eingetreten, und wieviel Glauben kann man dieser Beurteilung schenken? Ein anderes Problem betrifft die Übereinstimmung bzw. Nichtübereinstimmung bei unterschiedlichen Messungen oder Beurteilungen der Besserung.

Wie soll man das Ergebnis bewerten, wenn ein Therapeut einen Klienten als gebessert beurteilt, der Klient hingegen glaubt, es liege keine signifikante Veränderung vor – ein nicht ungewöhnlicher Befund in der Psychotherapieforschung (GARFIELD, 1978)? Wie ist es zu interpretieren, wenn in bezug auf das eine Kriterium eine positive Änderung vorliegt, in bezug auf das andere hingegen nicht, und beide Kriterien vermutlich gleich

Geringe Konsistenz der Erfolgskriterien

wichtig sind? Es handelt sich hier keineswegs um rein rhetorische Fragen. Verschiedene Untersuchungen haben bei Verwendung unterschiedlicher Kriterien zur Schätzung des Therapieerfolgs ziemlich geringe Übereinstimmung erbracht (CARTWRIGHT/KIRTNER/FISKE, 1963; GARFIELD/PRAGER/BERGIN, 1971; HORENSTEIN/HOUSTON/HOLMES, 1973; KENISTON/BOLTAX/ALMOND, 1971; SLOANE et al. 1975). Ein leicht verständlicher Befund ist auch, daß Therapeutenurteile über das Therapieergebnis im Vergleich zu anderen Kriterien vorteilhafter ausfallen. Schließlich gibt es neben der geringen Übereinstimmung von Effektivitätsbeurteilungen unterschiedlicher Herkunft auch das damit zusammenhängende Problem, Gesamtbeurteilungen in bezug auf eine Verbesserung bei Therapieende mit Rating-Scores zu vergleichen, die auf der Differenz zwischen Bewertungen zu Therapiebeginn und -ende beruhen. Es kann sein, daß sich die Beurteiler bzw. Rater an den Zustand des Klienten bei Therapiebeginn nicht mehr genau erinnern können oder zu sehr durch dessen Gesamtstabilität (overall level of functioning) beeinflußt werden. War ein Klient bei Therapiebeginn nur wenig gestört und änderte er sich nur wenig, so kann er im Vergleich zu gestörteren Klienten bei Therapieende trotzdem als stark

Keine zuverlässigen Generalisierungen

verbessert eingeschätzt werden, weil er ein höheres Stabilitätsniveau besitzt. Deshalb lassen sich zuverlässige Generalisierungen darüber, welche Klienten auf eine Psychotherapie gut ansprechen, nicht leicht vornehmen.

Die erste größere Gruppe von Klientenvariablen, der wir uns zuwenden, besteht aus demographischen Variablen und Variablen der sozialen Schichtzugehörigkeit. Da nur relativ wenige Untersuchungen darüber vorliegen, wird unser Überblick kurz ausfallen. Im allgemeinen scheint

Sozialer Status und Therapieerfolg

zwischen sozialer Schichtzugehörigkeit und Therapieerfolg, die Tendenz in bezug auf Therapiefortführung ausgenommen, keinerlei wichtiger Zusammenhang zu bestehen (GARFIELD, 1978; LORION, 1973; LUBORSKY et al., 1971). Klienten aus der Unterschicht brechen zwar mit höherer Wahrscheinlichkeit demnach die Therapie ab, wenn sie aber einmal die Therapie weiterführen, dann unterscheidet sich das Therapieergebnis nur unwesentlich von dem anderer Klientengruppen. Eine etwas positivere Beziehung

Bildung

scheint zwischen Bildung und Therapieergebnis vorzuliegen. Allerdings handelt es sich dabei um keinen konsistenten Befund; in vielen dieser Untersuchungen sind Therapeuten-Ratings als Kriterium genommen worden und die Stichproben klein gewesen (GARFIELD, 1978).

Geschlecht und Alter

Auch von den Variablen Geschlecht und Alter werden keine signifikanten Zusammenhänge mit Therapieerfolg berichtet. Obwohl einige Psychotherapeuten, auch FREUD (1950), angenommen haben, daß ältere Klienten weniger flexibel, weniger erziehbar und folglich weniger therapiegeeignet seien, liegen keine zuverlässigen Daten vor, wonach sich ihre Therapieerfolge signifikant von denen jüngerer Personen unterscheiden würden (GARFIELD, 1978).

Persönlichkeitsvariablen

Die meisten Untersuchungen über Klientenvariablen und ihre Beziehung zum Therapieergebnis beziehen sich auf Persönlichkeitsvariablen. Aufgrund ihrer Verschiedenheit ist es aber nicht leicht, eine kurze Zusammenfassung aller Ergebnisse zu geben. Ähnlich wie die im Abschnitt vorher erwähnten Untersuchungen basieren viele auf unterschiedlichen psychologischen Tests oder Testbatterien mit unterschiedlichen Klientengruppen. Das Ergebnis ist eine ganze Anzahl von widersprüchlichen und unbestätigten Befunden, auf die wir hier nicht eingehen werden. Ein Überblick über solche Befunde wird an anderer Stelle gegeben (GARFIELD, 1978; LUBORSKY et al., 1971; MELTZOFF/KORNREICH 1970). Stattdessen stellen wir einige illustrative Befunde und Probleme vor.

Beispiele

In einigen Untersuchungen finden wir als relativ allgemeines Ergebnis oder als Schlußfolgerung, daß diejenigen Klienten mit den geringsten Störungen, der höchsten Persönlichkeitsintegration oder Ich-Stärke der Tendenz nach die meisten Fortschritte machen (LUBORSKY et al., 1971). Andererseits liegen auch einige Untersuchungen vor, die solche Ergebnisse nicht bestätigen können bzw. sogar das Gegenteil zeigen (PRAGER/GARFIELD, 1972; STONE et al., 1961; TRUAX et al., 1966). Nach einer Rückschau auf einige einschlägige Untersuchungen stellen TRUAX und CARKHUFF (1967) die Hypothese auf, daß Klienten, die sich mittels Self-Report-Questionnaires als am stärksten „gefühlsgestört" beurteilen lassen und am wenigsten sichtbare oder verhaltensbezogene Störungen zeigen, diejenigen sind, die sich in Wirklichkeit am meisten verbessern. Obwohl diese Meinung mit manchen klinischen Ansichten übereinstimmte, wurde sie nicht adäquat untersucht bzw. bestätigt. Bevor wir dazu weiter Stellung nehmen, wollen wir jedoch auf einige repräsentative Untersuchungen neueren Datums eingehen.

Ich-Schwäche

In der einen Untersuchung wird berichtet, daß sich gebesserte und nicht gebesserte Klienten in den Erst-Ratings des Grades ihrer „Ich-Schwäche" nicht voneinander unterschieden, wohl aber nach dem Grad ihrer Beunruhigung (level of distress), der anhand von Ratings des Pflegepersonals beurteilt wurde (JACOBS et al., 1972). Dieses Ergebnis dürfte aber nur geringe Aussagekraft haben, da ähnliche Ratings der Therapeuten, anderer Arbeitskollegen und der Klienten selbst keinen Zusammenhang mit dem Therapieerfolg erkennen ließen – ein Problem, auf das wir bereits verwiesen haben.

Ist Verhaltenstherapie effektiver als Psychoanalyse?

SLOANE et al. (1975) verglichen in einer interessanten Untersuchung die Effektivität der Verhaltenstherapie und der Psychoanalyse, wobei sich einige voneinander unterscheidbare Ergebnisse zeigten. Nach Messungen mit dem MMPI waren bei weniger gestörten Klienten in der psychoanalytisch orientierten Psychotherapie mehr Fortschritte zu verzeichnen, die Verhaltenstherapie hingegen erzielte unabhängig vom Ausmaß der Störung ähnliche Ergebnisse. In diesem Fall schien auch der Therapietyp in bezug auf Ausmaß der Störung und Therapieerfolg von einiger Wichtigkeit zu sein. Leider sind Untersuchungen dieser Art eine Seltenheit geblieben.

Ich-Stärke

Auch ein langfristiges Projekt, das von der Menninger Foundation durchgeführt wurde, erbrachte für Klienten, die eine Psychoanalyse bzw. eine psychoanalytisch orientierte Langzeittherapie erhielten, eine positive Korrelation zwischen Ich-Stärke und einer umfassenden Veränderungsmessung (KERNBERG et al., 1972). Zwar war die erzielte Korrelation nicht sehr hoch ($r = .35$) und die Beurteilung der Ich-Stärke abhängig von der untersuchten Population. Fassen wir jedoch diese Ergebnisse mit denen der vorher genannten Untersuchung zusammen und nehmen eine vielleicht etwas gewagte Generalisierung vor, dann können wir feststellen, daß Ich-Stärke bzw. das Ausmaß der Persönlichkeitsintegration mit dem Ergebnis einer psychoanalytischen Therapie, nicht aber notwendigerweise Verhaltenstherapie, zusammenhängen können. Solch eine Schlußfolgerung könnte dann interessant sein, wenn sie durch nachfolgende Erhebungen tatsächlich gestützt wird.

Angst als positiver Prognose-Indikator

FRANK (1974), ein führender Psychotherapieforscher und einer der erfahrensten Beobachter der psychotherapeutischen „Szene", hält Klientenvariablen für die wichtigsten Faktoren einer langfristigen Verbesserung. Im Rahmen seiner eigenen Forschungen fand er heraus, daß sich Symptome von Angst und Depression tendenziell am meisten, somatische Beschwerden dagegen am wenigsten besserten. Auch in anderen Untersuchungen ist Angst als positiver Prognose-Indikator erwähnt worden (KERNBERG et al., 1972; LUBORSKY et al., 1971), wenngleich auch Ergebnisse ohne Beweiskraft bekannt geworden sind. Es müssen sowohl Art und Stärke der Angst als auch die offensichtlich angstauslösenden Situationen eingehend betrachtet werden. Bei denjenigen Klienten, die in einer bestimmten Situation oder bei einer bestimmten Belastung Angst zeigen, oder anders ausgedrückt, eher situationsbedingt und weniger chronisch ängstlich sind, dürften sich positivere Ergebnisse erzielen lassen (SMITH/SJÖHOLM/NIELZEN, 1975).

Skalen zur Messung der Ich-Stärke

In der Psychotherapieforschung sind auch zwei Skalen zur Messung der Ich-Stärke eingesetzt worden. Die Barron ES Scale hat sich im Gegensatz zu einem ersten positiven Bericht (BARRON, 1953) als nicht nützlich erwiesen (GARFIELD, 1978). Die Ergebnisse mit der Rorschach Prognostic Rating Scale (KLOPFER et al., 1951) sind, obwohl ein Drittel der Untersuchungen negative Ergebnisse gebracht haben, etwas positiver ausgefallen. Allerdings ist der Nutzen dieser Skala durch die Art der festgelegten Durchschnittsleistung und durch die Tatsache eingeschränkt, daß die Erfolgswerte der Skala über eine übliche Besserungsrate von etwa 67 Prozent nicht hinausgehen.

Ohne dabei ins Detail zu gehen, können wir annehmen, daß Schlußfolgerungen über den Zusammenhang zwischen Ausmaß der Störungen bzw. Ich-Stärke des Klienten und Therapieerfolg recht weitgehend davon abhängen, wie das Ergebnis einer Psychotherapie beurteilt wird. Diese Kernfrage, auf die wir schon angespielt haben, wurde klar veranschaulicht in einer Schrift von MINTZ (1972) und auch von mir in einer neueren Untersuchung entwickelt (GARFIELD, 1978). Im wesentlichen können wir folgendes annehmen: Wo Gesamtbeurteilungen des Therapieerfolgs vom Therapeuten bei Beendigung der Therapie vorgenommen werden, ist ein positiver Zusammenhang zwischen Stärke der Persönlichkeitsintegration bzw. Anpassung des Klienten zu Beginn der Therapie einerseits und Therapieerfolg andererseits sehr wahrscheinlich. Mit anderen Worten erhielten die weniger gestörten Klienten bei Beendigung der Therapie die günstigsten Ratings, Wo hingegen die Besserung des Klienten aufgrund des Größenunterschieds zwischen Testscores bzw. Ratings bei Therapiebeginn und Therapieende bewertet wird, wird man einen solchen Zusammenhang nicht erlangen, und die Ergebnisse können den gestörteren Klienten begünstigen. Ich will dieses Problem im folgenden noch näher erläutern.

Art der Erfolgsbestimmung beeinflußt Ergebnisse

Zuerst wollen wir die Therapieziele eingehend betrachten. Während man in der Medizin häufig von „Heilung" spricht, wird davon in der Psychotherapie weniger oft gesprochen. Hier sind „positive Veränderung" oder „Verbesserung" (positive change and improvement) in aller Regel die allgemein verwendeten Begriffe. Obwohl wir aber praktisch alle darin übereinstimmen dürften, daß das Therapieziel die Besserung des Klienten ist, dürften wir uns wohl in unserer Meinung dazu unterscheiden, welche Höhe oder welche Form einer Veränderung bereits einem Fortschritt gleichkommt. Damit zusammenhängend ist es häufig dem Sinne nach ein erklärtes bzw. impliziertes Ziel der Psychotherapie gewesen, daß bei Therapieende die Gesamtentfaltung der Persönlichkeit (overall personality functioning) verbessert sein sollte. In der Regel wird somit über die spezifischen Beschwerden des Klienten hinaus das Niveau seiner Persönlichkeitsentfaltung ziemlich stark beachtet. Wenn folglich ein Therapeut bei Therapieende den Fortschritt des Klienten beurteilt, wird er dabei wahrscheinlich sowohl von dessen Allgemeinzustand (overall level of adjustment) als auch von den Problemen beeinflußt werden, bei denen als Folge der Therapie geholfen werden konnte. Tritt ein Klient die Therapie in einem relativ guten Allgemeinzustand bzw. mit hoher Persönlichkeitsentfaltung an, dürfte seine Besserung ziemlich wahrscheinlich hoch eingestuft werden. Im Gegensatz dazu werden zu Therapiebeginn viel gestörtere Klienten, die gleiche oder noch mehr Besserung zeigen, aber noch immer im Allgemeinzustand niedriger liegen, eine niedrigere Bewertung erhalten. Der Therapeut kann somit vom Allgemeinzustand des Klienten bei Therapieende stärker beeinflußt werden als durch dessen tatsächliche Verbesserung im Laufe der Therapie. Wir können als Ergebnis festhalten, daß der stabilisiertere Klient offenbar die positivsten Ergebnisse erzielt. Wenn das Therapieziel außerdem in der Erreichung einer bestimmten Persönlichkeitsnorm liegt, die idealerweise von allen Klienten, die sich einer Psychotherapie unterziehen, erreicht werden sollte, dann kommen wiederum diejenigen Klienten, die zu Beginn schon stabilisierter waren, den Therapiezielen wahrscheinlich am nächsten.

Bestimmung der Therapieziele

Gesamtentfaltung der Persönlichkeit

Kriterium: Verbesserungsausmaß

Ist andererseits das Ausmaß der Verbesserung das aktuelle Kriterium für das Therapieergebnis, und werden Differenzen zwischen „pre and post levels of functioning" gemessen, sind Ergebnisse und Schlußfolgerungen ganz unterschiedlich. Hier sind ganz klar methodische Probleme von Bedeutung. Sind Klienten bei Therapiebeginn relativ wenig beeinträchtigt, so befinden sie sich im oberen Bereich einer normativen Anpassungsskala und können sich auf dieser Skala viel weniger nach oben verschieben als jemand, der sich auf der Skala viel weiter unten befindet. Und noch anders betrachtet: Die Klienten mit den stärksten Störungen weichen vom Anpassungsmittelwert bzw. der statistischen Anpassungsnorm, der sich die meisten Personen angleichen, am weitesten ab. Der Statistik nach besitzen sie im Falle einer Wiederholungsmessung die größte Wahrscheinlichkeit der Regression bzw. sich in Richtung Mittelwert zu verändern und somit auch im Vergleich zu den Personen, die näher am Mittelwert liegen, größere Veränderungen zu zeigen. Wird also die Änderungshöhe als Erfolgskriterium herangezogen, zeigen die zu Beginn der Therapie gestörtesten Personen wahrscheinlich die größten Fortschritte. Wie schon erwähnt, sind in der Tat alle Arten von Ergebnissen mit unterschiedlichen Ausprägungen vorzufinden, und auch bei der Interpretation der Ergebnisse zeigen sich Unterschiede. LUBORSKY et al. (1971) schlußfolgern in ihrer einschlägigen Literaturübersicht, daß Personen mit den besten Persönlichkeitsfaktoren in der Psychotherapie die besten Ergebnisse erzielen. MELTZOFF und KORNREICH (1970) sowie GARFIELD (1978) folgern unter Bezug auf diese Literatur viel vorsichtiger und weniger positiv, daß die Ergebnisse von den Kriterien und Methoden der Ergebnisbeurteilung beeinflußt werden und die Frage noch offen bleibt. Von denjenigen Personen, die die Therapie auf einem relativ hohen Niveau von sozialer Anpassung (personality adjustment) beginnen, kann man zwar erwarten, daß sie am Ende eine höhere Stufe der Persönlichkeitsentfaltung erreichen werden als die zu Beginn sehr gestörten Personen, man kann aber nicht sagen, daß sie sich auch am meisten verbessert haben. Solche Klienten mögen auch „bessere" Klienten in dem Sinne sein, daß sie mit den Therapeuten besser zusammenarbeiten und entgegenkommender sind und als der Psychotherapie „zugänglicher" eingeschätzt werden, doch damit ist etwas anderes als mit der Änderungshöhe gemeint. Es ist auch wahrscheinlich, daß die integrierteren Klienten auf eine analytisch orientierte Therapie besser ansprechen als die gestörten Klienten – diese Vermutung liegt jedenfalls aufgrund von Untersuchungsergebnissen von SLOANE et al. (1975) und KERNBERG et al. (1972) nahe –, doch bei solcher Schlußfolgerung ist Vorsicht geboten. Nun aber sollten wir die Diskussion über andere Klientenvariablen in Relation zum Ergebnis weiterführen.

Methodische Probleme

Unterschiedliche Ergebnisse und Interpretationen

Intelligenz des Klienten

Zwar sind bei Klienten mit unterschiedlichster Intelligenz Therapieerfolge vermeldet worden, eine Reihe von Untersuchungen jedoch weisen auf einen positiven Zusammenhang zwischen Intelligenz und Therapieergebnis hin. In einer Übersicht von LUBORSKY et al. (1971) zeigt sich bei 10 von 13 Untersuchungen und Korrelationen zwischen .24 und .46 ein positiver Zusammenhang zwischen Intelligenz und Ergebnis. MELTZOFF und KORNREICH (1970) hingegen besprechen 15 Untersuchungen, von denen nur 7 eine positive Beziehung zwischen Intelligenz und Ergebnis aufweisen. Ihre Schlußfolgerung lautet deshalb, daß eine hohe Intelligenz keine notwendige Bedingung für ein positives Ergebnis in einer Psychotherapie sein muß, sondern lediglich in manchen Psychotherapien von größerer Bedeutung als in anderen sein kann.

Intelligenz und Lernprozesse

Zu diesem Problem können noch einige Punkte angeführt werden. Wenn mit einer Psychotherapie Lernprozesse einhergehen – eine nicht nur von Verhaltenstherapeuten geteilte Sichtweise –, dann können wir zu Recht annehmen, daß die erfolgreiche Durchführung einer Psychotherapie eine Minimalhöhe an Intelligenz erfordert. Bis heute aber ist es nicht gelungen, diese im einzelnen zu bestimmen bzw. zu beweisen, obzwar es so scheint, als würden Psychotherapeuten im großen und ganzen Klienten bevorzugen, die sowohl eine hohe Intelligenz als auch andere wünschenswerte Eigenschaften besitzen (SCHOFIELD, 1964). Mehrere Berichte zeigen, daß Analytiker und sonstige Therapeuten solche Klienten bevorzugt auswählen, die auf dieser Variable einen hohen Rang einnehmen, wobei diese wiederum mit anderen Variablen wie Bildung, Beruf, Einkommen und allgemein auch soziale Schicht korreliert und verflochten ist (HAMBURG et al., 1967; KADUSHIN, 1969; KNAPP et al., 1960). Die einschlägigen Forschungsdaten lassen jedoch keine kategorischen Aussagen zu. Denn selbst dann, wenn man den positiven Ergebnissen mehr Glauben schenkt und nichtbeweiskräftige Befunde ignoriert, sind die erreichten Korrelationen ziemlich niedrig. Würde man eine Korrelation von .30 als repräsentativen Befund auffassen, wären damit weniger als 10 Prozent der Varianz erklärbar. Folglich sollte ein Therapeut den intellektuellen Fähigkeiten seiner Klienten keine ungebührliche Bedeutung beimessen, selbst dann nicht, wenn es ihm mehr Spaß macht, mit sehr intelligenten Personen zu interagieren und psychotherapeutische Konzepte zu diskutieren.

Selektion der Therapeuten

Therapieerwartungen

Ein interessantes Thema, das wir bereits im Abschnitt über die Therapiedauer thematisierten, sind außerdem die Erwartungen des Klienten. Früher ging es dabei in der Regel um die Erwartungen, die der Klient mit der Therapie verband und die Zuversicht, daß ihm geholfen werde. Man nahm an, daß Klienten mit großer Hoffnung auf Hilfe die Therapie tatsächlich besser zum Ende bringen würden als jene mit geringer Zuversicht. FRANK und seine Mitarbeiter gehörten zu den ersten, die diese und ähnliche Ansichten vertraten und einige Untersuchungen über den Zusammenhang von Erwartungen und Ergebnis durchführten (FRANK, 1959; FRANK et al., 1959; ROSENTHAL/FRANK, 1956). Und erst kürzlich berichteten die Verhaltenstherapeuten ausführlich über Untersuchungen, in denen sie versucht hatten, die Klientenerwartungen experimentell zu beeinflussen. Zu diesem Bereich sind mehrere kritische Reviews veröffentlicht worden (LICK/BOOTZIN, 1975; MORGAN, 1973; WILKINS , 1971, 1973).

Wie erwähnt nahmen FRANK und seine Mitarbeiter an, daß die Therapieerwartungen des Klienten auf das Ergebnis Einfluß hätten und die Wahrscheinlichkeit einer Veränderung um so größer wäre, je größer sein

Leidensdruck bzw. sein Wunsch nach Abhilfe wäre. Andere Untersuchungen stützten diese Annahme (FRIEDMAN, 1963; GOLDSTEIN, 1960; GOLDSTEIN/SHIPMAN, 1961; LENNARD/BERNSTEIN, 1960; LIPKIN, 1954). Seit diesen frühen Untersuchungen hat es zu diesem Problem ein beständiges Interesse und auch eine kritischere Herangehensweise gegeben. Manchmal gab es positive Ergebnisse (UHLENHUTH/DUNCAN, 1968), ein andermal kam es zu keinen positiven Befunden (PIPER/WOGAN, 1970; TOLLINTON, 1973). Viele Untersuchungen mit positiven Ergebnissen wiederum sind in neueren Arbeiten stark kritisiert worden (PEROTTI/HOPEWELL, 1976; WILKINS, 1973). Es ist darauf hingewiesen worden, daß in vielen Untersuchungen die Erwartungen nicht gemessen, sondern in Wirklichkeit abgeleitet wurden und Selbsteinschätzungen (self-reports) sowohl der Beurteilung von Erwartungen als auch des Ergebnisses zugrundelagen. Auf welche Weise die Erwartungen beurteilt werden, ist deshalb von ziemlicher Wichtigkeit, weil sich in der einen Untersuchung zwar signifikante Korrelationen zwischen „high expectancy ratings“ und „self-report measures of outcome“ nachweisen ließen, nicht aber zwischen Erwartungsratings und einer verhaltensorientierten Messung des Ergebnisses (WILSON/THOMAS, 1971).

Unterschiedliche Ergebnisse

Wie definiert man Erwartungshaltungen?

Auch Arbeiten zur Definition von Erwartungshaltungen (expectancy „states“), wie sie vor allem von den Verhaltenstherapeuten durchgeführt wurden, haben widersprüchliche Ergebnisse und weitere Kritik an diesen Forschungsansätzen nach sich gezogen. Besonders WILKINS (1973) hat an diese Forschung eine Reihe von kritischen Fragen gerichtet und ist der Meinung, daß es gegenwärtig nicht genügend Beweise gibt, die das Konstrukt „Erwartung“ in Hinblick auf Therapieerfolge stützen würden. Zu etwas anderen Schlußfolgerungen kommen zwei Rezensenten, obwohl sie diesen Forschungen ebenfalls kritisch gegenüber stehen. LICK und BOOTZIN (1975) nehmen an, daß trotz der Unzulänglichkeiten in der bisherigen Forschung, wodurch zuverlässige Schlußfolgerungen in jedem Fall ausgeschlossen sind, die Daten darauf hindeuten, daß bei der systematischen Desensibilisierung die therapeutischen Instruktionen ziemlich wichtig sind. PEROTTI und HOPEWELL (1976) wiederum glauben nicht, daß sich die Eingangserwartungen des Klienten in bezug auf mögliche Besserung – in den meisten Untersuchungen der Mittelpunkt allen Interesses – auf das Ergebnis stark auswirken. Sie behaupten vielmehr, daß von ziemlicher Wichtigkeit sei, ob der Klient während der Therapie davon überzeugt ist, daß er sich verbessert, und besser mit den Situationen umgehen kann, mit denen er früher nicht fertig wurde. Demnach sind, anders formuliert, solche Erwartungen bedeutender, die im Laufe der Therapie aufgebaut werden.

Die Relevanz von Überzeugungen während der Therapie

Forschungsdaten und -ergebnisse in Zusammenhang mit Klientenerwartungen dürften den Nutzen dieses Konstrukts ziemlich in Frage gestellt haben. Es hat aber den Anschein, als ob ein Teil der Probleme daraus resultiert, daß es unterschiedlich oder überhaupt nicht definiert worden ist. Manchmal ist es unter Bezugnahme auf den Glauben der Klienten an den Behandlungserfolg verwendet worden. In anderen Fällen ist es zur Kennzeichnung der Erwartungen eingeführt worden, die ein Klient an die

Fragwürdigkeit des Erwartungskonzepts

potentielle Effektivität eines bestimmten Therapeuten richtet. Unter Rückgriff auf historische Darstellungen erfolgreicher Scharlatane (quacks) hat es den Anschein, daß bei deren Erfolgen solche Erwartungen eine Rolle gespielt haben (JAMESON, 1961). Ob wir nun solche Aktivitäten gut heißen oder nicht, wenn eine Variable irgendeinen potentiellen Einfluß auf das Ergebnis hat, so sollten wir ihr Beachtung schenken. Schließlich sind Klientenerwartungen, wie bereits angeführt, auch in Zusammenhang mit solchen Charakteristika einer Therapie wie die Klienten- oder Therapeutenrolle in der Therapie, die Therapielänge, die verwendeten Methoden und ähnliches mehr, erwähnt worden. Wenn wir die mögliche Bedeutung der Klientenerwartungen besser verstehen wollen, wird die Forschung sowohl der Spezifizierung von Erwartungstypen mehr Bedeutung zumessen als auch die möglicherweise interaktiven Effekte verschiedener Formen von Erwartungen in ihre Überlegungen einbeziehen müssen. Wir werden deshalb in den nachfolgenden Diskussionen über den psychotherapeutischen Prozeß den Versuch unternehmen, gleichermaßen umsichtig und spezifisch zu verfahren, wenn wir über die mögliche Bedeutung der Erwartungen seitens der Therapie-Partizipanten sprechen.

Zusammenhang Klient – Therapietyp

Vor Abschluß dieses Kapitels wollen wir noch kurz einige andere Themen zur Sprache bringen, die möglicherweise für Klientenvariablen und Therapieergebnisse wichtig sind. Bei einem davon geht es darum, wie wichtig es sein kann, daß Klient und Therapietyp zusammenpassen. In einer Untersuchung von ABRAMOWITZ et al. (1974) beispielsweise wurden zwei Klientengruppen mit zwei Therapieformen konfrontiert. Die Klienten wurden in „Externals" und „Internals" entsprechend ihrem Locus of Control nach der ROTTER-I-E-Skala unterteilt. Die Therapien wurden mit „relativ direktiv" und „relativ nondirektiv" bezeichnet. Die Befunde wiesen darauf hin, daß external orientierte Klienten mehr Fortschritte mit der direktiven Therapie machten, „Internals" hingegen mehr Erfolge in der nondirektiven Therapie erzielten. In einer anderen Untersuchung wurden Klienten mit einer Schlangenphobie über Video vier Therapeuten vorgestellt, die vier verschiedene Therapieformen erläuterten: systematische Desensibilisierung, eine Encounter-Therapie, rational-emotive Therapie und eine Kombination aus Modell-Lernen und Verhaltenstraining (behavioral rehearsal) (DEVINE/FERNALD, 1973). Die Klienten gaben Urteile über ihre Therapiepräferenzen ab und wurden anschließend einer erwünschten, nicht erwünschten oder zufällig ausgewählten Therapie zugewiesen. Es zeigte sich zwar hinsichtlich der Gesamteffektivität der unterschiedlichen Therapieformen keine Differenz. Klienten jedoch, die eine erwünschte Behandlung erhalten hatten, legten danach signifikant weniger Angst an den Tag als jene, die eine nach Zufall ausgewählte oder nichterwünschte Therapie erhielten. Diese Ergebnisse weisen auf die Bedeutung hin, die mutmaßlichen Interaktionseffekte zwischen Therapieform und Klientenmerkmale zu untersuchen.

„Externals" passen besser zu direktiven Therapien

„Wunsch"-Therapien bringen bessere Resultate

Es hat auch vereinzelte Untersuchungen über Klienteneigenschaften gegeben, die man in der Psychotherapie für wichtig hält. Sie bezogen sich auf Merkmale wie Kontaktfreudigkeit, Attraktivität und Liebenswürdigkeit („likability"). Obwohl es scheint, als wären diese Begriffe vorurteilsfrei verwendet worden, bedarf es doch jeweils einer operationalen Definition, bevor wir ihre Bedeutung wirklich kennen bzw. ihre Bedeutung untersuchen können. Nichtsdestoweniger dürften sie wichtige Gesichtspunkte einer Psychotherapie widerspiegeln. In zwei Untersuchungen wurde ein Zusammenhang zwischen Therapeuten-Ratings der „likability" der Klienten und der Therapieprognose gefunden (EHRLICH/BAUER, 1967; GARFIELD/AFFLECK, 1961). In der erstgenannten Untersuchung wurde außerdem festgestellt, daß man bei Klienten, die man weniger liebenswert einschätzte, dreimal so häufig Drogenverfahren anordnete als bei jenen, die hohe Ratings erhielten. Mit diesen Ratings korrelierten auch die Ratings der Therapeuten zur Verbesserung positiv. Es ist natürlich hier schwierig zu entscheiden, ob „likability" die Prognosen beeinflußt oder ob man Klienten, die man als gute Anwärter für eine Psychotherapie beurteilt, lieber mag.

„Likability" und Therapieprognose

Komplementarität Klient – Therapeut

Das Problem der Ähnlichkeit bzw. Komplementarität zwischen Klient und Therapeut ist in klinischen Schriften sowie auch in einigen Forschungsarbeiten berücksichtigt worden. Obwohl einige Psychotherapeuten in dieser Frage eine feste Meinung vertreten, sind die Forschungsergebnisse zu widersprüchlich und fragwürdig, als daß sie eine Basis für irgendwelche begründete Auffassungen abgeben könnten (BERZINS, 1977; GARFIELD, 1978). Nach einem ins Detail gehenden Review zu diesem Thema stellte BERZINS (1977, S. 222) daher fest: „Es gibt zur Zeit keine systematische Wissensgrundlage, die uns eine effektive Richtschnur bei der Entwicklung von Anpassungsstrategien sein könnte."

Zusammenfassung

Obwohl offenbar die persönlichen Eigenschaften des Klienten für eine Psychotherapie und für das Therapieergebnis von einiger Bedeutung sein dürften, ist das Problem, zumindest in Anbetracht der Notwendigkeit, mittels Forschung zuverlässige Ergebnisse zu erhalten, nicht so einfach, wie es auf den ersten Blick den Anschein haben mag. Es gibt eine Fülle von Klientenmerkmalen, und auch ihre Einschätzung bzw. Beurteilung variiert stark. Aus diesen sowie sonstigen methodologischen Gründen sind Replikationen von Befunden nicht leicht zu erreichen gewesen. Bei der Vielfalt an Ergebnissen sind auch Ordnungs- und Integrationsversuche schwierig. Das trifft besonders auf Persönlichkeitsvariablen zu. Während wir zumindest einigermaßen darauf bauen könne, daß Variablen wie soziale Schichtzugehörigkeit, Alter und Geschlecht für das Therapieergebnis ein wenig Bedeutung haben, muß man sich bei Schlußfolgerungen über z.B. die Bedeutung der Störung selbst, Motivation, „likability" und Therapieerwartungen ziemlich vorsichtig ausdrücken. Dies mag zwar enttäuschend sein, verhilft uns aber zu einer realistischeren Auffassung über objektives Wissen und Ansichten, und wird uns – so hoffe ich – langfristig bei der Suche und Erlangung abgesicherter Sichtweisen dieser Variablen unterstützen.

Literatur

Abramowitz, C. V., Abramowitz, S. I., Roback, H. B., and Jackson, C. Differential effectiveness of directive and nondirective group therapies as a function of client internal-external control. *Journal of Consulting and Clinical Psychology,* 1974, *42,* 849–853.

Affleck, D. C. and Garfield, S. L. Predictive judgments of therapists and duration of stay in psychotherapy. *Journal of Clinical Psychology,* 1961, *17,* 134–137.

Affleck, D. C. and Mednick, S. A. The use of the Rorschach Test in the prediction of the abrupt terminator in individual psychotherapy. *Journal of Consulting Psychology,* 1959, *23,* 125–128.

Auld, F., Jr. and Eron, L. D. The use of Rorschach scores to predict whether patients will continue psychotherapy. *Journal of Consulting Psychology,* 1953, *17,* 104–109.

Bailey, M. A., Warshaw, L., and Eichler, R. M. A study of factors related to length of stay in psychotherapy. *Journal of Clinical Psychology,* 1959, *15,* 442–444.

Barron, F. Some test correlates of response to psychotherapy. *Journal of Consulting Psychology,* 1953, *17,* 235–241.

Berzins, J. I. Therapist-patient matching. In A. S. Gurman and A. M. Razin (Eds.), *Effective psychotherapy: A handbook of research.* New York: Pergamon Press, 1977, pp. 222–251.

Brill, N. Q. and Storrow, H. A. Social class and psychiatric treatment. *Archives of General Psychiatry,* 1960, *3,* 340–344.

Brown, J. S. and Kosterlitz, N. Selection and treatment of psychiatric outpatients. *Archives of General Psychiatry,* 1964, *11,* 425–438.

Cartwright, D. S. Success in psychotherapy as a function of certain actuarial variables. *Journal of Consulting Psychology,* 1955, *19,* 357–363.

Cartwright, D. S., Kirtner, W. L., and Fiske, D. W. Method factors in changes associated with psychotherapy. *Journal of Abnormal and Social Psychology,* 1963, *66,* 164–175.

Cole, N. J., Branch, C. H., and Allison, R. B. Some relationships between social class and the practice of dynamic psychotherapy. *American Journal of Psychiatry,* 1962, *118,* 1004–1012.

Craig, T. and Huffine, C. Correlates of patient attendance in an inner-city mental health clinic. *The American Journal of Psychiatry,* 1976, *133,* 61–64.

Devine, D. A. and Fernald, P. S. Outcome effects of receiving a preferred, randomly assigned or nonpreferred therapy. *Journal of Consulting and Clinical Psychology,* 1973, *41,* 104–107.

Dodd, J. A retrospective analysis of variables related to duration of treatment in a university psychiatric clinic. *Journal of Nervous and Mental Disease,* 1970, *151,* 75–84.

Ehrlich, H. J. and Bauer, M. L. Therapists' feelings toward patients and patient treatment and outcome. *Social Science and Medicine,* 1967, *1,* 283–292.

Eiduson, B. T. The two classes of information in psychiatry. *Archives of General Psychiatry,* 1968, *18,* 405–419.

Fiester, A. R. and Rudestam, K. E. A multivariate analysis of the early drop-out process. *Journal of Consulting and Clinical Psychology,* 1975, *43,* 528–535.

Frank, J. D. Problems of controls in psychotherapy as exemplified by the psychotherapy research project of the Phipps Psychiatric Clinic. In E. A. Rubinstein and M. B. Parloff (Eds.), *Research in Psychotherapy.* Washington, D.C.: American Psychological Association, 1959, *1,* 10–26.

Frank, J. D. Therapeutic components of psychotherapy. A 25-year progress report of research. *The Journal of Nervous and Mental Disease,* 1974, *159,* 325–342.

Frank, J. D., Gliedman, L. H., Imber, S. D., Nash, E. H., Jr., and Stone, A. R. Why patients leave psychotherapy. *Archives of Neurology and Psychiatry,* 1957, *77,* 283–299.

Frank, J. D., Gliedman, L. H., Imber, S. D., Stone, A. R., and Nash, E. H. Patients' expectancies and relearning as factors determining improvement in psychotherapy. *American Journal of Psychiatry,* 1959, *115,* 961–968.

Freud, S. On psychotherapy. In *Collected Papers, Vol. 1.* London: Hogarth Press and the Institute of Psychoanalysis, 1950, pp. 258–259.

Friedman, H. J. Patient-expectancy and symptom reduction. *Archives of General Psychiatry,* 1963, *8,* 61–67.

Garfield, S. L. *Clinical psychology: The study of personality and behavior.* Chicago: Aldine, 1974.

Garfield, S. L. Research on client variables in psychotherapy. In S. L. Garfield and A. E. Bergin (Eds.), *Handbook of psychotherapy and behavior change,* 2nd ed. New York: Wiley, 1978.

Garfield, S. L. and Affleck, D. C. An appraisal of duration of stay in outpatient psychotherapy. *Journal of Nervous and Mental Disease,* 1959, *129,* 492–498.

Garfield, S. L. and Affleck, D. C. Therapists' judgments concerning patients considered for psychotherapy. *Journal of Consulting Psychology,* 1961, *25,* 505–509.

Garfield, S. L., Affleck, D. C., and Muffley, R. A. A study of psychotherapy interaction and continuation in psychotherapy. *Journal of Clinical Psychology,* 1963, *19,* 473–478.

Garfield, S. L. and Kurz, M. Evaluation of treatment and related procedures in 1216 cases referred to a mental hygiene clinic. *Psychiatric Quarterly,* 1952, *26,* 414–424.

Garfield, S. L., Prager, R. A., and Bergin, A. E. Evaluation of outcome in psychotherapy. *Journal of Consulting and Clinical Psychology,* 1971, *37,* 307–313.

Garfield, S. L. and Wolpin, M. Expectations regarding psychotherapy. *Journal of Nervous and Mental Disease,* 1963, *137,* 353–362.

Gibby, R. G., Stotsky, B. A., Hiler, E. W., and Miller, D. R. Validation of Rorschach criteria for predicting duration of therapy. *Journal of Consulting Psychology,* 1954, *18,* 185–191.

Goldstein, A. P. Therapist and client expectation of personality change in psychotherapy. *Journal of Counseling Psychology,* 1960, *7,* 180–184.

Goldstein, A. P. and Shipman, W. G. Patient expectancies, symptom reduction, and aspects of the initial psychotherapeutic interview. *Journal of Clinical Psychology,* 1961, *17,* 129–133.

Grotjahn, M. Learning from dropout patients: A clinical view of patients who discontinued group psychotherapy. *International Journal of Group Psychotherapy,* 1972, *22,* 306–319.

Hamburg, D. A., Bibring, G. L., Fisher, C., Stanton, A. H., Wallerstein, R. S., Weinstock, H. I., and Haggard, E. Report of Ad Hoc Committee on central fact gathering data of the American Psychoanalytic Association. *Journal of the American Psychoanalytic Association,* 1967, *15,* 841–861.

Heine, R. W. (Ed.), *The student physician as psychotherapist.* Chicago: The University of Chicago Press, 1962.

Heine, R. W. and Trosman, H. Initial expectations of the doctor-patient interaction as a factor in continuance in psychotherapy. *Psychiatry,* 1960, *23,* 275–278.

Heitler, J. B. Preparatory techniques in initiating expressive psychotherapy with lower-class, unsophisticated patients. *Psychological Bulletin,* 1976, *83,* 339–352.

Hiler, E. W. Wechsler-Bellevue Intelligence as a predictor of continuation in psychotherapy. *Journal of Clinical Psychology,* 1958, *14,* 192–194.

Hollingshead, A. B. and Redlich, F. C. *Social class and mental illness: A Community Study.* New York: Wiley, 1958.

Horenstein, D., Houston, B., and Holmes, D. Clients', therapists' & judges' evaluations of psychotherapy. *Journal of Counseling Psychology,* 1973, *20,* 149–153.

Jacobs, M. A., Muller, J. J., Anderson, J., and Skinner, J. C. Therapeutic expectations, premorbid adjustment, and manifest distress level as predictors of improvement in hospitalized patients. *Journal of Consulting and Clinical Psychology,* 1972, *39,* 455–461.

Jameson, E. *The natural history of quackery.* London: Michael Joseph, 1961.

Kadushin, C. *Why people go to psychiatrists.* New York: Atherton, 1969.

Keniston, K., Boltax, S., and Almond, R. Multiple criteria of treatment outcome. *Journal of Psychiatry,* 1971, *8,* 107–118.

Kernberg, O. F., Bernstein, C. S., Coyne, R., Appelbaum, D. A., Horwitz, H., and Voth, T. J. Psychotherapy and psychoanalysis: Final report of the Menninger Foundation's psychotherapy research project. *Bulletin of the Menninger Clinic,* 1972, *36,* 1–276.

Klopfer, B., Kirkner, F., Wisham, W., and Baker, G. Rorschach prognostic rating scale. *Journal of Projective Techniques,* 1951, *15,* 425–428.

Knapp, P. H., Levin, S., McCarter, R. H., Wermer, H., and Zetzel, E. Suitability for psychoanalysis: a review of 100 supervised analytic cases. *Psychoanalytic Quarterly,* 1960, *29,* 459–477.

Koran, L. M. and Costel, R. M. Early termination from group psychotherapy. *International Journal of Group Psychotherapy,* 1973, *23,* 346–359.

Lennard, H. L. and Bernstein, A. *The anatomy of psychotherapy: Systems of communication and expectation.* New York: Columbia University Press, 1960.

Lerner, B. and Fiske, D. W. Client attributes and the eye of the beholder. *Journal of Consulting and Clinical Psychology,* 1973, *40,* 272–277.

Lick, J. and Bootzin, R. Expectancy factors in the treatment of fear: Methodological and theoretical issues. *Psychological Bulletin,* 1975, *82,* 917–931.

Lief, H. L., Lief, V. F., Warren, C. O., and Heath, R. G. Low dropout rate in a psychiatric clinic. *Archives of General Psychiatry,* 1961, *5,* 200–211.

Lipkin, S. Clients' feelings and attitudes in relation to the outcome of client-centered therapy. *Psychological Monographs,* 1954, *68* (Whole No. 372).

Lorion, R. P. Socioeconomic status & traditional treatment approaches reconsidered. *Psychological Bulletin,* 1973, *79,* 263–270.

Lorr, M., Katz, M. M., and Rubinstein, E. A. The prediction of length of stay in psychotherapy. *Journal of Consulting Psychology,* 1958, *22,* 321–327.

Lubin, B., Hornstra, R. K., Lewis, R. V., and Bechtel, B. S. Correlates of initial treatment assignment in a community mental health center. *Archives of General Psychiatry,* 1973, *29,* 497–504.

Luborsky, L., Chandler, M., Auerbach, A. H., Cohen, J., and Bachrach, H. M. Factors influencing the outcome of psychotherapy. *Psychological Bulletin,* 1971, *75,* 145–185.

Marks, I. Behavioral psychotherapy of adult neurosis. In S. L. Garfield and A. E. Bergin (Eds.), *Handbook of psychotherapy and behavior change,* 2nd ed. New York: Wiley, 1978.

McNair, D. M., Lorr, M., and Callahan, D. M. Patient and therapist influences on quitting psychotherapy. *Journal of Consulting Psychology,* 1963, *27,* 10–17.

Meltzoff, J. and Kornreich, M. *Research in psychotherapy.* New York: Atherton Press, 1970.

Mintz, J. What is "success" in psychotherapy? *Journal of Abnormal Psychology,* 1972, *80,* 11–19.

Morgan, W. G. Nonnecessary conditions or useful procedures in desensitization: A reply to Wilkins. *Psychological Bulletin,* 1973, *79,* 373–375.

Myers, J. K. and Schaffer, L. Social stratification and psychiatric practice: A study of an outpatient clinic. In E. G. Jaco (Ed.), *Patients, physicians and illness.* Glencoe, Ill.: The Free Press, 1958.

National Center for Health Statistics. *Characteristics of patients of selected types of medical specialists and practitioners: United States July 1963–June 1964.* Washington, D.C., Public Health Service Publication No. 1000, Series 10, No. 28, 1966.

Noonan, J. R. A follow-up of pretherapy dropouts. *Journal of Community Psychology,* 1973, *1,* 43–45.

Overall, B. and Aronson, H. Expectations of psychotherapy in lower socio-economic class patients. *American Journal of Orthopsychiatry,* 1962, *32,* 271–272.

Perotti, L. P. and Hopewell, C. A. *Expectancy effects in psychotherapy and systematic desensitization: A review.* Paper presented at the Seventh Annual Meeting of the Society for Psychotherapy Research, June 18, 1976, San Diego, California.

Piper, W. E. and Wogan, M. Placebo effect in psychotherapy: An extension of earlier findings. *Journal of Consulting and Clinical Psychology,* 1970, *34,* 447.

Pope, K. S., Geller, J. D., and Wilkinson, L. Fee assessment and outpatient psychotherapy. *Journal of Consulting and Clinical Psychology,* 1975, *43,* 835–841.

Prager, R. A. and Garfield, S. L. Client initial disturbance and outcome in psychotherapy. *Journal of Consulting and Clinical Psychology,* 1972, *38,* 112–117.

Raynes, A. E. and Warren, G. Some distinguishing features of patients failing to attend a psychiatric clinic after referral. *American Journal of Orthopsychiatry,* 1971a, *41,* 581–589.

Raynes, A. E. and Warren, G. Some characteristics of "drop-outs" at first contact with a psychiatric clinic. *Community Mental Health Journal,* 1971b, *7,* 144–151.

Rosenthal, D. and Frank, J. D. Psychotherapy and the placebo effect. *Psychological Bulletin,* 1956, *53,* 294–302.

Rosenthal, D. and Frank, J. D. The fate of psychiatric clinic outpatients assigned to psychotherapy. *Journal of Nervous and Mental Disease,* 1958, *127,* 330–343.

Rosenzweig, S. P. and Folman, R. Patient and therapist variables affecting premature termination in group psychotherapy. *Psychotherapy: Theory, Research and Practice,* 1974, *11,* 76–79.

Rubinstein, E. A. and Lorr, M. A comparison of terminators and remainers in outpatient psychotherapy. *Journal of Clinical Psychology,* 1956, *12,* 345–349.

Ryan, W. (Ed.), *Distress in the city.* Cleveland: The Press of Case Western Reserve University, 1969.

Sattler, J. M. The effects of therapist-client racial similarity. In A. S. Gurman and A. M. Razin (Eds.), *Effective psychotherapy. A handbook of research.* New York: Pergamon Press, 1977.

Schaffer, L. and Myers, J. K. Psychotherapy and social stratification. *Psychiatry,* 1954, *17,* 83–93.

Schofield, W. *Psychotherapy, the purchase of friendship.* Inglewood Cliffs, NJ: Prentice-Hall, 1964.

Shader, R. I. The walk-in service: An experience in community care. In T. Rothman (Ed.), *Changing patterns in psychiatric care.* New York: Crown, 1970.

Shapiro, R. J. Therapist attitudes and premature termination in family and individual therapy. *The Journal of Nervous and Mental Disease,* 1974, *159,* 101–107.

Siegel, N. and Fink, M. Motivation for psychotherapy. *Comprehensive Psychiatry,* 1962, *3,* 170–173.

Sloane, R. B., Staples, F. R., Cristol, A. H., Yorkston, N. J., and Whipple, K. *Psychotherapy versus behavior therapy.* Cambridge: Harvard University Press, 1975.

Smith, G. J. W., Sjöholm, L., and Nielzén, S. Individual factors affecting the improvement of anxiety during a therapeutic period of 1½ to 2 years. *Acta Psychiatrica Scandinavica*, 1975, *52*, 7–22.

Stern, S. L., Moore, S. F., and Gross, S. J. Confounding of personality and social class characteristics in research on premature termination. *Journal of Consulting and Clinical Psychology*, 1975, *43*, 341–344.

Stone, A. R., Frank, J. D., Nash, E. H., and Imber, S. D. An intensive five-year follow-up study of treated psychiatric outpatients. *Journal of Nervous and Mental Disease*, 1961, *133*, 410–422.

Sullivan, P. L., Miller, C., and Smelser, W. Factors in length of stay and progress in psychotherapy. *Journal of Consulting Psychology*, 1958, *22*, 1–9.

Tollinton, H. J. Initial expectations and outcome. *British Journal of Medical Psychology*, 1973, *46*, 251–257.

Truax, C. B. and Carkhuff, R. R. *Toward effective counseling and psychotherapy*. Chicago: Aldine, 1967.

Truax, C. B., Tunnell, B. T., Jr., Fine, H. L., and Wargo, D. G. The prediction of client outcome during group psychotherapy from measures of initial status. Unpublished manuscript, Arkansas Rehabilitation Research and Training Center, University of Arkansas, 1966.

Uhlenhuth, E. and Duncan, D. Subjective change in psychoneurotic outpatients with medical student therapists. II. Some determinants of change. *Archives of General Psychiatry*, 1968, *18*, 532–540.

Weiss, J. and Schaie, K. W. Factors in patient failure to return to clinic. *Diseases of the Nervous System*, 1958, *19*, 429–430.

Wilkins, W. Desensitization: Social and cognitive factors underlying the effectiveness of Wolpe's procedure. *Psychological Bulletin*, 1971, *76*, 311–317.

Wilkins, W. Expectancy of therapeutic gain: An empirical and conceptual critique. *Journal of Consulting and Clinical Psychology*, 1973, *40*, 69–77.

Wilson, G. T. and Thomas, M. G. Self-versus drug-produced relaxation and the effects of instructional set in standardized systematic desensitization. *Behavior Research and Therapy*, 1973, *11*, 279–288.

Wirt, W. M. Psychotherapeutic persistence. *Journal of Consulting Psychology*, 1967, *31*, 429.

Yamamoto, J. and Goin, M. K. Social class factors relevant for psychiatric treatment. *Journal of Nervous and Mental Disease*, 1966, *142*, 332–339.

Kapitel 4
Der Psychotherapeut

Eine wichtige Variable in der Psychotherapie ist natürlich der Psychotherapeut. Da er in den folgenden Kapiteln zumeist im Mittelpunkt der Ausführungen stehen wird, bedarf es zuerst einiger allgemeiner Erläuterungen und Beobachtungen über seine Rolle, Ausbildung, persönlichen Eigenschaften und seinen Einfluß auf den Klienten.

Wer wird ein erfolgreicher Therapeut?

Wir beginnen mit einer Frage: Welche Eigenschaften braucht man, um ein erfolgreicher Therapeut zu werden? Wir können davon ausgehen, daß man bestimmte persönliche Merkmale besitzen sollte. Wir dürften alle darin übereinstimmen, daß ein starkes Interesse an Menschen in Kombination mit einem humanitären Bedürfnis, ihnen bei ihren psychischen Problemen zu helfen, eine grundlegende Voraussetzung sind. Wenngleich es sich für sich alleine genommen um eine wesentliche und wünschenswerte Charakteristik handelt, dürfte es damit aber nicht getan sein. Jeder von uns kennt sogenannte „Humanitätsapostel", die zwar der Menschheit helfen wollen, gleichzeitig aber selbst ziemlich problembeladen sind. Sie mischen sich in die Angelegenheiten anderer Menschen ein und bewirken häufig trotz bester Absichten mehr Schaden als Gutes. Wir können deshalb die Behauptung aufstellen, daß jeder, der eine Laufbahn als Psychotherapeut einschlagen möchte, ein nicht unbeträchtliches Maß an persönlicher Stabilität besitzen sollte, damit er nicht durch die eigenen persönlichen Schwierigkeiten allzu sehr in seiner therapeutischen Arbeit mit gestörten Personen behindert und nachteilig beeinflußt wird.

„Humanitätsapostel"?

Persönliche Stabilität

Neben diesen Eigenschaften können wir von einem angehenden Therapeuten erwarten, daß er auf die Empfindungen und Mitteilungen des Klienten sensibel reagiert, ihm Wärme und Interesse entgegenbringt und – zumindest bis zu einem bestimmten Punkt – ein aufmerksamer und sympathischer Zuhörer ist. Auch muß er dem Klienten zu verschiedenen Zeitpunkten Sachverhalte darstellen und ihm möglicherweise bestimmte Anweisungen geben. Der Therapeut sollte sich daher eindeutig und eindrucksvoll mitteilen können. Hierzu muß er nicht nur ein aufmerksamer Zuhörer sein, sondern auch wissen, was es mitzuteilen gilt. Das wiederum setzt ein bestimmtes Wissen voraus – in diesem Falle Wissen über Persönlichkeit und abweichendes Verhalten sowie auch über psychotherapeutische Methoden. Um sich dieses Wissen aneignen und es behalten zu können, muß er Auffassungsvermögen und ein Mindestmaß an intellektuellen Fähigkeiten besitzen.

Sensibilität

Fachkompetenz

Diese für einen Psychotherapeuten wünschenswerten Persönlichkeitseigenschaften lassen sich noch durch einige andere ergänzen. So sollte der

Vertrauenswürdigkeit

Therapeut eine Persönlichkeit sein, der ein Klient sein Vertrauen schenkt und die er achtet. Wenn der Therapeut gleich zu Anfang beim Klienten kein Vertrauen erweckt, dann können davon nicht nur die Therapieerwartungen des Klienten beeinflußt werden, sondern er dürfte auch mit höherer Wahrscheinlichkeit die Therapie vorzeitig abbrechen und/oder anderswo um Hilfe nachsuchen. Auch in der Psychotherapie selbst erweist sich das Vertrauensverhältnis als ein besonders wichtiger Faktor. In den meisten Therapien wird vom Klienten erwartet, daß er seine persönlichen Gedanken und Empfindungen ohne Rücksicht darauf, wie erschreckend er selbst sie einschätzt, dem Therapeuten anvertraut. Es dürfte klar sein, daß der Therapeut jemand sein muß, zu dem der Klient höchstes Vertrauen haben kann, damit ein solcher Prozeß der Selbstenthüllung tatsächlich stattfindet.

Je nach Profession der Therapeuten unterschiedliche „Wunsch"-Eigenschaften

Während diese Anforderungen an die Persönlichkeit eines Psychotherapeuten in den verschiedensten Ausführungen über Psychotherapie erwähnt worden sind und zu diesem Thema offensichtlich ein gewisser Konsens vorhanden ist, sind von verschiedenen Seiten noch andere Merkmale und Spezialwissen als wünschenswert bzw. essentiell befürwortet worden. Es wäre wenig damit gewonnen, wenn wir diese Vorschläge im Detail schildern würden, weil sie auf den Meinungen beruhen, die sich jeder Therapeut in seiner jeweiligen Berufsausbildung macht, und mit den Erfahrungen in seinem spezifischen Beruf zusammenhängen. Wie schon im ersten Kapitel erwähnt, werden die meisten Psychotherapeuten zu Beginn aus einem bestimmten Mental-Health-Beruf rekrutiert und ausgebildet. Sie sind primär als Mediziner, Psychologen oder Sozialarbeiter und nur in zweiter Linie als Psychotherapeuten ausgebildet. Aus vielen ersichtlichen Gründen werden ihre Zuverlässigkeit, ihre Professional Society Memberships und ihre jeweiligen Ansichten in unterschiedlichem Maße von ihrer beruflichen Ausbildung und Bindung beeinflußt. Es ist deshalb keine Überraschung, daß einzelne Psychotherapeuten mit unterschiedlicher Berufsausbildung und -erfahrung besonders in bezug auf Fertigkeiten oder Ausbildung ganz bestimmte, spezifische Anforderungen herausstellen, die ein Psychotherapeut erfüllen sollte – sie spiegeln ihren eigenen Werdegang wider. Da jegliche empirische Überprüfung der tatsächlichen Validität solcher Forderungen fehlt, dürfen wir ihnen keinesfalls mehr als den Charakter persönlicher Ansichten oder Hypothesen zuschreiben.

Zur Stützung dieser Behauptung verweisen wir kurz auf den Bericht einer interdisziplinär besetzten Tagung, auf der über die ideale Ausbildung von Psychotherapeuten und die Möglichkeiten der Anerkennung einer Psychotherapie-Profession diskutiert wurde (Holt, 1971). Die Tagungsteilnehmer waren entschieden psychoanalytisch orientiert und repräsentierten Berufe aus der Psychiatrie, der Klinischen Psychologie und der psychiatrischen Sozialarbeit. Bei der Lektüre dieses Berichts wird man davon beeindruckt, wie sehr doch die meisten Tagungsteilnehmer durch ihre eigene Ausbildung und ihren Berufsverband beeinflußt sind. Sieht man von einer gewissen Übereinstimmung in bezug auf wünschenswerte persönliche Eigenschaften des Therapeuten ab, dann stellt man fest, daß Psychiater für alle Psychotherapeuten einen bestimmten Typus einer medizinischen Ausbildung sowie einige Erfahrungen auf der Intensivstation eines Krankenhauses und bei Notfällen usw. wünschen. Auf der anderen Seite verleihen einige Psychologen ihrer Auffassung Nachdruck, daß alle Psychotherapeuten Unterricht in Allgemeiner Psychologie und Testpsychologie erhalten sollten. Es scheint sich hier ganz klar um Auffassungen zu handeln, die nicht durch irgendeine operationale oder funktionale Analyse des psychotherapeutischen Prozesses zustande gekommen sind, sondern durch die berufliche Ausbildung und Verbandszugehörigkeit der Tagungsteilnehmer.

Lehranalyse für Psychotherapeuten

Psychoanalyse und Lehranalyse

Ähnliches kann zu einem alten Problem der Psychotherapie, der Notwendigkeit für einen Psychotherapeuten, sich selbst einer Psychotherapie zu unterziehen, angemerkt werden. Unter dem Einfluß von Freud und der Psychoanalyse haben viele Psychotherapeuten die Position eingenommen, daß irgendeine Art von Lehranalyse eine grundlegende Erfordernis für die meisten, wenn nicht sogar für alle Psychotherapeuten sein sollte. Dieser Position liegt die Überzeugung zugrunde, daß der Therapeut sich selbst gründlichst kennen muß. Er muß sich seiner eigenen Konflikte und seiner Reaktionen auf andere Personen bewußt sein, damit seine eigene Persönlichkeit und eigenen Probleme die therapeutische Arbeit mit den Klienten nicht unnötigerweise stören. Das alte Sprichwort: „Mediziner, heile dich selbst" dürfte sich hierin widerspiegeln bzw. eine Vorlage gewesen sein. Eine ähnliche Begründung für eine Lehranalyse ist, daß der Therapeut darin den therapeutischen Prozeß an sich selbst erfährt, sich dann in den Klienten besser hineinversetzen kann und verstehen lernt, wie der Klient eine Psychotherapie erlebt. Auf diese Weise kann ein Therapeut sowohl einfühlsamer und verständnisvoller als auch objektiver und urteilsfähiger werden.

Unterschiedliche Positionen

Aus solchen persönlichen Gründen haben sich eine große Anzahl von Therapeuten einer Lehranalyse unterzogen und sie für alle zukünftigen Psychotherapeuten als essentielle Ausbildungserfahrung befürwortet. Einige sind sogar davon überzeugt, daß sie der einzige sehr wichtige Abschnitt ihrer Therapieausbildung war. Sie ist auch in den meisten psychoanalytischen Instituten und Postgraduate Psychotherapy Training Centers eine notwendige Bedingung und wird auch für andere Arten von Ausbildungsprogrammen empfohlen. Obwohl diese Einstellung von vielen Psychotherapeuten entschieden geteilt wird, werden auch gegensätzliche Meinungen vorgetragen (Holt, 1971). So läßt sich zum Beispiel einwenden, wer sich einer Lehranalyse unterziehe, würde völlig von den Ansichten seines Lehranalytikers und seiner eigenen persönlichen Erfahrung beeinflußt werden. Da viele Analyse- und Postgraduierten-Zentren vorschreiben, daß der Analytiker des Kandidaten Mitglied ihres Instituts bzw. dort anerkannt sein muß (Rachman/Kauff, 1972), ist damit ein gewisses Maß an Indoktrination verbunden. Eine spezifische Orientierung wird unter

Ausschluß anderer in den Vordergrund gestellt. Noch dazu beruhen die meisten Argumente beider Seiten zu dieser Frage mehr auf persönlichen Überzeugungen als auf irgendwelchen systematischen Untersuchungen. Im großen und ganzen besitzen wir tatsächlich nur wenig Beweismaterial für zwingende Schlußfolgerungen darüber, ob nun die Lehranalyse einen besseren Therapeuten hervorbringt oder nicht. Zur Entscheidungsfindung sollten wir uns eine Analyse wünschen, in der Therapieergebnisse von Therapeuten mit Lehranalyse mit einer vergleichbaren Gruppe von Therapeuten ohne Lehranalyse verglichen werden.

Keine zwingenden Schlußfolgerungen

Wichtige Untersuchungen zu diesem Thema

Wenn auch keine genau auf diesen Problembereich abgestimmten Untersuchungen bekannt sind, so gibt es dennoch einige Berichte, die sich darauf beziehen und Erwähnung verdienen. Zuallererst haben mehrere Umfragen bei Klinischen Psychologen in den USA gezeigt, daß sich sehr viele irgendeiner Form von Lehranalyse unterzogen haben. In einer Umfrage von LUBIN (1962) waren es 57 Prozent, in einer anderen 64 Prozent der Befragten (GOLDSCHMID/STEIN/WEISSMAN/SORRELS, 1969), die eine Lehranalyse angaben. In einer neueren Befragung von 855 Mitgliedern der Division of Clinical Psychology of the American Psychological Association behaupteten 63 Prozent, daß sie irgendeine Lehranalyse erhalten hätten (GARFIELD/KURTZ, 1975).

Mehrzahl der Psychotherapeuten weist Lehranalysen vor

Auch HENRY, SIMS und SPRAY (1971) fanden in einer Untersuchung von professionellen Psychotherapeuten, daß die Mehrzahl irgendeine Form von Lehranalyse vorzuweisen hatte. Keine Lehranalyse gaben in ihrer Stichprobe 25,2 Prozent der Klinischen Psychologen, 34,6 Prozent der Psychiater, 35,7 Prozent der Sozialarbeiter und 2,5 Prozent der Psychoanalytiker an. Ein interessantes Ergebnis ist auch, daß eine ganze Reihe dieser Psychotherapeuten mehr als eine lehranalytische Erfahrung gehabt hatten. Unter den Psychologen waren es 41,2 Prozent und unter den Psychoanalytikern 52,3 Prozent, die mehr als eine Lehranalyse mitgemacht hatten. Diese Befunde stützen somit unter den Psychotherapeuten die Auffassung, daß eine Lehranalyse eine wünschenswerte Erfahrung für Psychotherapeuten sei.

In der Umfrage von GARFIELD und KURTZ (1975) wurde die Frage gestellt, ob man befürworten würde, daß sich alle Klinischen Psychologen einer Lehranalyse unterziehen. 45 Prozent der Befragten antworteten mit „ja“, 38 Prozent mit „nein“ und etwa 17 Prozent waren unschlüssig. Bei einem anderen Item lautete die Frage, für wie wichtig man eine Lehranalyse als Voraussetzung für die Tätigkeit des Klinischen Psychologen bewerte. Beinahe 36 Prozent schätzten die Lehranalyse als sehr wichtig, 26 Prozent dagegen als weniger wichtig ein. Möglicherweise wären diese Zahlen noch höher gewesen, hätte man anstelle des relativ weiten Bereichs der Klinischen Psychologie die eigentliche Psychotherapie zur Diskussion gestellt. Bei einem Vergleich der Antworten zu diesem Item stellte sich heraus, daß Befragte mit Lehranalyse die Bedeutung der Lehranalyse signifikant höher als Befragte ohne Lehranalyse einschätzten. Ein anderer Vergleich zeigte, daß 65 Prozent der Befragten mit Lehranalyse im Gegensatz zu nur 10,5 Prozent ohne Lehranalyse für alle Klinischen

Psychologen eine Lehranalyse befürworteten. Außerdem konnte noch ein starker Zusammenhang zwischen der theoretischen Orientierung der Befragten und ihren Einstellungen gegenüber Lehranalysen nachgewiesen werden. In den meisten Fällen hatten Befragte mit psychoanalytischer und neopsychoanalytischer Orientierung die positivsten Ansichten, Befragte mit verhaltens- und lerntheoretischer Orientierung dagegen die am wenigsten positiven Ansichten über die Lehranalyse.

Zusammenhang Therapieorientierung – Einstellung zur Lehranalyse

Es hat somit den Anschein, als seien die Auffassungen über die Wichtigkeit einer Lehranalyse als Voraussetzung dafür, ob man ein erfolgreicher Psychotherapeut wird, sehr stark von den eigenen theoretischen Positionen sowie davon bestimmt, ob man selbst bereits eine Lehranalyse hinter sich hat. Wie schon darauf hingewiesen wurde, gibt es zu diesem Thema praktisch keine Daten, wenngleich von einigen, zumeist ziemlich eingeschränkten Untersuchungen berichtet wurde. In einem der allerersten Versuche, zu diesem Problem Daten zu sammeln, verglich STRUPP (1955) die Antworten von analysierten und nichtanalysierten Therapeuten auf Aufzeichnungen von therapeutischen Interviews, die aus kurzen Klienten-Statements bestanden. STRUPP sah zwar einige seiner Hypothesen über Differenzen in den Antworttypen bei den zwei Gruppen bestätigt, gewisse methodische Schwächen seiner Untersuchungslage, sowohl bezüglich Stichprobengröße als auch Praxiserfahrungen der Befragten, lassen jedoch weitreichende Schlußfolgerungen kaum zu.

Defizitärer Forschungsstand

In seinem Bericht von einer Tagung über Psychotherapieausbildung bezog sich DERNER (1960) auch auf einige Daten, die er bei einer kleinen Zahl von Studenten während ihrer Ausbildung gesammelt hatte. Er verglich die acht Studenten, die von Supervisoren als beste Therapeuten beurteilt wurden, vier Jahre lang mit acht Studenten, die als schlechteste Therapeuten bewertet wurden. Zu seiner Überraschung stellte sich heraus, daß sich in jeder Gruppe jeweils die Hälfte der Studenten einer Lehranalyse unterzogen hatte. Die Bewertung ihrer therapeutischen Fähigkeiten ließ somit keine Rückschlüsse darauf zu, ob sie eine Lehranalyse hatten oder nicht.

Therapeuten mit Lehranalyse sind nicht effektiver

In einer weiteren, kleinen Untersuchung zeigte sich eine unerwartete negative Beziehung zwischen Dauer der Lehranalyse und drei Besserungskriterien: die Depressions- und K-Skalen des MMPI sowie Therapeuten-Ratings (GARFIELD/BERGIN, 1971). Wegen der kleinen Stichprobe wurden zwar keine Signifikanztests durchgeführt, dennoch ließ sich feststellen, daß die Klienten von Therapeuten ohne Lehranalyse hinsichtlich aller Kriterien die größten Veränderungen aufwiesen. Außerdem hatte es den Anschein, als würden diejenigen Therapeuten, die bei Persönlichkeitstests als stabiler und weniger gestört abschnitten, bei ihren Klienten die größten Veränderungen hervorrufen. Diese Befunde müssen vorsichtig interpretiert werden, da Personen, die sich einer Lehranalyse unterziehen, introspektiver und selbstkritischer sein könnten. Sie verweisen aber trotzdem mehr auf die eventuelle Bedeutung der persönlichen Stabilität des Therapeuten für die Effektivität einer Psychotherapie und nicht so sehr auf die Relevanz einer Lehranalyse.

Therapeuten ohne Lehranalyse sind effektiver

Schließlich können wir uns auch noch auf eine Untersuchung von Katz, Lorr und Rubinstein (1958) beziehen. Sie fanden bei zwei Unterstichproben mit 58 Klienten jeweils nur geringe Unterschiede zwischen den Therapeuten mit und ohne Lehranalyse und ihren Ratings hinsichtlich der Besserung der Klienten. Obwohl in dieser Untersuchung das Kriterium zur Feststellung der Besserung zu wünschen übrig ließ, ist die signifikante Korrelation zwischen den Besserungs-Ratings der Therapeuten und der Anzahl ihrer Lehrjahre interessant.

Dauer der Lehranalyse

Bevor wir unsere Diskussion über die Lehranalyse für Psychotherapeuten zum Abschluß bringen, sind noch weitere Befunde aus der Untersuchung von Henry et al. (1971) erwähnenswert. Ein Ergebnis bezieht sich auf die Dauer der Lehranalysen. Bei den meisten der in dieser Untersuchung erfaßten Therapeuten dauerte die Lehranalyse zwischen 4 bis 7 Jahre lang. Lehranalysen dieser Art sind zweifellos zeitraubend und teuer, und es stellt sich die Frage, ob die damit erworbenen Fähigkeiten die Investitionen aufwiegen. Antworten auf diese Frage können natürlich sowohl unter persönlichen als auch beruflichen Gesichtspunkten gegeben werden. In der Untersuchung von Henry et al. (1971) wurden die Therapeuten aufgefordert, die Zufriedenheit mit ihrer Lehranalyse auf einer dreistufigen Skala anzugeben. Uneingeschränkt zufrieden waren je 36 Prozent der Psychoanalytiker und Psychiater und 46 Prozent der Psychologen; nur eingeschränkt zufrieden äußerten sich 35 Prozent der Psychoanalytiker, 18 Prozent der Psychiater und 19 Prozent der Psychologen; und 29 Prozent der Psychoanalytiker, 46 Prozent der Psychiater sowie 35 Prozent der Psychologen waren mit ihrer Lehranalyse nicht zufrieden. Diese Ergebnisse betreffen aber in erster Linie die Zufriedenheit mit der Lehranalyse und nicht direkt den Wert einer solchen Lehranalyse hinsichtlich der Effektivität als Psychotherapeut.

Zusammenfassung

Wir können aufgrund der eingeschränkten Datenbasis über die relative Bedeutung der Lehranalyse als Variable innerhalb der Psychotherapie keine zwingenden und schnellen Schlüsse ziehen. Die zur Verfügung stehenden Daten scheinen aber die allgemein vorherrschende Meinung, wonach eine Lehranalyse für die effektive Durchführung einer Psychotherapie von Wichtigkeit sein soll, nicht allzu sehr zu stützen. Wie in anderen Bereichen der Psychotherapie benötigen wir auch hier dringend systematischere und exaktere Untersuchungen.

Weiterführende Überlegungen

Wir haben bis jetzt allgemein über Eigenschaften diskutiert, die jeder Psychotherapeut offensichtlich besitzen sollte, und unsere Aufmerksamkeit kritisch auf das Problem der Lehranalyse als eventuelle Vorbedingung für die Ausübung von Psychotherapie gerichtet. Wie wir schon verschiedentlich betont haben, lassen sich viele dieser Wunscheigenschaften auf die Auffassungen und ansatzweisen Ausformulierungen einer Vielzahl von Praktikern dieses Bereichs zurückführen. Bei verschiedenen Gelegenheiten, vor allem anläßlich von Tagungen oder Referaten über die Ausbildung von Mental-Health-Fachleuten, sind mehrere Zusammenstellungen verbreitet worden, die über notwendige Qualifikationsmerkmale für den Eintritt in diesen Beruf Auskunft geben (American Psychological Association, 1947; HOLT, 1971; HOLT/LUBORSKY, 1958; RAIMY, 1950). Häufig enthalten diese Zusammenstellungen vielgepriesene menschliche Qualitäten und Tugenden. Wenn Studenten, die in diesen Berufen später arbeiten wollen, mit den erwünschten Eigenschaften konfrontiert werden, dürften sie nicht nur deswegen, weil sie diese Kriterien nicht erfüllen können, entmutigt werden, sie dürften sich auch sehr wohl fragen, ob irgendeine lebende Persönlichkeit dazu in der Lage sei. Zur Illustration sei auf den Bericht des American Psychology Association Committee on Training in Clinical Psychology (1947) verwiesen. Dort wurden folgende, bei Klinischen Psychologen wünschenswerte Eigenschaften aufgelistet:

Utopische Wunscheigenschaften

1. Überlegenheit (superior ability)
2. Originalität und Einfallsreichtum (originality and resourcefulness)
3. Wißbegierde (curiosity)
4. Interesse an der Individualität einer Person (interest in persons as individuals)
5. Einsicht in die eigene Persönlichkeitsstruktur (insight into one's own personality characteristic)
6. Sensibilität für die Komplexität von Motivation (sensitivity to the complexities of motivation)
7. Toleranz (tolerance)
8. Fähigkeit zu herzlichen und erfolgreichen Sozialbeziehungen (ability to establish warm and effective relationships with others)
9. Fleiß und Fähigkeit zur Duldung von Zwängen (industry and ability to tolerate pressure)
10. Verantwortungsbewußtsein (acceptance of responsibility)
11. Taktgefühl (tact)
12. Integrität und Selbstkontrolle (integrity and self-control)
13. Verständnis für ethische Werte (sense of ethical values)
14. kulturelle Bildung (broad kultural background) und
15. starkes Interesse an Psychologie, vor allem im klinischen Bereich (deep interest in psychology, especielly the clinical aspects).

Eigenschaften ähnlich den eben genannten sind auch für Psychiater vorgeschlagen worden (HOLT/LUBORSKY, 1958). Niemand dürfte wohl den Versuch, hohe Standards für eine Profession festzulegen, abwerten wollen, zumal gerade die Tätigkeit als Psychotherapeut in der Tat hohe Anforderungen an persönliche Eigenschaften stellt. Man tut aber gut daran zuzugeben, daß die aufgelisteten Merkmale eine idealisierte Version des Psychotherapeuten sowie auch der Bestrebungen dieser Profession darstellen. Es wird somit verständlich, wenn Gruppen, die sich um die Definition hoher Standards bemühen, solche anstreben, die die abstrakten Ideale reflektieren, die sie selbst mit ihrer Arbeit verbinden. So wünschenswert es

Idealisierte Versionen

Leistungsstandards müssen empirisch überprüft werden

aber auch sein mag, sich selbst und seiner Profession edle Ziele zu setzen, so wichtig ist es auch, diese Ziele bzw. Ideale mit einigen empirisch überprüften Leistungsstandards in Beziehung zu setzen. Für sich alleine genommen ist es schon eine schwierige Aufgabe, abstrakte, für den Psychotherapie-Beruf wünschenswerte Eigenschaften definieren und beurteilen zu wollen. Von entscheidender Bedeutung ist darüber hinaus aber der Nachweis, daß die definierten Eigenschaften tatsächlich mit hohen Leistungslevels einhergehen. Diese Frage ist weitgehend noch nicht ausreichend beantwortet worden. Wir wollen deshalb sowohl einige Arbeiten über die Selektion von Klinischen Psychologen und Psychiatern für die Graduierten- und Postgraduierten-Ausbildung als auch thematisch enger damit zusammenhängende Untersuchungen über die Eigenschaften von Psychotherapeuten und den Zusammenhang mit ihrer Leistung als Psychotherapeut überprüfen.

Wichtige Untersuchungen

Eine der allerersten Untersuchungen zu diesem Thema war eine breit angelegte, sehr umfangreiche Skalierungsuntersuchung, die kurz nach dem 2. Weltkrieg von der Veterans Administration über die Rekrutierung von Personal für die Graduate Programs in Clinical Psychology in Zusammenarbeit mit der Veterans Administration gefördert wurde. Zu dieser Zeit lag ein bedenklicher Mangel an ausgebildeten Mental-Health-Fachkräften vor, und die Veterans Administration (V.A.) war vor die gewaltige Aufgabe gestellt, sich nach Beendigung des Krieges einer großen Anzahl von psychiatrischen Opfern anzunehmen. Unter anderem traf sie mit ausgewählten Graduate Departments of Psychology Kooperationsvereinbarungen über die Selektion und Ausbildung von Klinischen Psychologen, die in eigenen Kliniken und Krankenhäusern einen potentiellen „Psychologen-Pool" schaffen sollten. Außerdem wurden Mittel für ein Forschungsprojekt über diese Selektion bereitgestellt.

In diesem von Lowell KELLY geleiteten, einzigartigen Projekt wurden Trainee-Anwärter aus vielen Universitäten in der University of Michigan zusammengezogen und ausführlich getestet und befragt (KELLY/FISKE, 1951). Es kamen sowohl alle gebräuchlichen psychologischen Tests als auch Tiefeninterviews, Gruppenaufgaben, Beobachtungen und eine abschließende Gesamtbeurteilung durch erfahrene Klinische Psychologen zur Anwendung. Diese Selektionsmessungen wurden später mit der erfolgreichen Beendigung des Programms und mit Bewertungen der klinischen Arbeit, die während der Ausbildung in den V.A.-Außendienststationen zu verrichten war, korreliert. Insgesamt fielen die Ergebnisse dieses großen Skalierungsunterfangens enttäuschend aus. Nur sehr wenige der prädiktiven Messungen korrelierten stark mit den verschiedenen Kriterien, und die höchsten Korrelationen lagen bei etwa .30. Obwohl es seit dieser Zeit zahlreiche Tagungen über die Ausbildung von Klinischen Psychologen gegeben hat, sind mir keine ähnlichen Versuche zur Bewertung und Vorhersage erfolgreicher Arbeit in Klinischer Psychologie bekannt geworden.

Keine Korrelationen zwischen prädiktiven Messungen und Erfolgsbewertungen

Eine ähnliche Untersuchung über verschiedene Charakteristika von in ihrer Ausbildung befindlichen psychiatrischen Assistenzärzten und dem

Zusammenhang zu ihrer Leistung in der klinischen Arbeit wurde in der Menninger Clinic unternommen und im einzelnen von HOLT und LUBORSKY (1958) dargestellt. Diese Untersuchung wurde vielleicht mehr psychoanalytisch-klinisch orientiert und objektiver durchgeführt als die von KELLY und FISKE – ohne daß aber die Ergebnisse im allgemeinen günstiger ausgefallen wären. Obwohl also die führenden Kräfte in den einzelnen Mental-Health-Bereichen in ihren Ansichten darüber, welche Eigenschaften für eine erfolgreiche Leistung in ihrem jeweiligen speziellen Fachgebiet wünschenswert bzw. notwendig sind, einigermaßen übereinstimmen dürften, sind die Versuche zur Bewertung dieser Eigenschaften und Berechnung ihrer Korrelationen mit funktionalen Leistungskriterien in den meisten Fällen fehlgeschlagen.

Methodenkritik

Die eben erwähnten zwei Untersuchungen kann man an bestimmten Punkten kritisieren. In der Untersuchung über die Klinischen Psychologen sind die Studenten für die Zulassung zum Graduate Study von verschiedenen University Departments of Psychology anhand jeweils eigener Kriterien und Auswahlregeln selektiert worden. In den meisten Fällen dürften die Kriterien sowohl mit dem erfolgreichen Abschluß eines akademischen wie auch klinischen Programms zusammenhängen, das den Ph. D. Grad und damit im wesentlichen eine Qualifikation als Forscher nach sich zieht. Die Studenten wurden also nicht nur unter dem Gesichtspunkt selektiert, daß sie Psychotherapeuten bzw. Klinikärzte werden wollten. Es lagen vielmehr in beträchtlichem Maße schon bei der ersten Vorauswahl intellektuelle und akademische Kriterien zugrunde, und erst dann erfolgte die Bewertung in Ann Arbor. Sowohl in der Universität als auch im klinischen Ausbildungsbereich ließen die Kriterien für eine erfolgreiche Leistung zweifellos viel zu wünschen übrig und variierten je nach Situation.

Selektionsprobleme

In der Untersuchung über die Ausbildung der Psychiater müssen auch noch andere Faktoren berücksichtigt werden. Obwohl alle psychiatrischen Assistenzärzte ihre Ausbildung und Beurteilung in einem einzigen großen Zentrum mit zentraler Verwaltung erhielten, war die Gruppe bereits einer starken Vorauswahl unterworfen worden. Sie waren ursprünglich in verschiedenen Medical Schools entsprechend deren wissenschaftlichen Anforderungen aufgenommen worden, und alle hatten natürlich ihre Medical-School-Ausbildung und dann anschließend ihre medizinische Assistenzzeit (medical internship) erfolgreich abgeschlossen. Nicht psychiatrische oder psychotherapeutische Kriterien waren in diesen Fällen ausschlaggebend, sondern solche, die man im allgemeinen für eine medizinische Praxis bedeutsam hielt. Später wurden sie dann für die Aufnahme in das stark umworbene, der Menninger Clinic angegliederte Residency Program ausgewählt, wofür anscheinend psychiatrische Auswahlkriterien angelegt wurden. Die Ergebnisse wurden wie schon im Michigan-Projekt von den Selektions- und Beurteilungsverfahren beeinflußt. Wie in vielen Untersuchungen dieser Art handelte es sich bei den Leistungskriterien eher um Ratings der Supervisoren als um tatsächliche, in einer Psychotherapie erzielte Ergebnisse. Man kann deshalb sagen, daß

Fragwürdige Auswahlkriterien

diese zwei wichtigen Projekte mit der Auswahl und Leistung von eigentlichen Psychotherapeuten direkt nichts zu tun hatten, obwohl zweifellos die Mehrheit der untersuchten Personen anschließend eine psychotherapeutische Tätigkeit ausübte.

Untersuchungen der klientenzentrierten Therapeuten

Einen stärkeren Bezug zu den Charakteristika der Therapeuten und ihrer tatsächlichen Leistung in der Psychotherapie weisen die Untersuchungen auf, die von den klientenzentrierten Therapeuten durchgeführt wurden. Sie haben das erforscht, was als notwendige und essentielle therapeutische Eigenschaften für ein positives Ergebnis in der Psychotherapie bestimmt worden ist. Wie schon erwähnt, wurden sie auf seiten des Therapeuten mit Empathie, non-possessive Wärme und Echtheit bzw. Selbstkongruenz bezeichnet (TRUAX/CARKHUFF, 1967). Empathie bezog sich nicht nur auf die Fähigkeit des Therapeuten, die Gefühle des Klienten genau einzuschätzen und sie zu verstehen, sondern auch auf die Fähigkeit, dieses Verständnis dem Klienten zu vermitteln. Non-possessive Wärme – offensichtlich zum Teil von ROGERS' früherer Fassung der vorbehaltlosen positiven Zuwendung abgeleitet – bezog sich auf die starke Akzeptanz des Individuums, so wie es eben ist. Echtheit betraf den Therapeuten, wie er selbst ist, ohne dabei irgendeine Rolle zu spielen bzw. zu versuchen, Gefühle zu vermitteln, die er in Wirklichkeit gar nicht empfindet. Der Therapeut muß vom Klienten als genuine Person und nicht als Fassade („phony") wahrgenommen und erfahren werden.

Empathie, Echtheit, Wärme

Diese für eine erfolgreiche Therapie notwendig und hinreichend erachteten, essentiellen Voraussetzungen bzw. Charakteristika eines Therapeuten lassen sich bei den Interaktionen mit dem Klienten feststellen. Über die Bedeutung des Klienten als Variable für das Ergebnis der Psychotherapie wurde nichts ausgesagt. Man nahm vielmehr an, daß diese Therapeutencharakteristika ausreichende Durchschlagskraft haben und den Therapieverlauf ungeachtet des Kliententypus determinieren. Möglicherweise wurde in keiner anderen Psychotherapieform die Wichtigkeit der Therapeutenrolle so stark in den Vordergrund gestellt. Es muß den klientenzentrierten Therapeuten aber als Verdienst hoch angerechnet werden, daß sie sich mit bloßen Formulierungen bzw. Statements über wünschenswerte Therapeutenmerkmale nicht zufrieden gaben. Sie versuchten darüber hinaus, ihre Konzepte operational zu definieren, Schätzskalen für die Bewertung von Bandaufnahmen realer Therapiesitzungen zu entwickeln und Forschungen zu unternehmen, bei denen Therapeutenmerkmale mit verschiedenen Prozessen und dem Ergebnis der Psychotherapie in Beziehung gesetzt wurden. Dies war sicherlich eine bedeutende Leistung, da solche Forschung schwierig und langwierig ist. Es bietet sich aber damit die Möglichkeit, Therapeutenqualitäten, wie sie sich im realen therapeutischen Wirken niederschlagen, zu untersuchen und auf das Therapieergebnis zu beziehen.

Verdienstvolle Untersuchungen über Therapeutenqualitäten

Wir wollen nun einige Ergebnisse aus den Untersuchungen über Therapeutenmerkmale und Therapieergebnis betrachten. Wir beziehen uns zuerst auf die Publikation von TRUAX und CARKHUFF (1967), die eine Beschreibung der verwendeten Skalen und der Ergebnisse aus mehreren

Untersuchungen enthält. Die Autoren fassen mehrere ihrer eigenen Untersuchungen und die von Kollegen zusammen, in denen sich eine Beziehung zwischen den geschätzten Therapeutenmerkmalen und verschiedenen Ergebnismessungen zeigt. Obwohl die meisten Ergebnisse recht positiv erscheinen, liegen auch sowohl überraschende als auch interessante Befunde vor. Während der Theorie nach jede der drei Therapeutencharakteristika für ein positives Ergebnis als wichtig postuliert wird, korrelierte in einigen Untersuchungen eines dieser Merkmale – und zwar nicht immer das gleiche – mit dem Therapieergebnis entweder nicht oder sogar negativ. Damit stellt sich natürlich sofort die Frage, wie ein angeblich für ein positives Ergebnis erforderlicher Faktor in manchen Fällen ohne Bedeutung oder sogar von negativem Einfluß sein kann. Ein interessanter Befund ist auch, daß in einigen Untersuchungen zwei der Therapeutencharakteristika miteinander hoch, mit dem dritten Merkmal aber entweder gering oder negativ korrelierten. Die hohe Korrelation zwischen zwei der geschätzten Charakteristika legt auch die Vermutung nahe, daß hier eher der gleiche Faktor und nicht verschiedene Faktoren bewertet wurden.

Widersprüchliche Befunde

TRUAX und CARKHUFF (1967) wagten zur Erklärung dieses unerwarteten Ergebnisses eine ziemlich empiristisch orientierte Erklärung. Wie auch immer solche Befunde aussehen mögen, wenn zwei der Skalen – so ihre Annahme – miteinander positiv in Beziehung stehen und die dritte nicht, sollte nur ersterer, nicht aber letzterer weiter Beachtung finden. Mit anderen Worten, „wenn eine der drei Charakteristika in irgendeiner Therapeutenstichprobe mit den anderen zwei negativ zusammenhängt, läßt sich das Ergebnis beim Klienten durch diejenigen Charakteristika – gleichgültig welche – am besten vorhersagen, die miteinander am stärksten zusammenhängen“ (S. 91). Diese Vorgehensweise mag zwar für praktische oder prädiktive Zwecke vorstellbar sein, ergibt aber wenig theoretischen Sinn, zumal dann nicht, wenn die beiden ausgewählten Charakteristika von Mal zu Mal variieren. In einer Rezension dieser Arbeit von TRUAX und CARKHOFF kommentiert BORDIN (1970) den Tatbestand ähnlich:

Willkürliche Interpretationen der Therapieforscher

Die Autoren legen eine erstaunliche Leichtigkeit an den Tag, alle anscheinend widersprüchlichen Daten so zurechtzubiegen, daß sie mit der Theorie übereinstimmen. So kommt es beispielsweise in zwei Untersuchungen zu den widersprüchlichen Ergebnissen, daß in dem einen Fall Wärme, im anderen Fall Echtheit mit dem Ergebnis negativ korrelieren. Die rätselhafte Frage, wie denn ein Faktor, von dem man einen Beitrag zur persönlichen Stabilisierung erwartet, in solchen Fällen so wirken kann, daß er diese Stabilisierung störend beeinflußt, wird geschickt beiseite geschoben, indem man annimmt, daß in beiden Fällen der anstoßerregende, ärgerliche Bestandteil auch mit den anderen beiden Charakteristika negativ korreliert, – „dann läßt sich das Ergebnis beim Klienten durch diejenigen Charakteristika – gleichgültig welche – am besten vorhersagen, die miteinander am stärksten zusammenhängen“. Diese Leichtigkeit paßt mit der Lockerheit zusammen, mit der sie anscheinend ihre theoretischen Annahmen auf die Spitze treiben (S. 79).

Die Relevanz von Empathie, Echtheit und Wärme für den therapeutischen Prozeß ist nicht beweisbar

Man dürfte folglich zu Recht einige Vorbehalte gegenüber der tatsächlichen Bedeutung der drei postulierten therapeutischen Bedingungen und ihren möglichen Beziehungen zu positiven Therapieergebnissen haben. In weiteren Untersuchungen von anderen Forschern sind zusätzliche Daten gefunden worden, die die Behauptungen der klientenzentrierten Therapeutengruppe nicht untermauern konnten. In einer Untersuchung von Therapeuten mit überwiegend eklektischer oder irgendwie analytischer Orientierung, bei der die Skalen von TRUAX und CARKHUFF (1967) Verwendung fanden, waren die Ergebnisse überwiegend negativ (GARFIELD/BERGIN, 1971). Zwar korrelierten die Empathie- und Wärme-Skalen miteinander positiv (.75), gleichzeitig aber beide auch negativ mit den Ratings der Echtheit bzw. Selbstkongruenz (−.65 und −.66). Auch hier wieder korrelierte eines der essentiellen Merkmale mit den anderen beiden signifikant in negativer Richtung. Die Ratings der drei Therapeutencharakteristika wurden außerdem mit einer ganzen Reihe von Ergebnismessungen – Klienten-, Therapeuten- und Supervisor-Ratings der Veränderung wie auch Vorher-Nachher-Unterschiede auf verschiedenen MMPI-Skalen eingeschlossen – korreliert, und es ließ sich kein akzeptables Signifikanzniveau erreichen. Mit diesen Befunden ist es keineswegs möglich, irgendeine Beziehung zwischen Ratings der Therapeutencharakteristika und Ergebnismessungen aufzuzeigen.

Diesen negativen Ergebnissen sind ähnliche gefolgt (BEUTLER et al., 1973; KURTZ/GRUMMON, 1972; MULLEN/ABELES, 1971; SLOANE et al., 1975), und die zunächst durch diese therapeutischen Bedingungen gehegten Hoffnungen sind leider enttäuscht worden. MITCHELL, BOZARTH und KRAUFT (1977) haben die einschlägige Literatur gesichtet und einen eindeutigen Anstieg negativer bzw. nichtstützender Ergebnisse festgestellt. Die Untersuchungen von TRUAX und anderen sind auch wegen ihrer methodologischen Schwächen kritisiert worden (LAMBERT/DE JULIO, 1976; PARLOFF/WASKOW/WOLFE, 1978), und auch die psychometrischen Eigenschaften der verwendeten Skalen zur Beurteilung der drei Merkmale sind den Erwartungen nicht gerecht geworden (CHINSKY/RAPPAPORT, 1970; RAPPAPORT/CHINSKY, 1972; TRUAX, 1972). Hatte man zuerst noch geglaubt, daß sich diese Skalen vielleicht nur auf klientenzentrierte Therapeuten anwenden ließen und die negativen Ergebnisse, die sich bei anderen Therapeutenklassen zeigten, dadurch verständlich würden, scheinen neuere Untersuchungen und Reviews diesen Erklärungsansatz nicht sonderlich zu stützen.

Die mit der Erforschung der drei therapeutischen Bedingungen Empathie, Wärme und Echtheit zusammenhängenden Probleme sind komplex und können an dieser Stelle nicht detaillierter behandelt werden. Wer diese Problematik weiter verfolgen möchte, dem lassen sich zwei kürzlich veröffentlichte Reviews empfehlen (MITCHELL et al., 1977; PARLOFF et al., 1978). Einige wichtige Schlußfolgerungen daraus seien hier kurz erwähnt. MITCHELL et al. (1977) stellen fest, daß es sich

„in zunehmendem Maße abzeichnet, daß die meisten Daten den überragenden Einfluß solcher Variablen wie zum Beispiel Empathie, Wärme und Echtheit weder stützen noch widerlegen. ... Das neueste, wenngleich fragwürdige, Datenmaterial legt die Vermutung nahe, daß Empathie, Wärme und Echtheit in irgendeiner Weise zwar mit Veränderungen des Klienten zusammenhängen, daß aber Stärke und Generalisierbarkeit des Zusammenhangs nicht so groß wie allgemein angenommen sind" (S. 483).

Parloff et al. (1978) kommen in ihrem Überblick zu folgendem Schluß:

„Wir müssen schlußfolgern, daß sich die allgemein verbreitete Annahme, ‚hohes' Maß (absolut oder relativ) an adäquater Empathie, Wärme und Echtheit (unabhängig vom Ratingverfahren oder Charakter des Meßinstruments) würden die ‚notwendigen und hinreichenden' Bedingungen für eine erfolgreiche Therapie sein (unabhängig von Ergebnismessungen oder -kriterium), nicht aufrecht erhalten läßt" (S. 249).

Gedämpfter Enthusiasmus und Enttäuschung

Diese Schlußfolgerungen unterschieden sich zwar in Einzelheiten, scheinen insgesamt aber den Enthusiasmus zu dämpfen, der früher in bezug auf Empathie, Wärme und Echtheit – als den essentiellen Bedingungen zur Förderung therapeutischer Änderungen – zum Ausdruck gebracht wurde. Negative Befunde und gescheiterte Replikationen früherer, scheinbar vielversprechender Ergebnisse sind immer enttäuschend, der Mißerfolg bei der Erhärtung früherer Berichte der klientenzentrierten Therapeuten jedoch war es aus verschiedenen Gründen in besonderem Maße. Zum einen deshalb, weil die von der klientenzentrierten Schule konzeptualisierten Therapeutencharakteristika bzw. -bedingungen auch von Therapeuten mit anderen Theorieauffassungen für wichtig gehalten wurden. Sie mögen zwar gelegentlich unterschiedlich erklärt und in einem jeweils unterschiedlichen Kontext formuliert worden sein, solche Eigenschaften des Therapeuten wie Empathie, Wärme und Echtheit dürften aber als wünschenswerte und wichtige Charakteristika aller erfolgreichen Therapeuten betrachtet werden. Wenn Untersuchungen darauf hinweisen, daß selbst sorgfältige Ratings solcher Charakteristika mit dem Therapieergebnis in keiner signifikanten Relation stehen, dann dürften mit hoher Wahrscheinlichkeit Unsicherheit und Enttäuschung aufkommen. Ein zweiter Grund hängt damit zusammen, daß die bisherige Arbeit auf diesem Gebiet richtungsweisend für den Versuch zu sein schien, die abstrakten und oft auch schier vergeistigten Therapiekonzepte zu operationalisieren. Die Entwicklung von Ratingskalen zur Bewertung bedeutsamer Therapeutenmerkmale dahingehend, daß konkrete therapeutische Tätigkeit mit Ergebnismessungen in Beziehung gesetzt wurde, war unter Umständen dennoch von großer Wichtigkeit. Vermochte auch die Forschung frühere, sehr erfolgversprechende Befunde nicht zu bestätigen, so ist die allgemeine Methode, wichtige Therapeutencharakteristika sorgfältig zu definieren, Skalen zur Bewertung dieser Charakteristika, so wie sie sich in den aktuellen Interaktionen mit einem Klienten in der therapeutischen Situation niederschlagen, zu entwickeln und dann die Messungen dieser

Modellcharakter der Untersuchungsanlage

Charakteristika mit dem Therapieergebnis in Beziehung zu setzen, ein wünschenswertes Modell, das man weiter verfolgen sollte.

Therapeut und psychotherapeutische Interaktion

Vielfalt von Therapieorientierungen

Wir haben bisher sowohl einige allgemeine Auffassungen hinsichtlich der Qualifikationen und persönlichen Voraussetzungen des Psychotherapeuten diskutiert, als auch einen Überblick über die einschlägige Forschung gegeben. Wie in vielen anderen Bereichen der Psychologie und allgemein in den Sozialwissenschaften gibt es auch innerhalb der Psychotherapie viele Orientierungen und Überzeugungen, und vielen davon ist nicht systematisch nachgegangen worden. Unternahm man solche Nachforschungen, konnten in der Mehrzahl eine Reihe von allgemein anerkannten Auffassungen nicht bestätigt werden. Obwohl es sich hier um eine nicht gerade sehr erfreuliche Sachlage handelt, ist sie nicht einzigartig innerhalb einer historischen Entwicklung, und man muß sie realistisch als das betrachten, was sie ist – eine bestimmte Entwicklungsstufe wie in jedem anderen Bereich auch. Im allgemeinen gilt – also auch im Falle von Therapeuten und Klienten –, daß man mit unanfechtbaren Auffassungen besser umgehen kann. Man darf aber dabei nicht vergessen, daß wissenschaftlicher Fortschritt immer dann stattfindet, wenn alte Auffassungen nach und nach durch neue ersetzt werden, die sich auf zuverlässigere Beweise stützen können. Dessen ungeachtet aber sind autoritative Auffassungen und Überzeugungen bequemer; Hoffnung und Glaube sind wirkungsvolle menschliche Eigenschaften, die auch in der Psychotherapie unter Umständen eine bedeutende Rolle spielen. Fortschritte können in der Psychotherapie jedoch nur dann stattfinden, wenn wir die schwierige Aufgabe in Angriff nehmen, diejenigen Auffassungen kritisch zu hinterfragen, die als unumstößlich gelten.

Wissenschaftlicher Fortschritt durch neue Therapieansätze?

Dieses eben angeführte Problem ist insofern von ausdrücklicher Bedeutung, als ich selbst mich damit auseinandersetzen muß und es nicht nur unnütze philosophische Betrachtungen sind. Es ist in meiner eigenen Laufbahn als Klinischer Psychologe und Psychotherapeut oftmals deutlich zutagegetreten. Auch während meiner Lehrtätigkeit in Psychotherapie mußte ich mich damit beschäftigen. Denn wie kann man auf der einen Seite einem Studenten Informationen und Wissen über die Methoden und Techniken der Psychotherapie zu vermitteln versuchen und ihn auf der anderen Seite gleichzeitig mit der Zweifelhaftigkeit des als gültig erklärten Wissens in diesem Bereich, mit unseren Wissenslücken und der Notwendigkeit einer ziemlich kritischen Distanz gegenüber Auffassungen konfrontieren, die nicht bestätigt werden konnten bzw. noch einer empirischen Verifikation bedürfen? Diese Aufgabenstellung ist sehr schwierig und oft auch frustrierend. Stellt man theoretische Ansichten oder Methoden so dar, als wären sie allgemein anerkannt bzw. als wären sie offensichtliche Wahrheiten, die keiner empirischen Validierung bedürfen, so dürfte man damit einem angehenden Therapeuten zwar ein stärkeres Gefühl des

Wie läßt sich der Stand der Therapieforschung adäquat vermitteln?

Wohlbefindens und des Vertrauens vermitteln – aber ist das langfristig auch wünschenswert? Wollen wir denn selbstgefällige Individuen ausbilden, die für sich in Anspruch nehmen, allwissend zu sein? Ist der manchmal in Hollywood-Filmen karikierte „Super-Psychotherapeut" ein erstrebenswertes Modell? Andererseits kann eine überaus kritische Herausstellung unseres geringen Kenntnisstandes und der häufig vorzufindenden Negativbefunde eine zu skeptische oder nihilistische Einstellung nach sich ziehen, die wir uns auch nicht wünschen sollten. Wir haben es hier mit Sicherheit mit einem großen, nicht leicht behebbaren Dilemma zu tun. Zudem ist es keineswegs nur ein theoretisches oder längst überholtes Problem. Während ich eben jetzt in London dies zu Papier bringe, erinnere ich mich an eine kurze Kolumne in der gestrigen Zeitung, die auf dieses Problem anspielte. Dort heißt es:

„Super-Psychotherapeut" vs. übermäßige Skepsis

„KRITIK AN DER SOZIALARBEIT: ‚Keine oder nur geringe Anstrengungen'

Sozialarbeit bleibt für die Zielgruppen weitgehend ergebnislos – so lautete die Aussage eines Psychiaters auf einer Weekend Social Services Conference.

Dr. Colin Brewer von der Birmingham University behauptete in Canterbury, daß sich Vor- und Nachteile der Sozialarbeit die Waage halten.

Noch nie waren Sozialarbeit und psychiatrische Dienstleistungen so rührig wie jetzt gewesen, aber es gibt mehr denn je menschliches Leid, depressive Krankheiten und Fälle von geglücktem bzw. versuchtem Suizid.

Lord Longford erklärte diese Aussage von Dr. Brewer für gefährlichen Unsinn und meinte: ‚Es würde in diesem Land niemals soziale Reformen geben, wenn wir zuerst darauf warten müßten, bis uns Sozialwissenschaftler Statistiken mit dem Nachweis dafür präsentieren, daß sie uns zum Vorteil gereichen.'" (Daily Telegraph, London, 13. September 1976).

Die gesellschaftliche Funktion des Therapeuten: Zeitpunkt der Intervention

In diesem Zeitungsausschnitt werden uns die zwei gegensätzlichen Auffassungen vor Augen geführt, und an beiden ist etwas Wahres. Viele der sogenannten helfenden bzw. therapeutischen Aktivitäten im öffentlichen Bereich können sehr wohl ineffektiv, ja sogar schädlich sein. Für diese Aussage gibt es manche Hinweise, und wir werden darauf noch im folgenden eingehen. Gleichzeitig ist auch richtig, daß man manchmal Aktivitäten zeigen muß, bevor noch die erwünschten Wirkungen gänzlich nachgewiesen sind. Viele Praxisprobleme machen Maßnahmen auf der Grundlage des jeweiligen Wissensstandes notwendig, so niedrig dieser auch sein mag. Manchmal kann Unschlüssigkeit und Hinauszögern sehr wohl fatale Folgen haben. Manchmal kann es auch zeitraubend und schwierig sein, die Daten sorgfältig zusammenzutragen und abzuwägen, und praktische Entscheidungen und Maßnahmen müssen getroffen werden, noch bevor alle Befunde zur Verfügung stehen. Solches Handeln kann durchaus notwendig sein, es ist allerdings dabei wichtig, daß wir unsere Maßnahmen und Entscheidungen einer Bewertung unterziehen, damit wir aus den jeweiligen Erfahrungen für die Zukunft Nutzen ziehen und die Basis für unsere zukünftigen Maßnahmen verbessern.

Ich habe mich mit diesem Problem jetzt deshalb ziemlich stark auseinandergesetzt, weil ich es für die meisten Psychotherapeuten für sehr

Hohe Ansprüche an gesellschaftlich anerkannte Helfer

wichtig einschätze. Der Psychotherapeut fungiert als gesellschaftlich anerkannter Helfer, und indem er sich diese Rolle aneignet und die damit verbundenen Verpflichtungen auf sich nimmt, hat er eine irgendwie auch einzigartige Position inne. Nur in wenigen Professionen werden an die Persönlichkeit höhere Ansprüche als in der Psychotherapie gestellt und wird den Persönlichkeitseigenschaften des Einzelnen eine solche vorrangige Bedeutung zugeschrieben. Kaum eine professionelle Tätigkeit erfordert eine solche intime und dauerhafte Interaktion mit einem Klienten, wie sie für die Psychotherapie charakteristisch ist. Die Tätigkeit als Psychotherapeut bringt zwangsläufig eine tagtägliche, intensive Konfrontation mit allen nur erdenklichen menschlichen Leiden mit sich, und der Psychotherapeut muß nicht nur notwendigerweise eine sehr starke Persönlichkeit sein, um sich mit solchen Problemen auseinandersetzen und mit ihnen fertig werden zu können, sondern auch einigermaßen davon überzeugt sein, daß seine Bemühungen dazu beitragen, die Beschwerden des Klienten abzumildern.

Die Ausstrahlung des Therapeuten als wichtige Therapievariable

Bis zu einem bestimmten Grad muß man deshalb als Psychotherapeut Vertrauen in sich selbst und seine therapeutischen Methoden haben. Aufgabenstellungen beharrlich weiterzuverfolgen, ohne von deren Nützlichkeit überzeugt zu sein, dürfte ziemlich schwierig sein. Nicht nur Vertrauen oder Zuversicht in sich selbst und seine Therapie sind von Wichtigkeit, wenn man darin sein Lebensziel sieht. Aufgrund der für eine Psychotherapie charakteristischen Interaktionen können Überzeugungen bzw. Zuversicht des Psychotherapeuten vielmehr auch Folgen für den Klienten und dessen Therapiefortschritte haben. Strahlt ein Therapeut die Fähigkeit aus, Klienten zu helfen, so kann dies bei vielen von ihnen ebenfalls Selbstvertrauen auslösen und wiederum Fortschritte in der Therapie erleichtern. Wenn natürlich ein Therapeut übertrieben zuversichtlich ist und zu viel verspricht, kann es bei bestimmten Klienten zu Fehlschlägen und gegensätzlichen Effekten kommen. Ist der Therapeut andererseits zu pessimistisch und zeigt er sich hinsichtlich seiner Methoden wenig zuversichtlich, kann diese Prophezeiung in Erfüllung gehen bzw. kann ihm der Klient schnell diesen Gefallen erweisen. Aus unseren bisherigen Diskussionen der Klientenerwartungen kann sich der Leser in Erinnerung rufen, daß bis zu einem bestimmten Grade vom Therapeuten viele dieser Erwartungen beeinflußt bzw. manipuliert werden können. Für den Klienten ist der Therapeut eine bedeutende Person, dessen Persönlichkeit, Stimmungen und Überzeugungen sowie die davon abhängige Kommunikation auf den Klienten und seine Fortschritte in der Therapie vermutlich einigen Einfluß ausüben.

Moralische Verpflichtung des Therapeuten

Alle bisher diskutierten, verschiedenen Problemaspekte scheinen für den Psychotherapeuten von einiger Bedeutung zu sein. Der Psychotherapeut muß eine der Wissenschaft verpflichtete und moralisch starke Person sein und zudem dem Klienten ein beträchtliches Maß an Vertrauen vermitteln können. Er sollte nicht wie ein Scharlatan ungerechtfertigte Behauptungen oder Versprechungen von sich geben, an die er selbst nicht glaubt. Andererseits aber dürfte es dem Klienten wenig helfen, wenn man ihm aus der Psychotherapie-Literatur eine Menge negativer Befunde heraussucht und zur Kenntnis gibt. Wir müssen uns offensichtlich eine bessere Lösung suchen, und in aller Regel trachtet jeder Psychotherapeut danach, seinen eigenen, besonderen Weg dabei einzuschlagen.

Meine eigene Auffassung in dieser Angelegenheit stimmt – unter Vorbehalt – in etwa damit überein. In der Psychotherapie gibt es sowohl viele Meinungen, klinische Auffassungen und Alltagsanschauungen als auch einige recht vertretbare Tatsachen. Wenn eine spezifische Auffassung bzw. Methode durch Empirie bzw. Forschung ein wenig erhärtet worden ist, dann sollten wir diesen Sachverhalt offenbar zur Kenntnis nehmen. Solchen Befunden liegen Daten zugrunde, denen wir folglich ein gewisses Vertrauen schenken können. Die Höhe dieses Vertrauens richtet sich nach Qualität und Quantität der Forschung, die zur Bestätigung einer spezifischen Methode bzw. Verfahrensweise durchgeführt worden ist. So können wir zum Beispiel ziemlich stark darauf vertrauen, daß das Therapieergebnis im allgemeinen vom Geschlecht oder Alter des Klienten wenig beeinflußt ist. Wir können auch davon berichten, daß die neuesten Forschungsergebnisse auf einen relativ geringen Prozentsatz von Klienten hinweisen, die sich einer Psychotherapie unterziehen, und bei denen es dann vorkommt, daß es ihnen schlechter als bei Therapiebeginn geht, wobei der genaue Prozentsatz und die konkreten, dafür verantwortlichen Faktoren bis jetzt noch keineswegs definierbar sind (BERGIN/LAMBERT, 1978; LAMBERT/BERGIN/COLLINS, 1977; STRUPP/HADLEY/GOMES-SCHWARTZ, 1977). Hinsichtlich einiger anderer Items kann man nur behaupten, daß es „einen Hinweis dafür gibt“, Variable A würde Variable B beeinflussen, daß aber weitere Daten benötigt werden. Die Ergebnisse verschiedener Pretraining Programs in der Psychotherapie, auf die wir später noch zu sprechen kommen, können als Beispiel für das vorhergehende Urteil gelten. Inzwischen haben sich sowohl positive als auch nicht überzeugende Ergebnisse gezeigt.

Qualität und Quantität von Forschung bestimmen Vertrauensbasis

Hypothesen und Überzeugungen

Ohne dabei ins Detail zu gehen, können wir auch feststellen, daß manchmal nur zu berichten ist, eine bestimmte Position oder Methode sei niemals erforscht worden und müsse deshalb als Hypothese betrachtet werden. Folglich müssen wir sie auch als solche behandeln und ihr etwas kritischer gegenüberstehen als einer vorläufigen Überzeugung mit nur mangelhafter Bestätigung. In anderen Fällen lassen die zur Verfügung stehenden eingeschränkten und widersprüchlichen Daten vermuten, daß man sich diesem Problem annehmen muß, und hoffen, daß weitere und eindeutige Daten zu einer Klärung beitragen. Im Psychotherapiebereich gibt es viele unterschiedliche Arten von Auffassungen und Befunden. Manchen dürfen wir jederzeit vertrauen, bei manchen werden wir das Gefühl haben, daß die Daten eine bestimmte, wenn auch nur unbedeutende Richtung weisen, und bei manchen müssen wir vielleicht auch schlußfolgern, daß wir aufgrund fehlender Daten an etwas festhalten, bei dem es sich nur um begründete oder berechtigte Hypothesen oder Annahmen handelt. Endgültige Antworten gibt es einfach nicht, und wir müssen den Weg weiter beschreiten, der uns am zuverlässigsten zu sein scheint. Manchmal können wir darauf vertrauen, daß unsere Methoden auf ziemlich zuverlässigen empirischen Ergebnissen basieren. In anderen Fällen müssen wir unserem eigenen Urteil und unserer Intelligenz glauben – in voller Einsicht dessen, was wir machen und als Basis für unsere Entscheidungen.

Modifikation von Überzeugungen

Schließlich müssen wir auch dazu bereit sein, unsere Auffassungen zu modifizieren, sogar unsere Lieblingsideen, wenn Forschungsdaten sie in Frage stellen.

Ist Psychotherapie eine Kunst oder eine Wissenschaft?

Wir kennen noch ein ähnliches Problem, das manchmal unter Psychotherapeuten mit verschiedenen Orientierungen diskutiert und erörtert worden ist. Es geht dabei um die Frage, ob Psychotherapie eine Kunst oder eine Wissenschaft ist. Ich nahm einmal an einem Seminar teil, in dem ein Student die Bemerkung machte, daß die Diskussion sowohl unseren Wissensbedarf hierzu aufdecke, als auch die Notwendigkeit herausstelle, dieser Frage in der Forschung nachzugehen. Zwei der die Gruppe leitenden Psychotherapeuten antworteten sehr emotionell, daß Psychotherapie eine Kunst sei, immer eine Kunst bleiben und niemals eine Wissenschaft werden würde. Es dürfte zwar ziemlich schwierig sein, eine Position einzunehmen, wonach Psychotherapie ihrer heutigen Praxis nach eine Wissenschaft sei. Aber auch die Auffassung, Psychotherapie sei grundsätzlich eine Kunst und könne deshalb niemals objektiv betrachtet bzw. mit irgendeiner Methode erforscht werden, ist doch sehr gefährlich. Psychotherapie nur als künstlerisches Unterfangen zu betrachten, abhängig von den Intuitionen des Therapeuten, heißt, sich völlig von allen Ansätzen objektiver Bewertung oder jeglichen Absichten, unser Verständnis vom psychotherapeutischen Prozeß zu vertiefen und damit seine Effektivität zu erhöhen, zu distanzieren. Wir müssen uns stattdessen alle Verfahren nutzbar machen, die uns Wege eröffnen, um die Effektivität der Psychotherapie zu steigern.

Wissenschaftliches Forschungsmodell und ihre Anwendung im Therapiebereich

Das wissenschaftliche Forschungsmodell hat seine Nützlichkeit in anderen Wissens- und Praxisbereichen unter Beweis gestellt und dürfte auch im Bereich Psychotherapie von definitivem Nutzen sein. Es hat zu den deutlichen Fortschritten in der Medizin beigetragen und sollte nicht aufgrund von voreingenommenen und vorgefaßten Ansichten verdrängt werden. Gleichzeitig sollte gesehen werden, daß die klassischen Forschungsmodelle klug angewendet und – falls nötig – modifiziert werden müssen, wenn sie eine nützliche Verwendbarkeit gewährleisten sollen. Hier handelt es sich allerdings um ein Forschungsproblem, das jetzt nachrangig ist.

Ethische und professionelle Verpflichtungen

Sobald ein Therapeut jemanden als Klienten für eine Psychotherapie akzeptiert, übernimmt er die mit dieser Rolle einhergehenden Verbindlichkeiten und professionellen Verpflichtungen. Als Mitglied einer anerkannten Profession, das den Pflichten eines sanktionierten Helfers nachkommt,

Moralkodizes und Gesetze

wird der Psychotherapeut sowohl vom Moralkodex (code of ethics) seiner Profession als auch von den Gesetzen und Vorschriften der Gesellschaft geleitet. Obwohl sich die verschiedenen Mental-Health-Professionen in ihren offiziellen Moralkodizes etwas voneinander unterscheiden können, weisen sie Ähnlichkeiten in bezug auf die Verpflichtungen auf, die sie gegenüber ihren Klienten haben. Wir brauchen sie hier nicht aufzulisten, da sie in der Regel in den Ausbildungsinstitutionen der jeweiligen Professionen mitgeteilt werden. Im allgemeinen zielen sie darauf ab, die Verantwortlichkeit der professionellen Person in den Vordergrund zu stellen, sich und ihre therapeutischen Fertigkeiten rechtschaffen zu repräsentieren, keine unhaltbaren Ansprüche zu erheben, keine falschen Hoffnungen zu wecken, nur solche Klienten aufzunehmen, von denen sie wirklich erwartet, daß sie ihnen helfen kann, und diejenigen Fälle an andere qualifizierte Fachleute zu überweisen, die nicht in ihr Fachgebiet fallen bzw. die anderswo besser behandelt werden können. Nachdrücklich wird auch darauf verwiesen, keine Honorare zu verlangen, die die Möglichkeiten des Klienten überschreiten oder ungerechtfertigt sind, in der Beziehung mit dem Klienten aus dieser Rolle keine Vorteile abzuleiten, die vertrauliche Form dieser Beziehung zu respektieren und das Wohlergehen des Klienten als primäres Anliegen zu betrachten.

Verantwortlichkeit des Therapeuten

Adäquate Honorare

Wir haben schon zu Beginn darauf hingewiesen, daß es keine spezifische Psychotherapie-Profession gibt. Wer Psychotherapie ausübt, ist in der Regel durch die ethischen Kodizes und Gepflogenheiten seiner eigenen Profession gebunden. Man könnte eigentlich erwarten, daß aufgrund der in der Psychotherapie besonderen Beziehung und Interaktion für den Psychotherapeuten irgendwelche besonderen ethischen Prinzipien entwikkelt worden sind. Dies scheint jedoch nicht passiert zu sein. Zum Teil ist dies vielleicht der Wirksamkeit der Kodizes zuzuschreiben, die für die Angehörigen der jeweiligen Mental-Health-Professionen bereits entwikkelt wurden. Im allgemeinen dürfte dies auch zutreffen, es gibt aber einige spezielle Merkmale, die bei der Psychotherapie von besonderem Interesse sind.

Regelung der Therapieausführung durch Professionskodizes

Ein Problem liegt darin, daß auch Personen mit Beratung oder psychotherapeutischen Aufgaben betraut sind, die den anerkannten Mental-Health-Professionen nicht angehören und in Psychotherapie schlecht ausgebildet sein können. Da es kein rechtlich geschütztes Zertifikat mit der Bezeichnung „Psychotherapeut" gibt, kann in solchen Fällen nur wenig dagegen unternommen werden, es sei denn, die entsprechende Person bezeichnet sich ihren Klienten gegenüber selbst als Psychologe, Arzt oder als Angehöriger einer rechtlich anerkannten und lizensierten Profession. In diesem Fall besteht die Möglichkeit, dagegen rechtlich vorzugehen, da die betreffende Person dann eine Profession ausübt, für die sie rechtlich nicht qualifiziert ist. Langfristig gesehen liegt die größte Hoffnung, diese Praktiken einzuschränken, in einer staatlichen Ausbildung (public education), wenngleich es dabei Probleme gibt, die Psychotherapie exakt zu definieren und sie von Counseling, Guidance, Communication Workshops, Self-Discovery Groups und ähnlichem abzugrenzen.

Kein rechtlich geschütztes Zertifikat

Staatliche Ausbildung?

Ein ähnliches Problem liegt darin begründet, daß zwar die Angehörigen der anerkannten Mental-Health-Professionen Psychotherapie ausführen,

Fehlende formale Ausbildungen

nicht immer aber eine dementsprechende formale Ausbildung haben. Es handelt sich hier um ein kompliziertes Problem. Ein Arzt beispielsweise ist befugt, selbst in der Praxis zu arbeiten. Er ist als solcher amtlich zugelassen und darf körperliche und geistige Krankheiten behandeln. Der eigentlichen Psychotherapie wird keine gesonderte Aufmerksamkeit geschenkt. Eine ähnliche Situation finden wir bei den Psychologen und ihren Zertifikaten und Zulassungen vor. In den meisten Fällen wird Psychologen ein allgemeines Zeugnis ausgestellt, das die besondere Spezialisierung des einzelnen Psychologen nicht spezifiziert. Einige können Industriepsychologen oder Erziehungspsychologen sein, andere wiederum Klinische oder Counseling-Psychologen. Das wichtigste Gebot ist in diesen Fällen der ethische Kodex der Profession, der eine Richtschnur für staatliche Institutionen festsetzt. Es wird ausdrücklich festgestellt, daß ein Psychologe unmoralisch handelt, wenn er seine Dienste in Bereichen anbietet, in denen er nicht ausgebildet ist. Übt also ein Psychologe eine Tätigkeit als Psychotherapeut aus, kann er vor Gericht gebracht und angeklagt werden, wenn es den Anschein hat, daß er für diese Praxis ungeeignet ist. Allerdings gelingt es nicht so ohne weiteres, solchen Personen die Ausübung zu unterbinden. Ethische Ausschüsse sind nicht allzu erpicht darauf, einen Kollegen anzuklagen, das Gerichtsverfahren ist langwierig, und Angehörige der Profession erstellen nur ungern ein Gutachten. Es sind deshalb nur die schwerwiegenderen und offenkundigen Fälle, gegen die auf irgendeine Art und Weise schließlich offiziell bzw. rechtlich vorgegangen wird.

Allgemeines Zeugnis – Spezialisierungen

Mißbräuchliche Therapieausübung

Obwohl es gegenwärtig solche Hintertüren und zweifellos viele schlecht ausgebildete bzw. qualifizierte Therapeuten gibt, die in irgendeiner Form Psychotherapie betreiben, sollten sich kritische Studenten und Praktiker der Psychotherapie ihrer ethischen und professionellen Verpflichtungen sowie einiger Probleme, die in der Praxis auftreten können, bewußt sein. Ein nichtärztlicher Psychotherapeut sollte ein feines Gespür für eventuell organisch bedingte Probleme haben und dazu bereit sein, sich mit einem geeigneten Fachkollegen in Verbindung zu setzen bzw. mit ihm Rücksprache zu halten. Dies ist kein so einfacher Tatbestand, wie es vielleicht scheinen mag, denn somatische Beschwerden brauchen nicht unbedingt organisch verursacht zu sein, und der fachgerechte Umgang mit ihnen kann für den Verlauf der Psychotherapie ziemlich wichtig sein. Wenn ein Psychotherapeut seine Klienten fortwährend überweist, kann er damit seine Unzulänglichkeit oder fehlendes Selbstvertrauen zum Ausdruck bringen, das den Klienten und letztlich auch das Therapieergebnis beeinflussen kann. Vernachlässigt andererseits der Therapeut möglicherweise wirkliche Symptome oder interpretiert sie als Widerstand seitens des Klienten, so kann es ihm an Gesamtverantwortung für das Wohlergehen seines Klienten mangeln. Ähnliches gilt für einen Psychiater, der – organisch orientiert – zu sehr auf die Verabreichung von Medikamenten vertraut und statt die psychische Ursache des Problems voll zu erfassen und den Klienten an den Psychotherapeuten zu überweisen, manchmal einfach die Dosierung erhöht. Alle Praktiker müssen offenbar in Psychopathologie gut bewandert sowie zu fehlerfreier Beurteilung fähig sein.

Rücksprache mit Fachkollegen bei Zweifelsfällen

Grenzen der kollegialen Zusammenarbeit

Das Besondere der Therapeut-Klient-Beziehung: Vertrautheit

Es gibt noch einige andere, für die Psychotherapie besonders bedeutende Gesichtspunkte, wenn sie auch vielleicht nicht ausschließlich die Psychotherapeuten angehen. Wir haben bereits erwähnt, daß es zwischen dem Psychotherapeuten und seinem Klienten häufiger als in den meisten übrigen professionellen Beziehungen zu einem engen persönlichen Kontakt kommt und der Klient in der Regel Material zutage bringt, das äußerst persönliche Angelegenheiten betrifft. Er stellt sich dem Psychotherapeuten gewissermaßen ungeschützt dar und begibt sich somit in die „Hände des Therapeuten". Der Therapeut mag auch als mächtige Person betrachtet werden, der man vertraut und bei der man sich um sein Wohlergehen keine Sorgen macht. Der Therapeut kann folglich auf einen solchen Klienten sehr große Macht oder Kontrolle ausüben. Bekanntlich kann der Klient auch Übertragungsgefühle (transference feelings) entwickeln oder dem Therapeuten eine starke emotionale Zuneigung entgegenbringen. In solchen Fällen kann der Klient die „prächtigen" Qualitäten des Therapeuten bewundern und ihm sogar Geschenke mitbringen. Wie FREUD schon vor vielen Jahren berichtete, können einige Klienten gegenüber dem Therapeuten auch Liebesgefühle zum Ausdruck bringen. Dies alles geschieht sehr spontan, und selbst wenn Psychotherapeuten instruiert worden sind, darauf zu achten und solche Verhaltensweisen ihrer Klienten zu antizipieren, können einige von ihren eigenen Bedürfnissen zu sehr beeinflußt werden und diesen Strukturen zu wenig Beachtung schenken. Die Therapeutenrolle kann manchmal zu befriedigend und wohltuend sein, als daß man widerstehen könnte. Außerdem haben sich seit FREUD die Zeiten sehr geändert. Während FREUD, das 19. Jahrhundert in Wien widerspiegelnd, empört darüber war, wenn ihm manche Klientinnen ihre Liebe zu ihm gestanden, scheint dies heute nicht immer der Fall zu sein. In letzter Zeit sind mehrere Berichte veröffentlicht worden, wonach Klientinnen von ihren Therapeuten verführt worden sind, und es gibt augenscheinlich einige Therapeuten, die dies sogar als therapeutisch wünschenswert auffassen (American Psychological Association, 1975; HOLROYD/BRODSKY, 1977; KARDENER/FULLER/MENSH, 1973). Vielleicht handelt es sich hier um ein ungewöhnliches Beispiel vom allwissenden Therapeuten, der dem Klienten nur das Beste will und auf ihn mit Empathie, Wärme und Echtheit eingeht!

Sexuelle Beziehungen

Wir haben eben sowohl einige extreme Beispiele der Vertrautheit aufgezeigt, die sich vor allem in intensiveren bzw. langwierigen Psychotherapien entwickeln kann, als auch die Bedeutung der eigenen Bedürfnisse des Therapeuten, sobald sie gegenüber denen der Klienten Vorrang bekommen. Stellt ein Therapeut seine eigenen Bedürfnisse über die des Klienten, so verhält er sich dem Klienten gegenüber ganz entschieden unmoralisch und schädigend. In der heutigen Zeit, mit dem Nachdruck auf Offenheit und starken Affektäußerungen – exemplifiziert in den Encounter- und Marathon-Gruppen, inclusive Nude Marathon Groups (MINTZ, 1971) – dürften solche Vorfälle nicht unwahrscheinlich sein. Bei einigen der neueren therapeutischen Orientierungen kann dazu auch beitragen, daß die persönliche Offenheit des Therapeuten im Vordergrund steht. Damit ist eine Beziehungsform gegeben, die die mehr traditionelle Rolle

Therapeuten- und Klientenbedürfnisse

des Psychotherapeuten modifiziert bzw. abschwächt. Auch wenn solche Entwicklungen anscheinend selbst von ernstzunehmenden und beruflich qualifizierten Therapeuten verbreitet werden, so ergibt sich möglicherweise dennoch eine erhöhte Wahrscheinlichkeit von unerwünschten Auswirkungen auf den Klienten (LIEBERMAN/YALOM/MILES, 1973; HARTLEY/ROBACK/ABRAMOVITZ, 1976).

Priorität der Therapeutenbedürfnisse: lange Therapien

Vielleicht sind die bisher erwähnten Vorkommnisse am störendsten, es sind aber nicht die einzigen, bei denen die Bedürfnisse des Therapeuten offensichtlich Priorität gegenüber denen der Klienten haben. Das psychotherapeutische Unterfangen bringt es mit sich, daß sich sowohl beim Klienten als auch beim Therapeuten ein Bedürfnis manifestieren kann, die Beziehung unabhängig von rein therapeutischen Überlegungen aufrecht zu erhalten. Beim Therapeuten können dafür sehr verschiedene Gründe ausschlaggebend sein. Das kann zuerst einmal auf viele unbesetzte

Zu wenig Klienten

Behandlungsstunden in seiner Praxis und/oder darauf zurückzuführen sein, daß der Therapeut nicht gerne sein Einkommen vermindern möchte – folglich kann er einen neuen Klienten dazu veranlassen, die Therapie fortzuführen. Er kann auch davon überzeugt sein, daß eine zusätzliche Therapie für den Klienten erwünscht ist. In einer klinischen Situation kann

Persönlicher Ehrgeiz

es auch mit dem persönlichen Ehrgeiz des Therapeuten zusammenhängen, daß dieser seine Klienten zu einem regelmäßigen Therapiebesuch veranlaßt und verhindern will, daß sie vorzeitig abbrechen. Ich selbst habe auch die Erfahrung gemacht, daß sich angehende Therapeuten (student therapists) mit ihren wenigen ersten Klienten ganz besonders auseinandersetzen und sie unabhängig davon, ob es angebracht ist oder nicht, sehr lange therapieren wollen. Sie stehen ihnen zu jeder Tages- und Nachtzeit zur Verfügung – und eine Studentin nahm sogar über eine Stunde Anfahrt gerne auf sich, um ihren Klienten regelmäßig zu Hause aufzusuchen, sobald er an weiteren Zusammenkünften kein Interesse mehr zeigte. Solche Therapeuten sind verständlicherweise niedergeschlagen, wenn ein Klient zum verabredeten Treffpunkt nicht erscheint, und man muß ihnen klar machen, daß ihr therapeutischer Eifer, dem Klienten zu helfen, auch auf ihre eigenen persönlichen Bedürfnisse zurückzuführen ist, wenngleich sie den Eindruck haben mögen, sozial erwünscht zu handeln.

Die Bedürfnisse des Therapeuten können auch noch anderweitig den Verbleib des Klienten in der Therapie begünstigen. Durch einen ihn verehrenden und ihm dankbaren Klienten, der lange Zeit die Therapie

Persönliche Genugtuung

fortsetzt, kann der Therapeut persönliche Genugtuung erfahren. Sein Ego wird dadurch positiv verstärkt – ein Ausgleich dafür, daß andere Klienten seine Dienste weniger würdigen. Er kann deshalb manche Klienten über einen langen Zeitraum hinweg aufgrund eines wechselseitigen Bekräftigungsplans in der Therapie behalten, was aber nicht den tatsächlichen Änderungswünschen des Klienten zu entsprechen braucht. Das Argument, der Klient „braucht mich" bzw. braucht weiterhin Therapie, wird in diesem Sinne als eine altruistische Aufgabenstellung vorgeschoben und kann in Wirklichkeit eher die Bedürfnisse des Therapeuten als eine objektive Bewertung widerspiegeln, daß der Klient eine Fortsetzung der Therapie nötig hat. In der klinischen Praxis kommt es vor, daß einige Therapeuten ihre Klienten extrem lange therapieren, worüber auch in einer Untersuchung berichtet wird (STIEPER/WIENER, 1959). Zur Erklärung ließe sich anführen, daß solche Klienten eine Langzeit-Therapie bzw. -Hilfe brauchen, weil sie andernfalls in vielen Fällen in ein Krankenhaus eingeliefert werden müßten. Als man diesem Problem allerdings in einer Klinik nachging und die Therapeuten veranlaßte, bereits viele Jahre währende Therapien abzuschließen, kam es zu keinen verhängnisvollen Folgen (STIEPER/WIENER, 1959; STIEPER/WIENER, 1965). Nichtsdestotrotz wird in gewissen Kreisen einer Langzeittherapie ein positiver Status zugeschrieben. Therapien über einen Zeitraum von 10 bis 20 Jahren sind nicht ungewöhnlich, und sie werden von den Therapeuten sogar mit einem gewissen Stolz angeführt (KELMAN, 1971). Das Problem dabei ist natürlich, objektiv und begründet zu entscheiden, ob solche langfristigen Therapien wirklich im Interesse der Klienten sind oder ob sie primär auf persönlichen Interessen des Therapeuten beruhen. Die entscheidende Frage ist, zu welchem Zeitpunkt sich der Klient von der Abhängigkeit gegenüber seinem Therapeuten freimachen soll.

Positiver Status von Langzeittherapien

Aus meiner Sicht liegt die Hauptverantwortung dafür, daß eine Psychotherapie so schnell und so effektiv wie nur möglich beendet wird, beim Therapeuten. Im Grunde genommen ist der Klient relativ uninformiert und leichtgläubig, so daß er vom Therapeuten sehr stark beeinflußt werden kann. Das trifft vor allem für solche Klienten zu, die ziemlich passiv und recht submissiv sind. Bei solchen Klienten kann Therapie die Abhängigkeit vom Therapeuten auch noch verstärken. Sie wollen sogar trotz finanzieller Opfer die Therapie nicht nur lange Zeit weiterführen, sondern können sich tatsächlich gegen einen Therapieabbruch sträuben. Sie ist in der Tat Teil ihres Lebensstils geworden, den sie nicht gerne missen wollen. Wenn ein Klient die Therapie verlängert haben will, dann heißt das noch lange nicht, daß diese wirklich einen positiven Einfluß ausgeübt oder therapeutischen Nutzen gebracht hat. Er hat stattdessen eine erneute Stützung erfahren, und seine Handlungskompetenz ist geringer geworden. Vielleicht ist es in diesen Fällen nicht ganz berechtigt, das Verhalten des Therapeuten als unmoralisch einzuschätzen, sicherlich kommt darin aber keine kompetente professionelle Leistung zum Ausdruck.

Abhängigkeit des Klienten vom Therapeuten

Um seinen Verpflichtungen möglichst verantwortungsvoll und erfolgreich nachzukommen, muß der Therapeut aus sehr vielen Gründen auf der Hut sein. Zusätzlich zu einem aufrichtigen Interesse am Klienten und der Motivation, ihm bei der Bewältigung seiner Probleme zu helfen, muß der Therapeut auch versuchen, so objektiv und verantwortungsvoll wie nur möglich diese Probleme zu beurteilen und seine therapeutische Tätigkeit auszuführen. Wo es wie im Bereich der Psychotherapie nur wenige explizite und konkrete Richtlinien dafür gibt, welchen Methoden man sich anschließen und wie lange die Therapie durchgeführt werden soll, ist die dem Therapeuten zugeschriebene professionelle und ethische Verantwortung wirklich beträchtlich. Die Besonderheit der psychotherapeutischen Beziehung bringt es auch mit sich, daß nicht nur Qualitäten wie Sensitivität und

Moralische Verpflichtungen des Therapeuten

Äußerste Objektivität

Fachkompetenz

Stabile Persönlichkeit

Selbstkritisches Bewußtsein

Empathie gefordert sind, sondern auch äußerste Objektivität, wobei das Wohlergehen des Klienten wahrhaftig das grundlegende Prinzip therapeutischen Handelns ist. Wissen über Persönlichkeit und Verhalten, einschließlich abweichendem Verhalten, sowie über psychotherapeutische Theorien und Techniken, sind grundsätzliche Erfordernisse für die erfolgreiche Ausübung der Psychotherapie, genügen aber für sich alleine genommen noch nicht. Von entscheidender Bedeutung sind die persönlichen Eigenschaften des Therapeuten, die ein wirkliches und sachliches Interesse am Klienten, eine Kenntnis seiner eigenen Bedürfnisse und therapeutischen Interaktionen, eine relativ reife Persönlichkeit ohne ungebührlichen Bedarf an persönlicher Bestätigung auf Kosten des Klienten und ein starkes Bewußtsein seiner ethischen und professionellen Verpflichtungen umfassen. Der Psychotherapeut muß sich auch über die Lücken in seinem Wissen über den psychotherapeutischen Prozeß im Klaren sein, die einschlägige Forschung im Auge behalten, zur Modifikation seiner Überzeugungen bereit sein, wenn sie empirisch nicht zu bestätigen sind, und nicht zuletzt in der Lage sein, mit diesen Unabwägbarkeiten leben zu können. Die Anforderungsliste für einen erfolgreichen Psychotherapeuten ist somit nicht gerade kurz ausgefallen.

Literatur

American Psychological Association, Committee on Training in Clinical Psychology. Recommended graduate training program in clinical psychology. *American Psychologist,* 1947, *2,* 539–558.

American Psychological Association. Report of the Task Force on sex bias and sex role stereotyping in psychotherapeutic practice. *American Psychologist,* 1975, *30,* 1169–1175.

Bergin, A. E., and Lambert, M. J. The evaluation of therapeutic outcomes. In S. L. Garfield and A. E. Bergin (Eds.), *Handbook of psychotherapy and behavior change,* 2nd ed. New York: Wiley, 1978.

Beutler, L. E., Johnson, D. T., Neville, C. W., Jr., Workman, S. N., and Elkins, D. The A-B therapy-type distinction, accurate empathy, nonpossessive warmth, and therapist genuineness in psychotherapy. *Journal of Abnormal Psychology,* 1973, *82,* 273–277.

Bordin, E. S. Review of C. B. Truax and R. R. Carkhuff, *Toward effective counseling and psychotherapy. Community Mental Health Journal,* 1970, *6,* 78–80.

Chinsky, J. M. and Rappaport, J. Brief critique of meaning and reliability of "accurate empathy" ratings. *Psychological Bulletin,* 1970, *73,* 379–382.

Derner, G. F. An interpersonal approach to training in psychotherapy. In N. P. Dellis and H. K. Stone (Eds.), *The training of psychotherapists.* Baton Rouge, La.: Louisiana State University Press, 1960.

Garfield, S. L. and Bergin, A. E. Personal therapy, outcome and some therapist variables. *Psychotherapy: Theory, Research and Practice,* 1971, *8,* 251–253.

Garfield, S. L. and Kurtz, R. Clinical psychologists: A survey of selected attitudes and values. *The Clinical Psychologist,* 1975, *28,* (Spring), 4–7.

Goldschmid, M. L., Stein, D. D., Weissman, N. H., and Sorrels, J. A survey of the training and practices of clinical psychologists. *The Clinical Psychologist,* 1969, *22,* 89–94.

Hartley, D., Roback, H. B., and Abramowitz, S. I. Deterioration effects in encounter groups. *American Psychologist,* 1976, *31,* 247–255.

Henry, W. E., Sims, J. H., and Spray, S. L. *The fifth profession.* San Francisco: Jossey-Bass, 1971.

Holroyd, J. C. and Brodsky, A. M. Psychologists' attitudes and practices regarding erotic and nonerotic physical contact with patients. *American Psychologist,* 1977, *32,* 843–849.

Holt, R. R. (Ed.), *New horizon for psychotherapy.* New York: International Universities Press, 1971.

Holt, R. R. and Luborsky, L. *Personality patterns of psychiatrists: A study in selection techniques.* Vol. 1. New York: Basic Books, 1958.

Kardener, S., Fuller, M., and Mensh, I. A survey of physicians' attitudes and practices regarding erotic and nonerotic contact with patients. *American Journal of Psychiatry,* 1973, *130,* 1077–1081.

Katz, M. M., Lorr, M., and Rubinstein, E. A. Remainer patient attributes and their relation to subsequent improvement in psychotherapy. *Journal of Consulting Psychology,* 1958, *22,* 411–413.

Kelly, E. L. and Fiske, D. W. *The prediction of performance in clinical psychology.* Ann Arbor: University of Michigan Press, 1951.

Kelman, H. *Helping people: Karen Horney's psychoanalytical approach.* New York: Science House, 1971.

Kurtz, R. and Grummon, D. Different approaches to the measurement of therapist empathy and their relationship to therapy outcomes. *Journal of Consulting and Clinical Psychology,* 1972, *39,* 106–116.

Lambert, M. J., Bergin, A., and Collins, J. Therapist-induced deterioration in psychotherapy. In A. Gurman and A. Razin (Eds.), *Effective psychotherapy. A handbook of research.* New York: Pergamon, 1977.

Lambert, M. J. and DeJulio, S. S. *Outcome research in Carkhuff's human resource development training programs: Where is the donut?* Paper presented at the 8th annual meeting of the Society for Psychotherapy Research, San Diego, California, June, 1976.

Lieberman, M. A., Yalom, I. D., and Miles, M. B. *Encounter groups: First facts.* New York: Basic Books, 1973.

Lubin, B. Survey of psychotherapy training and activities of psychologists. *Journal of Clinical Psychology,* 1962, *18,* 252–256.

Mintz, E. E. *Marathon groups: Reality and symbol.* New York: Appleton-Century-Crofts, 1971.

Mitchell, K. M., Bozarth, J. D., and Krauft, C. C. A reappraisal of the therapeutic effectiveness of accurate empathy, nonpossessive warmth, and genuineness. In A. S. Gurman and A. M. Razin (Eds.), *Effective psychotherapy: A handbook of research.* Oxford: Pergamon, 1977.

Mullen, J. and Abeles, N. Relationship of liking, empathy, and therapist's experience to outcome of therapy. *Journal of Counseling Psychology,* 1971, *18,* 39–43.

Parloff, M. B., Waskow, I. E., and Wolfe, B. E. Research on therapist variables in relation to process and outcome. In S. L. Garfield and A. E. Bergin (Eds.), *Handbook of psychotherapy and behavior change,* 2nd ed. New York: Wiley, 1978.

Rachman, A. W. and Kauff, P. F. Directory of postgraduate psychotherapy training facilities. *JSAS Catalog of Selected Documents in Psychology,* 1972, *2,* 116.

Raimy, V. (Ed.), *Training in clinical psychology.* New York: Prentice-Hall, 1950.

Rappaport, J. and Chinsky, J. M. Accurate empathy: confusion of a construct. *Psychological Bulletin,* 1972, *77,* 400–404.

Sloane, R. B., Staples, F. R., Cristol, A. H., Yorkston N. J., and Whipple, K. *Psychotherapy versus behavior therapy.* Cambridge: Harvard University Press, 1975.

Social Work Attack. 'Little or no effect.' *Daily Telegraph* (London), September 13, 1976.

Stieper, D. R. and Wiener, D. N. The problem of interminability in outpatient psychotherapy. *Journal of Consulting Psychology,* 1959, *23,* 237–242.

Stieper, D. R. and Wiener, D. N. *Dimensions of psychotherapy: An experimental and clinical approach.* Chicago: Aldine, 1965.

Strupp, H. H. The effect of the psychotherapist's personal analysis upon his techniques. *Journal of Consulting Psychology,* 1955, *19,* 107–204.

Strupp, H. H., Hadley, S. W., and Gomes-Schwartz, B. *Psychotherapy for better or worse: An analysis of the problem of negative effects.* New York: Jason Aronson, 1977.

Truax, C. B. The meaning and reliability of accurate empathy ratings: A rejoinder. *Psychological Bulletin,* 1972, *77,* 397–399.

Truax, C. B. and Carkhuff, R. R. *Toward effective counseling and psychotherapy.* Chicago: Aldine, 1967.

Kapitel 5
Spezifizierung der therapeutischen Variablen

In den vorhergehenden Kapiteln haben wir uns mit einigen traditionellen Entwicklungen innerhalb der Psychotherapie, dem Bedarf an solchen Dienstleistungen und dem verfügbaren Angebot sowie mit verschiedenen Aspekten in bezug auf die beiden Hauptbeteiligten in der Psychotherapie, Klient und Therapeut, auseinandergesetzt. In diesem Kapitel wollen wir diejenigen Variablen, denen in früheren Arbeiten über Psychotherapie Bedeutung beigemessen worden ist, beschreiben und diskutieren sowie ihre Relevanz beurteilen. Wir werden auch versuchen, jene Methoden – ungeachtet der Orientierungen, von denen sie abgeleitet worden sind – in den Vordergrund zu stellen, die für die meisten Psychotherapeuten zweckmäßig sein dürften. Wir werden in diesem Kapitel sozusagen ausgewählte operationale Konzepte und Methoden in ziemlich abstrakter bzw. begrifflicher Form diskutieren und dann ihre Verwendbarkeit so darstellen, daß in nachfolgenden Kapiteln über den psychotherapeutischen Prozeß darauf Bezug genommen werden kann.

Die Therapeut-Klient-Beziehung

Wir haben schon darauf hingewiesen, daß die meisten Therapieschulen der Beziehung, die sich in der Psychotherapie entwickelt, ziemlich große Bedeutung beizumessen pflegen. Deutlich geworden ist auch, daß der jeweilige Therapeut und Klient und ihre spezifischen Interaktionen diese Beziehung sehr stark bestimmen. All die bereits diskutierten, unterschiedlichen Klienten- und Therapeutenvariablen können in spezifischen Beziehungen von Bedeutung sein, da sie diejenigen Faktoren sind, die auf die in der Therapie ablaufenden Interaktionen einwirken. Wir brauchen deshalb darauf nicht mehr allzu ausführlich einzugehen.

Relevante Therapeuten- und Klientenvariablen

Von bestimmten Faktoren können wir annehmen, daß sie ziemlich wichtig sind. Die Beziehung wird sich positiver entwickeln, wenn sich beide Parteien mit Achtung und einigermaßen wohlwollend begegnen. Damit die Therapie zu Beginn reibungslos vorangeht, darf der Therapeut nicht zu weit von den Erwartungen des Klienten über seine Therapieführung abweichen, muß ein ehrliches Interesse am Klienten bekunden und muß ihm ein bestimmtes Maß an Zuversicht und Hoffnung vermitteln. Der Klient wiederum sollte idealerweise ein Interesse an der Psychotherapie zum Ausdruck bringen, dem Therapeuten große Aufmerksamkeit entgegenbringen sowie den Wunsch haben, mit dem Therapeuten intensiv und kooperativ zusammenzuarbeiten. Da viele Klienten nicht unbedingt mit solchen Einstellungen und Eigenschaften in die Therapie kommen, scheint mir in diesen Fällen der Therapeut eine ziemlich große Verantwortung dafür zu haben, daß die Situation auf eine Weise strukturiert wird, die eine erwünschte Beziehung möglich macht. Er sollte den Klienten so schnell und sorgfältig wie nur möglich einzuschätzen versuchen und dann auf ihn angemessen eingehen. Er sollte genau feststellen, aus welchen Gründen und mit welchen Therapieerwartungen und -hoffnungen der Klient zu ihm kommt. Er sollte dem Klienten auch eine klare Vorstellung von Ablauf und ungefährer Dauer der Therapie geben. Er muß auch auf jegliche, eventuell noch vorhandene Zweifel und Ungewißheiten des Klienten eingehen und sie gegebenenfalls ausräumen.

Es erübrigt sich eigentlich, darauf hinzuweisen, daß der Therapeut seine Reaktionen auf den jeweiligen Klienten ausrichten muß. Stellt sich der Klient als schwerer oder unmotivierter Fall heraus, oder reagiert der Therapeut auf ihn aus irgendwelchen Gründen ablehnend, dann sollte der Therapeut wirklich darüber entscheiden, ob die Therapie sinnvoll ist und ob er den Klienten in die Therapie aufnehmen soll. Es handelt sich hier um ein echtes Problem in der Psychotherapie, auf das wir aber an dieser Stelle nur kurz eingehen wollen. Verspürt ein Therapeut gegenüber einem Klienten Abneigung oder ist er sich sicher, daß er ihm nicht helfen kann, so mag es einerseits aus fachlichen Gründen gerechtfertigt sein, ihn in die Behandlung nicht aufzunehmen. Andererseits aber ist es denkbar, daß Klienten mit bestimmten Störungen als unerwünschte Fälle betrachtet und nicht behandelt und nur die „guten" Fälle akzeptiert werden. Da sich für jede Seite einsichtige Argumente anführen lassen und keine einfach zu befolgenden Richtlinien vorliegen, läßt sich dieses Problem nur schwerlich beheben.

Unerwünschte und „gute" Klienten

Die Bedeutung des „ersten Eindrucks"

Somit sind die ersten Eindrücke und Interaktionen der beiden Therapiebeteiligten von ziemlicher Wichtigkeit. Fallen sie überwiegend negativ aus, kann die Beziehung schon beendet sein, noch bevor sie überhaupt begonnen hat. Verläuft die erste Sitzung hingegen ohne Komplikationen, wird es wahrscheinlich zu einer intensiveren Beziehung kommen. Diese Beziehung kann je nach Therapieorientierung unterschiedlich strukturiert und interpretiert werden, einige Charakteristika jedoch lassen sich bei jeder auffinden. Wie bei jeder länger währenden Beziehung auch entwikkelt sich zwischen den beiden Beteiligten eine allgemeine Bindung. Die vereinbarten Sitzungen stellen in ihrem Leben ein regelmäßig wiederkehrendes und wichtiges Ereignis dar, wobei dies aber vor allem für den Klienten gelten dürfte.

Entwicklung einer guten Therapeut-Klient-Beziehung

Sobald der Klient im Laufe der Therapie zum Therapeuten Vertrauen gewonnen hat und ihm Bedeutung beimißt, wird er mehr aus sich herausgehen und freimütiger über sich selbst nachdenken, seine wirklichen Gefühle bereitwilliger zum Ausdruck bringen und viel stärker auf die Vorschläge, Erläuterungen und Deutungen des Therapeuten reagieren. Aufgrund der verständnisvollen Verhaltensweisen und Unterstützung des Therapeuten kann er negativen Aspekten seiner Persönlichkeit besser entgegentreten und stärker motiviert sein, eingeschliffene und von ihm selbst abgelehnte Verhaltensmuster zu ändern versuchen. Durch diese Beziehung erst kann der Therapeut auf den Klienten dahingehend Einfluß nehmen, daß dieser seine unangepaßten Verhaltensmuster verstehen lernt und neue Muster erprobt, die er vorher nur widerwillig und ängstlich in Angriff nahm. Sobald sich diese Beziehung entwickelt hat, kann der Therapeut gewissermaßen als Vermittler wirksam sein, der den Klienten überzeugt und bestätigt. Die Änderungsbereitschaft des Klienten kann durch die Unterstützung des Therapeuten zustandekommen oder manchmal auch dadurch, daß er beim Therapeuten Anklang finden will. Letzteres mag zwar aus der Sicht verschiedener Therapieorientierungen nicht allzu positiv bewertet werden, ist aber unter lerntheoretischen Gesichtspunkten ein durchaus adäquates Ereignis. Wenn zum Beispiel der Klient dazu motiviert ist, ein Verhalten auszuprobieren, das er vorher vermieden hat, und er dann erfährt, daß damit keine negativen Folgen verbunden sind, wird er dieses positive Verhalten mit höherer Wahrscheinlichkeit weiter zeigen. In dem Maße, wie das negative Verhalten seltener auftritt und durch ein Verhalten ersetzt wird, das eine positive Anpassung fördert, beginnt sich das Therapieziel zu realisieren. Diese Voraussage läßt sich natürlich auch für das Verhalten treffen, das außerhalb der Therapie durch Verstärkung in der sozialen Umwelt des Klienten beibehalten wird.

Der Therapeut als „Vermittler“

Die psychotherapeutische Beziehung wird von manchen einer schon fast mystischen Betrachtung unterzogen, und es kommt zu recht negativen Reaktionen, wenn man den Psychotherapeuten als „human persuader“ oder als „social reinforcement machine“ bezeichnet. Sowohl psychodynamisch- als auch verhaltensorientierte Psychotherapeuten jedoch stellen durchaus den sozialen Einfluß in den Vordergrund, der mit der Rolle des Therapeuten zum Tragen kommt (Frank, 1973; Krasner, 1962; Strupp, 1973). Es besteht Grund zur Annahme, daß eine Person, mit der man eine enge Beziehung geschlossen hat und der man Vertrauen und Achtung entgegenbringt, auf einen auch beträchtlichen Einfluß ausüben kann. Eine positive Therapiebeziehung führt folglich in der Behandlung in positiver wie negativer Hinsicht zu einem steigenden Einfluß des Therapeuten auf den Klienten. Die Beziehung kann auch unter dem Gesichtspunkt betrachtet werden, daß sich dabei die Beeinflußbarkeit bzw. Bereitschaft des Klienten erhöht, die Auslegung vergangener und gegenwärtiger Ereignisse zu akzeptieren sowie neue Verhaltensweisen zu erproben. Demnach ist der Therapeut ein Experte bei Problemen im Bereich menschlichen Verhaltens, der dem Klienten zu helfen sucht und von dessen Können die Hoffnungen des Klienten auf Besserung weitgehend abhängen. Zieht man noch in Betracht, daß der Therapeut am Klienten interessiert ist und sich um ihn kümmert, dann läßt sich zum Teil der mögliche Einfluß des Therapeuten in der therapeutischen Beziehung erklären.

Der soziale Einfluß des Therapeuten

Der Therapeut als Experte

Die therapeutische Beziehung ist somit Hintergrund bzw. Basis für den Einfluß, den der Therapeut auf den Klienten ausübt. Sie hilft auch dabei, den Klienten zur Weiterführung der Therapie zu motivieren sowie zur

Je positiver die Beziehung, desto höher der Therapeuteneinfluß

Kooperation mit dem Therapeuten und möglicherweise auch zur Erprobung neuer Verhaltensweisen zu ermutigen. Einige weitere Gesichtspunkte, die sich von der Beziehung und den regelmäßigen Zusammenkünften der zwei Parteien ableiten lassen, werden wir später noch gesondert ansprechen. Je positiver die Beziehung ist, um so eher wird der Klient die Deutungen, Erläuterungen und Einsichten akzeptieren, die in der Therapie angeboten bzw. hervorgebracht werden. Er wird wahrscheinlich auch Wertvorstellungen des Therapeuten annehmen und vielleicht sogar einige seiner Verhaltensweisen nachahmen. Sind Wahrnehmung und Erklärungen des Therapeuten fehlerfrei und gibt er für den Klienten ein gutes Modell ab, ist alles schön und gut. Ist es umgekehrt, kann es zu anderen, weniger erfreulichen Ergebnissen kommen.

Das Klientenverhalten in der Therapie als diagnostisches Mittel

Das psychotherapeutische Setting gibt dem Therapeuten auch eine Möglichkeit, das tatsächlich vorliegende Verhalten festzustellen. Eine Psychotherapie besteht nicht nur aus bloßer Unterhaltung und intellektueller Diskussion über abstrakte Themen und Ereignisse, die der Vergangenheit angehören. Der Klient mag zwar in den ersten Interviews ein angepaßtes Verhalten zeigen und im Gespräch ziemlich vorsichtig sein. Sobald sich aber die Beziehung entwickelt, wird er in zunehmendem Maße über persönlichere Angelegenheiten diskutieren können und auch leichter seine Empfindungen sowie charakteristische Antwortmuster erkennen lassen. Dem Therapeuten ist es nicht nur möglich, typisches Verhalten des Klienten in seinen Interaktionen mit einer anderen Person festzustellen, sondern er kann ihn auf diese Verhaltensweisen auch aufmerksam machen und den wahrscheinlichen Einfluß auf andere soziale Interaktionen verdeutlichen. Wenn der Therapeut auf diese Verhaltensweisen gelassen und verständnisvoll reagiert, kann sich auch die Änderungswahrscheinlichkeit erhöhen.

Kriterien für eine gute Therapiebeziehung

Die therapeutische Beziehung scheint folglich ein ziemlich wichtiger Faktor für die Möglichkeit eines Therapiefortschrittes zu sein. Ist die Beziehung positiv, dürfte – wie schon aufgezeigt – die Wahrscheinlichkeit eines positiven Ergebnisses erhöht sein. Im Falle einer schwachen Beziehung ist dies weniger wahrscheinlich. Das Kriterium zur Bewertung der Beziehungsqualität ist nicht eine damit einhergehende Erleichterung, Geselligkeit und Freude; solche Ziele lassen sich auch über andere Beziehungen erreichen. Wie SCHOFIELD (1964) es ausdrückt, sollte Psychotherapie keine „erkaufte Freundschaft" sein. Das Kriterium muß vielmehr darin bestehen, ob beim Klienten positive und anpassungsfähige Änderungen bewirkt werden. Der Therapeut trägt die Verantwortung dafür, daß die durch die therapeutische Beziehung initiierten Wirkungen zu diesem Zwecke genutzt werden. Er muß deshalb fortwährend darauf achten, was sich in der Beziehung ereignet und wie sie sich sowohl der Klient als auch er selbst zunutze macht.

Deutung, Einsicht und Verstehen

Psychoanalytische Position

In der vorausgegangenen Diskussion der psychodynamischen Therapien haben wir bereits unsere Aufmerksamkeit auf die Konzepte „Deutung" und „Einsicht" gelenkt. Jetzt folgt der Versuch, sie in Verbindung mit verwandten Konzepten etwas allgemeiner und eingehender zu betrachten.

Deutungen als Erläuterungen für den Klienten

Aus psychoanalytischer Sicht kommt der Analytiker dem Klienten mit Deutungen deshalb zu Hilfe, damit dieser die Oberfläche seines Bewußtseins durchdringt und sich schließlich mit den unbewußten Kräften auseinandersetzt, die sein Verhalten motivieren. Ob die Deutungen nun mit den Übertragungsreaktionen auf den Therapeuten, mit den freien Assoziationen des Klienten, seinen Träumen oder Verhaltensweisen in oder außerhalb der Therapie zu tun haben – es handelt sich im wesentlichen um Erläuterungen für den Klienten. Dem Klienten zu Verstehen oder Einsicht in seine Schwierigkeiten zu verhelfen, sei – so die explizite Überzeugung – ein wichtiges Mittel, um bei ihm Änderungen in Gang zu setzen. Man erkannte, daß dieser Prozeß nicht einfach zu erreichen war und glaubte nun, daß die Übertragungsbeziehung und das durch den Therapeuten vermittelte Verstehen den Klienten in die Lage versetzen würde, seinen natürlichen Widerstand gegenüber einem solchen Prozeß zu überwinden, diesen allmählich zu akzeptieren und auf der Basis der neuen Einsichten zu handeln. Obwohl Verstehen primär ein kognitiver Prozeß zu sein scheint, erkannte man, daß kognitives bzw. intellektuelles Verstehen (Einsicht) alleine nicht sehr bedeutend war, es sei denn, daß irgendwie auch die Affekte des Klienten einbezogen waren (ALEXANDER/FRENCH, 1946). Sei es wie es auch sei, man kam zu der Überzeugung, daß Einsichten für den Therapiefortschritt essentiell sind. Und in der Tat werden solche Therapien häufig einsichtorientierten oder aufdeckenden (uncovering) Therapien im Gegensatz zu sogenannten stützenden Therapien zugeordnet.

Verstehen und Einsicht als Voraussetzung für Änderungen

Andere Therapieansätze

Obwohl ROGERS (1942) in seinem ersten Buch über nondirektive Therapie die Wichtigkeit der Einsicht des Klienten in die Therapie in den Vordergrund stellte, wurde dieses Thema in seinen nachfolgenden Schriften nicht mehr in gehöriger Form gewürdigt. Innerhalb der klientenzentrierten Schule war man größtenteils der Auffassung, daß wichtige Einsichten den Veränderungen in der Persönlichkeit nachfolgen und nicht umgekehrt (ROGERS, 1951). Andere Orientierungen bedienen sich direkt oder indirekt in ihren therapeutischen Verfahren bzw. Theorien des größeren Verstehens seitens des Klienten. In einigen der mehr direktiven oder vielleicht eklektischen Orientierungen ist es Bestandteil der verwendeten Techniken, dem Klienten Erläuterungen zu geben (THORNE, 1968). Und erst kürzlich sind mehrere therapeutische Methoden bekannt geworden, in denen die gestörten Wahrnehmungen und das gestörte Verstehen des Klienten als die entscheidenden Faktoren für seine grundlegenden Schwierigkeiten in den Vordergrund gestellt werden (BECK, 1976; ELLIS, 1962). Die Aufgabe des Therapeuten besteht darin, den Klienten dazu zu bringen, daß er seine gestörten Überzeugungen versteht, sie eventuell aufgibt und an deren Stelle andere substituiert. In diesem Prozeß zeigt der

Klientenzentrierte Schule

Eklektische Orientierung

Rational-emotiver Ansatz

Therapeut im wesentlichen die fehlerbehafteten Denksysteme (faulty belief systems) des Klienten auf, und er bietet ihm einen neuen und passenderen Set an Überzeugungen und Wahrnehmungen an bzw. verhilft ihm dazu. In der Tat wurde eine Form dieses Therapietypus von ELLIS (1962) zuerst als „Rational Therapy“ bezeichnet.

Verhaltenstherapie

Es zeigt sich somit, daß in irgendeiner Form Einsichten und Deutungen bzw. auf das Verstehen des Klienten ausgerichtete Aktivitäten von Therapeuten der unterschiedlichsten theoretischen Positionen als therapeutische Verfahren Verwendung finden. Sogar die Verhaltenstherapeuten, die der Theorie nach dynamisch orientierten Konzepten wie Deutung und Einsicht keine Bedeutung beimessen, versuchen zu erreichen, daß ihre Klienten einigermaßen verstehen, wie ihr gestörtes Verhalten entstanden ist und auf welchen Prinzipien die in der Therapie verwendeten Verfahren beruhen. Wie schon erwähnt, haben außerdem einige verhaltensorientierte Therapeuten damit begonnen, kognitive Gesichtspunkte mit ihren auf das Verhalten ausgerichteten Verfahren zu verknüpfen. In all diesen Beispielen wird ferner stark darauf geachtet, daß der Klient mit ziemlich viel Informationen versorgt wird und verstehen lernt, wie seine Probleme entstanden sind, warum sie so hartnäckig bestehen bleiben und wie sie behoben werden können.

Einsichtslernen und Verstehen als allgemeines Therapiekonzept

Zwar legen also viele der verschiedenen Therapiestrategien großen Wert darauf, daß der Klient seine Probleme verstehen lernt. Die Strategien unterscheiden sich aber darin, wie sie diesen Prozeß in Angriff nehmen und zu welcher Einsicht und zu welchem Verstehen sie beitragen. Gleichzeitig wird den unterschiedlichen und mannigfaltigen Einsichten in der einen oder anderen Form eine therapeutische Wirkung zugesprochen, wodurch eine interessante und auch etwas verwirrende Situation entsteht. Wie können solche verschiedenartigen Einsichten jeweils zu einem positiven Ergebnis beitragen? Die Psychoanalyse ist darauf ausgerichtet, dem Klienten eine FREUDsche Sichtweise seiner Schwierigkeiten und bisherigen Persönlichkeitsentwicklung zu vermitteln; die erreichten Einsichten stützen sich auf psychoanalytische Konzepte. Dementsprechend kann der Klient nach und nach die Aufklärung des Therapeuten akzeptieren, wonach seine Probleme auf frühere ödipale Konflikte zurückzuführen sind, die er verdrängt hat. Bei einem Therapeuten der ADLERschen Schule kann ein Klient allmählich verstehen lernen, daß seine Probleme von seiner familiären Situation, den daraus resultierenden Gefühlen der Inferiorität und seinem kompensatorischen Streben nach Macht beeinflußt wurden. Einem anderen Klienten wiederum, der an einen rational-emotiven Therapeuten gerät, könnte mitgeteilt werden, daß seine Schwierigkeiten durch seinen irrationalen Glauben verursacht sind, perfekt sein und von allen geliebt werden zu müssen. Ein Verhaltenstherapeut schließlich würde seinem Klienten mitteilen, daß seine gegenwärtigen Ängste das Ergebnis früherer Konditionierung sind und er deshalb in der Therapie Reaktionen lernen wird, die seinen gegenwärtigen entgegenwirken, wodurch folglich nach und nach seine Angstreaktionen gehemmt werden.

Unterschiedliches Einsichtslernen – gleiche Therapieergebnisse?

In jedem dieser Beispiele wird von jedem der jeweiligen Therapeuten, den der Klient aufsucht, aus einer günstigen Position heraus dafür gesorgt, daß der Klient sein Problem verstehen lernt. Außerdem trifft auf jedes Beispiel die Annahme zu, daß die gegebene Aufklärung sorgfältig und „wahrheitsgemäß" erfolgt ist und dem Klienten eine Hilfestellung bedeutet. Es handelt sich hier um ein Phänomen, das mich einige Zeit faszinierte. Mein Denkansatz hat sich dann größtenteils durch die Schriften von FRANK (1971, 1973) herausgebildet bzw. ist dadurch angeregt worden. Nach FRANK versorgen praktisch alle therapeutischen Orientierungen ihre Klienten mit irgendeiner wissenschaftlich begründeten Erklärung bzw. einem Glaubenssystem zur Erläuterung ihres gestörten Verhaltens, und es lassen sich deutliche Parallelen zu primitiveren Heilmethoden aufzeigen. Der wichtige Punkt dabei ist jedoch, daß das Anbieten eines solchen Glaubenssystems für den Klienten beträchtlichen therapeutischen Wert zu haben scheint. Die Tatsache, daß der Therapeut den Problemen des Klienten Verständnis entgegenbringt und es schafft, daß auch der Klient selbst sie versteht, scheint dessen Angst vor den Problemen zu reduzieren und dessen Hoffnung auf Problemminderung zu verstärken. Wer Beschwerden hat und nicht versteht, was seine Symptome zu bedeuten haben, wodurch seine bedrückende Problemlage entstanden ist oder wie ernst sein Zustand eigentlich ist, für den ist schon die Kontaktnahme mit einem professionellen Therapeuten beruhigend, der zu wissen scheint, um welches Problem es sich handelt, welche Faktoren dafür verantwortlich sind und der auch eine Behandlung anbietet, die die Situation des Klienten angeblich verbessern kann. TORREY (1972) hat in einem sehr interessanten und provokativen Artikel tatsächlich auch erklärt, daß die bloße Benennung der Störung durch den Therapeuten ein wichtiger therapeutischer Faktor ist, der für die meisten Therapien Gültigkeit hat.

Untergeordnete Bedeutung des konkreten Inhalts von Einsichten und Verstehen

Nach all dem scheint die Annahme gerechtfertigt, daß die präzise Natur von Einsicht und Verstehen, wie sie vom Therapeuten vermittelt werden, von relativ geringer Bedeutung ist. Wichtig ist, ob der Klient das Grundprinzip bzw. Glaubenssystem akzeptiert, das ihm der Therapeut anbietet. Findet der Klient die Auslegung des Therapeuten nicht besonders überzeugend oder unverständlich, wird er sie wahrscheinlich auch nicht akzeptieren, und das Rationale wird folglich geringen therapeutischen Effekt haben. Akzeptiert er hingegen die Auslegung des Therapeuten, wird er sie wahrscheinlich beruhigend, vielversprechend und vielleicht auch hilfreich empfinden. Dieses Verständnis und diese Überzeugung dürften zumindest teilweise Zweifel, Unsicherheit und Ungewißheit aufkommen lassen. Aber dieser Prozeß, insbesondere die Tatsache der Akzeptanz eines bestimmten Glaubenssystems durch bestimmte Klienten, läßt sich jedenfalls in den Vereinigten Staaten am „shopping around" und daran veranschaulichen, wie voraussichtliche Klienten bestimmte Therapieformen aussuchen. Sie lesen in der Massenpresse und in einschlägigen Paperbacks Einführungen zu den verschiedensten Therapien und wählen dann Therapeuten, die sie mit ganz bestimmten theoretischen Orientierungen identifizieren, die ihnen zusagen. In meiner Praxis beispielsweise wird sehr häufig angerufen und danach gefragt, ob wir diese oder jene

Die vermittelten Einsichten müssen akzeptiert werden

Therapieform durchführen bzw. wo eine spezielle Therapie angeboten wird. Es kann sein, daß bestimmte Klienten aus welchen Gründen auch immer einigen Therapien mehr als anderen zugetan sind und – wie wir bereits gezeigt haben – die optimale Abstimmung zwischen Therapie und Klient recht bedeutungsvoll ist. Auch können die Persönlichkeitsmerkmale von Klient und Therapeut insofern wichtig sein, wie rasch jeweils das therapeutische Theoriensystem akzeptiert wird. Manche Klienten lassen sich schneller beeinflussen als andere, und einige Therapeuten können zweifellos mehr Einfluß ausüben oder überzeugender sein als andere Therapeuten. Obwohl viele Variablen in diesem Prozeß wirksam sein können, scheint die Annahme jedenfalls plausibel zu sein, daß die therapeutische Wirkung nicht unbeträchtlich sein dürfte, wenn man dem Klienten sowohl für sein Probleme als auch für das Rationale, worauf die Therapie beruht – ungeachtet des Rationales selbst –, eine Erklärung anbietet.

Einfluß von Persönlichkeitsmerkmalen

Kritik von Berufskollegen: „Scharlatanerie“ und „Verkaufsstrategien“

Ich habe über dieses Thema mit vielen Berufskollegen diskutiert, bei manchen dabei ziemlich viel Unbehagen und Sorge hervorgerufen, bei anderen wiederum ziemlich starke Kritik geerntet. Ich kann das gut verstehen, denn die Implikation meiner Behauptung macht nicht nur manch traditionell anerkannte Überzeugung und Theorie gegenstandslos, sondern schmälert darüber hinaus auch die Rolle des Psychotherapeuten. Den festen Überzeugungen der Therapeuten, daß sie ihren Klienten theoretisch valide Erklärungen offerieren, auf denen offensichtlich ihre therapeutische Tätigkeit basiert, wird gegenübergestellt, daß, was immer auch sie ihren Klienten erzählen, es unterschiedslos wirksam ist, sofern die Klienten nur daran glauben. Nicht der tatsächliche Inhalt dessen, was der Therapeut dem Klienten vorgibt, ist für den therapeutischen Prozeß ausschlaggebend, sondern es ist eine Sache des Glaubens und der Akzeptanz seitens des Klienten. So gesehen sind die Reaktionen vieler Therapeuten auf eine solche Position leicht verständlich. Es „riecht“ nach Scharlatanerie und Verkaufsstrategie, wenn man es für möglich hält, daß es solange keine Rolle spielt, was man dem Klienten erzählt, wie man nur überzeugend wirkt und der Klient nur glaubt, was ihm erzählt wird.

Der Therapeut muß von seinem Ansatz überzeugt sein

Wir stehen hier vor einem nicht leicht zu lösenden Problem. Wer professionell mit emotional gestörten Menschen zu tun hat, macht dies in der Regel zweifellos aus humanitären Motiven und wissenschaftlichen Idealen und Bestrebungen heraus und erwartet verständlicherweise, daß ihm ein würdevoller und ehrbarer Ruf vorausgeht. Er muß auch von seinen eigenen theoretischen Ansichten und praktischen Methoden überzeugt sein. Was wir über den Stellenwert der Akzeptanz des Klienten bezüglich der wissenschaftlich begründeten Erklärung zum Verständnis seiner Schwierigkeiten ausgesagt haben, dürfte auch auf den Psychotherapeuten übertragbar sein. Es kann für dessen professionelle Qualität von Wichtigkeit sein, ob er von dem, was er macht, auch überzeugt ist. Gleichzeitig wissen wir, daß die Geschichte der Medizin voll von Fällen ist, in denen bei sehr vielen Menschen in gutem Glauben und mit besten Absichten wirkungslose Medikamente und Verfahren zur Anwendung gebracht wurden. Das Interessante daran ist, daß vielen Patienten offensichtlich auch durch pharmakologisch unwirksame Medikamente geholfen werden kann; Berichte und Untersuchungen über den Placebo-Effekt finden sich in SHAPIRO und MORRIS (1978).

Placebo-Effekt

Zu diesem Problem gibt es keine fertigen Lösungen. Ich schlage deshalb vor, daß jeder Therapeut diesen Stand der Wissenschaft irgendwie berücksichtigen und von Anfang an sehen muß, daß unser gegenwärtiges Wissen über Psychotherapie keineswegs überwältigend ist und viele unserer derzeitigen Überzeugungen und Verfahren empirisch noch nicht bestätigt worden sind. Schon alleine die vielen divergierenden und widersprüchlichen Theorien und Methoden verweisen auf diesen Tatbestand. In dieser Situation muß sich der Psychotherapeut bemühen, Entwicklungen in der Psychotherapie und die Verfahren, die er selbst bevorzugt, unvoreingenommen gegeneinander abzuwägen. Er sollte dabei sich selbst gegenüber so ehrlich sein, wie er es sich bei den Klienten in seinen therapeutischen Sitzungen wünscht, und sich offen eingestehen, daß vieles in seiner therapeutischen Arbeit zwar auf plausiblen Hypothesen, nicht aber auf empirisch abgesicherten Tatsachen beruht. Dies mag sicherlich schwierig sein, braucht deshalb aber beim Therapeuten nicht unbedingt gleich extreme Unsicherheit oder Zweifel hervorrufen. Sein aufrichtiger Wunsch, dem Klienten helfen zu wollen und hierzu auf alle derzeit verfügbaren Informationen und Methoden zurückzugreifen, sollten jegliche insgeheimen Sorgen in bezug auf seine Methoden abschwächen und ihm die Sicherheit dazu verleihen, daß er in hohem Maße ethisch und verantwortungsvoll therapiert. Erhofft sich der Psychotherapeut bei jeder seiner Bemühungen Gewißheit, so dürfte dies eine unangemessene Erwartung sein, und er muß erkennen, daß sich viel Unberechenbares ereignen kann. Er muß sich dieser Ungewißheiten bewußt sein, darf aber damit nicht den Klienten belasten, da dadurch nur die Therapie behindert würde. Er kann dem Klienten von dem, was dieser wissen muß, in Kenntnis setzen. Er kann dem Klienten seine eigenen Ansichten hinsichtlich der Therapic offen und gerade dadurch überzeugend zum besten geben und sogar erwähnen, daß ein erfolgreicher Ausgang nicht garantiert werden kann. Ich bin der Überzeugung, daß solche aufrichtigen Aussagen die gleiche positive Wirkung haben wie solche, die überhaupt keine Zweifel aufkommen lassen.

Wissensbestand der Therapieforschung: widersprüchlich

Therapeutenvoraussetzungen: Aufrichtigkeit und Redlichkeit

In den vorhergehenden Abschnitten könnte der Eindruck entstanden sein, daß wir von dem zur Diskussion stehenden Hauptthema etwas abgekommen sind. Ich glaube aber, daß diese Ausführungen notwendig waren. Ähnliche Gesichtspunkte, die sich auf die Eindrücke des Therapeuten selbst hinsichtlich der Therapie und die in der Therapie ablaufenden Interaktionen beziehen, werden wir später noch ausführlicher diskutieren. Wir können an dieser Stelle diesen Abschnitt abschließen und die wichtigsten Ergebnisse wiederholen. In den meisten Therapien wird unterschiedlich dabei verfahren, wenn der Klient über seine Schwierigkeiten aufgeklärt wird und ihm die Grundprinzipien der vorgesehenen Therapie dargestellt werden. Manchmal geschieht dies hauptsächlich in den

Zusammenfassung

ersten Therapieabschnitten, während dieser Prozeß in anderen, in der Regel über einen längeren Zeitraum sich erstreckenden Therapien längere Zeit in Anspruch nimmt und anscheinend größeres Gewicht erhält. In jedem Fall erhält der Klient irgendeine wissenschaftlich begründete Erklärung bzw. ein Theoriesystem, dem für den Therapiefortschritt eine bestimmte Rolle beizumessen ist, wenn es einigermaßen akzeptabel erscheint. Noch relativ unerforschte Probleme sind dabei, wie bedeutsam das Theoriesystem ist und wie der Prozeß vonstatten geht. Folglich können wir über die Bedeutung von Einsicht in die Psychotherapie und Verstehen in erster Linie nur begründet erscheinende Hypothesen formulieren. Der potentielle Wert dieser Therapievariable dürfte wahrscheinlich auch mit dem Klienten selbst zusammenhängen, mit seinem Bedürfnis nach einer Erläuterung, seiner Meinung über den Therapeuten und dem eigentlichen Problem. In diesem Prozeß sind auch der Therapeut, sein Renommée, seine Persönlichkeit, wie er mit dem Klienten kommuniziert und diesen wahrnimmt, von Bedeutung. Obwohl dieser Prozeß keineswegs völlig einsichtig ist, bin ich der festen Überzeugung, daß es wichtig ist, dem Klienten klar und angemessen ein Verständnis seiner Schwierigkeiten zu vermitteln und dafür zu sorgen, daß er das Grundprinzip und die in der Therapie verwendeten Methoden versteht. Die potentielle Bedeutung für die Therapie liegt nicht notwendigerweise im Inhalt der jeweiligen Grundprinzipien begründet, sondern damit, daß sie dem Klienten überhaupt erklärt werden.

Katharsis und emotionale Freisetzung

Methode der Abreaktion starker Affekte

Schon früh in der Psychotherapiegeschichte und seitdem in unregelmäßigen Abständen ist der Freisetzung starker Affekte oder aufgestauter Emotionen große Bedeutung beigemessen worden. Beispiele dieser Art waren von BREUER und FREUD (1950) aufgezeichnet worden, und die Katharsis-Methode wurde zu Beginn recht positiv eingeschätzt. Dann aber kam FREUD zu dem Ergebnis, daß dieses Verfahren keine lang anhaltenden Resultate nach sich zog, und es wurde nach und nach durch die speziellen Methoden der Psychoanalyse verdrängt. Obwohl die Katharsis bzw. „Abreaktion" seit dieser Zeit vergleichsweise geringe Beachtung gefunden hat und selbst auch keine Therapieform darstellt, ist sie manchmal bei ganz bestimmten Klienten mit akuten Ängsten, Unsicherheiten oder situationsspezifischen Schuldgefühlen von Nutzen.

Unterschiedlicher Nutzeffekt

In Abhängigkeit vom jeweiligen Fall kann die Katharsis in der Psychotherapie einen großen Nutzeffekt haben. In ganz bestimmten Fällen kann sich der einzelne Klient in irgendein Verhaltensmuster verwickelt oder Erfahrungen gemacht haben, die er sehr negativ oder beschämend empfindet. Es widerstrebt ihm infolgedessen, jemandem davon zu erzählen, und er behält das Problem für sich. Dadurch werden aber sehr starke und beunruhigende Ängste bzw. Schuldgefühle hervorgerufen, die ihn schließlich dazu veranlassen können, um professionelle Hilfe nachzusuchen. In vielen Fällen wird der Klient im Erstinterview darauf noch nicht als Grund für sein Erscheinen zu sprechen kommen und andere Gründe dafür angeben, wenngleich diese mit dem ursächlichen Faktor bzw. Ereignis in Beziehung stehen können. Sobald er aber zum Therapeuten Vertrauen entwickelt hat, kann er über das störende Problem erzählen, wobei damit starke Affekte und manchmal sehr offensichtliche Erleichterung verbunden sind. Manchmal ist die Sitzung, in der dies passiert, durch eine sehr auffällige emotionale Freisetzung und eine Änderung in der Einstellung des Klienten zu seiner Situation gekennzeichnet und markiert einen Wendepunkt in der Therapie. In vielerlei Hinsicht liegt eine Ähnlichkeit zu anderen Situationen vor, in denen es – wie in der Psychotherapie – zu stark emotional gefärbten Schuldbekenntnissen kommt.

Emotionale Freisetzung – oft Wendepunkte der Therapie

Findet eine solche emotionale Freisetzung in der Therapie statt und zeigt sie sich für die Besserung des Klienten förderlich, bleibt sie dem Therapeuten nicht verborgen und kann auf ihn einen starken Eindruck ausüben – wenngleich allerdings so etwas nicht sehr häufig vorkommt. Ich selbst kann mich sofort an drei solcher Fälle erinnern. Am spannendsten verlief es bei einem jungen Mann, der äußerst aufgebracht und erregt war. Ich konnte hören, wie er im Wartezimmer unaufhörlich auf und ab ging, bis er schließlich an der Reihe war. Er saß kaum, und schon begann er, seine Schwierigkeiten aufgeregt und hastig vorzutragen. Er ließ sich dabei nicht unterbrechen. Ich versuchte zwar, im Verlauf der Sitzung verschiedentlich einige kluge Anmerkungen aus der Sicht des Therapeuten zu machen, doch es war sinnlos. Etwa eine Stunde lang erzählte der Klient ohne Unterbrechung mit starker, affektiver Erregung und befreite sich ganz offensichtlich von seinen aufgestauten Emotionen. Zum Schluß gab er so etwas ähnliches wie einen tiefen Seufzer von sich, dankte mir überschwenglich und verschwand – zurück blieb ein ziemlich frustrierter Therapeut, der vergeblich versucht hatte, dem Klienten verschiedene therapeutische Einsichten zur Auswahl anzubieten. Die anderen Fälle, an die ich mich erinnere, waren zwar nicht so extrem, betrafen aber jeweils Aktivitäten, die die Klienten keiner anderen Person anvertraut hatten und die Ursache für Depressionen und Schuldgefühle waren. Die Erleichterung dieser Klienten war regelrecht spürbar, sich ihrer Sorgen zu entledigen, sie mit dem Therapeuten zu teilen und dabei keine Beurteilung zu erfahren, sondern akzeptiert und verstanden zu werden.

Beispiele

Es sollte vielleicht noch betont werden, daß Katharsis oder „emotional release" alleine nicht die einzigen, Einfluß ausübenden Variablen waren. Manchmal wurde es dadurch nur leichter möglich, daß der Klient seine Situation realistischer wahrnahm und sie erfolgreicher bewältigen konnte. Einmal wurde der Klient nachträglich mit genauen Informationen über Masturbation versorgt, die teilweise gefehlt hatten und sich nun nützlich und beruhigend erwiesen. Dennoch zeigte sich, daß die emotionale Freisetzung für den späteren Therapiefortschritt eine signifikante Rolle spielte.

Ansonsten gibt es keine besonderen Anhaltspunkte dafür, wann Katharsis eine nützliche Komponente der Psychotherapie sein kann oder

Keine vorsätzliche Induktion emotionaler Freisetzung

wie sie am besten angewendet werden kann. Ich persönlich bin der Ansicht, daß der Therapeut beim Klienten einen solchen Response nicht induzieren sollte bzw. sich nicht vorsätzlich darum bemühen kann[1]. Der Therapeut schafft vielmehr durch seine Persönlichkeit und Art, wie er mit dem Klienten umgeht, eine Atmosphäre, in der bestimmte Klienten in die Lage versetzt werden, sich zu ihren Störungen zu bekennen und ihre Gefühle offen zum Ausdruck zu bringen. Der Therapeut kann vielleicht besonders sensibel gegenüber dieser Möglichkeit sein, wenn der Klient ein akutes Unbehagen neueren Ursprungs zu zeigen scheint, ohne aber diesen Gefühlsausdruck mit einer besonderen Ereignisfolge in Zusammenhang zu bringen. Wenn erst einmal ein Anfang damit gemacht ist, die unterdrückten Emotionen zum Ausdruck zu bringen, kann der Klient dazu ermutigt werden, seine Emotionen und Affekte völlig zu offenbaren.

Der Therapeut als Bezugs- und Vertrauensperson

Wie bereits erörtert ist der Therapeut für den Klienten, der um Hilfe ersucht, zumeist eine wichtige Bezugsperson. In dem Maße, wie sich der Therapeut als Persönlichkeit zeigt, die über psychische Probleme Bescheid weiß, Erfahrung im Umgang mit solchen Problemen hat und beim Klienten Hoffnung und Vertrauen weckt, stellt er eine Situation her, in der der Klient relativ ungezwungen intime Probleme zur Sprache bringen kann, die ihn beunruhigen. Läßt der Therapeut das, was der Klient ihm sagt, gelten, ohne gleich über ihn ein Urteil zu fällen, und ermutigt er ihn dazu, seine Empfindungen ohne Hemmung mitzuteilen und sich „die Dinge von der Seele zu reden", wird ihm der Klient eher Vertrauen schenken und seinen unterdrückten Gefühlen freien Lauf lassen. Der Klient hätte auch schon vor der Therapie gerne jemanden ins Vertrauen gezogen, ist aber nicht einmal in der Lage gewesen, solche Dinge guten Freunden oder Verwandten anzuvertrauen. Die Probleme stellten sich möglicherweise viel zu bedrohlich. Als neutraler und verständnisvoller Helfer bietet der Therapeut dem Klienten nun eine weniger bedrohliche Gelegenheit zur emotionalen Freisetzung.

Verstärkung als Therapievariable

Operantes Konditionieren

Verstärkung als therapeutische Variable ist vor allem von jenen Lerntheoretikern und Verhaltenstherapeuten in den Vordergrund gestellt worden, die die Bedeutung der operanten Konditionierung nachdrücklich betonen. Verstärkung ist auch eine Variable, die in verschiedener Hinsicht Verwendung fand und – wenn auch vielleicht nicht so systematisch – auch von anderen Psychotherapeuten eingesetzt wurde. Obwohl in den letzten Jahren der Einsatz von operanten Techniken bei verschiedenen Rahmenbedingungen und Populationen häufiger zu verzeichnen ist (Kazdin, 1978; Krasner, 1971), wird ihnen offiziell von den meisten der eher traditionell orientierten Therapeuten wenig Beachtung beigemessen. Wie

1 Andere Therapeuten, in Marathongruppen und ähnlichen Ansätzen involvierte einbegriffen, würden wahrscheinlich eine andere Meinung äußern (vgl. Nichols, 1974).

dem auch sei – die Verstärkungsprinzipien scheinen bei den Interaktionen, die in der Psychotherapie stattfinden, zur Anwendung gebracht zu werden.

Verstärkung erwünschter Verhaltensweisen

Im Grunde genommen trachtet der Therapeut danach, diejenigen Reaktionen des Klienten positiv zu verstärken, die er für wünschenswert hält, und diejenigen Reaktionen negativ zu verstärken bzw. auszulöschen, die mit den therapeutischen Zielen unvereinbar sind. Dabei hängt es von der Situation und vom Therapeuten ab, ob dieser sich dessen bewußt ist, daß er ein bestimmtes Klientenverhalten verstärkt oder auch nicht verstärkt. Überzeugte Anhänger der operanten Verfahren werden operante Prinzipien und Vestärkungsmöglichkeiten natürlich voll ausschöpfen und dabei überlegt und systematisch vorgehen. Sie werden auch ganz typisch sich auf ein bestimmtes Zielverhalten konzentrieren, wodurch die Feststellung von Veränderungen möglich wird. Die meisten Leser dürften mit dieser Thematik einigermaßen vertraut sein. Zur Illustration soll daher nur kurz auf das bekannte ABA-Design eingegangen werden, das in vielen operanten Untersuchungen Verwendung fand.

Systematische Verstärkung

ABA-Design

Zuerst wird die Baseline (A) oder Grundkurve des Störungsverhaltens festgestellt, indem man dessen Häufigkeit über einen bestimmten Zeitraum aufzeichnet. Dann werden die operanten Verfahren bzw. Programme eingesetzt und die Häufigkeit des Zielverhaltens wiederum aufgezeichnet und alle Veränderungen notiert. Lassen sich im Laufe des Programms (B) signifikante Änderungen feststellen, werden die experimentellen Verfahren bzw. Verstärker für eine bestimmte Zeit (A) wieder weggelassen – vergleichbar mit der Baseline-Zeit und den zugehörigen Messungen des spezifischen Verhaltens. Im allgemeinen verringern sich die Behandlungseffekte, und das Verhalten nähert sich wieder dem Baseline-Level bzw. der Form vor der Behandlung an. Mit diesem Design ist es eindeutig möglich, die Wirkung von speziellen operanten Verfahren zu bewerten.

Einwände gegen operante Techniken

Es lassen sich viele Gründe dafür aufzählen, warum viele – vor allem psychodynamisch orientierte – Therapeuten davor zurückgeschreckt sind, operante Verfahren oder Verstärkung vorsätzlich einzusetzen. An erster Stelle ist natürlich zu nennen, daß die Probleme des Klienten sehr unterschiedlich wahrgenommen worden sind. Weder werden ganz bestimmte Verhaltensweisen bzw. Zielsymptome fokussiert, noch setzen die verwendeten Verfahren direkt an ihnen an. Damit verbunden sind Meinungen, wonach diese Methode sehr oberflächlich sei und der Klient als Objekt behandelt oder vom Therapeuten manipuliert würde – was für viele Therapeuten anstößig ist. Außerdem glaubt man von den operanten Verfahren, daß sich ihr Einsatz hauptsächlich auf die Änderung einiger Verhaltensauffälligkeiten beschränkt, nicht aber bei schwierigeren Problemen in Frage kommt, die mit Emotionen und dem Selbstbild zusammenhängen. Dabei sollte aber der Therapeut – so die Implikation – dem Klienten nicht seine Wertvorstellungen aufdrängen oder auf ihn Kontrolle ausüben. In dieser Hinsicht obliegt es vielmehr dem Klienten, welche Werte er bevorzugt und für welchen Weg er sich entscheidet. Der Therapeut ist folglich ein Agent, der lediglich den Entwicklungsprozeß und die Selbstexploration erleichtert. Demgegenüber stehen die Therapeuten, die operante Konditionierungen vornehmen und – manchmal mit und manchmal ohne Einwilligung des Klienten – entscheiden, welches Verhalten modifiziert wird, und die dementsprechend auch die therapeutische Situation kontrollieren. So gesehen reagiert der Klient passiv auf Stimuli, die der Therapeut kontrolliert und manipuliert.

Mißbrauch mit Verhaltensprogrammen?

Diese Sichtweise mag erklären, warum sich viele Therapeuten weigern, bewußt operante Verfahren anzuwenden. Neuere Kritiken an Verhaltensprogrammen im Anstaltsbereich haben die Fragen aufgeworfen, ob nicht die Rechte von Gefangenen verletzt werden, die sich Programmen dieser Art unterziehen (KAZDIN, 1978), womit solche Sichtweisen Bestätigung finden können. Allerdings reichen Fragen hinsichtlich des Rechts auf Behandlung weit über den Vorgang des operanten Konditionierens hinaus und haben Implikationen für alle Behandlungsformen. Hier liegt offenbar ein schwieriges Problem vor, das uns aber zu weit vom Diskussionsthema wegführen würde.

Das Wertesystem des Therapeuten

Es gibt zwar viele scheinbar wichtige Gründe dafür, warum Therapeuten den vorsätzlichen Einsatz operanter Verfahren unterlassen, einige der vorgetragenen Begründungen scheinen aber nicht allzu valide zu sein. Ob man es nun gern hört oder nicht, der Therapeut ist keineswegs ein wertfreies Individuum, das in all den Fragen, die es mit dem Klienten zu diskutieren gibt oder in bezug auf die in der Therapie zur Schau gestellten Verhaltensweisen, völlig neutral ist. Der Therapeut hat ein Wertesystem, das dem Klienten tendenziell in irgendeiner Form vermittelt wird (KRASNER, 1963; ROSENTHAL, 1955; KESSEL/MCBREARTY, 1967). Indem der Therapeut eine bestimmte therapeutische Orientierung gegenüber anderen vorzieht, hat er ein Werturteil gefällt, das der Klient vermittelt bekommt. Unterzieht sich der Klient einer Psychoanalyse, erhält er ein Verständnis und eine Sichtweise der menschlichen Persönlichkeit, die eindeutig das Wertsystem des Analytikers reflektieren. Extreme Kritiker der psychoanalytischen Ausbildung oder Therapie bezeichnen so etwas sogar als Beispiele einer Gehirnwäsche. Anerkennt ein in Ausbildung stehender Analytiker nicht die Wertvorstellungen des Ausbildungsinstituts, wird er nicht zugelassen oder womöglich aus dem Programm ausgeschlossen (SZASZ, 1960). Bringt der Klient den psychoanalytischen Deutungen Widerstände entgegen, so wird er feststellen, daß diese spezielle Form von Widerstand die Behandlung stört und ihm eine Menge Geld kostet. In beiden Fällen ist Gehorsam wohl besser als Widerworte.

Psychoanalytische Ausbildung – eine Gehirnwäsche?

Anwendung von Lernprinzipien in traditionellen Therapien?

Unabhängig von diesen Wertefragen behaupten Verhaltenstherapeuten auch, daß viele traditionelle Therapeuten zwar Verstärkung und Lernprinzipien anwenden, dabei aber zufällig, unwissend und unsystematisch vorgehen. Sie glauben deshalb, daß traditionelle Therapeuten tendenziell weniger erfolgreich sind und deshalb ihre Therapien viel länger dauern als die von Verhaltenstherapeuten. Behauptet wird auch, daß Therapeuten tatsächlich diejenigen Reaktionsformen, die sie sich beim Klienten erwünschen, durch Kopfnicken oder verbal angedeutete Zustimmung positiv verstärken, sobald solche Verhaltensweisen auftreten, und umgekehrt eine negative Reaktion bzw. Mißbilligung mehr oder weniger deutlich an den Tag legen, wenn solche Reaktionen nicht kommen. Obwohl sie sich im einzelnen ihres Vorgehens oder ihres Einflusses auf den Klienten nicht bewußt zu sein brauchen, „formen" diese Therapeuten tatsächlich dessen Reaktionen. So analysierte beispielsweise TRUAX (1966) die Aufzeichnungen eines von Carl ROGERS publizierten Falles und wies nach, daß bestimmte Responses des Klienten wirklich durch positive Reaktionen von ROGERS verstärkt wurden: „Diese Responses könnte man zu solchen Responses zählen, die aus der Sicht von klientenzentrierten Therapeuten wünschenswert sein dürften. Da der Therapeut zudem durch Kopfnicken oder Kommentare wie ‚hmmm, gut so' oder ähnliche Bemerkungen die Responses des Klienten verstärkte, wird die Wahrscheinlichkeit des Auftretens solcher Responses erhöht." Auch MURRAY (1956) analysierte einen Fall ROGERS' auf ähnliche Weise und veranschaulichte, daß Billigung und Mißbilligung seitens des Therapeuten als positive und negative Verstärker fungierten.

Unbewußte Reaktionsformung

Beispiel: ROGERS

Es dürfte folglich klar sein, daß der Therapeut das Verhalten des Klienten beeinflussen kann. Generell ist dies eine Annahme, die auf alle Psychotherapien ungeachtet ihrer theoretischen Ausrichtung zutrifft. Entscheidend dabei ist die Frage, wie dieser Prozeß abläuft und wie er am effektivsten zum Wohle des Klienten gestaltet werden kann.

Von TRUAX und CARKHUFF (1967) ist in diesem Zusammenhang ein interessanter Gesichtspunkt erwähnt worden: „Wenn Psychotherapie oder Counseling tatsächlich ein Prozeß des Lernens und Wiedererlernens ist, dann sollte dieser therapeutische Prozeß eine Strukturierung der Lerninhalte erlauben und nicht von zufälligen Lernprozessen abhängen, bei denen der Klient von Anfang an nicht genau weiß, was er eigentlich lernen soll" (S. 363). Was mit dieser Anmerkung gemeint ist, dürfte ziemlich klar sein. Ungeachtet der zugrundeliegenden Konzeptualisierung des psychotherapeutischen Prozesses dürften an allen stattfindenden Veränderungen irgendwelche Lernprozesse beteiligt sein. Es ist nicht nötig, die Art des Lernprozesses durch einen speziellen Lerntheoretiker beschreiben zu lassen, denn es dürfte nur sehr schwer abzustreiten sein, daß irgendeine Form des Lernens stattfindet. Und wenn dem so ist, dann sollte der Therapeut über diesen Prozeß Bescheid wissen und so damit umgehen, daß Lernen so effizient wie nur möglich erfolgen kann.

Strukturierung von Lernprozessen statt Zufälligkeit

Daraus läßt sich sicherlich folgern, daß zuallererst der Therapeut sich seines potentiellen Einflusses auf den Klienten und auf welche Weise er das Verhalten der jeweiligen Klienten beeinflußt, bewußt sein muß. Wie schon gesagt, beeinflußt er den Klienten in vielfacher Hinsicht. Er informiert den Klienten nicht nur direkt darüber, was er von ihm erwartet und weist ihn darauf hin, welches Verhalten er von ihm vor allem in der Therapie erwartet, sondern nimmt auch auf dessen Verhalten während der Therapie durch die Art und Weise Einfluß, wie er auf dessen Verhalten reagiert. Wünschenswertes Verhalten wird vom Therapeuten bekräftigt bzw. belohnt, während unerwünschte Responses des Klienten auf irgendeine Art bestraft bzw. ignoriert werden. Durch Kopfnicken oder Lächeln kann der Therapeut Billigung unauffällig zum Ausdruck bringen, er kann aber

Vielfache Einflußnahmen des Therapeuten auf den Klienten

auch deutlichere verbale Statements und Lob einsetzen. Ähnlich kann Responses, die man für den Therapiefortschritt als hinderlich einschätzt, durch Stirnrunzeln, sorgenvollen Gesichtsausdruck oder durch explizite verbale Mißbilligung begegnet werden.

Therapeut = Verstärkungs-Stimulus

Es ist unbestreitbar, daß sich der Therapeut auf solche Verhaltensweisen einläßt und für den Klienten ein Verstärkungs-Stimulus ist. Zwar reagieren die verschiedenen Klienten in der Kommunikation mit dem Therapeuten unterschiedlich, in den meisten Fällen jedoch sind sie für solche Stimuli sehr empfänglich. Der Therapeut befindet sich nicht nur aus den bereits erwähnten Gründen in einer sehr einflußreichen Position, sondern der Klient sieht seinen Therapiefortschritt in starker Abhängigkeit vom Therapeuten und wie dieser auf ihn reagiert. Unter diesen Umständen ist es verständlich, daß der Klient auf die verschiedenen Bekräftigungen des Therapeuten gut anspricht.

Ressentiments gegen bewußten Einsatz von Verstärkungsprinzipien

Der Therapeut sollte sich folglich nicht nur über seine Rolle und seine Beeinflussung des Klienten mittels Verstärkung im Klaren sein, sondern es wäre wünschenswert, wenn er sein Wissen dafür einsetzen würde, daß die von der Psychotherapie erhofften Änderungen dadurch auch leichter erreicht werden. Wenn diese Annahme gerechtfertigt ist, dann mutet es einen seltsam an, daß mit Ausnahme der lerntheoretisch orientierten Therapeuten so viele Therapeuten demgegenüber dermaßen distanziert sind. Der Hauptgrund hierfür mag vielleicht sein, daß eine solche Position die bewußte und vorsätzliche Manipulation des Klienten impliziert, die von vielen humanistisch orientierten Therapeuten nahezu verflucht wird. Dennoch ist dies als ein Versagen in der Auseinandersetzung mit einem nicht wegzuleugnenden Vorgang in der Psychotherapie zu sehen, zumal mit einem, der einige behaviorale Prozesse, die damit verbunden sind, verständlich macht.

Implikationen und Anwendungsmöglichkeiten

Die Art des hier dargestellten Phänomens bzw. Problems hat wichtige Implikationen für andere Aspekte der Psychotherapie. Da sich jedoch Psychotherapeuten fest an ihre einmal gewonnenen Überzeugungen klammern, ist mit deren Änderung keine leichte Aufgabe verbunden. Trotz der Tatsache, daß einige der möglichen Implikationen bzw. Anwendungsmöglichkeiten von verschiedenen Therapeuten mit offensichtlichem Erfolg in die Praxis umgesetzt werden, fällt ihre Beurteilung sogar ziemlich negativ aus. Eine dieser vielversprechenden Anwendungsformen besteht in der direkteren Methode bei dem Versuch, das Verhalten des Klienten zum positiven zu verändern, indem man sich statt auf Verhaltensweisen im Rahmen der Therapie stärker auf Alltagssituationen konzentriert, in denen dieses Verhalten sich zeigt.

Konzentration auf Alltagsverhalten

Auch hier wird von Therapeuten, die sich sehr traditionellen Psychotherapien verpflichtet fühlen, eine sehr unterschiedliche Position vertreten. Traditionellere Methoden gehen bei der Verhaltensmodifikation indirekt vor (indirekte Methode). Dahinter verbirgt sich die Überzeugung, daß man mit allgemeineren, grundlegenden Variablen wie beispielsweise der Persönlichkeit des Klienten und den zugrundeliegenden Ursachen arbeitet und dabei am erfolgreichsten zu behavioralen bzw. symptombezogenen Änderungen des Verhaltens gelangt. Die Position der Verhaltenstherapeuten hingegen ist die, daß man am ehesten zu Verhaltensänderungen kommt, wenn man das fragliche Verhalten direkt zu ändern versucht. Eine Sichtweise, die die Anwendung von Lernprinzipien beinhaltet, steht letztgenannter Position augenscheinlich viel näher, wenngleich beide nicht unbedingt identisch sein müssen. Zum Verständnis sei folgendes Beispiel angeführt.

Beispiel einer indirekten Methode

Wir wollen dabei von einem Klienten ausgehen, der in die Praxis kommt, weil er in sozialen Situationen extrem schüchtern ist und sich dabei besonders unwohl fühlt, wenn es sich um Personen des anderen Geschlechts handelt. Wir könnten annehmen, daß diese Symptome auf frühere traumatische Erfahrungen sich zurückführen lassen; demzufolge würde die Therapie auf Explorationen und Assoziationen mit zurückliegenden und verdrängten Ereignissen sowie einem allmählichen Einsichtslernen aufbauen. Geht man von einer anderen Orientierung aus – für den Therapeuten ist dabei Empathie, Echtheit und nonpossessive Wärme kennzeichnend –, wird der Klient nach und nach sein Blickfeld erweitern, sich ein Bild von sich selbst machen und seine Erfahrungen mit seinem neuen Selbstkonzept in Übereinstimmung bringen. In beiden Fällen werden das Störungsverhalten und das erwünschte Verhalten indirekt angegangen, wobei man annimmt, daß sich durch diesen Vorgang das erwünschte Ergebnis erreichen läßt.

Beispiel einer direkten Methode

Bei Anwendung einer direkteren Methode hingegen wird den Situationen, in denen das unerwünschte Verhalten auftritt, den auslösenden Stimuli, den Kognitionen und Emotionen des Klienten und wie er auf diese Stimuli reagiert u.a.m. mehr Beachtung geschenkt. Es kann danach ein Therapieplan entwickelt werden, dementsprechend der Klient einige dieser Situationen zuerst in der Therapie durchspielt, und dann aber dazu angeregt wird, sich allmählich auch in entsprechende Alltagssituationen zu begeben. Er wird sich zuerst vielleicht nur trauen, kurze Zeit und in relativ überschaubaren Situationen mit Frauen ein Gespräch oder einen kleinen Plausch zu führen. Wenn er bei diesen ersten Gehversuchen positiv bekräftigt wird und sich allmählich immer sicherer fühlt, kann er schließlich dazu angehalten werden, sich in schwierigere und anfangs stark angstbesetzte Situationen zu begeben. Verlaufen auch diese Versuche erfolgreich, kann er sich eventuell schon bald trauen, sich mit einer Frau zu einem Rendezvous zu verabreden, dabei ganz zwanglos sich verhalten und „normaler" und persönlich befriedigender interagieren. Zwar wird er mit dem Therapeuten auch anderweitig interagieren, doch könnte das eben beschriebene Verfahren im Therapieprogramm eine sehr große Bedeutung erlangen und sich sehr stark auf das spezielle Problem und die durch die Therapie intendierte Verhaltensänderung konzentrieren. Wenngleich es nicht immer so reibungslos und einfach wie im eben skizzierten Falle vorangehen mag, steht eindeutig eine direkte Herangehensweise an das zu modifizierende Verhalten im Vordergrund. Unsere Aufmerksamkeit wird dabei noch auf einen weiteren, potentiell wichtigen Punkt gelenkt, nämlich auf die Betonung von wirklichen Alltagssituationen des Klienten: Es wird ihnen eine nachhaltigerer Einfluß bzw. Übertragungseffekt zugeschrieben, als dies bei ausschließlichem

Bezug auf verbales Verhalten im Rahmen der Therapiesituation der Fall wäre.

Bevor wir unsere Diskussion über wichtige, aber kontrovers eingeschätzte Charakteristika der Psychotherapie abschließen, wollen wir in diesem Zusammenhang noch einige zusätzliche Anmerkungen machen. Einmal geht es dabei schwerpunktmäßig um den Gegensatz zwischen ganzheitlich-segmentiert (organismic-segmental) bzw. „part-whole". Wie schon aufgezeigt, geht man in den traditionellen und indirekteren Methoden davon aus, daß man sich mit dem Individuum als Ganzes befassen muß bzw. daß es darum geht, ein ganz bestimmtes dynamisches Strukturgleichgewicht zu verändern, damit spezifische Komponenten, Untereinheiten, Symptome oder Verhaltensweisen wesentlich oder dauerhaft modifiziert werden können. Im Vordergrund steht das Ganze, und man gelangt hierüber zu den Teilen. Dagegen befaßt sich die direktere oder lerntheoretisch orientierte Methode stärker mit einem Teil oder Segment, Symptom oder Verhalten des Individuums, wobei versucht wird, dieses direkt zu modifizieren. Wenn auch die Verhaltenstherapeuten im allgemeinen vor allem am eigentlichen Problem bzw. am erwünschten Verhalten interessiert sind, nehmen sie häufig auch Bewertungen des subjektiven Zustands bzw. der Einstellungen ihrer Klienten vor. Anhand solcher Daten konnte gezeigt werden, daß mit dem Erreichen des Zielverhaltens zusätzliche positive Effekte sich einstellen (BANDURA, 1969). Wenn zum Beispiel jemand Angst davor hat, das Haus zu verlassen, werden sowohl sein ganzer Lebensstil als auch sein Selbstbild ernsthaft gestört. Sobald die Phobie überwunden ist, können sich bei der betreffenden Person auch noch andere Veränderungen einstellen, wie zum Beispiel ein erhöhtes Selbstvertrauen oder bessere Beziehungen zum Partner und zur Familie. Die auf ein spezifisches Verhalten oder einen besonderen Aspekt eines Individuums ausgerichtete Therapie scheint in diesem Fall einen weitergehenden Effekt nach sich zu ziehen, der die gesamte Persönlichkeit betreffen und beeinflussen kann.

Gegensatz „organismic-segmental" bzw. „part-whole"

Eine Entscheidung darüber, welche dieser beiden gegensätzlichen Positionen mehr Wahrheit enthält, dürfte kaum jemand fällen können. Ich beabsichtige deshalb nur, einen sehr grundsätzlichen Unterschied zwischen zwei bedeutenden Positionen in der Psychotherapie offenzulegen. Bei meiner persönlichen Urteilsbildung habe ich mich allerdings weitgehend von den empirischen Daten leiten lassen, die sich zur Stützung jeder dieser Positionen finden lassen, sowie von der Gesamtökonomie der Therapie. In dieser Hinsicht dürfte die verhaltensorientierte Position im Vorteil sein. Dennoch müssen wir unbedingt darauf hinweisen, daß vor Erstellung eines Behandlungsplans und Durchführung der Therapie eine gründliche Analyse der Klientenprobleme durchzuführen ist.

Grundsätzliche Unterschiede zwischen Therapiepositionen

Einschätzung des Therapeuten

Ein weiterer, ziemlich wichtiger Gesichtspunkt betrifft die persönliche Einschätzung und Zufriedenheit des Therapeuten hinsichtlich der Therapie, die er durchführt. Dabei ist anzumerken, daß viele Therapeuten übermäßig direktiven Verhaltensanweisungen in der Therapie ablehnend gegenüberstehen und glauben, daß Änderungen fast ausschließlich auf Initiative des Klienten zustandekommen. In bezug auf die Rolle des

Therapeuten im Falle von sehr verhaltens- oder lerntheoretisch orientierten Therapien haben sich außerdem einige psychodynamisch orientierte Therapeuten mir gegenüber geäußert, daß hinter verhaltensorientierten Methoden eine mechanistische Sichtweise von Therapie stehe, die ihnen nicht gefalle und die anstelle von hochqualifizierten Psychotherapeuten genauso von technisch versierten Fachleuten durchgeführt werden könnte. Vielleicht stimmt das sogar, aber es geht doch in Wirklichkeit darum, welche Techniken zur Erreichung des erwünschten Verhaltens am effektivsten sind. Kann dieses Ziel auch mit entsprechend trainierten Technikern erreicht werden, dann sollte man dies in Erwägung ziehen. Es scheint mir jedoch so zu sein, daß eine nicht geringe Zahl von Therapeuten eine Behandlungsmethode wählt, die auf sie persönlich anregend und herausfordernd wirkt. Zwar wird dieser Tatbestand oft durch die Aussage rationalisiert, jeder müsse sich die Therapieform aussuchen, die seinem persönlichen Stil am ehesten entspricht, dabei verlagert sich aber das Hauptinteresse vom Wohl des Klienten auf das des Therapeuten. Die persönliche Befriedigung des Therapeuten durch seine Therapie ist durchaus in Erwägung zu ziehen, sollte jedoch nicht zu stark im Mittelpunkt stehen.

Mechanistische Sichtweise der Verhaltenstherapeuten?

Persönliche Präferenzen bei der Wahl von Methoden

Aus all dem, was wir bisher aufgezählt haben, ist jedenfalls deutlich geworden, daß der Therapeut auf das Verhalten des Klienten beträchtlichen Einfluß ausübt, und je nachdem, wie er während der Therapie reagiert und interagiert, kann er bestimmte Verhaltensweisen des Klienten bekräftigen. Da dieser Vorgang in jeder Therapie abläuft, sollte der Therapeut dieses Wissen so nachdrücklich wie nur möglich zur Erreichung der Therapieziele verwenden.

Desensibilisierung

Eine weitere Therapievariable ist die Desensibilisierung. Dieses Konzept wurde zwar von Joseph WOLPE (1958, 1961) vor noch nicht allzu langer Zeit erst systematisch berücksichtigt und ausformuliert, erfuhr aber auch schon in früheren Diskussionen über Psychotherapie Beachtung (GARFIELD, 1957; LEVINE, 1948; ROSENZWEIG, 1936). Worauf im Grunde genommen hier nur hingewiesen werden soll, ist die Tatsache, daß einem Klienten bei wiederholten Diskussionen über seine belastenden Probleme, wie dies über einen längeren Zeitraum in der geschützten Atmosphäre der therapeutischen Sitzungen der Fall ist, diese weniger bedrohlich und beunruhigend erscheinen. Es ist so, als wenn irgendetwas auf einem schwer lastet und man damit verbundene Fragen nicht hochkommen und überprüfen läßt; die ständige Beschäftigung damit belastet einen immer mehr, wobei es sein kann, daß die betroffene Person die Bedeutung des Ganzen auch noch überschätzt. Im Gegensatz zu den im Zusammenhang mit Katharsis besprochenen Problemkategorien geht es hier primär um Befangenheiten, um zu fällende Entscheidungen, um das Unvermögen, seinem eigenen Selbstbild zu entsprechen etc. Während in dieser Hinsicht

Prinzip der Durchführung

die spezifischen ursächlichen Faktoren oder Probleme des Klienten nicht sehr klar spezifiziert werden können, ist der Prozeß der Desensibilisierung im Rahmen einer Psychotherapie etwas klarer.

Erläuterung des Desensibilisierungsvorgangs

Wenn der Klient über seine Probleme, die ihn gestört haben, zu sprechen beginnt, scheinen sie allmählich ihre angstauslösende Qualität zu verlieren. Indem man Probleme bloßlegt und sie dann noch einmal betrachtet, erscheinen besorgniserregende Erlebnisse nicht mehr so bedrückend wie vorher noch. Zur Erklärung dieser Entwicklung kann man auf verschiedene Hypothesen zurückgreifen. Eine davon lautet, daß solche Gedanken und Voreingenommenheiten durch bloße Teilhabe des Therapeuten nicht mehr so personalisiert sind und deswegen weniger Ängste hervorrufen. Oder – so eine zweite Hypothese – die betroffene Person wird dadurch, daß sie die Punkte mitteilen muß, die sie stören, zu mehr Objektivität und Realitätssinn bei der Beurteilung ihrer Situation veranlaßt. Personalisierte Störungen und Überzeichnungen werden ziemlich schnell begriffen und lassen sich mit Hilfe des Therapeuten auf diese Weise danach näher bestimmen. Außerdem macht die ständige Wiederholung dieses Materials in der therapeutischen Situation, ohne dabei negative Reaktionen auf solche Enthüllungen befürchten zu müssen, die Störung weniger bedrohlich, als der Klient sie zuvor wahrgenommen hat. In der Sprache der Lerntheoretiker könnte man diesen Sachverhalt so ausdrücken, daß die Ängste des Klienten wegen dieser Angelegenheiten nach und nach ausgelöscht werden, wenn er in der Geschütztheit der therapeutischen Situation und ohne negative Konsequenzen darüber sprechen kann. Zu diesem Prozeß der Desensibilisierung kann auch noch beitragen, daß der Therapeut die Enthüllungen des Klienten ohne ersichtliche Überraschung und Besorgnis zur Kenntnis nimmt.

Löschung von Ängsten

Die wiederholte Diskussion des Materials, was für den Klienten am Anfang noch angstauslösend bzw. störend erfahren wird, kann dann seinen angstauslösenden Charakter verlieren. Ob sich dieser Prozeß als eine im Laufe der Zeit erfolgende, allmähliche Extinktion erweist oder noch andere Entwicklungen daran beteiligt sind, ist keineswegs geklärt. Bei ziemlich vielen Klienten spielt sich jedenfalls etwas ab, das Ähnlichkeit mit Desensibilisierung besitzt. Wie bei so vielen potentiellen Variablen, die in der Psychotherapie wirksam sind, braucht sie nicht immer und in allen Fällen von größter Bedeutung zu sein. Sie sollte allerdings von den Psychotherapeuten zur Kenntnis genommen werden, da im Rahmen der therapeutischen Beziehung die gebräuchlichen verbalen Interaktionen den Ablauf dieses Prozesses ermöglichen.

Allmähliche Extinktion

In letzter Zeit hat die Desensibilisierung als Folge der von Wolpe (1958, 1961, 1973) entwickelten Fassung, die die reziproke Hemmung und die systematische Desensibilisierung zum Gegenstand hat, mehr Beachtung erhalten. Im Sinne von Wolpe läßt sich das, was wir bereits als Desensibilisierungsprozeß beschrieben haben, als unsystematische Desensibilisierung charakterisieren. Nach Wolpe muß man sich zur Zerstreuung von Angst einen damit konkurrierenden Prozeß zunutze machen – einen zur Angst antagonistischen Prozeß. In diesem Sinne kann eine Person nicht

Reziproke Hemmung

ängstlich sein, wenn sie entspannt ist. WOLPE verwendete deshalb als Teil seiner therapeutischen Strategie auch Entspannungsmethoden, wenngleich andere gegenkonditionierende bzw. angsthemmende Verfahren ebenfalls mit einem gewissen Maß an Erfolg eingesetzt worden sind.

Während der Ausarbeitung des therapeutischen Gesamtansatzes entwickelte WOLPE auch ein Verfahren, das er „systematische Desensibilisierung" nannte und bis heute in der Regel mit seinem Namen in Verbindung gebracht wird. Das Hauptziel dieses Verfahrens liegt darin, den Klienten gegenüber seinen Ängsten oder Befürchtungen, die ihn gequält haben, zu sensibilisieren. Dabei erhält der Klient zuerst etwas Training in Entspannungsmethoden, damit er eine Reaktion sich aneignen lernt, die Angstgefühle „reziprok hemmen" kann. Dann stellen Therapeut und Klient gemeinsam eine Liste angstauslösender Reize auf. Der Klient wird dann gebeten, diese verschiedenen Situationen auf einer gedachten Skala von 0 bis 100 entsprechend ihrer angstauslösenden Bedeutung anzuordnen. Auf diese Weise entsteht eine Hierarchie von am wenigsten störenden bis zu am stärksten angstauslösenden Situationen. Sobald sich der Klient entspannt hat, fordert ihn der Therapeut auf, sich zuerst diejenige Situation oder Handlung vorzustellen, die in der Hierarchie an unterster Stelle steht. Kann sich der Klient diese Situation vorstellen, ohne daß Angst aufkommt, macht der Therapeut das gleiche mit dem nächst höheren Item in der Hierarchie und so weiter. Signalisiert der Klient bei Vergegenwärtigung eines spezifischen Items Angst, soll er sich diese Situation nicht mehr weiter vorstellen und wieder entspannen. Das Verfahren wird solange wiederholt, bis der Klient in der Hierarchie allmählich höher kommt und sich ohne übermäßige Angst ehemals sehr beunruhigende Situationen vorstellen kann. Auf diese Weise ist er gegenüber den Stimuli, die früher starke Ängste hervorgerufen haben, „unempfindlich" geworden.

Angsthierarchie

Dieses Verfahren ist einerseits von den üblichen psychotherapeutischen Sitzungen, auf die wir in der vorhergehenden Diskussion der Desensibilisierung Bezug genommen haben, ziemlich verschieden, es kann aber auch ein ziemlich ähnlicher Prozeß dahinter stehen. WOLPES Konzept ist offensichtlich stärker fokussiert und betont auch expliziter den Desensibilisierungsprozeß. Die meisten übrigen Therapeuten haben darauf relativ wenig Gewicht gelegt bzw. geachtet. WOLPES theoretischer Ansatz ist zwar häufig kritisiert worden, die empirisch gewonnenen Resultate mittels systematischer Desensibilisierung sind allerdings relativ gut ausgefallen und demonstrieren vielleicht am deutlichsten den Desensibilisierungsprozeß (BANDURA, 1969; DAVISON/WILSON, 1973). Die systematische Desensibilisierung kann ein sehr nützliches Verfahren sein, wenn es sich bei den grundlegenden Beschwerden um Phobien oder ähnliche Symptome handelt. Sind die Beschwerden weniger fokalisiert, braucht ein solch direktes Verfahren nicht notwendig zu sein, und Desensibilisierung kann zusammen mit anderen Therapieaspekten stattfinden.

Gute Erfolge bei Phobien

Entspannung

In Zusammenhang mit systematischer Desensibilisierung haben wir im letzten Abschnitt auch die Entspannung (relaxation) erwähnt. An dieser Stelle soll nun noch etwas ausführlicher darüber gesprochen werden.

Reduktion von Angst

Entspannung ist von Zeit zu Zeit in der Psychologiegeschichte als Mittel angeführt worden, das Anspannung und Angst vermindert. Relativ früh schon schenkte man ihr in Zusammenhang mit Hypnose und der Anwendung von Hypnosetechniken in der Therapie Aufmerksamkeit. Vor etwa 50 Jahren wurde auf Entspannung in den Arbeiten von JACOBSON (1929) eingegangen, der Verfahren der progressiven Relaxation entwickelte. Dann adaptierte WOLPE (1958) einige der Verfahren JACOBSONS bei der Entwicklung seiner Techniken der systematischen Desensibilisierung und maß der Entspannung viel mehr Gewicht in der Psychotherapie bei. Wie wir alle wissen, werden in einer großen Anzahl von Alltagssituationen, inklusive denen im Rahmen einer Psychotherapie, Versuche unternommen, die Entspannung zur Beruhigung zu verwenden.

Progressive Relaxation

Die meisten Therapeuten haben tendenziell die Relaxation und ähnliche Verfahren als sehr oberflächliche oder nur vorübergehend beruhigende Therapiemaßnahmen betrachtet, wobei Relaxationsverfahren in WOLPES Therapie nur eine Komponente darstellen. Kürzlich jedoch wurde von einer vielversprechenden Möglichkeit berichtet, Entspannung als Coping-Verfahren in der Therapie zu verwenden (GOLDFRIED, 1971; GOLDFRIED/TRIER, 1974).

Entspannung und Coping-Verfahren

GOLDFRIED bringt seinen Klienten bei, Entspannung zur Überwindung von Anspannung und angstauslösenden Situationen einzusetzen. Anstelle von Entspannungsmethoden, die vom Klienten gelernt werden müssen, damit er innerhalb einer Hierarchie angstbesetzter Situationen Fortschritte machen kann, wird der Klient dazu angehalten, Entspannungsmethoden außerhalb der Therapiesituation einzusetzen, sobald er mit angstauslösenden Alltagsereignissen konfrontiert wird. Der Klient wird somit mit einer praktischen Hilfe versorgt, um mit zukünftigen Situationen fertig zu werden – und nicht nur mit den Ausgangsproblemen, wie sie sich in der Therapie stellen und dort durchgearbeitet werden. Hier scheint eine sehr vielversprechende Methode vorzuliegen, die weitere Beachtung und Untersuchung verdient, da sie dem Klienten eine Methode zur Hand gibt, zukünftigen Problemen entgegenzutreten und außerdem nicht allzu schwer zu erlernen ist. Diese Methode scheint bis zu dem Grad, wie sie das Selbstvertrauen des Klienten stärkt und ihm ermöglicht, sich in mehr Situationen freier zu bewegen, auch viele Selbstbekräftigungseigenschaften zu besitzen. Therapiemethoden und -erfahrungen, die der Klient auch nach der Therapie im Alltagsleben anwenden kann und die ihm in der nachfolgenden Entwicklung hilfreich sind, dürften möglicherweise äußerst nützlich sein (GOLDFRIED/DAVISON, 1976).

Entspannung im Alltag

Informationsvermittlung

Viele Klienten, die um psychotherapeutische Hilfe ersuchen, sind unter anderem kaum oder schlecht über eine ganze Reihe von Problemen informiert, die für ihr Alltagsleben von einiger Bedeutung sind. In vielen Fällen kann die Vermittlung von korrekten Informationen in der Therapie von beträchtlichem Wert sein. Aus verschiedenen Gründen jedoch wurde in der Psychotherapie der Vermittlung von Information nicht viel Beachtung geschenkt bzw. nicht viel Bedeutung zugeschrieben. Es scheint, daß viele psychodynamisch orientierte Therapeuten in Wirklichkeit sogar mit Mißbilligung eine solche Aktivität betrachten und im allgemeinen sie zu vermeiden suchen. Der Therapeut befände sich dadurch wieder in einer nonevokativen bzw. lenkenden Rolle, die anscheinend viele von ihnen vermeiden wollen. Manchmal liegt der Grund auch darin, daß manche Psychotherapeuten solche Aktivitäten wie beispielsweise die Vermittlung von Information, das Offerieren von Vorschlägen oder sogar die Beantwortung von Fragen des Klienten so auffassen, als handle es sich dabei um eine stützende Psychotherapie. Viele von ihnen wollen lieber eine evokative oder freilegende Psychotherapie durchführen, die sie höher und erstrebenswerter einstufen. Bei dieser Therapieform liegt das Schwergewicht auf den Selbstexplorationen des Klienten und seinen eigenen Lösungsversuchen und weniger darauf, daß ihn der Therapeut mit Antworten versorgt. Ein Therapeutenverhalten, das dieser Ansicht entsprechend gerade gegenteilige Verhaltensmuster des Klienten bekräftigt und den Therapeuten eine stützende oder direktive Rolle spielen läßt, wird nicht gewünscht. Es stimmt natürlich, daß dann, wenn der Therapeut bei der Strukturierung der Situation mithilft, der Klient Fragen stellt und der Therapeut antwortet, der Klient auch annehmen wird, daß so eine Therapie abläuft und andere Prozeßabläufe im wesentlichen abgehalten werden. Dennoch kann der Therapeut eine positive Entwicklung erleichtern, wenn er korrekte Informationen vermittelt, sobald eine begründete Frage gestellt wird oder der Klient sehr stark unter falschen Informationen zu leiden hat. Dies trifft insbesondere bei Problemen zu, die Ängste und Schuldgefühle hervorrufen, wie zum Beispiel bei sexuellen Aktivitäten und im Falle von ablehnenden Gefühlen gegenüber den Eltern. Wenn der Klient zu einem Thema einen großen Informationsmangel aufweist und dieses Thema für seine Probleme bedeutsam ist, dann wird ihn keine aufdeckende Therapie mit den notwendigen Informationen versorgen können.

Informationsvermittlung – eine stützende Therapie?

Selbstexploration

Wie auch bei anderen Fragen der Psychotherapie hängt es vom Klienten und seinem spezifischen Problem ab, wann und unter welchen Umständen die Vermittlung von Informationen therapeutisch sinnvoll sein kann. Sie sollten sich auf die Probleme des Klienten beziehen und nicht bloß Gegenstand der Konversation oder eine Antwort auf die Frage nach allgemeinen Informationen sein. Der Therapeut muß sich darüber im Klaren sein, was Informationen über seine Therapeutenrolle und die therapeutische Beziehung generell bedeuten. Er sollte nicht zu viel sagen und auch nicht ein Informationsangebot strikt vermeiden, wenn es

Wann ist Informationsvermittlung sinnvoll?

tatsächlich sinnvoll sein kann. Manche Klienten sind überraschenderweise so falsch informiert, beispielsweise über Probleme der Masturbation, daß genaue Informationen, in sachgemäßer Form vermittelt, sehr erleichternd wirken und sehr stark Schuldgefühle abbauen können.

Beruhigung und Unterstützung

Charakteristisch für die Psychotherapie ist weiterhin die Beruhigung (reassurance) und Unterstützung (support), die der Therapeut dem Klienten im Therapieverlauf geben kann. Diese Aspekte der Psychotherapie sind genauso wie einige der bereits angesprochenen Fragen je nach Therapieorientierung von den Therapeuten unterschiedlich betrachtet und beurteilt worden.

Unterschiedlicher Stellenwert je nach Therapieansatz

Beruhigung ist eine häufig beobachtbare menschliche Reaktion gegenüber Personen, die Sorgen haben oder beunruhigt sind. Als solche ist sie nicht nur in der Psychotherapie anzutreffen, sondern wird in Form von Unterstützungsversuchen von Freunden, Eltern und in vielen anderen Berufen gewährt. Ihr Platz in der Psychotherapie jedoch ist etwas strittig. Von manchen ist ihr zwar eine Rolle zugeteilt worden, die mit „stützender" Psychotherapie umschrieben worden ist (ENELOW, 1977; THORNE, 1950; WOLBERG, 1954). Psychoanalytisch orientierte Therapeuten hingegen haben in der Regel dazu tendiert, sie als oberflächlichen Zugang zur Psychotherapie aufzufassen. In dem Maße, wie Beruhigung als eine Aktivität betrachtet wird, die die Akzeptanz einer Situation fördert und somit weitere Selbstexploration umgeht, kann sie als gegensätzlich zur aufdeckenden Psychotherapieform und aus diesem Grunde auch als oberflächlich eingeschätzt werden. Auch klientenzentrierte Therapeuten stehen ihr tendenziell abwehrend gegenüber, da sie gewöhnlich als direktive Psychotherapieform beurteilt wird. Beruhigung wird allerdings auch als Therapieaspekt, der in den meisten Therapieformen eine Bedeutung hat, anerkannt (ENELOW, 1977; WOLBERG, 1954).

Welche Therapiesituation wirkt beunruhigend?

In der therapeutischen Situation kann sich Beruhigung in unterschiedlicher Weise einstellen. Für viele Klienten kann es schon ziemlich beruhigend wirken, wenn sie einen Therapeuten aufsuchen, der ihre Probleme als nichts Ungewöhnliches und als lösbar auffaßt. Dementsprechend kann das Auftreten des Therapeuten, die Art der Interviewdurchführung, auf einige Klienten beruhigend und unterstützend wirken. Diese Wirkung ist kennzeichnend für viele psychotherapeutische Methoden. Das heißt also, daß Auftreten und Kommunikationsstil des Therapeuten als Beruhigung erfahren werden können, ohne daß er eine solche Intention ausdrücklich damit verbindet. Wir sollten uns dieses potentiellen Einflusses immer bewußt sein und Beruhigung nicht nur unter dem Blickwinkel einer absichtsvollen oder superfiziellen Vorgehensweise des Therapeuten betrachten.

Der bewußte Einsatz von Beruhigung durch den Therapeuten kann davon unabhängig bewertet werden. Beruhigung dürfte keine allzu wirkungsvolle Therapietechnik sein, kann allerdings in bestimmten Fällen und bei bestimmten Klienten von einigem Nutzen sein. Macht sich der Klient aufgrund von fehlenden oder falschen Informationen Sorgen über ein gegenwärtiges Problem, dann kann sich Beruhigung zusammen mit der Vermittlung notwendiger Information als hilfreich erweisen. Dies trifft auch für den Fall zu, daß der Klient für eine bevorstehende Aktion eine negative Konsequenz antizipiert und dabei der Aktion viel zu starke Bedeutung beimißt. Die Beruhigung durch den Therapeuten, ein klareres Verständnis des tatsächlichen Stellenwerts und der tatsächliche Eintritt des Ereignisses ohne jegliche böse Folgen können dann ausreichen, mit der Problemsituation fertig zu werden.

Keine sehr wirkungsvolle Technik

Sind solche Probleme jedoch komplexer, dann wird man in der Regel keine positiven Ergebnisse erzielen, wenn man sich auf die Beruhigung verläßt. Hat ein Klient eine schon lange währende Angst oder Sorge in einer besonderen Angelegenheit und ist er in der Vergangenheit schon von vielen anderen Personen beruhigt worden, wird eine nun auch noch vom Therapeuten angebotene Beruhigung sehr wahrscheinlich erfolglos sein. Auch aus diesem Grunde ist für viele Therapeuten Beruhigung keine positive Therapietechnik. Sorgt man für Beruhigung und ist dies nicht angebracht, ist die Methode wertlos und kann sogar das Vertrauen des Klienten in den Therapeuten untergraben. Wie jedes andere Verfahren auch muß es wohlüberlegt eingesetzt werden.

Bei komplexen Problemen geringe Erfolge

Zusammen mit anderen Momenten der Psychotherapie kann die vom Therapeuten oder von der therapeutischen Situation ausgehende Beruhigung beim Klienten, der bei seinen persönlichen Problemen Hilfe erwartet, in beträchtlicher Weise sehr unterstützend empfunden werden. Die Tatsache, daß einem jemand möglicherweise helfen kann, ruft eine hoffnungsvolle Haltung und Erwartung auf Unterstützung hervor. Der Klient kann sich nun jemandem zuwenden und ist nicht allein, wenn er mit seinen Problemen fertig zu werden versucht. Der Klient kann somit im Therapeuten eine Quelle des Beistands sehen.

In Kombination mit anderen Methoden sinnvoll

Erwartung als therapeutische Variable

Über die Erwartungshaltung des Klienten haben wir bereits im Kapitel über Klientenvariablen diskutiert, weshalb wir an dieser Stelle, im Zusammenhang mit Therapievariablen, darauf nur ganz kurz eingehen.

Wir gehen jetzt davon aus, daß die Erwartungen des Klienten sowohl zu Beginn als auch in den ersten Therapiephasen das Therapieergebnis beeinflussen können. Folglich muß sich der Therapeut nicht nur über die Erwartungen des Klienten im Klaren sein, sondern er sollte auch versuchen, positive und realistische Erwartungen bei jeder sich bietenden Gelegenheit aufzubauen. Unter sonst gleichen Bedingungen – die allerdings wahrscheinlich nie gegeben sein dürften – kann derjenige Klient, der eine ziemlich positive Einstellung und Erwartung gegenüber der Therapie hat, in der Therapie besser vorwärtskommen als jemand, der eine

Ziel: Aufbau von realistischen Erwartungen

übertrieben und unrealistisch positive Erwartung hat oder jemand mit einer sehr negativen Erwartung hinsichtlich einer Hilfestellung. Eine positive Erwartungshaltung scheint mir dafür zu sorgen, daß sich für den Therapeuten mehr Möglichkeiten zur Bekräftigung des Klienten ergeben.

Modell-Lernen

Das Modell-Lernen (modeling) ist eine weitere Variable, die erst vor kurzem verstärkte Aufmerksamkeit erfahren hat. Insbesondere durch die Arbeiten von BANDURA (1969, 1971), ROSENTHAL/BANDURA (1978) ist das Modell-Lernen zu einer wichtigen, für eine Vielzahl von Verhaltensstörungen vielversprechenden Methode geworden.

Die der Verwendung in der Therapie zugrundeliegende Prämisse ist, daß es im Vergleich zu bloß verbalen Mitteln Änderungen stärker erleichtern kann. Die jeweils angestrebten Verhaltensweisen können dem Klienten vorgeführt werden. Auf diese Weise wird das, was der Klient lernen soll, nicht nur verbal erklärt, sondern eindeutig demonstriert.

Demonstration des Zielverhaltens

Auch in den traditionelleren, verbal orientierten Therapieformen kann der Therapeut dem Klienten als Modell dienen, und der Klient kann versuchen, einige seiner charakteristischen Reaktionsweisen zu imitieren. Auch kann der Klient durch die theoretische Orientierung und das Wertesystem des Therapeuten beeinflußt werden. Das ist vor allem dann wahrscheinlich, wenn der Klient auf den Therapeuten sehr positiv anspricht und es ihm folglich in mancherlei Hinsicht sowieso gleichtun möchte. Allerdings handelt es sich bei einer verbal ausgerichteten Psychotherapie nicht um ein planvolles oder explizites Vorgehen seitens des Therapeuten, und der Therapeut macht keine gezielten Anstrengungen, dem Klienten bestimmte Verhaltensweisen vorzumachen. Modell-Lernen läuft in solchen Fällen indirekt bzw. zufällig ab.

Zufälliges Modell-Lernen bei traditionellen Therapien

Im verhaltensorientierten Ansatz des Modell-Lernens hingegen wird dieses Vorgehen geplant, und der Therapeut wählt bestimmte Verhaltensweisen vorher aus, die er dann dem Klienten demonstriert. Dabei kann zum einen der Therapeut das Modell sein, es können aber auch andere Personen diese Rolle spielen. Manchmal können auch Filme gedreht und für therapeutische und forschungsbezogene Zwecke eingesetzt werden (BANDURA, 1971). Die meisten Arbeiten auf diesem Gebiet haben sich, wie so viele der verhaltensorientierten Methoden, auf Phobien konzentriert. Das Modell-Lernen kann aber genau so gut auf andere Problemstellungen angewendet werden. Auch im Rollenspiel, bei dem der Therapeut mit dem Klienten die Rollen tauscht und dessen Rolle spielt, kommt das Modell-Lernen als Therapieverfahren zur Anwendung.

Geplantes Modell-Lernen in der Verhaltenstherapie

Beispiel: Hundephobie

Bei einem Klienten, der Angst vor Hunden hat, kann sich der Therapeut eines freundlichen Hundes bedienen und das richtige Annäherungsverhalten vormachen, das sich der Klient aneignen soll. Dabei kann man schrittweise vorgehen, bis der Klient den Mut aufbringt, sich dem Hund immer mehr zu nähern, ihn schließlich berühren kann und sich mit ihm ohne die üblichen Angstzustände spielen traut. Wenn der Klient beobachtet, wie der Therapeut mit ersichtlicher Freude, ohne Angst und ohne negative Folgen mit dem Hund spielt, erweist sich dies für ihn motivierend, das vorgeführte Verhalten des Therapeuten oder des Modells nachzuahmen. Wir sollten noch erwähnen, daß sich erst in jüngster Zeit herausgestellt hat, daß dabei unterweisende Instruktionen des Therapeuten den Nutzeffekt des Modell-Lernens erhöhen, so daß die Kombination dieser beiden Verfahren effektiver als das Modell-Lernen alleine sein dürfte (ROSENTHAL/BANDURA, 1978). In einigen Untersuchungen hat sich das Modell-Lernen auch genauso effektiv wie die systematische Desensibilisierung sowie zeitsparender erwiesen (BANDURA/BLANCHARD/RITTER, 1969; ERDWINS, 1975).

Kombination von Verfahren

Facing oder Problemkonfrontation[2]

Wenn auch fast alle der in diesem Kapitel angesprochenen Themen von verschiedenen Psychotherapeuten irgendwie Beachtung erfahren haben, so hat das, was wir bisher diskutiert haben, doch sehr geringe formale oder explizite Aufmerksamkeit auf sich gezogen. Ich hatte in der Tat auch ziemliche Schwierigkeiten bei der Suche nach einer passenden Überschrift oder Bezeichnung für den Prozeß, der jetzt beschrieben werden soll. Ich glaube aber, daß er für die Erleichterung einer positiven Veränderung in der Psychotherapie möglicherweise von ziemlicher Bedeutung ist, und ich versuche deshalb so deutlich wie nur möglich zu beschreiben, was damit gemeint ist.

Vermeidungsverhalten bei Ängsten

Es ist bekannt, daß viele Personen relativ schnell Vermeidungsverhalten der unterschiedlichsten Art entwickeln und es dann systematisch bekräftigen. Verspürt jemand intensive Angst oder Furcht, sobald er gebeten wird, in der Öffentlichkeit eine Ansprache zu halten, kann er anschließend strikt alle Gelegenheiten meiden, bei denen möglicherweise eine solche Bitte wieder an ihn herangetragen werden könnte. Oder wenn sich eine junge und schüchterne Person in bestimmten sozialen Situationen zurückgewiesen oder in Verlegenheit gebracht sieht, wird sie auch solche Situationen konsistent meiden wollen. Nun kann zwar das Vermeidungsverhalten dadurch bekräftigt werden, daß es davor schützt, in solchen Situationen starkes Unbehagen zu empfinden, es vermittelt aber auch ein Gefühl der Unangemessenheit und Verstimmung über die eigene Unzulänglichkeit. Solange man die störenden Situationen meidet, wird man nie in der Lage sein, seine Angst zu überwinden und sein Verhalten zu ändern. Kann man jemanden jedoch dazu veranlassen, sich diesen Situationen auszusetzen und dabei die Erfahrung zu machen, daß die antizipierten Folgen gar nicht

2 Nach Abfassung dieses Abschnitts, stellte ich fest, daß einige Verhaltenstherapeuten den hier beschriebenen Prozeß mit sich dem gefürchteten Stimulus „aussetzen" (exposure) umschrieben haben (GELDER et al., 1973; MARKS, 1978).

eintreten, kann es zu einer starken Reduktion seiner Ängste und einem vermehrten Annäherungsverhalten kommen.

Verringerung der Angst durch Problemkonfrontation

Man mag sich dabei an ein kleines Kind erinnern, das man trotz großer Angst und Widerstände mit dem Wasser vertraut macht. Die Eltern haben sich dabei vieler Techniken bedient, um in dieser Situation eine Verhaltensänderung zu bewirken; manche brachten Erfolge, andere wiederum nicht. Die Hypothese aber, die sich dahinter verbirgt, lautet, daß sich die Angst rapide verringern und das Annäherungsverhalten stark bekräftigt werden wird, wenn eine Person dazu gebracht werden kann, sich dem angstbesetzten Stimuli ohne negative Folgen auszusetzen. Ich habe den Eindruck, daß sich die positiven Resultate in therapeutischen Verfahren wie zum Beispiel der systematischen Desensibilisierung, der Implosionstherapie und dem Modell-Lernen sowie auch in einigen anderen zumindest zum Teil damit erklären lassen können. In einer Reihe von Untersuchungen ist beispielsweise die systematische Desensibilisierung mit der Implosion verglichen worden, und es haben sich mit diesen beiden Verfahren ähnliche Ergebnisse gezeigt, obwohl sie sich hinsichtlich ihrer theoretischen Annahmen ziemlich stark voneinander unterscheiden (GELDER et al., 1973). Vergleichbare Befunde sind auch in einigen Untersuchungen berichtet worden, in denen Modell-Lernen und systematische Desensibilisierung miteinander verglichen wurden (BANDURA et al., 1969; ERDWINS, 1975). Bei all diesen Methoden ist – so die Hypothese – die Variable von Bedeutung, daß der Klient jeweils in irgendeiner Form mit der beunruhigenden Situation konfrontiert wird und dabei feststellt, daß es dabei zu keinen katastrophalen Folgen kommt.

Problemkonfrontation als allgemeiner Faktor verschiedener Therapiemethoden

Wenn es also möglich ist, jemanden dazu zu bewegen, sich der beunruhigenden Situation auszusetzen und dabei mit hoher Wahrscheinlichkeit keine negativen Konsequenzen zu erfahren, so kann damit für die Therapie möglicherweise eine therapeutisch sehr wertvolle Erfahrung verbunden sein. Die jeweiligen Durchführungsbedingungen können in Abhängigkeit vom Fall und den Umständen variieren. Strittig ist dabei noch, ob man schrittweise vorgehen oder das Problem sozusagen frontal in Angriff nehmen soll, indem man den Klienten mit relativ wenig Aufschub mit der angstbesetzten Situation konfrontiert. Obwohl es dafür keinen Beweis gibt, bevorzuge ich die erstere Methode, da für den Fall, daß die direktere Konfrontation fehlschlägt, das schon bestehende ängstliche Verhalten des Klienten sich noch verstärken und zusätzliche Probleme in der Therapie nach sich ziehen kann (WOLPE, 1973). Erkennt dagegen der Klient, daß es ihm möglich ist, der unangenehmen Situation entgegenzutreten, so wird damit jedes Mal eine Verringerung ihrer angstauslösenden Eigenschaft verbunden sein, sein Selbstvertrauen durch die Situationsbegegnung ansteigen und damit insgesamt zu einem höheren Selbstwertgefühl beitragen. Es braucht wohl kaum noch erwähnt zu werden, daß eine sichtliche Verbesserung beim Klienten auch zu einer erhöhten Erwartung hinsichtlich eines positiven Therapieergebnisses führt, was wiederum von beträchtlichem Nutzen ist.

Schrittweise oder frontale Problemkonfrontation?

Die Zeit als Therapievariable

Auch die Zeit ist eine Variable in der Psychotherapie, der nicht genügend Beachtung geschenkt wurde. Ihre Rolle läßt sich nur recht schwer einschätzen, da sie im allgemeinen keine isolierte oder kontrollierte Variable ist. Sie steht vielmehr in der therapeutischen Situation mit allen möglichen Variablen in Beziehung.

Zeit als notwendiges Medium in der Therapie

Wird die Zeit in der psychotherapeutischen Diskussion ins Spiel gebracht, so geschieht dies im allgemeinen unter Bezug auf die Tatsache, daß für den Verlauf des psychotherapeutischen Prozesses eine bestimmte Zeit erforderlich ist, die nicht allzu sehr gestrafft werden kann. Aus psychoanalytischer Sicht ist Zeit zur Entwicklung der Übertragungsbeziehung, zur Überwindung von Widerständen und zur Aufarbeitung und Integration verschiedener Einsichten, die man in der Therapie gewinnt, notwendig. Um Zeit geht es auch, wenn von einer Langzeittherapie oder intensiven Psychotherapie die Rede ist. Zeit stellt sich hier als notwendiges Medium, das – obwohl es sich nicht unbedingt um eine direkt einflußnehmende Variable handelt – anderen Variablen zu wirken erlaubt.

Selbstheilung im Laufe der Zeit – ohne therapeutische Intervention

Es müssen aber noch weitere Überlegungen angestellt werden. In einigen Fällen können aus der Fassung gebrachte oder gestörte Personen vermutlich auch ohne jegliche therapeutische Hilfestellung ganz alleine mit ihrem Problem zurechtkommen. Man kann beispielsweise mit Hilfe von Selbsteinschätzung, von Selbstgesprächen oder Selbstexplorationen seine Situation weniger störend finden bzw. deren Wahrnehmung abändern. Was gestern noch sehr betrüblich aussah, kann heute schon anders sein. Neben dem bloßen zeitlichen Ablauf können in einem solchen Falle auch externe Ereignisse intervenieren und die Situation modifizieren. Trübe Aussichten hinsichtlich der Aufnahme in die Graduate School oder des Erhalts eines passenden Arbeitsplatzes können sich bei Eintreffen positiver Nachrichten grundlegend ändern und damit auch alle persönlichen Schwierigkeiten.

Was auch immer sich in Wirklichkeit ereignet oder Änderungen der Persönlichkeit bewirkt, solche Entwicklungen finden jedenfalls tatsächlich auch ohne förmliche psychotherapeutische Intervention statt. Im Bereich der Psychotherapie ist von einem solchen Phänomen in zweierlei Hinsicht Notiz genommen und mit ziemlich viel Aufmerksamkeit bedacht worden. Eine dieser Beobachtungen machte man in der Vergangenheit in der Kinder-Psychotherapie. Man stellte fest, daß von Kindern als sich entwickelnden Organismen erwartet werden kann, daß sie als Folge von Reifungsprozessen bestimmte Veränderungen zeigen. Hat demnach ein Kind bestimmte Ängste oder macht es ins Bett, dann werden diese Symptome mit großer Wahrscheinlichkeit wieder verschwinden, sobald es älter wird. Der Zeitablauf erlaubt innerhalb des normalen Reifungs- und Entwicklungsprozesses bestimmte reifungsbedingte Veränderungen. Wenn folglich ein Kind auf einer bestimmten Entwicklungsstufe solche Probleme hat und deshalb eine Therapie durchgeführt wird, könnte eine dann festgestellte Verbesserung ein natürliches Ergebnis eines Reifungsprozesses und weniger der Psychotherapie sein.

Reifungsprozesse oder Folge der Psychotherapie?

Eine ähnliche Feststellung läßt sich hinsichtlich der Bewertung von Ergebnissen allgemein in der Psychotherapie treffen. Diese Position – häufig mit Spontanheilung oder Spontanremission bezeichnet – ist besonders vom britischen Psychologen EYSENCK (1952, 1966) vertreten und genauso scharf von einer Reihe anderer kritisiert worden (LAMBERT, 1976; SUBOTNIK, 1972). Demnach dauern bestimmte Störungen nur eine begrenzte Zeit an; die betroffenen Personen zeigen dann eine spontane Wiederherstellung oder Verbesserung. Es ist ja bekannt, daß viele körperliche Krankheiten einen eigentümlichen Verlauf nehmen und es, außer in ernsteren Fällen, ohne spezielle Behandlung in den meisten Fällen zur Genesung kommt. Man nimmt an, daß psychische Erkrankungen, wie zum Beispiel neurotische Störungen, ähnliche Merkmale aufweisen können. In einigen Kritiken an der Psychotherapie ist folglich behauptet worden, daß viele Besserungen, die einer psychotherapeutischen Intervention zugeschrieben werden, tatsächlich auf die zeitlich begrenzte Natur der Störung und die nach einer bestimmten Zeit erfolgende Remission zurückzuführen sind.

Spontanremission

Wenn ich jetzt auf dieses Thema zu sprechen komme, so will ich nicht das Effektivitätsproblem in der Psychotherapie diskutieren, worauf in einem nachfolgenden Kapitel noch eingegangen wird, sondern die mögliche Bedeutung von Zeit als potentielle Variable in der Psychotherapie thematisieren. Einerseits können sich im Laufe der Zeit bestimmte Selbstregulierungs- oder Regenerationsprozesse innerhalb einer Person auswirken und dadurch – ob nun durch Therapie gefördert oder nicht gefördert – zu einer verbesserten Anpassung führen. In diesem Fall dürfte es sich um wichtige, hauptsächlich in der Person liegende und organische Variablen handeln. Andererseits dürfte es in ziemlich vielen Fällen wichtige Variablen geben, die mit alltäglichen Ereignissen oder Umweltreizen außerhalb der Person zusammenhängen, und die einen positiven Einfluß auf die Person ausüben. Dies sind dann Situationsvariablen, die eine ganze Reihe von Vorkommnissen umfassen und in entscheidender Weise Einfluß ausüben können. Dazu zählen Interaktionen mit anderen Personen, die für die betreffende Person sogar gleichsam eine therapeutische Funktion haben können, wie zum Beispiel ein Freund, ein Priester oder ein Supervisor. In diesen Fällen wird die Situation noch schwieriger, da therapeutische Variablen eine Rolle spielen können, obwohl die therapeutisch Wirkenden als solche formell nicht zu identifizieren sind.

Organische Variablen und Umweltereignisse

Weitere Wirkvariablen

Es lassen sich in diesem Diskussionszusammenhang noch eine ganze Reihe von wichtigen Gesichtspunkten anführen. So können Ereignisse, die sich außerhalb der Therapie zutragen, von beträchtlicher Bedeutung sein, sofern sie sich jedenfalls auf Veränderungen des Klienten beziehen. Der Therapeut sieht letzten Endes den Klienten in der Woche zumeist nur wenige Stunden. Dabei ist der Therapeut zwar geneigt, der Wirkung dieser Stunden sehr große Bedeutung beizumessen. In vielen Fällen mag diese Annahme auch richtig sein, wir müssen aber unbedingt auch zugeben, daß der Klient in der Mehrzahl der verbleibenden Stunden in vielen unterschiedlichen Situationen mit einer ganzen Reihe von Personen interagiert, von denen ihm einige sehr viel bedeuten können. Der Psychotherapie zugeschriebene Veränderungen können in Wirklichkeit aus den Faktoren resultieren, die außerhalb der Therapie eine Rolle spielen. Der Therapeut sollte deshalb versuchen, solche Angelegenheiten so gründlich wie möglich abzuwägen und sich bei der Beurteilung von Veränderungen um Objektivität bemühen. Dies ist allerdings ein Problem, dem nicht genügend Beachtung geschenkt wird – was im übrigen auch für die Psychotherapieforschung gilt. Damit hängt daher zusammen, daß gar manche der Änderungen, die man auf die Therapie zurückführt, in Wirklichkeit von Faktoren außerhalb der Therapie bewirkt werden. Und genau hier liegt ein sehr wichtiges Problem, wenn wir die Ergebnisse der Psychotherapie hinreichend beurteilen wollen. Gerade auch aus solchen Gründen darf man Ergebnisbeurteilungen durch Therapeuten nicht als valide Meßinstrumente gelten lassen. Wie wir eben festgestellt haben, kann dem Klienten möglicherweise auch durch primär therapeutische Aktivitäten einer Person geholfen werden, die mit der Psychotherapie nichts zu tun hat. Wie BERGIN und LAMBERT (1978) aufgezeigt haben, ist in solchen Fällen die Verbesserung auf die therapeutische Intervention anderer Personen zurückzuführen, ist aber nicht das Ergebnis einer Spontanremission. Wenn so etwas stattfindet, sollte man aber die eigentliche Psychotherapie nicht für die Änderungen oder das Ergebnis verantwortlich machen.

Geringe Validität der Erfolgsbeurteilungen von Therapeuten

Schließlich sollte im Rahmen dieser Diskussion dem Klienten selbst und dem vorgetragenen Problem gebührende Aufmerksamkeit geschenkt werden. Wir haben Grund zur Annahme, daß Probleme neueren Ursprungs und solche, bei denen Situationsfaktoren eine wichtige Rolle zu spielen scheinen, auf Zeit und sich ändernde Situationen mehr als auf andere Problemarten ansprechen. Bei Eheproblemen beispielsweise, die sehr bedrückend und primärer Grund für den Gang zum Therapeuten sind, dürfte das Problem über Faktoren außerhalb der Therapie zu lösen sein. Ich habe vor kurzem zwei Fälle supervisiert, die dies illustrieren können. Im ersten Fall brauchte eine Frau mittleren Alters therapeutische Hilfe, weil sie in letzter Zeit durch den Entschluß ihres Mannes, sich von ihr zu trennen, sehr außer Fassung und deprimiert war. Sie fühlte sich sehr zurückgestoßen und verlassen. Sie dominierte die Therapie mit verbalen Ausbrüchen, gab dem Therapeuten wenig Gelegenheit zu irgendwelchen Kommentaren und schien generell kein sehr erfolgversprechender Therapieanwärter zu sein. Nach einigen Wochen aber änderte der Ehemann seine Meinung und beide versöhnten sich wieder. Obwohl sich die Frau ausdrücklich beim Therapeuten für seine Hilfe bedankt hat und wahrscheinlich auch einige Befriedigung und Befreiung durch ihre kathartischen Ausbrüche in der Therapie erfahren hat, dürfte der ausschlaggebende Faktor in der Entwicklung außerhalb der Therapie zu suchen sein. Im zweiten Fall ließ sich ein junger Mann von seiner Frau nach zehnjähriger Ehe scheiden. Die Scheidung fand statt, als er sich gerade in der Therapie befand, und die erste Zeit der Therapie war ausgefüllt damit, wie er sich mit dieser Realität auseinandersetzte. Dieser Fall unterscheidet sich zwar erheblich vom ersten und erstreckte sich über einen langen Zeitraum,

Problem neueren und älteren Ursprungs

Zwei Beispiele

wieder aber spielten äußere Faktoren eine sehr wichtige Rolle für seine allgemeine Stabilität. Der Zeitfaktor und die Möglichkeit, seine Situation in der Therapie zu besprechen, dürften in diesem Fall bei der Überwindung des Gefühls, einen persönlichen Verlust erlitten zu haben, wohl ziemlich wichtig gewesen zu sein. Als er jedoch nach der Scheidung eine neue Freundin kennenlernte, erwies sich dies als der bedeutendste Faktor zur Hebung seiner Stimmung, wenngleich sie auch nicht immer anhielt. Die Zeit kann somit ein Faktor sein, der erlaubt, daß die vermutlichen Variablen in der Psychotherapie auf den Klienten ihren Einfluß ausüben, sie kann aber auch ermöglichen, daß andere externe Variablen sich ebenfalls auswirken.

Der Placebo-Effekt

Anwendung in Pharmakologie

Doppelblindversuch

Als letzte Variable soll in diesem Kapitel der geheimnisvolle Placebo-Effekt, eines der interessantesten und verblüffendsten Phänomene in der Geschichte der Heilverfahren, diskutiert werden. Der Placebo-Effekt ist relativ häufig dazu benutzt worden, für unerwartete und unerklärliche Therapieergebnisse eine Bezeichnung zu finden. Am häufigsten wurde er im Bereich der Pharmakologie bei der Überprüfung von Auswirkungen verschiedener Arzneimittel bestimmt und benutzt. Das Grundprinzip liegt darin, daß eine wirkungslose pharmakologische Substanz so präpariert wird, daß sie wie eine wirksame Arznei aussieht. In Forschungen mit dem Doppelblindversuch wird der einen Patientengruppe das wirkliche Arzneimittel und einer Parallelgruppe das Placebo verabreicht. Weder Therapeuten noch Patienten wissen, welche Pillen die wirksame Medikation enthalten und welche die Placebos sind. Wenn die Besserungsrate mit dem Arzneimittel signifikant höher ist, wird ihr ein eindeutiger therapeutischer Effekt zugeschrieben. Zeigen jedoch beide Patientengruppen ähnliche Verbesserungen, ist die positive Reaktion als Placebo-Effekt und die Arznei als unwirksam zu bewerten. Folglich werden alle Reaktionen, die sich nicht auf tatsächliche Arzneimitteleffekte zurückführen lassen, als Placebo-Effekt betrachtet, das heißt also auf irgendwelche unbekannte und nichtpharmakologische Ursachen zurückgeführt. Unbekannte Ursachen dieser Art hat man sich im allgemeinen als Ursachen psychologischer Natur vorgestellt, und wenn schon für einen Pharmakologen unbekannte und unvorhersehbare psychologische Ursachen für Veränderungen des Patienten unbefriedigend sind, dann dürften sie für den Psychologen von entschiedenem Interesse sein.

Nichtspezifischer Effekt in der Psychotherapie

Der Placebo-Effekt ist in der Psychotherapie im allgemeinen als nichtspezifischer Effekt betrachtet worden, der ohne direkten Bezug zur vorgesehenen Intervention des Therapeuten zustande kommt. Erhält der Klient eine Placebo-Pille und schwächen sich darauf seine Symptome ab, so führt man dies auf den suggestiven Effekt zurück, den das bloße Einnehmen einer Pille hervorrufen kann. Wenn es so aussieht, als würde man vom Arzt eine Arznei verabreicht bekommen, so kann das schon ausreichend anzeigen, daß man behandelt wird und es einem folglich besser gehen sollte. Dadurch kann auch die Vorstellung vermittelt werden, daß man über die Krankheit Bescheid weiß, daß es sich um eine entsprechende Behandlung handelt, unangemessene Sorgen können wie weggefegt und Hoffnung auf Genesung geweckt werden. Zum Placebo-Effekt können auch das Verhalten des Therapeuten und die Persönlichkeit des Patienten entscheidend beitragen, obwohl Forschungsergebnisse darüber recht unterschiedlich ausfallen (SHAPIRO/MORRIS, 1978). Placebo-Effekte lassen sich verstärken, wenn der Therapeut eine anerkannte Kapazität ist, ein eindrucksvolles Verhalten zeigt oder den Patienten davon überzeugen kann, daß die Medizin äußerst wirksam ist und ihn bald von seinen Beschwerden befreien wird. Ähnliches gilt, wenn der Patient großes Vertrauen in den Arzt setzt, von ihm sehr stark beeindruckt ist oder auch ansonsten ziemlich beeinflußbar und empfänglich ist; auch dann ergeben sich deutlichere Placebo-Effekte. Es sollte nicht unerwähnt bleiben, daß positive Placebo-Effekte zwar die meiste Beachtung gefunden haben dürften, aber auch negative Placebo-Effekte bekannt sind.

Unterschiedliche Forschungsergebnisse

Positive und negative Placebo-Effekte

Der Placebo-Effekt – überall vorfindbar und rätselhaft zugleich – ist sowohl von pharmakologisch als auch psychologisch orientierten Forschern intensiv untersucht und diskutiert worden. Über seine eigentliche Natur weiß man immer noch nicht genau Bescheid, obwohl er in der Medizingeschichte und verwandten Therapien anscheinend eine wichtige Rolle gespielt hat. Eine interessante Zusammenfassung hierzu liegt von SHAPIRO und MORRIS (1978) vor. In ihrem Bericht findet man sowohl interessante als auch provokative Aussagen. Wir wollen deshalb an dieser Stelle zu diesem Thema auch keinen Überblick über die einschlägige Literatur geben, sondern nur auf die Implikationen für die Psychotherapie aufmerksam machen.

Implikationen für die Psychotherapie und Ergebnisse

Wir können feststellen, daß viele Psychotherapeuten auf das Gesamtkonzept des Placebo-Effekts ziemlich negativ reagieren. Sie weisen mit einiger Berechtigung darauf hin, daß das Konzept verschwommen ist und offensichtlich eine ganze Reihe von Ursachen und Folgen umfaßt. Und obwohl viele Hypothesen zur Erklärung des vermutlichen Placebo-Effekts entwickelt worden seien, hätten systematische Untersuchungen diese Hypothesen nicht immer stützen können. Obwohl dies alles sicherlich stimmt, fallen die Stellungnahmen dazu manchmal übermäßig negativ aus. Denn Befunde dieser Art sind im Bereich der Psychotherapie bestimmt nicht ungewöhnlich. Manche der Hypothesen sind natürlich nicht angemessen überprüft worden, und andere brauchen nicht begründet gewesen zu sein. Es ist jedoch nicht wegzuleugnen, daß in einer Reihe von Untersuchungen über die Auswirkungen von Medikamenten und Psychotherapie bei Placebo-Gruppen positive Veränderungen festgestellt wurden, und es scheint so, daß durch Placebos verschiedener Art irgendeine Form eines Wirkungsprozesses in Gang gesetzt wird. Sogar in Untersuchungen, in denen das Medikament oder die Therapie signifikant bessere Ergebnisse bringen als unter kontrollierten Placebo-Bedingungen, kommt es mit Placebos ebenfalls zu einigen positiven Ergebnissen. Auch die Tatsache,

Überwiegende Ablehnung: Placebo-Effekt impliziert Psychotherapiekritik

daß die anspruchsvolleren Forschungsprojekte in der Psychotherapie eine Placebo-Kontrolle eingebaut haben, verweist auf die potentielle Bedeutung in der Psychotherapie. Viele Therapeuten scheinen jedoch die Bestätigung eines solchen Phänomens wie des Placebo-Effekts irgendwie als eine Kritik an ihrer eigenen Arbeit und an der Psychotherapie generell zu empfinden. Diese ablehnende Sichtweise läßt sich vielleicht damit erklären, daß viele Medikamente, die sich später als unwirksam herausstellen, anfänglich positive Ergebnisse zeigen – offenbar erklärbar durch den Placebo-Effekt – und Scharlatane mit einer Vielzahl fragwürdiger Verfahren, die man als Placebos ansehen kann, ebenfalls erfolgreich gewesen sind.

Zuschreibung von Therapieerfolgen auf Placebo-Effekt = Abwertung von Therapiemethoden

Ich glaube aber, daß sich für diese Reaktion auf den Placebo-Effekt noch eine andere Erklärung finden läßt. Meiner Meinung nach scheint der Placebo-Effekt zuerst einmal die standhaft aufrechterhaltene Überzeugung des Therapeuten darüber zu entkräften, wodurch Änderungen in der Therapie eigentlich hervorgerufen werden. Wenn dem Placebo-Effekt folglich die meisten Änderungen zugeschrieben würden, müßte der Therapeut zugeben, daß viele seiner Bemühungen und Methoden in Wirklichkeit unbedeutend sind – und dies ist natürlich nur schwerlich zu akzeptieren. Wenn sich viele der dem Therapeuten lieb gewordenen Überzeugungen und der offensichtlich komplexe und schwierige therapeutische Prozeß zum Teil sogar über eine so einfache und gar trügerisch erscheinende Sache wie die Placebo-Reaktion erklären lassen, dann wird dieses negative Verhaltensmuster allerdings ziemlich verständlich. Doch sind solche ablehnende Reaktionen übertrieben defensiv (SHAPIRO/STRUENING, 1973). Sie werden ähnlich wie die Stellungnahmen hinsichtlich Einsicht und Verstehen der Klienten vorgetragen. Demnach sollten wir uns darum bemühen, im Verlaufe einer Psychotherapie auftretende Veränderungen, die sich nicht auf gezielte Verfahren zurückführen lassen, auf die etwaigen ursächlichen Faktoren hin zu untersuchen. Wenn sich zeigen läßt, daß das Vertrauen, das der Therapeut in seine Methoden setzt, positive Therapieeffekte nach sich zieht, sollte er demgemäß weitermachen. Wir sollten alles daran tun, positive Therapieergebnisse zu maximieren und die Effektivität der Therapie zu steigern, selbst dann, wenn dies nicht unseren vorgefaßten Meinungen entsprechen sollte. Es scheint so, als ob die bloße Vereinbarung zu einem Treffen mit einem Therapeuten und die Durchführung eines Erstinterviews therapeutisch sinnvoll sein kann (FRIEDMAN, 1963). Ein Therapeut sollte gegenüber solchen möglichen Einflüssen feinfühlig sein und sein Wissen über dieses Phänomen konstruktiv nutzen. Der Placebo-Effekt ist zwar noch nicht richtig begriffen worden, es zeigen sich aber in der Therapie einige „unspezifische“ Reaktionen verschiedenster Art, die uns gegenüber solchen Faktoren wachsam sein lassen. Es ist zu hoffen, daß uns zukünftige Forschungen zu einem Verständnis dieses Prozesses bzw. dieser Prozesse verhelfen können.

Literatur

Alexander, F. and French, T. M. *Psychoanalytic therapy.* New York: Ronald, 1946.

Bandura, A. *Principles of behavior modification.* New York: Holt, Rinehart, and Winston, 1969.

Bandura, A. Psychotherapy based upon modeling principles. In A. E. Bergin and S. L. Garfield (Eds.), *Handbook of psychotherapy and behavior change.* New York: Wiley, 1971.

Bandura, A., Blanchard, E. B., and Ritter, B. The relative efficacy of desensitization and modeling approaches for inducing behavioral, affective, and attitudinal changes. *Journal of Personality and Social Psychology,* 1969, *13,* 173–199.

Beck, A. T. *Cognitive therapy and the emotional disorders.* New York: International Universities Press, 1976.

Bergin, A. E. and Lambert, M. J. The evaluation of therapeutic outcomes. In S. L. Garfield and A. E. Bergin (Eds.), *Handbook of psychotherapy and behavior change,* 2nd ed. New York: Wiley, 1978.

Davison, G. C. and Wilson, G. T. Processes of fear reduction in systematic desensitization: cognitive and social reinforcement factors in humans. *Behavior Therapy,* 1973, *4,* 1–21.

Ellis, D. *Reason and emotion in psychotherapy.* New York: Lyle Stuart, 1962.

Enelow, A. J. *Elements of psychotherapy.* New York: Oxford University Press, 1977.

Erdwins, C. F. *A comparison of three behavior modification procedures including systematic desensitization and vicarious modeling.* Unpublished Doctoral Dissertation, Washington University, St. Louis, Mo., 1975.

Eysenck, H. J. The effects of psychotherapy: An evaluation. *Journal of Consulting Psychology,* 1952, *16,* 319–324.

Eysenck, H. J. *The effects of psychotherapy.* New York: International Science Press, 1966.

Frank, J. D. Therapeutic factors in psychotherapy. *American Journal of Psychotherapy,* 1971, *25,* 350–361.

Frank, J. D. *Persuasion and healing,* 2nd ed. Baltimore, Md.: The Johns Hopkins Press, 1973.

Freud, S. On the history of the psychoanalytic movement. In *Collected papers, Vol. 1.* London: The Hogarth Press and the Institute of Psychoanalysis, 1950.

Friedman, H. J. Patient-expectancy and symptom reduction. *Archives of General Psychiatry,* 1963, *8,* 61–67.

Garfield, S. L. *Introductory clinical psychology.* New York: Macmillan, 1957.

Gelder, M. G., Bancroft, J. H. J., Gath, D. H., Johnston, D. W., Mathews, A. M., and Shaw, P. M. Specific and non-specific factors in behavior therapy. *The British Journal of Psychiatry,* 1973, *123,* 445–462.

Goldfried, M. R. Systematic desensitization as training in self-control. *Journal of Consulting and Clinical Psychology,* 1971, *37,* 228–234.

Goldfried, M. R. and Davison, G. C. *Clinical behavior therapy*. New York: Holt, Rinehart & Winston, 1976.

Goldfried, M. R. and Trier, C. S. Effectiveness of relaxation as an active coping skill. *Journal of Abnormal Psychology,* 1974, *83,* 348–355.

Jacobson, E. *Progressive relaxation*. Chicago: University of Chicago Press, 1929.

Kazdin, A. E. The application of operant techniques in treatment, rehabilitation, and education. In S. L. Garfield and A. E. Bergin (Eds.), *Handbook of psychotherapy and behavior change,* 2nd ed. New York: Wiley, 1978.

Kessel, P. and McBrearty, J. F. Values and psychotherapy: A review of the literature. *Perceptual and Motor Skills,* 1967, *25,* Monograph Supplement 2-V25.

Krasner, L. The therapist as a social reinforcement machine. In H. H. Strupp and L. Luborsky (Eds.), *Research in psychotherapy,* Vol. 2. Washington, D.C., American Psychological Association, 1962.

Krasner, L. Reinforcement, verbal behavior and psychotherapy. *American Journal of Orthopsychiatry,* 1963, *33,* 601–613.

Krasner, L. The operant approach in behavior therapy. In A. E. Bergin and S. L. Garfield (Eds.), *Handbook of psychotherapy and behavior change.* New York: Wiley, 1971.

Lambert, M. J. Spontaneous remission in adult neurotic disorders: A revision and summary. *Psychological Bulletin,* 1976, *83,* 107–119.

Levine, M. *Psychotherapy in medical practice.* New York: Macmillan, 1948.

Marks, I. Behavioral psychotherapy of adult neurosis. In S. L. Garfield and A. E. Bergin (Eds.), *Handbook of psychotherapy and behavior change,* 2nd ed. New York: Wiley, 1978.

Murray, E. J. A content-analysis method for studying psychotherapy. *Psychological Monographs,* 1956, *70,* (13, Whole No. 420).

Nichols, M. P. Outcome of brief cathartic psychotherapy. *Journal of Consulting and Clinical Psychology,* 1974, *42,* 403–410.

Rogers, C. R. *Counseling and psychotherapy.* Boston: Houghton Mifflin, 1942.

Rogers, C. R. *Client-centered therapy.* Boston: Houghton Mifflin, 1951.

Rosenthal, D. Changes in some moral values following psychotherapy. *Journal of Consulting Psychology,* 1955, *19,* 431–436.

Rosenthal, T. and Bandura, A. Psychological modeling. In S. L. Garfield and A. E. Bergin (Eds.), *Handbook of psychotherapy and behavior change,* 2nd ed. New York: 1978.

Rosenzweig, S. Some implicit common factors in diverse methods of psychotherapy. *American Journal of Orthopsychiatry,* 1936, *6,* 412–415.

Schofield, W. *Psychotherapy, the purchase of friendship.* Inglewood Cliffs, NJ: Prentice-Hall, 1964.

Shapiro, A. K. and Morris, L. A. The placebo effect in medical and psychological therapies. In S. L. Garfield and A. E. Bergin (Eds.), *Handbook of psychotherapy and behavior change,* 2nd ed. New York: Wiley, 1978.

Shapiro, A. K. and Struening, E. L. Defensiveness in the definition of placebo. *Comprehensive Psychiatry,* 1973, *14,* 107–120.

Strupp, H. H. On the basic ingredients of psychotherapy. *Journal of Consulting and Clinical Psychology*, 1973, *41*, 1–8.

Subotnik, L. Spontaneous remission: Fact or artifact? *Psychological Bulletin*, 1972, *77*, 32–48.

Szasz, T. S. Three problems in contemporary psychoanalytic training. *Archives of General Psychiatry*, 1960, *3*, 82–94.

Thorne, F. C. *Principles of personality counseling*. Brandon, Vt: Journal of Clinical Psychology, 1950.

Thorne, F. C. *Psychological case handling*. Vols. One and Two. Brandon, Vt: Clinical Psychology Publishing Company, 1968.

Torrey, E. F. What western psychotherapists can learn from witchdoctors. *American Journal of Orthopsychiatry*, 1972, *42*, 69–76.

Truax, C. B. Reinforcement and nonreinforcement in Rogerian psychotherapy. *Journal of Abnormal Psychology*, 1966, *71*, 1–9.

Truax, C. B. and Carkhuff, R. R. *Toward effective counseling and psychotherapy*. Chicago: Aldine, 1967.

Wolberg, L. R. *The technique of psychotherapy*. New York: Grune and Stratton, 1954.

Wolpe, J. *Psychotherapy by reciprocal inhibition*. Stanford: Stanford University Press, 1958.

Wolpe, J. The systematic desensitization treatment of neuroses. *Journal of Nervous and Mental Disease*, 1961, *132*, 181–203.

Wolpe, J. *The practice of behavior therapy*, 2nd ed. New York: Pergamon Press, 1973.

Kapitel 6
Allgemeine und spezifische Therapiefaktoren

Im letzten Kapitel haben wir eine Reihe von Variablen bzw. Aspekten der Psychotherapie überprüft, die für den therapeutischen Prozeß und sein Ergebnis von großer Bedeutung sind. Einige haben in bestimmten theoretischen Ansätzen der Psychotherapie einen speziellen Stellenwert eingenommen und sind mit den Ansätzen weitgehend gleichgesetzt worden. Trotzdem haben wir versucht, jede dieser Variablen sozusagen ihres theoretischen Unterbaus zu entkleiden. Schienen sie unter Umständen für die Psychotherapie bedeutungsvoll zu sein, wurden sie diskutiert und manchmal von mir in einer Weise definiert und erläutert, die sich davon, wie dies kennzeichnend in einer speziellen Orientierung geschieht, signifikant unterscheiden hat können. Dieses Vorgehen ist typisch für die eklektische Orientierung, die wir in diesem Buch zu erarbeiten versuchen. Ähnliches werden wir im jetzigen Kapitel versuchen, das das vorherige ergänzen soll.

Eklektische Orientierung

Die folgenden Auffassungen haben mich während meines Studiums schon, als ich mich mit den verschiedenen Methoden der Psychotherapie auseinandersetzte, ziemlich fasziniert. Während in der Psychotherapie die Darstellung der unterschiedlichen theoretischen und methodischen Systeme im Vordergrund stand, interessierte ich mich für die gemeinsamen Grundzüge, die sich bei den verschiedenen Systemen feststellen ließen und für die Tatsache, daß Therapeuten anders therapierten, als es im einzelnen durch ihre theoretische Orientierung vorgegeben war. Ältere Veröffentlichungen von Rosenzweig (1936), Levine (1948), Heine (1953) und Rosenthal und Frank (1956) prägten in diesem Zusammenhang meine Meinung. In allen wird es als durchaus möglich betrachtet, daß sich wenigstens einige gemeinsame, wesentliche Bestandteile in den verschiedenen Therapieformen auffinden lassen, und ich habe im Anschluß daran in einem Lehrbuch auf verschiedene allgemeine Faktoren in der Psychotherapie verwiesen (Garfield, 1957). Jerome Frank und seine Mitarbeiter erwähnten solche Phänomene unter der Bezeichnung „nonspecific factors" (Frank, 1973; Stone/Imber/Frank, 1966), da sie für keine besondere Therapieform kennzeichnend waren. Dieser Ausdruck ist in letzter Zeit immer dann verwendet worden, wenn man sich auf Therapieeffekte bezog, die sich nicht genau den spezifizierten Behandlungsmethoden zuordnen ließen. Vor kurzem hat Frank (1971) allgemeine und spezifische Faktoren in der Psychotherapie erörtert. Seine Darstellung hat meinen Standpunkt zu dieser Frage zusätzlich beeinflußt.

Suche nach gemeinsamen Bestandteilen verschiedener Therapieansätze

Gemeinsame Faktoren in fast allen Therapien

Eine grundlegende Hypothese in diesem Kapitel lautet, daß trotz vieler offensichtlicher Differenzen hinsichtlich theoretischer Orientierungen und Verfahren viele voneinander unterscheidbare Therapieschulen auf im Grunde gemeinsamen Faktoren aufbauen, die sich zur Erklärung ziemlich vieler Änderungen heranziehen lassen, von denen man glaubte, sie würden nur aufgrund ihrer jeweiligen schulenspezifischen Vorgehensweisen eintreten. Jede Therapieschule mag zwar spezifische Faktoren bzw. Prozesse herausstellen und der Meinung sein, diese seien für ihre eigene Therapieform typisch, eine Untersuchung dessen aber, was in Wirklichkeit vorzufinden ist, führt zu einer etwas anderen Auslegung. Am Beispiel der Funktion von Einsicht und Verstehen in der Psychotherapie haben wir diesen Sachverhalt bereits erörtert. Obwohl je nach Therapieorientierung unterschiedliche Formen des Verstehens vorliegen können, dürften nicht diese spezifischen Einsichten einen möglicherweise großen therapeutischen Nutzen nach sich ziehen, sondern vielmehr die Bereitstellung irgendeiner wissenschaftlich begründeten Erklärung für die Klientenprobleme die ausschlaggebenden Variablen sein. Es ist somit nicht unbedingt genau die Erklärung, wie sie von der speziellen Therapieschule angeboten wird, die therapeutische Wirkung zeitigt, sondern der allgemeinere Vorgang der Vermittlung eines irgendwie gearteten Verständnisses der Probleme und die Akzeptanz dieser Erklärung seitens des Klienten.

Da alle Methoden für sich geltend machen, die Klienten bei der Bewältigung ihrer Probleme erfolgreich unterstützen zu können, scheint die Annahme plausibel zu sein, daß es sich um die gleichen Variablen bzw. Prozesse handeln könnte, die den Wirkungsweisen aller Ansätze zugrundeliegen, nicht aber um bei den einzelnen Ansätzen jeweils spezifisch entwickelte Prozesse. Obwohl diese Sichtweise nur als Hypothese vorgetragen wurde, scheint sie von einiger Plausibilität zu sein, stimmt zumindest mit einigen Forschungsarbeiten über Ergebnisse bei Psychotherapien überein (GELDER et al., 1973; SLOANE et al., 1975; LUBORSKY/SINGER/LUBORSKY, 1975) und verdient es, im Detail diskutiert zu werden.

Psychotherapie als soziales System

In ihrer Auseinandersetzung mit der Psychotherapie als sozialem System haben sich LENNARD und BERNSTEIN (1960) über den psychotherapeutischen Prozeß ähnlich geäußert. Aus ihrer Analyse haben sie unter anderem folgende Schlußfolgerung gezogen:

> Als erstes stellten wir fest, daß es trotz größerer Unterschiede in der Einstellung und im Verhalten jedes Therapeuten und jedes Klienten bezüglich der sich langfristig entwickelnden Interaktion mehr Ähnlichkeiten zwischen Therapeut-Klienten-Paaren gibt. Dieses Ergebnis wirft für diejenigen, die dazu neigen, Unterschiede zwischen Therapeuten in bezug auf ihre theoretische Orientierung in den Vordergrund zu stellen und die Relevanz der „Schule", der ein Therapeut zugehört, als die sich durch die Therapie durchziehende Determinante überzubewerten, viele Fragen auf. Es könnte behauptet werden, daß spezifische Vorgehensweisen (Techniken), die in der einen Therapieform vorkommen und in der anderen fehlen, bei der „Heilung" des Klienten die signifikanten Faktoren sind. Aus dieser Sicht kommt es auf die „Unterschiede" in den Therapien an. Diese Sichtweise jedoch wollen wir nicht so recht teilen. Wenn nämlich eine emotionale Störung das

Ergebnis einer seit der Kindheit währenden fehlerhaften Interaktion zwischen dem Klienten und all seinen Bezugspersonen ist, dann ist kaum einzusehen, wie der eine oder der andere definierte Aspekt des Therapeutenverhaltens das unumgänglich „heilende" Erlebnis mit sich bringen könnte. Wir glauben vielmehr, daß der wichtigste Beitrag der Therapie von der über einen fortdauernden Zeitraum sich erstreckenden Erfahrung abhängt, vom gesamten und immer wieder ablaufenden Muster der Interaktion zwischen Klient und Therapeut. Die enorme Ähnlichkeit der Therapiesysteme läßt uns darauf schließen, daß das, was die unterschiedlichen Therapeut-Klient-Paare miteinander gemeinsam haben, mindestens genauso therapeutisch wirksam sein kann wie das, was für sie jeweils charakteristisch ist (S. 193–194).

Konzentration der Forschung auf allgemeine Therapiefaktoren

In den letzten Jahren hat man der mutmaßlichen Bedeutung allgemeiner bzw. nichtspezifischer Faktoren in der Psychotherapie verstärkte Aufmerksamkeit geschenkt (FRANK, 1971, 1973; GARFIELD, 1973; MCCARDEL/MURRAY, 1974; PATTERSON, 1967, 1969; STAPLES et al., 1975; STRUPP, 1970; TORREY, 1972). Darüber hinaus haben sich Verhaltenstherapeuten stärker mit dem Einfluß der Erwartungshaltung und des Placebo-Effekts auf die Resultate bei systematischen Desensibilisierungen auseinandergesetzt (BROWN, 1973; KAZDIN/WILCOXON, 1976; MCREYNOLDS et al., 1973), und man hat außerdem darauf hingewiesen, daß allgemeine Faktoren in der Hypnose und in der Verhaltenstherapie wirksam sein können (SPANOS/MOOR/BARBER, 1973).

In einem kürzlich erschienenen Review über den Stand der Psychotherapieforschung bei Kindern stellen BARRETT, HAMPE und MILLER (1978) unter Bezug auf ihre eigenen Forschungsarbeiten folgende interessante Beobachtung zur Diskussion:

Es dürfte nicht länger haltbar sein, wenn wir weiter von reziproker Hemmung und Spieltherapie als zwei voneinander unterschiedlichen Therapietechniken ausgehen. Obwohl therapeutische Aktivitäten unter diesen beiden Namen durchgeführt werden, sind sie sich ziemlich ähnlich, und zwar so sehr, daß es uns im Rahmen unserer eigenen Forschungen möglich wurde und auch sinnvoll schien, eine typische Garnitur von Verfahren zu beschreiben, mit denen wir es – ganz gleich auch, welche Form der Behandlung wir wählten – stets zu tun hatten. Diese gemeinsamen Verfahren erklären übrigens wahrscheinlich die Tatsache, daß wir keine voneinander unterscheidbaren Behandlungseffekte erzielten. Eine Behandlung war wie die andere. Deshalb scheint uns als erstes die Ermittlung und Beschreibung der Verfahren, die nahezu allen Kindertherapien gemein sind, und die Bestimmung ihrer Wirkung notwendig zu sein. Ist die Wirkungsweise dieser Verfahren einmal bekannt, dann können wir auch feststellen, ob diejenigen Kunstgriffe, die nur in ganz bestimmten Therapieformen Verwendung finden, mehr als die allgemeine „G"-Variable bringen (S. 431).

Auch ROSENTHAL und BANDURA (1978) merken anläßlich einer Diskussion über verschiedene, typische Vorgehensweisen in Verhaltenstherapien kritisch an:

Von vielen Permutationen des Inputs lassen sich ähnliche Informationen und bedeutungsvolle Folgerungen ableiten. Es überrascht nun nicht mehr, wenn symbolisches Modell-Lernen fast die gleichen Resultate hervorruft wie ähnliche Guidance-Techniken, die nur andere Bezeichnungen wie systematische Desensibilisierung, Rollenspiel und Flooding haben. Der Bezeichnung nach offenbare Unterschiede können kontrastierende Handelsnamen hervorrufen, die superfizielle Unterschiede herausstellen, dabei aber Gemeinsamkeiten verbergen. Normalerweise haben alle Methoden dieser Art eine Reihe von wichtigen Behandlungsmerkmalen gemeinsam, die sich in Form, Organisation, Gegenstand und funktionellen Konsequenzen sehr stark überschneiden.

Man hat also durchaus die Bedeutung von etwaigen gemeinsamen Faktoren erkannt und zugestanden, die innerhalb der unterschiedlichen Therapieformen wirksam sind. Dennoch stellen die meisten Vertreter der verschiedenen Therapieansätze auch weiterhin die außergewöhnlichen Qualitäten ihres eigenen Ansatzes in den Vordergrund.

Es muß auch noch betont werden, daß die hier entwickelte Vorstellung von allgemeinen Faktoren keineswegs so zu verstehen ist, als würde dies für alle möglichen, in der Psychotherapie wirksamen Variablen Gültigkeit haben. Es können genauso spezifischere Variablen vorliegen sowie auch solche Variablen, die sich als besonders wichtig in Zusammenhang mit ganz bestimmten Problemausprägungen erweisen. Wir werden versuchen, einige davon näher zu erläutern. Doch jetzt wollen wir uns zuerst denkbaren allgemeinen Faktoren in der Psychotherapie zuwenden.

Allgemeine Therapiefaktoren

Ähnlichkeiten in den Therapien

Individuelle Störung und legitimierter Helfer

Wir haben die Behauptung aufgestellt, daß es allgemeine Faktoren geben kann, die in unterschiedlichen Psychotherapien wirksam sind. Wir wollen als erstes die unverkennbaren Ähnlichkeiten der Therapien näher betrachten. Jede Therapie beginnt damit, daß jemand ein bestimmtes Maß an Unbehagen oder Schwierigkeiten empfindet, das schließlich dazu veranlaßt, einen Therapeuten zu konsultieren. Allen Therapien ist somit eine gestörte Person gemeinsam, die Hilfe sucht. Diese wiederum macht sich einen Therapeuten, der als solcher designiert worden ist und in der Regel als gesellschaftlich legitimierter Helfer gilt, zunutze. Allein die Tatsache, daß jemand Hilfe sucht und vom Therapeuten versichert bekommt, daß er sich mit ihm befassen wird und ihm helfen will, kann schon ziemlich große Bedeutung haben. Etwas Konstruktives gegen seine Schwierigkeiten zu unternehmen und die Dienste eines Experten in Anspruch zu nehmen, der seine Probleme zu verstehen scheint, kann beim Klienten große Hoffnung erwecken, daß sich seine Situation zum Guten wendet. Wie FRANK (1973) aufgezeigt hat, kann die Entwicklung von Zuversicht gleich zu Beginn der Therapie ein bedeutender Faktor sein, der Veränderungen beim Klienten erleichtert. Es handelt sich dabei um einen Prozeß, der in den meisten Therapien abzulaufen scheint.

Die meisten Therapien beruhen auch auf verbalen Kommunikationsmitteln und der Interaktion zwischen dem Therapeuten und dem Klienten. Da

Verbale Kommunikation

wir an Inhalten und Methoden der Kommunikation interessiert sind, brauchen wir jetzt über die verbalen Kommunikationsmittel per se keine Worte mehr zu verlieren. In allen Therapien jedoch bietet sich dem Klienten eine Möglichkeit, dem Therapeuten über seine Schwierigkeiten zu erzählen, ihm persönliche Probleme anzuvertrauen und generell über all die Angelegenheiten, die störend sind und verwirren, sein Herz auszuschütten. Der Therapeut wird den Mitteilungen des Klienten zumeist aufmerksam und interessiert zuhören, eventuell einige Fragen stellen oder den Klienten bitten, auf bestimmte Probleme noch ausführlicher einzugehen und darüber zu diskutieren. Zu bestimmten Zeitpunkten kann der Therapeut durch Kopfnicken und dadurch, daß er über manche Behauptungen und Empfindungen des Klienten nachsinnt und sich dazu Aufzeichnungen macht, sein Interesse und seine professionelle Anteilnahme zum Ausdruck bringen. Solche Reaktionen des Therapeuten können dem Klienten anzeigen, daß der Therapeut für seine Probleme Verständnis aufbringt, daß er mit solchen Problemen schon Erfahrungen gesammelt hat und daß es tatsächlich einigermaßen berechtigt ist, deren Lösung zu erhoffen bzw. im Bereich des Machbaren zu sehen. Allgemeine Therapiemerkmale dieser Art können in der Tat beim Klienten große therapeutische Wirkungen zeitigen. Sie können sowohl eine optimistischere Lebenseinstellung nach sich ziehen, als auch zu einer wichtigen Wende in seiner gegenwärtigen Lebenssituation beitragen. Er steht nicht mehr ganz alleine mit einer unbekannten Schwierigkeit da – wenig darüber wissend und sich davor ängstigend, sondern kann nun mit der verständnisvollen Unterstützung einer Person rechnen, die sich damit einverstanden erklärt hat, ihn bei der Bewältigung seiner Probleme zu unterstützen. Da der Klient in den meisten Therapien gewöhnlich zu regelmäßig wiederkehrenden Zusammenkünften erscheinen muß, weiß er auch mit Gewißheit, daß er seinen Therapeuten zum verabredeten Zeitpunkt treffen wird. Er kann diesen Treffen somit erwartungsvoll entgegensehen und auf fortgesetzte Unterstützung und Hilfe vertrauen.

Therapeut-Klient-Beziehung

Einige allgemeine Variablen, die in der Psychotherapie wirksam sind, haben wir teilweise schon im vorhergehenden Kapitel erörtert und brauchen hier nur noch kurz angesprochen zu werden. In den meisten Therapien entwickelt sich zwischen Klient und Therapeut eine Beziehung, der in manchen Therapieformen besondere Bedeutung beigemessen, in anderen hingegen offiziell kaum Beachtung geschenkt wird. Die Tatsache, daß sich eine Beziehung bildet und innerhalb der Therapie Bestand hat, dürfte ziemlich einleuchtend sein. Unstrittig ist, daß die Art der Beziehung von der jeweiligen Therapieform geprägt sein kann, wobei sich allerdings auch in dieser Hinsicht charakteristische Züge feststellen lassen, die die meisten Beziehungen gemeinsam haben. In jeder guten Beziehung werden sich gegenseitige Achtung und Rücksichtnahme feststellen lassen. Dieser Tatbestand dürfte auch für die therapeutische Beziehung – ungeachtet der Therapieform – zutreffen. Wir können davon ausgehen, daß der „gute" Therapeut, in welcher Therapieform auch immer, diejenigen Eigenschaften aufweist, die wir als wünschenswert ansehen und von denen wir

Gegenseitige Achtung

glauben, daß sie den therapeutischen Prozeß fördern – ganz gleich, ob es sich dabei um einen klientenzentrierten, kognitiv, verhaltens- oder psychoanalytisch orientierten Therapeuten handelt. Vielleicht schenken einige Leser dieser Aussage nicht auf Anhieb Glauben, weswegen wir uns jetzt diesem Thema noch ein wenig widmen werden.

Das Therapieverhalten bekannter Therapeuten: ROGERS, PERLS, ELLIS

Es gibt ein paar Untersuchungen über das Therapieverhalten einiger sehr bekannter Psychotherapeuten, in denen die unterschiedlichen Stile der Therapeuten klar ersichtlich sind und mit den Paradigmen der verschiedenen Schulen, die sie repräsentieren, übereinstimmen. In einem interessanten Experiment wurde die gleiche Klientin von Carl ROGERS, vom inzwischen verstorbenen Fritz PERLS und von Albert ELLIS interviewt, die als Vertreter des klientenzentrierten, des gestalttherapeutischen und des rational-emotiven Ansatzes ausgewiesen sind (ZIMMER/COWLES, 1972). Das Therapieverhalten dieser weithin bekannten, führenden Therapeuten war so, wie man es bei Kenntnis ihrer Arbeiten antizipieren konnte. Sie arbeiteten auf der Basis unterschiedlicher Prämissen, hatten klar ersichtlich unterschiedliche Persönlichkeitsstile, beeinflußten die Klientin in voneinander unterscheidbarer Weise und therapierten tatsächlich unterschiedlich. So zeigten sich beispielsweise bei einer Analyse der Interviewprotokolle deutliche Unterschiede insbesondere im verbalen Verhalten zwischen ELLIS und ROGERS. ROGERS erwies sich als weniger direktiv, nicht so gebieterisch, reflektierender, und die meisten verbalen Äußerungen wurden während der Sitzung von der Klientin gemacht. ELLIS dagegen ging viel direktiver und autoritativer vor und erwies sich in der Sitzung als verbal dominierend. Es konnten auch noch andere Unterschiede festgestellt werden, die wir aber hier nicht näher zu erörtern brauchen.

Vor diesem Hintergrund könnte man die vorherige Behauptung bezüglich allgemeiner Faktoren in der therapeutischen Beziehung in Zweifel ziehen und fragen, was diese Therapeuten gemeinsam hatten. Zuerst einmal war jeder dieser Therapeuten trotz aller Differenzen eine anerkannte Autorität und ein Repräsentant einer speziellen Therapieschule. Insofern übten sie alle auf die Erwartungen der Klienten einigen latenten Einfluß aus. Zum zweiten war jeder von der Zweckmäßigkeit und der Validität seiner eigenen Therapieform völlig überzeugt. Dieses Attribut kann der Klientin vermittelt worden sein und auf sie beträchtliche Wirkung ausgeübt haben. Und schließlich nahm zwar die Klientin jeden Therapeuten unterschiedlich wahr und reagierte auf sie unterschiedlich, erwähnte aber sowohl positive als auch negative Momente in der Interaktion mit allen dreien. Da es sich hier unglücklicherweise um eine gefilmte Demonstration handelte und nicht um die Untersuchung einer wirklichen Therapie, können wir über die relative Effektivität der drei Therapeuten und ihre verschiedenen Methoden keine Schlußfolgerungen ziehen. Das gleiche gilt für die Beantwortung der Frage, welche Komponenten der verschiedenen Therapien auf die Klientin den stärksten Einfluß ausgeübt haben. Lediglich in dem Maße, wie die Klientin auf bestimmte Merkmale der drei Therapeut-Therapie-Kombinationen positiv reagierte, läßt sich wiederum in allen dreien eine gemeinsame Eigenschaft auffinden.

Gefilmte Demonstration – geringe Aussagekraft

Die Klientin schätzte alle drei als nützlich ein, obwohl sie sehr verschiedenartig waren und unterschiedlich vorgingen. Man könnte sagen, daß jeder Therapeut ein zwar unterschiedliches, aber gleich effektives therapeutisches Verfahren wählte. Oder man könnte behaupten, daß die Klientin trotz der augenscheinlichen Differenzen auf die Verfahren der Therapeuten – welche auch immer ihr angeboten wurden – solange reagierte, wie sie diese als hilfreiche Mittel erachtete. Auf der Grundlage dieses speziellen Experiments kann allerdings keine dieser Positionen bestätigt oder zurückgewiesen werden.

Der Glaube an allgemeine Faktoren läßt sich anhand einer von SLOANE und seinen Mitarbeitern (SLOANE et al., 1975) veröffentlichten, sehr interessanten Untersuchung stützen. In dieser Untersuchung wurden drei allgemein bekannten und erfahrenen Verhaltenstherapeuten eine vergleichbare Gruppe psychoanalytisch orientierter Therapeuten gegenübergestellt. Zu jedem Therapeuten kamen über einen Zeitraum von vier Monaten zehn Klienten in die Therapie, und dreißig Klienten wurden in einer Wartelisten-Kontrollgruppe aufgenommen. Insgesamt zeigten die beiden Therapiegruppen bei Ratings der Primärsymptome signifikant größere Veränderungen, obwohl bei ganz bestimmten Ergebnismessungen auch die Kontrollgruppe beträchtliche Steigerungen aufwies. Die beiden Therapiegruppen hingegen unterschieden sich voneinander nicht signifikant. Obwohl die beiden Therapiegruppen die charakteristischen Verfahren ihrer jeweiligen Orientierung zur Anwendung brachten und sich in dieser Hinsicht deutlich voneinander unterschieden – wie anhand von Probeaufzeichnungen tatsächlicher Therapiesitzungen beurteilt werden konnte –, gelangten sie im Grunde durch ihre therapeutische Arbeit zu ähnlichen Gesamtergebnissen. Obwohl es sich hier für sich genommen schon um einen höchst interessanten Befund handelt, lassen sich noch andere anführen, die noch überraschender klingen.

Vergleich: Verhaltenstherapie vs. Psychoanalyse

Ähnliche Gesamtergebnisse

Das fünfte Interview aller Therapeuten wurde anhand einer Bandaufzeichnung hinsichtlich mehrerer therapeutischer Konditionen analysiert, die von klientenzentrierten Therapeuten spezifiziert worden waren. Es wurden fünf den Therapeuten betreffende Voraussetzungen eingestuft. Dabei zeigten die Verhaltenstherapeuten ein signifikant höheres Level an Intensität des interpersonellen Kontaktes, Empathie und Selbstkongruenz (Echtheit). Hinsichtlich vorbehaltloser positiver Zuwendung und Umfang der interpersonellen Exploration zeigten sich keine Unterschiede. Für die Verfasser dieses Berichts kamen diese Befunde ziemlich überraschend: „... hinsichtlich der Tatsache, daß die Verhaltenstherapie manchmal als ziemlich unpersönlicher Prozeß charakterisiert wurde, in welchem dem Klienten als menschlichem Wesen im Vergleich zur innigen, einfühlsamen Beziehung in einer Psychoanalyse wenig Aufmerksamkeit geschenkt würde. Beide Therapeutengruppen jedoch zeigten hinsichtlich dieser Variablen hohe Levels“ (SLOANE et al., 1975, S. 148–149).

Auch Verhaltenstherapeuten bringen ihre Persönlichkeit in den therapeutischen Prozeß ein

Für unsere einschlägige Diskussion sind diese Ergebnisse von SLOANE et al. (1975) von besonderem Interesse. Die beiden unterschiedlichen Therapieformen führen nicht nur zu durchaus vergleichbaren Ergebnissen

Positive Therapeutenmerkmale bei Verhaltenstherapeuten in der praktischen Arbeit

in bezug auf den Therapieerfolg, sondern die Verhaltenstherapeuten brachten in ihre Therapie hohe Levels an positiven Therapeuteneigenschaften ein – und dies, obwohl solchen Merkmalen in ihrem Theoriesystem praktisch keine offizielle Bedeutung beigemessen wird. Anders ausgedrückt: Die Verhaltenstherapeuten stellen zwar die therapeutische Beziehung als bedeutsame Variable in der Therapie kaum in den Vordergrund, gleichwohl scheinen sie in ihrer praktischen Arbeit mit Klienten genauso gute Beziehungen zu entwickeln wie Therapeuten mit sonstigen Orientierungen, in denen auf die therapeutische Beziehung ein stärkeres Gewicht gelegt wird.

Aus der Untersuchung von SLOANE et al. (1975) lassen sich noch weitere interessante und nutzbringende Ergebnisse anführen:

Keine Unterschiede zwischen Verhaltenstherapeuten und Analytikern

Die in beiden Therapien erfolgreichen Klienten schrieben mehr oder weniger den gleichen Items primäre Bedeutung zu. Die folgenden Items wurden von mindestens 70 Prozent der erfolgreichen Klienten beider Gruppen als „extrem wichtig" oder „sehr wichtig" bezeichnet:

1. Die Persönlichkeit deines Therapeuten
2. Seine Hilfe beim Verstehenlernen deines Problems
3. Seine Hilfestellung dabei, es nach und nach fertig zu bringen, sich mit den störenden Problemen auseinanderzusetzen
4. Seine Fähigkeit, sich mit einer urteilsfähigen Person zu unterhalten
5. Seine Hilfe, dich selbst verstehen zu lernen.

Außerdem stuften mindestens 70 Prozent der erfolgreichen Psychoanalyse-Klienten als extrem oder sehr wichtig folgende Items ein:

1. Seine Unterstützung bei der Entwicklung vom Problemlöseverhalten durch Wiederherstellung von Selbstvertrauen
2. Die Fähigkeiten deines Therapeuten
3. Seine Zuversicht, daß du dich verbessern würdest (S. 206–207).

Angesichts der postulierten theoretischen Prämissen der untersuchten Therapien sind diese Ansichten der Klienten ganz besonders spannend. SLOANE und seine Mitarbeiter führen dazu aus:

Fast alle dieser Items lassen sich als ‚Ermutigung, Ratschlag oder Beruhigung' klassifizieren und sind sowohl in der Verhaltenstherapie als auch in der Psychoanalyse gebräuchliche Faktoren. Keines der von der Mehrheit beider Klientengruppen als sehr wichtig eingestuften Items betrifft Techniken, die nur für eine einzige Therapie charakteristisch sind. ... Am bemerkenswertesten ist die starke Überlappung zwischen den beiden Gruppen, die zumindest aus der Sicht der Klienten vermuten läßt, daß die Effektivität der Behandlung Faktoren zugeschrieben wurde, die beiden Therapieformen gemeinsam war und nicht in Beziehung zu irgendeiner theoretischen Orientierung oder Technik gebracht wurde (S. 207).

Insgesamt betrachtet bekräftigen die Ergebnisse dieser Untersuchung – wie die Forschungsgruppe auch selbst feststellt – die Überzeugung, daß sowohl in der Verhaltenstherapie als auch in der psychoanalytisch orientierten Therapie allgemeine Faktoren wirksam sind, die für das Therapieergebnis von potentieller Bedeutung sind.

Ähnliche Ergebnisse bei weiteren Untersuchungen

Vergleichbare Ergebnisse finden sich auch in einer neueren Untersuchung von RYAN und GIZYNSKI (1971). Sie befragten 14 Klienten, die eine Verhaltenstherapie erhalten und sich in den meisten Fällen deutlich gebessert hatten. Obwohl die Untersuchung einige Mängel aufweist, sind die Ergebnisse von Interesse: „Die Klienten empfanden die Ruhe des Therapeuten, seine verständnisvolle Anteilnahme, Unterstützung und Anerkennung, Beratung und ‚Redlichkeit' generell als hilfreiche Komponenten dieser Erfahrung" (S. 8).

Andere Untersuchungsergebnisse stimmen in etwa damit überein. So fand beispielsweise HEINE (1953), als er Klienten untersuchte, die nach ADLER sowie von klientenzentrierten und psychoanalytisch orientierten Therapeuten behandelt wurden, heraus, daß sich ähnliche Änderungsmuster zeigten. Und Klienten mit ähnlichen Veränderungen hielten tendenziell auch ähnliche Faktoren für die Änderungen verantwortlich. Nach FEIFEL und EELLS (1963) stellten die von ihnen untersuchten Klienten im Gegensatz zu ihren Therapeuten, die ihre Therapietechniken betonten, die persönlichen Qualitäten des Therapeuten und die Möglichkeit, über ihre Probleme zu sprechen, als wichtige Variablen in den Vordergrund.

Offiziell bedeutungslos, faktische Berücksichtigung

Es ist somit denkbar, daß viele unterschiedlich bezeichneten Psychotherapien viele ähnliche Verfahren bzw. Interaktionen anwenden, die auf den Klienten Einfluß nehmen, obwohl sie entsprechend der jeweiligen Therapiesysteme weder im Vordergrund stehen noch beabsichtigt sind. Diese konzeptionell vernachlässigten Variablen können gleichwohl sogar von großer Bedeutung für alle sich zeigenden Ergebnisse sein. Was für die weitere Forschung wirklich zu wünschen wäre, ist eine schulenübergreifende Vorgehensweise, bei der andere, möglicherweise therapeutisch wirksame Variablen (allgemeiner Natur) Berücksichtigung finden. Viel zu viele Therapeuten schauen offensichtlich über den Tellerrand ihrer eigenen Orientierung nicht hinaus. Es ist äußerst wichtig, über die schon untersuchten vorausgesetzten Variablen hinauszugehen und das Therapeutenverhalten sowie seine Interaktionen mit dem Klienten zu erforschen. DAVIDSON und SEIDMAN (1974) machten hierzu vor kurzem folgende Anmerkung: „... Wichtige Variablen sind a priori vorausgewählt und andere aus der Forschung systematisch ausgeklammert worden. Es erfolgt nur die Anwendung eines konzeptionell abgegrenzten Paradigmas auf ein neues inhaltliches Feld, nicht aber ein ehrliches Bemühen um Entdeckung neuer Variablen" (S. 1008).

Weitere allgemeine Therapiefaktoren

Bei den nun folgenden Variablen können wir uns etwas kürzer fassen. Sie sind den meisten Psychotherapien gemein, und wir haben sie schon an anderer Stelle ausführlicher erörtert. Wir haben schon einige Male auf das Problem der Einsicht und des Verstehens angespielt, und wir sollten mit diesem Thema mittlerweile vertraut sein.

Einsicht, Verstehen

Anzumerken ist lediglich noch, daß die Vielfalt an wissenschaftlich begründeten Erkenntnissen und Erläuterungen, mit denen der Klient in den verschiedenen Therapieschulen konfrontiert wird, eine faszinierende Problemstellung ist, die es weiter zu verfolgen gilt. Der allen Orientierungen gemeinsame bedeutsame Aspekt ist die Relevanz, die der Akzeptanz dieser Erklärungen durch den Klienten zukommt. Man kann zwar natürlich in Frage stellen, welchen Nutzen es hat, sich einem falschen Glaubenssystem anzuschließen, es steht aber außer Frage, daß es der Besitz irgendeines Glaubenssystems einem möglich macht, seine Erfahrungen einzuordnen und zu erklären, wodurch man selbst einigermaßen mit Sicherheit ausgestattet wird. Während man bis zu diesem Zeitpunkt bestimmte Aspekte seiner eigenen Persönlichkeit nicht verstehen konnte und infolgedessen darüber sehr verängstigt war, wirkt die vom Therapeuten vermittelte Erkenntnis nicht nur beruhigend, indem einem einiges durchsichtiger wird, sondern es wird bis zu einem bestimmten Grad auch die Interpretation und Erklärung zukünftiger Ereignisse möglich. Die in der Therapie erworbenen Erkenntnisse und Einsichten können dem Einzelnen auch als Bewältigungsmechanismus dienen. Solange sie dem Einzelnen bedeutsam erscheinen, haben sie auch ungeachtet ihrer Inhalte irgendeinen Nutzeffekt.

Katharsis und Release

In den meisten verbalen Psychotherapien stoßen wir auch auf Katharsis und Release, die – sofern sie nicht vorsätzlich vom Therapeuten angestrebt und induziert werden – auch unerwartet bzw. Verwirrung stiftend wirken können. So bestand einmal ein Klient in einer Verhaltenstherapie darauf, mit dem Therapeuten über einen bestimmten Vorfall zu sprechen und hielt sich dabei nicht an die für diese Sitzung vereinbarte Anleitung. Der Therapeut ließ die Aussprache des Klienten zu, und es kam zu einer ziemlich starken Freisetzung von Emotionen, gefolgt von einem signifikanten Aufwärtstrend in der Therapie. In ähnlicher Weise dürfte Desensibilisierung in vielen verschiedenartigen Therapieformen vorkommen, in denen der Klient die Möglichkeit besitzt, bestimmte Probleme wiederholt zu erörtern. Wie wir schon erwähnt haben, kann eine Desensibilisierung stattfinden, selbst wenn diesem Prozeß formell keine besondere Aufmerksamkeit gewidmet wird.

Gleiche Reaktionen des Therapeuten auf Klientenverhalten in der Therapie

Für die meisten therapeutischen Ansätze scheint auch noch ein weiterer Aspekt wichtig zu sein, der nicht besonders hervorgehoben wird. Es geht darum, daß es dem Therapeuten möglich ist, auf die charakteristischen Verhaltensweisen des Klienten einzugehen und zu reagieren. Wenn sich auch einige Therapeuten allzu sehr mit nichts anderem als den verbalen Äußerungen bzw. dem Gefühlsausdruck des Klienten auseinandersetzen, so beachten doch viele auch das Verhalten selbst, das der Klient in der Therapie zeigt. In diesem Falle lassen sich selbst dann, wenn das Therapieverhalten des Klienten unterschiedlich gedeutet wird, bei den verschiedenen Ansätzen auch Gemeinsamkeiten feststellen. Wenn der Klient ständig zu spät in die Therapie kommt, gegenüber dem Therapeuten immer sarkastische Stellungnahmen abgibt, ihn ständig danach fragt, was er denn machen soll oder – was am schlimmsten ist – mit den Honorarzahlungen im Rückstand ist, wird insofern, daß der Therapeut zu diesen Verhaltensweisen Stellung bezieht und darüber diskutiert, eine bei den verschiedenen Ansätzen gemeinsame Vorgehensweise eingeschlagen. Darüber hinaus kann die Auseinandersetzung mit realen, gegenwärtigen Verhaltensweisen des Klienten effektiver sein als allein verbale, abstrakte Diskussionen.

Anregung zu neuen Verhaltensweisen

Der Klient kann vom Therapeuten direkt oder indirekt auch bestätigt und unterstützt werden, wodurch er zum Ausprobieren neuer Verhaltensweisen ermutigt wird. Je nachdem, ob einige der Verhaltensweisen in dieser Richtung Erfolg bringen, wird der Klient in seinen Änderungsbemühungen bekräftigt. Ob nun diese Bestätigung und Ermutigung erreicht wird durch die einfühlsame Kommunikation des Therapeuten, durch die in der Therapie vermittelten Einsichten, durch direktes Mutmachen des Therapeuten oder durch spezielle Instruktionen bzw. vom Therapeuten vorgeschriebene Übungen – das allen gemeinsame Merkmal besteht darin, daß der Klient dazu angeregt wird, neue Verhaltensweisen auszuprobieren, die er bisher vermieden hatte.

Modifikation der Selbst- und Sozialwahrnehmung des Klienten

Ähnlich kennzeichnend ist für die meisten Therapien, daß sie – wenn auch mit verschiedenen Mitteln – versuchen, die Selbstwahrnehmung des Klienten und die Wahrnehmung seiner Umwelt zu modifizieren. Das zentrale Merkmal einer sehr erfolgreichen Therapie besteht darin, zu einer Änderung bzw. Reorganisation der Wahrnehmungsrealität des Klienten zu gelangen. Wenngleich es sich dabei in Wirklichkeit mehr um das Ergebnis einer erfolgreichen Therapie handeln kann als per se um eine Therapievariable, ist es dennoch erwähnenswert. Es hat den Anschein, als würde die in jüngster Zeit erfolgende Betonung von kognitiven Therapieansätzen sehr stark mit den Versuchen verknüpft sein, die Wahrnehmungen des Klienten zu modifizieren (ROSENTHAL/BANDURA, 1978). Trotz unterschiedlicher Gewichtungen wird in vielen verschiedenen Therapieformen der Versuch unternommen, die Wahrnehmung des Klienten zu verändern.

Es dürfte deshalb trotz der offensichtlichen theoretischen und methodischen Differenzen der verschiedenen Therapieansätze eine ganze Reihe von allgemeinen Faktoren geben, die nahezu in jedem Ansatz in Kraft treten. Mir scheint auch, daß diese Faktoren in der Tat bei der Herstellung einiger, vermutlich in der Psychotherapie bewirkten, Änderungen eine wichtige Rolle spielen. Wenn dies wirklich so ist, dann dürfte man gut daran tun, diesen allgemeinen Faktoren mehr Beachtung zu schenken und nicht so sehr ausschließlich den isolierten theoretischen Formulierungen, wie dies von den verschiedenen Therapieschulen vorgenommen werden. Diese theoretischen Fassungen sind in gewissem Maße irreführend bzw. ungenau, und obwohl sie wissenschaftlich begründete Erkenntnisse für die Therapiedurchführung zur Verfügung stellen, bringen sie gleichzeitig ein gehöriges Maß an unnötigem Ausführungsballast mit sich. Die Situation läßt sich in etwa so beschreiben, wie es Charles LAMB in seinem klassischen Essay „A Dissertation on Roast Pig" getan hat. LAMB beschreibt darin sehr unterhaltsam, wie im alten China durch ein zufällig ausbrechendes Feuer der Stall des Schweinehirten HO-TI niederbrannte und alles, auch die Schweine, verbrannte. Bis zu diesem Zeitpunkt hatten alle Leute Schweinefleisch roh gegessen. Als nun aber HO-TI und sein Sohn ein geröstetes Schwein zufällig kosteten, stellten sie fest, daß es viel delikater als rohes Schweinefleisch schmeckte. Nachdem sie diese Erfahrung gemacht hatten, baute HO-TI weitere Ställe und brannte sie anschließend nieder, so daß er auch weiterhin Schweinebraten genießen konnte. Andere beobachteten

Ein Essay

diese Vorgehensweise, und HO-TI und seine Söhne wurden daraufhin vor Gericht gebracht; der anstößige Schweinebraten wurde als Beweismittel präsentiert. Die Mitglieder der Jury betasteten das angebrannte Fleisch, führten ihre Finger automatisch an den Mund und kosteten auf diese Weise den leckeren Schweinebraten. Zur Überraschung aller wurde HO-TI freigesprochen.

LAMB setzte die köstliche Beschreibung dieses historischen Ereignisses folgendermaßen fort:

> Der Richter war ein gerissener Kerl und duldete stillschweigend die offensichtliche Ungerechtigkeit der Entscheidung: Nach Beendigung der Verhandlung ging er heimlich los und kaufte alle Schweine auf, die er für Geld und gute Worte erstehen konnte. Nach wenigen Tagen stand die Stadtwohnung des Richters in Flammen. Das sprach sich rum, und man sah nun nichts anderes mehr als Feuer. Überall im Lande nahmen Brennstoff und Schweine enorm ab. Alle Versicherungsbüros mußten schließen. Man bevorzugte eine immer leichtere Bauweise, und man befürchtete, daß in nicht allzu langer Zeit das ganze Architekturwissen verloren gegangen sein würde. Dieser Brauch des Häuseranzündens wurde demgemäß fortgesetzt, bis im Laufe der Zeit – so steht es jedenfalls in meinen Unterlagen – ein Weiser auftauchte, wie einst unser LOCKE, der die Entdeckung machte, daß man das Schweinefleisch, oder tatsächlich auch jedes andere Tier, braten (sie nannten es anbrennen) konnte, ohne dabei unbedingt ein ganzes Haus zur Zubereitung zu verbrauchen. Damit nahm die primitive Form des Bratrosts ihren Anfang. Das Rösten mit dem Bratspieß kam ein oder zwei Jahrhunderte später in Mode, das damalige Herrschergeschlecht habe ich vergessen. Ganz allmählich – so endet die Urschrift – entwickeln sich die nützlichsten und – wie es scheint – die auf der Hand liegendsten Kunstfertigkeiten im Laufe der Menschheit. ... (LAMB, 1935, S. 110).

Rückgang der Therapienzahl durch verbesserte Konzeptualisierungen allgemeiner Variablen

Ein gebratenes Schwein dürfte zwar viel begehrter sein als ein nichtgebratenes, einen Schweinebraten aber durch Niederbrennen seines Hauses zu beschaffen, erweist sich als äußerst ineffizient. Wenn wir einige viel bessere Konzeptualisierungen der Variablen herstellen können, die in einer erfolgreichen Psychotherapie wichtig sind, dann werden wahrscheinlich auch unsere Verfahren effektiver und effizienter werden. Vermutlich ginge dann auch die starke Ausweitung der therapeutischen Ansätze nach und nach wieder zurück.

Spezifische Therapiefaktoren

Genauso wie es in der Psychotherapie allgemeine Faktoren gibt, die in den meisten Therapien zur Entfaltung kommen, dürfte es auch einige spezifische Faktoren bzw. Verfahren geben, die bei der Behandlung klinischer Spezialprobleme von besonderem Nutzen sind. Im Prinzip haben die meisten Therapien bestimmte Eigentümlichkeiten, die allgemeine Faktoren verkörpern, wie sie gewöhnlich bei therapeutischen Bemühungen vorhanden sind. Darüber hinaus aber kommen bei einigen therapeutischen Ansätzen auch Verfahren zum Einsatz, die für sie kennzeichnend und bei spezifischen Störungen besonders zweckmäßig sind. Daraus läßt sich die

Hypothese ableiten, daß eine effektive Therapie die eben erörterten, grundlegenden allgemeinen Faktoren rationeller als bisher berücksichtigen bzw. anwenden sollte und zusätzlich in Abhängigkeit vom jeweiligen Fall einige spezifische Verfahren zur Hand haben sollte. Statt für alle Klienten ungeachtet ihrer vielfältigen Problemstellungen auf einen einzigen, allgemeinen Ansatz zurückzugreifen, sollte der Anwendung selektiver Verfahren für den einzelnen Klienten mehr Beachtung geschenkt werden. Eine solche Akzentsetzung würde allerdings einige bedeutsame Änderungen in der Ausbildung von Psychotherapeuten wie auch in der Durchführung der Therapien selbst erforderlich machen. Generell würde sich daraus ein systematischerer und eklektischer Zugang zur Psychotherapie ergeben, der allerdings nicht leicht in die Wege zu leiten sein dürfte. Zwar erweckt es den Anschein, als würde die Mehrheit der Psychotherapeuten in Wirklichkeit als Eklektiker tätig sein (GARFIELD/KURTZ, 1977), ihr Eklektizismus unterscheidet sich aber in vielen Fällen von dem, den wir skizzieren.

Eklektischer Ansatz durch Anwendung selektiver Verfahren

Viele bzw. die meisten therapeutischen Ansätze mögen, welche positiven Ergebnisse auch immer sie zu erreichen behaupten, diese tatsächlich auch erlangen, indem sie sich in erster Linie auf allgemeine Therapiefaktoren stützen. Und manche dieser Methoden scheinen auch für bestimmte Problemausprägungen einen besonderen Wert zu haben. Dies scheint auf einige Formen der Verhaltenstherapie zuzutreffen, wobei aber zu beachten ist, daß diese Aussage teilweise nur deshalb stimmen könnte, weil hauptsächlich nur sie Forschungen durchführt und ihre Untersuchungsergebnisse veröffentlicht.

Verhaltensbezogene Verfahren zur Therapie von Phobien

Ziemlich viele der von den Verhaltenstherapeuten veröffentlichten Forschungsberichte haben sich mit einer Reihe von phobischen Verhaltensformen beschäftigt – von der jetzt weitverbreiteten Angst vor Schlangen bis zu Ängsten vor geschlossenen Räumen, weiten Flächen, Sprechen in der Öffentlichkeit sowie einer Vielzahl anderer sozialer Ängste. Verhaltensbezogene Verfahren wie systematische Desensibilisierung, Implosion und Modell-Lernen sind gewissermaßen zur Überwindung phobischen Verhaltens entwickelt und angewendet worden. In manchen Kritiken an den verhaltensbezogenen Methoden wird sogar behauptet, diese Methoden seien nur auf phobische Störungen begrenzt und anwendbar – eine Anschuldigung, die WOLPE (1964) nachdrücklich zurückgewiesen hat. Sei es wie es sei, verhaltensorientierte Techniken haben sich im allgemeinen bei Klienten mit phobischen Störungen ungeachtet der genauen Verfahren, die zur Anwendung kommen, und der theoretischen Prämissen anscheinend recht effektiv erwiesen.

Kombination von Verfahren

Wenn folglich ein Klient wegen eines phobischen Symptoms einen Therapeuten aufsucht bzw. sich dieses als wichtiger Grund dafür erweist, daß er Hilfe sucht, sollte man doch glauben, daß eine verhaltensorientierte Methode angebracht ist. Wahrscheinlich dürften systematische Desensibilisierung und Modell-Lernen zu den am leichtesten und effektivsten anzuwendenden Verfahren zählen. Sie können in bestimmten Fällen auch kombiniert werden mit bzw. ergänzt werden durch insbesondere In-Vivo-Verfahren. Systematischere Beschreibungen dieser sowie anderer verhaltensorientierter Verfahren lassen sich an anderer Stelle nachlesen (BANDURA, 1969; WOLPE, 1973; WOLPE/LAZARUS, 1966), so daß wir jetzt darauf nicht weiter einzugehen brauchen. Unter Umständen sind ganz bestimmte Verfahren bei spezifischen Phobien effektiver als andere, zur Zeit aber lassen sich aufgrund der hierzu zu widersprüchlichen Resultate keine exakten Richtlinien formulieren (GELDER et al., 1973; KAZDIN/WILSON, 1978). Es sollte noch darauf aufmerksam gemacht werden, daß sich die verschiedenen verhaltensorientierten Ansätze zwar selbst einige der erwähnten allgemeinen Therapiefaktoren zunutze machen, aber genauso einige spezifische Qualitäten haben. Mehr als die meisten anderen Ansätze befassen sie sich direkt mit dem Problem des Klienten und bieten rasch Unterstützung zur Entwicklung von Verhaltensweisen an, mit denen man den störenden Stimuli entgegentreten kann. Deswegen und wegen der relativ schnell erreichbaren Verhaltensänderungen dürften sie bei solchen Problemen die besten Behandlungsformen sein.

Spezifische Merkmale verhaltensorientierter Ansätze

Ergänzungen und Vertiefung der Diskussion

Bevor wir uns einem weiteren Beispiel zuwenden, wollen wir das eben Gesagte noch etwas vertiefen und einige Erläuterungen geben, die sich auf die Psychotherapie insgesamt beziehen. Manchmal scheint ein Klient tatsächlich ein fokales bzw. spezifisches Problem wie eine spezielle Phobie zu haben, und ein direkter, verhaltensorientierter Ansatz kann sich als effektiv und ausreichend erweisen. In anderen Fällen jedoch kann das Problem komplexerer Natur sein, und es könnte sich als effektiver erweisen, eine andere Gesamtmethode oder -strategie einzusetzen. Von Wichtigkeit ist hierbei die adäquate Einschätzung des Klienten und seines Problems, damit ein möglichst passender Therapieplan aufgestellt werden kann. Die richtige Diagnose und Beurteilung des Klienten ist zwar von vielen Therapeuten der unterschiedlichsten Orientierungen in den Vordergrund gestellt worden, hat aber tatsächlich nicht zu unbedingt unterschiedlichen Verfahren geführt, die es bei den verschiedenartigen Fällen anzuwenden gilt. Beim eklektischen Ansatz ist die angemessene Beurteilung der Klientenprobleme von außerordentlicher Wichtigkeit, da sich daraus die für den einzelnen Fall jeweils adäquaten Methoden bestimmen und auswählen lassen. Der Theorie nach ist es dabei dem Therapeuten überlassen bzw. ist er dazu geneigt, sich eines breiteren Spektrums an Verfahren zu bedienen, als dies bei einem Therapeuten der Fall ist, der einzig und allein einer ganz bestimmten Orientierung folgt. Er muß deshalb eine gute Basis für die Entscheidung haben, welche Verfahren im jeweiligen Fall anzuwenden sind. Außerdem beschränkt sich die Bewertung der Klientenprobleme nicht auf das Erstinterview bei Therapiebeginn, sondern es handelt sich um einen kontinuierlichen Vorgang, der sich durch die gesamte Therapie zieht. Der Klient kann zu einem späteren Therapiezeitpunkt neue Probleme vorbringen, die er zu Beginn nicht ansprechen wollte, auch kann das Ausmaß des Problems anfangs noch nicht allzu klar zutagetreten, und der Therapeut kann sich bei der Beurteilung sicherer sein, sobald der Prozeß weiter fortgeschritten ist. Natürlich dürften mit einer solchen Vorgehensweise notwendigerweise andere Verfahren verbunden sein. Zur Verdeutlichung führen wir ein Beispiel an.

Große Relevanz der Problemanalyse bei eklektischem Ansatz

Kontinuierlicher Bewertungsvorgang

Therapiebeispiel

Ein junger Geschäftsmann suchte mich eines Tages wegen sexueller Probleme auf. Nach kurzer Unterhaltung war klar, daß er zur Zeit offenbar unter vorzeitiger Ejakulation litt. In der nächsten Sitzung sprach er dann sehr ausführlich über sein heikles Problem, und mir schien eine direkte, verhaltensorientierte Methode ähnlich der von WOLPE (1973; WOLPE/LAZARUS, 1966) geschilderten Vorgehensweise in diesem Fall angebracht zu sein. Im Laufe der Sitzungen jedoch stellte sich heraus, daß sich das von ihm beschriebene Problem bereits vor vielen Jahren eingestellt hatte, daß es auf ihm schwer lastete und er es als etwas ausgegeben hatte, das erst seit kurzem zu einem Problem geworden war. Es wurde danach immer klarer, daß er generell nicht in der Lage war, Frauen gegenüber Annäherungsversuche zu machen und mit ihnen Beziehungen aufzunehmen. Dieses Problem erwies sich als viel grundlegender als das zurückliegende Auftreten einer vorzeitigen Ejakulation und wurde folglich in den Mittelpunkt der Therapie gestellt. Wir sprachen über seine derzeitigen Aktivitäten, und ich ermutigte ihn dazu, gegenüber Frauen, mit denen er Kontakt hatte, angemessene Annäherungsversuche zu machen. Sobald er damit Erfolg hatte, wurden seine Interaktionen realistischer und zufriedenstellender. Er erzählte auch von einigen Schwierigkeiten mit seinem Vater. Dabei ergriff er die Gelegenheit, seine recht negativen Empfindungen gegenüber seinem Vater zum Ausdruck zu bringen und diese Beziehung nun anders wahrzunehmen. Wir stellten dabei einige mögliche Erklärungen dafür zur Diskussion, warum es zu diesen gestörten Empfindungen gekommen war und wieso sie immer noch vorhanden waren. Der Klient nahm auch an mehreren Sitzungen mit Rollenspielen teil, bevor er dann seine Eltern besuchte. Bei dieser Gelegenheit erwies sich der erfolgreiche Besuch auch als therapeutisch wertvoll für die Bekräftigung von Veränderungen, die er zuvor erreicht hatte, indem Wahrnehmungs- und Verhaltensänderungen durch geändertes Verhalten gefestigt wurden. Kurz danach wurde die Behandlung mit dem Eindruck beider Teilnehmer abgeschlossen, daß sich beträchtliche positive Änderungen eingestellt hätten. Von offensichtlich primärer Bedeutung bei dieser therapeutischen Intervention war die größer gewordene persönliche Wirkungskraft und Sicherheit des Klienten (BANDURA, 1977).

Subjektivität von Fallstudien

Nicht alle Fälle gehen natürlich so gut aus wie dieser. Gegenüber klinischen Berichten mit angeblich erfolgreichen Fällen von Behandlungen sollte man zu Recht skeptisch sein. Eine Fallstudie wird nicht nur aufgrund des Erinnerungsvermögens des Berichterstatters gefiltert und entzieht sich dadurch im Grunde jeglicher objektiver Kontrolle, sondern rückblickend scheint fast jeder zurückliegende Fall mit ungewöhnlicher therapeutischer Wirkung ausgestattet zu werden. Für illustrative Zwecke schien obige Fallstudie jedoch geeignet, und ich erinnere mich auch an weniger erfolgreiche Fälle. Zu etwas anderen Ergebnissen kam ich bei einem Versuch, mich bei meinen Methoden auf die systematische Desensibilisierung zu beschränken. Ich versuchte dies hauptsächlich deshalb, weil der Klient ziemlich spezielle Probleme vortrug, die auf eine traditionellere Therapie bei einem vorherigen Therapeuten nicht angesprochen hatten.

Aus vielerlei Gründen, die hier nicht erörtert zu werden brauchen, wollte ich bei diesem Fall meinen Ansatz einschränken und in Erfahrung bringen, ob einige der extremen Ängste des Klienten auf Desensibilisierung ansprechen würden. Obwohl einige Ängste in der Tat zurückgingen, gelang es nicht, eine besonders starke Angst abzuschwächen. Entweder war in diesem Fall das gewählte Verfahren nicht adäquat oder die Desensibilisierung wurde nicht lange genug durchgeführt, die Behandlung war jedenfalls relativ erfolglos. Doch nun wollen wir auf unsere Diskussion über die spezifischen Therapiefaktoren zurückkommen.

Vielleicht stellen einige der verhaltensorientierten Methoden zur Behandlung von Phobien die besten Beispiele für spezifische Therapiefaktoren bzw. -verfahren dar. Es gibt aber noch andere. Ein sehr wichtiger Beitrag aus dem Lager der Verhaltenstherapie hat darin bestanden, Probleme zu klären, die anscheinend aus in der Persönlichkeit liegenden Defiziten resultieren und sich von anderen Störungsformen unterscheiden, bei denen jemand zwar die notwendigen Fertigkeiten bzw. das entsprechende Verhaltensrepertoire besitzt, aber aus Angst und aufgrund von Vermeidungsverhalten nicht in der Lage ist, sich dieses zunutze zu machen.

Dekonditionierung und Substitution von Annäherungsverhalten

In diesem Fall kann die Dekonditionierung des Klienten oder die Substitution von Annäherungsverhalten anstelle von Vermeidungsverhalten zum Erfolg führen und ihm ermöglichen, wieder wirkungsvoll tätig zu sein. Bestehen allerdings bestimmte Verhaltensdefizite, genügt es häufig nicht, wenn man jemanden dazu bewegt, seine Ängste zu überwinden bzw. sich mit dem Annäherungsverhalten auseinanderzusetzen. Es müssen neue soziale Fertigkeiten beigebracht werden, die zuvor nicht erworben wurden und bei den Problemen eine Rolle spielen. Mir fällt dazu ein einfaches Beispiel ein. Ein junger Mann klagt darüber, daß er bei Frauen keinerlei Erfolg hat: „Wenn sie mich nur sehen, wenden sie sich schon ab." Und das ist auch recht leicht zu verstehen. Denn dieser junge Mann ist äußerst unattraktiv, schlampig, eigentlich sogar schmutzig, und er hat einen sehr ausgeprägten Körpergeruch, der einem beim Näherkommen sofort auffällt. Man könnte all dies natürlich auch als oberflächliche Symptome auffassen und ihnen nicht allzu große Bedeutung beimessen. Dann bleibt aber der Tatbestand, daß dieser junge Mann auf viele, wenn nicht sogar die allermeisten Personen abstoßend wirken dürfte. Auch braucht er sich dessen gar nicht unbedingt bewußt zu sein, warum ihn andere Personen meiden. Die direkteste und anscheinend ziemlich einsichtige Methode ist, dem Klienten ein Verständnis seiner offensichtlichen Unzulänglichkeiten zu vermitteln und ihm beizubringen, daß er sich ein attraktiveres Äußeres aneignet. Es kann ihm beigebracht werden, häufiger ein Bad zu nehmen, saubere Kleidung zu tragen etc. Dazu braucht man nicht unbedingt ein sehr großes Wissen über Psychotherapie, es dürfte aber dennoch zu einigen

Erwerb neuer sozialer Fertigkeiten

positiven Änderungen kommen. Man kann einer solchen Person auch beim Erwerb sozialer Fertigkeiten helfen, die ihm beim Zusammentreffen mit anderen Personen und generell bei sozialen Interaktionen behilflich sind. Ähnliche Beispiele ließen sich fortführen (GOLDFRIED/DAVISON, 1976; LEITENBERG, 1976).

Assertive Training als Behandlungspaket

Ähnliches läßt sich über einen Bereich sagen, der von den Verhaltenstherapeuten mit Assertive Training bezeichnet wurde. Diese ziemlich direkten Verfahren wurden von den Verhaltenstherapeuten dann eingesetzt, wenn der Klient sehr große Probleme dabei hatte, aus sich herauszugehen bzw. sich in bestimmten Situationen zu behaupten. Diese Verfahren umfaßten Entspannung, systematische Desensibilisierung, Verhaltenstraining (behavioral rehearsal), Modell-Lernen und praktische Übungen im Alltag (WOLPE/LAZARUS, 1966). Der Gesamtansatz – Selbstbehauptungstraining – läßt sich an dieser Stelle als Beispiel einfügen für einen spezifischen Faktor oder ein spezifisches Behandlungspaket in der Psychotherapie, das für ein spezielles Problem, nämlich bei zu geringer Selbstbehauptung, entwickelt wurde.

Verhaltensorientierte Techniken bei weiteren klinischen Problemen

Es gibt noch eine Reihe anderer klinischer Probleme, die sich ebenfalls mit verhaltensorientierten Techniken recht erfolgreich und wirksam behandeln lassen. Dazu zählen Sprechangst vor fremden Leuten, Enuresis, Schulphobien und sonstige spezifische Verhaltensstörungen. Wo sich somit ein spezifisches Verhaltensproblem stellt, sollte der Therapeut den Entwurf eines Therapieprogramms in Erwägung ziehen, das adäquate Verhaltenstechniken für den Umgang mit dem Problem nutzen sollte (GOLDFRIED/DAVISON, 1976; RIMM/MASTERS, 1974). Wenn Kinder Verhaltensstörungen aufweisen, ist die Rolle der Eltern von entscheidender Bedeutung und somit auch die Arbeit mit den Eltern unter Berücksichtigung bestimmter Verhaltensregeln. Da Kinder sehr stark unter dem Einfluß ihrer Eltern stehen und diese für ihre Kinder wichtige Bekräftigungsinstanzen sind, dürfte dieser methodische Zugang erfolgversprechender sein als die traditionelle „one to one"-Therapie, wie sie in der Vergangenheit häufig angeboten wurde. Man sollte die familiären Interaktionen beobachten und sich direkt mit den Eltern befassen. Diese können auch im gesamten Therapieprogramm als Ko-Therapeuten (therapeutic agents) fungieren (PATTERSON, 1971).

Ko-Therapeuten

Viele Verhaltenstechniken erweisen sich somit bei der Modifikation spezifischer Ausprägungen von Verhaltensproblemen von Bedeutung. Es gibt aber auch eine Reihe von anderen Problemstellungen, bei denen die Anwendung von Verhaltenstechniken alleine nicht so sehr angebracht ist. Es gibt tatsächlich Störungen, bei denen die erfolgversprechende Behandlung keineswegs bekannt ist. In manchen Fällen liegt eine Streuung der Beschwerden bzw. der Symptomatologie vor, die sich durch die gesamte Persönlichkeit zieht und wofür eine Analyse spezifischer Verhaltensprobleme keine geeignete bzw. erfolgversprechende Methode sein dürfte. In stärker existentialistisch orientierten Veröffentlichungen verwies man in diesem Zusammenhang auf ein allumfassendes Gefühl der Entfremdung, das bei vielen Personen vorherrscht und weswegen manche nach einer Psychotherapie trachten (MAY, 1958). Manchmal herrscht ein immer gegenwärtiges Gefühl der Unzufriedenheit, Teilnahms- und Orientierungslosigkeit vor, ähnlich – wenn auch nicht gleichzusetzen – der klinischen Depression. Es fehlt an Übereinstimmung mit der eigenen Umwelt, und die persönlichen Wertvorstellungen sind in Frage gestellt.

Entfremdung als Grund für eine Psychotherapie

Manche haben sogar von einer „existentiellen Neurose" unseres Zeitalters gesprochen. Zumindest einige dieser beunruhigenden Kategorien dürften etwas zu tun haben mit Identitätskrisen und Konflikten in der Adoleszenz wie auch im späteren Leben, wenn man mehr nach innen gekehrt ist, über sein Leben Rechenschaft ablegt und seine Wertvorstellungen und gegenwärtigen Ziele in Frage stellt. Was auch immer es im einzelnen sein mag, so dürfte es sich doch um Probleme handeln, die persönliche Wertvorstellungen und Interessen betreffen und insbesondere in der Mittelschicht und im schulischen und universitären Bereich thematisiert werden.

Selbstfindungsprozeß erfordert Zeit: verhaltensorientierte Techniken problematisch

Obwohl sich diese Probleme nur schwer ordnen lassen, wird als allgemeines Charakteristikum ein Selbstfindungsprozeß sichtbar. Man versucht, sich mit sich selbst und seiner Lebenslage auseinanderzusetzen, was Unzufriedenheit und Unbehagen hervorrufen kann. Der Mensch ist gewissermaßen auf der Suche nach einer persönlichen Lebensphilosophie oder einem Bezugsrahmen, der ihm die Ordnung seiner Lebensweise ermöglicht. Wir durchlaufen in unserer Adoleszenz und im frühen Erwachsenenalter wahrscheinlich alle diesen Prozeß und kommen zu jeweils eigenen Lösungen. Viele jedoch scheinen damit nicht zurecht zu kommen und versuchen es mit einer Beratung oder therapeutischen Hilfestellung. In solchen Fällen scheint es notwendig zu sein, dem Einzelnen eine Möglichkeit zu bieten, seiner Unzufriedenheit und seinem Unbehagen in Gegenwart eines sympathischen Zuhörers Ausdruck zu verleihen, der ihm auch bei der Klärung einiger seiner philosophischen Probleme helfen und auch versuchen kann, ihm zu einer integrierteren und angenehmeren Lebensperspektive zu verhelfen. Solche Personen benötigen eine angemessene Zeitspanne, in der sie in die Lage versetzt werden, sich ihre Konflikte und Fragen, die sie in innere Unruhe versetzen, klarzumachen und versuchen können, irgendeinen Lösungsweg auszuarbeiten, der auf sie zugeschnitten ist. Sofern wir das eben Beschriebene als eine spezifische Problemstellung skizzieren konnten, die sich mit einem bestimmten Therapieverfahren angehen läßt, indizieren wir eine spezifische Therapieform (oder Faktor), selbst wenn die ganze Beschreibung nur spekulativ ist und nicht auf empirischer Grundlage erfolgt.

Krisenintervention

Als weiteres Beispiel für einen spezifischen Therapieansatz bzw. -faktor läßt sich die sogenannte Krisenintervention oder Krisen-Psychotherapie anführen (Ewing, 1978; Jacobson, 1965; Harris/Kalis/Freeman, 1963; Butcher/Maudel, 1976). Therapien dieser Art gingen aus Versuchen hervor, Krisentheorien auf Personen zu beziehen, die gerade spezifische Krisensituationen durchmachen. Sie sind somit auf spezielle Problemausprägungen abgestellt und sind dem Ansatz nach relativ strukturierte Kurzformen therapeutischer Interventionen.

Diese auf Krisen ausgerichteten Therapieformen können sich in verschiedenen Punkten voneinander unterscheiden. Gemeinsam ist ihnen aber, daß im Mittelpunkt der Therapie die aktuelle Krise steht, daß sie Bewältigungsmechanismen des Einzelnen in den Vordergrund stellen und versucht wird, so schnell wie möglich das frühere Stabilitätsniveau wiederherzustellen. Die Therapie läuft auf eine stärkere Strukturierung hinaus, hat einen speziellen Fokus, ist kurz und erfordert vom Therapeuten eine aktivere Haltung. Außerdem wird Wert darauf gelegt, daß der Klient sobald wie nur möglich nach Eintreten der Krise eine Behandlung erhält, damit verhindert werden kann, daß sich seine problematischen Symptome noch mehr verfestigen.

Eine Kurzform der Krisen- bzw. Nottherapie dürfte von wesentlichem Nutzen in Krisensituationen sein, in denen jemand bedenklich durcheinander ist, körperliche Beschwerden hat oder dann, wenn sein oder das Leben einer anderen Person bedroht ist.

Zusammenfassung

Obwohl diese Darstellung notgedrungen ziemlich unausgereift und skizzenhaft ist, dürfte der Gesamtrahmen bzw. das Grundprinzip klar sein. Es gibt bestimmte Merkmale der gegenwärtigen Psychotherapiepraxis, in denen die meisten der verschiedenen Therapieformen übereinstimmen dürften. Sie erweisen sich als verantwortlich für ziemlich viele Veränderungen, die bekanntlich in einer Psychotherapie erfolgen. Obwohl in den letzten vierzig Jahren diese allgemeinen Faktoren bei ernsthaften Forschungsarbeiten über den psychotherapeutischen Prozeß ziemlich starke Beachtung gefunden haben, rückten sie gewöhnlich aufgrund der in den verschiedenen Therapieschulen vorherrschenden Tendenz, ihre eigenen Theoriesysteme und Praxis zu verkünden und herauszustellen, relativ wenig in den Vordergrund. Tatsache jedoch ist, daß ziemlich viele allgemeine Therapiefaktoren existieren. Den psychotherapeutischen Prozeß mit diesen Faktoren vor Augen zu betrachten, würde sich als sparsamer und konstruktiver erweisen.

Gleichzeitig gibt es einige therapeutische Ansätze und Verfahren, die zwar – mit Ausnahme der verhaltensorientierten Therapien – vielleicht weniger gut entwickelt und abgeleitet sind, sich aber zur Behandlung ganz bestimmter, spezifischer Problemausformungen äußerst gut eignen. Aus diesem Grunde haben wir sie mit spezifischen Faktoren in der Psychotherapie gleichgesetzt. Viele der beschriebenen allgemeinen Faktoren macht man sich in der Therapie zumeist als grundlegende Variablen im therapeutischen Prozeß zunutze. In vielen Fällen ließen sich auch genauso ausgewählte spezifische Faktoren verwenden. In manchen Fällen aber, selbst wenn allgemeine Faktoren in der Psychotherapie eine Rolle spielen, sollte man besondere Aufmerksamkeit auf die spezifischen Techniken bzw. Faktoren lenken, die für die dargestellten individuellen Probleme besonders geeignet sein dürften.

Parallele: SPEARMANS Intelligenzmodell

Vielleicht haben einige Leser schon bemerkt, daß der hier entwickelte Ansatz viele Ähnlichkeiten mit dem Intelligenzmodell des englischen Psychologen Charles SPEARMAN aufweist. Meiner Ansicht nach ist es ein fruchtbares Konzept zum Verständnis und zur Beurteilung intellektueller Funktionen gewesen, und es stellt sich heraus, daß es auch für das bessere Verständnis des psychotherapeutischen Prozesses einige Bedeutung hat. So wie es jetzt eingeführt wird, ist es zugestandenermaßen sehr unfertig und unsystematisch, trotzdem aber scheint es überlegenswert. Das richtungsweisende Ziel, Psychotherapie zu einem effektiveren und wirksameren Prozeß machen zu wollen, scheint mir nur über eine klarere Erkenntnis der

Tatsache erreicht werden zu können, daß unterschiedliche Problemstellungen unterschiedliche Verfahren erfordern und ein Ansatz alleine nicht für alle Personen das alleinig Richtige sein kann. Obwohl auch die Personen, die Hilfe suchen, gemeinsame Merkmale haben und es auch allgemeine Faktoren gibt, die in der Psychotherapie generell von Bedeutung sind, müssen wir auch von spezifischen Faktoren ausgehen, die man bei den verschiedenen Falltypen erkennen und anwenden muß. Wenn wir über die allgemeinen und spezifischen Therapiefaktoren besser Bescheid wüßten, dann würde sich dies auf die Erzielung effektiverer Ergebnisse bei unseren therapeutischen Anstrengungen niederschlagen.

Literatur

Bandura, A. *Principles of behavior modification*. New York: Holt, Rinehart and Winston, 1969.

Bandura, A. Self-efficacy: Towards a unifying theory of behavioral change. *Psychological Review*, 1977, *84*, 191–215.

Barrett, C. L., Hampe, I. E., and Miller, L. Research on psychotherapy with children. In S. L. Garfield and A. E. Bergin (Eds.), *Handbook of psychotherapy and behavior change*, 2nd ed. New York: Wiley, 1978.

Brown, H. A. Role of expectancy manipulation in systematic desensitization. *Journal of Consulting and Clinical Psychology*, 1973, *41*, 405–411.

Butcher, J. N. and Maudal, G. R. Crisis intervention. In I. B. Weiner (Ed.), *Clinical methods in psychology*. New York: Wiley, 1976.

Davidson, W. S. and Seidman, E. Studies of behavior modification and juvenile delinquency: A review, methodological critique, and social perspective. *Psychological Bulletin*, 1974, *81*, 998–1011.

Ewing, C. P. *Crisis intervention as psychotherapy*. New York: Oxford University Press, 1978.

Feifel, H. and Eells, J. Patients and therapists assess the same psychotherapy. *Journal of Consulting Psychology*, 1963, *27*, 310–318.

Frank, J. D. Therapeutic factors in psychotherapy. *American Journal of Psychotherapy*, 1971, *XXV*, 350–361.

Frank, J. D. *Persuasion and healing*, 2nd ed. Baltimore: The John Hopkins Press, 1973.

Garfield, S. L. *Introductory clinical psychology*. New York: Macmillan, 1957.

Garfield, S. L. Basic ingredients or common factors in psychotherapy? *Journal of Consulting and Clinical Psychology*, 1973, *41*, 9–12.

Garfield, S. L. and Kurtz, R. A study of eclectic views. *Journal of Consulting and Clinical Psychology*, 1977, *45*, 78–83.

Gelder, M. G., Bancroft, J. H. J., Gath, D. H., Johnston, D. W., Mathews, A. M., and Shaw, P. M. Specific and nonspecific factors in behavior therapy. *The British Journal of Psychiatry*, 1973, *123*, 445–462.

Goldfried, M. R. and Davison, G. C. *Clinical behavior therapy*. New York: Holt, Rinehart & Winston, 1976.

Harris, M. R., Kalis, B., and Freeman, E. Precipitating stress: An approach to brief therapy. *American Journal of Psychotherapy,* 1963, *17,* 465–471.

Heine, R. W. A comparison of patients' reports on psychotherapeutic experience with psychoanalytic, nondirective and Adlerian therapists. *American Journal of Psychotherapy,* 1953, *7,* 16–23.

Jacobson, G. Crisis theory and treatment strategy: some sociocultural and psychodynamic considerations. *Journal of Nervous and Mental Disease,* 1965, *141,* 209–218.

Kazdin, A. E. and Wilcoxon, L. A. Systematic desensitization and nonspecific treatment effects: A methodological evaluation. *Psychological Bulletin,* 1976, *83,* 729–758.

Kazdin, A. E. and Wilson, G. T. *Evaluation of behavior therapy: Issues, evidence, and research strategies.* Cambridge, Mass.: Ballinger, 1978.

Leitenberg, H. (Ed.), *Handbook of behavior modification and behavior therapy.* Englewood Cliffs, NJ: Prentice-Hall, 1976.

Lennard, H. L. and Bernstein, A. *The anatomy of psychotherapy: Systems of communication and expectation.* New York: Columbia University Press, 1960.

Levine, M. *Psychotherapy in medical practice.* New York: Macmillan, 1948.

Luborsky, L., Singer, B., and Luborsky, L. Comparative studies of psychotherapies. *Archives of General Psychiatry,* 1975, *32,* 995–1008.

May, R. The origins and significance of the existential movement in psychology. In R. May, E. Angel, and H. F. Ellenberger (Eds.), *Existence.* New York: Basic Books, 1958, pp. 191–213.

McCardel, J. and Murray, E. J. Nonspecific factors in weekend encounter groups. *Journal of Consulting and Clinical Psychology,* 1974, *42,* 337–345.

McReynolds, W. T., Barnes, A. R., Brooks, S., and Rehagen, N. J. The role of attention-placebo influences in the efficacy of systematic desensitization. *Journal of Consulting and Clinical Psychology,* 1973, *41,* 86–92.

Patterson, C. H. Divergence and convergence in psychotherapy. *American Journal of Psychotherapy,* 1967, *21,* 4–17.

Patterson, C. H. Some notes on behavior theory, behavior therapy, and behavioral counseling. *The Counseling Psychologist,* 1969, *1,* 44–56.

Patterson, G. R. Behavioral intervention procedures in the classroom and in the home. In A. E. Bergin and S. L. Garfield (Eds.), *Handbook of psychotherapy and behavior change.* New York: Wiley, 1971.

Rimm, D. C. and Masters, J. C. *Behavior therapy.* New York: Academic Press, 1974.

Rosenthal, D. and Frank, J. D. Psychotherapy and the placebo effect. *Psychological Bulletin,* 1956, *53,* 294–302.

Rosenthal, T. and Bandura, A. Psychological modeling. In S. L. Garfield and A. E. Bergin (Eds.), *Handbook of psychotherapy and behavior change,* 2nd ed. New York: Wiley, 1978.

Rosenzweig, S. Some implicit common factors in diverse methods of psychotherapy. *American Journal of Orthopsychiatry,* 1936, *6,* 412–415.

Ryan, V. and Gizynski, M. Behavior therapy in retrospect: Patients' feelings about their behavior therapists. *Journal of Consulting and Clinical Psychology,* 1971, *37,* 1–9.

Sloane, R. B., Staples, F. R., Cristol, A. H., Yorkston, N. J., and Whipple, K. *Psychotherapy versus behavior therapy*. Cambridge: Harvard University Press, 1975.

Spanos, N. P., Moor, W., and Barber, T. X. Hypnosis and behavior therapy: Common denominators. *American Journal of Clinical Hypnosis*, 1973, *16*, 45–64.

Staples, F. R., Sloane, R. B., Whipple, K., Cristol, A. H., and Yorkston, N. J. Difference between behavior therapists and psychotherapists. *Archives of General Psychiatry*, 1975, *32*, 1517–1522.

Stone, A. R., Imber, S. D., and Frank, J. D. The role of nonspecific factors in short-term psychotherapy. *Australian Journal of Psychology*, 1966, *18*, 210–217.

Strupp, H. H. Specific vs. nonspecific factors in psychotherapy and the problem of control. *Archives of General Psychiatry*, 1970, *23*, 393–401.

Torrey, E. F. What western psychotherapists can learn from witchdoctors. *American Journal of Orthopsychiatry*, 1972, *42*, 69–76.

Wolpe, J. Behavior therapy in complex neurotic states. *The British Journal of Psychiatry*, 1964, *110*, 28–34.

Wolpe, J. *The practice of behavior therapy*, 2nd ed. New York: Pergamon Press, 1973.

Wolpe, J. and Lazarus, A. A. *Behavior therapy techniques*. Oxford: Pergamon Press, 1966.

Zimmer, J. M. and Cowles, K. Content analysis using fortran: Applied to interviews conducted by C. Rogers, F. Perls, and A. Ellis. *Counseling Psychology*, 1972, *19*, 161–166.

Kapitel 7
Der psychotherapeutische Prozeß – I

Bis jetzt haben wir die am psychotherapeutischen Prozeß beteiligten Parteien und einige der Variablen und Faktoren näher ins Auge gefaßt, bei denen man voraussetzen kann, daß sie in diesem Prozeß wirksam sind. Deren Darstellung ist bis zu einem gewissen Grade etwas segmentiert bzw. abstrakt erfolgt. Diese Vorgehensweise schien uns aber erforderlich zu sein, bevor man eine stärker funktionelle Darstellung des eigentlichen psychotherapeutischen Prozesses in Angriff nimmt. Wir werden im nun folgenden Kapitel beschreiben, was der Prozeß zur Folge hat bzw. wie ein wünschenswerter psychotherapeutischer Prozeß ablaufen sollte. Dabei hoffen wir, daß die bisherigen Kapitel eine gute Basis zum besseren Verständnis dieses Prozesses vermittelt haben.

Therapieaufnahme

Wann geht man zum Therapeuten?

Wie schon erwähnt, kommt es meist dann zu einer Psychotherapie, wenn jemand ziemlich viele Unannehmlichkeiten hat, unzufrieden ist, zum Schluß kommt, daß er von alleine mit den Beschwerden nicht fertig werden wird und danach trachtet, bei der Beseitigung seiner Beschwerden Hilfestellung zu bekommen. Je nach seiner Situation kann er sein Problem mit seiner Frau oder mit einem Freund besprechen, der vorher selbst in einer Therapie gewesen war, oder seinen Hausarzt konsultieren. Möglicherweise wird er an eine bestimmte Klinik oder an einen bestimmten Therapeuten überwiesen. In diesen Fällen ergreift der potentielle Klient von sich aus die Initiative, um therapeutischen Beistand zu erhalten. In anderen Fällen finden Klienten nur auf das Drängen hin oder durch Druckausübung anderer Personen oder Institutionen den Weg in die Klinik oder zum Psychotherapeuten. So wird den Eltern von Kindern, die in der Schule als Problemfälle eingestuft werden, häufig von der Schulbehörde nahegelegt, ihre Kinder behandeln zu lassen. Oder es droht der eine Ehepartner mit der Scheidung, wenn sich der andere nicht von einem Fachmann helfen lassen will. Und es kann auch ein Richter eine Strafe nur unter der Bedingung zur Bewährung aussetzen, daß man sich einer Psychotherapie unterzieht. Manchmal kommt es auch vor, daß Familien, die von der Fürsorge unterstützt werden, schließlich dem Rat ihres zuständigen Fürsorgehelfers folgen und bei einer nahegelegenen Klinik um eine Unterstützung nachfragen.

Alle eben skizzierten Beispiele verweisen darauf, daß man in die Lage kommen kann, eine Behandlung zu brauchen, und daher in der Praxis eines Therapeuten erscheinen kann. Recht unterschiedlich aber sind die Anlässe, warum man eine Behandlung anstrebt, sowie die Motivation und das Interesse an der Behandlung. Für den Therapeuten ist es wichtig, daß er über solche Unterschiede Bescheid weiß und versucht, die Beweggründe des Klienten zu ermitteln, deretwegen er sich einer Behandlung unterziehen will. Ebenso sollte er wissen, warum der Klient gerade jetzt um Unterstützung nachsucht. Gerade darüber sollte der Therapeut eine ziemlich klare Vorstellung haben, weil er sonst die näheren Umstände nicht versteht, die den Klienten zu diesem Schritt veranlaßt haben. Es ist relativ sinnlos, es einfach mal zu probieren bzw. die Behandlung in Gang zu setzen, wenn ersichtlich ist, daß der Klient in Wirklichkeit an einer Behandlung bzw. Hilfe überhaupt nicht interessiert ist, sondern sich dazu lediglich aufgrund des Außendrucks bereit erklärt. Man tut am besten daran, diesem Problem in der Eröffnungssitzung nachzugehen und sich mit ihm – wie auch immer es gelagert sein mag – auseinanderzusetzen.

Therapiemotivation

Wichtig ist auch, daß im Erstinterview abgeklärt wird, was der Klient als sein eigentliches Problem bzw. seine Störung betrachtet. Man sollte sich gewissenhaft darum bemühen, genau das, was der Klient geändert haben möchte, zu ermitteln, damit Klient und Therapeut in den expliziten Therapiezielen übereinstimmen. Bei verschwommenen oder unklaren Beschwerden sollte der Therapeut dafür Sorge tragen, daß er ein klares Bild davon bekommt, was sich der Klient von der Therapie erwartet. Nicht selten bringt der Klient eine ganze Palette von Beschwerden vor, die manchmal einer langen Einkaufsliste ähnelt. Es ist keine gute Vorgehensweise, all diese Beschwerden stillschweigend so entgegenzunehmen, als würden sie in der Therapie behoben werden können. Es lohnt sich vielmehr für den Therapeuten, wenn er den Klienten danach fragt, welche dieser Probleme er für die wichtigsten und störendsten hält, damit man sich auf sie konzentrieren könne. Selbst wenn sich später im Verlauf der Therapie Problemverlagerungen ergeben, sollten die Kernfragen bzw. -probleme so deutlich wie nur möglich festgelegt werden und beiden Seiten zu Beginn der Therapie einsichtig sein. Einige Therapeuten favorisieren zwar eine Vorgehensweise, die es dem Klienten erlaubt, sich frei und ohne Drängen zu äußern. Dieser Ansatz ist aber mangelhaft, wenn der Therapeut nicht völlig versteht, was ihm der Klient mitteilt. Ich habe herausgefunden, daß besonders unerfahrene Therapeuten damit zögern, einen Klienten an einer bestimmten Stelle zu unterbrechen und offen zuzugeben, sie würden das entscheidende Problem, das er zu vermitteln suche, nicht verstehen. Vor allem im Erstinterview muß sich der Therapeut darüber im Klaren sein, was der Klient über seine Probleme erzählt und welche Ziele er mit der Therapie verbindet. Wenn ein Therapeut über das, was modifiziert bzw. geändert werden muß, keine klare Vorstellung erlangt, wird er wahrscheinlich auch nicht die effektivste therapeutische Strategie ausfindig machen können. Wird ferner der Klient gebeten, die relative Bedeutung seiner vorgebrachten Probleme anzugeben, so kann der Therapeut noch besser

Therapieziele

Welche Probleme sind am störendsten?

verstehen, was den Klienten am meisten belastet und wie die Behandlungsprioritäten zu setzen sind.

Wichtige Informationen über den Klienten

Der Therapeut wird nicht nur darauf abzielen, daß ihm der Klient erzählt, warum er gerade jetzt eine Therapie haben möchte, sondern kann auch noch andere, damit zusammenhängende Informationen gewinnen wollen. Er wird in der Regel wissen wollen, wann die Schwierigkeiten auftraten bzw. wann sie sich dem Klienten selbst als Problem stellten. Es kann auch nützlich sein herauszufinden, ob diese Schwierigkeiten mit bestimmten Situationen oder Personen in Zusammenhang stehen. Wenn es sich herausstellt, daß bei seinen Problemen die derzeitige materielle Lage oder familiäre Situation eine Rolle spielt, sollte man vernünftigerweise auch in dieser Richtung stärker explorieren.

Ort der Therapiedurchführung

Bis zu einem bestimmten Grad wird auch der Ort der Therapiedurchführung darauf Einfluß ausüben, wie der Psychotherapeut mit dem Klienten interagiert und auf welche Information bzw. Klärung er abzielt. Handelt es sich um ein klinisches Setting und wird der Klient schon bei der Aufnahme untersucht und befragt, liegen über ihn und seine Probleme ganz bestimmte Hintergrundinformationen bereits vor. Der Therapeut braucht dann diesen Vorgang der Informationssammlung nicht unbedingt zu wiederholen bzw. ganz besondere Bedeutung beizumessen. Er kann stattdessen den Klienten einfach bitten, ihm mit seinen eigenen Worten von seinen wichtigsten Problemen zu erzählen. Vorausgesetzt, daß der Bericht des Aufnahmepersonals (intake worker) keine Unklarheiten enthält oder der Therapeut selbst sich nicht noch für einige dieser Bereiche näher interessiert, können relativ unverzüglich Probleme in den Mittelpunkt gerückt werden, die die Therapie selbst betreffen. Führt hingegen der Therapeut selbst das Erstinterview durch, muß er den vorher erwähnten Bereichen mehr Aufmerksamkeit schenken. Dabei bin ich persönlich jedoch nicht der Ansicht, daß es unbedingt notwendig ist, einen althergebrachten Typus einer „social case history" zu erhalten, außer es liegen ganz außergewöhnliche Probleme vor. Lediglich wenn recht groteske Beschwerden zum Vorschein kommen oder es sich möglicherweise um eine gefährliche pathologische Erscheinung handeln könnte, sollten die nötigen Nachfragen und Bewertungen erfolgen. Andernfalls würde ich persönlich nur die Informationen sammeln, die für die Bestimmung der Klientenprobleme und für die Planung einer denkbaren therapeutischen Strategie notwendig sind. Anders ausgedrückt – der Fokus liegt auf der Psychotherapie.

Darstellung und Abklärung der Probleme

Die erste Sitzung erlaubt somit dem Klienten, seine Schwierigkeiten darzustellen und mit dem Therapeuten zu besprechen. Der Therapeut wiederum kann dabei diese Probleme abklären und sich vom Klienten einen ersten Eindruck machen. Der Therapeut tut auch gut daran, zu diesem Zeitpunkt die Erwartungen des Klienten hinsichtlich der Psychotherapie, und zwar sowohl was das Ergebnis der Therapie als auch ihren Ablauf betrifft, zu ermitteln. Genauso wie man klären soll, welche Probleme in der Therapie angepackt werden, sollte auch eine Klärung herbeigeführt werden, wie die nächsten Sitzungen ablaufen. Wie wir in einem früheren Kapitel schon herausgearbeitet haben, können Klient und

Therapeut ganz unterschiedliche Erwartungen an eine Psychotherapie herantragen, und es ist wichtig, daß man sich darüber in der ersten Sitzung Klarheit verschafft und darüber spricht (Garfield/Wolpin, 1963). Es dürfte vorrangig anzustreben sein, die Erwartungen des Klienten ausfindig zu machen, damit der Therapeut möglichst adäquat darauf reagieren kann. In der Regel handelt man vernünftig, nicht alles als selbstverständlich vorauszusetzen, sondern so offen wie nur möglich Sachverhalte zu verdeutlichen. Dann wird es auch nur selten zu Mißverständnissen kommen. Es passiert ziemlich schnell, daß man manche Klienten über bestimmte Fragen als informiert wähnt und dann aber feststellen muß, daß man sich geirrt hat. Ich selbst beispielsweise erinnere mich daran, als ich einmal im Erstinterview bei einer intelligenten und gebildeten Frau aufgrund einiger ihrer Bemerkungen der Überzeugung war, sie erwarte, daß sich die Therapie über einen langen Zeitraum erstrecken würde. Da sich meiner Einschätzung nach ihre Probleme in etwa 10 bis 12 Interviews behandeln ließen, informierte ich sie darüber, daß die Therapie entgegen ihren wahrscheinlich anderen Erwartungen nur 10 bis 12 Sitzungen erforderlich mache. Die Klientin aber zeigte sich von dieser Angabe ziemlich überrascht und erwiderte, daß sie nur mit etwa 5 Sitzungen gerechnet hätte! Die Moral von dieser Geschichte ist, daß man gut daran tut, Vermutungen tunlichst auf ihre Richtigkeit hin zu überprüfen.

Therapieerwartungen des Klienten

Informationen über den tatsächlichen Therapieablauf

Im Erstinterview sollte folglich der Therapeut die Erwartungen des Klienten an die Psychotherapie ergründen und vor dem Hintergrund dieser Informationen versuchen, ihn über den tatsächlichen Verlauf zu unterrichten. Die Reaktionen des Klienten auf seine Angaben muß er sorgfältig registrieren und jegliches Gefühl der Enttäuschung oder ähnliches aufgreifen. Empfindungen solcher Art sollten möglichst abgeklärt und aufgearbeitet werden, um festzustellen, ob für eine Therapie eine ausbaufähige Basis vorliegt. Meine persönliche Überzeugung ist, daß die Therapie von einer Basis gegenseitigen Verständnisses und Einklangs beider Beteiligten ausgehen sollte. Hat der Klient gegenüber den Informationen hinsichtlich der Therapie Vorbehalte, versucht man diese am besten in aller Offenheit in der Hoffnung zur Sprache zu bringen, sie dadurch ausräumen zu können. Hat der Klient allerdings Erwartungen in bezug auf eine spezielle Therapieform, die der Therapeut nicht durchführt, verdeutlicht man dies am besten gleich zu Beginn der Therapie und legt dem Klienten eventuell nahe, bei einem anderen Therapeuten vorzusprechen. Auch dabei aber sollte man einfühlsam und verständnisvoll vorgehen und den Klienten nicht vor den Kopf stoßen.

Wichtige Informationen über die Therapie

Sind die Probleme und Erwartungen des Klienten abgeklärt, sollte ihm der Therapeut die Einsicht vermitteln, wie es mit der Therapie weiter geht, wie lange sie voraussichtlich dauern wird, welche Erwartungen an ihn, den Klienten, gestellt werden und ähnliches mehr. Auf diese Weise informiert man den Klienten darüber, was ihn in der Zukunft erwartet, und es lassen sich strittige Punkte klären. Ist sich der Therapeut über den zukünftigen Therapieverlauf noch unschlüssig oder stimmt seine Einschätzung über die erforderliche Anzahl von Sitzungen nicht mit der des Klienten überein, kann ein Kompromiß angebracht sein, indem man sich auf eine Probezeit mit einer genau festgelegten Anzahl von Sitzungen einigt. Ich habe in zunehmendem Maße erkannt, daß dieser Modus unter der Voraussetzung unbedingter Ehrlichkeit von Nutzen ist und in der Tat kein Weg ist, der einen zu einer Langzeittherapie verleitet. Sind mutmaßlich 15 bis 20 Sitzungen dazu erforderlich, so kann man im Grunde annehmen, daß sich der Therapeut dessen nicht völlig sicher ist, dazu nach vier oder fünf Sitzungen aber eine genauere Einschätzung denkbar ist und beide Seiten zu diesem Zeitpunkt die Situation neu einschätzen und eine neue Vereinbarung treffen können. Selbst FREUD hatte es mit Situationen zu tun, in denen er es für ratsam hielt, eine sogenannte Probeanalyse (trial analysis) vorzunehmen. In einer Reihe von Fällen scheint dies eine angebrachte Vorgehensweise zu sein.

Probezeit

Probeanalyse

Zusätzlich zu den bisher genannten Problemen gibt es noch Fragen eher praktischer Natur, die man ebenfalls zum Zeitpunkt der Erstinterviews berücksichtigen muß. Sie umfassen zum Beispiel Probleme wie die Höhe des Honorars pro Sitzung, auf welche Weise es zu begleichen sein wird, die zeitliche Regelung für die nachfolgend geplanten, regelmäßigen Interviews, das pünktliche Erscheinen zu den abgemachten Zeitpunkten und so weiter. Der Klient sollte auch die Gelegenheit erhalten, am Ende der Sitzung zu allen Problemen Fragen zu stellen, die zuvor aufgeworfen worden waren, und vielleicht auch zu seinem eigenen Verhalten in diesen Angelegenheiten. Der Therapeut sollte den Klienten während des Interviews auch in bezug auf typische Manierismen und Verhaltensmuster sowie Reaktionsweisen bei heiklen Diskussionsthemen beobachten. Manchmal pflichtet der Klient verbal bei, obwohl Gesichtszüge und Körperhaltung eher Ablehnung zum Ausdruck bringen. Je nach Situation und Diskussionsthema kann der Therapeut diesen Widerspruch einfach nur zur Kenntnis nehmen und im Gedächtnis behalten oder aber den Klienten darauf hinweisen, daß er zwar „ja" sagt, daß es aber den Anschein hat, als sei er sich dieser Zustimmung in Wirklichkeit gar nicht so sicher. Auf diese Weise kann das Problem noch zusätzlich exploriert werden. Aufgrund seiner Beobachtungen in Zusammenhang mit dem übermittelten verbalen Material ist es dem Therapeuten möglich, zu einem Urteil über den Klienten zu gelangen, einiges über den Therapieverlauf vorherzusagen und eine Entscheidung darüber zu fällen, ob er mit dem Klienten die Therapie durchführen wird. Hat der Therapeut ernsthafte Zweifel, ob er dem Klienten helfen kann, oder möchte er aus welchen Gründen auch immer mit ihm nicht zusammenarbeiten, so sollte er sich das offen zugestehen und den Klienten in angemessener Form darüber informieren. In solchen Fällen sollte er alternative Anlaufstellen vorschlagen, mit denen der Klient Kontakt aufnehmen könnte.

Höhe des Honorars

Zeitplan und Pünktlichkeit

Verhaltensbeobachtung in der Therapie

Bei Zweifel: Keine Therapieaufnahme

Im Erstinterview wird sich natürlich auch der Klient vom Therapeuten ein Bild zu machen versuchen. Die Vorstellungen des Klienten, die er sich von der Person des Therapeuten gemacht hat, werden nun mit der Wirklichkeit konfrontiert. Bei zu großen Diskrepanzen ist es denkbar, daß der Klient aus Enttäuschung die Therapie abbricht. Es handelt sich hier

Das Bild des Klienten vom Therapeuten

jedoch weniger um ein wichtiges Problem, das die allgemeine, äußere Erscheinung des Therapeuten angeht. Von größerer Bedeutung ist der Eindruck, den der Therapeut dadurch erweckt, was er dem Klienten über die Therapie erzählt, wie er sich mit dessen Problemschilderung befaßt und wie er generell auf die Belange des Klienten eingeht. Vermittelt er Aufrichtigkeit, Interesse und Kompetenz, wird der Klient in den meisten Fällen günstig reagieren, demgemäß seine Erwartungen berichtigen, eine optimistischere Einstellung gegenüber der Zukunft entwickeln und der Zusammenarbeit mit dem Therapeuten und ihren gemeinsamen Anstrengungen in der Therapie hoffnungsvoll entgegensehen.

Die Bedeutung des Erstinterviews

Das Erstinterview und die Anfangsphase der Therapie sind folglich für die Errichtung des geeigneten Rahmens für eine eventuell nachfolgende Therapie von großer Bedeutung. Geht man dabei geschickt vor, sollte sich der Prozeß der Psychotherapie ohne überraschende Schwierigkeiten entwickeln. Werden hingegen Unklarheiten und Mißverständnisse nicht gleich zu Beginn der Therapie behoben, kommt es mit größerer Wahrscheinlichkeit zu einem vorzeitigen Abbruch und insgesamt möglicherweise zu einer langsameren bzw. überhaupt keiner Verbesserung. Im Erstinterview – oder falls es notwendig ist, in den ersten Interviews – sollte es zu einer Klärung von Fragen und Erwartungen kommen, die der Klient an die Therapie heranträgt, und am Ende der Sitzung bzw. Sitzungen in eine bestimmte Form eines Abkommens zwischen Therapeut und Klient münden. Es wird sich in der Tat nützlich erweisen, wenn der Therapeut gleich am Ende der Sitzung dieses gemeinsame Agreement und Einvernehmen zusammenfaßt.

Bevor wir zum nächsten Aspekt des psychotherapeutischen Prozesses kommen, möchte ich noch einen Punkt hervorheben, der nach meiner Überzeugung für alle praktizierenden und angehenden Psychotherapeuten von großer Bedeutung ist. Und zwar geht es darum, niemals den Fehler zu begehen, dem Glauben zu schenken, was einem der Klient als wahrheitsgemäßen Ablauf der Ereignisse darstellt. Mit dieser Aussage stieß ich bei meinen Studenten sehr oft auf Widerstand, so daß ich lieber sofort ausführe, was damit gemeint ist. Was der Klient dem Therapeuten über seine Erlebnisse erzählt, ist im wesentlichen gleichzusetzen mit seiner Wahrnehmung von Begebenheiten und seiner Wahrnehmung anderer Personen. Es ist zwar sehr wichtig, daß der Therapeut versteht, wie der Klient seine Umwelt wahrnimmt, es ist aber auch unbedingt notwendig, sich vor Augen zu halten, daß es sich um Wahrnehmungen handelt und nicht unbedingt um ein wirklichkeitsgetreues Abbild der Situation. Der Therapeut muß sich das stets vor Augen halten, da beides nicht unbedingt identisch ist; hält er beide Seiten nicht auseinander, könnte er eventuell Eigenschaften des Klienten bekräftigen, die gar nicht erwünscht sind. In extremeren Fällen, wie zum Beispiel bei schweren paranoiden Störungen und ähnlichem, läßt sich diese Unterscheidung relativ leicht treffen. Es ist kein Problem, zwischen den deutlich gestörten Wahrnehmungen des Klienten und den tatsächlichen Stimuli und Umweltgegebenheiten, auf die er reagiert, zu unterscheiden. In der ambulanten Psychotherapie jedoch ist

Sozialwahrnehmung des Klienten: zumeist keine Übereinstimmung mit Wirklichkeit

diese Unterscheidung in den allermeisten Fällen nicht so leicht vorzunehmen. Wenn der Klient seinen Arbeitgeber, seine Frau oder irgendein bestimmtes Ereignis beschreibt, kann sich der Therapeut nur auf eben diese Beschreibung dessen, was sich zugetragen haben soll, stützen. Im Grunde gibt der Klient seine Sichtweise der Geschichte zum besten, und es steht uns in der Regel keine andere Darstellung der berichteten Vorkommnisse zur Verfügung. Wir sollten folglich im Gedächtnis behalten, daß wir – was immer auch der Klient uns in aller Ausführlichkeit erzählen mag – von ihm nur seine Sicht der Dinge erfahren. Da es sich hier um die Basis handelt, von der aus wir bei der Therapie ansetzen, dürfen wir nicht von der Voraussetzung ausgehen, daß die Erzählungen des Klienten immer externe Gültigkeit besitzen. Seine Erzählungen bzw. Berichte spiegeln seine Wahrnehmungen wider, die auch davon beeinflußt sind, was er uns zu einem bestimmten Zeitpunkt berichten möchte. Hat der Therapeut zuweilen die Möglichkeit, sich mit dem Ehepartner des Klienten zu unterhalten, kann er recht überraschend eine Beschreibung der Ereignisse erhalten, die sich von der vorherigen Schilderung des Klienten sehr stark unterscheidet. Der Therapeut kann sogar Schwierigkeiten dabei bekommen, aus der vorherigen Beschreibung des Klienten den gegenübersitzenden Ehepartner wiederzuerkennen. In manchen Fällen sind diese Diskrepanzen in der Tat ziemlich spannend.

Geringe externe Validität der Klientendarstellung

Da solche Aussagen sowohl einleuchten, unnötig oder widersprüchlich wirken können, ja sogar so, als sei ich der Meinung, alle Klienten seien Lügner, dürfte es von Nutzen sein, das Gesagte noch ausführlicher zu behandeln und zu veranschaulichen. Erzählt uns ein Klient, daß ihn Marsmenschen verfolgen und bespitzeln, werden wir dieser Erzählung mit größter Wahrscheinlichkeit keinen Glauben schenken. Um aber den Klienten verstehen zu lernen, würden wir ihn veranlassen, uns bis ins letzte Detail alles über diese merkwürdigen Erlebnisse zu berichten. Wir würden seinen Ausführungen interessiert und ohne nach außen hin ersichtliche Zweifel folgen. Haben wir es aber mit einem Klienten oder einer Klientin zu tun, der oder die uns ihren jeweiligen Partner als kalt, lieblos und verständnislos umschreibt, sind wir uns dessen weniger stark bewußt, daß wir es mit dem emotionsgefärbten Bericht eines Klienten, nicht aber mit dem „wirklichen Sachverhalt“ dieses Falls zu tun haben. Wichtig ist hierbei, daß sich der Therapeut bemühen sollte, ein objektiver Beobachter und Teilnehmer am psychotherapeutischen Prozeß zu sein. Obwohl er ein Verständnis dafür entwickeln sollte, warum der Klient all dies so und nicht anders sieht, und auch in ihn sich hineinversetzen können sollte, darf es nicht soweit kommen, daß er seine objektive Sichtweise der Situation preisgibt. Der Therapeut darf davon, wie der Klient seine Situation erlebt, nicht gefangen genommen werden und seine Objektivität nicht verlieren, die dafür erforderlich ist, den Klienten bei der Reorganisation seiner Wahrnehmung mit dem Ziel einer höheren Anpassungsfähigkeit zu unterstützen. In diesem Zusammenhang ist auch die persönliche Reaktion des Therapeuten gegenüber dem Klienten ein ziemlich bedeutsamer Faktor. Reagiert er auf den Klienten sehr bejahend und erklärt er sich mit

Forderung an den Therapeuten: Bewahrung von Objektivität

ihm solidarisch, wird er eher geneigt sein, die Ansichten des Klienten als richtig gelten zu lassen, und sehr verständnisvoll und einfühlsam sein – aber auch möglicherweise an Objektivität verlieren. Erstaunlicherweise läßt ein Therapeut, wenn er auf den Klienten ablehnend reagiert, dessen Schilderungen mit einer höheren Wahrscheinlichkeit nicht als richtig gelten. In diesem Fall weist der Klient durch sein eigenes Verhalten den Therapeuten darauf hin, wie er andere Personen zu negativen Reaktionen ihm selbst gegenüber veranlassen kann. Der Therapeut muß aber in solchen Fällen über seine Empfindungen Bescheid wissen und darf nicht zulassen, daß sie störend auf die Behandlung des Falls einwirken. Neben dem Verlust an Objektivität kann auch die Übertragung einer ablehnenden Haltung – zu unterscheiden vom Aufzeigen negativer Konsequenzen des Klientenverhaltens – auf die therapeutische Beziehung und die nachfolgende Therapie einen nachteiligen Effekt zur Folge haben.

Gefahr: Übertragung von Emotionen auf die therapeutische Beziehung

Einige Beispiele aus der klinischen Praxis können diese Behauptung veranschaulichen. Ich hatte einige Jahre mit einem Klienten zu tun, der, kurz gesagt, zu Beginn der Therapie seine Frau als schlampig, unattraktiv, dumm, kulturell uninteressiert und verständnislos hinstellte. Gegen Ende der Therapie war seine Frau auf irgendeine Weise attraktiv, intelligent und rücksichtsvoll geworden. Da sich mir nie die Möglichkeit geboten hatte, die Frau des Klienten kennenzulernen, konnte ich mir natürlich von ihr kein genaues Bild machen bzw. entscheiden, welche und ob überhaupt eine der Beschreibungen des Klienten zutraf. Ich konnte nur schlußfolgern, daß ich es in beiden Fällen damit zu tun hatte, wie der Klient seine Frau wahrnahm, und daß ich sachlich auf diese Wahrnehmungen reagieren mußte.

Beispiel

Ich erinnere mich auch an viele Mitarbeiterbesprechungen in der Klinik, in denen Berufskollegen dem Sinne nach darüber berichteten, daß ein Klient eine dominante Mutter, einen abweisenden Vater oder eine boshafte Frau hatte. Sobald ich nachfragte, ob der Berichterstatter die Mutter, den Vater oder die Frau kennengelernt hätte, bekam ich stets als Antwort zu hören: „Nein, so wurden sie vom Klienten beschrieben." Wird eine Person von einer anderen beschrieben, so kann sich diese Beschreibung ziemlich stark davon unterscheiden, wie die jeweilige Person in Wirklichkeit von anderen wahrgenommen wird. Über diese Differenz wird aber häufig hinweggesehen. Und wenn ich an die erste Zeit meiner Berufslaufbahn zurückdenke, dann fällt mir ein Erlebnis ein, daß mich gegenüber diesem Diskussionsthema sensibel machte. Ein Kollege aus der Psychotherapie in einer ambulanten Clinic for Veterans pflegte in Arbeitspausen häufig auf seine Fälle einzugehen. Dieser Kollege vermittelte den Eindruck, als würde er sich mit seinen Fällen ziemlich intensiv auseinandersetzen, und er kam auf viele immer wieder zu sprechen. Er machte immer wieder die gleichen Bemerkungen, wie zum Beispiel: „Jawohl, die Frau dieses Patienten ist wirklich ein Luder, ohne Zweifel". Nach einer Reihe solcher Beispiele fragte ich ihn eines Tages, ob er denn die fragliche Frau eigentlich schon kennengelernt hätte. Das war nicht der Fall, aber – so seine Antwort – dieser Frauentyp ginge aus dem, was ihm der Patient erzählt hätte, eindeutig hervor. Ich fand dies sehr spannend, da meine Patienten in den

Beispiel

meisten Fällen nicht den Eindruck erweckten, als seien sie mit einem „Luder" verheiratet. Da ich damals noch sehr stark psychoanalytische Ansichten teilte, stelle ich über die Frau meines Kollegen Nachforschungen an. Ich glaubte, hier könnte ein Schlüssel für die Deutung der Erzählungen seines Patienten liegen. Aus all dem aber, was mir dabei zu Ohren kam, ging hervor, daß er glücklich verheiratet war und zu seiner Frau eine gute Beziehung hatte.

Beispiel

Ein letztes interessantes Beispiel bezieht sich auf eine Mitarbeiterbesprechung in einer ambulanten Klinik und ist ziemlich ungewöhnlich. Ein Ehepaar kam aufgrund ernsthafter Schwierigkeiten in die Klinik. Jeder Ehepartner wurde von je einem Assistenzarzt vor Behandlungsbeginn einzeln in einem Aufnahmeinterview befragt. Auf der Mitarbeiterbesprechung sollten die zwei Behandlungsvorschläge diskutiert werden. Der Assistent, der den Ehemann befragt hatte, stellte seinen Fall zuerst zur Diskussion. Seinem Bericht nach war es kurz gesagt so, daß sich der Ehemann geradezu heroisch bemühte, seine Familie zu unterstützen und sie am Leben zu erhalten. Obwohl er zwei Jobs hatte, war dies aber eine schwierige Aufgabe, weil seine Frau so schrecklich unzulänglich war. Er brachte zwar genug Geld nach Hause, seine Frau jedoch führte den Haushalt schlecht und unfähig. Sie ging nicht nur verschwenderisch mit dem Geld um, sondern sorgte sich auch nicht angemessen um das Haus bzw. ihre beiden kleinen Kinder. Immer wenn er nach Hause kam, fand er ein fürchterliches Chaos vor, das Abendessen stand nicht auf dem Tisch, und die Kinder liefen in aller Regel schmutzig und hungrig umher. Soweit eine kurze Zusammenschau der Berichterstattung des Assistenten über den Ehemann. Die Reaktion seitens des Klinikpersonals war voller Sympathie für den Ehemann, und man wollte der armen, unglücklichen und ungerecht behandelten Person zu Hilfe kommen. Es wurde folglich einstimmig beschlossen, ihn für eine Psychotherapie vorzusehen – die höchste Anerkennung, die ihm das Personal zuteil werden lassen konnte. Als nun der zweite Assistent den Bericht über die Ehefrau geben sollte, schienen sowohl die Fakten des Falls als auch das Ergebnis leicht vorhersagbar. Wir erlebten jedoch eine Überraschung. Der Assistent zeigte sich etwas verlegen und wünschte als erstes zur Absicherung eine Prüfung, daß auch die richtigen Fälle zur Debatte standen. Nachdem dies bestätigt wurde, begann er mit seiner Darstellung. Gemäß seinem Bericht, der auf dem Interview mit der Ehefrau beruhte, mußte sie sich extrem abstrampeln, um richtig für ihre Kinder sorgen zu können und einigermaßen über die Runden zu kommen. Ihr Mann war häufig arbeitslos, gab ihr für Kleidung und Unterhalt der Kinder nicht ausreichend Geld, war häufig auf Sauftour, sobald er nur Geld hatte, und verprügelte sowohl sie selbst als auch die Kinder. Hätte ihr nicht ihre Mutter ab und dann Geld zugesteckt, hätten sie und ihre Kinder oft tatsächlich hungern müssen. Nach diesem Bericht herrschte zuerst große Stille, dann aber kam es zu ziemlich verärgerten Reaktionen gegenüber dem Ehemann. Nun hatte nicht mehr der Ehemann, sondern die Ehefrau alle Sympathien der Mitarbeiter. Vom Ehemann hatte man nun eine sehr schlechte Meinung. Man entschied schließlich, der Frau eine Psychotherapie zu gewähren und änderte die vorherige, einstimmig gefällte Entscheidung. Der Ehemann wurde nun für eine Psychotherapie ungeeignet empfunden. Es war so eine Situation, als hätte der Ehemann die Mitarbeiter hinters Licht geführt und müßte deshalb bestraft werden. Für unsere Diskussion ist an dieser insgesamt sehr interessanten Mitarbeiterbesprechung der springende Punkt, daß sich das gesamte Personal sehr stark von den Darstellungen der beteiligten Parteien beeinflussen ließ, bei ihren professionellen Entscheidungen davon ausging und keineswegs über Fakten oder tatsächliche Begebenheiten in dieser Angelegenheit Bescheid wußte bzw. sich um einschlägige Informationen bemühte. Im Grunde genommen schenkten sie der Version der Ehefrau Glauben, ohne in irgendeiner Form einzubeziehen, daß beide Darstellungen gleichermaßen unbestätigt blieben. Weiterer Kommentar hierzu dürfte sich erübrigen.

Gefahr: professionelle Entscheidungen ohne objektive Basis

Die Entwicklung der therapeutischen Beziehung und Anfangsprobleme

Kontinuierlicher Taxierungsprozeß

Bei Fortsetzung der Therapie kommt es anfangs auf beiden Seiten der Beteiligten, wenn sie damit beginnen, irgendeine Form einer Beziehung aufzubauen, zu einem kontinuierlichen Taxierungsprozeß. Konnten durch die Erstinterviews die Art der zu behandelnden Probleme, die Erwartungen des Klienten hinsichtlich einer Psychotherapie sowie der Einsatz von Verfahren abgeklärt werden, dürfte eine gute Basis für die Entwicklung einer für beide Seiten geglückten therapeutischen Beziehung vorliegen. In den nachfolgenden ersten Interviews bietet sich Klient und Therapeut die Möglichkeit, ihren ersten Eindruck vom Gegenüber zu überprüfen und zu ersehen, ob sich die Dinge so entwickeln, wie sie sich das vorgestellt haben. Stimmen die späteren Eindrücke des Klienten nicht mit seinen Erwartungen oder Bedürfnissen überein, kann er seine Unzufriedenheit äußern bzw. sein Mißfallen anderweitig zum Ausdruck bringen. Er kann vereinbarte Treffen absagen, stellt vielleicht Fragen über den Vorteil einer medizinischen Behandlung, erkundigt sich möglicherweise über schneller greifende Hilfen, kommt dann nicht mehr in die Sitzungen und bricht die Therapie ab. Es liegt auf der Hand, daß der Therapeut gut beraten ist, wenn er dieses Thema sofort zur Sprache bringt und abklärt, sobald er irgendwelche Anzeichen registriert, die auf Unzufriedenheit mit der Therapie schließen lassen.

Überprüfung des ersten Eindrucks

Obwohl ich Freuds Annahme einer psychischen Determination nicht teile, bin ich doch der Ansicht, daß der Therapeut in der therapeutischen Situation ein aufmerksamer Beobachter des Klientenverhaltens und sensibel gegenüber jeglichen Mitteilungen des Klienten sein sollte, die für den therapeutischen Prozeß bzw. die therapeutische Interaktion relevant sind oder damit zusammenhängen. Selbst wenn sich der Therapeut zu Beginn redlich bemüht hat, die Therapieerwartungen des Klienten zu ermitteln und eine gemeinsame Verständigungsbasis über den weiteren Ablauf der Therapie herzustellen, können manche Klienten immer noch etwas falsche und illusionäre Hoffnungen an die Therapie knüpfen, die sich einfach nicht erfüllen lassen. Der Therapeut muß gegenüber den expliziten und impliziten Mitteilungen des Klienten folglich immer wachsam sein und sollte versuchen, die eventuelle Unzufriedenheit des Klienten, insbesondere wenn ein Zusammenhang mit dem therapeutischen Prozeß vorliegt, zur Sprache zu bringen und abzuklären. Sollte der Klient auf irgendeinen Vorgang in der Therapie eine Anspielung machen und dann das Thema wechseln, dürfte es sinnvoll sein, auf die Anspielung zurückzukommen und zu ermitteln versuchen, was der Klient mit dieser Bemerkung tatsächlich meinte. Manchmal sind Anmerkungen, die Kritik an der Therapie beinhalten, für den Therapeuten störend, und wenn der Klient das Thema wechselt, bohrt der Therapeut deshalb nicht nach. Damit verfährt er aber vor allem in den ersten Therapieabschnitten nicht allzu vernünftig. Für Therapeuten, die noch keine Praxiserfahrung haben, handelt es sich dabei um ein peinliches Problem, mit dem sie noch nicht so recht umgehen können und wovor sie sich selbst durch die Behauptung schützen, sie würden den Redefluß des Klienten nicht unterbrechen wollen. In solchen Fällen aber werden mutmaßliche Unzufriedenheit und Zweifel des Klienten nicht exploriert und eine wichtige Voraussetzung für die Beziehung negiert.

Aufgabe des Therapeuten: aufmerksame Beobachtung des Klienten

Therapeut-Klient-Rollenstruktur

In den dem Erstinterview folgenden Therapiesitzungen werden auch die Rollen von Therapeut und Klient abgeklärt. Im Erstinterview bestimmt noch der Therapeut weitgehend den Ablauf des Geschehens. Danach aber wird – ausgenommen vielleicht die Verhaltenstherapie – in den meisten Therapien der Therapeut dem Klienten ermöglichen, den Gesprächsinhalt selbst zu bestimmen. An dieser Stelle der Therapie sollte der Klient dazu ermuntert werden, kein Blatt vor den Mund zu nehmen und, welche Gefühle auch immer es sein mögen, sie zum Ausdruck zu bringen, wenn ihm danach ist. Dies dürfte aus verschiedenen Gründen günstig sein. Wir haben schon darauf hingewiesen, daß es Probleme geben kann, über die sich der Klient am Anfang nicht zu sprechen traut. Sobald er sich aber sicherer fühlt und dem Therapeuten vertraut, schafft er es allmählich, auch ziemlich intime und peinliche Dinge preiszugeben. Indem man für eine Atmosphäre sorgt, in der der Klient sich traut, mit dem Therapeuten seine Sorgen zu teilen, kann man auch die Freisetzung von Emotionen, auch kathartische Reaktionen, sowie den Prozeß der Desensibilisierung fördern. Die Gelegenheit, neue Belange zur Sprache zu bringen, kann auch den Fokus bzw. die Therapieziele der Wirklichkeit näher bringen, sofern es um faktische Probleme des Klienten geht. Schließlich trägt eine solche Rollenstruktur der Therapie auch dazu bei, die wichtige Funktion des Klienten bei der Bestimmung der Gesprächsinhalte zu verstehen, und bekräftigt ebenso die Tatsache, daß der Therapeut über das Verhalten des Klienten keine moralischen Urteile abgibt, sondern wohlwollend und bereit zum Zuhören ist, ganz gleich, wie unangenehm das Thema auch sein mag. Auch die gerade zu diesem Zeitpunkt der Therapie wichtige Funktion des Therapeuten als Zuhörer und „Reflektor" von Emotionen kommt darin zum Vorschein, wodurch seine Funktion als jemand, der klare

Antworten und Anweisungen liefert, zurückgenommen wird. Die Funktion des Therapeuten kann sich ändern, sobald dafür eine Notwendigkeit besteht, und hängt von den Bedingungen des jeweiligen Falls ab. Für die Anfangsphase der Therapie jedoch hat sich herausgestellt, daß es günstig ist, dem Klienten die Gelegenheit zu bieten, aus sich herauszugehen bzw. diese Atmosphäre zu begünstigen und zu bekräftigen.

Positive Therapeut-Klient-Beziehung: positive Therapieeffekte

In diesem Stadium der Therapie beginnt sich die therapeutische Beziehung zu entwickeln, und es ist wichtig, daß der Therapeut dem Klient in einem positiven Licht erscheint. Gelingt dies, zieht dessen potentieller Einfluß auf den Klienten auch mit höherer Wahrscheinlichkeit irgendwelche Konsequenzen nach sich. Die verschiedenen Prozesse, auf die wir mit Begriffen wie Hoffnung, Optimismus und Therapiemotivation schon angespielt haben, werden eher Folgen zeitigen. Es ist deshalb für den Therapeuten von Bedeutung, daß er in seinen Interaktionen mit dem Klienten Interesse, Achtung, Wärme, Kompetenz und Echtheit vermittelt. Der Therapeut sollte natürlich keine in Szene gesetzte, schauspielerische Leistung bringen, da die meisten Klienten Unaufrichtigkeiten dieser Art merken und solche Verhaltensweisen insgesamt eher einen negativen als einen positiven Effekt haben. Wenn der Therapeut glaubt, er könne aus irgendeinem Grund mit einem bestimmten Klienten nicht effektiv zusammenarbeiten, sollte er die eventuellen Gründe zu analysieren versuchen und, falls notwendig, den Klienten an einen Kollegen überweisen.

Wechselseitige Antizipation der Verhaltensweisen

Sowie sich die Therapie in diesem Stadium befindet, sind Therapeut und Klient in der Lage, sich voneinander ein besseres Bild zu machen und das Verhalten des Gegenübers zu antizipieren. Der Klient beispielsweise kann sich besser vorstellen, was von ihm erwartet wird und um welche Persönlichkeit es sich beim Therapeuten handelt. Er wird auch bemerken, an welchen Materialien der Therapeut Interesse zeigt und woran er nicht so interessiert zu sein scheint. Je nach Persönlichkeitsstruktur kann er versuchen, so zu reagieren, wie es seiner Meinung nach beim Therapeuten Anklang findet, oder aufgrund der Therapieführung und Reaktionen des Therapeuten Feindseligkeit zeigen. Manche Klienten neigen deshalb dazu, allen Aussagen des Therapeuten zuzustimmen, andere wiederum werden eine gegensätzliche Stellung beziehen. Man kann von einer großen Bandbreite von Klientenreaktionen auf das Verhalten und die Erklärungen des Therapeuten ausgehen. Dadurch entwickeln sich nicht nur unterschiedliche Beziehungsformen, sondern die Therapie wird auch unterschiedliche Fortschritte machen. Der Therapeut muß folglich das Verhalten des Klienten äußerst genau beobachten und fortwährend dessen Reaktionen in der Sitzung wachsam registrieren. Genauso wie sich der Klient allmählich vom Therapeuten ein Bild macht, läuft es umgekehrt auch beim Therapeuten ab. Jede zusätzliche Sitzung gibt ihm eine weitere Gelegenheit zu beobachten, wie der Klient in den verschiedenen Situationen interagiert, und einige seiner typischen Verhaltensmuster wahrzunehmen. Sobald er sich darüber im Klaren ist, kann er den Einfluß seines Verhaltens auf den Klienten besser beurteilen und auch antizipieren, wie der Klient auf verschiedene verbale Interventionen reagieren wird.

Entwicklung von Strategien und Interaktionsmustern

Sowie der Therapeut einen besseren Einblick in die Persönlichkeit des Klienten besitzt, kann er demgemäß seine spezielle Strategie bzw. sein Interaktionsmuster ausrichten. Ich möchte hervorheben, daß der Therapeut gewöhnlich mehrere Informationsquellen besitzt, die es ihm erlauben, über den Klienten Hypothesen zu formulieren. Der Klient trägt bestimmte Beschwerden vor und erzählt dem Therapeuten einiges dazu, wie diese Probleme entstanden sind. Indem der Klient eingehend darüber berichtet, liefert er in der Regel irgendwelche Informationen über seine jetzige Lebenssituation und wie er seine Umwelt sieht. Außerdem ist die Art und Weise, wie der Klient seine Geschichte erzählt und wie er sie dem Therapeuten präsentiert, ebenfalls ziemlich informativ. Stellt er zurückliegende Ereignisse lediglich flüchtig und in groben Zügen dar, unterläßt er Bezugnahmen auf wichtige Personen in seiner Lebenssituation, muß er dazu veranlaßt werden, sich bestimmte Informationen ins Gedächtnis zurückzurufen oder einzubeziehen, gibt er zu verstehen, daß seine gegenwärtigen Schwierigkeiten vor allem von anderen Personen verschuldet sind oder glaubt er, daß sie irgendwelche organische bzw. medizinische Ursachen haben?

Der Kommunikationsstil des Klienten

Der Kommunikationsstil des Klienten kann uns genauso viel oder noch mehr als der eigentliche Inhalt mitteilen. Von größter Bedeutung ist aber, daß der Therapeut die Gelegenheit besitzt zu beobachten, wie sich der Klient als Teilnehmer in der therapeutischen Situation verhält. Frei nach einem alten chinesischen Sprichwort könnte man sagen: „Das Verhalten wiegt tausend Worte auf". Nun besteht nach außen hin Psychotherapie zwar weitgehend aus verbalem Verhalten, in der psychotherapeutischen Situation kommen aber auch noch andere Verhaltensformen und Hinweise auf Verhalten vor. Der Klient wird in der Therapiesituation sogar viele seiner charakteristischen Verhaltensmuster zeigen, und es ist außerordentlich wichtig, daß der Therapeut solche Fingerzeige begreift und angemessen darauf reagiert. Der Klient kann äußerst ehrerbietig und servil, übermäßig anspruchsvoll und kritisch sein, er kann dem Therapeuten überreichlich Lob spenden, im Interview in jeder Beziehung ängstlich und voller Anspannung sein oder Schwierigkeiten haben, über ein spezielles Thema zu sprechen. Er kann auch an den Therapeuten sehr persönliche Fragen richten, mit ihm wie mit einem guten Freund oder Berufskollegen umzugehen versuchen oder ständig fragen, wann es ihm besser gehen wird. Manchmal kann der Klient auch etwas indirektere persönliche Hinweise geben, die sich der Therapeut aber dennoch notieren und auf die er reagieren sollte, falls er es für notwendig erachtet. Sollte beispielsweise der Klient nach einigen Sitzungen den Therapeuten fragen, wie lange er schon praktiziert oder wie vielen Klienten er mit seinen Methoden schon helfen konnte, sollte man diese Frage nicht als höfliche Konversation oder Wunsch nach Information auffassen. Eine Kommunikation dieser Art scheint mir Zweifel über die Effektivität der Vorgehensweise des Therapeuten und Zweifel daran, daß ihm der Therapeut helfen kann, zum Ausdruck zu bringen. Es ergeben sich daraus sehr wichtige Konsequenzen für Einstellung und Therapiemotivation sowie für die sich entwickelnde

Charakteristisches Verhalten des Klienten in der Therapie: Abbild des Alltagsverhaltens

Beziehung. Die dahinter verborgenen Befürchtungen des Klienten herauszufinden und zu versuchen, sie – wenn es überhaupt möglich ist – auszuräumen, dürfte für den Therapeuten eine wichtige Aufgabe sein.

Relevanz des Therapieverhaltens für den Therapiefortschritt

Für den Therapeuten stellen somit die während der Therapie gezeigten Verhaltensweisen und damit verbundene Fingerzeige des Klienten sehr bedeutsame Mitteilungen und Datenquellen dar. Es liegt auf der Hand, daß er also darauf achten muß, und soll die Therapie zufriedenstellende Fortschritte machen, muß er auf sie recht angemessen reagieren. Wenn beispielsweise der Klient dem Therapeuten wirklich zu überschwenglich und im Vergleich zur faktischen Verbesserung zu viel Lob zollt, sollte ihn der Therapeut – wie peinlich dies auch vielen Therapeuten sein mag – darauf aufmerksam machen. Wenn der Therapeut sich daran macht, die verzerrten Wahrnehmungen und unangepaßten Verhaltensweisen des Klienten zu modifizieren, sollte er dies auch tun, sowie sie in der therapeutischen Situation auftreten. Hierin bietet sich eine Gelegenheit, sich mit realem Verhalten zu befassen, wie es im Alltagsleben vorkommt. In meinen Augen ergibt sich daraus eine bessere Möglichkeit bei dem Versuch, Wahrnehmungen und Verhaltensweisen des Klienten ändern zu wollen, statt immer nur über zurückliegende Ereignisse bzw. Ereignisse, über die der Klient eingehend berichtet, zu sprechen, die der Therapeut allerdings überhaupt nicht miterleben konnte. Das Verhalten in der therapeutischen Situation ist echtes Verhalten, das sich „hier und jetzt" zwischen Klient und Therapeut ereignet und nicht einfach außer acht gelassen oder abgetan werden sollte. In der Annahme natürlich, der Therapeut sei ein objektiver Beobachter, stellen die in der Therapie ablaufenden und diskutierten Verhaltensweisen einen Teil der Realität von Klient und Therapeut dar. Es handelt sich nicht um Phantasievorstellungen oder Auslegungen des Therapeuten, sondern dieses Verhalten kann vom Therapeuten sozusagen belegt werden. Man muß keine theoretischen Interpretationen vornehmen, die vom Klienten mißverstanden oder zurückgewiesen werden könnten. Die Implikationen seines Verhaltens wird sich der Klient natürlich nur ungern vor Augen halten lassen, wobei er sich aber damit schwer tun dürfte zu leugnen, daß er sich in einer bestimmten Weise verhalten hat. Und wenn dieses Verhalten für ihn charakteristisch ist, wird er davon noch andere Beispiele liefern.

Therapieverhalten = echtes Verhalten

Ist außerdem das vom Klienten an den Tag gelegte Verhalten recht offensichtlich, dürfte es diesem sehr schwer fallen, es abzuleugnen bzw. davon abzurücken. In diesem Zusammenhang erinnere ich mich an ein Erstinterview mit einem jungen Mann. Im Laufe des Gesprächs erwähnte der Klient ein weiteres Problem, bei dem er Hilfe brauchen würde. Er brachte dann vor, daß er im Umgang mit anderen Personen durchsetzungsfähiger werden möchte. Ich war davon völlig überrascht, da ich aufgrund des offenkundigen Verhaltens des Klienten der Meinung gewesen war, fehlendes Selbstbewußtsein sei für diesen jungen Mann wohl zuallerletzt ein Problem. Ich brachte meine diesbezüglichen Zweifel zum Ausdruck und verwies dabei auf das bisher im Interview gezeigte Verhalten des Klienten. Wir diskutierten nur sehr kurz darüber, dann lächelte der Klient

Beispiel

und sagte, er verstehe, worauf ich mich beziehen würde, und er würde mir beipflichten.

Manche Therapeuten mögen vielleicht der Meinung sein, daß in diesem Falle mein Verhalten und meine Art zu konfrontierend waren. Ich war aber davon überzeugt, daß das Verhalten des Klienten sehr eindeutig war, daß es wichtig war zu versuchen, zu Beginn die Therapieziele abzuklären und daß diese offene Vorgehensweise zeigte, daß sich die Therapie mit Problemen auseinanderzusetzen hatte, die der Abhilfe bedurften, nicht aber mit irgendetwas anderem, was dem Klienten eben mal in den Sinn kam. Da sich der Klient in diesem Interview tatsächlich sehr selbstbewußt gab, schien es mir wichtig und unter Umständen therapeutisch relevant zu sein, gerade am Anfang die gegebenen Realitäten aufzuzeigen und sich nicht mit irgendeiner verzerrten Darstellung oder versuchten Steuerungen seitens des Klienten abzufinden. Ich bin zwar in diesem Falle ein voreingenommener Beobachter und Berichterstatter, aber es stellte sich heraus, daß mein Verhalten in der nachfolgenden Therapie eine positive Wirkung nach sich zog.

Abklärung der Therapieziele

In diesem Zusammenhang möchte ich noch einige weitere Bemerkungen machen. Ich glaube nicht, daß es notwendig oder wünschenswert ist, bei der Behandlung des manifesten Klientenverhaltens das Konzept der Übertragung einzubringen. Es ist unerheblich, ob der Klient solche Verhaltensmuster in seiner Kindheit als Reaktion auf seine Eltern entwickelt hat. Sie ihm als solche zu verdeutlichen, mag zwar dem Therapeuten ein Gefühl der Befriedigung verleihen, weil er sein Wissen über Persönlichkeitstheorien demonstrieren konnte, wird aber nicht unbedingt das Verhalten des Klienten ändern. Wird vom Therapeuten eine solche Begründung angeführt, so kann sie in manchen Fällen vom Klienten sogar abgeleugnet werden und eine lange Debatte nach sich ziehen, bis der Klient schließlich seinen „Widerstand" aufgibt und die Deutung akzeptiert. Ihm zu erzählen, daß er auf den Therapeuten genauso wie früher auf seinen Vater reagiert, ist zu diesem Zeitpunkt der Therapie keineswegs von ausschlaggebender Bedeutung. Wichtig ist, daß der Klient auf den Therapeuten genau jetzt in einer eigentümlichen Weise reagiert und für den Fall, daß sein Verhalten für ihn sowohl typisch ist, als auch negative Konsequenzen hat, darüber Bescheid erhält und es zu modifizieren versucht. Die wesentlichen Punkte sind die negativen Konsequenzen des derzeitigen Verhaltens und die Gründe, die eine Änderung nahelegen.

Fragwürdiger Stellenwert von analytischen Konzepten

Man sollte noch einen weiteren Gesichtspunkt im Gedächtnis behalten: Der Therapeut sollte tunlichst vermeiden, sowohl von den Problemen des Klienten als von seiner Behandlung des Falls eine vorgefaßte oder feststehende Meinung zu haben. Wir haben zwar weiter vorne schon dargestellt, daß möglichst klare Therapieziele und die Erstellung eines Therapieplans wünschenswert sind. Der Therapeut sollte aber dazu bereit sein, seine eigenen Wahrnehmungen und Formulierungen zu modifizieren, wenn es die fortwährenden Kontakte mit den Klienten erforderlich machen. Was anfänglich völlig klar auf der Hand zu liegen scheint, kann im Laufe der Therapie an Deutlichkeit verlieren, und es können auch andere

Problem: vorgefaßte Meinungen des Therapeuten

Probleme zum Vorschein kommen. Bestimmte Verhaltensmuster, die sich bei Therapiebeginn noch nicht allzu deutlich zeigten, können dann zutage treten, wenn der Klient stärker in der Therapie involviert ist oder sich hinsichtlich seiner Beziehung zum Therapeuten sicherer fühlt. Ich bin auch der festen Überzeugung, daß vorgefaßte Vorstellungen über die Dynamik eines Falls, die auf den anfänglichen Beschwerden des Klienten beruhen, nicht allszu starr gehandhabt und/oder dem Klienten nicht aufgezwängt werden sollten. Man sollte sie vielmehr als mögliche Hypothesen betrachten, die im Verlauf der Therapie bestätigt oder abgelehnt werden können. Alle Psychotherapeuten dürften in der Tat gut daran tun, wenn sie sich an eine wissenschaftliche Vorgehensweise halten würden. Hypothesen werden demnach nur als Arbeitshypothesen aufgefaßt, die – sollen sie beibehalten werden – eine nachfolgende Bestätigung benötigen.

Bereitschaft zur Therapiemodifikation bei Nichtbestätigung von Hypothesen

Die ersten Abschnitte einer Psychotherapie sind somit aus einer Reihe von Gründen von Wichtigkeit. Sie geben dem Therapeuten zusätzliche Gelegenheiten, den Klienten zu beurteilen und charakteristische Verhaltensmuster festzustellen. Sobald der Therapeut den Klienten besser kennt, kann er dann auch seine therapeutischen Verfahren besser planen und angleichen und unter Umständen, wenn dies angebracht scheint, in der Therapie eine direktivere Rolle spielen. In dieser Phase muß der Therapeut außerdem insbesondere auf irgendwelche denkbaren Bemerkungen des Klienten in bezug auf die Therapie oder auf sich selbst achten, um eventuelle Mißverständnisse oder ablehnende Reaktionen ausräumen zu können. Es kann in den allerersten Therapieabschnitten vorkommen, daß die Fortführung der Therapie äußerst gefährdet ist und der Therapeut bei jedem Fingerzeig des Klienten auf der Hut sein muß, der Unzufriedenheit oder Enttäuschung signalisieren könnte. Solche Haltungen und Einstellungen seitens des Klienten verzögern auch die Entwicklung einer positiven Beziehung zum Therapeuten, die sowohl für die Fortführung der Therapie als auch für den nachfolgenden Therapieverlauf von großer Bedeutung ist.

Gefahr: unrealistische Versprechungen des Therapeuten

Allerdings sollte der Therapeut nicht versuchen, den Klienten durch unrealistische Versprechungen oder Eingehen auf alle seine Forderungen, ungeachtet der therapeutischen Folgen, in der Therapie zu behalten. Obwohl es denkbar ist, daß der Therapeut den Klienten dadurch noch für eine Weile in der Therapie halten kann, wird diese über kurz oder lang dann doch scheitern. Therapeutenverhalten dieser Art dürfte den Interessen des Klienten nicht am dienlichsten sein.

Einhaltung der Sitzungstermine

In dieser Phase muß der Therapeut auch wachsam sein bei zudem möglichen Problemen wie zum Beispiel Zuspätkommen oder Absagen der Treffen und, was noch wichtiger ist, Nichterscheinen zu einem abgemachten Treffen. Der Therapeut sollte solche Verhaltensweisen nicht ignorieren, sondern dazu Stellung nehmen, und gibt der Klient nicht von sich aus eine Erklärung, sollte nachgefragt werden. Begründete Entschuldigungen für das Zuspätkommen oder für Absagen sollte der Therapeut ohne weiteren Kommentar akzeptieren. Es genügt, wenn der Therapeut von solchen Verhaltensweisen Notiz nimmt und dazu Stellung bezieht; er zeigt damit an, daß sie für die Therapie sehr wichtig sind. Bei wiederholtem

Verhalten dieser Art jedoch kann darüber ausführlicher gesprochen und auf die negativen Implikationen für den Klienten verwiesen werden müssen. Ohne Benachrichtigung des Therapeuten einem Treffen fernzubleiben, ist eine kritischere Sache und sollte dem Klienten als solche auch verdeutlicht werden. Mit dem Klienten muß folglich darüber gesprochen werden, und man sollte versuchen, die Gründe des Fernbleibens zu ermitteln. Dabei ist es ziemlich wichtig, daß sich der Therapeut hinsichtlich seiner Rolle deutlich von der einer elterlichen oder autoritären Figur unterscheidet, die einen bei einer Missetat ertappt hat und eventuell bestraft. Das Interesse des Therapeuten muß auf die Folgen den Klientenverhaltens für die Psychotherapie ausgerichtet sein. Er befragt nicht deshalb den Klienten, weil sich dieser schlecht benommen hat oder unhöflich und rücksichtslos gewesen ist. Dies mag zwar so sein, aber die Aufmerksamkeit sollte sich auf die Frage konzentrieren, welchen Stellenwert dieses Verhalten für die Psychotherapie besitzt und aus welchen Anlässen wohl der Klient die therapeutische Sitzung meidet. Es liegt auf der Hand, daß sich der Therapeut nicht strafend verhalten darf und deutlich sagen muß, daß sein Interesse therapeutischer Natur ist. Der Therapeut mag natürlich über ein solches Verhalten verärgert sein, da es ja eigentlich eine Negierung seiner therapeutischen Anstrengungen beinhaltet. Er muß sich aber trotzdem um Objektivität bemühen und dies in seiner Sorge um die therapeutische Beziehung bedenken. In dieser Situation lassen sich übliche Regeln der Höflichkeit und der sozialen Umgangsformen nicht zugrundelegen.

Rolle des Therapeuten: Aufklärung über Folgen für die Therapie

Zeigen sich schon zu Beginn der Therapie Ansätze, die Treffen abzusagen bzw. einfach zu fehlen, ist dies gewöhnlich ein deutliches Zeichen dafür, daß die Therapie nicht zufriedenstellend verläuft. In den meisten Fällen sollte der Therapeut eine solche Situation nicht unbegrenzte Zeit andauern lassen. Im Falle eines Praktikums bei Studenten oder beispielsweise auch bei psychiatrischen Assistenzärzten liegt hier manchmal ein besonderes Problem vor. Als Teil ihrer praktischen Ausbildung stehen ihnen zur Therapie nur wenige Fälle zur Verfügung, und es widerstrebt ihnen verständlicherweise, auch nur einen ihrer kostbaren Fälle zu verlieren. Doch es dürfte das Beste sein, wenn sie sich schon zu Beginn zweckmäßige Vorgehensweisen aneignen und mit den tatsächlichen Gegebenheiten auseinandersetzen.

Unpünktlichkeit: Indikator für unbefriedigende Beziehung

Werden Treffen nicht eingehalten, so scheint sich darin ein geringes Interesse an einer Fortführung der Therapie oder einige Unzufriedenheit mit dem Therapieverlauf auszudrücken. Wahrscheinlich hat der Klient solche Einstellungen in subtiler Form bereits mitgeteilt, und der Therapeut hat sie übersehen. Tritt ein solches Verhaltensmuster auf, dann kann es daher nützlich sein, wenn sich der Therapeut mit seinen Therapienotizen und seinen Erinnerungen bezüglich früherer Sitzungen auseinandersetzt und überlegt, ob sich für dieses Verhalten Anzeichen entdecken lassen, die zuvor übersehen wurden, und wenn er dann einige mutmaßliche Hypothesen über das Klientenverhalten formuliert. Falls er das Problem mit dem Klienten diskutiert, sollte er auf jeden nur denkbaren Hinweis auf

Unzufriedenheit achten, die der Klient aber nicht offen zum Ausdruck bringt. Er sollte dann versuchen, einen Lösungsvorschlag bzw. eine Schlußfolgerung für die Therapie auszuarbeiten und die Situation möglichst konstruktiv einer Lösung zuführen. Falls der Therapeut wirklich glaubt, daß für die Absage von Treffen oder das unentschuldigte Fernbleiben triftige äußere Umstände verantwortlich sind, kann sich die Beziehung auf einer verständnisvolleren Grundlage weiter entwickeln, die dadurch entstanden ist, daß beide Seiten ein gemeinsames Problem besprochen und dabei eine Lösung gefunden haben. Verdeutlicht die Problemdiskussion hingegen, daß der Klient hinsichtlich der Therapie beträchtliche Zweifel hat oder sie aufgrund von Druckausübung anderer Personen ohne rechtes Ziel fortführt, sollte eine ernsthafte Diskussion über den weiteren Fortgang geführt werden. Die Form dieses Gesprächs sollte es dem Klienten ermöglichen, sich ohne Schuldgefühle bzw. ohne den Eindruck, den Therapeuten im Stich zu lassen, aus der Therapie zurückzuziehen, sofern er dies gerne möchte. Wenn nötig, sollte der Therapeut von sich aus den Vorschlag machen, die Therapie an dieser Stelle abzubrechen, und den Klienten darüber informieren, daß er jederzeit bei ihm die Therapie wieder aufnehmen könne, falls er es sich später anders überlegen sollte. Mir scheint es besser zu sein, eine problematische Therapie im gegenseitigen Einvernehmen abzubrechen, bevor sie aufgrund wiederholten Fehlens des Klienten abgebrochen werden muß. Obwohl auf diesem Gebiet offensichtlich keinerlei Forschungsarbeiten durchgeführt worden sind, dürfte es aber unwahrscheinlich sein, daß Klienten nach selbstinitiiertem Abbruch später nochmals an den Therapeuten herantreten und um eine Therapie nachsuchen.

Ausarbeitung eines Lösungsvorschlags

Abbruch einer Therapie im gegenseitigen Einvernehmen

Mehrmaliges Fehlen: Abbruch der Therapie durch Therapeuten

Wenn allerdings ein Klient zu zwei aufeinanderfolgenden Treffen nicht erscheint und den Therapeuten nicht benachrichtigt, sollte man dies am besten als unverkennbar fehlendes Interesse an einer Fortsetzung der Therapie verstehen. Man kann in einem Brief an den Klienten mitteilen, daß man als Therapeut in Anbetracht des unentschuldigten Fernbleibens von den letzten zwei Treffen annehmen müsse, der Klient sei gegenwärtig an einer Therapiefortsetzung nicht interessiert. Der Fall sei deshalb offiziell abgeschlossen. Im Brief kann aber auch stehen, daß sich der Klient später wieder zur Therapie anmelden kann, falls er dies wünsche.

Aufzeichnungen als nützliche Entscheidungshilfen

Ich hoffe, daß ich dem Leser bisher verständlich machen konnte, welche Vorgänge im relativ frühen Therapiestadium stattfinden und welche Funktion und Verpflichtungen dabei dem Therapeuten zukommen. Es ist für den Therapeuten auch ein nützliches Unterfangen, wenn er schon zu Beginn der Therapie die Probleme so darstellt, wie der Klient sie sieht, seine eigenen Formulierungen hierzu vorbringt sowie seine Therapieziele und -pläne erwähnt. Wenn sich der Therapeut dazu Aufzeichnungen macht und dabei möglichst klare Aussagen machen muß, klären sich nicht nur für ihn selbst die Probleme etwas ab, sondern er besitzt dann auch wichtige Notizen, auf die er bei Bedarf sofort wieder zurückgreifen kann. Zu einem späteren Zeitpunkt mag es Gründe dafür geben, seine ursprünglichen Pläne auszubauen, sie einzuschränken oder anderweitig zu modifizieren. Die ursprünglichen Beschwerden aber, deretwegen der Klient den Therapeuten aufgesucht hat, sollten sowohl bei der Durchführung der Therapie als auch bei der Evaluation des späteren Ergebnisses im Mittelpunkt stehen. Wenn ein Klient deswegen in die Therapie geht, weil er Angst davor hat, das Haus zu verlassen, und am Ende der Therapie läßt sich feststellen, daß er zwar mit seiner Frau besser auskommt, sich aber immer noch davor fürchtet, aus dem Haus zu gehen, dann kann wirklich nicht von einer erfolgreichen Therapie gesprochen werden. Indem man aber zu Beginn genau aufzeichnet, welche Änderungen man anstrebt, sorgt man für eine Therapie-„Richtschnur" und für eine Basis zur Evaluation des Therapieerfolgs.

Vorteile von spezifischen Therapieprognosen

Ich rate einem Psychotherapeuten auch zu bestimmten Voraussagen der Art, bei jedem Klienten den zukünftigen Verlauf der Psychotherapie zu notieren und dann bis nach Beendigung des Falls zur Seite zu legen. Auf diese Weise kann er die Genauigkeit seiner Formulierungen und Prognosen kontrollieren und vielleicht sogar einige seiner Ansichten über den psychotherapeutischen Prozeß vervollkommnen und modifizieren. Wie ich selbst bestätigen kann, kann der Therapeut dadurch eine ernüchternde Erfahrung machen. So schrieb ich beispielsweise einmal als Voraussage nieder, daß ein bestimmter Klient körperlich zu sehr in Anspruch genommen wäre, um für eine Psychotherapie motiviert und involviert zu sein, und er würde noch vor dem achten Interview die Therapie abbrechen. Wie sich dann aber herausstellte, kam er fast vier Jahre lang zu mir in die Therapie und versäumte kein einziges Interview. Ich habe auch aus diesem Fall ziemlich viel gelernt. Ich habe ferner gelernt, daß sich viele meiner Voraussagen im späteren Verlauf der Psychotherapie als unbegründet erwiesen, was auch bewirkt hat, daß ich im Laufe der Jahre einige meiner Überzeugungen revidierte. Je spezifischer und konkreter man die Vorhersage formuliert, um so leichter läßt sie sich bestätigen oder zurückweisen. Und umgekehrt formuliert lassen sich bestimmte Voraussagen über die Dynamik eines Falls nicht verifizieren bzw. ablehnen, solange sie nicht in verhaltensbezogene bzw. operationale Begriffe übertragen werden. Mit der Formulierung solcher Vorhersagen ist vielleicht die Gefahr verbunden, daß der Therapeut versuchen könnte, seine Vorhersagen im Sinne der sogenannten Self-Fullfilling-Prophecy zu erfüllen. Diese Gefahr scheint mir aber nicht allzu groß zu sein, und überdies dürfte sich ein Therapeut, der sich auf diese Art und Weise selbst hinters Licht führt, wahrscheinlich genauso bei anderen Problemen selbst betrügen.

Fortführung der Psychotherapie und Anpassung an die Individualität des Klienten

Mit fortlaufender Therapie kann sich die Funktion oder der Aktivitätsgrad des Therapeuten ändern, sobald er die Behandlung der Klientenprobleme in Angriff nimmt. Wie schon beschrieben, kann sich der Therapeut in den ersten Interviews gegenüber den Gefühlen des Klienten sowohl ziemlich reflektierend verhalten, als auch ihn dazu ermutigen, sich möglichst vollständig zu offenbaren. Der Therapeut kann aber auch je nach Klient und Natur des jeweiligen Problems in bestimmter Hinsicht aktiver werden. Es dürfte zumindest teilweise richtig sein, wenn wir sagen, daß in den ersten Interviews allgemeine Therapiefaktoren vorherrschen und mit fortschreitender Therapie spezifischere Faktoren zum Einsatz kommen. Die relative Hervorhebung dieser beiden Faktorengruppen sowie auch die ausdrückliche Betonung spezifischer Faktoren werden natürlich in Abhängigkeit vom jeweiligen Klienten variieren. Manchmal können schon recht früh spezifischere Verfahren zur Anwendung kommen, meinethalben etwa im dritten Interview, in anderen Fällen wiederum brauchen sie selbst nach mehreren Interviews noch nicht zum Einsatz gebracht werden. Wir sollten uns auch daran erinnern, daß als spezifisch betrachtete Faktoren oder Methoden auch einen allgemeineren Effekt haben können. Beginnt der Therapeut beispielsweise mit der systematischen Desensibilisierung, dann verwendet er nicht nur ein spezielles Verfahren für einen ganz bestimmten Problemtypus, sondern kann auch Zuversicht wecken und Vertrauen zum Therapeuten fördern, indem er einzig und allein direkt und konkret etwas für den Klienten tut.

Änderung der Therapeut-Klient-Rollenstruktur

Unterschiede bei analytischen, eklektischen und klientenzentrierten Ansätzen

Bei den traditionelleren Ansätzen der Psychotherapie liegt eine stärkere Betonung eines zentralen dynamischen Konflikts vor, von dessen Lösung man einen generellen Ausstrahlungseffekt und somit einen Einfluß auf eine ganze Reihe von spezifischen Verhaltensweisen erwartet. Im Gegensatz dazu erfordert der hier erläuterte eklektische Ansatz einen abwechslungsreichen Methodeneinsatz, der von den jeweiligen Problemklassen abhängt. Als Folge davon unterscheidet sich auch die Funktion des Therapeuten voneinander und ist wiederum abhängig von den Fallbedingungen. Je stärker der Therapeut verschiedene, ziemlich spezifische Verfahren im Laufe der Therapie einzusetzen beabsichtigt, um so direktiver und spezifischer wird seine Funktion sein. Jedes potentiell nützlich erachtete Verfahren kann angewendet werden, und erweist sich eine bestimmte Methode nicht als effektiv, kann man es mit einer anderen versuchen. Darin zeigen sich Unterschiede im Vergleich zur klientenzentrierten Therapie oder Psychoanalyse. In der Psychoanalyse zum Beispiel würde für alle Fälle das Hauptgewicht auf freier Assoziation und Deutung liegen, und auch wenn der Analytiker mit fortschreitender Therapie verbal aktiver sein würde, würden durchweg dieselben Verfahren zum Einsatz kommen. In der klientenzentrierten Therapie liegt die Betonung auf den notwendigen und hinreichenden Voraussetzungen des Therapeuten – Empathie, Wärme und Echtheit –, und die Funktion des Therapeuten würde während der Therapie dementsprechend sein. Beim eklektischen Therapieansatz hingegen gehen wir davon aus, daß der Therapeut bei der Entwicklung der therapeutischen Beziehung und im Verlauf der Therapie eine aktivere Rolle einnimmt.

Bei diesem Ansatz muß der Therapeut bei jedem Fall eine klare Vorstellung von den Therapiezielen haben, damit geeignete Verfahren und Techniken ausgedacht und angewendet werden können. Insofern hat der

Gemeinsamkeiten zwischen Verhaltenstherapeuten und Eklektikern

eklektische Therapeut viel mit den meisten Verhaltenstherapeuten gemeinsam, die zur Beurteilung ihrer Klienten und für die Entwicklung eines auf sie zugeschnittenen Therapieprogramms einen annähernd gleichen Ansatz wählen. Wie wir aber schon dargelegt haben, ist die Orientierung unterschiedlich, und ein eklektischer Therapeut beschränkt sich nicht auf verhaltensorientierte Verfahren. Er mißt der therapeutischen Beziehung und den allgemeinen Therapiefaktoren viel mehr Bedeutung bei. Handelt es sich aber um ein Problem, das recht speziell ist und sich ohne weiteres primär mit einem verhaltensorientierten Verfahren behandelt läßt, kann ein Verfahren dieser Art bei jedem gegebenen Fall zur Anwendung kommen.

Resultat der Anfangsphase und Therapieperspektiven

Nun aber wollen wir etwas genauer darüber sprechen, was sich ereignen kann, wenn die Psychotherapie über das Anfangsstadium hinaus fortgeführt wird. Dem Klienten hat sich bisher die Gelegenheit geboten, die ihn bedrückenden Probleme ans Licht zu bringen und vorzutragen, welche Änderungen er gerne erreichen möchte. Er hat etwas Gelegenheit gehabt, seine Gefühle preiszugeben, sich über den Therapeuten ein Urteil zu bilden und irgendeine Art von Beziehung oder „therapeutischem Bündnis" (therapeutic alliance) zu entwickeln. Dem Therapeuten seinerseits ist es möglich gewesen, sich ein klareres Bild von der Persönlichkeit des Klienten zu machen, er hat charakteristische Verhaltensmuster notiert, ist wachsam gegenüber etwaigen Schwierigkeiten in der Therapie geworden und hat damit begonnen, Verfahren für die nachfolgende Therapie zu planen. Es stehen ihm ein unter Umständen weites Feld an Techniken und Verfahren zur Verfügung, und er muß daraus diejenigen auswählen, deren Anwendung er für nützlich hält. Die einzigen Strikturen sind dadurch gegeben, daß die Verfahren nur für den jeweiligen Einzelfall zu gebrauchen sind und der Therapeut bei ihrem Einsatz ziemlich informiert und bewandert sein muß.

Beispiele

Ein oder zwei Beispiele werden dazu beitragen, diese Aussagen zu veranschaulichen. Wir greifen auf den Fall eines jungen Mannes zurück, der wegen seiner persönlichen Schwierigkeiten Hilfe benötigt und ein Treffen vereinbart. Während des Interviews hinterläßt er einen verzweifelten und unglücklichen Eindruck. Er ist Mitte Zwanzig, in einem Beschäftigungsverhältnis und lebt mit seinen Eltern zusammen. Außer seinen Eltern wohnen zu Hause keine anderen Personen. Erst vor kurzem ist die Freundschaft mit seinem ersten und einzigen Mädchen in die Brüche gegangen. Zuerst bringt er vor allem Gefühle des Unglücklichseins und der Traurigkeit zum Ausdruck. Er glaubt zwar, daß das Leben mit ihm besser umspringen sollte, als dies gegenwärtig der Fall ist, seine Unzufriedenheit scheint aber erst seit recht kurzer Zeit vorzuliegen. Im Laufe des Erstinterviews noch bietet sich ihm die Gelegenheit, seine Probleme darzustellen, und einige Dinge kommen ziemlich deutlich zum Vorschein. Er ist sehr unzufrieden damit, daß er immer noch zu Hause bei seinen Eltern wohnt und behandelt wird, als sei er immer noch ein kleiner Junge. Obwohl er daran gedacht hat, auszuziehen und allein zu wohnen, hat er dennoch den Gedanken nicht in die Tat umgesetzt. Er macht einen etwas schüchternen und nicht sehr zuversichtlichen Eindruck. Für seine derzeitige Mutlosigkeit aber scheint der hauptsächliche Grund im Abbruch seiner Beziehung zur Freundin zu liegen, die ihm viel bedeutet hat. Er fühlt sich ziemlich stark zurückgestoßen und in die Ecke gestellt, und es scheint, als habe die Trennung eine durchschlagende Wirkung darauf gehabt, wie er sich selbst und seine gegenwärtige Situation sieht.

Obwohl dieser Klient dem Therapeuten gegenüber etwas ehrerbietig und unterwürfig war, vermittelte er auch den Eindruck, als wäre er an der Therapie interessiert und als versuchte er, etwas zur Verbesserung seines Zustands zu unternehmen. Er hatte in seinem Beruf keine Schwierigkeiten und war bereit, entsprechend seinem Einkommen ein angemessenes Honorar zu bezahlen. Der Therapeut hatte den Eindruck, daß dieser junge Mann zu Recht ein Anwärter für eine Psychotherapie wäre und man Vereinbarungen für zukünftige Interviews treffen könnte. Er schien nicht ernstlich deprimiert zu sein; seine Mutlosigkeit schien situationsbedingt zu sein und sehr stark mit der Trennung von seiner Freundin zusammenzuhängen, die sowohl Gefühle der persönlichen Unzulänglichkeit als auch der Niedergeschlagenheit hervorrief. Der Therapeut versuchte deshalb, eine Zusammenfassung oder Formulierung einer vorläufigen Verständigungsbasis vorzunehmen und schlug vor, während des nächsten Interviews darauf spezieller einzugehen. Es wurde aufgeführt, daß der Klient augenblicklich wegen seines derzeitigen Lebens mutlos war, daß aber der Verlust seiner Freundin dasjenige Ereignis zu sein schien, das weitgehend für seine Empfindungen verantwortlich war. Deshalb müsse diese Beziehung näher exploriert werden. Es kam auch zum Vorschein, daß er in bezug auf seine Wohnsituation recht ambivalent war, die ebenfalls noch näher betrachtet werden müßte. Schließlich zeigte sich auch, daß es ihm in seinen sozialen Beziehungen meistens an Selbstvertrauen fehlte und daß er glaubte, er könnte sich in manchen Situationen, in denen Selbstbewußtsein vorteilhaft wäre, nicht durchsetzen. Dies waren also drei Problembereiche, die der Klient für bedeutend hielt und die in der Therapie bearbeitet werden sollten. Auf die Frage des Klienten nach der Dauer der Therapie gab der Therapeut die Information, daß man zwar nicht immer eine präzise Angabe machen kann, aber etwa 10 bis 15 Sitzungen ausreichen werden. Der Klient wurde auch davon in Kenntnis gesetzt, daß man dieses Problem nach vier oder fünf Sitzungen besser entscheiden könnte. Da der Klient in bezug auf den weiteren Therapieverlauf keine besonderen Erwartungen hatte, wohl aber sich zu allem, was erforderlich war, bereit erklärte, ging der Therapeut auf dieses Problem nur kurz ein.

Herstellung einer Verständigungsbasis

Bestimmung der Problembereiche

Da das Erstinterview von besonderer Relevanz ist, wurde es im Vergleich zur übrigen Therapie bei diesem illustrativen Fall ausführlicher dargestellt. Der Rest der Beschreibung muß notgedrungen etwas stärker zusammengefaßt werden. Im zweiten Interview wurde der Klient dazu angehalten, auf die eben aufgezählten Problembereiche etwas näher einzugehen und seine Empfindungen möglichst umfassend zum Ausdruck zu bringen. Dies tat er auch ziemlich ausführlich, wobei er die meiste Zeit darauf verwandte, die Beziehung zu seiner früheren Freundin zu beschreiben. In dieser Sitzung war der Klient der aktive Teilnehmer und trug das

Reflexion der Klientengefühle

meiste zum Gespräch bei. Der Therapeut reagierte hauptsächlich so, daß er die Gefühle des Klienten reflektierte, gelegentlich einen vom Klienten angesprochenen wesentlichen Punkt herausstellte und ab und dann eine klärende Frage stellte. Zumindest aus der Sicht des Therapeuten verlief diese Sitzung zufriedenstellend, da sich der Klient erneut mit seinen früheren Erlebnissen auseinandersetzte. Im dritten Interview zeigte sich der Klient schon bedeutend weniger mutlos, und es ergab sich, daß er im Verlauf des Interviews seine eigenen Wahrnehmungen planmäßig gliederte und sich ein Bild davon machte, was sich früher ereignet hatte. Der Therapeut machte sich dazu Notizen und bekräftigte das Verhalten des Klienten. In diesem Interview kristallisierten sich auch einige der Schwierigkeiten heraus, die der Klient mit seiner früheren Freundin hatte. Der Therapeut lenkte auf dieses Problem die Aufmerksamkeit, indem er zum Beispiel behutsam fragte: „Glauben Sie, daß vielleicht einige der Schwierigkeiten, von denen Sie berichtet haben, mit der Tatsache zusammenhängen, daß Sie Ihre Freundin immer gebeten haben, die Entscheidungen zu treffen, während Ihre Freundin glaubte, daß Sie selbst sie fällen sollten?" In diesem Interview verhielt sich somit der Therapeut aktiver und wies auf mutmaßlich typische Verhaltensweisen des Klienten hin, die für einige seiner Probleme verantwortlich sein konnten. Gleichzeitig zeigte er am Klienten und dem, was dieser erzählte, großes Interesse und bekräftigte dessen Versuche, zurückliegende Verhaltensmuster zu hinterfragen und zu verstehen, wie seine Verhaltensweisen zu den aufgetretenen Problemen beigetragen hatten. Wichtige Komponenten dieser Sitzung waren somit, daß die Aufmerksamkeit auf das gewachsene Bewußtsein und tiefere Verständnis gelenkt wurde.

Bekräftigung des Klientenverhaltens

Verstärkte Aktivität des Therapeuten

Als der Klient in den nächsten Interviews über seine häuslichen Probleme zu sprechen begann, kam sein fehlendes Selbstbewußtsein immer deutlicher zum Vorschein. Die Aufmerksamkeit wurde auf seinen Wunsch nach Unabhängigkeit gelenkt, aber auch darauf, daß er es gleichzeitig genoß, wenn sich seine Mutter einigen seiner Nöte annahm. Es wurden auch Zusammenhänge hergestellt zu seinem diesbezüglich irgendwie gleichen Therapieverhalten. Obwohl der Klient in der Therapie sehr gut mitarbeitete und dazu motiviert war, sein Verhalten in Angriff zu nehmen und zu ändern, tendierte er nicht nur dazu, dem Therapeuten sehr respektvoll zu begegnen, sondern ihm auch auf keinen Fall zu widersprechen, selbst wenn er mit ihm nicht der gleichen Meinung war. Daher wurde zusätzlich zur Diskussion typischen Alltagsverhaltens des Klienten der Versuch unternommen, ihm seine in den Therapiesitzungen gezeigten Verhaltensweisen zu veranschaulichen. Dies schien Wirkung zu haben, denn der Klient formulierte den Wunsch, selbstbewußt zu werden. Die Folge war, daß zwei spezielle Methoden eingesetzt wurden. Er wurde dazu ermuntert, sein fehlendes Selbstbewußtsein in sozialen Situationen gewahr zu werden und diejenigen Situationen eindeutig zu identifizieren, in denen selbstbewußtere Verhaltensweisen angebrachter gewesen wären. Damit einhergehend wurde er dazu angehalten und ermutigt, sich in solchen Situationen zur Geltung zu bringen. Zusätzlich wurden in der therapeuti-

Konfrontation des Klienten mit seinem Therapieverhalten

schen Situation etwas Rollenspiel und Verhaltenstraining in Angriff genommen. Die angestrebten Verhaltensweisen wurden dabei vom Therapeuten verbal bekräftigt. Nach und nach wurde der Klient in der therapeutischen Situation und – wie aus seinen Erzählungen hervorging – offensichtlich auch außerhalb der therapeutischen Situation selbstbewußter.

Dieser Auszug sollte genügen, um zumindest einen ungefähren Eindruck zu vermitteln, wie der Therapeut in seiner Zusammenarbeit mit dem Klienten vorgehen kann und welche Verfahren sich im weiteren Verlauf der Therapie zu verschiedenen Zeitpunkten anwenden lassen. Unterschiedliche Fälle machen natürlich eine etwas unterschiedliche Methode erforderlich, wenngleich der allgemeine Plan in groben Umrissen recht ähnlich sein dürfte. Die relevanten Merkmale sind, daß der Therapeut eine Atmosphäre schafft, die in bezug auf die mutmaßlichen, allgemeinen Therapiefaktoren möglicherweise therapeutische Wirkung zeigen und die Motivation des Klienten zur Veränderung fördern, und dann spezifische Verfahren hinsichtlich der besonderen Probleme des Klienten auswählt. Wenn die Hoffnung auf Besserung, die im Anfangsstadium der Therapie geweckt wurde, von einigen spürbaren Zeichen der Verbesserung begleitet wird, wird der Klient dadurch in seinen Änderungsbemühungen bekräftigt, und der Fortschritt wird beschleunigt. Die ersten Abschnitte einer Psychotherapie sind deshalb innerhalb des therapeutischen Prozesses von grundlegender Bedeutung, und frühe Anzeichen von Fortschritten sind häufig bedeutsame Indikatoren für das letztliche Ergebnis (MARKS/GELDER/BANCROFT, 1970; MATHEWS et al., 1974).

Unterschiedliche Fälle: unterschiedlicher Methodeneinsatz

Wichtigkeit der ersten Therapieabschnitte

Zusätzliche Erläuterungen

Am Schluß dieses Kapitels ist es ratsam, noch einige zusätzliche Erläuterungen zu Problemen zu geben, auf die der Therapeut während der ersten Interviews achten sollte. Normalerweise sollte der Therapeut die Verantwortung dafür übernehmen, in welche Richtung sich die Therapie bewegen sollte. Er sollte folglich gegenüber Verhaltensweisen des Klienten im Rahmen der Therapie sensibel reagieren, die in irgendeiner Weise in Gegensatz zu den vereinbarten Therapiezielen stehen, bzw. die in eine Richtung steuern, die seines Erachtens nicht wünschenswert ist. Da die Verhaltensweisen und Interaktionen der ersten Interviews sehr wohl ein Musterbeispiel für nachfolgende geben können, ist es wichtig, daß der Therapeut konstruktiv interveniert und versucht, die Therapie wieder auf den richtigen Kurs zu bringen. Wenn es der Klient beispielsweise vermeidet, über die Probleme zu sprechen, weswegen er den Therapeuten aufsucht, sollte der Therapeut darauf hinweisen und mit dem Klienten die eventuellen Gründe dafür ausfindig machen. Gleiches gilt für den Fall, wenn der Klient aufgefordert worden ist, es außerhalb der Therapie mit irgendwelchen Verhaltensweisen zu versuchen, zu Hause Entspannungsübungen zu machen oder eine besondere Situation im Rollenspiel zu üben, und er dies offensichtlich unterläßt. In diesem Fall muß man offen dagegen vorgehen und die Implikationen besprechen, natürlich nicht in einer allzu kritischen Art und Weise, damit der Klient keine Abwehrhaltung einnimmt. Gesprochen jedoch sollte darüber werden, und diese Vorgehens-

Konstruktive Interventionen

weise kann damit gerechtfertigt werden, daß sie direkt zusammenhängt mit den gemeinsam getroffenen Vereinbarungen über die Therapieziele.

Wer ist für fehlenden Fortschritt in der Therapie verantwortlich?

Was wir eben vorgetragen haben, beinhaltet nicht, daß es der Fehler des Klienten ist, wenn es zu keinem Fortschritt kommt. Das mag zwar manchmal stimmen, wird aber vom Therapeuten zu häufig als Rationalisierung benutzt. Es muß an dieser Stelle betont werden, daß der Therapeut die Verantwortung dafür trägt, daß versucht wird, der Therapie einen zielgerichteten Verlauf zu geben. Beginnt der Klient Verhaltensweisen oder -muster zu zeigen, die einen normalen Fortschritt verhindern, muß der Therapeut die Initiative übernehmen und die Situation korrigieren. Erweisen sich diese Versuche des Therapeuten erfolglos, dann sollte stärker in Frage gestellt werden, ob der Klient eine Verhaltensänderung überhaupt wünscht, und thematisiert werden, ob die Fortsetzung der Therapie wünschenswert ist. Es ist besser, dieser Situation schon früh in der Therapie entgegenzutreten, statt zuzulassen, daß die Therapie ziellos weitergeht und schließlich mit einem traurigen Ausklang endet. Ich erinnere mich noch sehr lebhaft an einen Klienten, der unaufhörlich über alle möglichen Probleme sprach, die unmittelbareren Probleme aber ausklammerte. Ich versuchte mehrere Male ohne Erfolg zu intervenieren und ließ schließlich zu, daß der Klient in dieser Form fortfuhr, wobei ich hoffte, daß sich die Situation ändern würde. Es kam aber zu keinem wirklichen Fortschritt. Die Therapie wurde schließlich abgebrochen, und beide Seiten, Klient und Therapeut, waren unzufrieden. In diesem Fall war ich als Therapeut nicht eindringlich genug bei dem Versuch, den Ablauf der Therapie neu zu strukturieren. Ich ließ es zu, daß die von Beginn an erkennbaren Verhaltensmuster fortbestanden. Mag sein, daß ich auch nicht erfolgreich gewesen wäre, wenn ich dem Klienten nachhaltiger entgegengetreten wäre. Ich hätte aber zumindest das Problem deutlicher an die Oberfläche gebracht. Der Therapeut sollte auf jeden Fall versuchen, sich über den Verlauf, den die Therapie im ersten Stadium nimmt, ein Bild zu machen, und dementsprechend seine Strategie modifizieren.

Literatur

Garfield, S. L. and Wolpin, M. Expectations regarding psychotherapy. *Journal of Nervous and Mental Disease,* 1963, *137,* 353–362.

Marks, I. M., Gelder, M. G., and Bancroft, J. H. J. Sexual deviants two years after aversion. *British Journal of Psychiatry,* 1970, *117,* 173–185.

Mathews, A. M., Johnston, S. W., Shaw, P. M., and Gelder, M. G. Process variables and the prediction of outcome in behavior therapy. *British Journal of Psychiatry,* 1974, *125,* 256–264.

Kapitel 8
Der psychotherapeutische Prozeß – II

Zu Beginn der Therapie besteht das vorrangige Ziel darin, vom Klienten und seinen Problemen ein klareres Bild zu gewinnen, ihm Gelegenheit zur möglichst umfassenden Selbstdarstellung zu geben, einen vorläufigen Therapieplan zu entwickeln und nach und nach in bezug auf die vorgebrachten Probleme spezifischere Verfahren auszuwählen. Bei Fortsetzung der Therapie muß der Therapeut zusätzliche Gesichtspunkte in Erwägung ziehen. Er sollte kontinuierlich beurteilen, wie die Therapie fortschreitet und welcher Fortschritt gemacht wird. Entspricht der Therapieverlauf den Erwartungen des Therapeuten, oder zeigen sich ungeklärte Schwierigkeiten bzw. keine Fortschritte? Der Therapeut sollte – wenn auch nicht übertrieben zwanghaft – auf den Gesamtplan und auf den Therapiefortschritt ein sorgsames Auge werfen. Wenn im Anfangsstadium der Therapie alles ganz gut gelaufen ist, brauchen zwar keine ungewöhnlichen Probleme zum Vorschein zu kommen, dennoch ist es für den Therapeuten ratsam, nicht selbstgefällig zu werden. Manchmal kann eine schon früh eintretende Verbesserung das Resultat einiger situationaler, unter Umständen nur vorübergehend wirksamer Faktoren sein. Sobald sich dann die Außenumstände ändern, kann der Fortschritt des Klienten unterbrochen werden und in der Tat tendenziell wieder zurückgehen. Der Therapeut muß die Situation – wie alle Probleme, auf die man innerhalb einer Psychotherapie stößt – so adäquat wie nur möglich beurteilen und diese Bewertung zur eventuell notwendigen Modifikation seines therapeutischen Konzepts verwenden. Treten im Verlauf der Therapie neue Probleme zutage, muß der Therapeut das Geschehen erneut beurteilen und demgemäß reagieren.

Die Zwischenstufen der Therapie

Durchschnittliche Besserungsquote

Es lassen sich weder all die bei Fortführung der Therapie stattfindenden, verschiedenartigen Interaktionen beschreiben, noch lassen sich für die nachfolgenden Abschnitte einer Psychotherapie prägnante Anhaltspunkte zur Bewertung des Fortschritts bestimmen. Nimmt man die publizierten Therapieerfolge für bare Münze, scheint als optimale Voraussage zu gelten, daß etwa zwei Drittel der Klienten, die die Psychotherapie fortsetzen, im Vergleich zum Therapiebeginn etwas Besserung zeigen bzw. behaupten, es würde ihnen etwas besser gehen (Bergin, 1971; Eysenck, 1952, 1966). Obwohl es in Zusammenhang mit der sehr schwierigen Aufgabe, das Therapieergebnis zu beurteilen, eine Reihe von Fragen und Problemen gibt, wollen wir deren Diskussion auf später verschieben. Wir nehmen jetzt einfach mal an, daß nach einer Psychotherapie nicht alle Klienten gebessert sind und daß es sich dabei um etwa ein Drittel aller Klienten handeln dürfte. Damit liegt für den Therapeuten zumindest ein ungefährer Anhaltspunkt vor, die ihn zu realistischeren eigenen Therapieerwartungen veranlassen können. Dabei dürfen wir sicherlich davon ausgehen, daß einige Therapeuten erfolgreicher als die anderen sind – und die meisten Psychotherapeuten der Überzeugung sind, sie würden zur Gruppe der Erfolgreicheren gehören. Wir können uns aber diesen Durchschnittswert als Erwartungswert einmal merken.

Unterschiedliche Therapeuteneffektivität

Das Ausmaß der Verbesserung

Neben der möglichen Erfolgsquote sollte man auch das Ausmaß der zu erwartenden Verbesserung eingehend betrachten. Dieses Problem dürfte offensichtlich von einer Reihe von Faktoren abhängen, die den individuellen Fall betreffen. Ernstere psychopathologische Fälle dürften in der Regel schwieriger zu behandeln sein und eine geringere Aussicht auf einen therapeutischen Nutzeffekt haben. In Erwägung zu ziehen sind ferner, wie schon erwähnt, ob die Störung andauernd vorliegt, wie lange das Problem schon besteht, die darin enthaltenen Situationselemente, die Persönlichkeitsmerkmale des Klienten und seine Behandlungsmotivation. Man muß deshalb sachlich sein und jede Prognose auf der Basis einer adäquaten Beurteilung des Klienten aussprechen. Angenommen, dies wäre geschehen, dann jedoch können wir auf Forschungsergebnisse Bezug nehmen und dadurch zu begründeten Aussagen über das ungefähre Erwartungsniveau der Verbesserungen kommen. Auch dies ist eine schwierige Sache, worüber wir aber jetzt hinweggehen werden; wir werden einfach aus typischen Untersuchungen bekannt gewordene Ergebnisse betrachten. Wollten wir auf solche Probleme eingehen, würden wir uns vom eigentlichen Gegenstand unserer Diskussion entfernen. Die publizierten Ergebnisse legen die Vermutung nahe, daß ein optimaler Erfolg bzw. eine totale „Wiederherstellung" (recovery) bei einem kleinen Prozentsatz, eine merkliche Besserung bei einem großen Prozentsatz, geringere Fortschritte bei einem wahrscheinlich kleineren Prozentsatz von Fällen erreicht werden und es bei einem relativ geringen Prozentsatz von Fällen zu Verschlechterungen des Klienten kommt (Avnet, 1965; Bergin/Lambert, 1978; Meltzoff/Kornreich, 1970; Strupp/Hadley/Gomes-Schwartz, 1977). Wir wollen diese Daten nicht weiter diskutieren und sie als vorläufige Fakten auffassen. Dem Therapeuten jedenfalls muß klar sein, daß der Klient in den meisten Fällen bei Beendigung der Therapie noch immer einige Beschwerden oder Schwierigkeiten haben kann, die nicht gänzlich ausgeräumt sind.

Grundregel: Nicht allen Klienten kann geholfen werden

Diese Sichtweise und ihre Begründung mögen von Therapeuten und angehenden Therapeuten nicht sehr erfreut aufgenommen werden. Ich bin aber der Überzeugung – und ich habe dies in diesem Buch bereits nachdrücklich betont –, daß der Therapeut ein objektiver Beobachter sein muß, bzw. sich entsprechende Mühe geben muß und über den Stand der Forschung in diesem Bereich informiert sein sollte. In einem nachfolgenden Kapitel werden wir Daten präsentieren, die diese Sichtweise untermauern. Jetzt aber können wir nur ein paar Beispiele anführen. In Forschungsbe-

Forschungsergebnisse über den Besserungsgrad: Maßstab für Therapeutenerwartungen

richten, die zur Beschreibung der Wiederherstellung eines optimalen Funktionslevels oder der vollständigen Beseitigung aller Symptome solche Begriffe wie „recovered" verwenden, liegt der Prozentsatz derjenigen, die sich selbst so beurteilen, kaum höher als 15 Prozent (AVNET, 1965). In einer Untersuchung mit numerischen Ratings des Ergebnisses liegt der Prozentsatz der Klienten mit Höchst-Ratings ebenfalls bei ungefähr 10 Prozent, und der Durchschnittswert für alle Klienten liegt eindeutig darunter (SLOANE et al., 1975). Auch in manchen Berichten, in denen statistisch signifikante Steigerungen als Folge der Therapie gemeldet werden, zeigen die zur Erfolgsbeurteilung verwendeten Scores am Ende der Therapie immer noch eine signifikante Pathologie an (LEVIS/CARRERA, 1967). Solche Befunde müssen folglich vom Therapeuten als Hintergrund für seine eigenen Erwartungen und Bewertungen der von ihm selbst ausgeführten Therapie in Betracht gezogen werden.

Evaluation des Fortschritts während der Therapie

Wie aber schon aufgezeigt wurde, sollte der Therapeut versuchen, bei jedem einzelnen Fall nicht nur am Ende der Therapie, sondern auch im Verlauf der Therapie den Therapiefortschritt zu beurteilen. Macht die Therapie keine zufriedenstellenden Fortschritte, sollte der Therapeut versuchen herauszufinden, wodurch der Stillstand verursacht wird und wie sich die Situation so verändern läßt, daß sie einen erfolgreicheren Verlauf nach sich zieht. Bei der Exploration dieser Situation kann der Therapeut etwaige Vorkommnisse in der gegenwärtigen Lebenssituation des Klienten ins Auge fassen, zuvor eventuell nicht richtig beurteilte Eigenschaften des Klienten, eventuelle Schwächen der zur Anwendung kommenden Techniken und Verfahren oder denkbare Faktoren in der therapeutischen Beziehung, die dadurch beeinflußt wird, wie der Therapeut vom Klienten wahrgenommen wird. Leider lassen sich dem Therapeuten in solchen Fällen keine einfachen Richtlinien zur Hand geben. In manchen Fällen wird er den Ursachen für den Therapiestillstand nicht auf die Spur kommen und die Situation nicht korrigieren können. Manchmal dürften die vorliegenden Fingerzeige nicht allzu deutlich ausfallen, oder der Therapeut hat keine Lust, sie zu registrieren.

Supervisionsbeispiel

Bei einem Fall, bei dem ich die Supervision über hatte, stellte beispielsweise der Klient am Ende der Sitzung eine Frage über die Therapie. Er wurde gebeten, sie in der nächsten Sitzung nochmals vorzubringen, da die Zeit zur Beantwortung jetzt zu knapp sei. Die Frage bezog sich auf das Problem, wie eine Therapie eine Änderung zuwege bringen könne. Obwohl ich den Therapeuten anwies, dieser Frage Beachtung zu schenken, kam er in der nächsten Sitzung, als sie der Klient nicht wieder vorbrachte, nicht mehr darauf zur Sprache. Im darauffolgenden Interview streifte der Klient am Ende der Sitzung erneut dieses Thema, und es wurde erneut verschoben. Bei diesem Fall machte die Therapie keine sehr großen Fortschritte. Ein Grund dafür waren möglicherweise Vorbehalte, die der Klient dem Therapeuten gegenüber deswegen hatte, weil dieser ihm bestimmte Informationen vorenthielt und seine Fragen ignorierte. Der Therapeut war nicht sehr darauf aus, sich mit der zu verstehen gegebenen Kritik des Klienten auseinanderzusetzen, und ließ deshalb verschiedene Gelegenheiten zur Klärung der Frage einfach verstreichen. Als er schließlich die Angelegenheit im folgenden Interview zur Sprache brachte, konnte der Klient sowohl seine Haltung als auch seine Erwartungen gegenüber dem Therapeuten zum Ausdruck bringen, und der Therapeut wiederum gestand seinen Fehler zu, nicht angemessen auf die Fragen des Klienten eingegangen zu sein. Aus all dem kristallisierte sich eine klarere Vorstellung über den weiteren Therapieverlauf heraus, und es hatte den Anschein, als sei dies dem Fortschritt förderlich.

Reaktion des Therapeuten auf indifferente Beiträge des Klienten

Manchmal spricht ein Klient verschiedene Probleme an, die sich weder auf ihn zu beziehen, noch von Bedeutung zu sein scheinen. Es hängt von der Situation ab, ob sich der Therapeut ihrer gleichzeitig annimmt oder sich dafür entscheidet, sich auf das augenscheinlich wichtigste Problem zu konzentrieren, bzw. sich mit dem Problem zu befassen, bei dem am ehesten Abhilfe möglich ist. Im Verlauf der Therapie kann es relevant sein, den ursprünglichen Therapieplan nochmals zu überprüfen und manchmal die ursprünglich gesetzten Prioritäten neu zu bestimmen. So hatte beispielsweise in einem Falle eine Klientin angegeben, ihr Übergewicht sei für sie ein sehr großes Problem, und sie fühle sich deswegen sehr niedergeschlagen und würde sehr viel schlafen. Da der Therapeut vermutete, ihre geringe Selbstachtung hinge wahrscheinlich mit ihrem Übergewicht zusammen, die Berücksichtigung dieses Problems würde der Selbstachtung gut tun und er könne ein spezifisches Programm festsetzen, an das sich die Klientin zu Beginn der Therapie halte, schlug er der Klientin vor, in einem Notizbüchlein alles, was sie zu sich nahm, und die dazu verwendete Zeit zu notieren. Die Klientin stimmte zu, aber nachfolgende Ereignisse schmälerten die Bedeutung dieser Methode. Im anschließenden Interview wurde nämlich ein noch wichtigeres Problem entdeckt. Obwohl die Klientin weiter über ihre Eßgewohnheiten Buch führte, war sie mit der anderen Problematik mehr beschäftigt, und das Eßproblem war nun von untergeordneter Bedeutung. Der Therapeut entschied sich dafür, daraus auch keine Streitfrage zu machen, und stellte das relevantere Problem in den Vordergrund. Als sich dieses eindeutig zu bessern begann, kündigte die Klientin von sich aus an, sie hätte sich dazu entschlossen, nach Diät zu leben, und erklärte mit ziemlicher Befriedigung, sie hätte bereits sieben Pfund abgenommen. In diesem Fall hielt es der Therapeut für günstig, seine Pläne abzuändern, nachdem die Klientin neues Material vorgebracht hatte, und der Klientin zu erlauben, von dem vorher abgemachten Plan abzuweichen. Wäre in dieser Situation dem Programm zur Gewichtsreduzierung mehr Bedeutung beigemessen gewesen, hätte sich der Therapeut möglicherweise anders verhalten sollen. Im allgemeinen allerdings ist es für den Fall, daß ein Klient anscheinend etwas so nicht befolgt, wie es gemeinsam beschlossen wurde, klüger, das Problem nicht sofort anzugehen, sondern abzuwarten und darauf zu achten, ob sich für diese Abweichung Gründe finden lassen. Später läßt sich das Verhalten des Klienten vielleicht besser verstehen und besser thematisieren. Der Therapeut sollte zwar für die Durchführung seiner Methoden einen Plan und Hypothesen haben, er sollte aber auch flexibel und in der Lage sein, seinen Therapieplan zu modifizieren, wenn es die Umstände nahelegen.

Beispiel

Flexibilität bei der Modifikation des Therapieplans

Der Therapeut muß daher fortwährend den Therapieverlauf überwachen und beurteilen. Er muß darauf achten, ob sich irgendwelche Schwierigkeiten einstellen, die eine Modifikation des Ansatzes erforderlich machen.

Die Beurteilung der psychotherapeutischen Interaktion

Die Bedeutsamkeit der Therapeutenpersönlichkeit

Von entscheidender Bedeutung sind in diesem Zusammenhang auch die Wahrnehmungen und Emotionen des Therapeuten in seiner Auseinandersetzung mit dem Klienten. Vielen Menschen zeigt sich die Psychotherapie zwar als ein herrlicher Beruf, der den Therapeuten anscheinend in die tiefsten Schichten der menschlichen Psyche eindringen läßt und für die leidende Menschheit Erstaunliches und Wundersames leistet. Die Wirklichkeit aber sieht viel anders aus. Wie so viele andere Professionen auch kann Psychotherapie ein sehr anstrengendes und manchmal sogar ein sehr langweiliges und frustrierendes Unterfangen sein. Was ab und dann in populären Berichten über die Psychotherapie geschrieben wird, stimmt nicht unbedingt mit den tatsächlichen Gegebenheiten bzw. mit den Diskussionen darüber, was sich in den Therapiesitzungen zugetragen hat, überein. Wunderbare Heilungen treten da kaum zutage, und jeder, der einmal zu Unterrichts- oder Forschungszwecken zahllose Bänder von Therapiesitzungen abgehört hat, kann ein Lied davon singen, daß nicht gerade viele davon besonders spannend sind. Für den Therapeuten, der sich persönlich und unmittelbar mit dem Fall auseinandersetzt, kann sich dies zwar anders darstellen als für den Beobachter. Wie dem aber auch sei, verschiedene Faktoren werden darauf Einfluß nehmen, wie der Therapeut den Fall wahrnimmt und auf ihn reagiert.

Unterschiedliche Therapeutenwahrnehmungen und -reaktionen

Es liegt in der Natur der Verhältnisse, daß der Therapeut die verschiedenen Klienten unterschiedlich wahrnehmen wird und auch die Ansprüche jedes Einzelnen variieren werden. Ungeachtet der professionellen Aspekte eines Falls wird auch der Therapeut als Persönlichkeit auf verschiedene Klienten unterschiedlich reagieren. Manche Klienten begegnen dem Therapeuten mit Achtung und Bewunderung, manche sind in ihrem Wesen sehr liebenswert und sehen attraktiv aus, andere wiederum scheinen auf die Therapie sehr gut anzusprechen und zeigen eindeutig erkennbare Fortschritte. In solchen Fällen ist eine Therapie wahrscheinlich für beide Seiten ein erfreuliches Unterfangen, wobei der Therapeut durch seine Arbeit verständlicherweise Genugtuung erfährt. Diese Kategorie von Klienten erzeugt den Eindruck, als lohne sich das Ganze, und zieht eine intermittierende Bekräftigung nach sich, die – selbst wenn auch noch andere Faktoren bei der Besserung des Klienten eine Rolle spielen können – notwendig sind, um das ganze Unternehmen aufrecht zu erhalten. Wer schon einmal als Psychotherapeut gearbeitet und beobachtet hat, wie sich positive Änderungen einstellen, und wem die wohltuenden Dankesbezeugungen von Klienten oder deren Angehörigen zuteil geworden sind, der weiß, wie erfreulich und bekräftigend solche Erlebnisse sind. Bedauerli-

Intermittierende Bekräftigung bei ersichtlichem Therapiefortschritt

cherweise aber sind solche Erfahrungen bei den meisten Therapeuten nicht unbedingt in der Überzahl. Würde man diese Tatsache nicht eingestehen, wäre das gleichbedeutend damit, den Kopf in den Sand zu stecken. Mit Ausnahme von sehr angesehenen Kliniken oder Therapeuten, die es sich leisten können, bei der Auswahl der für Behandlungen vorgesehenen Klienten sehr selektiv vorzugehen, läuft es bei den meisten Therapeuten im Laufe der Zeit darauf hinaus, daß sie mit einer Vielfalt von Klienten Erfahrungen machen, die hinsichtlich nahezu jedes Persönlichkeitsmerkmals und psychopathologischen Aspekts variieren. Darunter sind eine ganze Reihe von Fällen, die in bezug auf die meisten Kriterien als schwierige und anstrengende oder als unmotivierte bzw. aussichtslose Anwärter auf eine Psychotherapie einzuschätzen sein werden. Dennoch brauchen auch sie Unterstützung und individuelle Hilfestellung.

Erheblicher Anteil von „schlechten" Klienten

Hätte ein Psychotherapeut bei der Auswahl der Fälle, die er behandeln möchte, völlige Freiheit, würde er begreiflicherweise aus rein egoistischen Gründen nur diejenigen Fälle auswählen, die er gerne behandelt, die er persönlich befriedigend empfindet oder bei denen er sich mit hoher Wahrscheinlichkeit einen Erfolg erwartet. Wie dem auch sei, in den meisten Fällen sind solche Vorstellungen utopisch. Therapeuten benötigen eine ziemlich hohe Auslastung mit Fällen, um ein Einkommen zu erreichen, das ihrer Meinung nach ihrer Position angemessen ist, und es muß auch die Belastung durch Klinikfälle noch auf sich genommen werden. Außerdem gibt es natürlich viele Menschen mit ernsten pathologischen Problemen, die Hilfe bedürfen, und im Mental-Health-Bereich beschäftigte Personen sind dazu ausgebildet und ausersehen, für die Gesellschaft solche Dienstleistungen zu erbringen. Sollte sich die derzeitige Situation wirklich einmal gründlich ändern und sich die Nachfrage nach Dienstleistungen abschwächen, würden es andere Probleme sein, mit denen sich diese Professionen auseinanderzusetzen hätten. Wie dem auch sei, die meisten Therapeuten werden eine heterogene Klientengruppe haben, obwohl hier, wie schon früher erwähnt, im Klientel der verschiedenen Kliniken und Therapeuten durchaus Unterschiede bestehen. Wir können folglich bei den meisten Therapeuten davon ausgehen, daß sie mit einigen Klienten zu tun haben, die ihnen besondere Schwierigkeiten bereiten. Gewöhnlich kommen diese Schwierigkeiten erst richtig zum Vorschein, sobald die Therapie im Gange ist und einige Probleme stärker in den Mittelpunkt gerückt werden. Bevor wir aber dieses Problem weiter diskutieren, wollen wir über die Wahrnehmungen und Emotionen des Therapeuten bei den Interaktionen mit seinen Klienten im Rahmen der therapeutischen Beziehung noch einige zusätzliche Bemerkungen machen.

Heterogene Klientengruppen bei den meisten Therapeuten

Wie im letzten Abschnitt schon ausgeführt wurde, handelt es sich bei einer Psychotherapie um ein ernsthaftes und anstrengendes Unterfangen. Dies gilt zwar gleichermaßen für Klient und Therapeut, aber es ist der Therapeut, der letztlich die Verantwortung dafür trägt, daß sich die Therapie in Bewegung setzt und Fortschritte gemacht werden. Der Therapeut übernimmt infolge der naturgemäßen Funktion seiner Profession eine sehr große Verantwortung, wenn er jemanden als Klient für eine

Psychotherapie akzeptiert. Er muß auch sehr viel von sich selbst in dieses Unternehmen einbringen, da eine Psychotherapie eine fortwährende Interaktion mit einer anderen Person nach sich zieht. Und diese Interaktion hat insofern einen einmaligen Charakter, weil die individuellen Probleme und Schwierigkeiten einer anderen Person im Mittelpunkt stehen. Demgemäß werden ihm menschliche Leiden und private, vertrauliche Angelegenheiten anvertraut, die für den Klienten von beträchtlicher Relevanz sind. Er muß außerdem während der Therapiesitzungen nicht nur dem Inhalt des Materials, das ihm der Klient erzählt, sondern genauso dessen Verhaltensweisen sehr große Aufmerksamkeit schenken und, falls erforderlich, jederzeit zweckdienliche Antworten parat haben. Der Therapeut muß somit während der Sitzung ständig auf der Hut sein. Bei einer leidlich großen Klientenzahl schon ergibt sich somit, daß ihn diese Tätigkeit eine ganze Menge an Konzentration und Kraft kostet. Man kann sich auch vorstellen, daß der Therapeut dadurch beeinflußt werden kann, wie die Therapie mit einem speziellen Klienten vorwärts geht, von seiner noch vorhandenen Energie im letzten Teil des Tages, von Zwängen seines privaten und beruflichen Lebens sowie von sonstigen spezifischen Problemen, die sich von Zeit zu Zeit einstellen können.

Hohe Anforderungen an die Persönlichkeit des Therapeuten

In diesem Zusammenhang ist es wichtig, daß der Therapeut nicht nur in der Lage ist, die Mitteilungen und Verhaltensweisen des Klienten zu verstehen, sondern sich auch seiner eigenen Wahrnehmungen und seiner Reaktionen gegenüber dem Klienten sowie der darauf eventuell einwirkenden Faktoren bewußt ist. Obwohl sich der Therapeut in seinem Umgang mit dem Klienten augenscheinlich um Objektivität bemüht, kann es sein, daß auf ihn ein bestimmter Typus von Klienten in gewisser Hinsicht Einfluß ausübt. Der Therapeut kann zum Beispiel auf einen „sehr wichtigen Klienten" etwas nachgiebig reagieren und im Vergleich zu anderen Klienten nur zögernd eine Gegenposition einnehmen, selbst wenn dies sich als notwendig erweist. Er kann auch im Umgang mit einem Klienten, der mit einem Suizidversuch droht, zu unschlüssig sein oder umgekehrt bei einer sehr gestörten Person seine therapeutische Kompetenz zu zeigen versuchen und die Therapie zu stark auf Konfrontation anlegen, der diese Person nicht gewachsen ist. Es kann auch sein, daß er manche Klienten als übermäßig anspruchsvoll erfährt und auf manche ihrer Forderungen nicht eingeht, obwohl sie in hohem Maße berechtigt sind. Der Therapeut braucht sich auch nicht immer bewußt zu sein, daß er sich auf manche Treffen mit Klienten freut und anderen mit ziemlicher Besorgnis entgegenblickt. Das heißt ganz einfach, daß der Therapeut trotz seiner Beschlagenheit und seines Könnens immer noch ein menschliches Wesen ist und er überdies gewahr sein muß, daß seine Urteile und Bewertungen des Klienten auf seinen Wahrnehmungen beruhen, die manchmal von Faktoren innerhalb und außerhalb der Therapie etwas verzerrt werden.

Forderung: Selbstkritische Eigenwahrnehmung und Selbstreflexion

Mögliche Urteilsverzerrungen beim Therapeuten

Wenn die Therapie erst einmal in vollem Lauf ist, können sowohl die eben erwähnten als auch andere Schwierigkeiten in Abhängigkeit vom jeweiligen Fall und der hergestellten Form von Beziehung in Erscheinung treten. Stößt der Therapeut während der Therapie auf eine Schwierigkeit, darf er folglich nicht nur mögliche Klientenfaktoren, sondern muß auch seinen etwaigen eigenen Beitrag zum Geschehen bestimmen. In der Psychotherapie pflegt man viel zu oft dem Klienten die Schuld am Stillstand oder Mißerfolg in der Therapie in die Schuhe zu schieben. Der Klient hätte sich viel zu defensiv verhalten, hätte sich der Psychotherapie widersetzt oder sei wenig motiviert gewesen – so lauten Kommentare, die man nicht gerade selten bei Fallbesprechungen oder Diskussionen über die Psychotherapie zu hören bekommt. Man erhält den Eindruck, als sei es der Fehler des Klienten, wenn die Therapie nicht gelingt. Das kann zwar manchmal der Fall sein, ist es aber nicht immer. Ich habe allerdings den Eindruck, daß sich dadurch Therapeuten über Mißerfolge in der Therapie leichter hinwegsetzen können. Ich nahm einmal an einer Fallbesprechung teil, in der über einen Fall berichtet wurde, bei dem nach etwa 30 Interviews kein wirklicher Fortschritt erzielt worden war. In seinem Vortrag äußerte sich der Therapeut gegenüber seinem Klienten sehr kritisch und war höchst frustriert hinsichtlich seiner Interaktionen mit dem Klienten. Der Klient akzeptierte keine der psychodynamischen Deutungen des Therapeuten und wehrte anscheinend alle Versuche des Therapeuten, ihm zu helfen, ab. Ich hatte den Eindruck, als wäre die Therapie schon längst vor dem dreißigsten Interview zum Stillstand gekommen, daß der Klient offensichtlich mit dem Ausbleiben jeglichen Fortschritts unzufrieden war und der frustrierte Therapeut aufgrund des ausbleibenden Erfolgs dem Klienten eindeutig feindlich gesinnt war. Die teilnehmenden Belegschaftsmitglieder hingegen neigten dazu, dem Klienten die meiste Verantwortung für den mangelnden Therapiefortschritt zuzuschreiben, und der Klinikdirektor entschuldigte sich sogar beim Therapeuten, weil er ihm einen solch unergiebigen Fall zugeteilt hatte. In diesem speziellen Fall waren einige der Schwierigkeiten schon viel früher offenkundig und hätten zu diesem Zeitpunkt angegangen werden sollen. Der Therapeut hätte sich auch seiner eigenen Wahrnehmungen und Emotionen in bezug auf den Klienten stärker bewußt sein und versuchen sollen, statt auf einer erfolglosen Methode zu beharren, seine Verfahren auf den Klienten hin abzuändern.

Wer trägt die Hauptschuld am Mißerfolg einer Therapie?

Lösung von problematischem Störverhalten im Therapieverlauf

Wenn ein Klient bestimmte Verhaltensweisen an den Tag legt bzw. auf solchen beharrt, von denen der Therapeut überzeugt ist, daß sie unerwünscht sind und den therapeutischen Prozeß störend beeinflussen, sollte er vernünftigerweise versuchen, die eventuellen Gründe für solche Verhaltensweisen zu ermitteln. Ist dieses Verhalten charakteristisch für eben diesen Klienten, oder reagiert der Klient zum Teil auf Vorkommnisse in der Therapie, die eine Folge des Therapeutenverhaltens sind? Das bedeutet: Wenn ein Klient anfängt, den Therapeuten allzusehr zu kritisieren, weil er nicht versteht, was in der Therapie abläuft oder weil er keinen greifbaren Fortschritt erblickt – handelt es sich hier nur um eine Manifestation des für den Klienten typischen Negativismus und seiner Neigung zur Kritik, oder bringt der Klient seine Kritik mit einiger Berechtigung vor? Wenn der Therapeut sowohl beurteilen kann, wie er den Klienten bei seinen Interaktionen mit ihm wahrgenommen hat, als auch wie der Klient wahrnehmen mag, was sich in der Therapie ereignet, dann dürfte er auch besser verstehen, warum der Klient so abweisend und kritisch reagiert. Er ist dann viel eher in der Lage, das gegenwärtige Problem einzuschätzen, es gemeinsam mit dem Klienten abzuklären und hoffentlich etwas zur Korrektur zu unternehmen.

Es gibt außer den bereits besprochenen allgemeinen Bestimmungen keine speziellen Regeln, die für die Zwischenstufen oder späteren Abschnitte der Therapie aufgestellt werden können. Sensibilität, Objektivität und beständige Überprüfung und Bewertung des therapeutischen Geschehens erweisen sich für den Psychotherapeuten für erforderlich. Er muß sich seiner eigenen Rolle und des Einflusses, den er auf den Klienten ausüben kann, bewußt sein und zu vermeiden versuchen, dem Klienten unangemessene Vorwürfe zu machen, falls die Therapie nicht die erwünschten Fortschritte macht. Er muß sich auch sehr genau über alle Emotionen im Klaren sein, die er gegenüber spezifischen Klienten hat, und dies vor allem deshalb, weil sie seine professionelle Objektivität und die Behandlung des Falles beeinträchtigen können. Der Therapeut trifft zum Beispiel aus „validen" therapeutischen Gründen oder aus irgendwelchen anderen Gründen bei dem einen Klienten die Entscheidung, die Häufigkeit der Interviews zu erhöhen, bei einem anderen Klienten hingegen zu verringern. Gleichermaßen weicht er bei dem einen Klienten von dem vereinbarten Terminplan für die Treffen ab, lehnt aber bei einem anderen Klienten beharrlich ein solches Anliegen ab. Bei einem guten therapeutischen Management verhält es sich genauso wie mit der Freiheit – es ist eine konstante Wachsamkeit erforderlich.

Sensibilität, Objektivität, kontinuierliche Überprüfung

Konsistenz und Flexibilität in der Therapie

Vor allem aber hat es den Anschein, als müsse der Therapeut bei fortschreitender Therapie ziemlich flexibel sein. Dies sollte nicht so interpretiert werden, daß sich der Therapeut einfach von seinen freien Assoziationen oder Intuitionen steuern lassen soll. Der Therapeut sollte einige Leithypothesen und einen vorläufigen Therapieplan haben. Wie wir aber schon betont haben, muß er dazu bereit sein, seine Hypothesen im Laufe der Zeit zu überprüfen und sie im Lichte der neuen Beobachtungen und Informationen zu modifizieren. Besonders wenn es nicht recht vorangeht oder wenn Probleme aufkommen, dürfte es wünschenswert sein, die Therapiesituation zu evaluieren, den Gründen hierfür nachzugehen und seinen Therapieplan dementsprechend abzuändern. Sogar dann, wenn man von der Richtigkeit seiner Interpretation der Ereignisse absolut überzeugt ist, scheint es überdies nicht vernünftig zu sein, angesichts beständiger Schwierigkeiten und fehlendem Fortschritt beharrlich damit weiterzuarbeiten. Es dürfte angebracht sein, nach anderen Erklärungen zu suchen. Es sollte nochmals betont werden, daß das, worauf wir hier hinweisen, keine Verlagerung des Problems seitens des Therapeuten von Pontius auf Pilatus oder das Fehlen eines einheitlichen Konzeptes für den Klienten zu bedeuten hat. Der Therapeut sollte vielmehr nicht einer rigiden Formulie-

Erhöhte Flexibilität des Therapeuten bei fortschreitender Therapie

Evaluation und Änderung des Therapieplans

rung folgen, die er entweder aus der Theorie oder aus seinen Annahmen über den Klienten herleitet und dann dem Klienten aufdrängt. Ein zu starres Festhalten an irgendeiner theoretischen Position in bezug auf die Dynamik oder das zentrale Problem des Klienten kann sowohl zur Frustration des Therapeuten wie auch des Klienten führen und beim Klienten keine wesentliche Veränderung herbeiführen. Wenn der Klient genug fügsam ist, kann er am Ende den Formulierungen des Therapeuten zustimmen, braucht aber nicht unbedingt besonders positive Änderungen zu zeigen. In anderen Fällen kann der Klient zu Recht befinden, daß er Zeit und Geld vergeudet, und dann die Therapie abbrechen.

Die Konsistenz der Therapeutenrolle: Unterschiede je nach Therapieansatz

Ein weiterer wichtiger Punkt betrifft die Konsistenz der Therapeutenrolle in einer Psychotherapie. Ich habe erklärt, daß die Rolle des Therapeuten hinsichtlich Aktivität und damit zusammenhängenden Inhalten in verschiedenen Abschnitten einer Therapie variieren kann. Dies kann man als Widerspruch zu einigen Auffassungen in der Psychotherapie ansehen, bei denen für die Rolle des Therapeuten Konsistenz befürwortet wird. Die klientenzentrierte Therapie beispielsweise beschreibt für den Therapeuten eine konsistente Rolle, wonach er ein Maximum an Empathie, Wärme und Echtheit vermitteln und Beeinflussungen bzw. jegliches direktives Vorgehen vermeiden soll. Auch in anderen therapeutischen Positionen klingt an, daß Inkonsistenz in der Rolle des Therapeuten nur Verwirrung stiften oder sogar die therapeutischen Bemühungen entkräften könnte. Dieser Standpunkt wird vor allem in solchen Therapien vertreten, bei denen für den Klienten eine aktive Rolle als wichtig erachtet wird und in den Vordergrund gestellt ist, und man glaubt, daß sich der Therapeut nicht in einer Weise verhalten soll, die die Verantwortlichkeit des Klienten für die Erreichung einer Verbesserung schmälert. Damit in Zusammenhang steht auch die Haltung, daß plötzliche Wechsel in der Aktivität des Therapeuten oder seiner therapeutischen Rolle den Klienten verwirren könnten, da er sich an einen bestimmten Stil des Therapeuten gewöhnt hat. Wenn sich der Therapeut plötzlich völlig anders verhält, könne sich der Klient darüber im Zweifel sein, was denn nun diese Veränderung hervorgerufen hat und was sich gerade in der Therapie abspielt.

Die genannten Punkte beinhalten zwar auch einige Vorzüge, alles in allem aber bin ich zu einer etwas anderen Überzeugung gelangt. Es stimmt, daß sich in jeder sozialen Beziehung die beteiligten Personen allmählich voneinander ein konsistentes Bild machen und hinsichtlich des Verhaltens des Gegenübers feste Erwartungen aufbauen. Wenn das antizipierte Verhalten gelegentlich nicht eintritt oder sich sehr verschiedenartige Verhaltensweisen zeigen, können die jeweiligen Interaktionspartner ziemlich überrascht sein.

Hohe Konsistenz: Rigidität?

Doch braucht ein solch unerwarteter Wechsel bzw. eine solche Überraschung nicht immer von negativer Bedeutung zu sein, sondern kann bei manchen Gelegenheiten in der Tat auch sehr positive Folgen haben. Während Konsistenz in vielen Interaktionen eine wichtige Eigenschaft ist, so muß ihr Nutzen doch im Licht der spezifischen Situation beurteilt werden.

Geringe Konsistenz: Verwirrung

Zu viel Konsistenz kann man als Rigidität beurteilen, und zu wenig Konsistenz kann natürlich zu Verwirrung führen. Es gibt

Problemabhängigkeit der Konsistenz

bestimmte Probleme, bei denen der Therapeut ziemlich konsistent sein muß, und andere, bei denen offenkundig seine Rolle äußerlich inkonsistent oder unbeständig sein kann. Es scheint für den Therapeuten wichtig zu sein, sich in bestimmten Angelegenheiten konsistent zu verhalten, wie zum Beispiel wenn es darum geht, daß man dem Klienten sein Interesse zu erkennen gibt, ihn bei der Bewältigung seiner Probleme unterstützen zu wollen, und zeigen will, daß man eine Persönlichkeit ist, der der Klient sein Vertrauen schenken kann. Würde man sich anders verhalten, würde sich zeigen, daß dadurch die Hoffnungen des Klienten auf Besserung ernsthaft und negativ beeinflußt würden sowie auch die wechselseitige Beziehung, die für einen Therapiefortschritt wünschenswert ist. Aber sogar in dieser Angelegenheit sollte der Therapeut bei der Beurteilung der Situation aufrichtig sein, denn wenn der Klient entdeckt, daß es dem Therapeuten an Aufrichtigkeit fehlt, wird sein in ihn gesetztes Vertrauen darunter leiden, und seine Einstellungen zum Therapeuten und zur Therapie werden ebenfalls beeinflußt. Unter anderen Gesichtspunkten jedoch betrachtet ist eine Änderung der Rolle des Therapeuten in dem Sinne, daß er aktiver wird und bestimmte Verfahren einsetzt, die sich als günstig erweisen, nur in einem strikt verhaltensfixierten Verständnis inkonsistent. Solche Änderungen werden nicht aus Lust und Laune heraus vorgenommen, sondern unter Bezug auf einen bestimmten Therapieplan, und dem Klienten kann und sollte eine treffende Erklärung dafür gegeben werden. Von dieser Warte aus handelt es sich nicht um eine drastische Änderung der Rolle des Therapeuten, sondern stellt stattdessen eine eingeplante Entwicklungsstufe in der Therapie dar. Wir können überdies feststellen, daß auch ALEXANDER und FRENCH (1946) empfahlen, in Abhängigkeit von den Problemen des Klienten die dem Therapeuten zugeteilten Rollen abzuändern, wenngleich sich ihre Akzentsetzung von der an dieser Stelle präsentierten unterscheidet.

Verfahrensmodifikationen unter Berücksichtigung des jeweiligen Klienten

Auf welche Weise Veränderungen in den therapeutischen Verfahren innerhalb einer Psychotherapie vorgenommen werden, muß in Hinblick auf den jeweiligen Klienten, seine besonderen Probleme und seine Persönlichkeit überlegt und geplant werden. In manchen Fällen kann die Therapie sehr schnell und wirksam fortschreiten. In solchen Fällen ist der Klient gewöhnlich richtig einbezogen, sind die vorgetragenen Probleme ziemlich klar und spezifisch und kann man die indizierten Verfahren erfolgreich ausführen. Bei anderen Fällen kann sich die Situation allerdings sehr viel anders stellen. Es kann eine Vielfalt an Beschwerden vorliegen, von denen einige ziemlich verschwommen oder diffus sein können, und es hat den Anschein, als sei der Klient in vielerlei Hinsicht instabil. In solchen Fällen kann bedeutend mehr Zeit auf die Erstexploration verwendet werden müssen – bei dem Versuch, die Probleme noch spezifischer zu beschreiben – sowie auch auf eine allumfassendere Evaluation des Klienten. Sollten sich Merkmale in der Persönlichkeit und im Verhalten des Klienten herausstellen, die im Mittelpunkt seiner Schwierigkeiten stehen, bzw. die Probleme in der Therapie aufwerfen können, so können sie schon am Anfang oder während der Therapie besondere Berücksichtigung erfordern. Hat beispielsweise ein Klient im Erstinterview an jeder Person, über die er spricht, übermäßig viel auszusetzen, so tut der Therapeut gut daran, sich dies zu merken. Wenn es sich wirklich um eine allgemeine Eigenschaft des Klienten handelt, sollte der Therapeut zumindest die Hypothese in Erwägung ziehen, daß der Klient an irgendeinem Punkt ihm selbst gegenüber übertrieben kritisch sein wird, und sollte darauf vorbereitet sein, um dann, wenn es die Gelegenheit erforderlich macht, damit umgehen zu können. Abhängig vom einzelnen Fall und von den festgelegten Therapiezielen kann man dieses Verhalten als unerheblich behandeln, oder es kann zu einem wichtigen Fokus der Therapie werden, selbst wenn es anfangs vom Klienten nicht als Problem erwähnt wurde. In einer etwa ähnlichen Art und Weise muß auf die Persönlichkeit und die Probleme eines Klienten reagiert werden, der einen übermäßig servilen und abhängigen Eindruck erweckt.

Gefahr: Bekräftigung abhängigen Verhaltens des Klienten

In solchen Fällen muß der Therapeut vor dem Problem auf der Hut sein, das abhängige Verhalten des Klienten noch zu fördern oder zu bekräftigen. Wenn er sich für den Einsatz bestimmter Verfahren entscheidet, sollte er versuchen, den Klienten in die Diskussion darüber, welche Verfahren wünschenswert scheinen, einzubeziehen und mit ihm auch über denkbare Verfahren sprechen, die ihm zu mehr Unabhängigkeit und Selbstbewußtsein verhelfen.

Forderung: aktive Teilnahme am therapeutischen Prozeß

Mit dieser Beschreibung sollte klar geworden sein, daß der Therapeut am therapeutischen Prozeß sehr wachsam und aktiv teilnehmen muß. Er muß seine Klienten so sorgfältig wie nur möglich beurteilen, für die Therapie mehrere Ausgangspläne entwerfen, wenn es indiziert ist, zur Modifikation seiner Pläne in der Lage sein und den therapeutischen Prozeß, sowie er stattfindet, überwachen. Um höchste Effektivität zu erreichen, muß der Therapeut flexibel sein und all die Methoden verwenden, die möglicherweise für den vorliegenden Fall nützlich erscheinen. Er sollte sich weder zurückziehen und die gesamte Verantwortung dem Klienten übertragen, noch sich bei jedem Klienten an den gleichen Ansatz halten.

Die späteren Therapieabschnitte

Eines Tages wird die Therapie in die Endphase kommen, und Überlegungen über eine etwaige Beendigung können allmählich angestellt werden. Wie diese angegangen wird, wird zu einem großen Teil dadurch bestimmt, wie die Therapie am Anfang strukturiert wurde und ob zu Beginn ausdrückliche Zeitlimits gesetzt wurden.

Zeitlich begrenzte Therapien

In diesem Fall gibt es normalerweise einen spezifischeren Schlußpunkt, der beiden Therapiebeteiligten als sehr konkrete Richtschnur dient und einen bedeutenden Einfluß darauf ausüben kann, wie eine Psychotherapie fortschreitet. Es stellt sich zwar heraus, daß eine zeitlich begrenzte Therapie nicht von der Mehrheit der Therapeuten durchgeführt wird, sie hat aber spezielle Merkmale, die der Erwähnung wert sind. Erstens vermittelt eine zeitlich begrenzte Therapie dem Klienten eine klare Vorstellung darüber, wie lange die Therapie dauern wird. Über die einzelnen Zeitlimits entscheidet der Therapeut, bzw. sie sind eine Sache klinischer Zweckmäßigkeit und können von Setting zu Setting variieren. Es gibt eine Reihe von Kliniken, die eine Kurzform zeitlich begrenzter Therapie anbieten, die zwischen sechs und zehn Interviews erfordert (HARRIS/KALIS/FREEMAN, 1964). Diese Kurzform kann ein allgemeines Verfahren für alle Klienten darstellen oder nur bei ausgewählten Fällen Anwendung finden, zum Beispiel bei solchen Klienten, die sich in einer besonderen Krisensituation befinden oder die man für eine länger dauernde Therapie als ungeeignet erachtet (BUTCHER/KOSS, 1978). So werden beispielsweise in einer Klinik anfangs alle Klienten zu sieben Therapiesitzungen geladen, und der Aufnahmeprozeß ist so rationalisiert worden, daß der Klient mit der Therapie beginnen kann, ohne daß es zu den in vielen klinischen Settings üblichen Verzögerungen kommt (LEVANTHAL/WEINBERGER, 1975). Am Ende der siebenten Sitzung wird die Therapie bei jenen Klienten beendet, denen man einen hinreichenden Fortschritt bescheinigen kann. Bei denjenigen Klienten, bei denen man weiterhin eine Therapie für erforderlich hält, wird dann die Therapie fortgesetzt, oder man überweist sie anderswohin. Diese Verfahrensweise erweckt einen sehr vernünftigen Eindruck, denn annähernd zwei Drittel der Fälle zeigen sich ausreichend gebessert und können nach dem siebenten Interview entlassen werden.

Therapiekurzformen bei Kriseninterventionen

Das Setzen eines Zeitlimits für eine Psychotherapie beseitigt nicht nur die Ungewißheit über die Länge der Behandlung, sondern scheint dem Klienten auch ein Ziel vorzugeben. Mehrere Befürworter einer zeitlich begrenzten Therapie haben diesen Aspekt in den Vordergrund gestellt (RANK, 1936; SHLIEN, 1957; TAFT, 1933). Klient und Therapeut steht eine begrenzte Zeitspanne zur Verfügung, in der sie den Fortschritt sichern können, den sie erreichen wollen. Die Zeitbegrenzung kann somit in der Therapie als motivierende Variable wirken. Indem eine definitive Zeitspanne angegeben wird, kann auch eine größere Hoffnung und mehr Vertrauen in die Therapie geweckt werden, verglichen jedenfalls mit der Feststellung des Therapeuten, er könne dem Klienten keine genaue Zeitangabe machen, außer daß die Therapie lange dauern könne. Mehrere Untersuchungen haben aufgezeigt, daß die zeitlich begrenzte Therapie tatsächlich so effektiv wie bzw. sogar noch effektiver als eine zeitlich unbegrenzte Psychotherapie ist (GURMAN/KNISKERN, 1978; LUBORSKY/SINGER/LUBORSKY, 1975; SHLIEN/MOSAK/DREIKURS, 1962; MUENCH, 1965). Selbst wenn für diese zwei Therapietypen vergleichbare Ergebnisse erreicht werden, dürfte die Tatsache, daß die zeitlich begrenzte Therapie unter zeitlichen Gesichtspunkten effizienter ist, sie zu einer wünschenswerten Therapieform machen. Es gibt allerdings zu diesem Problem eine Reihe von Meinungen, und wir wollen an dieser Stelle nicht weiter darüber diskutieren.

Zeitlimits: Reduktion von Ungewißheit und Vorgabe von Therapiezielen

Motivierende Variable

Gleiche Effektivität von Kurz- und Langzeittherapien

Wenn in einer Psychotherapie kein klares Zeitlimit gesetzt worden ist, wird der Klient wahrscheinlich die Frage über eine mögliche Beendigung der Therapie aufwerfen, falls der Therapeut sie von sich aus nicht anschneidet. Wird die Frage gestellt, sollte der Therapeut darauf auch antworten. Wenn der Therapeut die Beendigung noch nicht vorhergesehen hat, oder wenn die Frage lange vor einem vorher schon festgelegten Beendigungstermin gestellt wird, sollte sie mit dem Klienten exploriert werden. Wie zuvor schon festgestellt wurde, sollte auf jede Frage oder Bemerkung, die sich direkt auf die Therapie bezieht, sofort reagiert werden, wobei aber eine Frage nach der eventuellen Beendigung ganz besonders bedeutsam ist. Selbst wenn der Klient diese Frage nur beiläufig stellt, sollten die Gründe dafür vom Therapeuten ermittelt und die Angelegenheit ausführlich besprochen werden. Eine solche Mitteilung des Klienten weist darauf hin, daß er über eine Beendigung nachgedacht hat, und der Therapeut muß herausfinden, warum er sich darüber Gedanken macht.

Höchste Aufmerksamkeit bei Fragen über das Therapieende

In einer Reihe von Fällen kann die Bemerkung oder Frage des Klienten bezüglich der Beendigung der Therapie zu verstehen geben, daß er der Auffassung ist, er würde ziemlich gute Fortschritte machen, und daß er sich überlegt hat, die Therapie allmählich zu beenden. Wenn der Therapeut auch gerade dabei gewesen ist, zu einer ähnlichen Schlußfolgerung zu gelangen, sollte die Frage der Beendigung diskutiert und ein gegenseitiges Einverständnis darüber hergestellt werden. In einem solchen Fall hat der Klient sozusagen die Gedanken des Therapeuten antizipiert, und die Angelegenheit läßt sich ohne große Schwierigkeiten erledigen. Scheint jedoch die Beendigungsfrage noch zu früh gestellt oder unter Umständen auf etwas anderes hinzuweisen, dann muß der Therapeut einem völlig anderen Problem entgegentreten und muß herausbekommen, wodurch diese spezielle Reaktion des Klienten hervorgerufen wurde.

Gegenseitiges Einverständnis

Es sind eine Reihe unterschiedlicher Gründe denkbar, warum der Klient zu einem bestimmten Zeitpunkt der Therapie den Therapeuten danach fragen mag, wie lange die Therapie noch dauern wird. Wenn dem Klienten darüber nie eine klare Vorstellung vermittelt worden ist, scheint es sich um eine begründete Frage zu handeln. Die meisten Menschen wollen eine Vorstellung davon haben, wie lange eine einzelne Tätigkeit dauern wird, und die meisten planmäßig gegliederten Tätigkeiten haben ein eindeutig festgelegtes oder allgemein anerkanntes Zeitlimit. Universitätsprogramme sind als 4-Jahres-Programme angelegt, Hypotheken werden für eine bestimmte Zeitspanne gewährt, Fußballspiele dauern eineinhalb Stunden usw. Außerdem ertragen die meisten Menschen Ambiguität nicht sehr gut. Wenn somit dem Klienten tatsächlich keine angemessene Angabe über das mögliche Therapieende gegeben wurde, kann dies besprochen und somit eine passende Antwort geliefert werden. Scheint die Frage eines Klienten über irgendeine Angelegenheit begründet zu sein, sollte man sich meiner Ansicht nach ein Urteil darüber bilden und in diesem Stil reagieren. Hinter einer Frage braucht nicht unbedingt ein dynamisch motivierter Widerstand gegen die Therapie zu stecken. Wenn dies aber nicht der Fall ist, dann muß die Angelegenheit anders behandelt werden.

Gründe für „Beendigungsfrage“

Geringe Ambiguitätstoleranz

In manchen Fällen kann der Klient tatsächlich die Frage nach der Beendigung der Therapie aufwerfen, bevor eine solche Überlegung eigentlich angemessen sein dürfte. Wenn dies in der Tat in einem relativ frühen Therapiestadium geschieht und sich bis zu diesem Zeitpunkt sehr wenig Entwicklung oder Veränderung feststellen läßt, sollte man glauben, daß es sich um eine ziemlich ungewöhnliche und unerwartete Frage handelt, die somit einer Erklärung bedarf. Der Therapeut müßte in einer solchen Situation ziemlich offen sein und feststellen, daß er über diese Frage ziemlich überrascht sei und sich wundere, warum sie der Klient gestellt habe. Wenn sich hinter diesem Schritt des Klienten eine recht deutliche Beunruhigung wegen eines fehlenden Therapiefortschritts oder anderer Interessen an der Therapie vorliegen, sollte man die Sache an den Tag bringen und sie zu klären versuchen. Manchmal kann der Klient eine frühere Aussage des Therapeuten auch mißverstanden oder falsch interpretiert haben, und das Problem kann ohne große Mühe ausgeräumt werden. In manchen Fällen kann der Klient von der Therapie bestimmte Erwartungen gehabt haben, die aber nie offen ausgesprochen wurden, und es kann mithin ein zur Klärung seiner Auffassungen günstiger Zeitpunkt vorhanden sein. Für eine solche Frage des Klienten kann es natürlich viele unterschiedliche Gründe geben, die sich aber nur durch geeignete Nachfragen des Therapeuten ermitteln lassen. Impliziert die Frage des Klienten einen Unwillen über den Mangel an Fortschritt, dann ist dieses Problem von einiger Wichtigkeit. Nimmt der Therapeut die Situation auf die gleiche Weise wie der Klient wahr? Wenn dies nicht so ist, warum nicht? Wenn der Therapeut die Auffassung vertritt, die Therapie würde zufriedenstellende Fortschritte machen, der Klient aber die entgegengesetzte Vorstellung hat, dann sollte man glauben, daß der Therapeut die Vorstellungen und Mitteilungen des Klienten hinsichtlich der Therapie nicht sehr effektiv beurteilt hat. In einem solchen Fall muß der Therapeut dringend die Gründe für diese unglückliche Sachlage und für seine Insensibilität gegenüber den tatsächlichen Empfindungen des Klienten zu ermitteln versuchen. Wenn sich diese Probleme aufklären lassen, dann kann die Therapie auf einer besseren und gesünderen Verständigungsbasis fortgeführt werden. Gelingt dies nicht, wird das Problem zwar stehen bleiben, da aber zumindest darüber gesprochen wurde, kann sich der Therapeut dessen stärker bewußt sein, und der Klient kann vielleicht eine spezifischere Vorstellung haben, wie lange die Therapie noch dauern könnte und welche Art des Fortschritts sich erhoffen läßt. Wenn der Klient sehr unzufrieden ist, kann er offenbar dazu geneigt sein, die Therapie zu beenden, und zwar entweder dadurch, daß er den Therapeuten von seiner Entscheidung in Kenntnis setzt, oder indem er einfach zu den nachfolgenden Treffen nicht mehr erscheint. In diesen Fällen muß der Therapeut die Entscheidung des Klienten akzeptieren. Vielleicht kann er aber aus dieser Erfahrung etwas lernen und zukünftig besser mit solchen Problemen umgehen.

Mißverständnisse

Falsche Erwartungen

Inkonsistenz der Wahrnehmungen von Therapeut und Klient

Problem: zu schnelle Fortschritte?

Manchmal kommt es in einer Psychotherapie vor, daß der Klient tatsächlich viel schnellere Fortschritte macht als ursprünglich angenommen. Die Probleme des Klienten schwächen sich merklich ab, seine Situation sieht günstiger aus, und das Leben erscheint ihm im allgemeinen wieder lebenswert. Manchmal kann sich der Therapeut die unerwartete

Besserung erklären. Beispielsweise können die Probleme des Klienten ursprünglich durch eine spezifische Lebenskrise bestimmt gewesen sein, die nun weitgehend überwunden ist, oder es hat sich eine bedeutende Änderung in der Lebenssituation des Klienten ergeben, die einhergehend mit der Therapie zu einer echten Veränderung seiner persönlichen Stabilität beigetragen hat. In anderen Fällen sind die möglichen Gründe für die plötzliche und unerwartete Verbesserung des Klienten keineswegs einsichtig, was den Therapeuten verwirren kann. Von einigen psychodynamisch orientierten Therapeuten ist ein solch unerwarteter Fortschritt interessanterweise als eine ziemlich negative Entwicklung in der Psychotherapie anstatt als ein unerwartetes, erfreuliches Ereignis betrachtet worden. Therapeuten dieser Richtung haben diese Erscheinungsform als ein Entkommen bzw. als eine „Flucht in die Gesundheit" bezeichnet und dazu geneigt, sie als eine ernstzunehmende Form des Widerstands zu beurteilen (MENNINGER, 1958). Das Argument lautet in diesem Falle, daß dann, wenn der Klient von sich behauptet, wieder in Ordnung zu sein, kein weiterer Grund für eine Fortsetzung der Therapie mehr vorliegen würde; der Klient kann sich auf diese Weise aus der Selbstexploration und Konfrontation zurückziehen, die sich aus einer weiteren Therapie ergeben würden. Solche Therapeuten sind folglich nicht sehr erfreut, wenn ein Klient von sich selbst behauptet, er sei über seine Schwierigkeiten hinaus, würde sehr gute Fortschritte machen und keine weitere Notwendigkeit für eine Fortführung der Therapie sehen. Für die meisten Personen würde diese Behauptung den Eindruck einer ganz vernünftigen Auffassung erwecken, nicht aber für diese Gruppe von Therapeuten. Sie würden einige Anstrengungen machen, um das Verhalten des Klienten als einen Versuch zu interpretieren, der Therapie zu entkommen. Sie können darauf hinweisen, daß viele der tatsächlichen Ursprünge seiner Probleme nicht aufgedeckt worden sind, daß er eine Gelegenheit verstreichen läßt, sich mit seinen Problemen auseinanderzusetzen, und daß es zwar den Anschein hat, als würden sich seine derzeitigen Symptome erhellen, man aber erwarten könne, daß es sich nur um ein vorübergehendes Phänomen handelt. Selbst wenn die Symptome des Klienten nicht wiederkehren, könne man außerdem das Auftreten anderer Symptome vorhersehen, da die Ursachen der Symptome nicht ans Licht gebracht worden sind.

Psychoanalytische Erklärung: „Flucht in die Gesundheit"

Fehlende empirische Absicherungen

In den Publikationen analytisch orientierter Kliniker ist zwar dieser Geschichte mit der Flucht in die Gesundheit einige Aufmerksamkeit zuteil geworden, ich weiß aber von keinem Versuch, diesem Problem systematisch nachzugehen. Die Verbreitung dieses Phänomens ist zugestandenermaßen unbekannt und wahrscheinlich recht selten. Folglich würde es ein ziemlich schwierig zu untersuchendes Problem sein. Aufgrund von fehlenden faktischen, empirischen Untersuchungen müssen wir uns dessenungeachtet der Tatsache bewußt sein, daß wir uns mit theoretischen Annahmen und hypothetischen Konstrukten befassen. Meine Auffassungen sind in dieser Beziehung nicht besser, und der Leser ist dadurch vor diesem Sachverhalt gewarnt. Es hat somit den Anschein, daß mehr als eine Auffassung zur Interpretation oder Erklärung eines gegebenen Phänomens herangezogen werden kann, und daß man in Ermangelung irgendeines zwingenden Beweismittels zur Untermauerung eines speziellen Standpunktes unvoreingenommen sein und mehr als eine Hypothese aufrechterhalten sollte.

Wahrscheinlich gibt es einige Fälle, bei denen sich Klientenverhalten vernünftigerweise als Flucht in die Gesundheit deuten läßt. Diese Möglichkeit sollte jedoch nicht aufgegriffen werden, um sagen zu wollen, daß alle plötzlichen oder unerwarteten Besserungen bei Klienten, die sich einer Psychotherapie unterziehen, als Fälle betrachtet werden müssen, die dieser Kategorie zugehören. Diese Annahme würde sich als völlig unbegründet herausstellen und als ein sicheres Beispiel dafür, wie sich ein Therapeut unbesonnen einer einzelnen theoretischen Auffassung anschließen kann, mit dem daraus resultierenden Versuch, diese Interpretation zu propagieren und sie dann vom Klienten bestätigt zu bekommen. Unglücklicherweise passiert von dieser Art viel zu viel in der Therapie. Sobald der Therapeut eine Interpretation vorgenommen hat – abgeleitet von seiner theoretischen Position –, hält er sie genauso wie einige seiner gleichgesinnten Kollegen für „die Wahrheit", und es wird der Versuch unternommen, diese Überzeugung oder „Einsicht" dem Klienten aufzupfropfen. Jede Nichtannahme seitens des Klienten wird dann als Widerstand aufgefaßt. Was hier exemplifiziert wird, ist ein rigides Beharren auf einer einzigen Hypothese und ein Versäumnis, andere Hypothesen in Betracht zu ziehen. Doch nach dieser Kritik möchte ich nun mit dem vorliegenden Thema fortfahren.

Kritik: Rigides Beharren auf Überzeugungen und Hypothesen

Es scheint möglich zu sein, jeden Fall einer Prüfung zu unterziehen, bei dem der Klient von einer unverhofften Besserung berichtet, und ihn im Lichte aller verfügbarer Fakten und einsichtigen Hypothesen zu bewerten. Wenn der Therapeut tatsächlich den Eindruck bekommt, daß in Wirklichkeit gar keine bemerkenswerte Besserung des Klienten vorliegt, sondern dieser eine solche nur behauptet und der Ansicht ist, es bestünde keine weitere Notwendigkeit für eine Therapie, dann sollte der Therapeut in einer angemessenen Weise reagieren. Bei diesem Beispiel kann der Klient in Wirklichkeit den Wunsch ausdrücken, die Therapie zu verlassen, und es würde für den Therapeuten von Nutzen sein, wenn er die Gründe für dieses Klientenverhalten herauszufinden versucht. Findet der Klient die Therapie bedrohlich, ist er vom Therapeuten enttäuscht, ist er von einer anderen Person veranlaßt worden, eine andere Therapie oder einen anderen Therapeuten aufzusuchen, bzw. was genau ist für sein offenbares Motiv verantwortlich, zu behaupten, es ginge ihm gut und er wolle die Therapie beenden? Der Therapeut sollte zwar versuchen, die eventuellen Motive für die Entscheidung des Klienten zu ermitteln und dann sich damit konstruktiv auseinanderzusetzen, es scheint aber nicht vernünftig zu sein, mit ihm darüber zu diskutieren oder ihn davon zu überzeugen versuchen, er würde einen großen Fehler machen, wenn er der Therapie aus dem Weg geht. Dieser Versuch kann es für den Klienten nur noch schwieriger machen, im Umgang mit dem Therapeuten aufrichtig zu sein, und auch schwieriger, später mit dem Therapeuten die Beziehung fortzusetzen, falls dies

Behauptung eines Fortschritts: Beendigungswunsch?

notwendig ist. Wenn keine Lösung möglich ist, akzeptiert man am besten das Unvermeidliche, wünscht dem Klienten alles Gute und bietet ihm die Möglichkeit zu einer späteren Kontaktnahme an, falls er dies jemals noch für notwendig halten sollte.

Möglichkeiten der Beendigung einer Therapie

Wenn der Therapeut, nachdem er sich die Gründe, die der Klient für die Beendigung seiner Therapie anführt, eingehend betrachtet hat, empfindet, daß der Zustand des Klienten dies erlaubt, sollte er sich damit abfinden und dazu übergehen, über eine baldige Beendigung zu sprechen. Wenn das Thema zu Beginn des Interviews zur Sprache gebracht wurde, kann es vielleicht auch schon das letzte Interview sein. Andernfalls kann für das letzte Treffen ein Termin gemeinsam abgemacht werden. Ich sehe in einem solchen Verfahren nichts Falsches, wenn der Klient den Eindruck erweckt, daß es ihm besser geht, und wenn er offenbar andeutet, daß er mit der Art und Weise, wie die Dinge liegen, zufrieden ist. Wenn der Therapeut glaubt, daß dieser Zustand erkenntlich ist, kann er die Liste der Beschwerden, die der Klient zu Beginn präsentiert hat, nochmals durchgehen und den Klienten fragen, wie diese ihn derzeitig beeinträchtigen. Wenn allerdings der Klient darauf hinweist, daß die Beschwerden unter Kontrolle sind und sie derzeit für ihn keine echten Probleme darstellen, scheint es am besten zu sein, die Möglichkeit zu akzeptieren, daß es dem Klienten tatsächlich besser gehen kann und daß eine weitere Therapie nicht erforderlich ist.

Unvollständiges Wissen über den psychotherapeutischen Prozeß

Wir sind im Augenblick weit davon entfernt, die Psychotherapie völlig zu verstehen, und es ist infolgedessen denkbar, genauso, wie wir auf Probleme stoßen können, die zuvor in der Therapie nicht antizipiert wurden, dann und wann irgendwelchen positiven Entwicklungen zu begegnen, die ganz unerwartet sind. Diese Erfahrung habe ich gelegentlich selbst gemacht, und es hat fast den Anschein, als hätten andere Therapeuten gleiche Erfahrungen gemacht. Die Tatsache, daß wir nicht in der Lage sind, solche Vorkommnisse vorherzusagen oder sie gänzlich zu begründen, ist ein Hinweis darauf, daß unser Wissen über den psychotherapeutischen Prozeß noch lange nicht vollständig ist.

Zeigt sich folglich ein Klient ein wenig gebessert und fragt danach, wann denn nun die Therapie beendet sein wird, so lohnt es sich, diese Angelegenheit ausführlich zu diskutieren, und wenn die Beendigung begründet erscheint, ein frühzeitiges Ende in Erwägung zu ziehen. Wenn der Therapeut auf eine solche Stellungnahme nicht wohlwollend reagiert,

Widerstand des Therapeuten gegen vorzeitige Beendigung

sollte er sehr gründlich abschätzen, warum er diese Reaktion zeigt. Es gibt zweifellos recht unterschiedliche Gründe dafür, warum er sich gegen eine Beendigung der Therapie sträubt. Darunter fallen, daß der Therapeut sich übermäßig stark mit dem Klienten auseinandergesetzt hat, daß er es dem Klienten verübelt, eine solche Entscheidung früher als er selbst gefällt zu haben, daß er Ziele gesetzt hat, die der Klient nicht erreicht hat, oder auch sogar, daß er wenig Fälle hat und seine Klienten gerne für eine längere Zeitspanne behalten möchte.

Dieses Problem hat auch Rosenbaum (1964) in einer geistreichen Abhandlung diskutiert. Unter anderem stellt er die Bedeutung der Therapieeinstellung des Therapeuten in den Vordergrund, und wie diese die Entscheidungen in bezug auf eine frühzeitige Beendigung der Therapie beeinflussen können: „Selbst wenn er glaubt, daß die in der Therapie zugebrachten Stunden und die für die persönliche Entwicklung und Veränderung aufgebrachten Wochen durchaus im richtigen Verhältnis stehen, kann er den Klienten zum Verbleib in der Behandlung ermuntern, obwohl dieser imstande ist, seine in der Therapie erreichten Steigerungen selbst zu konsolidieren. Hinter diesen Überlegungen steht bei jungen Therapeuten mit einer Privatpraxis die simple Notwendigkeit, den Lebensunterhalt zu bestreiten“ (S. 507).

Auszubildende Therapeuten

Besonders wahrscheinlich ist es bei in Ausbildung befindlichen Therapeuten, daß sie in ihre Fälle involviert sind und sich gegen eine etwaige Beendigung sträuben, und zwar sogar dann, wenn es sich um einen schwierigen Fall mit vielen Problemen handelt. Als Beispiel sei ein Fall erwähnt, bei dem in der Therapie eine Reihe von Schwierigkeiten aufgetreten waren und der Fortschritt recht klein war. Die Klientin erkundigte sich danach, wann sie nach Auffassung des Therapeuten die Therapie beenden würden. Dies geschah etwas indirekt, und da die Klientin nach einer Pause weitere Ausführungen machte, reagierte der Therapeut auf die vorausgegangene Frage nicht. Nachdem er angewiesen worden war, in der nächsten Sitzung darauf einzugehen und die Gefühle der Klientin in dieser Angelegenheit zu explorieren, kam er auch auf diese Frage, wann die Therapie zum Ende kommen könnte, zurück. Als Antwort gab die Klientin an, daß sie sich mit den Problemen, deretwegen sie eine Therapie zu bekommen suchte, hatte auseinandersetzen können und im Glauben gewesen war, daß nun ein vernünftiger Zeitpunkt sein könnte, über eine Beendigung nachzudenken. Der Therapeut jedoch reagierte nicht wohlwollend bzw. richtig und direkt auf diese Auffassung, sondern wies darauf hin, daß noch weitere Diskussionen erfolgen sollten. In Wirklichkeit sträubte sich der Therapeut dagegen, die Klientin gehen zu lassen, wenngleich es doch vernünftig erschien, an diesem Punkt über eine Beendigung zu sprechen. Obwohl es noch zu weiteren Verbesserungen hätte kommen können, wäre dadurch, daß sich die Klientin gut genug fühlte, die Beendigung der Therapie als erste zu thematisieren und vor dem Hintergrund des bisherigen Verlaufs der Therapeut nicht in der Lage war, eine weitere Besserung zu versprechen, eine Entscheidung für einen Abbruch der Therapie überaus angemessen gewesen. Nach diesem Interview versäumte die Klientin viele Treffen, die nachfolgenden Interviews waren recht unproduktiv, und die Therapie wurde schließlich abgebrochen. Es wäre wohl besser gewesen, auf die Klientin zu hören und sich auf einen gemeinsamen Beschluß zu einigen, die Therapie zu beenden. Rosenbaum (1964) merkte in diesem Zusammenhang an: „Der Therapeut sollte es dem Klienten überlassen, psychische Gesundheit, Verbesserungen bzw. Linderung selbst zu bestimmen“ (S. 507).

Beispiel

Wachsamkeit gegenüber Mitteilungen des Klienten

Grundsätzlich scheint es vernünftig zu sein, gegenüber Anmerkungen und Mitteilungen des Klienten aufmerksam zu sein und ihnen ein größeres Gewicht als den eigenen theoretischen Auffassungen beizumessen, so ketzerisch dies auch klingen mag. Weist ein Klient zu einem Zeitpunkt der

Therapie, den der Therapeut der Anfangs- oder Mittelphase der Therapie zuordnet, darauf hin, daß er genügend gebessert ist und die Therapie beenden möchte, sollte der Therapeut seine Meinung ändern und die Möglichkeit akzeptieren, daß die Beendigung eine angemessene Entscheidung ist. Durch eine solche Entscheidung ist nichts verloren und kann viel erreicht werden. Wenn der Klient in der Lage ist, sich adäquat zu verhalten, ist es für ihn besser, wenn er die Therapie abbricht und auf eigene Faust handelt. War die Entscheidung verfrüht, kann der Klient immer noch zu weiteren Sitzungen zurückkommen. Den Klienten andererseits darauf hinzuweisen, daß man seine Selbsteinschätzung nicht teilt, bedeutet eine Abwertung seiner Selbstachtung, möglicherweise eine Zunahme der Sorgen über seinen eigenen Zustand und auch eine Beeinträchtigung der therapeutischen Beziehung.

Beendigung der Therapie

Normalfall

Wir haben das Problem der Beendigung bzw. Termination schon vorweggenommen, als wir den Tatbestand des unerhofften Fortschritts und der unerwartet frühen Beendigung diskutierten. In der Mehrzahl der Fälle wird jedoch ein solch angenehmes Problem gewöhnlich nicht auftreten. Folglich wird es während des Endstadiums der Therapie für den Therapeuten wichtig, den Fortschritt des Klienten zu beurteilen, eine erträgliche Zeit für die Beendigung zu antizipieren und darüber mit dem Klienten zu sprechen, um ein gegenseitiges Einvernehmen über diese Problematik zu erreichen.

Spezifische Beendigungsprobleme je nach Klient und Therapie

Die speziellen Probleme der Termination variieren je nach Kliententyp, Therapielänge, Therapieform und Art der Beziehung, die sich während der Therapie entwickelt hat. Einem sehr abhängigen Klienten, so könnte man annehmen, wird die Loslösung von der Therapie und die Lösung der Beziehung mit dem Therapeuten schwerer fallen als einem weniger abhängigen Klienten. Aus diesem wie auch aus anderen Gründen sollte der Therapeut es folglich möglichst nicht fördern, daß der Klient von ihm abhängig wird. Für den Fall, daß sich der Klient als ziemlich abhängige Person herausstellt, sollte eine Diskussion über den Zeitpunkt der zukünftigen Therapietermination sobald wie möglich festgelegt werden. Dadurch ist der Klient in der Lage, sich so gut wie möglich darauf vorzubereiten, und auf seine Sorgen wegen der Einstellung der Therapie und der Tatsache, daß er dann auf sich selbst gestellt ist, kann während der nachfolgenden Therapieabschnitte eingegangen werden. Eine zeitlich begrenzte Therapie hat den Vorteil, daß bei Therapiebeginn ein definitiver Zeitpunkt für die Beendigung festgesetzt wird, doch dies ist für viele Therapeuten nicht immer ein anwendbares Verfahren und ist auch nicht immer möglich. Der Therapeut hat folglich gegenüber Anzeichen eines Fortschritts und Andeutungen hinsichtlich etwaiger letzter Termine für eine Therapie wachsam zu sein.

Auch durch seine jeweiligen Therapieziele wird man in seiner Einschätzung der für die Therapie und ihre eventuelle Beendigung erforderlichen

Therapiedauer: abhängig von Therapieansatz

Zeit beeinflußt. In der gegenwärtig ausgeübten Psychotherapie gibt es eine große Bandbreite hinsichtlich der Erwartungen, wie lange eine Therapie dauern wird. Analytiker und analytisch orientierte Psychotherapeuten am einen Ende der Skala pflegen in Begriffen zu denken, bei denen Jahre die Zeitgrößen sind. Am anderen Ende der Skala befinden sich die meisten Verhaltenstherapeuten und diejenigen Therapeuten, die eine zeitlich begrenzte Therapie oder eine Kurztherapie durchführen, bei denen in Wochen gedacht wird. Es ist in diesem Zusammenhang interessant zu bemerken, daß bei einer Therapie, die ein Jahr dauert, von manchen von einer langen Therapiedauer, von anderen von einer kurzen Psychotherapie gesprochen wird (Sifneos, 1965). Gewöhnlich betrachtet man eine auf lange Sicht angelegte Therapie, die mehrere Jahre dauert, unter dem Gesichtspunkt, daß sie eine Umformung der Persönlichkeit zum Ziel hat, während kürzere Therapien darauf abzielen, die vom Klienten vorgebrachten Beschwerden zu behandeln bzw. die gegenwärtigen Konflikte zu lösen. Wir werden an dieser Stelle keinen Versuch unternehmen, den Gegenstand der therapeutischen Ziele zu diskutieren, sondern nur aufzeigen, daß dadurch theoretisch und praktisch die Therapielänge beeinflußt wird und sich in bezug auf die Therapietermination etwas unterschiedliche Probleme stellen.

Je länger die Therapie, um so größere Terminationsprobleme?

Wenn eine Therapie eine lange Zeit erfordert, sollte man glauben, daß ungeachtet der theoretischen Annahmen der Klient vom Therapeuten und von der Therapie abhängiger ist und stark an ihr hängt. Die Termination wird deshalb eher zum Problem, und in der Therapie wird darauf mehr Zeit verwendet. In der Kurztherapie, in der in einer relativ kurzen Zeitspanne spezifischere Ziele erreicht werden, sind etwaige Probleme bei der Beendigung ziemlich gering und nehmen wenig Zeit in Anspruch. Da die Persönlichkeit des Klienten in einer Wechselwirkung mit Therapielänge und -form steht, entwickelt sich in der Therapie manchmal eine intensivere Beziehung, die sich nicht leicht lösen bzw. beenden läßt.

Aus diesen eben angeführten Gründen kam es über die Problematik der Therapietermination in den dynamisch orientierten und auf lange Sicht hin konzipierten Psychotherapien zu einer viel intensiveren theoretischen Diskussion als in den meisten anderen Formen der Psychotherapie (Freud, 1950; Glenn, 1971; Weiner, 1975; Wolberg, 1964). In der Tat wird die Termination in den kürzeren Therapien nicht als ein spezielles Problem oder Thema von Bedeutung betrachtet, und es ist deshalb einleuchtend, daß die Länge der Therapie bei der Problemdarstellung eine kritische Variable darstellt. In den psychodynamischen Therapien spielen bei der Terminationsproblematik auch theoretische Konzepte der Separation eine Rolle (Glenn, 1971).

Anhaltspunkte für eine Therapiebeendigung

Wir wollen für einen Augenblick die Differenzen zwischen den verschiedenen therapeutischen Ansätzen außer Acht lassen und uns allgemein den möglichen Anhaltspunkten zuwenden, die den Therapeuten darauf hinweisen, daß die Termination in Erwägung gezogen werden sollte. Der augenfälligste Anhaltspunkt ist, wenn die Beschwerden des Klienten verschwunden sind. Falls der Klient ausführliche Beweise eines

Gute Fortschritte

fortwährenden Fortschritts ablegt, dann muß der Therapeut die Termination für die nahe Zukunft erwägen und sie zur Diskussion stellen. Wenn der Klient einem baldigen Ende der Therapie bereitwillig zustimmt oder sogar erwähnt, er hätte sich auch darüber Gedanken gemacht, dann kann man sich auf einen bestimmten Zeitpunkt einigen und die Therapie sogleich terminieren, so wie wir dies im vorherigen Abschnitt bereits erwähnten. Im jetzigen Fall allerdings stimmt der Fortschritt mehr mit den Erwartungen des Therapeuten überein, und die Termination ist der letzte Schritt innerhalb des therapeutischen Geschehens.

Manchmal läßt der Klient etwas Besserung erkennen, teilt sie aber nicht so deutlich wie im vorhergehenden Fall mit. Darüber zu sprechen, scheint für ihn nicht allzu wichtig zu sein, sondern er scheint in einer positiven Weise ausschließlich mit seinen gegenwärtigen Alltagsaktivitäten beschäftigt zu sein. Geht der Therapeut dieser Frage weiter nach, so stellt sich heraus, daß es dem Klienten ganz gut geht und er recht optimistisch in die Zukunft sieht, wenngleich nicht alle seiner Probleme gelöst worden sind. Der Klient empfindet mit anderen Worten nicht, daß er gravierende Probleme hat, und glaubt, er komme mit denjenigen, die er hat, zurecht. Wird das Thema einer möglichen Termination erwähnt, kann ein solcher Klient durchaus anmerken, daß er ebenfalls darüber nachgedacht habe und die Therapie im wesentlichen ihrem Zweck entsprochen habe.

Die oben angeführten Fallgruppen bereiten hinsichtlich der Termination keine Schwierigkeiten. Bei anderen Fällen jedoch stellen sich Probleme ein.

Abhängige Klienten

Bei einigen davon handelt es sich um den vorhin erwähnten abhängigen Personentypus, während bei anderen die Therapie nicht immer konstant oder deutlich fortgeschritten ist. Bei sehr abhängigen Personen, sogar bei Fällen mit ersichtlicher Besserung, ist es wichtig, daß die Therapie nicht unnötigerweise verlängert wird und der Klient so früh wie möglich auf die Termination vorbereitet und an sie erinnert wird. Solche Klienten sind zwar zuweilen über den Therapeuten voll des Lobes, dieser sollte aber tunlichst Verhaltensweisen vermeiden, die die Abhängigkeit des Klienten bekräftigen. Hinweise auf diese Problematik werden in der Therapie frühzeitig schon offenkundig werden, so daß der Therapeut in der Lage sein sollte, eventuelle Probleme zu antizipieren und eine Strategie zu entwerfen, um sich mit ihnen auseinanderzusetzen.

Ankündigung des Therapieendes

Wenn möglich, sollte bei Therapiebeginn eine Angabe über die Zeitdauer gemacht werden, und auch die Interviewhäufigkeit sollte in bezug auf solche eventuellen Probleme im Auge behalten werden. Wenn ein angemessener Fortschritt sich zu entwickeln scheint, sollte der Therapeut dem Klienten einen konkreten Termin für die Termination vorschlagen, so daß er sich mit dieser Realität möglichst bald auseinandersetzen kann. Zeigt sich der Klient nach Erwähnung der Termination möglicherweise sehr ängstlich oder besorgt, dann ist es manchmal eine gute Methode, allmählich die Häufigkeit der Konsultationen zu reduzieren, damit die Verhaftung mit der Therapie abgeschwächt wird und der Klient zu erkennen vermag, daß er auch ohne Beistand durch die therapeutische Beziehung recht gut zurecht kommt.

An dieser Stelle kann eine Falldarstellung von Nutzen sein. Vor vielen

Falldarstellung

Jahren, als ich im Vergleich zu heute noch mehr in Langzeittherapien verfangen war, therapierte ich eine sehr abhängige Person, die eine Reihe von somatischen Beschwerden und sozialen Schwierigkeiten hatte. Der Klient kam wöchentlich zur Behandlung und fragte nach einigen Monaten, ob er öfter als einmal pro Woche kommen könnte. Auf die Frage, warum er dies für notwendig erachte, gab er zur Antwort, daß er der Meinung sei, dies könnte die Therapie erleichtern und die Schnelligkeit des Fortschritts steigern. Ich versuchte, mir über das Interesse des Klienten an der Therapie klar zu werden und kam zu dem Ergebnis, daß es nicht vernünftig bzw. notwendig sei, die Häufigkeit der Interviews zu erhöhen. Der Klient könnte dadurch von mir zu abhängig werden, und der Zeitfaktor war immerhin in der Therapie ein wichtiger Faktor. Der Klient mußte diese Entscheidung wider Willen akzeptieren, obwohl er kurze Zeit später abermals darauf zu sprechen kam. Nach mehr als zweieinhalb Jahren, während derer wir über seine Abhängigkeit sowie über wichtigere Aspekte sprachen, machte der Klient endlich deutliche Fortschritte. Als die Sprache auf die Termination kam, brachte der Klient seine Besorgnis zum Ausdruck und wollte das Ende hinauszögern. Nach eingehender Diskussion arbeitete ich einen Plan zur Verringerung der Konsultationen aus, um den Terminationsprozeß zu erleichtern. Das nächste Treffen sollte in zwei Wochen sein, das darauf folgende in drei Wochen, das Treffen danach in einem Monat, das nächste in zwei Monaten und die letzte Sitzung drei Monate später. Der Klient erklärte sich damit einverstanden, diesen Plan auszuprobieren, und die Methode war erfolgreich. In diesem Fall hielt ich es für lohnenswert, die Konsultationen mit ansteigendem Zeitintervall zu staffeln, damit sich der Klient eher an das Ende der Therapie gewöhnen konnte. Die Persönlichkeit des Klienten sowie die Länge der Therapie waren beides Faktoren, die in diesem Fall die Termination zu einem Problem machten.

Diskussion über Beendigungszeitpunkt und Therapieziele

Im allgemeinen ist es anscheinend eine gute Methode, auf einen möglichen oder erforderlichen Terminationszeitpunkt anzuspielen, und zwar einige Zeit vor diesem Zeitpunkt. Manchmal wird es sich bloß um eine Anspielung auf einen vorläufigen Zeitpunkt handeln, der in den Anfangsinterviews als eine Möglichkeit erwähnt wurde. Als solche bedeutet sie für den Klienten eine Mahnung, daß die Therapie kein endloser Vorgang ist und nur eine begrenzte Zahl an Sitzungen noch übrig bleiben. Es ist denkbar, daß sie auf den Klienten möglicherweise auch motivierend wirkt, sich gewissenhaft Mühe zu geben und aus den restlichen Sitzungen das Beste zu machen. Ist bei Therapiebeginn kein genauer Zeitpunkt angegeben worden, so kann es sich lohnen, mit dem Klienten in einem späteren Therapiestadium darüber zu sprechen, welche Fortschritte er macht. Dies wird einen Gedankenaustausch darüber ermöglichen, wie die Therapie fortschreitet und was noch wie lange zu tun ist. Auf diese Weise wird die Problematik der Termination auf eine vernünftige Weise angegangen und die Vorstellung von einem unabdingbaren Terminationszeitpunkt für die Therapie vermittelt. Eine solche Diskussion ermöglicht dem Klienten auch, seine übrigen Therapieziele abzuklären und vielleicht eine kürzere Restphase als die vom Therapeuten erwähnte anzuführen. Ist man sich darin einig, werden sowohl die verbleibenden Ziele als auch der Terminationszeitpunkt deutlicher, und die Therapie kann mit einem klareren Einvernehmen beider Beteiligten zu Ende geführt werden. Wenn der Klient andererseits der Meinung ist, daß entweder wenig Fortschritte gemacht worden sind, oder wenn er auf ein spezielles Problem mehr Zeit verwenden möchte, können diese Angelegenheiten ebenfalls besprochen und ihre Stichhaltigkeit und Nützlichkeit abgeschätzt werden. Wenn keine Besserung erzielt wird, so liegt gewöhnlich ein schwerwiegenderer Fall vor, der sehr sorgfältig bewertet werden muß. Stellen sich die Beschwerden des Klienten als gerechtfertigt heraus und hat der Therapeut keine fertigen Lösungen zur Hand, so sollte darüber ganz offen und frei heraus gesprochen werden. Verfügbare Alternativen sollten aufgezeigt und dem Klienten muß zugebilligt werden, eine Entscheidung einschließlich Termination der Therapie – als eine der Alternativen – zu fällen. Im Falle einer Bitte um zusätzliche Sitzungen sollte der Therapeut auch dieses Ansinnen abschätzen. Wenn es stichhaltig erscheint und spezifische Probleme angeführt werden, die sich innerhalb des Therapiebereichs bewegen, kann ein neuer vorläufiger Terminationszeitpunkt abgemacht werden. Falls die Bitte aber die Beunruhigung über das Ende der Therapie widerzuspiegeln scheint, sollten diese Sorgen zum Vorschein gebracht werden, und es sollte vielleicht ein gestaffelt angeordneter Plan für die Sitzungen oder ein ähnliches Vorgehen vorgeschlagen werden.

Freie Entscheidung des Klienten

Beendigung: traumatisches Ereignis für den Klienten?

Während einige Verfechter der Langzeit-Psychotherapie glauben, daß die Termination für viele Klienten ein potentiell traumatisches Ereignis ist, das Trennungsängste nach sich zieht, scheint sich dies für die meisten Klienten nicht als besonderes Problem zu stellen. Da Psychotherapie, wie wir in einem früheren Kapitel festgestellt haben, tatsächlich zumeist eine kurze Therapie ist, stellt sich die Termination als kein besonderes Problem, und der Therapeut muß darauf faktisch keine Zeit verwenden. Wie aber vorhin schon hingewiesen wurde, lohnt es sich, einige Wochen vor dem vorgesehenen Zeitpunkt einen deutlichen Hinweis auf die Termination zu geben. Zumeist wird der Klient dies dankbar zur Kenntnis nehmen, und mehr ist nicht erforderlich. Reagiert er jedoch auf diese Information anders, kann sich der Therapeut daran machen, den Sachverhalt abzuklären. Es scheint auch von Nutzen zu sein, auf das letzte Interview nochmals im vorletzten Interview hinzuweisen. Allerdings kann die Termination zum Problem werden, wenn der Therapeut ohne irgendeine Ankündigung mitteilt, daß das eben stattfindende Interview das letzte sein wird. Selbst wenn die Therapie nur über einen kurzen Zeitraum Bestand gehabt hat, kann eine Bekanntmachung dieser Art auf den Klienten einen sehr negativen Effekt haben. Gerade war er im Begriff, den Therapeuten kennenzulernen und etwas Vertrauen in ihn zu setzen, da wird ihm plötzlich der Boden unter den Füßen weggezogen. Bei Klienten, die schon einige Zeit zu einem Therapeuten zur Behandlung gekommen sind, kann sich die unvermutete Bekanntmachung, daß die Therapie heute zum Ende kommt oder daß zum Beispiel der Therapeut seine Stelle aufgibt und er an einen anderen Therapeuten überwiesen wird, ziemlich verheerend auswirken.

Keine Termination ohne Vorankündigung

Aus solchen Gründen ist es immer am besten, die Termination anzukündigen und darin mit dem Klienten gleicher Meinung zu sein. Der plötzliche und unverhoffte Abgang des Therapeuten ist für den Klienten ein negatives Erlebnis und sollte als eindeutig unverantwortliches und unprofessionelles Verhalten vermieden werden, wenngleich ich mich selbst an Beispiele eines solchen Verhaltens erinnere. In einem Falle hatte der Klient seinen Therapeuten etwa eineinhalb Jahre lang aufgesucht, als ihm dieser auf einer Sitzung bekanntgab, daß es sich um die letzte handeln würde, da er die Klinik verlasse und in einer Privatpraxis arbeiten würde. Wenn diese Art der Darstellung hätte vermieden werden können, wäre dies natürlich für alle beteiligten Parteien besser gewesen. Dieser Fall wurde mir übergeben, und es dauerte bei diesem Klienten ziemlich lange, bis er seine durch die vorausgegangene Behandlung entstandene Feindseligkeit ganz abgelegt hatte und mir, als seinem neuen Therapeuten, sein Vertrauen schenkte. Ich möchte daran erinnern, daß die meisten Menschen, die auf der Suche nach irgendeiner psychotherapeutischen Hilfe sind, in der Regel ein geringes Selbstwertgefühl haben und das Gefühl haben, von den Mitmenschen keine große Beachtung zu erhalten. Wird jemandem dann plötzlich mitgeteilt, daß der Therapeut die Therapie beendet oder daß er an einen anderen Therapeuten überwiesen wird, so handelt es sich nicht nur um eine schlechte Praktik, sondern dies kann vom Klienten als eine erneute Ablehnung aufgefaßt werden, die mit negativen Begleiterscheinungen verbunden ist.

Beispiel

Termination bei fehlendem Fortschritt

Bevor wir das jetzige Kapitel abschließen, muß noch ein weiteres Thema diskutiert werden. Es geht dabei um Entscheidungen über eine etwaige Termination, falls unzureichende Fortschritte gemacht worden sind. Während man bei Erzielung von Fortschritten die Termination naturgemäß in Erwägung zu ziehen pflegt, steht bei Entscheidungen in bezug auf eine Termination für den Fall, daß wenig oder kein Fortschritt erzielt worden ist, eine problematischere und schwierigere Aufgabe zur Lösung an. Nichtsdestoweniger handelt es sich um ein Problem, mit dem man sich in einer Reihe von Fällen auseinandersetzen muß.

Unterschiedliche Gründe für Therapiemißerfolg

Trotz bester Absichten seitens des Therapeuten gibt es Fälle, bei denen der Klient und seine Probleme sich gegenüber einer Veränderung resistent erweisen. Die Gründe dafür können verschiedenartig und häufig unverständlich sein. Manchmal stellt sich heraus, daß die Schuld beim Klienten liegt. Er kann den Eindruck erwecken, als fehle es ihm an gebührender Änderungsmotivation oder seine individuellen Verhaltensmuster seien so tief verwurzelt, daß auf die verschiedenen Verfahren, die vom Therapeuten probiert werden, keine Reaktionen erfolgen. In anderen Fällen kann die häusliche und familiale Situation des Klienten so gänzlich ungünstig und bedrückend sein, daß – welche Therapie auch immer in Angriff genommen wird – es vergleichsweise fruchtlos erscheint. In einer gewissen Anzahl von Fällen können demgemäß anscheinend der Klient bzw. mit ihm zusammenhängende Variablen die mögliche Ursache für die ausbleibende Besserung sein. Wie schon erwähnt, kommt es nicht selten vor, daß die Schuld am mangelnden therapeutischen Fortschritt dem Klienten zugeschrieben wird, und manchmal mag dies auch berechtigt sein. In manchen Darstellungen der Psychotherapie ist die Eignung des Klienten in der Tat als eine notwendige Bedingung für einen Therapiefortschritt in den Vordergrund gestellt worden (STRUPP, 1973).

Der Therapeut als ursächlicher Faktor

Bei einem gewissen Prozentsatz von Fehlschlägen in einer Psychotherapie dürfte aber der Grund im fehlenden Können des Therapeuten oder in der Anwendung unangemessener bzw. ineffektiver Techniken liegen. Dem Therapeuten kann es an den nötigen Vorbedingungen oder Fertigkeiten mangeln, und er kann sich mit dem Fall unzureichend und unpassend befassen. Es ließen sich an dieser Stelle zahlreiche Beispiele anführen, und manche sind bereits in früheren Abschnitten vorgebracht worden. Der Therapeut kann die Widerstandskraft des Klienten falsch beurteilt haben, er kann in seiner Strategie zu passiv gewesen sein, er kann am Klienten zu viel auszusetzen gehabt haben und kann es versäumt haben, angemessenere Techniken anzuwenden. Welche Gründe auch immer es sein mögen, es gibt viele Beispiele, bei denen die Hauptursache für das Ausbleiben eines Fortschritts Therapeutenvariablen zu sein scheinen. Und obwohl viele Therapeuten nicht in der Lage sind, die Fehler ihrer Arbeit zu erkennen, können sie die Unzulänglichkeiten in der Arbeit anderer Therapeuten entdecken.

Fehlende Übereinstimmung von Therapeut-Klient

Manchmal liegt die Ursache für einen zu geringen Fortschritt hauptsächlich auch darin, daß Therapeut und Klient schlecht zusammenpassen bzw. bei den Interaktionsvariablen. Die Art und Weise sowie die Erwartungen der beiden Partizipanten können zu unterschiedlich sein, oder der spezielle Ansatz, den der Therapeut verfolgt, kann auf einen gegebenen Klienten schlecht abgestimmt sein. Dieser Problemtypus ist in zunehmendem Maße in den letzten Jahren registriert worden, doch sind wir in unseren praktischen Verfahren, um damit fertig zu werden, nicht sehr weit vorangekommen (KIESLER, 1971). Vorbildlich wäre eine Selektion der Therapeutenkategorie und der Therapieform in Hinblick auf den spezifischen Klienten und seine Probleme. Dies scheint zwar ein wünschenswertes Ziel zu sein, in der Praxis jedoch wird der Klient von einem Bekannten an einen Therapeuten verwiesen, oder er kommt in einem klinischen Setting an denjenigen Therapeuten, der noch Klienten aufnimmt. Die Art der ausgewählten Behandlungsstrategie wird von den theoretischen Präferenzen des zur Verfügung stehenden Therapeuten abhängen. Aus dieser Situation ergibt sich, daß die Interaktion eines einzelnen Therapeut-Klient-Paares nicht diejenige zu sein braucht, die am günstigsten ist, und der Fortschritt kann alles andere als zufriedenstellend sein.

Falscher Therapietypus

Aus eben diesen Gründen ist es begreiflich, wenn eine Therapie nicht einwandfrei vorangeht und nach einer gewissen Zeitspanne der fehlende Fortschritt ziemlich deutlich zutage tritt. Dies ist offenbar eine Problemsituation, die der Therapeut sehr sorgfältig beurteilen muß, um die Faktoren zu ermitteln, die dafür verantwortlich sein können. Man verfährt nicht gut dabei, wenn man zuläßt, daß die Therapie ziellos dahintreibt, und der Therapeut ist dafür verantwortlich, daß die Korrektur der Situation in Angriff genommen wird. Wenn er einige für den fehlenden Fortschritt denkbare Ursachen wahrnimmt, kann er hierauf dementsprechend handeln. Manchmal mag er bei der Beurteilung seines Klienten Fehler machen oder die Ernsthaftigkeit seiner Probleme falsch einschätzen. Die Verfahren, die er anwendet, können ungeeignet oder unangemessen sein und werden durch andere ersetzt werden müssen. Falls der Therapeut nicht ganz zu verstehen glaubt, warum es zu keiner Verbesserung gekommen ist, kann es sich lohnen, darüber offen mit dem Klienten zu sprechen und dessen Auffassungen zu ergründen. Wenn sich keinerlei für das Problem auf der Hand liegenden Antworten oder Lösungen ergeben, scheint es angebracht zu sein, mit dem Klienten über eine eventuelle Termination der Therapie zu sprechen. Im Prinzip würde die Aussage des Therapeuten in etwa folgendermaßen lauten: Trotz bester Absichten beider Seiten hat der Klient über einen angemessenen Zeitabschnitt wenig Fortschritte gemacht. Der Therapeut hat zwar die Situation durchleuchtet und versucht, die möglichen Ursachen hierfür ausfindig zu machen, hatte dabei aber keinen Erfolg. Er hat ein anderes Verfahren ausprobiert und in der Hoffnung auf mehr Erfolg die Angelegenheit mit dem Klienten besprochen. Es hat sich aber nur eine geringfügige Verbesserung eingestellt, und man sollte dem offen und realistisch ins Auge sehen, selbst wenn dies natürlich für Therapeut und Klient enttäuschend ist. In der Folge ist der Therapeut der Ansicht, daß er mit dem Klienten die Möglichkeit der Therapiefortführung besprechen sollte. Pflichtet der Klient der Auffassung bei, daß eine Termination vernünftig scheint, sollte man darüber eine Vereinbarung treffen.

Offene Aussprache mit dem Klienten

Es kann auch vorgetragen werden, daß der Klient erleben soll, wie er ohne Therapie zurecht kommt, daß er eigenständig einige Methoden fortführen kann, die sich dazu als nützlich erweisen, und daß er künftig einen gelegentlichen Besuch arrangieren kann, falls er dies für hilfreich erachtet. Wenn der Klient danach fragt, wo er sonst noch therapeutische Hilfe bekommen kann, sollte ihm der Therapeut diesen Gefallen erweisen und ihm mehrere Namen von Kliniken oder Therapeuten nennen. Sollte andererseits der Klient darauf hinweisen, daß er ungeachtet irgendeines realen Fortschritts mit dem Therapeuten gerne mit der Psychotherapie fortfahren möchte, sollte der Therapeut die diesbezügliche Haltung des Klienten explorieren und danach sich vielleicht damit einverstanden erklären, den Klienten in einer festgelegten Anzahl von Interviews zu behandeln, um erkennen zu können, ob irgendein Fortschritt stattfinden wird. Die Anzahl der zusätzlichen Interviews sollte relativ gering sein, und die endgültige Entscheidung über die Termination sollte nach Abschluß dieser Interviews gefällt werden.

Vorgehensweise bei Beendigung von Therapien

Zusätzliche Interviews?

Die obigen Behauptungen sind ziemlich kategorischer Natur und verfolgen den Zweck, zu illustrieren, was sich in einem hypothetischen Fall tatsächlich alles ereignen könnte. Was wirklich unternommen wird, wird vom Therapeuten unter Zugrundelegung seines besten Urteils und seiner Einschätzung des jeweiligen Falls bestimmt werden müssen. Was wir an dieser Stelle hervorheben, ist die Forderung, daß der Therapeut den Fortschritt seiner Psychotherapie fortwährend bewerten und seine Strate-

Fortwährende Bewertung und Modifikation

gie modifizieren sollte, sobald es die Situation erforderlich macht. Wenn trotz alledem die Therapie nach einer angemessenen Zeitspanne nur geringe Anzeichen auf einen Fortschritt aufweist und der Therapeut nicht in der Lage ist, die Situation zu verbessern oder eine Strategie festzulegen, die mit einiger Wahrscheinlichkeit zum Erfolg führt, dann ist der Therapeut dazu verpflichtet, eine Beendigung der Therapie des Klienten in Erwägung zu ziehen. Manche Therapeuten mögen an dieser Auffassung Anstoß nehmen und der Meinung sein, daß dies das Kennzeichen eines frustrierten Therapeuten ist, der im Grunde genommen seinen Klienten abweist und ignoriert. Das mag natürlich manchmal der Fall sein, sollte aber weder die wesentliche Frage, die hier gestellt wurde, verzerren, noch eine Rationalisierung dafür sein, daß man den Klienten unnötig lange in der Therapie beläßt, selbst wenn keine ersichtlichen Zeichen eines Fortschritts vorliegen. Obwohl über dieses Problem sehr wenig geforscht worden ist, stellt sich heraus, daß es einigen Therapeuten überaus widerstrebt, ihren Klienten ungeachtet Erfolg oder Mißerfolg die Therapie abschließen zu lassen, und man hört von Personen, die sich zwanzig Jahre lang oder noch mehr in Therapie befinden. Dies scheint mir eine recht beklagenswerte Situation zu sein, in der die Abhängigkeit des Klienten vom Therapeuten auf ein befremdendes Ausmaß verstärkt worden ist. Man muß sich in der Tat für sehr wichtig halten, wenn ein anderer Mensch ohne einen nicht mehr existieren kann. In einer Klinik wurde beispielsweise festgestellt, daß einige Klienten sehr lange in einer Psychotherapie gewesen waren. Als dieses Problem näher untersucht wurde, fand man heraus, daß für die meisten dieser Klienten eine kleine Anzahl von Therapeuten zuständig waren. Als die Klinikverwaltung entschied, daß diese Fälle besser beendet werden sollten, behaupteten die fraglichen Therapeuten, daß sie diese Klienten über viele Jahre hinweg vor der Einweisung in ein Krankenhaus bewahrt hätten und eine Termination der Psychotherapie zu ihrer Einlieferung führen würde. Die Klienten wurden dennoch aus der Therapie entlassen, und es wurde eine Follow-up-Untersuchung durchgeführt (Stieper/Wiener, 1959, 1965). Ihre Einweisungs- und Rückfallquote unterschied sich nicht von der irgendeiner vergleichbaren Klientengruppe, und den meisten von ihnen ging es auch ohne ihre Therapie und ohne daß eine Einlieferung in ein Krankenhaus notwendig wurde, weiterhin gut.

Langzeittherapien: Folgen der Persönlichkeit der Therapeuten

Niemand gesteht natürlich gerne einen Mißerfolg in irgendeinem wichtigen Unterfangen ein. Aber vorausgesetzt, daß jemand nicht in hundert Prozent seiner Arbeitszeit erfolgreich ist – und die Wahrscheinlichkeit hierfür ist sehr gering –, muß er in seiner Tätigkeit gelegentlich Fehlschläge einräumen. Der Wettkämpfer ist nicht immer erfolgreich, der Chirurg hat nicht immer Erfolg, und auch dem Psychotherapeuten ist nicht immer ein Erfolg beschieden. Folglich setzt man sich am besten unverzüglich mit der Realität auseinander und nimmt nicht bei verschiedenen Glaubenssystemen und Rationalisierung Zuflucht. Macht ein Klient keinen zufriedenstellenden Fortschritt, kann man alles Erdenkliche zur Korrektur der Situation unternehmen. Hat man damit aber keinen Erfolg, muß man den Tatsachen ins Auge sehen und eine eventuelle Termination in

Fehlschläge und realistische Reaktion in der Praxis

Erwägung ziehen. Ich behaupte, daß es langfristig die fairste, ehrlichste und sicher gerechtfertigste Art und Weise ist, mit seinen Klienten umzugehen. Solche Fälle werden hoffentlich nur einen kleinen Teil der Klienten einschließen, um die sich der Therapeut im Rahmen einer Psychotherapie zu bemühen versucht. In der Mehrzahl aller Fälle wird die Problematik der Termination eine natürliche Kulmination des therapeutischen Prozesses sein, in dem der Klient manch ausdrückliche Erfolge erzielt hat.

Literatur

Alexander, F. and French, T. M. *Psychoanalytic therapy*. New York: Ronald, 1946.

Avnet, H. H. How effective is short-term therapy? In L. R. Wolberg (Ed.), *Short-term psychotherapy*. New York: Grune & Stratton, 1965.

Bergin, A. E. The evaluation of therapeutic outcome. In A. E. Bergin and S. L. Garfield (Eds.), *Handbook of psychotherapy and behavior change: An empirical analysis*. New York: Wiley, 1971.

Bergin, A. E. and Lambert, M. J. The evaluation of therapeutic outcomes. In S. L. Garfield and A. E. Bergin (Eds.), *Handbook of psychotherapy and behavior change,* 2nd ed. New York: Wiley, 1978.

Butcher, J. N. and Koss, M. P. Research on brief and crisis-oriented therapies. In S. L. Garfield and A. E. Bergin (Eds.), *Handbook of psychotherapy and behavior change,* 2nd ed. New York: Wiley, 1978.

Eysenck, H. J. The effects of psychotherapy: An evaluation. *Journal of Consulting Psychology,* 1952, *16,* 319–324.

Eysenck, H. J. *The effects of psychotherapy*. New York: International Science Press, 1966.

Freud, S. Analysis terminable and interminable. In *Collected Papers, Vol. V*. London: Hogarth Press and the Institute of Psychoanalysis, 1950, pp. 316–357.

Glenn, M. L. Separation anxiety: When the therapist leaves the patient. *American Journal of Psychotherapy,* 1971, *25,* 437–446.

Gurman, A. S. and Kniskern, D. P. Research on marital and family therapy. In S. L. Garfield and A. E. Bergin (Eds.), *Handbook of psychotherapy and behavior change,* 2nd ed. New York: Wiley, 1978.

Harris, M. R., Kalis, B. L., and Freeman, E. H. An approach to short-term psychotherapy. *Mind,* 1964, *2,* 198–206.

Kiesler, D. J. Experimental design in psychotherapy research. In A. E. Bergin and S. L. Garfield (Eds.), *Handbook of psychotherapy and behavior change*. New York: Wiley, 1971.

Levanthal, T. and Weinberger, G. Evaluation of a large-scale brief therapy for children. *American Journal of Orthopsychiatry,* 1975, *45,* 119–133.

Levis, D. J. and Carrera, R. N. Effects of ten hours of implosive therapy in the treatment of outpatients: A preliminary report. *Journal of Abnormal Psychology,* 1967, *72,* 504–508.

Luborsky, L., Singer, B., and Luborsky, L. Comparative studies of psychotherapies. *Archives of General Psychiatry* 1975, *32*, 995–1008.

Meltzoff, J. and Kornreich, M. *Research in psychotherapy*. New York: Atherton Press, 1970.

Menninger, K. *Theory of psychoanalytic technique*. New York: Basic Books, 1958.

Muench, G. A. An investigation of the efficacy of time-limited psychotherapy. *Journal of Counseling Psychology*, 1965, *12*, 294–299.

Rank, O. *Will therapy*. New York: Knopf, 1936.

Rosenbaum, C. P. Events of early therapy and brief therapy. *Archives of General Psychiatry*, 1964, *10*, 506–512.

Shlien, J. M. Time-limited psychotherapy: An experimental investigation of practical values and theoretical implications. *Journal of Counseling Psychology*, 1957, *4*, 318–323.

Shlien, J. M., Mosak, H. H., and Dreikurs, R. Effect of time limits: A comparison of two psychotherapies. *Journal of Counseling Psychology*, 1962, *9*, 31–34.

Sifneos, P. E. Seven-years experience with short-term dynamic psychotherapy. *Proceedings of the 6th International Congress of Psychotherapy*. Selected Lectures, London, 1964, pp. 127–135. Basel/New York: S. Karger, 1965.

Sloane, R. B., Staples, F. R., Cristol, A. H., Yorkston, N. J., and Whipple, K. *Psychotherapy versus behavior therapy*. Cambridge: Harvard University Press, 1975.

Stieper, D. R. and Wiener, D. N. The problem of interminability in outpatient psychotherapy. *Journal of Consulting Psychology*, 1959, *23*, 237–242.

Stieper, D. R. and Wiener, D. N. *Dimensions of psychotherapy: An experimental and clinical approach*. Chicago: Aldine, 1965.

Strupp, H. On the basic ingredients of psychotherapy. *Journal of Consulting and Clinical Psychology*, 1973, *41*, 1–8.

Strupp, H. H., Hadley, S. W., and Gomes-Schwartz, B. *Psychotherapy for better or worse: An analysis of the problem of negative effects*. New York: Jason Aronson, 1977.

Taft, J. *Dynamics of therapy in a controlled relationship*. New York: Macmillan, 1933.

Weiner, I. B. *Principles of psychotherapy*. New York: Wiley, 1975.

Wolberg, L. R. *The technique of psychotherapy*. New York: Grune & Stratton, 1954.

Kapitel 9 Kognitionen, Affekte und Verhalten

Wie wir gesehen haben, beruht Psychotherapie in erster Linie auf verbaler Kommunikation und Interaktionen zwischen Therapeut und Klient. Die Anfangsphase einer Psychotherapie besteht gewöhnlich aus der eingehenden verbalen Berichterstattung des Klienten über seine Schwierigkeiten, über seine Gründe für die Suche nach einer Therapie und über einiges aus seiner Biographie. Und was der Therapeut über die in der Therapie zu behandelnden Probleme und früheren Ereignisse erfährt, beruht gleichermaßen auf den vom Klienten zur Verfügung gestellten Informationen. Überdies besteht vieles von dem, was sich nachfolgend in allen Teilen der Psychotherapie zuträgt, aus verbalen Interaktionen zwischen den beiden Partizipanten. Sogar die Verhaltenstherapie mit ihrem etwas unterschiedlichen Fokus macht trotzdem viel Gebrauch von verbalen Instruktionen und Kommunikation. Bis zu einem beträchtlichen Ausmaß ist die Psychotherapie, insbesondere in den eher traditionellen Therapieformen, weitgehend eine verbale Therapie gewesen. Es wurde ihr tatsächlich auch der Charakter einer „Plaudertherapie" („the talking therapy") zugeschrieben.

Psychotherapie = verbale Interaktion

Da Sprache und verbale Kommunikation als die Differenzierungsmerkmale angesehen worden sind, die die menschliche Spezies am deutlichsten von den Tieren unterscheiden, ist es vielleicht keine Überraschung, daß die verbale Kommunikation im Leben eines Menschen eine solch bedeutende Rolle spielt und daß Formen verbaler Therapie zur Behandlung bestimmter Problemarten entwickelt worden sind, die man so häufig beim „human animal" vorfinden kann. Da es sich bei vielen dieser Probleme nicht nur um rein verbale oder kognitive Schwierigkeiten handelt, muß man sich dennoch überlegen, wie es dazu kommt, daß verbale Mittel dazu verwendet werden können, um ziemlich viele Probleme zu bewältigen, die in ihren wahrnehmbaren Manifestationen überwiegend emotionaler oder verhaltensbezogener Natur sind. Eine solche Einstellung trifft man bei einigen Personen an, die zur psychotherapeutischen Behandlung überwiesen wurden und aufrichtig fragen: „Wie kann mir alleiniges Reden helfen?" Das trifft insbesondere in solchen Fällen zu, bei denen auch körperliche Beschwerden vorliegen, die ihrer Entstehung nach als „psychosomatische" Beschwerden diagnostiziert worden sind. Bei gebührender Erwägung stellt sich diese Frage als nicht unbegründet heraus und scheint nach einer passender Antwort zu verlangen, über die sich aber viele Psychotherapeuten relativ wenig Gedanken gemacht haben.

Verbale Interaktionen für emotionale und verhaltensbezogene Probleme?

Interessant ist auch, daß viele Therapeuten während ihrer Ausbildung ziemliche Schwierigkeiten haben, wenn sie auf die Frage ihres Klienten, wie

Wie löst Psychotherapie Klientenprobleme?

denn eine Psychotherapie eine Veränderung ihrer Lage bewirken würde, eine passende Antwort geben sollen. Nach einigem Zögern und verbalem Umhertasten ist die übliche Antwort auf diese unerwartete Frage dem Sinne nach die, daß der Klient eine Gelegenheit bekomme, seine Probleme zu verstehen, darüber zu sprechen und manchmal auch seine Gefühle zum Ausdruck zu bringen. Diese Antwortmuster auf die Fragen des Klienten sind in verschiedener Hinsicht interessant. Erstens wird ein angehender Therapeut von solchen Fragen ziemlich überrascht und hat keine fertigen Antworten. Gewöhnlich haben sie selbst eine so positive Einstellung zur Psychotherapie, daß es sie anscheinend wundert, wenn jemand – außer vielleicht ein kritischer Professor – gerade solche Fragen stellt. Zweitens kann festgestellt werden, daß ihre Antworten in der Regel ziemlich allgemein, unbestimmt und recht verschwommen ausfallen. Darüberhinaus werden ihre Antworten manchmal auch in abstrakte oder fachspezifische Worte gekleidet, die darauf abzielen, den Klienten genügend zu verwirren, so daß er dieser Angelegenheit nicht weiter nachgeht. Werden schließlich die Antworten ihres exzessiven Wortschwalls entkleidet, bleibt am häufigsten als Aussage übrig, daß Urteilsvermögen und Einsicht die Änderung hervorrufen werden. Geht ein Klient zufällig dieser Frage weiter nach und stellt die Frage, auf welche Weise denn das Urteilsvermögen sein spezielles Verhalten verändern könne, kommt in der Regel keine adäquate Antwort mehr nach.

Die einführende Darstellung dessen, was sich manchmal in den ersten Therapiesitzungen ereignet, ist nicht dazu bestimmt, die Unzulänglichkeiten angehender Psychotherapeuten hervorzuheben, denn ich habe dieselben Erfahrungen gemacht, sondern um eine wichtige Problemstellung in den Vordergrund zu rücken, der keine angemessene Aufmerksamkeit zuteil geworden ist. Die Frage, wie denn hauptsächlich bzw. primär verbale oder kognitive Therapien signifikante Änderungen menschlicher Verhaltensweisen und Einstellung hervorrufen können, stellt sich als bedeutsames und zentrales Thema innerhalb der Psychotherapie heraus und verdient eine kritische Berücksichtigung. Deswegen haben wir es für richtig gefunden, dieses Problem gesondert in einem Kapitel zu diskutieren und zu ersehen, welche vorläufigen Schlußfolgerungen sich ableiten lassen.

Traditionelle und moderne Akzentuierung von Kognitionen in der Psychotherapie

Ineffektivität der kathartischen Methode

Obwohl FREUD zuerst mit Hypnoseverfahren experimentierte und der kathartischen Abreaktion (cathartic release) durch den Klienten besondere Beachtung schenkte (FREUD, 1950a), verzichtete er am Ende auf diese Methoden (FREUD, 1950b). Einige der dafür ausschlaggebenden Gründe waren, daß nicht alle Klienten hypnotisiert werden konnten und daß die Katharsismethoden keine nachhaltigen Resultate erzielten. Die Klienten neigten dazu, später rückfällig zu werden oder Ersatzsymptome zu entwickeln. FREUD entwickelte schließlich nach und nach die Methode, die er Psychoanalyse nannte, bei der großenteils die Wiedererinnerung an vergessene traumatische Erlebnisse und das Erreichen von Verständnis und Einsicht in die Entwicklung der Klientenprobleme im Vordergrund stand. Die Prämisse lautete, daß die Wiedererinnerung des Klienten an vergessenes Material und das Verständnis dafür, warum er auf eine bestimmte Art und Weise handelte oder die an den Tag gelegten Symptome entwickelte, zur Aufgabe der Symptome und zur Erreichung einer höheren Stabilität führen würde. Obwohl auch emotionale Reaktionen auf die Therapie und den Analytiker nicht ganz ausgeklammert wurden, geschah die Problemlösung trotzdem in erster Linie durch verbale und kognitive Mittel. Die verbalen Assoziationen des Klienten und die kognitiven Deutungen des Therapeuten wurden als die Haupttechniken der Therapie betrachtet und stellten auch die Verfahren dar, mit Hilfe derer solche emotionale oder affektive Phänomene wie Widerstand und Übertragung zu überwinden waren. Obwohl also den Emotionen und Verhalten des Klienten in der Therapie einige Aufmerksamkeit gewidmet wurde, scheint die Behauptung richtig zu sein, daß die primäre Akzentsetzung hinsichtlich der Erreichung von gewünschten Veränderungen beim Klienten hauptsächlich kognitiver Natur waren. FREUD selbst stellte dem Sinne nach die Behauptung auf, solange die Stimme des Intellekts sanft und angenehm sei, sei sie hartnäckig und erreiche letzten Endes den Klienten.

Verstehen von Problemen führt zu ihrer Aufgabe

Was mich betrifft, war mir der Prozeß, wie Kognitionen zu Veränderungen im Verhalten und in den Affekten führen konnten bzw. führten, nie sehr klar gewesen. Der Vorgang der „Aufarbeitung" (working through) in der Psychoanalyse, der den Anschein erweckt, als befasse er sich mit der Akzeptanz von Einsichten des Klienten und ihrer Konsolidierung, ist nie deutlich und ausführlich beschrieben worden; es scheint sich mir vielmehr um einen verschwommen wahrgenommenen Überredungsvorgang seitens des Therapeuten zu handeln. An sich bleibt es unklar, wie es tatsächlich zu nichtkognitiven Änderungen kommt. Vielleicht hat es aufgrund der Betonung von Verstand und Kognition in den psychoanalytisch orientierten Psychotherapien auch immer eine Akzentsetzung bei der Auswahl von gebildeten, intelligenten und sehr sprachgewandten Klienten gegeben. Aus ähnlichen Gründen können sich begreiflicherweise gebildete, intelligente Personen zu kognitiv orientierten Therapeuten stärker hingezogen fühlen als zu anderen Therapieformen. Selbst wenn diese Vermutungen richtig sind, bleibt aber als Frage, wie kognitive Verfahren bzw. Kognitionen eine Verhaltensänderung hervorrufen können. Es soll hier nicht geleugnet werden, daß sie eine solche bewirken können, sondern vornehmlich thematisiert werden, wie sie zustandekommen kann.

Die Aufarbeitung von Problemen

Selektion von gebildeten Klienten

Die Analytiker verfolgten zwar einen überwiegend kognitiven Ansatz, sie wußten aber auch um die mutmaßlichen Beschränkungen dieser Strategie. An verschiedenen Stellen findet man dem Sinne nach Hinweise, daß die intellektuelle Einsicht alleine zur Erzielung eines signifikanten Therapiefortschritts nicht ausreiche (ALEXANDER, 1963; ALEXANDER/FRENCH, 1946). An diesen Stellen wird darauf hingewiesen, daß ein Klient zwar etwas erlangt haben könnte, was den Eindruck profunder Einsichten

Beschränkungen des kognitiven Ansatzes

in seine Probleme und deren Verursachung erweckt, und er diese auch angemessen verbalisieren kann, seine ursprünglichen Symptome aber immer noch bekundet und sogar nach Jahren der Therapie keine Fortschritte erzielt hat. Dieses Phänomen muß häufig genug aufgetreten sein, damit es diese Aufmerksamkeit und Diskussion auf sich gelenkt hat. Es wurde offenbar und richtig als ernsthaftes Problem in der analytischen Therapie betrachtet. Diese Angelegenheit hat auch einige Aufmerksamkeit bei Kritikern der Psychoanalyse erregt, die ziemlich spöttisch angemerkt haben, daß der Klient nach jahrelanger Analyse zwar immer noch seine Symptome habe, nun aber verstehe, warum er sie besitzt.

Kritik an der Psychoanalyse

Vage Schlußfolgerungen

Obwohl es nicht möglich ist, aus solchen Ausführungen definitive Schlußfolgerungen zu ziehen, so weisen sie doch auf ein anscheinend bedeutsames und bis jetzt nicht völlig einsichtiges Problem in der Psychotherapie hin. Bei manchen Menschen kann es sich ergeben, daß sie aus den verbal-kognitiven Interaktionen einen Nutzen ziehen, bei anderen wiederum ist es augenscheinlich nicht so. Außerdem verstehen wir weder wirklich, warum manche Personen auf solche Interventionen günstig ansprechen und manche nicht, noch was in diesen Prozeß tatsächlich einbegriffen ist. Haben wir es den kognitiven Verfahren zuzuschreiben, daß es zu den vielversprechenden Erfolgsfällen kommt, oder ist in diesem Falle der Problemtypus oder der Kliententyp die relevante Variable? Wir können an dieser Stelle keine präzise Antwort geben, obwohl es den Anschein hat, daß zumindest teilweise sowohl die eine als auch die andere der vorgeschlagenen Antworten richtig bzw. haltbar ist. Allerdings ist auch die Erwägung tragbar, ob nicht andere Faktoren in der Therapie eine Rolle gespielt haben können, die keine so ausdrückliche Anerkennung oder Betonung wie die mehr kognitiven Variablen erhalten haben, die entsprechend der speziellen theoretischen Auffassung der angewendeten Therapie im Vordergrund stehen. Wie schon im Kapitel über allgemeine Faktoren in der Psychotherapie besprochen wurde, können in der Therapie Wirkungen auftreten, die offiziell in bezug auf die Dogmen einer einzelnen Therapieschule nicht zugegeben bzw. anerkannt werden.

Zwar hat sich herausgestellt, daß sich die einsichtorientierte Therapie in ihren Bemühungen um einen Fortschritt in der Psychotherapie auf eine kognitive Strategie beruft, aber eine Therapie dieser Art ist ein langfristiges Verfahren, bei dem Einsichten nach und nach, im Laufe der sich in der Therapie entwickelnden Beziehung, und während das verdrängte Material langsam ins Bewußtsein des Klienten kommt, erlangt werden. In den letzten Jahren sind einige neuere kognitive Therapien zum Vorschein gekommen, die sich unmittelbarer mit Kognitionen befassen, die relativ kurz sind und die auf verschiedenen theoretischen Auffassungen über Persönlichkeitsstörungen aufbauen. Eine davon wird heute Rational-Emotive Therapie oder R.E.T. genannt und ist von Albert ELLIS (1962) entwickelt worden. Aufgrund seiner Unzufriedenheit mit der Psychoanalyse arbeitete ELLIS allmählich eine Strategie heraus, bei der im Mittelpunkt steht, daß die Fehlanpassungen des Klienten hauptsächlich mit gestörten oder unrealistischen Wahrnehmungen und Kognitionen zu tun haben. Da

Rational-emotive Therapie von ELLIS

diese Kognitionen die Schwierigkeiten des Klienten zu verursachen scheinen, hielt es ELLIS für das beste, sich unmittelbar mit ihnen zu beschäftigen und dem Klienten dabei zu helfen, sie durch realistischere Auffassungen und Erwartungen zu ersetzen. Aufgrund dieser Akzentuierung wurde die Therapie zuerst Rationale Therapie (Rational Therapy) genannt. Später zeigte ELLIS auf, daß Kognitionen eng mit Emotionen zusammenhängen und emotionale Störungen durch unrealistische oder gestörte Kognitionen verursacht sein können. Die Folge war, daß er seine Therapie in R.E.T. umbenannte.

Grundprinzipien der rational-emotiven Therapie

ELLIS gelangte auch zu der Auffassung, daß viele unglückliche und gestörte Menschen die gleichen verzerrten Überzeugungen und Ansichten haben, die für ihre Unzufriedenheiten ursächlich sind. Dazu zählen die Überzeugungen, daß sie allgemein geliebt werden möchten, daß sie von jedem bewundert werden müssen, daß sie bei jeder Aktivität erfolgreich sein wollen und ähnliches mehr. Viele solcher unrealistischen Erwartungen ließen sich folglich antizipieren, und der Therapeut könnte sich mit ihnen direkt und zweckdienlich befassen. Man müsse keine Zeit damit vergeuden, hypothetische unbewußte Konflikte zu explorieren versuchen oder sich mit Übertragungsreaktionen auseinanderzusetzen. Der Therapeut hat eine aktive und konfrontative Funktion, mit deren Hilfe die falschen Auffassungen des Klienten aufgedeckt sowie beständig aufgezeigt und veranschaulicht werden. Innerhalb dieser therapeutischen Strategie werden folglich Kognitionen ausdrücklich als Faktoren mit zentraler Bedeutung für die Bewirkung eines therapeutischen Fortschritts anerkannt. Die verzerrten Auffassungen werden identifiziert, der Klient wird unmittelbar mit ihnen als Ursachen seiner Schwierigkeiten konfrontiert, und er wurde dazu überredet, sie aufzugeben und sie durch realistischere Auffassungen zu ersetzen. Man anerkennt auch, daß Kognitionen Einfluß nehmen auf Emotionen. Obwohl Klienten auch angewiesen werden, bestimmte Verhaltensweisen und Aktivitäten außerhalb der Therapie auszuprobieren, hat dieser Aspekt nicht so viel theoretische Bedeutung wie die rein kognitiven Aspekte erhalten.

Kognitive Therapie von BECK

Seit Eintritt der R.E.T. in die therapeutische Szene hat es noch andere Therapieformen gegeben, bei denen sich herausstellt, daß sie einen großen Nachdruck auf kognitive Faktoren als Variablen legen, die eine Veränderung bewirken. Ein Beispiel dafür ist die von Aaron T. BECK (1976) entwickelte kognitive Therapie. Ursprünglich ein Nebenprodukt seiner Arbeit mit depressiven Klienten, hat BECK dann seine Ziele ausgeweitet und unter die therapeutische Arbeit andere Störungsformen subsumiert. Obwohl BECKS Methode eine Reihe von Ähnlichkeiten mit der R.E.T. aufweist, hat sie auch einige spezifische Charakteristika, die aber an dieser Stelle nicht ausdrücklich erklärt zu werden brauchen. Darüber hinaus scheint BECK ein größeres Gewicht auf die Kombination einiger Verhaltenstechniken mit seiner kognitiven Methode zu legen, wenngleich der Hauptakzent ganz eindeutig auf kognitiven Faktoren liegt, und er bezeichnet in der Tat seine Therapie als eine kognitive Therapie.

Wir haben in einem früheren Kapitel schon kurz auf eine weitere neuere

Kognitive Verhaltenstherapie

Entwicklung hingedeutet, auf die nun als kognitive Verhaltenstherapie Bezug genommen wird. Diese Entwicklung wurde durch die Arbeit von BANDURA (1969) gefördert, in dessen einflußreichem Buch die Bedeutung von symbolisch mediatierenden Prozessen in der Verhaltensmodifikation herausgestellt wurde. Wie der Name schon sagt, sind bei dieser Entwicklung Versuche unternommen worden, einige kognitive Therapiemerkmale

Kombination von Verfahren

mit entweder klassischen oder modifizierten Verfahren der Verhaltenstherapie zu kombinieren. Zu den führenden Persönlichkeiten dieser Entwicklung zählen GOLDFRIED (1971, 1974; GOLDFRIED/DECENTECEO/WEINBERG, 1974), MAHONEY (1974; MAHONEY/ARNKOFF, 1978) und MEICHENBAUM (1977). MEICHENBAUM beispielsweise hat von einigen Forschungsstudien berichtet, wonach angeblich eine Kombination von R.E.T. und systematischer Desensibilisierung bei der Behandlung solcher Zustände wie Angst vor freiem Sprechen und Prüfungsangst effektiver als die Anwendung von systematischer Desensibilisierung alleine war (MEICHENBAUM, 1972; MEICHENBAUM/GILMORE/FEDORAVICIOUS, 1971). Diese Untersuchungen weisen gewisse Unzulänglichkeiten auf, die erzielten Ergebnisse sind aber nicht der springende Punkt, um den es an dieser Stelle geht. Das wichtige Faktum ist vielmehr, daß einige verhaltensorientierte Therapeuten schließlich erkannt haben, daß kognitive Variablen in ihrer therapeutischen Arbeit von einiger Bedeutung sind und einige Versuche unternommen haben, solche Variablen mit ihren verhaltensbezogenen Verfahren zu kombinieren. Dies ist durchaus als eine Empfehlung zur Anwendung verhaltensorientierter Verfahren zu verstehen, ausgesprochen von stärker kognitiv orientierten Therapeuten. Diese Entwicklungen

Konvergenz von Theorien und Techniken

erwecken den Anschein, als würden sie eine gewisse Konvergenz von Theorie und Techniken und hoffentlich auch einige Aussichten auf die Entwicklung von effektiveren therapeutischen Verfahren anbieten.

Die neueren Entwicklungen kognitiver Therapien unterscheiden sich in wichtigen Punkten von der traditionelleren Anwendung kognitiver Techniken in dynamisch orientierten Therapien. Das zugrundeliegende Prinzip des Nachdrucks auf kognitiven Variablen ist viel klarer und direkter, Beziehungsvariablen und die Dynamik unbewußter Konflikte stehen viel weniger im Vordergrund, den momentanen Realitäten des Klienten wird ausschließlichere Beachtung geschenkt, und in den meisten Fällen zeigt sich

Kurze Therapiedauer

ein beträchtlich reduzierter Behandlungszeitraum. Der letzte Punkt ist insofern von großer praktischer Bedeutung, falls hinsichtlich der länger dauernden Therapieform weder aufgezeigt werden kann, daß sie effektiver sind, noch daß sie bei bestimmten Problemtypen angemessener sind. Die neueren Entwicklungen haben auch den Anschein, als würden sie unmißverständlicher die spezielle Rolle von kognitiven Variablen akzentuieren, die diese bei der Modifikation emotionaler und verhaltensbezogener Störungen spielen können. Die einzelnen Auffassungen aber, die von den

Niedriger Entwicklungsstand

führenden Vertretern dieser Orientierung vorgebracht werden, befinden sich immer noch auf einem ziemlich unausgereiften Entwicklungslevel und erwecken nicht den Eindruck, als wären sie bei der Erläuterung, wie kognitive Faktoren eine Änderung von anderen Aspekten des menschlichen Daseins bewirken können, völlig hinreichend. Manche von ihnen scheinen auch zumindest teilweise durch den Einsatz nichtkognitiver Variablen, ohne explizite theoretische Erkenntnisse über den Stellenwert solcher Variablen innerhalb ihres Theoriesystems, sozusagen „verunreinigt" zu sein. Indem sie jedoch die mögliche Bedeutung von kognitiven Variablen erkennen und ausdrücklich versuchen, andere Variablentypen wie zum Beispiel solche verhaltensbezogener Art mit in erster Linie kognitiven Variablen zu kombinieren, probieren die kognitiv orientierten Therapeuten die Entwicklung von effektiveren therapeutischen Techniken – und dies schlägt zum Guten aus. Auf eine Diskussion dieser letztgenannten Sache werden wir später in diesem Kapitel nochmals zurückkommen.

Affektive Akzente in der Psychotherapie

Bisher: geringe Beachtung affektiver Akzente

Die meisten traditionellen Psychotherapien geben zumindest ein Lippenbekenntnis über die Bedeutung von emotionalen oder affektiven Faktoren für die Entstehung einer Persönlichkeitsstörung als auch in der Therapie selbst ab. Was die therapeutischen Techniken betrifft, ist affektiven Gesichtspunkten dagegen nicht viel Aufmerksamkeit zuteil geworden – damit ist gemeint, wie man sich affektive Merkmale zur Beeinflussung des psychotherapeutischen Prozesses zunutze macht. Natürlich haben viele Therapeuten über die Bedeutung des Ausdrucks und der Freisetzung von Emotionen in der Therapie Bescheid gewußt und sind gewahr geworden, daß irgendetwas schlecht daran ist, wenn die Therapiesitzungen bar jeglicher emotionaler Äußerungen seitens des Klienten sind. Solchen Fragen ist aber nicht die explizite Bedeutung beigemessen worden, bzw. sie sind nicht so stark in den Vordergrund gestellt worden wie die kognitiven Variablen in den aufdeckenden (uncovering) und dynamischen Therapien oder kognitiven Therapien oder die von den Verhaltenstherapeuten bestimmten verhaltensbezogenen Variablen. Gelegentlich sind Konfrontationen mit den Klienten eingeleitet worden, um emotionale Reaktionen hervorzurufen. Eine Reihe von Therapeuten haben auch über die potentielle Bedeutung von emotionaler Freisetzung bzw. Befreiung und Katharsis Bescheid gewußt, erneut aber ist diesen Therapieaspekten in den verschiedenen therapeutischen Strategien kein sehr hoher Stellenwert eingeräumt worden. Einige Analytiker haben auch als Kennzeichen ihrer Therapie einen Prozeß der „emotional reeducation" erwähnt, die Erläuterungen darüber, wie man sich die Wirkungsweise dieses Prozesses vorstellt, sind allerdings alles andere als klar ausgefallen (ALEXANDER/FRENCH, 1946; WOLBERG, 1954).

Man hat somit zwar die Bedeutung von Emotionen und eines affektiven Wandels in der Psychotherapie einigermaßen erkannt, aber die Verfahren zur Induktion eines solchen Wandels sind nicht sehr verständlich gewesen, und der hauptsächliche Schwerpunkt scheint auf andere Variablentypen gelegt worden zu sein. Manchmal ist dies als mögliche Schwäche derjenigen Psychotherapien verzeichnet worden, die vom Inhalt her übermäßig intellektuell oder im Vorgehen übermäßig verhaltensbezogen ausgerichtet gewesen sind. Dennoch sind gestörte emotionale Verfassungen, die ziemlich schmerzvollen Erfahrungen von Angst, Furcht und Depression einbegriffen, die charakteristischen und identifizierbarsten Merkmale der sogenannten neurotischen Störungen, die im Mittelpunkt der meisten verschiedenartigen Psychotherapieformen gestanden haben.

Neurose: emotionale Störung

In den letzten Jahren sind zum Teil vielleicht wegen dieser Unzulänglichkeit in vielen psychotherapeutischen Ansätzen mit auffälliger Häufigkeit einige neue Formen von Psychotherapie bzw. Scheintherapie zum Vorschein gekommen. Ins Auge fallende Beispiele dieses Trends sind die Encounter-Bewegung und die Marathon-Gruppen. Diese Ansätze legen großen Nachdruck auf die freie und vollständige Äußerung von Empfindungen und Emotionen. Offenheit und Freimütigkeit in allen Interaktionen wird in den Mittelpunkt gestellt, und außer körperlicher Gewalt sind in den festgelegten Sitzungen keine Grenzen gesetzt. Als eines der Ziele der Encounter-Bewegung gilt, alle bzw. die meisten der erworbenen Hemmungen abzulegen. Es kommen verschiedene Spiele und Techniken zur Anwendung, um starke emotionale Äußerungen zu erleichtern. Dazu zählen auch, daß man die Teilnehmer veranlaßt, sich ihrer Kleider zu entledigen und an sogenannten „Nude Marathons" (MINTZ, 1971) zu partizipieren. Sollten viele der übrigen therapeutischen Ansätze den Eindruck erwecken, sie würden die Äußerung von Emotionen und den Ausbruch von Affekten vernachlässigen, so mögen einige Encounter- und Marathongruppen den Eindruck erwecken, als würden sie diese Aspekte aus Rache in den Mittelpunkt stellen! Der von der Gruppe ausgehende soziale Druck kann auch dazu benutzt werden, von einigen der widerspenstigeren Gruppenmitglieder emotionale Äußerungen zu erzwingen, und in manchen Encountergruppen können die Leiter ganz offen Teilnehmer ablehnen, die sie nicht für ausreichend involviert oder „self-revealing" halten (LIEBERMAN/YALOM/MILES, 1973).

Encounter-Bewegung und Gruppen-Marathon

„Nude Marathons"

Will man diese Formen von Encountergruppen und ähnlichen Entwicklungen als Versuche betrachten, einen wichtigen Aspekt der menschlichen Beschaffenheit in den Vordergrund zu rücken, dem in den konventionelleren Therapieformen keine ausreichende Bedeutung beigemessen worden ist, dann scheint ihre Strategie die zu geringe Beachtung emotionaler Faktoren überzukompensieren und zu einseitig zu sein. Emotionale Faktoren spielen zwar für die Gesamteinstellung zur Lebenslage eine wichtige Rolle, machen aber nicht das Wesentliche oder das Ganze des menschlichen Daseins aus. Der Nachdruck auf Offenheit und freie Äußerung von Emotionen und Empfindungen auf Kosten intellektueller, verhaltensbezogener und sonstiger Gesichtspunkte des menschlichen Funktionierens bedeutet, eine einzige Komponente auf Kosten der anderen auszusondern und in den Mittelpunkt zu stellen. In einer Untersuchung über Encountergruppen wurden außerdem diejenigen Gruppen, die ihren Teilnehmern keine angemessenen kognitiven Erläuterungen der Grundprinzipien zur Verfügung stellten, weniger zufriedenstellend bewertet als solche, die hierfür Sorge trugen (LIEBERMAN et al., 1973).

Überkompensation emotionaler Faktoren?

Einseitige Akzentsetzungen und negative Folgen für den Klienten

Diese Ansätze sind möglicherweise nicht nur in ihren Akzentsetzungen einseitig, sondern einige beinhalten auch Aspekte, die unter Umständen ernsthafte negative Konsequenzen haben – zumindest bei einigen der Personen, die danach trachten, an solchen Gruppenformen teilzunehmen. Neben solchen wichtigen Überlegungen wie die Auswahl von passenden Kandidaten für Encountergruppen und die professionellen Qualifikationen des Gruppenleiters, können einige Charakteristika zumindest einiger der anspruchsvolleren Formen von Encountergruppen für manche Personen sehr störend werden und sie dann in manchen Fällen auch zu „Opfern" der Encountergruppe werden lassen. In der sorgfältig durchgeführten, umfassenden Skalierungsuntersuchung von LIEBERMAN et al. (1973) über eine Vielfalt von Encountergruppen wurden bei der Beurteilung von „Opfern" als Folge eines Encountererlebnisses ziemlich stringente Urteilskriterien zugrundegelegt, und es zeigte sich, daß sich neun Prozent der Teilnehmer in diese Kategorie subsumieren lassen. Da die Leiter der Encountergruppe über die Untersuchung Bescheid wußten und 25 der 104 mutmaßlichen „Opfer" per Telefon nicht erreicht werden konnten, vermuten die Autoren, daß die Anzahl der ermittelten „Opfer" nur eine mäßige Schätzung darstellt. Die Formen der psychologischen „Opfer" umfaßten psychotische Dekompensation, Depression und Angstsymptome. „Andere erlitten eine beträchtliche Störung ihrer Persönlichkeitsstruktur: sie fühlten sich leer, selbstverleugnend, unzulänglich, unanständig, unwohl, unerwünscht, eher entmutigt infolge des fortwährenden Entwicklungs- und Änderungsprozesses" (YALOM/LIEBERMAN, 1971). In der Regel sind andere Berichte über Encountergruppen zwar nicht so negativ ausgefallen, die angeführten Untersuchungen haben aber in den meisten Fällen eine Reihe von methodischen Schwächen enthalten (HARTLEY/ROBACK/ABRAMOWITZ, 1976).

„Opfer" der Encountergruppen

Überforderung der Gruppenteilnehmer

Zu erwähnen ist als weiterer Punkt noch, daß das Erlebnis, wonach man in der Encounter- oder Marathongruppe sucht, in seiner Intensität für einige der Teilnehmer einfach zu stark ist, als daß sie damit adäquat umgehen könnten. Möglicherweise mag zwar eine wohlüberlegte Fokussierung ihrer Emotionalität von Nutzen sein, die Schnelligkeit der Entwicklungen innerhalb der Gruppe kann aber ihr Toleranzniveau überschreiten. Tatsächlich werden manche Gruppenteilnehmer dazu gezwungen, in einem Ausmaß zu partizipieren und sich zu offenbaren, das in der Tat jenseits ihrer Kapazität oder ihres Toleranzniveaus liegt. Während sich eine Einzeltherapie mehr den offensichtlichen Bedürfnissen des individuellen Klienten angleicht, wird der Encounter-Gruppenprozeß an die Gruppe angepaßt. Sowohl bei denjenigen Teilnehmern, die auf die Partizipation an diesem Prozeß nicht vorbereitet sind, als auch bei der Mehrheit der Teilnehmer kann es deshalb zu negativen Folgen kommen.

Nur temporäre Therapieerfolge

Neben dieser Problematik möglicher „Opfer", die aus einigen Erlebnissen in Encountergruppen resultieren können, sind die Ergebnisse dieser Form von Aktivität insgesamt fraglich. Obwohl manche Personen ihre Encounter- und Marathonerfahrungen recht positiv betrachten, deutet beträchtliches Beweismaterial darauf hin, daß die erzielten Gewinne aus dieser Erfahrung häufig temporär sind und mit der Zeit wieder verschwinden (Bednar/Kaul, 1978; Jones/Medvene, 1975; Lieberman et al., 1973; Treppa/Fricke, 1972). In der Folge haben einige Beobachter dazu tendiert, solche Gruppenbemühungen als vergleichbar mit einem religiösen „revival meeting" oder mit einer anderen Form von Gruppenansammlung zu betrachten, wo ein hoher Grad an emotionaler Erregung aufgepeitscht wird, deren dauerhafter Effekt aber für die meisten Teilnehmer minimal ist. Während der Typus der emotionalen Äußerung und Freisetzung ähnlich dem der früher schon beschriebenen Katharsis sein mag, ist das Setting sehr unterschiedlich, und aufgrund der externen Zwänge, die auf die Person zur Erreichung einer offenen emotionalen Zurschaustellung ausgeübt werden, können die beiden Prozesse nicht identisch sein. Sogar wenn sie identisch wären, so pflegt die Katharsis oder „Release" in anderen Therapieformen als lediglich ein Therapiemerkmal angesehen zu werden und nicht die Bedeutung zu erfahren, die eine Äußerung dieser Art in Encountergruppen erhält.

„revival meetings"

Grenzen, Gefahren und Relevanz affektiver Faktoren

Es zeigen sich zwar Grenzen und einige mögliche Gefahren, wenn emotionale Äußerungen und Offenheit innerhalb von Encountergruppen in den Vordergrund gestellt werden. Soweit aber solche Aspekte innerhalb eines größeren Kontexts menschlichen Funktionierens und Fehlanpassung betrachtet werden müssen, sind emotionale Variablen für den psychotherapeutischen Prozeß nichtsdestotrotz von potentieller Bedeutung. Bis zu dem Grad, wie die Encounterbewegung die Aufmerksamkeit auf diese Therapieaspekte fokussiert hat, wiewohl übertrieben, mögen sie manch positiven Einfluß bei der Korrektur einiger vernachlässigter Merkmale der Psychotherapie ausüben. Die Exzesse einiger Vertreter dieser Bewegung haben jedoch dazu beigetragen, zumindest ziemlich viele Therapeuten recht ablehnend auf deren Aktivitäten reagieren zu lassen. Dennoch sollten wir nicht blind gegenüber den positiven Implikationen einiger Charakteristika dieser und ähnlicher Bewegungen sein.

Die behavioristische Akzentsetzung in der Psychotherapie

Wie schon gesagt, hat es sich bei der Verhaltenstherapie um eine ausgesprochen nachhaltige und wichtige neue Entwicklung in der Psychotherapie gehandelt. Die Verhaltenstherapie hat sich aus einer relativ rigorosen Tradition der Psychologie heraus entwickelt und hat sich ziemlich kritisch gegenüber früheren Ansätzen, besonders den psychodynamischen, geäußert, die eine unbewußte Motivation in den Vordergrund stellten und hypothetische Persönlichkeitskonstrukte einführten. Die Verhaltenstherapeuten dagegen legten ihren Schwerpunkt auf beobachtbares Verhalten. Aus dieser Sicht verursacht fehlangepaßtes Verhalten bei einer Person, daß sie auf Schwierigkeiten stößt – und das modifiziert werden muß, damit sie sich adäquater entfalten kann. Folglich wird eine Änderung des Verhaltens angestrebt, womit man sich aber direkt befassen kann und dabei

Akzent: das Verhalten

nicht in die frühe Kindheit des Klienten zurückgehen oder sich mit abgeleiteten Konflikten und ähnlichen Umständen beschäftigen muß. Außerdem ist dieser Prozeß wirksamer, weil man unmittelbar mit dem fraglichen Problem zu tun hat und Änderungen im Klientenverhalten objektiv beurteilt werden können. Auch liegt eine starke Betonung auf der Bedeutung einer objektiven empirischen Evaluation der durchgeführten Therapie.

Empirische Evaluation

Die verhaltenstherapeutische Bewegung hat zuerst ziemlich langsam Fuß gefaßt, hat dann aber etwa in den letzten 15 Jahren lebhafte Fortschritte gemacht und ist in vielerlei Hinsicht innerhalb der Psychotherapie so etwas wie eine Revolution gewesen. In der Tat betrachten manche Psychotherapeuten die Verhaltenstherapie als ein abgetrenntes und außerhalb des Psychotherapiebereichs liegendes Phänomen. Hier handelt es sich allerdings um eine ziemlich unrealistische Sichtweise, da die Verhaltenstherapie erwiesenermaßen in den meisten Fällen einen signifikanten Einfluß auf die Psychotherapie ausgeübt hat.

Ist Verhaltenstherapie eine Psychotherapie?

Neben der Bedeutung der Forschung und der damit verbundenen Betonung einer objektiven Bewertung des Therapieergebnisses – eine Akzentsetzung mit großer Bedeutung in diesem Bereich – haben die Verhaltenstherapeuten dem Verhalten den signifikanten Platz in der Psychotherapie eingeräumt, den es verdient. Selbst wenn jemand nicht völlig übereinstimmt mit der behavioristischen Sichtweise, kann man gegen das wichtige Ziel einer Verhaltensänderung mittels einer Psychotherapie keine überzeugenden Gründe anführen. Wenn überdies Verhaltensänderung in vielen Fällen ein erstrebenswertes Ziel ist, ist es auch völlig einsichtig, Verfahren in Erwägung zu ziehen, die sich direkt mit dem fraglichen Verhalten befassen.

Analytisch orientierte Therapeuten mögen zwar darin zustimmen, daß eine Verhaltensänderung wünschenswert ist, pflegen aber größtenteils nicht mit dem Grundprinzip und den Verfahren übereinzustimmen, um eine solche Veränderung zu erlangen. Viele unter ihnen könnten sich auch auf den Standpunkt stellen, daß die behaviorale Strategie zu beschränkt sei, den Klienten in übermäßig mechanistischer Art behandle und sich nur mit den oberflächlichen Aspekten bzw. Problemen der Klienten befasse (Glover, 1959; Weitzman, 1967; Yates, 1970). Dies führt in der Folge dazu, daß die Verhaltenstherapie von solchen Therapeuten als eine oberflächliche Behandlungsform angesehen wird, die sich mit den Ursachen der Klientenprobleme nicht auseinandersetzt und folglich, falls die Symptome verschwinden, zu einem späteren Zeitpunkt das Auftreten von Ersatzsymptomen erwartet werden kann. Die einzig angemessene Antwort auf die Differenz der Standpunkte ist, adäquate Forschungsstudien durchzuführen, in denen die beiden unterschiedlichen therapeutischen Strategien systematisch, mit zufällig zugewiesenen, vergleichbaren Versuchspersonen und mit einer adäquaten Follow-up-Untersuchung miteinander verglichen werden. Da über eine definitive Erhebung dieser Art meines Wissens bis heute noch nicht berichtet worden ist, werden wir unsere vorläufigen Schlußfolgerungen auf den zur Verfügung stehenden

Mechanistische und oberflächliche Behandlungsform?

Forschungsarbeiten und auf einen logischen und gesunden Menschenverstand gründen, selbst wenn dies gefährlich sein mag.

Der Grundsatz, man müsse die Ursache einer Störung ermitteln, um die Störung ausführlich und wirkungsvoll behandeln zu können, beinhaltet einen ausdrücklichen Appell und hat auch seine Vorzüge. Eine wichtige Überlegung dabei ist aber, ob diese Notwendigkeit generell besteht. Es stimmt zwar, daß gleich erscheinende Symptome unterschiedliche Ursachen haben können und folglich verschiedenartige Formen einer Behandlung erforderlich machen könnten. Man ist aber weder immer in der Lage, die tatsächliche Ursache aufzudecken, noch ist es für die Behandlung notwendig, alle nur denkbaren Ereignisse im Leben eines Klienten, die theoretisch mit der Symptomentwicklung zusammenhängen könnten, durchzugehen. Für die Entscheidungsfindung ist ein diagnostisches Urteil notwendig, um welche Probleme es sich handelt und um ein Behandlungsprogramm ausarbeiten zu können. Sobald dies aber geschehen ist, sollte die direkteste und wirkungsvollste bzw. ungefährlichste Behandlungsform zur Anwendung kommen. In manchen Zusammenhängen mag zwar eine Analogie zur Medizin zweckdienlich sein, ist aber nicht immer unbedingt geeignet. Viele psychische Störungen sind kein Äquivalent von Krankheiten im medizinischen Sinne, insbesondere wenn über deren Ätiologie und Behandlung ein relatives gutes Einverständnis vorliegt und spezifische Behandlungen verfügbar sind. Soweit ich mich damit befaßt habe, ist es so, daß wir manchmal aus der Medizin die falschen Modelle übernommen und angemessenere Modelle nicht beachtet haben. Um eine Analogie anzuführen – es sieht so aus, als hätte man in der Psychotherapie in der Vergangenheit zu gründlichen chirurgischen Behandlungen (= intensive langfristige Psychotherapie) Zuflucht genommen, statt es zuerst einmal mit einfacheren Heilmaßnahmen zu probieren. Wenn lindernde Maßnahmen auch erfolgreich sind und gewisse Störungsarten bessern, warum sollte man sie nicht zumindest in einem ersten Behandlungsversuch verwenden, statt gefährliche, langwierige Behandlungen zu Hilfe zu nehmen?

Übernahme falscher Modelle aus der Medizin

Es gibt jedenfalls keinen vernünftigen Grund, der dafür sprechen würde, daß man die Erwägung eines therapeutischen Ansatzes ausklammert, der sich direkt mit dem zu verändernden Verhalten befaßt und den Anschein erweckt, als würde er zu vielversprechenden Ergebnissen führen. Ferner haben sich die Befürchtungen über das Auftreten von Ersatzsymptomen nach erfolgreicher Behandlung des ursprünglichen Symptoms als ungerechtfertigt herausgestellt. Es liegen eine eindrucksvolle Anzahl von Untersuchungen vor, wonach Follow-up-Daten keinerlei signifikante Hinweise auf Ersatzsymptome bringen, die nach Beendigung einer Verhaltenstherapie zum Vorschein gekommen seien (Baker, 1969; Nolan/Mattis/Holliday, 1970; Paul, 1967; Ullman/Krasner, 1965; Wolpe, 1961). Diese Befürchtung stellt sich somit als unbegründet heraus und sollte aufgegeben werden. Im Fokus sollte vielmehr stehen, welche Behandlungen bei welchen Problemen wirksam und am effektivsten sind, sowie der Entwurf von Behandlungsstrategien oder -techniken, die am besten für die Behandlung spezifischer Probleme geeignet sind.

Kaum Auftreten von Ersatzsymptomen

Verhaltensprobleme – Verhaltensmodifikation

Es dürfte einleuchten, daß in einer beträchtlichen Anzahl von Fällen Verhaltensprobleme der Ursprung einer schwierigen Lage sind und eine Verhaltensänderung ein wichtiges bzw. sogar primäres Ziel darstellt. Man muß folglich die Aufmerksamkeit auf Verfahren richten, die eine Verhaltensänderung bewirken können, selbst dann, wenn sie einen etwas allzu vereinfachten oder mechanistischen Eindruck machen. Schließlich gilt die primäre Sorge dem Wohlergehen des Klienten und nicht seiner eigenen persönlichen Präferenz oder Tätigkeit. Die ausdrückliche Betonung des Verhaltens ist ferner deshalb begrüßenswert, weil es vorher in der Psychotherapie in vielerlei Hinsicht außer Acht gelassen worden ist. Wo Verhaltensstörungen ausdrücklich ein primäres Problem fehlender sozialer Fertigkeiten sind, dürften in den meisten Fällen verhaltensorientierte Verfahren und eine starke Berücksichtigung behavioristischer Überlegungen angebracht sein. In denjenigen Fällen, in denen neue Fertigkeiten oder Verhaltensmuster für eine wirksamere Entfaltung erforderlich sind, erweist es sich als ungenügend, wenn man nur aufdeckt, warum es einem nicht gelungen ist, übliche soziale Fertigkeiten zu erwerben, oder nur dabei hilft, seine Empfindungen über das Fehlen solcher Fertigkeiten zum Ausdruck zu bringen. Man muß dabei unterstützt werden, neue und erforderliche Verhaltensmuster zu erlernen, und dazu in der Lage sein, sie in sozial relevanten Situationen zur Anwendung zu bringen. Ein solches Vorgehen schließt zweifellos Grundprinzipien des Lernens und Handelns mit ein, wenngleich persönliche Einstellungen, Überzeugungen umd Empfindungen mit den fraglichen Verhaltensweisen auch in Zusammenhang stehen können.

Erwerb sozialer Fertigkeiten

Lernen neuer Verhaltensmuster

Bis zu dem Grade, zu dem frühere Psychotherapien dazu beigetragen haben, Emotionen und Kognitionen in den Vordergrund zu stellen, kann deshalb die Herausstellung des Verhaltens seitens der Verhaltenstherapeuten als eine sehr nötige, neutralisierende Akzentuierung betrachtet werden. Wenn auch die Verhaltenstherapie nicht das Allheil- und Allzweckmittel für die Psychotherapie sein kann, als das es einige ihrer treuen Anhänger proklamieren, wird sie einen bedeutenden Beitrag auf diesem Gebiet bringen können, wenn dem Verhalten des Einzelnen seine gebührende Bedeutung beigemessen wird. Gleichzeitig kann wiederum festgestellt werden, daß mit Ausnahme ganz bestimmter Fälle eine ausschließliche Schwerpunktsetzung auf nur einen einzigen Aspekt menschlicher Entfaltung bedeutet, andere wichtige Aspekte zu vernachlässigen, die ebenfalls von entscheidender Bedeutung sind. Wir haben schon dargestellt, daß bei der Entwicklung der sogenannten kognitiven Verhaltenstherapie dieser Gesichtspunkt schon klar ersichtlich Berücksichtigung gefunden hat. Es kann sich hierbei um eine möglicherweise lohnenswerte Entwicklung handeln, sie kann aber auch ziemlich mangelhaft oder beschränkt ausfallen, wenn nicht auch anderen Aspekten des individuellen Funktionierens Aufmerksamkeit zuteil wird. Da der Mensch ein kognitiver, emotionaler sowie auch handelnder Organismus ist, pflegen sowohl theoretische als auch praktische Überlegungen darauf zu verweisen, daß der Mensch in bezug auf alle und nicht nur eines seiner Attribute

Einseitige Akzentuierung des Verhaltens?

Mensch = kognitiver, emotionaler und handelnder Organismus

betrachtet werden soll. Im folgenden Abschnitt wird ein vorläufiger Versuch unternommen werden, mögliche Implikationen dieser Sichtweise zu skizzieren.

Der Stellenwert von Kognitionen, Affekten und Verhalten in der Psychotherapie

Wir haben gesehen, daß die verschiedenen Konzepte der Psychotherapie und Verhaltensänderung innerhalb ihres Gesamtansatzes jeweils einen eigenen Weg der Änderung bzw. Aspekt der Persönlichkeit in den Vordergrund gestellt haben. Einige scheinen großen Nachdruck auf kognitive Mittel bei der Förderung von Änderungen zu legen, einige auf die Freisetzung von Gefühlen und auf Offenheit, während wiederum andere sich primär auf eine verhaltensorientierte Strategie konzentrieren. Obwohl sich die verschiedenen Gruppen therapeutischer Strategien damit hinsichtlich ihrer theoretischen Orientierungen und therapeutischen Verfahren unterscheiden, erheben sie trotzdem alle den Anspruch, erfolgreiche Formen der Psychotherapie zu sein. Dementsprechend nehmen alle – trotz der gewichtigen Differenzen zwischen diesen verschiedenartigen Therapietypen – für sich in Anspruch, erfolgreich zu sein und haben ihre eigene ergebene Anhängerschaft. Und wie die vorangegangene Diskussion aufzuzeigen versuchte, wird zur gleichen Zeit sichtbar, daß jede dieser Akzentsetzungen wichtige Aspekte der menschlichen Entfaltung vernachlässigt bzw. ihnen nicht gerecht wird. Hier handelt es sich zweifellos um eine Problematik, die eine weitergehende Betrachtung erfordert.

Jeweils Vernachlässigung wichtiger Persönlichkeitskomponenten

Wenn wir zu Recht voraussetzen können, daß bei den meisten Bemühungen zur Erzielung einer positiven Veränderung mittels einer Psychotherapie alle Aspekte der Persönlichkeit und des Verhaltens von potentieller Bedeutung sind, dann dürften auch mehrere ergänzende Behauptungen als vorläufige Versuche zur Erklärung der derzeitigen Situation in der Psychotherapie ihre Berechtigung haben. Eine bereits zuvor formulierte Hypothese lautet, daß die theoretischen Auffassungen der verschiedenen Therapieschulen in Wirklichkeit keine „wahrhaftigen" Erklärungen für die angeblich erzielten Änderungen in einer Psychotherapie sind. Die Ergebnisse können vielmehr in allen oder den meisten Psychotherapien allgemeinen Faktoren zugeschrieben werden, von denen in den offiziellen theoretischen Fassungen nicht ausdrücklich Notiz genommen wird. Diese Hypothese würde es uns auch erlauben, zwei damit verbundene Folgerungen in Erwägung zu ziehen. Die erste Hypothese lautet, daß die verschiedenen Grundformen der Psychotherapie sich tatsächlich Therapievariablen zunutze machen, die in den Darstellungen ihrer Therapie keine große formale Bedeutung erhalten. Beispielsweise können Verhaltenstherapeuten, wie die Forschungsarbeiten von SLOANE et al. (1975) andeuten, starke emotionale Beziehungen zu ihren Klienten aufbauen, und sie können auch für eine Gelegenheit zur Freisetzung von Emotionen sorgen. Überdies können sie sich Kognitionen zunutze machen,

Hypothesen

indem sie ihren Klienten eine wissenschaftlich begründete Erklärung sowohl für die Therapie als auch für die Entwicklung ihrer Symptome geben. Obwohl demgemäß die offizielle Betonung auf dem Verhalten liegt, können auch diese anderen Aspekte in der Therapie und für die erzielten Ergebnismuster eine Rolle spielen. Ähnliche Beispiele ließen sich für die übrigen Ansätze besorgen, was aber an dieser Stelle nicht notwendig ist. Eine andere Folgerung aus unserer Hypothese lautet, daß bestimmte Personen mit hauptsächlich verhaltensbezogenen, kognitiven oder affektiven Grundformen von Problemen, oder Personen, die am besten auf einen Ansatz mit einem dieser Akzente im Mittelpunkt reagieren, mit dem einen Ansatz eben bessere Ergebnisse als mit dem anderen erzielen können. Insofern aber, als mit jeder Strategie ein einigermaßen zufällig zusammengesetztes Klientel behandelt wird, gleichen sich bei den meisten der verschiedenen Psychotherapien die Gesamtergebnisse einigermaßen an. Es handelt sich hier, um es zu verdeutlichen, zwar einfach nur um Hypothesen und Spekulationen, die aber trotzdem interessant und nicht im Widerspruch zu den vorliegenden Forschungsbefunden sind.

Als letzte Hypothese soll an dieser Stelle in Betracht gezogen werden, daß in dem Maße, in dem die meisten Psychotherapien darauf abzielen, ihren eigenen Schwerpunkt und die damit zusammenhängenden Verfahren in den Vordergrund zu stellen, ihre therapeutische Wirksamkeit geringer als ihre mögliche Maximaleffektivität ist. Jede Psychotherapie, die es versäumt, sich alle bedeutsamen Möglichkeiten der Interaktion und der Beeinflussung zunutze zu machen, ist weniger leistungsfähig, als sie sein könnte und ist in Abhängigkeit von der zu behandelnden Fallkategorie unterschiedlich effektiv. Um effektiver zu werden, müßten alle wichtigen Aspekte der menschlichen Persönlichkeit – kognitive, affektive und verhaltensbezogene Aspekte – systematischer berücksichtigt werden. Damit zusammenhängend könnten spezifischere Strategien für besondere Problemformen entwickelt werden, bei denen der Hauptakzent auf jene Aspekte gelegt würde, die am wichtigsten scheinen. Bei der Überwindung beispielsweise von spezifischen Ängsten oder bei dem Versuch, unentbehrliche soziale Fertigkeiten zu entwickeln, würde der größte Nachdruck auf verhaltensbezogenen Verfahren liegen. Kognitive und emotionale Aspekte würde man allerdings nicht vernachlässigen. In anderen Fällen würden affektive oder kognitive Aspekte in größerem Umfang in den Mittelpunkt gerückt werden. Die angewandte Strategie würde so weit wie nur möglich unter Anwendung aller relevanten Verfahren und unter Berücksichtigung aller wesentlichen Informationen über Persönlichkeit und Verhalten auf den jeweiligen Fall zugeschnitten sein.

Effektivität einer einzelnen Therapieform ist geringer als mögliche Maximaleffektivität

Ich bin der Auffassung, daß in nahezu allen relativ erfolgreichen Therapien das tatsächliche Geschehen nicht notwendigerweise mit den formellen Beschreibungen der Theorien und Verfahren einer speziellen Schule übereinstimmt. Viele andere Prozesse können einbegriffen sein, die aber beiläufig und ohne klare oder eingestandene Erkenntnis dessen, was tatsächlich sich ereignet hat, vor sich gehen. Die formelle Darstellung eines speziellen therapeutischen Ansatzes kann sich im Prinzip auf einen Teil des

Wesentlichen konzentrieren und dazu führen, diesen Ansatz zu legitimieren. Was aber in der Therapie tatsächlich abläuft, kann genauso andere Teile des Wesentlichen einschließen. Dies kann jedoch ziellos geschehen und ohne irgendeine klare Erkenntnis über die Gesamtheit der involvierten Prozesse. Unsere therapeutischen Verfahren können folglich in vielerlei Hinsicht weniger effizient und weniger erfolgreich sein, als sie es sein könnten, falls wir unser Verständnis für die für den therapeutischen Prozeß wichtigen Variablen erweitern und unsere Verfahren dementsprechend entwickeln würden. Zur Erreichung dieses Ziels werden wir am Ende unsere segmentären und parteiischen Zugänge zur Psychotherapie aufgeben und klar erkennen müssen, daß wir Fortschritte nur dann erreichen können, wenn wir der Gesamtheit der menschlichen Persönlichkeit eine gebührende Aufmerksamkeit zuteil werden lassen. Männer wie Frauen sind Lebewesen, bei denen Kognitionen, Emotionen und Verhaltensweisen untereinander zusammenhängende und integrierte Aspekte ihrer Existenz sind. Und selbst wenn bei bestimmten Grundformen der Psychopathologie besondere Aspekte besonders stark zutage treten, muß sich ein wirksamer Therapieansatz dieser Wechselbeziehung bewußt und in der Lage sein, sich dieses Wissen zunutze zu machen. Es zeigt sich wahrscheinlich, daß sich viele Psychotherapien durch die Bemühungen entwickelt haben, augenscheinliche Unzulänglichkeiten existierender Ansätze zu kompensieren. In diesem Prozeß aber haben sie dazu beigetragen, in ihrem eigenen Ansatz den Akzent auf die wahrgenommenen Unzulänglichkeiten anderer Methoden zu verlegen. Durch diese Vorgehensweise haben sie einige der potentiell positiven Merkmale der Ansätze außer acht gelassen, die sie zu korrigieren versuchten. Trotzdem ist die Psychotherapie letzten Endes am besten als ein komplexer kognitiver, affektiver und verhaltensorientierter Lernprozeß anzusehen.

Forderung: Erweiterung unseres Verständnisses vom therapeutischen Prozeß

Literatur

Alexander, F. The dynamics of psychotherapy in the light of learning theory. *American Journal of Psychiatry,* 1963, *120,* 441–449.

Alexander, F. and French, T. M. *Psychoanalytic therapy.* New York: Ronald, 1946.

Baker, B. L. Symptom treatment and symptom substitution in enuresis. *Journal of Abnormal Psychology,* 1969, *74,* 42–49.

Bandura, A. *Principles of behavior modification.* New York: Holt, Rinehart and Winston, 1969.

Beck, A. T. *Cognitive therapy and the emotional disorders.* New York: International Universities Press, 1976.

Bednar, R. L. and Kaul, T. J. Experiential group research: Current perspectives. In S. L. Garfield and A. E. Bergin (Eds.), *Handbook of Psychotherapy and Behavior Change,* 2nd ed. New York: Wiley, 1978.

Ellis, A. *Reason and emotion in psychotherapy.* New York: Lyle Stuart, 1962.

Freud, S. On hysterical mechanisms. In *Collected Papers,* Vol. I. London: The Hogarth Press and the Institute of Psychoanalysis, 1950a.

Freud, S. On the history of the psychoanalytic movement. In *Collected Papers,* Vol. I. London: The Hogarth Press and the Institute of Psychoanalysis, 1950b.

Glover, E. Critical notice of Wolpe's "Psychotherapy by reciprocal inhibition." *British Journal of Medical Psychology,* 1959, *32,* 68–74.

Goldfried, M. R. Systematic desensitization as training in self-control. *Journal of Consulting and Clinical Psychology,* 1971, *37,* 228–234.

Goldfried, M. R., Decenteceo, E. T., and Weinberg, L. Systematic rational restructuring as a self-control technique. *Behavior Therapy,* 1974, *5,* 247–254.

Hartley, D., Roback, H. B., and Abramowitz, S. I. Deterioration effects in encounter groups. *American Psychologist,* 1976, *31,* 247–255.

Jones, D. and Medvene, A. Self-actualization effects of a marathon growth group. *Journal of Counseling Psychology,* 1975, *22,* 39–43.

Lieberman, M. A., Yalom, I. D., and Miles, M. B. *Encounter groups: First facts.* New York: Basic Books, 1973.

Mahoney, M. J. *Cognition and behavior modification.* Cambridge, Mass.: Ballinger Publishing Company, 1974.

Mahoney, M. J. and Arnkoff, D. B. Cognitive and self-control therapies. In S. L. Garfield and A. E. Bergin (Eds.), *Handbook of psychotherapy and behavior change,* 2nd ed. New York: Wiley, 1978.

Meichenbaum, D. Cognitive modification of test anxious college students. *Journal of Consulting and Clinical Psychology,* 1972, *39,* 370–380.

Meichenbaum, D. (Ed.), *Cognitive behavior modification: An integrative approach.* New York: Plenum, 1977.

Meichenbaum, D. J., Gilmore, J. B., and Fedoravicius, A. Group insight versus group desensitization in treating speech anxiety. *Journal of Consulting and Clinical Psychology,* 1971, *36,* 410–421.

Mintz, E. E. *Marathon groups: Reality and symbol.* New York: Appleton-Century-Crofts, 1971.

Nolan, J. D., Mattis, P. R., and Holliday, W. C. Long-term effects of behavior therapy: A 12-month follow-up. *Journal of Abnormal Psychology,* 1970, *76,* 88–92.

Paul, G. L. Insight versus desensitization in psychotherapy two years after termination. *Journal of Consulting Psychology,* 1967, *31,* 333–348.

Sloane, R. B., Staples, F. R., Cristol, A. H., Yorkston, N. J., and Whipple, K. *Psychotherapy versus behavior therapy.* Cambridge: Harvard University Press, 1975.

Treppa, J. A. and Fricke, L. Effects of a marathon experience. *Journal of Counseling Psychology,* 1972, *19,* 466–467.

Ullman, L. P. and Krasner, L. *Case studies in behavior modification.* New York: Holt, Rinehart and Winston, 1965.

Weitzman, B. Behavior therapy and psychotherapy. *Psychological Review,* 1967, *74,* 300–317.

Wolberg, L. R. *The technique of psychotherapy*. New York: Grune and Stratton, 1954.

Wolpe, J. The systematic desensitization treatment of neuroses. *Journal of Nervous and Mental Disease,* 1961, *132,* 189–203.

Yalom, I. D. and Lieberman, M. A. A study of encounter group casualties. *Archives of General Psychiatry,* 1971, *25,* 16–30.

Yates, A. J. *Behavior therapy*. New York: Wiley, 1970.

Kapitel 10 Spezifizierung der Psychotherapie

Wir haben gesehen, daß die meisten Psychotherapien zum größten Teil der Tendenz nach allgemeiner bzw. universeller Natur sind. Das heißt, daß bei nahezu allen Klienten ein ziemlich einheitliches Verfahren zur Anwendung gebracht bzw. verfolgt worden und das übergreifende Grundprinzip ähnlich gewesen ist. Es hat auch in der Psychotherapieforschung ein vergleichbares Phänomen gegeben, das KIESLER (1966, 1971) den „Uniformitätsmythos" bezeichnet hat. KIESLER wollte darauf aufmerksam machen, daß in der Psychotherapieforschung offensichtlich häufig vorausgesetzt wird, Klienten, Therapeuten und Ergebnisvariablen seien einheitlich miteinander vergleichbar und somit in den Forschungsstudien über einen Kamm zu scheren.

Der Uniformitätsmythos

Kürzlich haben auf dieses Problem eine Reihe von Experten ihre Aufmerksamkeit gelenkt, mit dem Resultat, daß ein wachsendes Bewußtsein von der Notwendigkeit zu verzeichnen ist, die spezifischen individuellen Bedingungen jedes Klienten ins Auge zu fassen, der um eine psychotherapeutische Hilfestellung ersucht (BERZINS, 1977; STRUPP/BERGIN, 1969). Die Frage lautet mit anderen Worten: Welcher Therapieansatz bzw. Therapeut ist bei einem bestimmten Klienten mit seinen speziellen Problemstellungen am geeignetsten? Da die individuellen Bedürfnisse variieren, scheint die Annahme nur einsichtig zu sein, daß auch die Bedingungen einer Behandlung variieren sollten. Es ist bei gut über 100 unterschiedlichen Psychotherapiearten auch denkbar, daß jede Therapieart sich jeweils bei einer ganz bestimmten Art eines klinischen Problems am besten eignet. Träfe dies tatsächlich zu, dann könnten wir Klienten mit bestimmten Problemgruppen an diejenige Psychotherapieform weiterleiten, die sich hierfür als besonders effektiv erwiesen hat. Manche Fälle würden einer Gestalttherapie zugewiesen werden, manche einer Psychoanalyse, manche einer Individualtherapie nach ADLER, wiederum andere einer Transaktionsanalyse, einer rational-emotiven Therapie, einer klientenzentrierten Therapie, einer Therapie nach JUNG oder einer interpersonalen Therapie nach SULLIVAN usw. Leider hat keine dieser Therapien weder für sich geltend gemacht, bei der Behandlung einer speziellen Problemgruppe außergewöhnlich effektiv zu sein, noch haben sie irgendein Beweismaterial vorgelegt, um eine solche Auffassung haltbar zu machen. Sie erwecken vielmehr den Anschein genereller oder universeller Psychotherapien, die für jegliche Unpäßlichkeiten des Klienten geeignet sind.

Über 100 verschiedene Therapieformen

Effektivität bei spezifischen Problemen ungeklärt

Wenn ich meine Erfahrungen in verschiedenen klinischen Einrichtungen zugrundelege, so war in der Vergangenheit die Wahl der jeweiligen

Therapieform für einen bestimmten Klienten auf deren zwei beschränkt – entweder unterstützende oder aufdeckende Psychotherapie. Eine unterstützende Therapie wurde gewöhnlich für diejenigen Klienten in Erwägung gezogen, denen man Defizite hinsichtlich ihrer Persönlichkeitsstärke, Motivation oder anderer „Aktivposten" zuschrieb. Bei Klienten mit besseren Persönlichkeitsressourcen erwog man als beste Behandlung eine aufdeckende bzw. rekonstruierende Therapie. Über diese pauschale und sich manchmal überlappende Dichotomie hinaus gab es keine weiteren Alternativen. Bei der großen Heterogenität der Klienten, die bei ihren Problemen um Hilfestellung nachsuchten, gab es somit wirklich eine nur geringe therapeutische Spezifizierung.

Unterstützende vs. aufdeckende Therapien

Von all den unterschiedlichsten psychotherapeutischen Ansätzen, die zur Zeit auf dem Therapiemarkt ihre Erzeugnisse fleißig anbieten, scheinen die Verhaltenstherapeuten bei dem Versuch, Verfahren zu erfinden, die für die Probleme des individuellen Klienten geeignet sind, den größten Fortschritt gemacht zu haben. Selbst wenn die derzeit angewandten Verfahren nicht in allen Fällen hundertprozentig wirksam sein mögen, handelt es sich hier um einen bedeutsamen Beitrag. Zumindest die Verhaltenstherapeuten besitzen eine Vielfalt an Verfahren, und man versucht, diejenigen auszuwählen, die im gegebenen Fall als brauchbar erscheinen, und ein Therapieprogramm auszuarbeiten. In vielerlei gleicht diese Vorgehensweise dem, was noch in den meisten Fällen ein erstrebenswertes Modell einer Psychotherapie zu sein scheint.

Größte Fortschritte in der Verhaltenstherapie

Es hat auch fast den Anschein, daß der Verbesserung unserer diagnostischen Systeme und Verfahren mehr Beachtung geschenkt werden muß. Dabei handelt es sich um eine wichtige und komplexe Problematik, die in der Vergangenheit zahlreiche Schwierigkeiten mit sich gebracht hat und noch immer nicht angemessen gelöst ist. Die offizielle Nomenklatur und das Klassifikationssystem der American Psychiatric Association oder das der World Health Organization – die wohl bekanntesten und gebräuchlichsten Diagnostikschemata – scheinen für psychotherapeutische Zwecke nicht zweckdienlich zu sein. Andere Systeme sind gleichermaßen inadäquat. Bis aber ein geeignetes Schema entwickelt ist, werden Psychotherapeuten im wesentlichen am besten so tätig sein müssen, wie sie angesichts der gegenwärtigen Realitäten dazu in der Lage sind. Wir werden über die vom Klienten vorgebrachten Beschwerden und deren Entwicklung möglichst sorgfältige Urteile fällen und sie zu Beginn der Therapie als Fokus erwägen müssen. Dabei müssen wir wissen, daß wir mit fortschreitender Therapie unserer Pläne und Verfahren modifizieren müssen. Wir werden auch die einzelne Person mit ihren Beschwerden eingehend betrachten müssen – wie sie ihre Beschwerden präsentiert, ihre gegenwärtige Lebenssituation, ihre sozialen Fertigkeiten und Defizite sowie ihre Therapieerwartungen. Ich kann als Autor des vorliegenden Buches leider keine fertigen Lösungen oder eine Kollektion von Verfahren zur Bewältigung dieses Problems anbieten. Ich kann nur die Aufmerksamkeit des Lesers auf die Existenz dieses Problems lenken und einige Möglichkeiten der Auseinandersetzung skizzieren.

Forderung: bessere Diagnostik

Notwendigkeit der Behandlungsmodifikation

Dennoch läßt sich trotz konzeptioneller und praktischer Probleme in bezug auf Diagnose und Evaluation des Klienten ein beachtlicher Fortschritt erzielen. Der Psychotherapeut muß nur seine therapeutische Perspektive erweitern und sein parteiisches Beharren auf nur einem einzigen Theorieansatz in den Hintergrund rücken. Obschon diese Feststellung als Rückschritt angesehen werden mag, indem theoretische Klarheit und Konsistenz zugunsten eines konfusen Eklektizismus aufgegeben werden, scheint es auf dem gegenwärtigen Stand unseres Wissens ein sich lohnender Schritt zu sein – ein Schritt, der sogar von vielen Psychotherapeuten gemacht wird. Wie schon einmal erwähnt, weist eine neuere Untersuchung darauf hin, daß eine Mehrzahl an Klinischen Psychologen in den Vereinigten Staaten sich selbst als Eklektiker betrachtet und sich Verfahren aus unterschiedlichen theoretischen Ansätzen zunutze zu machen versucht (GARFIELD/KURTZ, 1976, 1977). Man möge dieses Ergebnis auch als Hinweis auf die erfahrene Unzufriedenheit vieler Psychotherapeuten sehen, als sie nur einem einzigen psychotherapeutischen System vertraut haben. Wer aber für einen einzelnen Klienten einen geeigneten Therapieplan entwickeln will, wird wahrscheinlich seine Orientierung und Verfahren erweitern müssen.

„Konfuser Eklektizismus"?

Spezifität am Beispiel der Verhaltenstherapie

Die Verhaltenstherapeuten haben im Rahmen der durch ihren Ansatz bedingten Grenzen eine positive Tendenz durch ihren Versuch erkennen lassen, ihre Verfahren auf die präsenten Probleme abzustimmen. Sie haben beispielsweise zwischen Verhaltensdefiziten und Verhaltensexzessen unterschieden und verschiedene Verfahren entwickelt, um die beiden Kategorien dieses breiten Differenzierungstypus zu behandeln. Verhaltenstherapeuten versuchen als erstes, das Verhalten im einzelnen zu bestimmen, das es – als Problem bzw. unerwünschtes Verhalten – abzubauen oder – als erwünschtes Verhalten – zu formen bzw. aufzubauen gilt. Das spezielle Verstärkungs- oder Bestrafungsprogramm wird für den individuellen Fall entwickelt. Aufmerksamkeit ist der individuellen Entwicklungsgeschichte der Verstärker zu widmen, damit möglicherweise effektive Verstärker zur Verwendung im Verhaltensmodifikationsprogramm ausgewählt werden können. Ferner wird das Programm in den meisten Fällen auf seine Effektivität hin überwacht, und es werden zweckmäßige Veränderungen vorgenommen, falls dies notwendig erscheint. Es werden auch Versuche unternommen, das komplexe Verhalten zu analysieren, falls notwendig in seine wichtigsten Teilkomponenten zu zerlegen und sich für diese spezifischen Komponenten des Problemverhaltens separate Verfahren zu überlegen.

Verhaltensdefizite und Verhaltensexzesse

Verstärkungsprogramme

Evaluation

Verhaltensanalyse

Die spezifischen Verfahren, aus der sich eine systematische Desensibilisierung aufbaut, sind zwar mittlerweile einigermaßen zur Routine geworden. In den meisten Fällen wird aber trotzdem die jeweilige Angsthierarchie unter Berücksichtigung des einzelnen Klienten entwickelt. Die

Berücksichtigung spezifischer Probleme hat eine Reihe von Verhaltenstherapeuten auch dazu veranlaßt, sich mit einer großen Vielfalt an klinischen Problemen zu befassen und für deren Behandlung Programme und Techniken zu entwickeln. Obwohl diese Therapeuten einen bestimmten theoretischen Bezugsrahmen gehabt haben, haben sie sich nicht auf spezielle Techniken beschränkt. Sie haben eine Problemsituation analysiert und dann Techniken ausgewählt oder sich ausgedacht, die sich bei der Behandlung des vorliegenden Problems möglicherweise als zweckdienlich herausstellten. In jüngster Zeit haben sie die Entwicklung von Verfahren in Angriff genommen, die auf die Verbesserung des Abwehrverhaltens oder von spezifischen Verhaltensweisen von chronisch psychotischen Klienten, von autistischen Kindern, Delinquenten, Kriminellen, Kindern mit Schulphobien, Personen mit Lernstörungen und vielerlei anderen Verhaltensweisen abzielten (Kazdin, 1978; Marks, 1978; Ross, 1978; Yates, 1975). Was an dieser Stelle als Vorbild in den Vordergrund gestellt wird, ist die genaue Analyse und die Aufmerksamkeit, die man dem Problem und den jeweils entwickelten bzw. angewandten Verfahren schenkte. Es handelt sich hier um spezifische Programme für spezifische Probleme. Ferner werden sich Verhaltenstherapeuten in der Regel nicht auf nur eine Kategorie einer Verhaltenstechnik beschränken, sondern so viele anwenden, wie sie zur Erzielung der erwünschten Änderungen für zweckmäßig halten.

Keine Beschränkung auf spezielle Techniken

Erweiterung des Anwendungsbereichs

Falldarstellung

Vielleicht empfiehlt es sich an dieser Stelle, die Zusammenfassung eines Falles vorzutragen, der von Verhaltenstherapeuten behandelt wurde und eine dramatische und zugespitzte Illustration dafür ist, wie zur Rettung des Lebens eines Kindes spezifische Verfahren ausgedacht wurden. In diesem Beispiel wurde ein etwa neun Monate altes Kind wegen schwerem und anhaltendem Erbrechen in ein Krankenhaus eingeliefert; das Erbrechen hatte einen starken Gewichtsverlust zur Folge, der das Leben des Kindes bedrohte (Lang/Melamed, 1969). Das Kind war wegen dieses Zustands schon dreimal vorher in einem Krankenhaus gelegen. Vielerlei diagnostische Tests wurden durchgeführt und eine Anzahl von Behandlungen probiert, ohne damit aber einen ersichtlichen Erfolg zu erzielen. In der Folge wandten sich die behandelnden Ärzte an das Psychology Department.

Im Alter von sechs Monaten hatte das Kind schon siebzehn Pfund gewogen. Als man Lang und Melamed konsultierte, wog es nur noch zwölf Pfund, befand sich in einem sehr kritischen Zustand und wurde künstlich ernährt.

Verhaltensbeobachtung

Zuerst wurde das Kind von den Psychologen zwei Tage lang während und nach der normalen Essenszeit beobachtet. Innerhalb von zehn Minuten nach jedem Essen kam das meiste Essen wieder hoch. Um ein klareres Bild vom Reaktionsmuster des Kindes zu erhalten, wurden drei Körperstellen mit dem Elektromyogramm (EMG) überwacht – die Kinnunterseite, der obere Brustkasten am untersten Teil des Halses und die Gabelung des Esophagus. Auf diese Weise konnte man ein genaues Bild von den Muskelaktivitäten des Kindes in Verbindung mit dem Erbrechen erhalten, und der Plan für eine aversive Konditionierung wurde demgemäß ausgearbeitet: „Die Autoren waren daran interessiert, das schädliche Erbrechen auszuschalten, ohne aber dabei eine grundlegende Störung des Eßverhaltens des Kindes zu verursachen" (LANG/MELAMED, 1969, S. 4). Es war günstig, daß das Kind nicht während des Essens erbrach und daß das Saugverhalten, das dem Erbrechen zumeist vorausging, mit dem EMG wahrgenommen werden konnte.

Aversive Konditionierung

Nach dieser zweitägigen Beobachtungs- und Kontrollphase wurden Verfahren zur aversiven Konditionierung in Gang gesetzt. Sobald sich Erbrechen einstellte, wurde ein kurzer, wiederholter Schock verabreicht und solange fortgesetzt, bis das Erbrechen beendet war. Entsprechend der Beobachtung einer Krankenschwester und der Anzeige durch das EMG wurde der Schock „beim ersten Anzeichen wiederkehrender Peristaltik" verabreicht, wobei jeder Schock mit einem Tonsignal gekoppelt wurde. Nach zwei Sitzungen nur war der Schock kaum noch erforderlich. Und bei der sechsten Sitzung zeigte das Kind während der Testverfahren keinerlei Erbrechen mehr. Sechs Tage nach dem letzten Konditionierungsdurchgang wurde es dann aus dem Krankenhaus entlassen. Zu dieser Zeit hatte sich das Aktivitätsniveau des Kindes erhöht, war eine beständige Gewichtszunahme ersichtlich, und das Kind brachte seiner Umgebung mehr Interesse und Aufgeschlossenheit entgegen. Ein Monat nach seiner Entlassung aus dem Krankenhaus aß es bereits tüchtig, schaute gesund aus und wog nun bereits 21 Pfund. Auch ein Jahr nach dieser Behandlung war das Kind weiter gesund und munter.

Erhöhung des Aktivitätsniveaus

Offensichtlich handelte es sich hier um eine sehr brisante Intervention seitens behavioristisch orientierter Psychologen. Der körperliche Zustand des Kindes war prekär, alle vorausgegangenen Versuche, den Brechreiz des Kindes zu lindern und ihm dabei zu helfen, seine Nahrung an sich zu halten, waren fehlgeschlagen, und die Psychologen wurden als letztmögliche Rettung auf den Plan gerufen. Da es sich um eine gefährliche Situation handelte, mußte in jedem Falle sehr schnell gehandelt werden. Die von LANG und MELAMED unter diesen ungewöhnlichen und mißlichen Umständen ausgedachten therapeutischen Verfahren erwiesen sich als höchst effektiv und retteten das Leben dieses Kindes. Ferner wurde, wie bereits erwähnt, abschließend eine Follow-up-Untersuchung durchgeführt, die darauf hinwies, daß die Gesundheit und Entwicklung des Kindes nachher ziemlich normal war. Dieses Beispiel ist eine sehr deutliche und anschauliche Darstellung eines spezifischen Behandlungsplans, der von sehr kreativen Therapeuten für die Behandlung eines sehr spezifischen und ernsthaften klinischen Problems entwickelt wurde. Die Therapeuten verließen sich nicht auf ein traditionelles Verfahren, das sie bei all ihren Fällen anzuwenden pflegten, sondern machten sich ihren Verstand und ihre Findigkeit zunutze und dachten sich Verfahren aus, die für das vorgegebene Problem zweckmäßig waren. Außerdem veranschaulicht dieses Beispiel auch, wie ein einziger Fall in sehr überzeugender Weise einen Beweis für die Effektivität der therapeutischen Verfahren abgeben kann, ohne dabei sogar auf eine Kontrollgruppe zurückzugreifen.

Follow-up-Studie

Neue Verfahren

Weitere Beispiele

Neben dieser sehr spannenden Illustration der Spezifität wirksamer therapeutischer Intervention durch LANG und MELAMED (1969) lassen sich in der einschlägigen Literatur im Bereich der Verhaltenstherapie viele andere Beispiele vorfinden und vortragen (EYSENCK, 1960; ULLMAN/KRASNER, 1965). Viele davon machen in bezug auf die Art des behandelten Problems weit weniger Eindruck, veranschaulichen aber ebenfalls das Problem der Therapiespezifität, die im Mittelpunkt der gegenwärtigen Diskussion steht. Es gibt zwar hinsichtlich der berichteten Grundformen von Fällen eine große Spannweite, ein weiteres Beispiel läßt sich aber in Kürze noch vortragen.

Therapieprogramm bei Schizophrenie

AYLLON (1963) veröffentlichte schon vor längerer Zeit eine Fallstudie, wonach für eine im Krankenhaus stationierte Frau im Alter von 47 Jahren mit der Diagnose Schizophrenie ein Therapieprogramm entwickelt wurde. Die Ärzte waren nicht in der Lage gewesen, drei problematische Verhaltensweisen zu modifizieren, die bei dieser Klientin im Krankenhaus offenkundig geworden waren: Stehlen von Lebensmitteln, Horten von Stationshandtüchern und das Tragen von zu vielen Kleidungsstücken. Bei letzterem Problem beispielsweise pflegte die Klientin mehrere Paar Socken, ein halbes Dutzend Kleider, Sweaters und sonstige Kleidungsstükke anzuziehen.

Modifikation von verschiedenen Verhaltensweisen

Das Therapieprogramm war darauf aufgebaut, jede dieser drei spezifischen Verhaltensweisen zu modifizieren. Die Klientin wog 250 Pfund und hatte bedenkliches Übergewicht. Sie befolgte nicht die vorgeschriebene Diät, sondern stahl sich sowohl von der Theke des Eßzimmers als auch von anderen Klientinnen Lebensmittel. Die Klientin wurde deshalb im Eßzimmer alleine gesetzt und immer dann, wenn sie sich einem Tisch näherte oder zusätzliches Essen erstehen wollte, aus dem Eßzimmer entfernt. Innerhalb von zwei Wochen war dieses Verhaltensmuster ausgemerzt. Und da zusätzliches Essen nicht mehr erreichbar war, aß die Klientin in erster Linie die vorgeschriebene Diät. Nach vierzehn Monaten mit dieser Kost hatte sich ihr Gewicht auf 180 Pfund eingependelt.

Reizübersättigung

Zum Abbau ihres Sammelverhaltens wurde ein anderes Verfahren, nämlich Reizübersättigung (stimulus satiation), angewendet. In der Regel hortete die Klientin zwischen 19 und 29 Handtücher auf ihrem Zimmer, und es hatte den Anschein, als hätte sie dabei Erfolg, die vom Pflegepersonal entfernten Handtücher immer wieder zu ersetzen. Die Handtücher wurden schließlich nicht mehr weggenommen und ein Programm zur Reizübersättigung eingeleitet. Zu verschiedenen Tageszeiten brachte eine Pflegerin der Klientin ein Handtuch auf ihr Zimmer und übergab es ihr jeweils ohne weiteren Kommentar. Während der ersten Woche erhielt die Klientin am Tag durchschnittlich sieben Handtücher. Bis zur dritten Woche wurde die durchschnittliche Tagesmenge auf 60 Handtücher erhöht. Mittlerweile belief sich die Zahl der Handtücher im Zimmer der Klientin auf 625, und sie begann bereits, einige davon zu entfernen. Zu diesem Zeitpunkt wurden ihr keine weiteren Handtücher mehr gebracht. Im darauffolgenden Jahr fand man pro Woche durchschnittlich 1,5 Handtücher auf ihrem Zimmer, offensichtlich eine signifikante Abnahme. Die folgende Darstellung gibt die Veränderung in der Einstellung und im Verhalten der Klientin wieder:

> Während der ersten paar Wochen der Übersättigung wurde beobachtet, wie die Klientin ihre Wangen an einigen Handtüchern rieb und sich offensichtlich daran erfreute. Danach wurde beobachtet, wie die Klientin viel Zeit damit verbrachte, die etwa 600 Handtücher zusammenzulegen und in ihrem Zimmer aufzustapeln. All die Bemerkungen, die die Klientin machte, als sie die Handtücher in Empfang nahm, wurden von der Schwester aufgezeichnet. Typische Äußerungen in diesem Experiment waren in der ersten Woche folgende: Als die Schwester mit dem Handtuch das Zimmer der Klientin betrat, pflegte diese zu lächeln und zu sagen: „Oh, Sie haben ein Handtuch für mich besorgt, danke." In der zweiten Woche: Als die Anzahl der Handtücher rapide anstieg, sagt sie bei der Übergabe zur Schwester: „Geben Sie mir kein Handtuch mehr, ich habe genug davon." In der dritten Woche: „Nehmen Sie die Handtücher mit ... Ich kann nicht die ganze Nacht durch hier sitzen und Handtücher zusammenlegen." In der vierten und fünften Woche: „Bringen Sie diese schmutzigen Handtücher hinaus." In der sechsten Woche: Nachdem sie damit begonnen hatte, die Handtücher aus ihrem Zimmer zu tragen, machte sie zur Schwester die Bemerkung: „Ich kann keines der Handtücher mehr in die Finger nehmen, ich kann es einfach nicht mehr" (AYLLON, 1963, S. 57).

Bekräftigungsplan

Die dritte und letzte therapeutische Strategie hatte das exzessive Tragen von Kleidungsstücken zum Gegenstand. Zur Modifikation dieses Verhaltensmusters wurde versucht, sich des Mittels der Bekräftigung mit Lebensmitteln zunutze machen. Der Klientin wurde ein spezifisches Gesamtgewicht über ihrem Körpergewicht zugestanden. Sobald sie dieses Gesamtgewicht überschritt, wurde ihr gesagt, daß sie zu viel wiegen würde und sie auf eine Mahlzeit verzichten müßte. Durch Manipulation des zugebilligten Gewichts wurde das Gewicht der Kleider im Laufe der Zeit von fünfundzwanzig Pfund auf drei Pfund reduziert. Am Ende der Behandlung trug die Klientin eine normal zu bezeichnende Kleidung.

Zusätzliche Therapieeffekte

Zwar illustriert dieses Beispiel die Planung und Anordnung spezifischer Behandlungen bei spezifischen Verhaltensproblemen, gleichzeitig aber sind mit den angestrebten spezifischen Änderungen noch andere Veränderungen eingetreten. Als die Klientin sich normal zu kleiden begann, zog sie sich nicht mehr so stark zurück und begann, an den sozialen Begebenheiten im Krankenhaus teilzuhaben. Zu diesem Zeitpunkt besuchten sie auch ihre Eltern und nahmen sie mit zu einem Besuch nach Hause – das erste Mal seit neunjährigem Krankenhausaufenthalt.

Methodenvielfalt

Dieses Beispiel mag zwar nicht so eindrucksvoll oder herausfordernd wie das von LANG und MELAMED behandelte Kind angesehen werden, veranschaulicht aber dennoch, wie zur Behandlung der spezifischen Probleme des einzelnen Falles spezifische Therapieprogramme entwickelt werden. In ähnlicher Art und Weise sind von Verhaltenstherapeuten verschiedene Grundformen von Behandlungsmethoden für eine Vielfalt an klinischen Problemen und Beschwerden entwickelt worden. Sie haben verhaltensbezogene Behandlungen für spezifische Ängste, Freßsucht, Rauchen, Hyperaktivität, unsoziales aggressives Verhalten, fehlendes

Durchsetzungsvermögen, autistisches Verhalten, Enuresis und ähnliches entwickelt (GARFIELD/BERGIN, 1978). Nicht alle diese therapeutischen Verfahren sind notwendigerweise bzw. vollständig effektiv, aber alle bringen eine Erfindungsgabe von Therapeuten zutage, wenn es darum geht, sich Verfahren zur Bewältigung sehr spezifischer Problemformen auszudenken. Dies ist ein charakteristisches Merkmal der Verhaltenstherapie gewesen, mit dem es keine andere Psychotherapieform aufnehmen kann und dem es bis zu einem gewissen Grade von anderen Ansätzen gleich getan werden sollte.

Erfindungsreichtum des Therapeuten

Als weitere Illustration dieser Arbeit können wir kurz einige der unterschiedlichen Arten therapeutischer Verfahren erwähnen, die für mehrere spezifische Formen gemeinhin vorkommender Probleme entwikkelt worden sind.

Reziproke Hemmung

Verhaltensbezogene Ansätze wurden zuerst mit Bezugnahme auf phobische Verhaltensweisen entwickelt. Reziproke Hemmung bzw. systematische Desensibilisierung, die auf einer Theorie der Gegenkonditionierung beruht, war eine der ersten Kategorie von Techniken, die klinische Anerkennung erfuhr. Im Laufe der Zeit wurden auch andere Verfahren wie Reizüberflutung („flooding"), Modell-Lernen und „guided participation" entwickelt. All diese Verfahren hatten die Anordnung spezifischer therapeutischer Schritte zur Überwindung spezifischer Ängste der einzelnen Personen gemeinsam und beinhalteten in den meisten Fällen, daß man sich dem angstauslösenden Reiz aussetzte.

Reizüberflutung, Modell-Lernen

Einhergehend mit dem relativen Erfolg solcher verhaltensorientierter Ansätze wurden in den letzten Jahren zur Überwindung einer Reihe unterschiedlicher Probleme eine Vielfalt an anderen Verfahren entwickelt. So hat sich beispielsweise als relativ effektiv bei der Reduktion von Verhaltensritualen das Verfahren der Stimulus-Prävention und die Konfrontation des Klienten mit Stimuli, die zwanghafte Rituale hemmen, erwiesen (MARKS, 1978). Unter dem Einfluß der Arbeit von MASTERS und JOHNSON (1970) hat die Behandlung von Sexualstörungen Verfahren zur Angstreduktion, zum Training sexueller Fertigkeiten, zur Modifikation der Einstellungen gegenüber sexueller Aktivität und ähnliches mehr nach sich gezogen. Auch für so unterschiedliche Probleme wie vorzeitige Ejakulation, Erektionsschwäche, Ejakulationsstörungen und Anorgasmie kamen spezifische Verfahren zur Anwendung (LOPICCOLO, 1975). Auch operante Verfahren sind bei einer Vielfalt an problematischen Verhaltensweisen zur Anwendung gekommen, die von Sprachstörungen und sozialem Rückzug bis zu solchen Verhaltensweisen wie Hyperaktivität, Pedanterie und unsozialen Aktivitäten reichen (KAZDIN, 1978). Praktisch alle diese Programme stellen eine sorgfältige Untersuchung der zu modifizierenden Verhaltensweisen, die dieses Verhalten aufrechterhaltenden Bedingungen, die Anordnung von Verfahren zur Änderung des Verhaltens und Methoden zur sorgfältigen Überwachung der Effekte der Therapieverfahren in den Vordergrund. Der Fokus ist somit auf die Analyse des individuellen Falles und auf die Anpassung von Verfahren gerichtet, um den Anforderungen des jeweiligen Falls zu entsprechen. Bei unsicherem Verhalten

Stimulus-Prävention Stimulus-Konfrontation

Anwendung in Sexualtherapie

Fokus: individueller Klient

beispielsweise erwiesen sich Verfahren als hilfreich, bei denen es um Änderungen des Selbstbildes und der Erwartungen an andere Personen ging, Rollenspiel, Modell-Lernen und faktische Ausübung in realen Lebenssituationen. Bei Fettleibigkeit kann ein Behandlungs-„Paket" einschließen, daß man sich an eine vorgeschriebene Kalorienzufuhr hält, nur zu ganz bestimmten Zeiten und an bestimmten Orten etwas ißt, alle zu sich genommene Nahrung und die darauf verwendete Zeit aufzeichnet, regelmäßig sein Gewicht protokolliert, eine positive Bekräftigung bei Gewichtsabnahme erhält usw. Dementsprechend sind Verfahren und Behandlungs-„Pakete" für spezifische Probleme entwickelt worden, die zwar nicht immer erfolgreich gewesen sind, aber für zukünftige therapeutische Entwicklungen ein gutes Zeichen sind.

Behandlungs-„Pakete" für spezifische Probleme

Ein eklektischer Ansatz der Spezifität in der Psychotherapie

Die vorhergehenden Abschnitte mögen zwar den Anschein erwecken, als hätte ich eine besondere Vorliebe für die Verhaltenstherapie. Tatsächlich aber ist es nicht so, und das Ziel dieses Kapitels ist auch nicht eine Laudatio auf die Verhaltenstherapie. Ich bin vielmehr der Überzeugung, daß man allen Seiten aufmerksam gegenüberstehen muß und eine spezielle Sichtweise auf ihre ersichtliche Zweckdienlichkeit hin und auf der Grundlage von Beweismitteln, die diese Sichtweise untermauern, bewerten muß. Was die Verhaltenstherapeuten betrifft, muß man ganz offen zugeben, daß sie eine sehr wagemutige und erfindungsreiche Therapeutengruppe gewesen sind, die eine ganze Reihe von schwierigen Problemen mit Enthusiasmus und Einfallsreichtum in Angriff genommen haben. Sie haben in der Tat die Aufmerksamkeit auf sehr schwierige klinische Probleme gelenkt, die die meisten von uns Experten im psychotherapeutischen Bereich lieber ignoriert oder gemieden haben, da sie hoffnungslos schienen. Beispiele dafür sind chronische Schizophrenie, Autismus bei Kindern usw. Es bleibt nichts anderes übrig, als diese Art professioneller Aktivitäten zu bewundern. Wie auch schon hervorgehoben worden ist, erweisen sich Versuche zur Entwicklung spezifischer Verfahren für spezifische Probleme als eine höchst wünschenswerte Aktivität. Neben diesen Merkmalen haben die Verhaltenstherapeuten wegen ihrer Versuche Anerkennung verdient, ihre Ergebnisse systematisch zu beurteilen und über ihre Befunde in der einschlägigen Literatur zu berichten. All dies verdient ausdrückliche Anerkennung und großes Lob. Ist aber ein aufgeschlossener und gewissenhafter Psychotherapeut mit den Entwicklungen in der Verhaltenstherapie vertraut und macht von einigen ihrer Techniken und Verfahren Gebrauch, dann braucht er sich keineswegs nur auf verhaltensorientierte Techniken zu beschränken. Er kann stattdessen – stärker als es die Verhaltenstherapeuten tun – den möglichen allgemeinen Faktoren sowie anderen Aspekten stärkere Beachtung schenken.

Würdigung der Verhaltenstherapie

Bis zu einem bestimmten Grade ist im vorherigen Kapitel über allgemeine und spezifische Faktoren bereits ein eklektischer Ansatz bei der

Zusätzliche Erläuterungen zu einer eklektischen Sichtweise

Anwendung spezifischer Verfahren in der Psychotherapie diskutiert worden. Aus Gründen der Vollständigkeit jedoch wollen wir einige zusätzliche Erläuterungen geben. Von grundsätzlicher Bedeutung ist, daß der Therapeut den Klienten und dessen Probleme so adäquat wie nur möglich beurteilt und dann sehr klare und explizite Therapieziele haben muß. Je konkreter und spezifischer die Ziele festgelegt werden können, um so schneller kann für den einzelnen Klienten ein Therapieprogramm entworfen werden. Der Therapeut kann auch die Priorität der Ziele abwägen und überlegen müssen, welche Verfahren in den ersten Therapieabschnitten zur Anwendung kommen sollten. Bei jedem gegebenen Fall

Bestimmung der spezifischen Faktorenkonstellation

wird die spezielle Faktorenkonstellation darauf hinauslaufen zu bestimmen, welche oder wie viele Verfahren zu Beginn eingesetzt werden sollten. In manchen Fällen mag der Therapeut vielleicht mit dem Einsatz bestimmter Therapieverfahren zögern wollen, weil trotz der Aussagen des Klienten die erwähnten Probleme nicht von primärer Bedeutung zu sein scheinen. In anderen Fällen mag der Therapeut zu der Überzeugung gelangen, daß es aus verschiedenen Gründen angebracht ist, sofort mit einem Programm, wie meinetwegen Entspannung oder systematische Desensibilisierung, zu beginnen. Im letzteren Fall kann es sein, daß eine spezielle Angst als ein sehr bedenkliches Problem eingeschätzt wird, oder aber, daß das Problem zwar nicht von höchster Relevanz ist, es sich aber lohnt, etwas Konkretes zu unternehmen, das relativ rasch Ergebnisse mit sich bringt, um eine positivere Gesamthaltung des Klienten zu forcieren. Die Anfangsphase der Therapie pflegt jedenfalls darin zu bestehen, die

Abklärung der Therapieziele und Spezifikation

Therapieziele abzuklären und zu spezifizieren, und sich dann dafür zu entscheiden, welcher spezielle Ansatz und welche Verfahren geeignet sind. Der eklektische Therapeut pflegt sich von den meisten Therapeuten, die einem einzigen Ansatz zugetan sind, durch den Versuch zu unterscheiden, zu einer stärkeren Spezifikation der Ziele und der Verfahren gelangen zu

Entwicklung adäquater Verfahren

wollen sowie durch seine Bereitschaft, sich spezifische Verfahren jeglicher Orientierung, inklusive verhaltensorientierter Verfahren, zunutze zu machen, wenn sie nur für den gegebenen Fall zweckdienlich erscheinen. Er pflegt sich von den Verhalenstherapeuten durch seine stärkere Berücksichtigung allgemeiner, kognitiver und affektiver Variablen in der Therapie sowie durch seine Bereitschaft zu unterscheiden, über streng verhaltensbezogene Techniken hinaus auch noch andere zu verwenden.

Obwohl es fast den Anschein hat, als habe der eklektische Therapeut den schulorientierten Kollegen gegenüber den Vorteil einer umfassenderen Ausrichtung auf die Psychotherapie hin und des potentiellen Zugangs zu einer breiteren Vielfalt an therapeutischen Techniken und Verfahren, so muß auch eingeräumt werden, daß dieser Weg weniger klar ausgeleuchtet

Probleme des Eklektizismus

ist. Es ist für den Therapeuten einigermaßen angenehm, einem vorgegebenen Theoriesystem Glauben zu schenken und sich daran zu klammern. Er kann sich an bestimmte festgeschriebene Verfahren halten und gewisse Phänomene unter Bezug auf sein Theoriegebäude erklären. Dies ist von nicht geringer Bedeutung, denn ich bin immer und immer wieder von der Leidenschaft beeindruckt gewesen, mit der sich Anhänger eines bestimmten Standpunktes an ihre spezifische Orientierung klammern bzw. für sie Partei ergreifen. Nicht selten sind solche Personen dazu unfähig, ihre Auffassungen zu ändern und die Bedeutung anderer Standpunkte selbst angesichts überzeugender Beweise gelten zu lassen. Genauso wie es sich zeigt, daß Klienten daraus einigen therapeutischen Nutzen ziehen, wenn ihnen vom Therapeuten ihr Problem benannt oder erklärt wird, ziehen viele Therapeuten aus der spezifischen Struktur und aus den mittels ihres therapeutischen Systems möglichen Auslegungen einigen persönlichen Gewinn. Eine einheitliche theoretische Sichtweise hat für den Psychotherapeuten folglich diesen Nutzen. Der eklektische Therapeut hingegen kann sich viel weniger auf eine solche Form der Absicherung stützen, was etwas von Nachteil ist. Allerdings kann er sich jede Technik zunutze machen, die therapeutisch lohnenswert erscheint, und möglicherweise den flexibelsten Therapieansatz liefern. Unter den gegenwärtigen Umständen wird der eklektische Therapeut ziemlich viel Vertrauen in empirische Befunde und überzeugende Hypothesen statt in eine einheitliche und ausgereifte Theorie einer Psychotherapie legen müssen. Aufgrund unseres Wissensstandes und der theoretischen Entwicklung im Bereich der Psychotherapie scheint dies jedoch eine vertretbare Haltung zu sein.

Vorteile für Therapeuten bei strikter Schulenorientierung

Vertrauen auf empirische Befunde

Das Fehlen einer einheitlichen und leitenden Theorie hat zwar seine Kehrseiten und erlaubt einem nicht, mit der Art von Sicherheitsgefühl und Anleitung, die eine solche Theorie vermittelt, vorzugehen, weist aber auch einige Charakteristika auf, die wir gegenwärtig als positiv betrachten können. Es wird dadurch nicht der falsche Eindruck von Sicherheit und Gewißheit vermittelt, der manchmal die Personen kennzeichnet, die glauben, sie hätten die Wahrheit für sich gepachtet, und äußerstes Vertrauen in ihre Verfahren legen. Sich der eigenen Beschränkungen und der Wissenslücken bewußt zu sein, ist selbst dann langfristig positiv zu bewerten, wenn dies zu Unsicherheiten und bei manchen Gelegenheiten auch sogar zu Unbehagen beitragen kann. Es ist besser, die Situation realistisch zu betrachten, statt eine fehlerhafte oder tendenziöse Orientierung zu haben. Nach Lage der Dinge muß der eklektische Psychotherapeut für alle vernünftigen Entwicklungen im Bereich der Psychotherapie zugänglich sein, die irgendeinen potentiellen Nutzen zu haben scheinen. Es gibt keine Verfahren, die automatisch ausgeschlossen sind, nur weil sie der eigenen theoretischen Orientierung zuwiderlaufen. Vielmehr können Verfahren, die durch empirische Untersuchungen nicht erhärtet sind, deswegen aufgegeben werden, weil sie den Erwartungen nicht gerecht geworden sind, nicht aber deswegen, weil sie nicht mit der jeweiligen eigenen Theorie übereinstimmen. Das bedeutet, daß der eklektische Psychotherapeut an der Evaluation seiner Tätigkeit und an den Ergebnissen, die von anderen Therapeuten und Forschern berichtet werden, interessiert ist. Ohne eine solche Evaluation kann in der Psychotherapie kein wirklicher Fortschritt stattfinden. Und es ist im Interesse der Gesamtheit aller und der Menschen, bei denen wir im Dienste stehen, daß jeder versucht, sich an solchen Bewertungen zu beteiligen und hierzu einen Beitrag zu leisten.

Keine einheitliche Theorie

Aufgeschlossenheit gegenüber allen neuen Entwicklungen

Evaluation der Therapie

Berücksichtigung der Klientenindividualität

Der eklektische Therapieansatz erlaubt dem Therapeuten auch, die individuellen Anforderungen des Klienten an die Therapie genügend zu berücksichtigen und sowohl diejenigen spezifischen wie auch allgemeinen Verfahren auszuwählen, die der spezifische Fall erforderlich macht. In der Tat erfordert ein Ansatz dieser Art nicht nur Spezifität hinsichtlich der Individualität des Klienten, sondern auch die Einsicht, daß nicht jeder einzelne Therapieansatz für alle Klienten der beste Ansatz ist. Der Therapeut muß bei der Auswahl seiner Verfahren selektiv vorgehen und in der Lage sein, einen Therapieplan zu entwerfen, der sich alle nur möglichen spezifischen Verfahren – sofern sie nur begründet sind – zunutze macht.

Bevor wir das jetzige Thema verlassen, sind noch einige weitere Gesichtspunkte erwähnenswert. Einer davon ist, daß es sich für den Therapeuten als wichtig erweist, in der Arbeit mit dem Klienten eine passende Perspektive der „whole-part"-Beziehungen zu verfolgen. Damit ist gemeint, daß die Bedeutung jedes einzelnen Problems des Klienten betrachtet und verstanden werden muß in bezug auf seine besondere Bedeutung für den Klienten als Gesamtpersönlichkeit. Das gleiche gilt für die Anwendung jeder spezifischen Behandlungsmethode. Eine Folgeerscheinung davon ist, daß der Therapeut auf den Einfluß achten muß, den jedes einzelne Wesensmerkmal der Therapie auf den Klienten ausübt, daß er die Situation sorgfältig beurteilen und in der Lage sein muß, seinen Ansatz demgemäß zu modifizieren. Einige Beispiele können vielleicht dazu beitragen, die Bedeutung dieser Aussagen zu veranschaulichen.

„whole-part"-Problematik

Beispiele

Alldieweil man als Startpunkt einer Psychotherapie die Beschwerden des Klienten nehmen muß – wenn zwei Klienten vergleichbare Gründe dafür angeben, warum sie um eine Therapie nachsuchen, braucht dies nicht genau dasselbe zu sein. Gehen wir einmal von zwei Klienten aus, die beide angeben, sie hätten Angst vorm Fliegen oder sie seien sozial unangepaßt. In dem einen Fall kann beispielsweise die Angst vor dem Fliegen die hauptsächliche bzw. alleinige Beschwerde sein, während im zweiten Fall die Angst eine von vielen Beschwerden sein kann. Selbst wenn sich der Therapeut für die Anwendung eines Verfahrens wie der systematischen Desensibilisierung entscheiden sollte, könnte er die beiden Fälle ganz unterschiedlich behandeln. In dem einen Fall könnte die systematische Desensibilisierung als Haupttherapieansatz ausreichen, und die Therapie könnte nur kurze Zeit andauern. Für irgendwelche anderen Interventionen dürfte nur geringe Notwendigkeit vorliegen. In dem angenommenen zweiten Fall hingegen könnte es zu einem langsamen Fortschritt kommen und andere Interventionen zusätzlich notwendig machen. Dem Klienten könnten mehr Gelegenheiten eingeräumt werden, über seine Empfindungen der Unangemessenheit zu sprechen, es könnte die Notwendigkeit eines Assertive Trainings indiziert sein und vielleicht auch der Einbezug des Ehepartners in die Therapie. Die beiden Therapieprogramme würden sich somit allmählich ganz unterschiedlich entwickeln. In manchen Fällen kann eine spezifische Therapieform für ein spezielles Problem für den Fall, daß sie erfolgreich ist, einen weitreichenderen und bedeutenden Effekt auf den Klienten haben. Ein Klient, der beispielsweise seine Angst vorm Fliegen überwunden hat, kann auch einen generellen Anstieg seiner Selbstachtung und seines Selbstvertrauens zeigen. In einem anderen Fall braucht dies nicht so abzulaufen, die Ergebnisse können fokalisierter und begrenzter Natur sein, und andere Versuche werden unternommen werden müssen, um diese zusätzlichen Ergebnisse zu erzielen. Andererseits kann in manchen Fällen eine generellere Verbesserung z.B. des Selbstvertrauens und des Selbstbildes dem Klienten ermöglichen, bei spezifischen Problemen schneller Fortschritte zu machen.

Flexible Modifikation der Methoden

Der Therapeut muß gegenüber jeglichen Fingerzeigen des Klienten aufgeschlossen sein, damit Akzentsetzungen und Verfahren flexibel modifiziert werden können. Ich erinnere mich an einen Fall, den ich supervisiert habe, bei dem es sich zu Beginn um ein zentrales Problem, nämlich um Angst im Straßenverkehr, zu handeln schien. Der Fall schien für den Einsatz einer systematischen Desensibilisierung geeignet, und der Therapeut probierte es auch damit. Die Klientin jedoch zeigte sich, wenn sie in der Klinik war, sehr ängstlich und furchtsam, und eigentlich sollte dies die Aufmerksamkeit des Therapeuten auf sich gezogen haben, daß es sich hierbei nicht um einen simplen Fall einer spezifischen Phobie handeln konnte. Die Klientin hatte überdies große Angst davor, während des Entspannungstrainings ihre Augen zu schließen. Obwohl der Therapeut allmählich dessen gewahr wurde und sich dafür interessierte, schätzte er die Situation nicht adäquat ein, so daß mittels der systematischen Desensibilisierung nur leichte Verbesserungen erzielt wurden. In diesem Fall wurden andere Gesichtspunkte nicht angemessen berücksichtigt, so daß folglich der Versuch, mit einem einzigen Ansatz voranzukommen, relativ erfolglos blieb.

Zusammenfassung

Wir können somit zusammenfassen, daß ein eklektischer Ansatz dem Therapeuten die Verantwortung auferlegt, eine adäquate Beurteilung des Klienten und seiner Probleme vorzunehmen und einen Therapieplan auszuarbeiten, der vom Ansatz her für den jeweiligen Klienten zweckdienlich erscheint. Der Therapeut wählt diejenigen Verfahren aus, die auf der Basis empirischer Ergebnisse für die spezifischen Probleme des Klienten am effektivsten erscheinen. Fehlen Forschungsdaten, muß sich der Therapeut auf seine eigene klinische Erfahrung und seine Bewertungen bzw. auf ein vorurteilsfreies Urteil verlassen und sich darüber im Klaren sein, daß er seine Tätigkeit im Verlauf der Therapie evaluieren sollte. Sobald die Therapie vorangeht, sollte der Therapeut den Fortschritt des Klienten kontrollieren und alle erdenklichen Modifikationen vornehmen, die zur Förderung einer positiven Therapieentwicklung notwendig erscheinen.

Literatur

Ayllon, T. Intensive treatment of psychotic behavior by stimulus satiation and food reinforcement. *Behavioral Research and Therapy,* 1963, *1,* 53–61.

Berzins, J. I. Therapist-patient matching. In A. S. Gurman and A. M. Razin (Eds.), *Effective psychotherapy. A handbook of research.* Oxford: Pergamon Press, 1977. Pp. 222–251.

Eysenck, H. (Ed.), *Behavior therapy and the neuroses.* Oxford: Pergamon, 1960.

Garfield, S. L. and Bergin, A. E. (Eds.), *Handbook of psychotherapy and behavior change, 2nd ed.* New York: Wiley, 1978.

Garfield, S. L. and Kurtz, R. Clinical psychologists in the 1970s. *American Psychologist,* 1976, *31,* 1–9.

Garfield, S. L. and Kurtz, R. A study of eclectic views. *Journal of Consulting and Clinical Psychology,* 1977, *45,* 78–83.

Kazdin, A. E. The application of operant techniques in treatment, rehabilitation, and education. In S. L. Garfield and A. E. Bergin (Eds.), *Handbook of psychotherapy and behavior change,* 2nd ed. New York: Wiley, 1978.

Kiesler, D. J. Some myths of psychotherapy research and the search for a paradigm. *Psychological Bulletin,* 1966, *65,* 110–136.

Kiesler, D. J. Experimental design in psychotherapy research. In A. E. Bergin and S. L. Garfield (Eds.), *Handbook of psychotherapy and behavior change.* New York: Wiley, 1971.

Lang, P. J. and Melamed, B. G. Case report: Avoidance conditioning therapy of an infant with chronic ruminative vomiting. *Journal of Abnormal Psychology,* 1969, *74,* 1–8.

LoPiccolo, J. Direct treatment of sexual dysfunction. In J. Money and H. Musaph (Eds.), *Handbook of Sexology.* Amsterdam: ASP Biological and Medical Press, B. V., 1975.

Marks, I. Behavioral psychotherapy of adult neurosis. In S. L. Garfield and A. E. Bergin (Eds.), *Handbook of psychotherapy and behavior change,* 2nd ed. New York: Wiley, 1978.

Masters, W. H. and Johnson, V. *Human sexual inadequacy.* Boston: Little, Brown & Company, 1970.

Ross, A. O. Behavior therapy with children. In S. L. Garfield and A. E. Bergin (Eds.), *Handbook of psychotherapy and behavior change,* 2nd ed. New York: Wiley, 1978.

Strupp, H. H. and Bergin, A. E. Some empirical and conceptual bases for coordinated research in psychotherapy: A critical review of issues, trends, and evidence. *International Journal of Psychiatry,* 1969, *7,* 18–90.

Ullman, L. P. and Krasner, L. *Case studies in behavior modification.* New York: Holt, Rinehart and Winston, 1965.

Yates, A. J. *Theory and practice in behavior therapy.* New York: Wiley, 1975.

Kapitel 11
Psychotherapieforschung

Bis jetzt ist in diesem Buch unser Hauptaugenmerk darauf ausgerichtet gewesen, ein Verständnis für den psychotherapeutischen Prozeß und die grundsätzlichen Verfahren zu erlangen, die bei dem Versuch verwendet werden können, mit Hilfe der Psychotherapie beim Klienten Änderungen zu erreichen. Obwohl in jedem Kapitel auf zahlreiche Forschungsergebnisse Bezug genommen und die Bedeutung der Forschung für die Psychotherapie hervorgehoben worden ist, haben wir die Forschung bis jetzt noch nicht als eigenständiges Thema berücksichtigt. Das jetzige Kapitel wird deshalb einer Diskussion dieses wichtigen Aspekts in der Psychotherapie gewidmet sein. Dabei werden wir uns vor allem mit einigen grundlegenden und allgemeinen Wesensmerkmalen der Psychotherapieforschung beschäftigen und weniger auf an und für sich technische Einzelheiten des Forschungsdesigns eingehen.

Ist Therapieforschung sinnvoll?

Wissenschaftliche Forschung hat sehr stark zur Expansion unseres Wissens und zu einem ersichtlichen Anstieg abgesicherten Materials beigetragen. Nun pflegt zwar niemand ernsthaft den Wert solcher Forschungsarbeiten abzustreiten, wohl aber gibt es einige Stimmen, die argumentieren, daß Wissenschaft und wissenschaftliche Verfahren nur bei ganz bestimmten Arten von Problemen und Behandlungen anwendbar seien. Die wissenschaftlichen Methoden hätten ganz offensichtlich den Weg für bedeutende Fortschritte in den Naturwissenschaften und – vielleicht in geringerem Ausmaß – in der Biologie geebnet. Wenn wir uns aber den Sozialwissenschaften zuwenden – so die Argumentation einiger Beobachter – und hier besonders den Problemen sozialer Anpassung und der Psyche des Menschen, würden sich diese Methoden als unzweckmäßig und ungeeignet herausstellen. Außerdem ist eine Reihe von Psychotherapeuten im Glauben, Psychotherapie sei in der Praxis eine Kunst und würde so diffizile menschliche Eigenschaften wie Intuition und Sensitivität einschließen, die sich der Erfassung durch wissenschaftliche Methoden entziehen. An diesen Behauptungen ist sicherlich etwas Wahres, sie scheinen mir aber äußerst überzogen zu sein und in manchen Fällen Vorbehalte gegenüber dem Versuch widerzuspiegeln, genauere und empirisch abgesicherte Verfahren zur Beurteilung des psychotherapeutischen Prozesses heranzuziehen.

Psychotherapie – eine Kunst?

In der Tat ist eine Psychotherapie zwar ein komplizierter Prozeß, was aber kein Grund dafür sein kann, keine Forschungen in Angriff zu nehmen. Zugegebenermaßen sind einige der angewandten Methoden aus den anspruchsvolleren und quantitativen Wissenschaften nicht gänzlich auf die

Psychotherapieforschung übertragbar. Dies impliziert aber keineswegs, daß keine geeigneten Verfahren entwickelt und im Bereich der Psychotherapie angewandt werden könnten. Außerdem ist bereits einiges an Forschungsarbeiten durchgeführt worden, so daß wir uns nun hinsichtlich einer bedeutungsvollen und klinisch relevanten Forschungsplanung in einer besseren Ausgangsposition befinden.

Notwendigkeit der Therapieforschung

Daß Forschung im psychotherapeutischen Bereich notwendig ist, ist durchaus einleuchtend. Wie schon erwähnt, finden wir eine Situation vor, in der es bereits mehr als 100 verschiedene Schulen bzw. Therapieformen gibt. Diese Ansätze unterscheiden sich in ihren Theorien und Verfahren enorm, und es stellt sich noch dazu heraus, daß alle für sich in Anspruch nehmen, die effektivste Form einer Psychotherapie zu sein. Darüber hinaus zeigen sich die jeweiligen Anhänger eines bestimmten Therapieansatzes äußerst kritisch gegenüber gegensätzlichen Ansätzen. Bei einer so verwirrenden Sachlage kann man nur vermuten, daß die verfügbaren Fakten und Forschungsdaten minimal sein müssen und noch einiges an Arbeit nötig sein wird, um in diesen ziemlich chaotischen Zustand etwas Ordnung zu bringen. Wir werden an anderer Stelle, im nächsten Kapitel, eine Begutachtung und Beurteilung der vorliegenden Forschungsdaten in Angriff nehmen und zur Effektivität einiger Therapieformen Stellung nehmen. Zuvor aber scheint es angebracht, uns mit einigen Grundüberlegungen der Psychotherapieforschung vertraut zu machen.

Grundüberlegungen in der Psychotherapieforschung

Bedingungen einer nützlichen Therapieforschung

Soll Therapieforschung irgendeinen echten Nutzen haben, müssen sowohl die Grundprinzipien eines Forschungsdesigns berücksichtigt als auch die spezifischen Charakteristika und Bedingungen der psychotherapeutischen Situation in Erwägung gezogen werden. Betrachtet man die Therapiesituation, so scheint klar zu sein, daß man die Aufmerksamkeit sowohl den Variablen zuwenden wird müssen, die man im psychotherapeutischen Prozeß für relevant erachtet, als auch eventuellen Einfluß- bzw. Störvariablen, die auf diesen Prozeß einwirken könnten. Das heißt, wir müssen all die Variablen in Erwägung ziehen, die voraussichtlich den Therapieverlauf beeinflussen können, dürfen dabei aber nicht die außerhalb der Therapie lokalisierten Variablen übersehen, die für das Ergebnis ebenfalls eine beachtliche Rolle spielen könnten.

Kategorisierung der Therapievariablen

Zur Kategorisierung der als wichtig erachteten, grundlegenden Variablen können viele Wege eingeschlagen werden, wenngleich sie im allgemeinen ihre vermeintliche Bedeutung von dem einen oder dem anderen an der Psychotherapie Beteiligten und von den möglichen Interaktionseffekten zwischen diesen Zweien erhalten. Wir können folglich von den Klientenvariablen als der einen Variablengruppe sprechen, die für das Therapieergebnis unverkennbare Bedeutung haben. Hierzu zählen das Alter, das Geschlecht, das Bildungsniveau, der soziale Status, der Störungsgrad, die Störungsart, die Therapieerwartungen, die Motivation, die Beeinflußbarkeit und ähnliches mehr. Es ist vorstellbar, daß jeder mit dem Klienten zusammenhängende Aspekt, der das Therapieergebnis beeinflussen könnte, in der Regel eine für die Forschung wichtige Variable ist. Da außerdem die Klientenvariablen vermutlich auf das Ergebnis einer Psychotherapie einwirken, sind sie für zwei Formen von Forschungsstudien besonders wichtig. Zum einen handelt es sich um vergleichende Untersuchungen über die relative Effektivität von zwei oder mehr Therapieformen. Wenn zwei sehr unterschiedliche Klientengruppen verschiedenen Therapieformen zugeteilt werden, werden wir keinerlei valide Schlußfolgerungen über die relative Effektivität der zwei Therapieformen ziehen können. Ergeben sich irgendwelche Unterschiede, dann könnten sie sich auf Unterschiede in den zwei Klientenstichproben zurückführen lassen, nicht aber auf Differenzen in den Therapien. Auch wenn sich keine Unterschiede ergeben, läßt sich die Möglichkeit nicht ausschließen, daß Klientenunterschiede in den zwei Stichproben das erzielte Ergebnis beeinflußt haben und sich andere Ergebnisse hätten ergeben können, wären die Klientenstichproben nur in den wichtigsten Merkmalen übereinstimmend bzw. vergleichbar. In vergleichenden Untersuchungen über das Therapieergebnis müssen folglich von seiten der Forschung einige Anstrengungen gemacht werden, um die Vergleichbarkeit der Versuchspersonengruppen sicherzustellen und sich vor einem Bias bei der Auswahl der Versuchspersonen zu schützen. Man kann dies erreichen, indem man die Versuchspersonen vor Zuordnung zur jeweiligen Behandlungs- bzw. Kontrollgruppe in essentiellen Merkmalen vergleichbar macht oder indem man bei der Zuteilung auf die Behandlungsgruppen eine totale Randomisierung sicherstellt. Solche Vorgehensweisen bieten eine Möglichkeit, einen eventuellen Bias oder Selektivität bei der Zuordnung von Klienten zu verschiedenen Behandlungsformen abzuschwächen und die Wahrscheinlichkeit zu erhöhen, daß alle Unterschiede als das Ergebnis der abhängigen bzw. manipulierten Variable, das heißt der Behandlungsform, betrachtet werden können.

Vergleichende Untersuchungen

Behandlungs- und Kontrollgruppen

Randomisierung

Klientenvariablen sind unverkennbar auch die zentralen Variablen bei Forschungsarbeiten, die aufzudecken versuchen, welche Klientenmerkmale eine Vorhersage auf das Therapieergebnis zulassen, oder genauer ausgedrückt, welche Klientenklassen oder klinischen Probleme am besten auf spezifische Behandlungsformen ansprechen. Dies ist offensichtlich eine möglicherweise wichtige Forschungsrichtung in der Psychotherapie und spiegelt die neuerliche Akzentsetzung wider, daß man zu ermitteln versucht, welche Interventionsarten bei speziellen Problemgruppen am effektivsten sein können (Kiesler, 1971; Strupp/Bergin, 1969).

Bedeutung der Klientenvariablen

Klientenvariablen sind demgemäß in der Psychotherapieforschung von grundlegender Bedeutung. Eine unzulängliche Berücksichtigung solcher Variablen hat zweifellos zu einigen der widersprüchlichen Befunde, wie wir sie in der Literatur vorfinden, beigetragen. Eine weitere Überlegung ist an dieser Stelle, daß der Forscher bei der Berücksichtung von Klientenvariablen in der Psychotherapieforschung nicht nur denjenigen Variablen angemessene Beachtung schenken sollte, die sich leicht beurteilen und ermitteln lassen, sondern solchen, die auch von einiger potentieller

Bedeutung sind. Bei dem Versuch beispielsweise, zwei vergleichbare Gruppen auszuwählen, kann der Forscher probieren, sie in bezug auf Variablen anzugleichen, über die er wohl Informationen besitzt, die aber keine entscheidenden Variablen zu sein brauchen. Er kann es somit unterlassen, seine Aufmerksamkeit auf Variablen mit größerer Relevanz zu richten. So kann er demgemäß seine Gruppe hinsichtlich Alter, Geschlecht und Familienstand gleichsetzen, nicht aber in bezug auf Ausmaß der Störung, Therapiemotivation und ähnliche Variablen. In dem Maße, wie die erstgenannte Gruppe von Merkmalen für die durchzuführende Untersuchung keine entscheidende Bedeutung hat, ist das Angleichen der Gruppen (matching) gewissermaßen nur Schönfärberei, die in Wirklichkeit dem Problem nicht gerecht wird.

Randomisierung nach zentralen Variablen

Probleme bei der Selektion der Variablen: fehlende Operationalisierung

Die entscheidenden Probleme bei der Bestimmung von Klientenvariablen liegen bei der Selektion der Variablen, die mit dem Ergebnis vermutlich signifikant zusammenhängen, sowie auch bei der adäquaten Bewertung dieser Variablen. Eines der schwierigen Probleme ist hierbei, daß so viele der Klientenvariablen, die vermutlich von potentieller Bedeutung für die Psychotherapie sind, nicht operational definiert sind. Es handelt sich meist um Persönlichkeitsvariablen oder andere hypothetische Konstrukte, die nur unzureichend definiert sind, von verschiedenen Therapeuten unterschiedlich betrachtet werden und schwierig zu messen oder zu ermitteln sind. Ein Konzept, bei dem man sich vorstellen kann, daß es unter Umständen einem Merkmal von eventueller Bedeutung zugehört, aber nicht operationalisiert oder angemessen beurteilt werden kann, wird nur geringen expliziten Nutzen haben, da es nicht zuverlässig bestimmt werden kann. Dementsprechend bringen solche Konstrukte wie Ich-Stärke, Therapiemotivation, Angst und ähnliche echte Probleme für die Forschung mit sich. Unterschiedliche Messungen des gleichen Konstruktes zeigen häufig bescheidene bzw. geringe Interkorrelationen, so daß man sich wirklich nicht sicher sein kann, was jeweils tatsächlich gemessen wird. In der entscheidenden Analyse müssen unsere Methoden zur Beurteilung der Variablen, an deren Untersuchung wir interessiert sind, reliabel und valide sein. Sind sie es nicht, dann weist unsere Untersuchung ernste Mängel auf. Insofern viele Forschungsstudien von Verhaltenstherapeuten durchgeführt wurden und dabei verhaltensorientierte Kriterien zur Resultatsbestimmung Verwendung fanden, die ziemlich hohe Reliabilität und Validität aufweisen, ist deren Forschung von diesem Problemtypus weniger betroffen. Insofern jedoch, als auch andere Klientenvariablen am Zustandekommen des Ergebnisses beteiligt waren, treffen solche Überlegungen auf Verhaltenstherapeuten genauso zu.

Forderung: Reliabilität und Validität

Generalisierbarkeit der Befunde fragwürdig

Ein weiteres, erwähnenswertes Problem besteht darin, ob die in einer beliebigen Untersuchung erzielten Ergebnisse verallgemeinert werden können, wobei auch in dieser Hinsicht Klientenvariablen von Bedeutung sind. Jede Forschungsstudie im Bereich Psychotherapie bedient sich einer begrenzten Anzahl von Klienten bzw. Versuchspersonen. Die Zahl und die Kategorie der untersuchten Klienten sind für die Art und Weise der Schlußfolgerungen und Generalisierungen, die sich auf der Grundlage

Kleine Stichproben

einer einzelnen Untersuchung vornehmen lassen, sehr relevant. Ist die Zahl der Klienten relativ gering, muß man bei Schlußfolgerungen besonders vorsichtig sein, da die Stichprobengröße die Reliabilität beeinflußt. Auch die Stichprobenkategorie muß in Betracht gezogen werden. Liegt eine sehr gemischte Klientengruppe vor, können die Ergebnisse nicht auf viele andere Klientenpopulationen übertragen werden. Auch wenn es sich um eine sehr selektive Stichprobe handelt, können die Ergebnisse nur auf eine vergleichbare Klientengruppe und nicht auf andere übertragen werden. Sehr viele der früheren Forschungsarbeiten im Bereich Psychotherapie wurden mit gemischten bzw. heterogenen Klientenstichproben einer einzelnen Klinik durchgeführt. Es wurde stillschweigend gefolgert, daß die Ergebnisse auch für alle anderen klinischen Settings Relevanz besaßen – eine Annahme, die den Erwartungen aber häufig nicht entsprach. In der Regel deckten solche Stichproben den psychiatrischen Randbereich ab, wobei hirngeschädigte und geistig retardierte Klienten herkömmlicherweise ausgeschlossen wurden. Da nicht alle klinischen Settings die Gewähr für die gleiche Kategorie von Klienten in genau der gleichen Zusammensetzung boten, war die Vergleichbarkeit der Ergebnisse fragwürdig. Eine bessere Strategie ist wahrscheinlich, wenn man versucht, spezifiziertere Klientenstichproben in die Forschung einzubeziehen, die eine einigermaßen ähnliche Problematik aufweisen. Auf diese Weise werden sich die Variabilität in den untersuchten Stichproben verringern und vielleicht zuverlässigere Resultate erzielen lassen.

Stichprobenkategorie

Ein weiterer Gesichtspunkt dieses Problems, der auch sehr stark beachtet und diskutiert wurde, betrifft ebenfalls die Frage der Generalisierungsfähigkeit von Ergebnissen und bezieht sich in erster Linie auf die Forschungsstudien, die mit College-Studenten auf freiwilliger Basis durchgeführt wurden. Einige dieser Untersuchungen sind zwar deutlich als Analogiestudien ausgewiesen worden, das heißt als experimentelle Veranschaulichungen von Vorgängen, bei denen man vermutet hat, daß sie denen gleichen, die sich in einer wirklichen Psychotherapie abspielen (Heller, 1971). In anderen Fällen jedoch ist eine solche Unterscheidung nicht vorgenommen worden, und die Untersuchungen sind faktisch als Psychotherapiestudien behandelt worden. Insbesondere eine ganze Reihe von Untersuchungen der Verhaltenstherapeuten sind mit freiwillig sich meldenden Studenten durchgeführt worden, aber auch Forschungen innerhalb der klientenzentrierten Therapie wie auch in anderen Therapien bedienten sich dieser Freiwilligen. Es stellt sich dabei die Frage, ob College-Studenten, die sich für solche Forschungsstudien auf Aushänge hin, bzw. um den Erfordernissen von Seminaren zu entsprechen, freiwillig zur Verfügung stellen, mit Klienten verglichen werden können, die wegen mutmaßlich vergleichbarer Beschwerden einen Therapeuten aufsuchen (Marks, 1978). Wenn die beiden Versuchspersonengruppen hingegen tatsächlich Unterschiede aufweisen, sind die Ergebnisse der einen Gruppe auf die andere Gruppe übertragbar? Falls die bei Studenten oder anderen Gruppen von Freiwilligen erzielten Ergebnisse nicht anhand irgendeiner Stichprobe tatsächlicher Klienten mit vergleichbaren Beschwerden kreuzvalidiert werden, betrach-

Freiwilligkeit und Analogiestudien

tet man die Ergebnisse wahrscheinlich am besten als vorläufig und provisorisch; es kommt nämlich nicht selten vor, daß bei klinischen Klienten negativere Ergebnisse erzielt werden. Es ist zwar eine völlig vernünftige Vorgehensweise, neue Techniken an Studenten, die sich hierfür freiwillig melden, in einer relativ gut kontrollierbaren Laboratoriumssituation auszuprobieren. Bevor man aber diese Ergebnisse für eine breitere Nutzanwendung in Erwägung zieht, müssen sie gewöhnlich an einer klinisch angemessenen Stichprobe kreuzvalidiert werden. Andernfalls würde man am besten daran tun, die erzielten Ergebnisse nur auf eine ähnliche Stichprobe freiwillig sich meldender Studenten zu verallgemeinern. Für die gesamte Forschung gilt indes, daß die Wahrscheinlichkeit, zu reliablen Ergebnissen zu kommen, um so höher ist, je höher die Spezifität der beurteilten Klientenvariablen ist.

Forderung: Kreuzvalidierung

Therapeutenvariablen

Neben den beschriebenen Klientenvariablen sind in der Psychotherapieforschung auch die mit dem Therapeuten zusammenhängenden Variablen von Bedeutung. Am nachdrücklichsten hat man dabei persönliche Eigenschaften des Therapeuten und die Dauer seiner Psychotherapieerfahrungen ins Auge gefaßt. Wie in einem früheren Kapitel schon erwähnt wurde, hat man zwar viele persönliche Eigenschaften als wünschenswert und wichtig für einen Psychotherapeuten erachtet, solche Variablen aber verhältnismäßig wenig erforscht, und die wenige Forschung, die betrieben worden ist, hat zu vielen widersprüchlichen und enttäuschenden Resultaten geführt (Parloff/Waskow/Wolfe, 1978). In ein paar Untersuchungen hat sich zwar ein ziemlich starker Zusammenhang zwischen der Erfahrung des Therapeuten und dem Therapieergebnis herausgestellt, die Gesamtergebnisse lassen sich aber bestenfalls als relativ bescheiden bezeichnen, und ein großer Teil der Varianz ist ungeklärt geblieben (Auerbach/Johnson, 1977). Ziemlich enttäuschend ist auch die prädiktive Forschung über Klinische Psychologen und über in Ausbildung befindliche Psychiater ausgefallen (Holt/Luborsky, 1958; Kelly/Fiske, 1951).

Berufserfahrung

Widersprüchliche Befunde

Merkmale: Empathie, Echtheit, Wärme

Die vielversprechendste Forschung über Therapeutenmerkmale schien diejenige zu sein, die von den klientenzentrierten Therapeuten über die grundlegenden Variablen Empathie, Wärme und Echtheit durchgeführt wurde. Wie Truax und Carkhuff (1967) berichteten, sah es so aus, als ob einige grundsätzlich wichtige Therapeutenmerkmale, von Klinikern schon lange erkannt und in den Vordergrund gehoben, sorgfältig definiert und mittels ziemlich gut konstruierter Rating-Skalen – auf Band aufgezeichnete Therapeutentätigkeit in tatsächlicher therapeutischer Intervention – operationalisiert worden wären. Ich selbst habe mich in einer Besprechung dieser wichtigen Arbeit vom potentiellen Beitrag dieser Forschung sehr angetan gezeigt (Garfield, 1968). In der nachfolgenden Forschung ist es aber nicht gelungen, die geweckten Hoffnungen zu erfüllen. Die Reliabilität der Skalen, die zur Bewertung dieser Therapeutenvariablen verwendet worden sind, ist in Frage gestellt worden (Chinsky/Rappaport, 1970). Und wie schon an anderer Stelle erwähnt, ist es in weiteren Forschungsarbeiten nicht gelungen, die Behauptung gänzlich zu bestätigen, daß diese Therapeutenvoraussetzungen mit dem Ergebnis einer

Fragwürdige Skalenreliabilität

Psychotherapie positiv korrelieren (GARFIELD/BERGIN, 1971; LAMBERT/DEJULIO/STEIN, 1978; MITCHELL/BOZARTH/KRAUFT, 1977; PARLOFF/WASKOW/WOLFE, 1978).

Seltene Bestätigung der Hypothesen

Höchstwahrscheinlich kommen somit zwar die Eigenschaften des Therapeuten in einer Psychotherapie ziemlich stark zum Tragen. Diese Sichtweise wird auch von den meisten Klinikern geteilt. In Forschungsarbeiten zur Identifizierung dieser Eigenschaften ist es aber bis jetzt nicht gelungen, wirklich definitive Befunde hervorzubringen. Daß bestimmte Therapeutenmerkmale bzw. -stile im Verlauf einer Psychotherapie von potentieller Bedeutung sind, legen die Befunde aus mehreren Untersuchungen nahe. In der Studie von LIEBERMAN, YALOM und MILES (1973) über Encounter-Gruppen zum Beispiel stellte sich heraus, daß etliche Verhaltensweisen der Therapeuten mit der Anzahl ihrer „Opfer" in Zusammenhang standen. In einigen anderen Untersuchungen über Self-Reports von Klienten nach Abschluß einer Psychotherapie finden sich auch Hinweise darauf, daß bestimmte persönliche Eigenschaften des Therapeuten von den Klienten als wesentlich betrachtet werden (FEIFEL/EELLS, 1963; SLOANE et al., 1975; STRUPP/FOX/LESSLER, 1969). Da diese Resultate aber auf retrospektiven Klientenberichten nach Abschluß der Therapie beruhen, haben die Daten über Therapeutenvariablen nur eine eingeschränkte Aussagekraft. Dennoch lassen sie auf mögliche Anhaltspunkte schließen, die in der Psychotherapieforschung wesentlich sein können. Zweifellos wäre es äußerst unklug, über den potentiellen Einfluß des Therapeuten auf den Prozeß und das Ergebnis einer Psychotherapie hinwegzusehen und keinen Versuch zu unternehmen, diesen Einfluß systematisch zu untersuchen. In diesem Zusammenhang sollte man eine interessante Analyse von Einzelstudien in der Psychotherapie von STRUPP, HADLEY und GOMES-SCHWARTZ (1977) zur Kenntnis nehmen, die von negativen Ergebnissen berichteten. Nur in sehr wenigen dieser Studien aber wurden mögliche Therapeutenmerkmale bestimmt bzw. wurden solche erwähnt. Wenn potentielle Korrelate von negativen Folgen einer Psychotherapie aufgezählt wurden, bezogen sie sich zumeist auf Klientenvariablen und nicht auf Therapeutenvariablen. Dies ist natürlich eine einseitige Akzentuierung, die einer Korrektur bedarf.

Therapeutenverhalten und Encounter-„Opfer"

Obwohl demnach unsere Techniken und Grundprinzipien zur Bewertung von Therapeutenvariablen limitiert sind und viel zu wünschen übrig lassen, wird jede systematische Forschungsarbeit irgendeinen Versuch unternehmen müssen, potentielle Variablen dieser Art zu untersuchen. Andernfalls behalten wir den Uniformitätsmythos bei, wonach alle Therapeuten gleich und austauschbar sind, und werden uns mit „durchschnittlichen" Ergebnissen zufrieden geben müssen. Vergleichbare Untersuchungen aus der Diagnostik haben ergeben, daß in punkto Genauigkeit verschiedener Kliniker eine kolossale Variabilität vorliegt (CHAMBERS/HAMLIN, 1957; HOLTZMAN/SELLS, 1954). Im Schnitt bringt es demnach der diagnostische Scharfsinn einer Gruppe von Klinikern zu nur wenig Besserem als einer Zufallsdiagnose, einige Kliniker sind ausgesprochen sorgfältig, während andere den Anschein oder Eindruck erwecken, als

Sehr unterschiedliche diagnostische Kompetenz von Therapeuten

würden sie völlig am Ziel vorbeischießen. Ähnliche Untersuchungen über Psychotherapeuten würden äußerst hilfreich sein. Dies träfe vor allem dann zu, wenn intensive Untersuchungen über solche Therapeuten verfolgt würden, die am wirkungsvollsten sind. Auf diese Weise könnte man an Informationen gelangen, welche Therapeutenmerkmale zum erwünschten Ergebnis einen Beitrag leisten.

Weitere Kritikpunkte

Der Einbezug zukünftiger Therapeuten

In manchen Forschungskritiken sind auch noch zu einem weiteren Punkt erwähnenswerte Anmerkungen gemacht worden. In einer reichlichen Anzahl von Therapiestudien sind auszubildende Psychotherapeuten in die Untersuchung einbezogen worden. Solche Personen sind leichter zugänglich bzw. leichter zur Teilnahme an Forschungsstudien zu veranlassen. Da sie noch nicht voll ausgebildete und erfahrene Psychotherapeuten sind, stellt sich die Frage, welches Vertrauen wir den erzielten Ergebnissen schenken und wie stark wir die Befunde generalisieren können. Wenn sich Ausbildung und Erfahrung in einer sehr unterschiedlichen Qualität der Psychotherapieausführung niederschlagen, dann würde es am vernünftigsten sein, nur auf Situationen zu verallgemeinern, in denen vergleichbare Therapeuten beschäftigt sind. Wenn jemand eine Untersuchung über die mögliche Effektivität einer Psychotherapie durchführt, scheint es angemessen zu sein, dazu erfahrene und fähige Therapeuten heranzuziehen. Andererseits ist es so, daß in klinischen Settings ein beträchtlicher Prozentsatz von Klienten von auszubildenden Therapeuten behandelt wird, so daß einer Erforschung der Effektivität einer solchen Therapie ein denkbarer praktischer Nutzen zugeschrieben werden kann. Die Art der vorgenommenen Generalisierungen würde natürlich bei den beiden verschiedenartigen Situationen unterschiedlich sein.

Interaktion der Variablensets

Zusätzlich zur eingehenden Betrachtung von Therapeuten- und Klientenvariablen sollten Forschungsarbeiten idealerweise auch die mögliche Interaktion zwischen diesen beiden Variablensets in Erwägung ziehen. Da ein Therapeut bei ganz bestimmten Klientengruppen mutmaßlich effektiver sein kann und manche Klienten in der Therapie besser als andere mit ganz bestimmten Therapeutengruppen zusammenarbeiten können, sollte diesen möglichen Interaktionseffekten Beachtung geschenkt werden.

Komplexe Forschungsdesigns

Dieser Tatbestand macht offensichtlich ein komplexeres Forschungsdesign notwendig und ist zumindest teilweise die Ursache dafür, daß nur wenige Studien dieser Art in Angriff genommen worden sind. Trotz solcher Schwierigkeiten aber wird diese Problematik bei der Bewertung der möglichen Variablen, die das Therapieergebnis beeinflussen, in Erwägung gezogen werden müssen (Berzins, 1977).

Ergebnisvariablen

Eine wichtige Schlußbemerkung über die Psychotherapieforschung betrifft die Ergebnisvariablen und die Methoden zur Ergebnisbeurteilung. Diesem Forschungsaspekt ist im Gegensatz zu manch anderen Forschungsaspekten der Psychotherapie ziemlich starke Aufmerksamkeit zuteil geworden, und es gibt infolgedessen für die Forschung einige einsichtige Richtlinien.

Ergebnis bzw. Erfolg einer Psychotherapie beziehen sich auf die Veränderungen, die mittels der therapeutischen Intervention erzielt werden. Die Art des Ergebnisses zeigt die Effektivität der Therapie an. Sowohl für die Forschung wie auch für die psychotherapeutische Praxis sind folglich die Erfolgskriterien von entscheidender Bedeutung. Eine Psychotherapieforschung ist letzten Endes nur von eingeschränktem Nutzen, wenn sie nicht zu den Erfolgskriterien paßt, und die Bedeutung jeglicher Forschung über die Effektivität einer Psychotherapie pflegt ebenfalls sehr stark von der Qualität der zugrundegelegten Erfolgskriterien beeinflußt zu sein. Wir wollen deshalb als erstes einige der Erfolgskriterien genauer betrachten, die in der einschlägigen Forschung verwendet worden sind.

Passen Forschungsanlage und Effektivitätskriterien zusammen?

Das wahrscheinlich in den meisten Fällen am häufigsten eingesetzte Erfolgskriterium einer Psychotherapie ist die Bewertung des Fortschritts seitens des Therapeuten gewesen. Solche Bewertungen können ohne weiteres erreicht werden, da der Therapeut ja „verfügbar" ist und in bezug auf den Erfolg einer Psychotherapie ein Urteil abgeben kann. Höchstwahrscheinlich trägt dies zur Häufigkeit bei, mit der diese Bewertungsform zur Anwendung gekommen ist. In der Folge sind in der Forschung verschiedene Typen von Rating-Skalen angewendet worden, um die Erfolgsbeurteilung des Therapeuten zu ermitteln. Zur Rechtfertigung dieses Verfahrens wird gewöhnlich behauptet, der Therapeut sei diejenige Person, die mit dem Klienten am engsten verbunden gewesen sei und befinde sich in der günstigsten Lage, über den Erfolg aus erster Hand ein Urteil abzugeben. Diese Behauptung ist zwar zumindest teilweise richtig und scheint einige Augenscheinvalidität zu haben, aber dem Vertrauen auf Therapeutenurteile als einziges oder primäres Erfolgskriterium sind auch einige Grenzen gesetzt. Zuerst einmal ist der Therapeut kein völlig objektiver Beobachter oder Rater. Insofern, als er ein involvierter Teilnehmer an der Psychotherapie gewesen ist, die es zu bewerten gilt, kann man von ihm nicht annehmen, daß er eine unvoreingenommene Einschätzung abgeben kann; wie gut er den Klienten kennt, spielt dabei keine Rolle. Außerdem können verschiedene Therapeuten in ihrem Urteil über ihre eigene Effektivität idiosynkratisch reagieren, das heißt einige können übermäßig optimistisch, andere wiederum zu unnachsichtig in ihren Urteilen sein. Auch die Reliabilität ihrer Ratings läßt sich nicht hinreichend bewerten. Schließlich gibt es bis zu dem Grad, wie Therapeuten-Ratings globale Einschätzungen des Erfolgs oder des Fortschritts sind, die am Ende einer Therapie vorgenommen werden, weitere Unzulänglichkeiten oder Beschränkungen hinsichtlich der Nützlichkeit solcher Ratings. Eine davon ist die, daß der Therapeut am Ende der Therapie den Zustand des Klienten mit dem vergleichen muß, der mutmaßlich zu Beginn der Therapie vorlag. In diesem Falle kann nicht nur das Erinnerungsvermögen des Therapeuten fehlerhaft sein, sondern es kann auch das Gesamtlevel der Integration und Stabilisierung des Klienten dazu beitragen, dementsprechend die Bewertung des Therapeuten zu beeinflussen (Mintz, 1972). Das heißt, daß ein Klient, der anfangs nur sehr gering gestört war, am Ende der Therapie nur deshalb als sehr stark gebessert betrachtet wird, weil er zu diesem Zeitpunkt ein relativ hohes Stabilitätsniveau einnimmt; die erreichten Änderungen sind aber in Wirklichkeit bescheiden. Es kann auch sein, daß globale Skalen zur

Bewertung des Erfolgs durch den Therapeuten

Rating-Skalen

Nur Augenscheinvalidität

Geringe Reliabilität

Schätzung der Verbesserung unzureichend definiert sind und es an eindeutigen operationalen Definitionen der angewandten Kategorien fehlt. Aus diesen Gründen lassen die Erfolgsschätzungen von Therapeuten viel zu wünschen übrig, und man kann sich auf sie als alleiniges Erfolgskriterium nicht verlassen.

Erfolgsbeurteilungen durch den Klienten selbst

Auch die Erfolgsschätzungen von Klienten, die sich einer Psychotherapie unterzogen haben, sind häufig als Erfolgskriterium verwendet worden. Es hat den Anschein, als würden sie als Erfolgsmessungen in etwa ähnlichen Beschränkungen unterliegen wie die Therapeuten-Ratings. Der Klient sollte sich eigentlich in einer guten Position befinden, um einzuschätzen, welche Veränderungen er selbst erfahren hat. Wiederum aber finden wir Probleme der Subjektivität, Wahrnehmung, Einstellungen gegenüber dem Therapeuten und auch das Bedürfnis vor, seine Aufwendungen an Zeit und Geld zu rechtfertigen. Da der Klient aber derjenige ist, der im Mittelpunkt einer Therapie steht und gerne bereit ist, einige Ratings vorzunehmen, sind solche Ratings nichtsdestotrotz weit verbreitet zur Anwendung gekommen.

Subjektivität

In mehreren Untersuchungen sind sowohl Therapeuten- als auch Klienten-Ratings ermittelt worden, was zu interessanten Befunden geführt hat. Zwar ist der als gebessert beurteilte Gesamtanteil in den beiden ermittelten Schätzreihen ähnlich, die Korrelation hingegen zwischen diesen beiden Schätzreihen erweist sich als ziemlich gering. In einer Untersuchung mit solchen Ratings wiesen zum Beispiel beide Schätzreihen darauf hin, daß etwa 70 Prozent der Klienten „gebessert" sein dürften. Die Korrelation hingegen zwischen den Ratings belief sich auf .44 (GARFIELD/PRAGER/BERGIN, 1971). In anderen Untersuchungen wurde von noch geringeren Korrelationen berichtet. In der Untersuchung von SLOANE et al. (1975) wurde zwischen den Ratings von Klienten und Therapeuten eine Korrelation von .21 ermittelt, während von HORENSTEIN, HOUSTON und HOLMES (1973) zwischen diesen beiden Schätzreihen nur eine nichtsignifikante Korrelation von .10 errechnet wurde. In etwa ähnliche Befunde wurden auch von RYAN und GIZYNSKI (1971) berichtet. Bei einer so geringen Übereinstimmung zwischen den Ratings der beiden Teilnehmergruppen einer Psychotherapie treten hinsichtlich des Nutzens und der Bedeutung dieser Erfolgskriterien doch einige Zweifel zutage.

Geringe Übereinstimmung zwischen Therapeuten- und Klientenratings

Beurteilung durch Supervisoren und Außenstehende

Neben diesen Formen von Erfolgsschätzungen hat man sich in der Psychotherapieforschung auch die Ratings von Supervisoren, wichtigen Bezugspersonen und unabhängigen Sachverständigen zunutze gemacht. Die Ratings von Supervisoren sind vor ähnlicher Kritik wie die im Falle von Therapeuten bereits angeführte nicht geschützt, vor allem dann nicht, wenn sie sich auf die Berichte der Therapeuten über das, was sich in der Therapie zugetragen hat, stützen. In zumindest einer Untersuchung fielen ihre Ratings sogar weniger positiv als die der Therapeuten oder Klienten aus (GARFIELD/PRAGER/BERGIN, 1971). Die Ratings von so wichtigen Bezugspersonen wie Eltern, Ehepartnern, guten Freunden und von Arbeitgebern mögen zwar den Eindruck erwecken, als seien sie bei der Beurteilung einer Psychotherapie von potentiellem Wert. Bei der Verwen-

Probleme

dung solcher Ratings treten jedoch ähnliche Probleme zutage. In zwei sorgfältig kontrollierten Untersuchungen stellte sich heraus, daß im Vergleich zu weiteren Kriterien die Ratings der Eltern von Kindern mit spezifischen Verhaltensproblemen viel zu positiv ausfielen (PATTERSON, 1971). In manchen Fällen könnten sich die Ratings von Arbeitgebern oder Vorarbeitern nützlich erweisen, doch dürfte die Gewinnung solcher Daten als eine Verletzung der Intimsphäre des Klienten und als eine Gefährdung des Vertrauensverhältnisses zum Therapeuten betrachtet werden. Viele Klienten dürften sicherlich nicht damit einverstanden sein, wenn ihre Arbeitgeber davon in Kenntnis gesetzt würden, daß sie in einer Psychotherapie gewesen waren. Die Ratings von unabhängigen und ausgebildeten Beobachtern hingegen könnten auf der Grundlage von Interviews oder Bandaufzeichnungen der Therapie auf ihre Reliabilität hin überprüft werden und bei der Ergebnisbeurteilung von einigem Nutzen sein. Von all den zur Verfügung stehenden Ratings scheinen sie zumindest diejenigen zu sein, denen noch am wenigsten subjektive Vorbehalte anhaften. Die Tatsache, daß Therapeuten und Klienten den Erfolg in einer ziemlich großen Zahl von Fällen etwas unterschiedlich wahrnehmen, ist ein interessanter Befund, der für sich alleine genommen weitere Nachforschung lohnt.

Unabhängige Beobachter

Bewertung der Gesamtergebnisse vs. spezifische Beurteilung von Einzelproblemen

Die Ratings und Bewertungen des Gesamtergebnisses haben den Nachteil, daß sie hauptsächlich am Ende einer Therapie abgegeben werden. Es lassen sich aber noch andere Ratings heranziehen, die möglicherweise einen größeren Nutzen haben. Statt ein globales Urteil über den Fortschritt abzugeben, kann die Aufmerksamkeit auf spezifische Beschwerden bzw. Probleme gerichtet werden, die sich bei der Aufnahme- bzw. Erstsitzung mit dem Klienten zeigen und die am Ende der Therapie unabhängig von den Erstratings erneut beurteilt werden. Damit sind mehrere Vorteile verbunden. Statt einer globalen Beurteilung der Besserung richten sich diese Ratings auf spezifischere Probleme und Verhaltensweisen und beruhen auf Urteilen oder Ratings, die gleichzeitig mit der Bestimmung der spezifischen Verhaltensweisen bzw. Beschwerden abgegeben werden.

Tests und Fragebögen

Außer den Ratings sind zur Beurteilung des Erfolgs einer Psychotherapie auch noch eine Reihe von psychologischen Tests und Fragebögen eingesetzt worden. Es ist klar, daß solche Schätzungen des Therapiefortschritts nicht besser als die Tests sein können, auf denen sie basieren. Sofern gut standardisierte Tests angewendet werden und die Tests den Ergebnissen, die man durch eine Therapie zu erreichen versucht, angemessen sind, sind Vergleiche zwischen analogen Untersuchungen möglich. Mangelt es den eingesetzten Tests an Validität oder sind sie anderweitig für die antizipierten Ergebnisse ungeeignet, dann werden solche Instrumente wahrscheinlich äußerst wenige nützliche Daten liefern.

Folglich bringt der Einsatz von Tests bei der Beurteilung des Therapieerfolgs keineswegs einfache oder fertige Lösungen mit sich. Die Tests müssen für die speziellen Variablen, die sie mutmaßlich messen, irgendeine nachgewiesene Reliabilität und Validität haben, und die hypothetischen

Sind die Tests für den Therapieaspekt adäquat?

Variablen müssen für das erhoffte Therapieergebnis auch von unmittelbarer Bedeutung sein. Weitverbreitete Tests oder eine Testbatterie lassen sich relativ mühelos verwenden, nur sollten die Tests auch für die Problematik des Klienten geeignet sein. Viele der sogenannten allgemeinen Persönlichkeitstests können nicht die geeignetsten Instrumente sein, sofern nicht die Therapie auf eine Gesamtveränderung der Persönlichkeit abzielt. Die mittels einer Therapie verfolgten Änderungen sollten in Grenzen auch die jeweiligen Meßinstrumente determinieren, die zum Einsatz kommen.

Schwierige Vergleichbarkeit durch Testvielfalt

Eines der in der Psychotherapieforschung evidenten Probleme ist die große Mannigfaltigkeit der Tests und Fragebögen, die hierbei eingesetzt werden. Dies hat beim Vergleich und bei der Bewertung der Resultate verschiedener Untersuchungen zu echten Schwierigkeiten geführt. Tests, die angeblich die gleichen oder ähnliche Variablen messen, zeigen enttäuschenderweise häufig nur eine geringe Übereinstimmung in diesen Variablen. In der Folge ist es extrem schwierig gewesen, aus den unterschiedlichen und widersprüchlichen Ergebnissen eindeutige Schlußfolgerungen zu ziehen. Will man zu einer Vergleichbarkeit der Ergebnisse kommen, wird man wohl die Forscher dazu veranlassen müssen, die gleichen standardisierten Tests anzuwenden. Dies dürfte aber nur dann möglich sein, wenn vergleichbare Klientengruppen mit ähnlichen Behandlungszielen in die Untersuchungen einbezogen werden. Und da Klienten variable Probleme haben können, können Standardtests nicht völlig angemessen sein, und es würden noch andere Erfolgsmessungen vorgenommen werden müssen.

Messung der aktuellen Verhaltensänderung

Als Erfolgskriterium kommt auch noch eine Messung der aktuellen Verhaltensänderung zur Anwendung, die mittels einer Psychotherapie verfolgt wird. Dieser Typus einer Erfolgsmessung ist verständlicherweise am häufigsten von Verhaltenstherapeuten angewandt worden. Da sie darauf abzielen, das Verhalten in den Mittelpunkt ihrer Therapie zu stellen und die Probleme des Klienten mit verhaltensorientierten Begriffen zu definieren, folgt daraus selbstverständlich, daß sich eine Erfolgsbestimmung primär auf eine Verhaltensänderung bezieht. Diese Akzentuierung bringt in verschiedener Hinsicht Positives mit sich. Eine Verhaltensänderung ist in den meisten Fällen relevant und sollte in die meisten Erfolgsbeurteilungen einbezogen werden. In einer ganzen Reihe von Fällen ist dies nicht der Fall und in der bisherigen Forschung ein schwacher Punkt gewesen. Das Verhalten kann man außerdem beobachten und somit ziemlich objektiv einschätzen. Wenn schon Verhaltensmaßnahmen bei einigen Störungen offensichtlich von größerer Bedeutung sind und in manchen Fällen einfacher eingeschätzt werden können als bei anderen, dann sollten, wo immer möglich, auch Versuche zur Anwendung von verhaltensorientierten Meßinstrumenten unternommen werden.

Objektive Beurteilung möglich

Forschungsdesigns

Die Verhaltenstherapeuten haben eine Reihe von Forschungsdesigns und Verfahren entworfen, die mit Erfolg in vielen Forschungsstudien eingesetzt worden sind. Dazu zählt das ABAB-Design für Einzelfälle, die Bestimmung des Annäherungsverhaltens bei phobischen Störungen, die Entwicklung von Hierarchien des Zielverhaltens, die Beurteilung der

Generalisierung und des Transfers von geplanten Verhaltensweisen und kompliziertere Designs. Viele davon sind in verschiedener Hinsicht für die Bewertung des Therapieerfolgs adaptiert worden.

Vorschläge für die Erfolgsbeurteilungen

STRUPP und HADLEY (1977) haben kürzlich in bezug auf die Bewertung des Therapieergebnisses einige Vorschläge gemacht, die in Zusammenhang mit unserer gegenwärtigen Diskussion Erwähnung verdienen. Sie haben die fehlende Kongruenz bei den verschiedenen Erfolgsschätzungen diskutiert, aber statt den Nutzen solcher Schätzungen in Frage zu stellen, haben sie behauptet, daß jede Bewertungsperspektive von Bedeutung ist. Wenn auch beispielsweise Klienten und Therapeuten den Therapieerfolg unterschiedlich einschätzen mögen, so beurteilen sie mit unterschiedlichen Perspektiven bzw. Bezugspunkten, wobei beide Perspektiven bei der Erfolgsbewertung in Erwägung gezogen werden müssen. Sie halten auch die Berücksichtigung anderer Perspektiven für erwägenswert. Daher haben sie auch ein Dreikomponenten-Bewertungsschema zur Diskussion gestellt. Hierin werden für die Bewertung einer Therapie drei Bezugspunkte vorgeschlagen: die Gesellschaft, der individuelle Klient und der Mental-Health-Fachmann. In der Gesellschaft sind soziale Rollen und ähnliches mehr von Belang, so daß der Fokus unter diesem Gesichtspunkt auf der Beobachtung des Verhaltens hinsichtlich sozialer Erwartungen und Kriterien liegen würde. Unter dem Blickwinkel des individuellen Klienten würden wichtige Erfolgskriterien die subjektiven Wahrnehmungen und Empfindungen von Selbstwertschätzung und Wohlergehen beinhalten. Die Kriterien von professionellen Mental-Health-Fachleuten würden von Beobachtungen des Verhaltens, von psychologischen Tests und streng objektiven Urteilen abhängen, wobei irgendeine theoretische Sichtweise von der Persönlichkeitsstruktur und der persönlichen Gesamtstabilisierung und -integration ein Bindeglied bildet. Diese Kriterien überlappen sich zwar etwas, repräsentieren aber ziemlich unterschiedliche Bezugspunkte und Bezugsrahmen.

Gleichzeitiger Einbezug verschiedener Bewertungsperspektiven

Dreikomponenten-Schema

Problem des Schemas bei Nichtübereinstimmung der Komponenten

Das von STRUPP und HADLEY vorgeschlagene Schema zeigt zwar einen wichtigen Aspekt der Probleme auf, auf die man bei der Bewertung des Therapieerfolgs stößt, gibt aber keine vollendete Lösung dieser Probleme an die Hand. Denn welche Urteile lassen sich über die Effektivität einer Psychotherapie fällen, wenn die drei Bewertungsmodi nicht übereinstimmen? Sollen alle drei Bewertungsformen als valide angesehen werden? Nach STRUPP und HADLEY ist ein wirklich adäquates und zusammenfassendes Urteil nur dann möglich, wenn diese drei Datenformen bestimmt und integriert werden – aber wer soll diese Integration vollziehen? Vermutlich würde dies eine unabhängige und objektive vierte Instanz erforderlich machen. Wenn es sich bei dieser Person aber um einen professionellen Mental-Health-Fachmann handelt, scheint eine Komponente dieser dreiteiligen Anordnungen zu starkes Gewicht zu erlangen. Wie dem auch sei, dieses dreigeteilte Bewertungsschema ist interessant und thematisiert die Einschränkungen, die damit verbunden sind, wenn man sich in bezug auf das Therapieergebnis nur auf eine einzige Datenquelle verläßt. Eine Forschung, die systematisch die Ursachen für die Unterschiede bei verschiedenen Quellen der Ergebnisbestimmung zu erforschen versucht, würde jedenfalls von potentieller Bedeutung sein.

Es gibt folglich in bezug auf den Klienten, den Therapeuten und die Erfolgskriterien eine Reihe von grundsätzlichen Überlegungen, die es in der Forschung über das Ergebnis einer Psychotherapie anzustellen gilt. Unzulänglichkeiten bei jedem dieser Aspekte werden notwendigerweise den Nutzen der erzielten Ergebnisse beeinflussen. Wer sich folglich ernsthaft mit der Psychotherapie auseinandersetzen will, muß nicht nur den Versuch unternehmen, auf der Höhe des einschlägigen neuesten Forschungsstands zu bleiben, sondern muß auch in der Lage sein, Verdienste und Beschränkungen der Forschungsstudien, über die er sich informiert, abzuschätzen. Diese Kritik gilt für alle Aspekte der Psychotherapieforschung und nicht nur für jene, die wir bis jetzt diskutiert haben.

Kontrollierte und unkontrollierte Forschung

Zur Variationsbreite der bereits erwähnten Variablen kommt noch hinzu, daß die Psychotherapieforschung auch noch in anderer Hinsicht Unterschiede aufweist. Bei einigen Forschungsberichten hat es sich um tendenziell sorgfältig geplante und kontrollierte Untersuchungen gehandelt, die nach dem Muster des eher traditionellen Experiments in der wissenschaftlichen Forschung aufgebaut sind. Die abhängigen Variablen bzw. Erfolgskriterien werden klar spezifiziert und die unabhängigen Variablen bzw. therapeutischen Bedingungen in klar ersichtlicher Form manipuliert. Das Laboratoriumsexperiment ist allerdings nur die eine Grundform eines Forschungsmodells. Und da es sich um ein Modell handelt, an das man sich in den meisten klinischen Situationen sehr schwer nur halten kann, haben sich im psychotherapeutischen Bereich viele andere Grundformen von Forschungsstudien durchgesetzt.

Unterschiedliche Untersuchungsanlagen

Eine der üblichsten Berichterstattungen über das Ergebnis einer Psychotherapie ist ein einfacher evaluativer Bericht über eine bestimmte Zahl von Klienten, die im Rahmen eines klinischen Settings über einen gegebenen Zeitraum hinweg eine Behandlung erhalten haben. In manchen Fällen stellt der Bericht eine retrospektive Untersuchung einer Stichprobe von Klienten dar, die in der Vergangenheit behandelt worden sind. Dabei geht der Forscher einfach nur die in der Klinik abgeschlossenen Fallakten durch und listet die abschließenden Bewertungen oder Bemerkungen auf, die in den Akten von verschiedenen Therapeuten, die die Klienten im Untersuchungszeitraum behandelt haben, notiert wurden. Wie bei näherer Betrachtung festgestellt wurde, weisen solche Berichte viele Unzulänglichkeiten auf (Garfield/Kurtz, 1952). Unter anderem sind viele Protokolle nicht vollständig, manche Information ist inadäquat, unter den Therapeuten gibt es hinsichtlich der Erfolgseinschätzung und der Protokollierung beträchtliche Schwankungen, und das Ergebnis basiert auf der Gesamtbeurteilung des Therapeuten am Ende einer Therapie. In der oben erwähnten Studie fällte eine große Anzahl der Therapeuten kein abschlie-

Der evaluative Bericht des Forschers

Unzulänglichkeiten

ßendes Urteil über das Ergebnis. Und in den Fällen, bei denen in den Akten Bewertungen protokolliert wurden, wurden unterschiedliche Beschreibungen und eine verschiedenartige Terminologie verwendet, so daß eine Gleichsetzung dieser Urteile äußerst schwierig war. Eine solche Untersuchung kann folglich zwar insofern recht nützlich sein, daß aufgezeigt wird, wie notwendig systematischere Bewertungen sind, sie sagt aber weiter nichts über die Effektivität einer Psychotherapie aus.

Keine Aussagen über Therapieeffektivität möglich

In anderen Fällen sind etwas bessere, prospektive klinische Nachforschungen angestellt worden. Die Untersuchung wird im voraus geplant, und Klienten wie auch Therapeuten können ihre Erfolgsschätzungen anhand von Rating-Skalen abgeben, die auf diese Untersuchung zugeschnitten sind. Diese Untersuchungsform weist zwar gegenüber der zuerst genannten gewisse Verbesserungen auf, hat aber ebenfalls seine Grenzen. Die Erfolgsbeurteilungen neigen dazu, global und unzureichend definiert zu sein, und in der Regel läßt auch die Information über die Klientenvariablen ziemlich zu wünschen übrig. Einige Forscher haben deshalb versucht, diesen speziellen Forschungsansatz durch Hinzufügung von objektiveren und umfassenderen Erfolgsmessungen, gewöhnlich einige standardisierte Tests und Fragebögen, zu verbessern. Aber auch diese Art von Forschung ist zwar erneut eine Verbesserung, läßt allerdings immer noch nur sehr eingeschränkte Schlußfolgerungen zu. Wir können etwas darüber erfahren, wie hoch bei einer zumeist heterogenen Klientengruppe, die sich zu einer bestimmten Zeit in einem spezifischen klinischen Setting bei einer speziellen Therapeutenstichprobe einer Psychotherapie unterzogen hat, der geschätzte Fortschritt ist. Da diese Resultate meistens positiv eingeschätzt werden, mögen sie als Bestätigung der Effektivität der in diesem klinischen Setting durchgeführten Psychotherapie oder, noch allgemeiner, der Effektivität der Psychotherapie betrachtet werden. Grundsätzlich sind aber solche Schlußfolgerungen nicht tragbar, da jegliche Kontrollgruppe fehlt. Ohne geeignete Kontrollen lassen sich zwar Ursache-Folge-Beziehungen postulieren, sie besitzen aber keine angemessene Vertrauensbasis.

Prospektive Untersuchungen

Auch hier: eingeschränkte Schlußfolgerungen durch fehlende Kontrollen

Das Problem adäquat kontrollierter Untersuchungen ist überall in der Forschung, und zweifellos auch in der Psychotherapieforschung, von Relevanz. Wer über den Einfluß einer einzelnen Variable auf eine andere zuverlässige Rückschlüsse bzw. Schlußfolgerungen ziehen möchte, muß alle übrigen Variablen unter Kontrolle halten, die in der vorliegenden Situation eine Wirkung haben und auch irgendeinen Einfluß auf die zweite bzw. abhängige Variable ausüben können. Untersucht jemand beispielsweise den Effekt des Lärmpegels auf die Leistungsfähigkeit, unterläßt aber die Kontrolle anderer Variablen wie der Temperatur, die ebenfalls die Leistung beeinflussen könnte, so können die erzielten Ergebnisse vom Einfluß der unkontrollierten Variable überlagert sein. Im Falle einer vorher schon erwähnten Untersuchung über den Therapieerfolg mag zwar ein bemerkenswertes Resultat vorliegen, das heißt, daß 68 Prozent der Klienten, die eine Psychotherapie erhalten haben, als gebessert beurteilt worden sind. Wir können aber nicht mit Bestimmtheit feststellen, daß dieses Ergebnis auf die Psychotherapie zurückzuführen ist, es sei denn, wir haben die Möglichkeit ausgeschlossen, daß hinsichtlich des erzielten Fortschritts auch noch andere Faktoren eine Rolle gespielt haben. Eine der auf der Hand liegenden Überlegungen ist, was denn passiert wäre, wenn die gleiche Klientengruppe keine Psychotherapie erhalten hätte, sondern einfach sich selbst überlassen worden wäre. Hätte sie über einen ähnlichen Zeitraum hinweg ebenfalls einen vergleichbaren Prozentsatz an gebesserten Fällen enthalten oder wäre dieser Anteil geringer oder höher gewesen? Solange wir über keine Datenbasis verfügen oder nicht irgendeine andere vernünftige Basis für die Abgabe von Urteilen haben, sind wir auch nicht in der Lage, auf diese Art von Fragen ein passende Antwort zu geben. Folglich vermögen wir über die Effektivität einer Therapie dadurch nur begrenzte Schlußfolgerungen ziehen. Das Problem der Kontrolle von möglichen äußeren Einflußnahmen auf das Ergebnis einer Psychotherapie ist somit von beträchtlicher Relevanz. Aus solchen Gründen ist bei Forschungen zur Evaluation des Erfolgs eine Kontrollgruppe unbedingt erforderlich.

Die Relevanz von Kontrollgruppen

Aus den eben angeführten Gründen hat sich die Psychotherapieforschung auch in zunehmendem Maße irgendeiner Form von Kontrollgruppe bedient. Ein Prototyp davon ist die Kontrollgruppe ohne Behandlung – das heißt, eine Gruppe von Klienten, die mit der Gruppe, die eine Psychotherapie erhält, vergleichbar ist, nur eben keiner Behandlung unterzogen wird. Beide Gruppen werden den gleichen Evaluierungsverfahren unterworfen, und alle Unterschiede, die sich feststellen lassen, werden den Behandlungseffekten zugeschrieben. Obwohl dies ein geeignetes Vorgehen zu sein scheint, ist es nicht immer leicht zu realisieren und mit einigen Einschränkungen verbunden. Wenn sich die zu bewertende Therapie über einen langen Zeitraum erstreckt, läßt sich eine Kontrollgruppe nur äußerst schwierig gewinnen und als solche aufrechterhalten, das heißt, es ist schwierig, dafür zu sorgen, daß diese Gruppe keine therapeutische Hilfe erhält. Hier spielen ganz klar sowohl ethische als auch praktische Überlegungen eine Rolle, denn für keinen Praktiker mit moralischem Verantwortungsbewußtsein wäre es tragbar, ernstlich gestörten Klienten, die einer Behandlung bedürfen, über einen längeren Zeitraum eine Therapie vorzuenthalten. Ist die Behandlungsdauer relativ kurz, ist dieses Problem weniger gravierend.

Kontrollgruppe ohne Behandlung

Außerdem ist es auch schwierig, eine Kontrollgruppe zu besorgen, die mit der Therapiegruppe vergleichbar ist, bzw. an nach dem Zufallsprinzip ausgewählte Gruppen für die Forschungsstudie zu gelangen. Wenn viele der zu Beginn für die Kontrollgruppe ausgewählten Klienten mit einer Wartefrist nicht einverstanden sind und anderswo um eine Behandlung nachsuchen, lassen sie sich nicht immer adäquat ersetzen. Ein solches Abbröckeln wirft Fragen über die Repräsentativität jener Klienten auf, die damit einverstanden sind, auf eine Behandlung zu warten und die Kontrollgruppe zu konstituieren.

Repräsentativitätsproblem

Trotz dieser Probleme ist die Kontrollgruppe ohne Behandlung in mehreren Forschungsstudien verwendet worden. Sie ist zu einigen der älteren Untersuchungen von ROGERS und seinen Mitarbeitern (ROGERS/DYMOND, 1954) und erst kürzlich in der wichtigen Untersuchung von

Beispiele

SLOANE et al. (1975) herangezogen worden. Diese Untersuchungen wurden mit ambulanten Klienten durchgeführt, bei denen sich ein solches Forschungsdesign als schwieriger erweist als bei stationär behandelten Klienten, die in hohem Maße unter der Kontrolle der Institution stehen. Im wesentlichen handelte es sich hier um eine sogenannte Warteliste bzw. Wartelisten-Kontrollgruppe. Im ersten Gespräch wird den Klienten mitgeteilt, daß es für die Zuweisung zur Therapie eine Warteliste gibt, und versprochen, sobald wie nur möglich mit der Therapie zu beginnen. In der Untersuchung von SLOANE et al. (1975) wurde den Klienten bekanntgegeben, daß sie definitiv spätestens in vier Monaten – dies war die für die Therapie bestimmte Zeitspanne – einer Therapie zugeführt würden.

Wartelisten-Kontrollgruppe

Wenn auch eine Kontrollgruppe ohne Behandlung bzw. eine Wartelisten-Kontrollgruppe die Bedeutung einer Untersuchung zur Bewertung des Therapieerfolgs beträchtlich erhöht, so ist diese Art von Forschungsdesign verschiedentlich auch als nicht völlig befriedigend kritisiert worden (PAUL, 1967). In diesem Falle richtet sich die Kritik auf die Variablen, denen man bei der Erzielung eines Therapiefortschritts eine Bedeutung beimißt. Wenn beispielsweise eine Forschungsarbeit indiziert, daß mit Hilfe einer Psychotherapie signifikant größere Veränderungen als ohne therapeutische Behandlung erzielt werden – sind die Resultate wirklich den erwähnten psychotherapeutischen Verfahren zuzuschreiben oder lassen sie sich möglicherweise auf andere Variablen zurückführen? Könnte es auch sein, daß nicht die behaupteten Variablen einer Psychotherapie die ermittelte Veränderung hervorgerufen haben, sondern für die erzielte Verbesserung lediglich die Gelegenheit ausschlaggebend war, sich mit irgendjemandem zu unterhalten? Dieser Standpunkt rührt weitgehend von den Arbeiten im pharmakologischen Bereich und dem sogenannten Placebo-Effekt her (SHAPIRO/MORRIS, 1978). Bei der Erprobung von Medikamenten hat sich herausgestellt, daß einige Personen sogar dann auf jede Art von Medikation oder Pillen positiv reagieren werden, wenn ihre Bestandteile physiologisch unwirksam sind. Das heißt, daß die bloße Einnahme einer Pille einen therapeutischen Effekt nach sich zieht, unabhängig davon, woraus die Pille besteht. Bei der Untersuchung neuer Medikamente vergleicht man deshalb in der Regel das Versuchsmedikament mit einem Placebo, das möglichst genauso aussieht und schmeckt. Erzielt man mit beiden Pillen annähernd gleiche Resultate, werden die Effekte der Versuchsmedikation – selbst wenn es sich um sehr positive handeln sollte – eher auf den Placebo-Effekt zurückgeführt als auf die spezifische Medikation. Nur wenn das „echte" Medikament im Vergleich zum Placebo ein entschieden besseres Resultat erzielt hat, wird es als ein wirksames pharmakologisches Mittel beurteilt werden.

Der Placebo-Effekt

Die Folge solcher Ergebnisse war, daß verschiedene Psychotherapieforscher es für wichtig erachtet haben, sowohl eine sogenannte „attention-placebo"-Kontrollgruppe als auch eine Kontrollgruppe ohne Behandlung einzubeziehen (PAUL, 1967). Diese Art von Forschungsdesign scheint offensichtlich tauglich, lohnendere und klarer umrissene Informationen als die bereits diskutierten Forschungspläne zur Verfügung zu stellen. Wenn

„attention-placebo"-Kontrollgruppe

die Gruppe mit psychotherapeutischer Behandlung bessere Ergebnisse als jede der beiden anderen Kontrollgruppen erreicht, weisen diese Ergebnisse eindringlicher darauf hin, daß wahrscheinlich die Psychotherapie für die erzielten Änderungen verantwortlich ist. Zeigt hingegen die Therapiegruppe eine größere Veränderung als eine Kontrollgruppe ohne Behandlung und unterscheidet sie sich nicht von der „attention-placebo"-Gruppe, dann darf man vermuten, daß die mittels einer Psychotherapie erzielten Veränderungen im Grunde genommen Placebo-Effekte sind, die sich durch andere Formen sozialer Interaktionen ebenfalls sicherstellen lassen.

Ethische Probleme und Glaubwüdigkeit

Neben möglichen ethischen Erwägungen und dem zusätzlichen Aufwand, der mit der Bildung einer weiteren Kontrollgruppe verbunden ist, stellt sich beim Einbezug einer „attention-placebo"-Gruppe als Schwierigkeit, die damit verbundenen Verfahren glaubwürdig und realistisch zu gestalten. Um eine effektive Kontrollgruppe dieser Art zu erhalten, müssen das Grundprinzip und die Verfahren der Studie Glaubwürdigkeit besitzen. Gleichzeitig aber dürfen keine Verfahren zum Einsatz kommen, die Bestandteil der Psychotherapie sind, deren Effektivität man erforschen will. Solche Verfahren zu entwerfen, fällt nicht immer leicht und setzt beim Therapieforscher ziemlich viel Kreativität voraus. Die Kontrollgruppe muß effektiv bzw. valide sein, da sie sonst die ihr zugewiesene Funktion nicht angemessen erfüllt. Bei der Bewertung von Forschungsstudien ist es deshalb wichtig, die einzelnen Kontrollgruppen dahingehend sorgfältig zu prüfen, ob sie die ihnen zugeschriebene Beschaffenheit aufweisen.

Zusammenfassung

Es dürfte kaum daran gezweifelt werden können, daß sorgfältig geplante und kontrollierte Untersuchungen zu unserem Wissensstand über die Psychotherapie viel wertvollere Informationen beisteuern können als unkontrollierte Untersuchungen. Bei einer Forschung, deren Durchführung sich lohnt, sollte es sich auch lohnen, gründlich vorzugehen. Gleichwohl gibt es viele sonstige Forschungsformen, die nicht primär mit der Effektivität einer Psychotherapie zu tun haben und nicht unbedingt den Einsatz komplizierter Kontrollgruppen erforderlich machen. Dazu zählen Studien über Therapieprognosen, über die Übereinstimmung von Therapeut und Klient, über die vorzeitige Termination der Therapie, über die Bedeutung der Struktur oder der Aktivität des Therapeuten in einer Therapie und ähnliches mehr. Jede dieser Untersuchungsarten verfolgt unterschiedliche Ziele, wobei aber die Problematik einer kontrollierten Untersuchung von bedeutenden Variablen an dieser Stelle genauso wichtig ist wie bei der Verwendung von Kontrollgruppen bei Untersuchungen über den Therapieerfolg. Was auch immer man untersucht, wenn man daran interessiert ist, wie eine spezifische Variable oder spezifische Variablen irgendeine Kriteriumsvariable beeinflussen, muß man den zufälligen Einfluß oder den Einfluß externer Variablen kontrollieren. Wenn die Kontrolle solcher Einflußnahmen nicht gelingt, ist die Schlußfolgerung, daß eine spezielle Ursache für die erzielten Resultate verantwortlich sei, nur schwierig vorzunehmen. Nur wenn wir Schlußfolgerungen mit einem zumindest einigermaßen vertretbaren Zuverlässigkeitsniveau ziehen können, werden wir unseren Wissensstand verbessern können.

Statistische und klinisch-praktische Überlegungen

Diskussionswürdig ist auch noch eine weitere Problematik, nämlich verschiedene klinisch-statistische Aspekte der Signifikanz von Forschungsergebnissen. Da es viele Experten gibt, die in Feinheiten der Forschungsplanung und statistischen Analyse informierter und beschlagener als ich sind (GOTTMAN, 1978; KIESLER, 1971), werde ich keinen Versuch unternehmen, solche Punkte zu diskutieren. Stattdessen werde ich auf einige, für den Psychotherapeuten, der die Fachliteratur verfolgt, wichtige und entscheidende Fragen zu sprechen kommen.

Der Nutzen von Statistik in der Forschung

Statistiken und statistische Analysen sind für die Forschung wichtige Hilfsmittel. Sie verhelfen zu einem Verständnis der Daten und Ergebnisse aus Forschungsstudien und ermöglichen verschiedene Vergleiche zwischen unterschiedlichen Ergebnisreihen. Sie haben folglich in der Forschung vielfache Verwendung gefunden, und die meisten Forschungsarbeiten lassen sich ohne Anwendung der geeigneten Statistiken nur schwerlich zum Abschluß bringen. In einem Bereich jedoch wird ihr Nutzen manchmal falsch gedeutet bzw. fehlerhaft bewertet. Es geht in diesem Falle um die verschiedenen statistischen Meßmethoden, die zur Signifikanzbestimmung der in einer einzelnen Untersuchung erzielten Resultate verwendet werden. Werden beispielsweise zwei Versuchspersonengruppen nach erfolgter Behandlung anhand der erlangten Unterschiede statistisch miteinander verglichen, verwendet man dazu einen Signifikanztest, um die Resultate auf einem bestimmten Signifikanzniveau abzusichern. In Vergleichsstudien wird im allgemeinen ein statistisches Signifikanzniveau von .05 und .01 herangezogen. Ein Befund mit einem Signifikanzniveau von .05 bedeutet, daß etwa fünf Prozent der erzielten Resultate zufallsbedingt sind. Es wird dementsprechend interpretiert, daß ein zufälliges Auftreten dieser Art sehr unwahrscheinlich ist und die Ergebnisse als signifikant zu betrachten sind – das heißt, nicht zufallsbedingt. Der Nutzen solcher statistischen Signifikanztests liegt somit darin, eine Schätzung der Wahrscheinlichkeit zu erlauben, daß die erzielten Befunde einfach nur zufälligen Schwankungen unterworfen sind. Die Größe der Gruppen, ihre Variabilität und die tatsächlich erzielten Differenzen gehen jeweils in das daraus resultierende Signifikanzniveau ein. Solche Messungen machen aber nur zu einem Teil darüber eine Aussage, was für den professionellen Kliniker relevant sein kann. Sie sagen etwas über die statistische, nicht aber etwas über die klinisch-praktische Bedeutung aus.

Statistische Signifikanz und klinische Bedeutung

Statistisch signifikant: praktisch irrelevant

Stehen einem Therapieforscher große Stichproben von Versuchspersonen zur Verfügung, kann sich bereits eine kleine Differenz als statistisch signifikant herausstellen, das heißt als nichtzufallsbedingt. Diese Differenz kann aber so klein sein, daß sie nur geringen praktischen Wert hat. Sie mag vielleicht für eine Dissertation oder eine eventuelle Publikation ausreichen, nicht aber für klinische Zwecke. Bei einer Entscheidung oder einem Urteil über praxisbezogene Zielsetzungen müssen andere Kriterien herangezogen werden. Das Problem liegt grundsätzlich nicht nur darin, ob ein Befund statistisch signifikant ist, sondern auch welcher Anteil der Varianz zwischen den untersuchten Variablen von den Befunden erklärt wird. Wir wollen in einem Beispiel einmal annehmen, daß wir zwei Behandlungsarten miteinander vergleichen und dabei herausgefunden haben, daß die Behandlung A statistisch signifikant besser ist als die Behandlung B. Wenn wir aber neben der Signifikanzprüfung noch genauer die tatsächlich erzielten Resultate betrachten, dann entdecken wir, daß die Klienten mit der Behandlung B eine geringe Verschlechterung ihres Zustands zeigen, die Klienten mit der Behandlung A hingegen sich ein klein wenig verbessert haben. Die Differenz zwischen den beiden Gruppen ist zwar statistisch signifikant, die tatsächlichen Verbesserungen der Klienten der Behandlungsgruppe A hingegen sind so geringfügig, daß sie von relativ geringer klinischer Bedeutung sich herausstellen. Oder es kann auch sein, daß wir bei genauer und sorgfältiger Überprüfung der Resultate feststellen, daß nur 15 Prozent der Klienten aus der Behandlungsgruppe A eine Verbesserung zeigen, die als klinisch bedeutsam bezeichnet werden kann, und daß es diese kleine Gruppe ist, auf die sich die signifikanten Befunde zurückführen lassen. Obwohl dieser letztgenannte Befund für die Entdeckung möglicher prädiktiver Variablen für eine positive Reaktion auf die Behandlung A wichtig sein könnte, würden die Gesamtbefunde tendenziell darauf hinweisen, daß diese Behandlung für die meisten Klienten nur begrenzten Wert hat.

Beispiel: Altersdifferenzen

Wir können zur Veranschaulichung des vorhergehenden, wesentlichen Punkts auch einige Reports aus der Fachliteratur anführen. In einer Untersuchung von SULLIVAN, MILLER und SMELSER (1958) wurden die möglichen Korrelate bei vorzeitiger Termination einer Psychotherapie untersucht und herausgefunden, daß mit einem solchen frühzeitigen Abbruch das Alter in signifikantem Zusammenhang stand. Die Altersdifferenz zwischen denjenigen, die abbrachen und in der Therapie verblieben, betrug jedoch nur zwei Jahre. Es dürfte sich als sehr schwierig herausstellen, diese Befunde in irgendwie konstruktiver Form umzusetzen. Die eigentliche Differenz ist mit anderen Worten so klein, daß ihr klinischer Nutzeffekt nur gering ist. In einer anderen Untersuchung zur Bewertung der Effektivität der Implosion (implosive therapy) wurde von einer signifikanten Besserungsrate berichtet (LEVIS/CARRERA, 1967). Die Analyse eines der Kriterien, der Scores des MMPI, warf jedoch die Frage nach dem Umfang bzw. nach der klinisch-praktischen Signifikanz der erzielten Verbesserung auf. Zwar war der Mittelwert der Schizophrenieskala um neun Punkte in der erwünschten Richtung reduziert, und zwar von 83.5 Punkten auf 74.1 Punkte, doch deutet der erzielte Endscore immer noch auf eine ernsthafte Pathologie hin. Sogar wenn man einräumen würde, daß diese Klienten bei Therapiebeginn stark gestört waren, weist ihr Zustand am Ende der Therapie noch immer auf ein beträchtliches Maß an Pathologie hin, selbst wenn ein statistisch signifikanter Fortschritt zu verzeichnen war. Klinisch-praktische Beurteilungen des Fortschritts pflegen auch bei der Entscheidung wesentlich zu sein, wie bedeutsam die Fortschrittsrate tatsächlich ist.

Beispiel: MMPI-Scores

Die statistische Signifikanz ist demnach zwar eine wesentliche und

Statistische Signifikanz: notwendige, aber nicht hinreichende Bedingung

notwendige Voraussetzung in der Psychotherapieforschung, reicht aber nicht unbedingt aus, um zu klinisch-praktischen Urteilen über die Effektivität von speziellen Ansätzen und Verfahren in der Psychotherapie zu gelangen. Um das Ausmaß der erzielten Veränderungen beurteilen zu können, muß man sich auch die dem Therapieforscher zur Verfügung stehenden Ausgangsdaten genauer ansehen. Deshalb ist es wichtig, daß der Forschungsbericht adäquate und ausreichende Angaben enthält, damit der Leser die vorgelegten Befunde auch bewerten und interpretieren kann. Da also die Darstellung von Einzelheiten äußerst relevant ist, haben systematisch dargestellte Forschungsarbeiten im Vergleich zu narrativen Erzählungen oder klinischen Berichten in dieser Hinsicht einen deutlichen Vorteil. Die oben diskutierten Studien enthielten genügend Daten, so daß wir als Leser die angeführten Forschungsarbeiten kritisch bewerten konnten.

Ich möchte keineswegs die Anwendung der Statistik in der Psychotherapieforschung kritisieren; statistische Verfahren sind unentbehrliche Forschungswerkzeuge und versorgen uns mit bedeutsamen Informationen. Zur Diskussion und Bewertung steht an dieser Stelle jedoch die Bedeutung statistisch signifikanter Resultate, verglichen mit der möglichen klinisch-praktischen Signifikanz der gesicherten Ergebnisse. Genauso wie sonstige Werkzeuge kann auch die Statistik unsachgemäß angewandt werden. Gebraucht man sie dagegen angemessen, liefern sie einen wertvollen Beitrag. Ich habe es mir zur Gewohnheit gemacht, Befunde ohne statistische Absicherung außer Acht zu lassen, selbst wenn viele Therapieforscher manchmal versuchen, um die „Trends" in ihren Befunden, die zwar kein akzeptables Signifikanzniveau erreicht haben, wohl aber in die erwünschte Richtung weisen, großes Aufheben zu machen. Statistische Signifikanz ist, anders ausgedrückt, zwar eine notwendige, aber keine notwendigerweise hinreichende Bedingung bei der Bewertung der praktischen Bedeutung einer Menge von Forschungsergebnissen. Bevor man ein ausgewogeneres Urteil fällen kann, muß man auch bestimmen, welcher Anteil der Varianz von den jeweils vorliegenden Befunden erklärt wird. Die Korrelation zwischen Körpergröße und Intelligenz liegt in den meisten Untersuchungen in etwa bei .15. Bei großen Stichproben ist dieser Befund statistisch signifikant und dementsprechend auch zuverlässig. Wenn zukünftig Skalen anhand großer Stichproben getestet werden, so läßt sich erwarten, daß die Ergebnisse nicht allzu weit von .15 abweichen. Doch dieser Befund erklärt nur etwa zwei Prozent der Varianz, woraus sich ergibt, daß sich die Körpergröße als kein sehr guter Prädiktor der Intelligenz betrachten läßt.

Grundlegende Forderung an Therapiebefunde: statistische Signifikanz

Es ist bedauerlich, daß teilweise aufgrund der bei Zeitschriftenveröffentlichungen bestehenden Notwendigkeit, Platz einzusparen, manchmal wesentliche Daten zur Bewertung der Untersuchungsergebnisse im publizierten Bericht nicht enthalten sind. Meistens ist es aber trotzdem möglich, ein Urteil über die präsentierten Daten zu fällen und zumindest zu einigen vorläufigen Schlußfolgerungen über den Nutzen der dargestellten Forschungsarbeit zu gelangen. Nicht immer sind Mittel- oder Durchschnittswerte informativ, und man sollte, falls verfügbar, sowohl die Werteverteilung

Fehlende Einzeldaten

lung als auch den prozentualen Anteil der Fälle genau prüfen, die bestimmte Werte oder Besserungsraten erreichen. Auf diese Weise kann sich der Leser ein besseres und konkreteres Bild darüber machen, was sich in der Untersuchung abgespielt hat. So kann der Befund recht nützlich sein, daß zwei Gruppen mit vergleichbarem Mittelwert sehr unterschiedliche Verteilungen aufweisen. In dem einen Fall können zum Beispiel praktisch alle Klienten bescheidene Verbesserungen aufweisen, während im anderen Fall eine bestimmte Anzahl der Klienten sehr große Verbesserungen zeigt, obwohl sich bei der Mehrzahl wenig oder überhaupt keine Besserung feststellen läßt. Im letztgenannten Fall ist es möglich, daß die spezielle Methode bei einem bestimmten Kliententyp sehr effektiv sein mag oder daß einige wenige Therapeuten besonders effektiv waren und für den größten Teil der erzielten Gesamtänderung verantwortlich waren.

Forderung: weiterführende Analysen

Weitere Analysen der Forschungsdaten können folglich recht nützlich dafür sein, um unser Verständnis der untersuchten Phänomene zu erweitern. Ich habe beispielsweise aus vielen Berichten über den Therapieerfolg den Eindruck gewonnen, daß die Anzahl der Klienten, denen man einen maximalen Fortschrtt attestiert, nur einen relativ kleinen Anteil der insgesamt behandelten Klienten ausmacht. Wird eine Fünf-Punkte-Skala zur Beurteilung des Fortschritts verwendet, so liegt der durchschnittliche Fortschritt der untersuchten Klientengruppe entweder deutlich unterhalb des Höchstwertes, oder es ist, wenn der prozentuale Anteil der Klienten je Skalenwert bekannt ist, die Anzahl der Klienten an der Skalenspitze gering. Obwohl die Gesamtbefunde statistisch signifikant sind und auch von einiger praktischer Bedeutung sein können, wird dadurch angedeutet, daß die Psychotherapie in ihrer gegenwärtig praktizierten Form für die meisten Klienten immer noch keine sehr leistungsfähige Behandlung ist. In der Untersuchung von SLOANE et al. (1975) wurden solche Ergebnisse tatsächlich erzielt. Die Therapiegruppen begannen die Behandlung – bei einer Skala von null (keine Symptome) bis vier (schwere Symptome) – mit einem durchschnittlichen Schätzwert für die Symptome von drei (mittelschwere Symptome). Am Ende der Therapie wurden ihre Symptome zwischen eins (geringfügige Symptome) und zwei (leichte Symptome) eingestuft. Die Ergebnisse liegen tendenziell eher im Bereich leichter oder mittlerer Verbesserungen und legen nahe, daß noch ein beträchtlicher Fortschritt vonstatten gehen muß, bevor unsere Verfahren eine Effektivität und Leistungsfähigkeit erreichen werden, die wir gerne haben würden.

Allgemeine Bemerkungen zur Psychotherapieforschung

Der Leser ist sich dessen sicherlich bewußt, daß ich trotz einer kritischen Auffassung zu vielen Bereichen der Psychotherapieforschung die Forschung entschieden befürworte und von ihrer Bedeutung hinsichtlich der Erhöhung des Wissensstands voll überzeugt bin. Im klinischen Tätigkeitsbereich, vor allem aber in der Psychotherapie, wird sowohl Personen mit Status und Reputation als auch solchen, die mit Autorität und Überzeugung das Wort erheben, noch immer zu viel Ehrerbietung entgegengebracht. Die Menschen lassen sich offenbar von Personen fesseln und interessieren, die tolle Verheißungen aussprechen oder für sich in Anspruch nehmen, den Schlüssel ins gelobte Land zu besitzen. Es scheint so, als ob es ausreiche, daß jemandem lediglich erzählt wird, ein spezieller Ansatz sei sehr effektiv. Nur selten werden zur Stützung eines speziellen Anspruchs oder einer solchen Verkündigung Forschungsdaten erbeten. Psychotherapeuten glauben offenbar auch – genauso wie andere, unbedeutendere Menschen – das, was sie glauben wollen, eher, ohne daß es dafür eines Beweises bedarf. Man mag dafür zwar vielleicht Verständnis aufbringen, gleichzeitig aber ist diese Situation beklagenswert, da die Mehrheit der Psychotherapeuten ziemlich gut ausgebildete Wissenschaftler und Forscher sind. Sie mögen sich ihre Ausbildung wohl auch bei bestimmten Tätigkeiten oder in bestimmten Situationen zunutze machen, im Zusammenhang mit Psychotherapie aber scheinen sie darauf vergessen zu haben. Studenten kann man solche Verstöße vielleicht noch vergeben, da sie sich ja eifrig die Mysterien und Techniken der Psychotherapie aneignen und es manchmal als Ungehörigkeit oder als Zeichen von Undankbarkeit aufgefaßt werden könnte, eine Frage zu stellen oder eine kritische Einstellung an den Tag zu legen. Verharren allerdings Therapeuten mit abgeschlossener Ausbildung in einem solchen Verhalten, so kann man bei ihnen annehmen, daß sie persönliche Bedürfnisse über die Notwendigkeit stellen, das Ausmaß der therapeutischen Effizienz zu bewerten und zu verbessern.

Leichtgläubigkeit der Therapeuten gegenüber Autoritäten

Ich pflege gern die Auffassung zu vertreten, daß jeder professionelle Psychotherapeut eine beträchtliche Verantwortung dafür hat, in irgendeiner Form zur Erweiterung unseres Wissens in diesem Bereich beizutragen. Für einige Praktiker kann das bedeuten, daß sie als Therapeut an einer klinischen Forschungsstudie teilnehmen oder in ihrer Arbeit mit Klienten zu einem breiter angelegten, kooperativen Forschungsprojekt beisteuern. Natürlich kann nicht jeder ein Forschungsprojekt im Bereich Psychotherapie sich ausdenken oder leiten. Damit sind viel Zeitaufwand und Erfahrung verbunden. Gleichwohl können die meisten Psychotherapeuten in verschiedener Hinsicht einen Beitrag leisten. Dazu zählt auch, wenn man ganz einfach versucht, seine eigene Tätigkeit zu objektivieren und seine Fallakten systematischer anzulegen. Anstelle von Aufzeichnungen im Erzählstil könnte der Psychotherapeut zumindest versuchen, eine einfache Rating-Skala zu verwenden, und sich bemühen, am Anfang und am Ende der Therapie möglichst objektive Ratings vorzunehmen. Selbst wenn damit keine weitergehenden Absichten verbunden sind, so kann diese Vorgehensweise dem Therapeuten wenigstens dazu verhelfen, sich mit den Ergebnissen seiner Psychotherapie und mit der Notwendigkeit ihrer Bewertung stärker auseinanderzusetzen. Eine systematischere Verwahrung von Aufzeichnungen kann es dem Psychotherapeuten auch erlauben, aus seiner bisherigen Erfahrung mit bestimmten Falltypen schneller einen Nutzen zu ziehen und Hypothesen aufzustellen, die sich später aufgrund einer systematischeren Erforschung überprüfen lassen könnten. Wenn es

Jeder Therapeut muß zur Forschung einen Beitrag leisten

Statt deskriptive Notizen: Verwendung einer Rating-Skala

Systematische Aufbewahrung von Daten

sich einzelnen Kliniker zur Gewohnheit machen, bei der Bewertung ihrer eigenen Tätigkeit objektiver zu sein und systematischer vorzugehen, werden sie außerdem eher dazu bereit sein, an einem Forschungsprojekt teilzunehmen, das in ihrem eigenen Tätigkeitsbereich oder sonstwo durchgeführt wird.

Gründe für die Forschungsabstinenz der Praktiker

Sicherlich kann man dafür Verständnis haben, daß es vielen Psychotherapeuten widerstrebt, selbst Forschungen durchzuführen, oder daß sie nur ungern an Forschungsprojekten anderer teilnehmen (BEDNAR/SHAPIRO, 1970). Dahinter steht die übliche Besorgnis, sich selbst eine Blöße zu geben; außerdem bringen die Kliniker den Therapieforschern auch einiges Mißtrauen entgegen. Es ist so, als ob die Praktiker von den Forschern glauben, diese würden ihre Arbeit bloßstellen oder in Mißkredit bringen. Außerdem ist es für Praktiker manchmal zeitraubend und schwierig, Formulare auszufüllen und Forschungsprotokolle zu führen; zudem wird diese Mitarbeit nicht zusätzlich honoriert. Und es ist in der Tat denkbar, daß jemand als ineffektiver Therapeut entlarvt wird! Aus solchen Gründen ist es verständlich, daß viele praktizierende Therapeuten an der Teilnahme an Forschungsprojekten kein großes Interesse zeigen.

Angst vor Negativurteilen

Es gibt für Therapeuten auch noch andere Gründe, warum sie sich an Forschungsstudien nicht beteiligen, wenngleich diese auch nicht so begründet wie die eben genannten sind. Einige glauben, daß die zusätzlichen Anforderungen, die dem Klienten bei der Durchführung von Tests oder durch das Ausfüllen von Formularen auferlegt werden, den psychotherapeutischen Prozeß beeinträchtigen. Aus diesem Grund haben sich auch einige Therapeuten der Bandaufzeichnung ihrer Therapiesitzungen widersetzt. Solche Beanstandungen erweisen sich jedoch in vielen Fällen als unbegründet und reflektieren entweder eine Abwehrhaltung des Therapeuten oder eine ablehnende Haltung gegenüber der Forschung. Sehr viele Untersuchungen sind ohne offenkundige negative Auswirkungen auf die Klienten durchgeführt worden, und in vielen Ausbildungs- und klinischen Zentren gehören Bandaufzeichnungen der Therapiesitzungen zu den Standardverfahren. In der Tat scheinen selbst Videoaufnahmen im familiären Rahmen die Interaktionen zwischen den Familienmitgliedern nicht wirklich zu beeinträchtigen.

Durchführungsvorschläge bei klinischen Settings

Wenn die Forschungsarbeit in einem klinischen Setting durchgeführt wird, ist es wichtig, daß die Therapieforscher die Anforderungen, die sie an das Klinikpersonal stellen und die potentielle Bedrohung, die sie darstellen, in Erwägung ziehen und einen dementsprechenden Plan entwerfen. Sie sollten sich mit den Personen zusammensetzen, die zur Teilnahme ersucht werden, und ihnen ein allgemeines Verständnis des geplanten Projekts und seiner Relevanz für die Psychotherapie vermitteln. Wenn auch bestimmte Forschungsaspekte geheim bleiben müssen, um die intendierten Ergebnisse nicht zu verfälschen, sollte man für eine allgemeine Orientierung über das Projekt und seine wissenschaftlich begründete Gesamtanlage sorgen. Diskussionen mit dem Personal sollten möglichst so gehalten werden, daß Ungewißheit beseitigt und Zweifel und Befürchtungen festgestellt und exploriert werden können, um darauf reagieren zu können. Es lohnt sich auch, die Klinikmitarbeiter um Vorschläge zu bitten, damit sie sich wie professionelle Mitarbeiter und nicht wie Personen fühlen, die nur benutzt oder ausgebeutet werden. Extrem wichtig ist auch, die völlige Vertraulichkeit des Projekts in den Vordergrund zu stellen und zu garantieren und, sofern dies angemessen erscheint, den Namen der Klinik geheimzuhalten. Eine vernünftige Vorgehensweise ist auch, den Beteiligten einen Bericht mit den gesamten Ergebnissen zugehen zu lassen, denn man kann annehmen, daß sie an diesen Ergebnissen mehr als nur ein vorübergehendes Interesse haben und eine persönliche Anerkennung in dieser Form verdient haben.

Insgesamt: Negative Einstellung der Praktiker

Es ist wirklich bedauerlich, daß eine große Anzahl professioneller Psychotherapeuten über den Nutzen der Psychotherapieforschung eine negative Auffassung hat. Einige halten sehr stark an der Meinung fest, Psychotherapie sei eine entschieden persönliche Angelegenheit und Forschung eine geplante und quantitative Sache, die das Wesentliche des Prozesses niemals herausfinden könne und folglich nur geringen Wert habe. Solche Personen lassen sich von Forschungsdaten in keinerlei Weise überzeugen oder beeinflussen, und die Forschung wird auf ihre Tätigkeit als Psychotherapeut möglicherweise keine Wirkung ausüben. Die meisten Psychotherapeuten aber dürften wahrscheinlich nicht unter diese Kategorie fallen. Dennoch pflegten viele unter ihnen zu behaupten, daß ein großer Teil der erzielten Forschungsergebnisse für sie nur geringen Wert oder geringe Bedeutung hat. Diese Auffassung ist in gewisser Hinsicht berechtigt, da in einer Reihe von Untersuchungen auf College-Studenten oder Freiwillige als Versuchspersonen zurückgegriffen wurde, in sehr artifiziellen und kurzen Therapieabschnitten auszubildende Therapeuten bzw. Studenten eingesetzt worden und Erfolgsmessungen vorgenommen worden sind, die nicht von unmittelbarem klinischem Interesse sein mögen. Sofern solche Einschränkungen vorliegen, sind solche Forschungskritiken gerechtfertigt. Diese Kritik trifft allerdings nicht auf alle Forschungsarbeiten zu, und es sollte auch nicht die Schlußfolgerung gezogen werden, alle Forschungsarbeiten seien nutzlos und folgenlos. Überprüfungen von Forschungsarbeiten liefern sowohl Beweise für die Zweckmäßigkeit der Forschungsbefunde als auch Hinweise auf die Defizite unseres gegenwärtigen Forschungsstands (GARFIELD/BERGIN, 1978; GURMAN/RAZIN, 1977).

Forschungskritik teilweise berechtigt

Viele Psychotherapeuten scheinen auch auf die Schwierigkeiten bei der Durchführung von Forschungsstudien viel zu stark einzugehen und folglich den Eindruck zu erhalten, die Forschung sei für sie selbst zu kompliziert. Forschung sei etwas für die „Experten“, nicht aber für die Kliniker geschaffen. Obwohl an dieser Aussage etwas Wahres ist, ist sie wiederum übertrieben. Man tendiert dazu, mit Forschung eine zu idealisierte Vorstellung von einer exakten, systematischen Laboratoriumsforschung mit komplizierten statistischen Designs zu verknüpfen. Dieser Forschungstypus repräsentiert nicht die gesamte Therapieforschung. Klinische Psychologen und viele Psychiater und Sozialarbeiter haben zweifellos genug Ausbildung in Forschungsmethoden erfahren, daß sie sich zumindest auf

Idealisierte Vorstellungen von Forschung

irgendeine Form der klinischen Forschung einlassen können. Es ist eine sehr wichtige Einsicht, daß viele Formen und Niveaus von Forschung möglich sind, die verschiedenen Zwecken dienen können. Bestimmte Forschungsarten oder Formen systematischer Datensammlung können zum Beispiel für eine spezifische klinische Situation von echtem praktischem Wert sein oder können eine Grundlage für weitere, verfeinerte Forschungsstudien besorgen. Ich bin der Auffassung, daß die meisten Kliniken potentielle Datenquellen sind und für viele klinische Forschungsstudien systematischere Vorgehensweisen zur Datensicherung und -aufzeichnung erlaubt werden sollten. Solche Informationsarten, wie zum Beispiel versicherungsstatistische Daten der behandelten Klienten, die Anzahl der versäumten Sitzungen, die durchschnittliche Therapiedauer, die durchschnittliche Verweilzeit auf der Warteliste, die Beziehung bestimmter Variablen zur frühzeitigen Termination oder zu Erfolgsmessungen, Leistungsmuster der einzelnen Therapeuten und viele sonstige Informationen könnten sich in den meisten klinischen Settings bei einer geeigneten Planung, bei Interesse und bei nur wenig mehr Aufwand sichern lassen. Obwohl ferner viele dieser Analysen nicht als beweiskräftig betrachtet werden können oder als eine Tätigkeit, die einer Publikation würdig wäre, können sie Informationen zur Verfügung stellen, die für die Bewertung der Arbeit des Klinikzentrums und bei der Identifizierung von Problemen, denen man vorher keine adäquate Aufmerksamkeit geschenkt hat, von echtem Nutzen sind.

Viele Kliniken sind wertvolle Datenquellen

Dieser eben dargestellte Typus einer klinischen Forschung kann auch ein erster Schritt bei der Erwägung und Planung einer genaueren Untersuchung sein, die über das jeweils involvierte Setting hinaus Implikationen haben könnte. Wenn eine Analyse akkumulierter Daten zum Beispiel eine mutmaßliche Beziehung zwischen der Wartezeit auf einer Warteliste und der Verweigerung einer Psychotherapie aufdeckt, könnte eine Untersuchung geplant und initiiert werden, bei der neue Klienten nach dem Zufallsprinzip entweder auf die Warteliste gesetzt werden oder sofort eine Therapie erhalten. Durch die Analyse der Ergebnisse würde sich die fragliche Hypothese entschiedener überprüfen lassen. Je nach sichergestellten Daten oder jeweiligem Interesse können auch noch weitere Untersuchungen in Angriff genommen werden. Forschung dieser Art sollte als ein normaler und wichtiger Teil der Funktionen der Klinik angesehen werden, da sie langfristig bei der Identifikation von Klinikproblemen helfen und zur Verbesserung der klinischen Dienstleistungen und Verfahren beitragen kann.

Klinische Forschung: erster Schritt für nachfolgende Repräsentativstudien

Forschung sollte also nicht als esoterische oder vergeistigte Aktivität betrachtet werden, die die Sache anderer ist und mit den Realitäten der professionellen Therapiepraxis nichts zu tun hat. Sie kann im Gegenteil von großem praktischem Nutzen sein und bestimmt in den meisten klinischen Settings durchgeführt werden. Sie braucht und sollte nicht unbedingt von den tagtäglichen klinischen Aktivitäten abgetrennt sein. In Wirklichkeit können die erzielten Ergebnisse um so relevanter sein, je unmittelbarer sich die Forschung auf klinisch-praktische Probleme erstreckt. Statt ein Luxus

Großer praktischer Nutzen der Forschung

zu sein, kann Forschung sozusagen ein Mittel zur leistungsfähigeren und erfolgreicheren Gestaltung der Praxis sein. Alle Kliniker haben dafür eine Verantwortung, zumindest irgendeine Rolle in der Forschung zu spielen, die entweder zur Steigerung oder Verbesserung ihrer jeweiligen klinischen Tätigkeiten oder zur Förderung unseres Verständnisses von Psychotherapie beitragen. Forschung und Bewertung der klinischen Dienste haben einen praktischen Nutzen, wenn wir uns über den gegenwärtigen Zustand der Praxis hinwegsetzen und unsere Verfahren effektiver gestalten wollen.

Forschungsverantwortung von Klinikern

Zusammenfassung

Es gibt somit viele Aspekte und Arten von Psychotherapieforschung. Sogar einzelne Fälle können systematisch bewertet werden und bieten potentiell nützliche Anhaltspunkte und Informationen (LAZARUS/DAVISON, 1971; LEITENBERG, 1973; SHAPIRO, 1966). Manche Forschung läßt sich relativ unkompliziert und einfach durchführen, in anderen Fällen müssen komplexe Designs und statistische Analysen mit herangezogen werden. Gleichzeitig sind nicht alle Forschungsarbeiten gleich nützlich. Der Psychotherapeut muß in der Lage sein, die Forschungsberichte, die er sich zu Gemüte führt, kritisch zu bewerten, und falls er bestimmte Verfahren oder Resultate anzweifelt, sollte er sich mit anderen Kollegen beraten, die in solchen Angelegenheiten beschlagener sind. Bei Planung eines Forschungsprojekts kann es vernünftig sein, sich den Rat von Experten einzuholen. In der Diskussion mit sogenannten Experten sollte sich der klinische Therapieforscher dessen aber sicher sein, daß er die Vorschläge versteht und sein Projekt nicht so modifizieren läßt, daß es den ursprünglichen Intentionen nicht mehr entspricht. Nach gebührender Diskussion sollte das endgültige Projekt ein verbesserter Plan zur Untersuchung des Problems sein, das den Therapieforscher beschäftigt. Was bei anderen Bemühungen gilt, gilt auch hier: Was sich zu machen lohnt, sollte sorgfältig gemacht werden. Eine schlechte Forschung wird nur schlechte Antworten liefern.

Literatur

Auerbach, A. H. and Johnson, M. Research on the therapist's level of experience. In A. S. Gurman and A. M. Razin (Eds.), *Effective psychotherapy: A handbook of research.* Oxford: Pergamon Press, 1977.

Bednar, R. L. and Shapiro, J. G. Professional research commitment: A symptom or a syndrome. *Journal of Consulting and Clinical Psychology,* 1970, *34,* 323–326.

Berzins, J. I. Therapist-patient matching. In A. S. Gurman and A. M. Razin (Eds.), *Effective psychotherapy. A handbook of research.* Oxford: Pergamon Press, 1977, pp. 222–251.

Chambers, G. S. and Hamlin, R. The validity of judgments based on "blind" Rorschach records. *Journal of Consulting Psychology,* 1957, *21,* 105–109.

Chinsky, J. M. and Rappaport, J. Brief critique of meaning and reliability of "accurate empathy" ratings. *Psychological Bulletin,* 1970, *73,* 379–382.

Feifel, H. and Eells, J. Patients and therapists assess the same psychotherapy. *Journal of Consulting Psychology,* 1963, *27,* 310–318.

Garfield, S. L. Review of Truax, C. B. and Carkhuff, R. R. Toward effective counseling and psychotherapy: Training and practice. In *Contemporary Psychology,* 1968, *13,* 464–465.

Garfield, S. L. and Bergin, A. E. Therapeutic conditions and outcome. *Journal of Abnormal Psychology,* 1971, *77,* 108–114.

Garfield, S. L. and Bergin, A. E. (Eds.), *Handbook of psychotherapy and behavior change,* 2nd ed. New York: Wiley, 1978.

Garfield, S. L. and Kurz, M. Evaluation of treatment and related procedures in 1216 cases referred to a mental hygiene clinic. *Psychiatric Quarterly,* 1952, *26,* 414–424.

Garfield, S. L., Prager, R. A., and Bergin, A. E. Evaluating outcome in psychotherapy: A hardy perennial. *Journal of Consulting and Clinical Psychology,* 1971, *37,* 320–322.

Gottman, J. and Markman, H. J. Experimental designs in psychotherapy research. In S. L. Garfield and A. E. Bergin (Eds.), *Handbook of psychotherapy and behavior change,* 2nd ed. New York: Wiley, 1978.

Gurman, A. S. and Razin, A. M. (Eds.), *Effective psychotherapy: A handbook of research.* Oxford: Pergamon, 1977.

Heller, K. Laboratory interview research as analogue to treatment. In A. E. Bergin and S. L. Garfield (Eds.), *Handbook of psychotherapy and behavior change.* New York: Wiley, 1971.

Holt, R. R. and Luborsky, L. *Personality patterns of psychiatrists: A study in selection techniques,* Vol. 1. New York: Basic Books, 1958.

Holtzman, W. H. and Sells, S. B. Prediction of flying ability by clinical analysis of test protocols. *Journal of Abnormal and Social Psychology,* 1954, *49,* 485–490.

Horenstein, D., Houston, B., and Holmes, D. Clients', therapists', and judges' evaluations of psychotherapy. *Journal of Counseling Psychology,* 1973, *20,* 149–153.

Kelly, E. L. and Fiske, D. W. *The prediction of performance in clinical psychology.* Ann Arbor: University of Michigan Press, 1951.

Kiesler, D. J. Experimental designs in psychotherapy research. In A. E. Bergin and S. L. Garfield (Eds.), *Handbook of psychotherapy and behavior change.* New York: Wiley, 1971.

Lambert, M. J., DeJulio, S. S., and Stein, D. M. Therapist interpersonal skills: Process, outcome, methodological considerations, and recommendations for future research. *Psychological Bulletin,* 1978, *85,* 467–489.

Lazarus, A. A. and Davison, G. C. Clinical innovation in research and practice. In A. E. Bergin and S. L. Garfield (Eds.), *Handbook of psychotherapy and behavior change.* New York: Wiley, 1971.

Leitenberg, H. The use of single case methodology in psychotherapy research. *Journal of Abnormal Psychology,* 1973, *82,* 87–101.

Levis, D. J. and Carrera, R. Effects of ten hours of implosive therapy in the treatment of outpatients: A preliminary report. *Journal of Abnormal Psychology,* 1967, *72,* 504–508.

Lieberman, M. A., Yalom, I. D., and Miles, M. B. *Encounter groups: First facts*. New York: Basic Books, 1973.

Marks, I. Behavioral psychotherapy of adult neurosis. In S. L. Garfield and A. E. Bergin (Eds.), *Handbook of psychotherapy and behavior change*, 2nd ed. New York: Wiley, 1978.

Mintz, J. What is "success" in psychotherapy? *Journal of Abnormal Psychology*, 1972, *80*, 11–19.

Mitchell, K. M., Bozarth, J. D., and Krauft, C. C. A reappraisal of the therapeutic effectiveness of accurate empathy, nonpossessive warmth, and genuineness. In A. S. Gurman and A. M. Razin (Eds.), *Effective psychotherapy: A handbook of research*. Oxford: Pergamon, 1977.

Parloff, M. B., Waskow, I. E., and Wolfe, B. E. Research on therapist variables in relation to process and outcome. In S. L. Garfield and A. E. Bergin (Eds.), *Handbook of psychotherapy and behavior change*, 2nd ed. New York: Wiley, 1978.

Patterson, G. R. Behavioral intervention procedures in the classroom and in the home. In A. E. Bergin and S. L. Garfield (Eds.), *Handbook of psychotherapy and behavior change*. New York: Wiley, 1971.

Paul, G. L. *Insight versus desensitization in psychotherapy*. Stanford, CA: Stanford University Press, 1966.

Paul, G. L. Insight versus desensitization in psychotherapy two years after termination. *Journal of Consulting Psychology*, 1967, *31*, 333–348.

Rogers, C. R. and Dymond, R. F. *Psychotherapy and personality change*. Chicago: University of Chicago Press, 1954.

Ryan, V. and Gizynski, M. Behavior therapy in retrospect: Patients' feelings about their behavior therapists. *Journal of Consulting and Clinical Psychology*, 1971, *37*, 1–9.

Shapiro, A. K. and Morris, L. A. The placebo effect in medical and psychological therapies. In S. L. Garfield and A. E. Bergin (Eds.), *Handbook of psychotherapy and behavior change, 2nd ed.* New York: Wiley, 1978.

Shapiro, M. B. The single case in clinical-psychological research. *Journal of Genetic Psychology*, 1966, *74*, 3–23.

Sloane, R. B., Staples, F. R., Cristol, A. H., Yorkston, N. J., and Whipple, K. *Psychotherapy versus behavior therapy*. Cambridge: Harvard University Press, 1975.

Strupp, H. H. and Bergin, A. E. Some empirical and conceptual bases for coordinated research in psychotherapy: A critical review of issues, trends, and evidence. *International Journal of Psychiatry*, 1969, *7*, 18–90.

Strupp, H. H., Fox, R. E., and Lessler, K. *Patients view their psychotherapy*. Baltimore: Johns Hopkins Press, 1969.

Strupp, H. H. and Hadley, S. W. A tripartite model of mental health and therapeutic outcomes: With special reference to negative effects in psychotherapy. *American Psychologist*, 1977, *32*, 187–196.

Strupp, H. H., Hadley, S. W., and Gomes-Schwartz, B. *Psychotherapy for better or worse. The problem of negative effects*. New York: Jason Aronson, 1977.

Sullivan, P. L., Miller, C., and Smelser, W. Factors in length of stay and progress in psychotherapy. *Journal of Consulting Psychology*, 1958, *22*, 1–9.

Truax, C. B. and Carkhuff, R. R. *Toward effective counseling and psychotherapy*. Chicago: Aldine, 1967.

Kapitel 12
Zur Effektivitätsbestimmung in der Psychotherapie

Nachdem wir nun die vielen unterschiedlichen Charakteristika der Psychotherapie und die Probleme diskutiert haben, die mit der Psychotherapieforschung verbunden sind, ist es angebracht, einen Überblick über einige Arbeiten zu geben, die zur Bewertung der Effektivität der Psychotherapie unternommen worden sind. Obwohl eine ansehnliche Menge an Untersuchungen durchgeführt und viele Arten von Ergebnissen in der Literatur wiedergegeben worden sind, hat dieses Thema beträchtliche Kontroversen aufgeworfen und ist bis heute ein umstrittenes Problem geblieben. Angesichts unserer vorausgegangenen Diskussion über die Komplexität der Psychotherapieforschung wird sich diese Situation dem Leser nicht völlig überraschend stellen. Es kann sowieso keine Arbeit über die Psychotherapie als abgeschlossen betrachtet werden, wenn nicht das wichtige Problem der Effektivität einer Psychotherapie bzw. der verschiedenen Psychotherapien irgendwie Berücksichtigung findet. Es liegen mehrere umfassende Reviews der einschlägigen Literatur vor, die ich aber keineswegs kopieren möchte (Bergin, 1971; Bergin/Lambert, 1978; Eysenck, 1966; Luborsky/Singer/Luborsky, 1975; Meltzoff/Kornreich, 1970). Wir werden vielmehr einige Hauptbefunde untersuchen und ein Urteil darüber fällen.

Jede Therapieschule beansprucht Effektivität für sich

Aber: Wenige systematische Forschungsbemühungen

Von entscheidender Bedeutung ist offenbar die Angemessenheit einer psychotherapeutischen Behandlung, da alle unterschiedlichen Therapieformen von der Prämisse ausgehen, daß sie effektiv, ja vielmehr effektiver als die konkurrierenden Psychotherapien seien. Ich weiß von keiner Psychotherapieschule, die für sich Ineffektivität proklamiert hat. Obwohl aber praktisch alle Schulen für ihren Ansatz Effektivität geltend machen, haben nur sehr wenige von ihnen ernsthafte Versuche unternommen, die Effektivität ihrer Psychotherapie anhand systematischer Forschungsarbeiten einer Bewertung zu unterziehen. Solange ich mich mit diesem Tatbestand auseinandersetze, hat dieses seltsame Phänomen schon vorgelegen. Die Menschen sind augenscheinlich geneigt, die Behauptungen anderer zu akzeptieren bzw. an sie zu glauben, ohne irgendein Beweisstück oder einen Nachweis zu deren Überprüfung einzufordern. Dies ist, wie wir schon erwähnt haben, ein erstaunlicher Vorgang, zumal dann, wenn man sich überlegt, daß die meisten professionell ausgebildeten Psychotherapeuten eine wissenschaftliche Ausbildung sowie eine Ausbildung in den allgemein anerkannten Forschungsmethoden erhalten haben. Offenbar greift man bei Entscheidungen darüber, welchem therapeutischen Ansatz man sich anschließt, nicht auf empirische Beweismittel zurück, sondern legt andere Kriterien zugrunde. Es ist denkbar, daß persönliche Ansichten und Erfahrungen, Identifikation mit einem charismatischen Gründer einer Therapieschule und so etwas ähnliches wie eine religiöse Bekehrung in dieser Hinsicht eine Rolle spielen. Was auch immer einbegriffen sein mag, man kann erwarten, daß in Diskussionen über die Effektivität der Psychotherapie oder eines speziellen therapeutischen Ansatzes sowohl emotionale als auch logische bzw. beweiskräftige Komponenten einbezogen sind. Wie dem auch sei, wir wollen uns einige der publizierten Ergebnisse über die Erfolge der Psychotherapie anschauen, wobei wir uns stets an die Probleme erinnern wollen, die mit der Therapieforschung verbunden sind.

Irrationale Diskussionsargumente

EYSENCK's Beitrag

Es gab zwar schon relativ früh Publikationen, die Untersuchungen über das Ergebnis einer Psychotherapie zum Inhalt hatten. Aber erst eine im Jahre 1952 vom englischen Psychologen Hans EYSENCK publizierte Studie erzielte hohe Aufmerksamkeit und löste beträchtliche Kontroversen aus. EYSENCK versuchte in seinem Artikel eine Reihe von Untersuchungen zusammenzufassen und berücksichtigte sowohl Berichte aus der Psychoanalyse und von eher „eklektischen" Psychotherapieformen als auch Arbeiten, die seiner Ansicht nach zwei Kontrollgruppen ohne explizite Psychotherapiebehandlung enthielten. Er wertete auch einige der Daten von Untersuchungen, über die er berichtete, neu aus und präsentierte seine eigene modifizierte Zusammenstellung dieser Ergebnisse. Eine wesentliche Aussage in EYSENCKS Bericht war, daß die Ergebnisse der Psychoanalyse weniger günstig ausfielen als die anderer Therapieformen und daß beide Ergebnisreihen nicht besser waren, sondern auf das Gleiche hinausliefen wie die bei den beiden Kontrollgruppen erzielten Ergebnisse. EYSENCK heizte die Diskussion auch noch durch seine Behauptung an, daß in Anbetracht der Ineffektivität der Psychotherapie die Ausbildung für diese Profession nicht in den Ausbildungsprogrammen für Klinische Psychologen einbegriffen sein sollte.

Ergebnisse mit Therapiegruppen sind nicht besser als die mit Kontrollgruppen

Bezugnehmend auf die von EYSENCK zusammengefaßten und interpretierten Daten bewegt sich der nach einer Psychoanalyse als gebessert beurteilte Anteil von Fällen zwischen 39 und 67 Prozent. Bei den „eklektischen" Psychotherapien liegt dieser Anteil von gebesserten Fällen zwischen 44 und 77 Prozent. Diese Resultate basieren auf der Analyse von fünf Untersuchungen über Psychoanalyse und neunzehn Untersuchungen über sogenannte eklektische Psychotherapien. Wenn man diejenigen Klienten nicht in die Berechnung einbezieht, die eine psychoanalytische Behandlung vor ihrer Bewertung beendeten, erhöht sich der relative Anteil der gebesserten Fälle auf durchschnittlich 66 Prozent und gleicht in etwa dem Durchschnitt bei den eklektischen Therapien. Diese durchschnittliche Besserungsrate übertrifft jedoch nicht die aus den sogenannten Kontrollgruppen erzielten Ergebnisse.

Repliken

Wie zu erwarten war, sorgte die Publikation EYSENCKS unter den Psychotherapeuten für beträchtliche Unruhe und rief eine Reihe von Repliken hervor (DECHARMS/LEVY/WERTHEIMER, 1954; LUBORSKY, 1954; ROSENZWEIG, 1954). In diesen wie auch anderen Kritiken fanden sich eine Reihe von kritischen und verdienstvollen Gesichtspunkten. Dazu zählten folgende: In den verschiedenen Untersuchungen wurden die Erfolgsschätzungen von Therapeuten mit unterschiedlichen Zielen und Orientierungen vorgenommen, die Klientenpopulationen waren nicht immer vergleichbar, EYSENCK hatte manipuliert und von einigen der berichteten Resultate seine eigenen Interpretationen wiedergegeben, und die von EYSENCK verwendeten Kontrollgruppen waren sehr fragwürdig, da es sich um keine wirklich unbehandelten Kontrollgruppen handelte. Eine Kontrollgruppe bestand aus hospitalisierten „Neurotikern", die angeblich keine formale Psychotherapie erhalten hatten (LANDIS, 1938), während es sich bei der anderen Gruppe um 500 Klienten handelte, die von praktischen Ärzten als Krankenkassenpatienten wegen psychoneurotischer Störungen behandelt wurden (DENKER, 1946). Viele Psychotherapeuten ließen sich folglich von EYSENCKS Schlußfolgerungen nicht überzeugen, obwohl diese für sie doch eine Herausforderung darstellten, zur Stützung der Auffassung, Psychotherapie sei effektiv, bessere Daten vorzulegen.

Weitere Untersuchungen EYSENCK's

EYSENCK ließ sich von solchen Kritiken nicht beeindrucken, setzte seine Bewertungen der Psychotherapie mit einer Analyse weiterer Untersuchungen fort und konzentrierte sich stärker auf die Ergebnisse von früheren Untersuchungen, bei denen Kontrollgruppen verwendet wurden (EYSENCK, 1961). Seine Schlußfolgerungen waren diesmal noch schärfer als die vorherigen, wenngleich er für die Verhaltenstherapie ein freundliches Wort übrig hatte: „Einzig ausgenommen die psychotherapeutischen Methoden, die auf der Lerntheorie beruhen, legen alle sonstigen Ergebnisse der publizierten Forschungsarbeiten mit Militär- und Zivilneurotikern, mit sowohl Erwachsenen als auch Kindern, nahe, daß die therapeutischen Effekte einer Psychotherapie gering bzw. nicht vorhanden sind. Sie gehen in keiner nachweislichen Form über die nichtspezifischen Effekte einer üblichen medizinischen Behandlung oder solcher Begebenheiten, wie sie in der Alltagserfahrung der Patienten vorkommen, hinaus" (EYSENCK, 1961, S. 720).

Kritische Stellungnahmen der Fachwelt

Diese Bewertung wurde überarbeitet und zusammen mit Kommentaren einer Reihe von kompetenten Personen in diesem Bereich, die unterschiedliche Auffassungen vertraten, im International Journal of Psychiatry publiziert (EYSENCK, 1965, 1966). Es kam erneut zu einer Reihe von kritischen Stellungnahmen von Psychoanalytikern und Psychotherapeuten, die der Überzeugung waren, daß EYSENCK die strittige Angelegenheit übertreibe und ihr eine bestimmte Richtung gebe, wenngleich man in einigen Kritiken auch beipflichtete, daß EYSENCKS Darstellung seine Verdienste hätte. Obschon es manchmal den Anschein hatte, als würde sich EYSENCK auf sich allein gestellt mit der Psychotherapie anlegen, kam es in der Debatte zu keiner klaren und endgültigen Lösung. Um EYSENCK

Verdienstvolle Anstrengungen

gerecht zu werden, muß gesagt werden, daß er eine große Menge an Forschungsdaten zur Stützung seiner Behauptungen zusammengestellt hatte, daß er sich für die Verfechter der Psychotherapie als eine bedeutsame Herausforderung erwiesen hatte und daß er seine Kritiker in die Defensive drängte. Obwohl einige seiner Analysen und Schlußfolgerungen ganz und gar bestritten werden konnten, zwang er gewissermaßen seine Gegner in den Reihen der Psychotherapie dazu, Daten zur Bekräftigung ihrer Auffassungen zu präsentieren.

Neuere Reaktionen auf Eysenck

Die nächste, wirklich bedeutsame Reaktion auf Eysencks Urteil ging von Bergin (1971) und seinem umfassenden Überblick über die Literatur zum Thema Therapieergebnis aus. Allerdings enthielt auch die Arbeit von Meltzoff und Kornreich (1970) eine ausführliche Darstellung von Ergebnisstudien, wobei die Schlußfolgerungen positiver als bei Eysenck ausfielen. Bergin entschloß sich unter anderem zu einer Neubewertung der früheren Untersuchungen, auf denen Eysencks Artikel aus dem Jahre 1952 basierte, und die auch Bestandteil seiner nachfolgenden kritischen Darstellungen waren. Als entscheidendes Problem stellte sich für Bergin die Interpretation der verschiedensten Kategorien von Besserung, wie sie in den jeweiligen Untersuchungen verwendet wurden. Eine kontroverse Frage war zum Beispiel die Interpretation der Kategorien „gebessert" bzw. „leicht gebessert" im Bericht des Berliner Psychoanalytischen Instituts.

Höhere Besserungsrate durch methodische Variationen

Eysenck entschied sich in seiner tabellarischen Darstellung der Ergebnisse dafür, eine Klientengruppe, die zu der „leicht gebesserten" Gruppe zählte, aus Analysezwecken unter die Gruppe der „nicht gebesserten" Klienten zu fassen. Nach Lektüre der Originalbeschreibung dieser Kategorie entschied sich dagegen Bergin, solche Klienten in die Gruppe der „gebesserten" Klienten einzubeziehen. Folglich erhielt Bergin in seinen Untersuchungen eine viel höhere Besserungsrate als Eysenck.

Bergin wies zwar nachdrücklich auf die Zweideutigkeiten des Berliner Berichts hin, war aber der Meinung, daß seine subjektiven Interpretationen der Ergebnisse genauso zu rechtfertigen waren wie die von Eysenck. In seiner Analyse der 19 Untersuchungen der eklektischen Therapie waren Bergins Erfolgsbewertungen indes denen von Eysenck sehr ähnlich – 65 Prozent Besserung im Vergleich zu 64 Prozent bei Eysenck. Es lag hauptsächlich an der Interpretation der Ergebnisse der Psychoanalyse, daß sich ein merklicher Unterschied ergab. Bergin nahm aber auch Anstoß an der hohen Spontanremissionsquote, die Eysenck postulierte. Bezugnehmend auf eine Analyse mehrerer Untersuchungen fand er heraus, daß die mittlere Spontanremissionsquote bei etwa 30 Prozent lag. Die durchschnittliche Besserungsquote von 65 Prozent bei den eklektischen Psychotherapien lag somit beträchtlich über der der Spontanremissionsquote. Gleichwohl schätzte Bergin die Gesamteffekte der Psychotherapie als bescheiden ein.

Unterschiedliche Interpretationsmöglichkeiten

Es ist offensichtlich sehr schwierig, aus diesen Resultaten irgendwelche definitiven Schlußfolgerungen zu ziehen, wenn sie die Möglichkeit für so unterschiedliche Interpretationen eröffnen. Ich persönlich bin der Auffassung, daß wir gut daran tun, all diese Ergebnisse zu übergehen und Schlußfolgerungen aus klarer umrissenen Untersuchungen zu ziehen. Gleichwohl veranschaulicht die ganze Debatte einige der Probleme, denen man bei dem Versuch begegnet, den Therapieerfolg zu bewerten, wenn als Erfolgskriterien ungenaue Besserungskriterien Verwendung finden, die auf den Urteilen der Therapeuten beruhen.

Bevor wir die Diskussion anderer Befunde über den Therapieerfolg weiterführen, sind noch einige weitere Anmerkungen angebracht. Wie wir im letzten Kapitel aufgezeigt haben, werden die Resultate von Untersuchungen über den Therapieerfolg von der Art der verwendeten Kriterien beeinflußt. In den meisten dieser Untersuchungen, auf die sich EYSENCK in seiner ersten kritischen Darstellung bezog, wurden als Kriterien Beurteilungen der Besserung verwendet, die in der Regel von den Therapeuten stammten. Auf dieser Grundlage alleine sind solche Untersuchungen schon fragwürdig. Ferner findet sich kein Hinweis auf die Reliabilität oder Validität solcher Urteile, und es wurden zumeist auch keine Kontrollgruppen verwendet. Folglich mögen solche Kontroversen für einige Personen zwar spannend sein, aber sie liefern keine Grundlage für Schlußfolgerungen. Wir müssen uns um andere Arten von Untersuchungen umsehen.

Einfluß der Erfolgskriterien

Einige Therapieforscher haben nur die Untersuchungen zu überprüfen versucht, die bestimmte, in der Forschung erwünschte Minimalkriterien erfüllen, um ihre Schlußfolgerungen auf solche Daten nur zu stützen. Andere wiederum haben probiert, Untersuchungen in Hinblick auf Präzision und Sorgfalt einzuschätzen, und denjenigen Untersuchungen das größte Gewicht beizumessen bzw. Glauben zu schenken, die die wenigsten Mängel aufweisen. Dies scheint eine vernünftige Vorgehensweise zu sein, und dies selbst dann, wenn sich verschiedene Rezensenten in der Bewertung einiger Untersuchungen unterscheiden dürften. Sicherlich haben nicht alle Untersuchungen die gleichen Verdienste, und es dürfte kein kluges Verfahren sein, Befunde aus unterschiedlichen Untersuchungen in einen Topf zu werfen, die in ihrer Aussagekraft stark variieren.

Minimalkriterien einer Forschungsstudie

Mehrere neuere Rezensionen (BERGIN, 1971; BERGIN/LAMBERT, 1978; MELTZOFF/KORNREICH, 1970) kommen tendenziell zu etwas positiveren Schlußfolgerungen als EYSENCK. In den meisten Fällen wird darin vorgetragen, daß Psychotherapie insgesamt betrachtet einen mäßig positiven Effekt habe. Obwohl eine Psychotherapie auch gegenwärtig keine sehr leistungsfähige Behandlung zu sein scheint, dürfte sie aber doch ein höheres Maß an positiver Veränderung hervorrufen, als sich erwarten läßt, wenn man einfach nur die Zeit verstreichen läßt bzw. überhaupt keine Behandlung durchführt. Einige Forschungsarbeiten indizieren auch, daß eine Psychotherapie schneller als bloßes Abwarten eine Verbesserung der sozialen Effektivität sicherstellen kann (BERGIN, 1971; FRANK, 1974). Obwohl dies eine befriedigende Schlußfolgerung zu sein scheint, die sich aus den derzeit verfügbaren Forschungsdaten ableiten läßt, müssen wir darauf noch näher eingehen. Diese Schlußfolgerungen beruhen auf publizierten Forschungsberichten und stellen eine Vermengung unterschiedlicher Formen von Untersuchungen und Therapien dar. Wie gut sie sich auf eine einzelne Kritik oder einen einzelnen Therapeuten übertragen lassen, ist fraglich. Ferner sind in den Untersuchungen, von denen die Schlußfolgerungen abgeleitet werden, nicht alle verschiedenartigen Psychotherapien repräsentiert. In Wirklichkeit sind die meisten der unterschiedlichen Therapieformen nicht repräsentiert, da ihre Praktiker entweder zur vorliegenden Forschungsliteratur nichts beigetragen haben oder die

Neuere Rezensionen

von ihnen veröffentlichten Studien keine akzeptablen Kriterien erfüllen, um zur Gruppe relativ gut geplanter und kontrollierter Untersuchungen gezählt werden zu können. Eigentlich haben im allgemeinen drei Therapeutengruppen den Hauptteil der Untersuchungen über die Erfolge der Psychotherapie beigesteuert. Zum einen sind es die klientenzentrierten Therapieforscher, die, gemessen an ihrer Zahl, Überproportionales geleistet haben, dann die Verhaltenstherapeuten, die mit einem manchmal fast manischen Eifer publizieren, und schließlich noch eine dritte und sehr heterogene Gruppe, die ich mangels einer besseren Bezeichnung „analytically-oriented-eclectic group" nennen möchte. Somit werden Gesamtbewertungen der Psychotherapie-Effektivität, die sich zumindest auf irgendeine Art von empirischen Daten stützen, größtenteils aus Untersuchungen dieser drei Kategorien von Psychotherapie abgeleitet.

Therapieforschung = der Beitrag dreier Therapieschulen

Um die Gesamtaussage des letzten Abschnitts zu spezifizieren, wollen wir uns als erstes einer Rezension einiger Untersuchungen über den Therapieerfolg von LUBORSKY, SINGER, und LUBORSKY (1975) zuwenden. Beim Vergleich der Effektivität verschiedener Therapieformen arbeiteten sie auch einen „box score" für einen Vergleich der Therapieresultate von 33 Untersuchungen aus, in denen eine Kontrollgruppe verwendet wurde. Die Kontrollgruppen unterschieden sich in den einzelnen Untersuchungen und umfaßten eine „Gruppe ohne Psychotherapie", eine „Wartegruppe", eine „Gruppe mit minimaler Psychotherapie" und eine Gruppe, die lediglich eine Krankenhausbetreuung ohne Psychotherapie erfuhr. Im Gesamtvergleich zeigten 20 der 33 Untersuchungen, also etwa 60 Prozent, daß eine Psychotherapie signifikant effektiver war als im Falle der Kontrollgruppen, in 13 Untersuchungen ergaben sich zwischen Therapie- und Kontrollgruppen keine Unterschiede, und in keiner der Untersuchungen erwies sich die Kontrollgruppe als effektiver als die Gruppe, die eine Psychotherapie erhielt. Diese Analyse läßt folglich darauf schließen, daß sich mit einer Psychotherapie – zwar nicht immer – doch irgendein positiver Einfluß erzielen läßt. Es stellt sich auch als wahrscheinlich heraus, daß die Wirksamkeit der Psychotherapie nicht besonders groß ist, da die Psychotherapie in fast 40 Prozent aller Fälle nicht effektiver war als bei denjenigen, die als Kontrollgruppe oder Nichtbehandlungsgruppe keine Psychotherapie erhielten.

Zwar positive, aber nicht allzu bedeutsame Besserungsquoten

Solche Vergleiche von in einer Reihe unterschiedlicher Untersuchungen erzielten Resultaten lassen einige Aussagen über die möglichen Therapieeffekte zu, lassen aber auch einige Fragen unbeantwortet. Warum beispielsweise werden in einigen Untersuchungen positive Ergebnisse erzielt, in anderen dagegen nicht? Für einen solchen Befund gibt es viele mögliche Erklärungen, nur haben wir zur Zeit die Antworten noch nicht parat. Lassen sich in den erfolgreicheren Studien die erzielten Ergebnisse auf die effektiveren Therapeuten oder auf die effektiveren Verfahren zurückführen? Waren die erfolgreichen Klienten besser auf die Psychotherapie vorbereitet, oder waren sie möglicherweise für die angewandte Behandlung empfänglicher? Paßten Therapeut und Klient besser zusammen? Wurden die Erfolgsbewertungen in einigen Untersuchungen strenger

Unbeantwortete Fragen

als in anderen gehandhabt, oder schlugen sich Differenzen in der Art der Kontrollgruppe auf die erzielten Resultate nieder? Ohne adäquatere Informationen und intensivere Analysen kann man jedenfalls auf diese wie auch auf andere Fragen keine konkreten Antworten geben.

Obwohl Psychotherapie einige positive Effekte hervorzurufen scheint, ist eine präzise Schätzung ihrer Effektivität mit Schwierigkeiten verbunden. Gesamtresultate hinsichtlich der Verbesserungsquoten in der Psychotherapie können auch dazu führen, gewisse Formen von spezifischeren Befunden zu verschleiern, die für ein besseres Verständnis und die Beurteilung des psychotherapeutischen Prozesses von konkreter Bedeutung sein könnten. In keiner Untersuchung, in der es um die Einschätzung des Therapieerfolgs geht, zeigen alle Klienten ein ähnliches Ergebnis oder ein ähnliches Ausmaß an Veränderung. Werden beispielsweise solche Ratings wie „vollständig wiederhergestellt, sehr stark verbessert, verbessert, keine Verbesserung und Verschlechterung“ verwendet, verteilen sich die erzielten Ratings über die gesamte Skala der Kategorien, wobei gewöhnlich die extremen Kategorien am schwächsten besetzt sind. Demgemäß wurden in der Studie von Avnet (1965) annähernd 17 Prozent bzw. 10 Prozent der Fälle von den Klienten bzw. den Therapeuten jeweils mit „wiederhergestellt“ (recovered) beurteilt. Daß die so bezeichneten Fälle bei den beiden unterschiedlichen Beurteilergruppen nicht übereinstimmten, ist für die gegenwärtige Diskussion ohne besondere Bedeutung. Der springende Punkt ist an dieser Stelle, daß man sogar mittels subjektiver Erfolgskriterien, die in solchen Untersuchungen verwendet werden, nur bei einer kleinen Anzahl von Fällen der Meinung ist, daß sie die tatsächlich auffallende Verbesserung zeigen, die unter die Kategorie „wiederhergestellt“ subsumiert wird. Gewöhnlich zeigt die Mehrzahl der Klienten weniger als den Maximalfortschritt. Dieses Ergebnis scheint von einiger Bedeutung zu sein.

Starke Streuung bezüglich Besserung bei Klienten

Wir können wohl folgende Aussage machen: Wenn die meisten Psychotherapeuten ihre eigene Praxis in einer begründet objektiven Art und Weise bewerten könnten, dann würden sie auf Parallelen zu den Ergebnismustern stoßen, die in den oben angeführten Untersuchungen erzielt wurden. Das hieße, eine kleine Anzahl der behandelten Klienten zeigt sehr eindrucksvolle Ergebnisse, eine große Anzahl zeigt irgendeine Form eines positiven Fortschritts, selbst wenn der Grad der Veränderung beschränkt sein mag, eine kleine Anzahl zeigt sehr wenig Änderung, und einer möglicherweise noch kleineren Anzahl mag es sogar noch schlechter als vorher gehen. Obwohl viele Praktiker dieser Behauptung nur widerstrebend zustimmen dürften, besonders dem letzten Teil dieser Behauptung, scheinen einige neuere Forschungsberichte dies zu bestätigen (Bergin/Lambert, 1978; Lambert/Bergin/Collins, 1977; Gurman/Kniskern, 1978). Zweifellos mag es unter den Therapeuten in dieser Hinsicht individuelle Unterschiede geben. Einige Therapeuten erzielen viel bessere Resultate als andere, und es mag auch einige Therapeuten geben, die sich als „psychonoxious“ beschreiben lassen (Ricks, 1974). Das Ergebnismuster wird jedoch sehr wahrscheinlich dem erwähnten gleichen – ein Muster

Nur wenige Klienten werden „geheilt“ entlassen

mit verschiedenen Erfolgsquoten und nur einer relativ kleinen Anzahl von Klienten, die eine deutliche Verbesserung zeigen.

Wenn wir diesen Befund als eine glaubhafte Schilderung des gegenwärtigen Geschehens in der Psychotherapie gelten lassen, dann würden auch bestimmte vorläufige Schlußfolgerungen einigermaßen haltbar erscheinen. Wie vorher schon festgestellt, hat Psychotherapie auf der einen Seite insgesamt nur eine begrenzte Leistungsfähigkeit, um beim Klienten merklich signifikante, positive Änderungen hervorzurufen. Eine andere Hypothese lautet, daß unser derzeitiges Verständnis der Variablen, die eine bedeutsame Veränderung bewirken können, so beschränkt ist, daß diese Variablen ziemlich zufällig nur ins Spiel kommen, und dies wiederum nur bei einem prozentual kleinen Anteil von Fällen sich ereignet. Würden wir unseren Wissensstand erweitern und schneller die signifikanten Faktoren festlegen können, die eine Veränderung erleichtern, dann könnten wir auch unsere therapeutische Effektivität erhöhen.

Effektivität von Therapien bei spezifischen Klienten und Problemen?

Eine weitere Möglichkeit ist, daß die Psychotherapie (oder die verschiedenen Psychotherapien) in erster Linie bei bestimmten Kliententypen oder Problemformen nur effektiv ist (sind), und daß eben diese Klienten die besten Resultate bringen. Diese letzte Hypothese wird teilweise durch die Tatsache erhärtet, daß Psychotherapie manchmal für alle Formen sozialer und verhaltensbezogener Probleme in Aussicht gestellt bzw. als Behandlung versucht worden ist, tatsächlich aber für eine solch weitverbreitete Anwendung nur wenig Veranlassung bestand.

„Universaltherapien“

In ähnlicher Art und Weise sind die meisten Psychotherapien darauf ausgerichtet gewesen, als „Universaltherapien“ aufgefaßt zu werden, das heißt, für alle Formen psychischer Störungen geeignet zu sein. Mag sein, daß einige davon bei manchen Störungsformen relativ effektiv sind und bei anderen nicht. Da aber alle Problemarten tendenziell im wesentlichen einer ähnlichen Behandlung unterzogen werden, fallen die Ergebnisse ganz unterschiedlich aus. Diese Aussagen sind natürlich Mutmaßungen, solange aber definitive Antworten fehlen, scheinen sie einigermaßen plausibel zu sein und einige Überlegung zu verdienen. Antworten auf solche Fragen oder Hypothesen würden sehr stark dazu beitragen, unser Verständnis der potentiellen Effektivität der Psychotherapie zu verbreitern.

Vor dem Hintergrund all dieser Feststellungen dürfte es sich lohnen, unser Augenmerk in der Forschung auf spezifischere Aspekte des Psychotherapieerfolgs zu richten. Es sollten solche Fälle stärker beachtet und intensiver untersucht werden, in denen sehr positive Resultate erzielt wurden. Dies würde eine ausführliche Untersuchung des Klienten, der solche Änderungen zeigt, der vorgebrachten klinischen Probleme, der speziellen Verhaltensweisen des Therapeuten und der angewandten Verfahren sowie der in der Therapie ablaufenden Interaktionsformen zur Folge haben.

Vorschlag: Untersuchung sehr erfolgreicher Therapeuten

Wie schon anderweitig vorgeschlagen wurde, kann es sich lohnen, eine ausgewählte Therapeutengruppe zu untersuchen, die ungewöhnlich gute Therapieerfolge hat bzw. dem Rufe nach so erfolgreich ist (Bergin/Strupp, 1972). Unserem üblichen Forschungsmodell entsprechend haben wir uns auf Gruppenforschung konzentriert und die Resultate vieler Therapeuten und vieler Klienten zusammengeworfen und sind somit über die Resultate kleinerer Gruppen bzw. von Einzelpersonen hinweggegangen, die potentiell von Bedeutung sind. Wir wissen aus Forschungsarbeiten über die diagnostische Validität, daß zwar die Gesamtergebnisse einer Gruppe von Klinikern nicht besser als entsprechend der Wahrscheinlichkeitsrechnung ausfallen mögen, daß es aber unter den untersuchten Klinikern eine extreme Variabilität gibt (CHAMBERS/HAMLIN, 1957; HOLTZMAN/SELLS, 1954). Einige von ihnen waren hundertprozentig exakt, während andere hundertprozentig daneben lagen. Ähnliche Untersuchungen über Psychotherapeuten würden von Interesse und Nutzen sein. Der retrospektive Bericht von RICKS (1974) über zwei Therapeuten, die in einer gut bekannten Kinderklinik sehr unterschiedliche Resultate erzielten, ist ein Beispiel dieser Art von Untersuchung, die man unter stärkerer Kontrolle durchführen könnte.

Negative Effekte der Psychotherapie

Wir haben bereits auf einen weiteren Aspekt im Zusammenhang mit dem Ergebnis einer Psychotherapie angespielt, der vor allem in den letzten Jahren Beachtung gefunden hat. Es geht dabei um ein eventuell negatives Ergebnis einer Psychotherapie bzw. um Verschlechterung (deterioration) bei Psychotherapien. Viele Impulse verdanken wir hierbei den Arbeiten von BERGIN (1963, 1966, 1971). Wie in vielen anderen Bereichen der Psychotherapie ist es auch hier zu einem Anstieg von Kontroversen und Debatten gekommen (BRAUCHT, 1970; EYSENCK, 1967; MAY, 1971; RACHMAN, 1973; STRUPP//HADLEY/GOMES-SCHWARTZ, 1977). Aufgrund der Relevanz für den gesamten Problembereich „Therapieerfolg" ist an dieser Stelle eine kurze Diskussion angebracht.

Mögliche negative Folgen einer Therapie

BERGIN (1963) machte als erster auf die Möglichkeit negativer Folgen aufmerksam, als er ganz allgemein über Therapiefolgen diskutierte. Er stellte vor allem die Tatsache in den Vordergrund, daß zwar die durchschnittlichen Besserungen bei behandelten und unbehandelten Gruppen häufig ähnlich seien, die Varianz aber bei der behandelten Gruppe angestiegen und größer sei als bei der Kontrollgruppe. Seiner Interpretation nach wiesen diese Befunde darauf hin, daß sich bei ähnlichen Gruppenmittelwerten in der Behandlungsgruppe mehr Veränderungen ergeben hatten, die aber darauf hinausliefen, sich auszugleichen. Demnach wurden positive Steigerungen durch einige Einbußen kompensiert. Er bezeichnete solche Ergebnisse als mögliche Verschlechterungseffekte (deterioration effects).

Seit BERGINS früherer Arbeit wurden sowohl von ihm als auch von anderen Therapieforschern systematischere Anstrengungen unternommen, um in der einschlägigen Literatur Beweise für Deteriorationseffekte zu erlangen und zu bewerten. Seine Interpretation ist zwar von verschiedenen Seiten in Frage gestellt worden (RACHMAN, 1973; EYSENCK, 1967; MAY, 1971), dennoch aber haben LAMBERT, BERGIN und COLLINS (1977)

Der Deteriorationseffekt in der Psychotherapie

und BERGIN und LAMBERT (1978) aus einer Reihe von Untersuchungen Ergebnisse zusammengestellt, von denen sie der Meinung waren, sie würden den Deteriorationseffekt in der Psychotherapie anschaulich machen. Auch GURMAN und KNISKERN (1978) haben einen Überblick über die Forschungsarbeiten zur Ehe- und Familientherapie gegeben, wo sich einiges Beweismaterial für Deteriorationseffekte in dieser Therapieform finden läßt. Bevor wir einigen dieser Ergebnisse nachgehen, können wir festhalten, daß ein Beleg für einen Deteriorationseffekt nicht unbedingt ein pessimistischer Befund in Hinblick auf die Psychotherapie ist, wie dies manchmal angenommen werden könnte. Man kann diesen Effekt vielmehr auch als Hinweis darauf interpretieren, daß eine Psychotherapie einen beträchtlichen Einfluß haben und Gutes oder Schlechtes bewirken kann. Jedes wirksame Medikament kann starke Nebeneffekte bzw. sogar sehr verheerende Resultate im Falle von Mißbrauch haben. Ein schwaches Medikament hingegen kann sowohl in positiver wie auch negativer Hinsicht nur einen sehr geringen Effekt hervorrufen. Der Tatbestand möglicher Deteriorationseffekte in der Psychotherapie ist somit sowohl von einiger theoretischer wie auch praktischer Bedeutung.

Verschlechterungsmöglichkeit verweist auf prinzipielle Therapiestärke

In einem Review über Untersuchungen mit möglichen Indikationen einer Deterioration schätzte BERGIN (1971), daß es in etwa fünf bis zehn Prozent aller in der Psychotherapie behandelten Fälle zu einer Verschlechterung kommt. In einer neueren Rezension indes wird festgestellt, der Umfang der Verschlechterung sei bei den Untersuchungen so groß, daß man keine genaue Schätzung vornehmen könne (LAMBERT/BERGIN/COLLINS, 1977). In ihrer Kritik der Forschungsarbeiten über Ehe- und Familientherapie weisen GURMAN und KNISKERN (1978) ebenfalls auf eine wahrscheinliche Deteriorationsrate von fünf bis zehn Prozent hin. Diese Schätzungen würden somit suggerieren, daß zwar nur ein kleiner, klinisch aber bedeutsamer Teil der Personen, die sich einer Psychotherapie unterziehen, irgendeine Form von negativen Wirkungen zeigt. Dessen ungeachtet ist nach den Kategorien der festgestellten negativen Folgen, nach der Ernsthaftigkeit solcher Folgen und ihrer Verbreitung zu fragen. Der Begriff Deterioration ist von BERGIN für die Bezeichnung aller negativen Ergebnisse verwendet und auch von anderen Therapieforschern benutzt worden, die sich mit diesem Ergebnisaspekt der Psychotherapie auseinandergesetzt haben. Der Begriff Deterioration ist jedoch in der Vergangenheit dafür verwendet worden, eine ziemlich ernsthafte Verschlechterung oder Störung der individuellen Funktionsweise im Persönlichkeits- und geistigen Bereich zu indizieren und zielt als solcher somit darauf ab, eine gefährliche Verschlechterung des Zustands des Klienten zu vermitteln. Man muß deshalb die Frage stellen, ob die in einer Psychotherapie festgestellten negativen Wirkungen alle so ernstzunehmende Ausmaße haben und der Begriff Deterioration in diesem Zusammenhang angemessen ist. Ich habe mich genauso wie andere Therapieforscher an dieser Terminologie gestoßen und anläßlich des Meeting of the Society of Psychotherapy Research im Jahre 1975 mit BERGIN und LAMBERT über diese Angelegenheit gesprochen. BERGIN aber ist der Auffassung, daß

Deteriorationsrate: zwischen 5 und 10 Prozent

Deterioration nun mal zur Bezeichnung von negativen Auswirkungen der Psychotherapie gegenwärtig benutzt würde und kein zwingender Anlaß bestünde, stattdessen einen neuen Begriff einzuführen.

Man mag zwar dagegen Einwände vorbringen, alle negativen Ergebnisse als Deterioration zu bezeichnen, doch ist dieser Begriff von anderen Therapieforschern in dieser Art und Weise verwendet worden und hat dazu gedient, die Möglichkeit und das Vorkommen negativer Folgen einer Psychotherapie in den Vordergrund zu stellen. Wegen der etwaigen Relevanz negativer Wirkungen ist von Hans STRUPP und seinen Mitarbeitern mit Unterstützung des National Institute of Mental Health eine ausführliche Überprüfung dieses Problems vorgenommen worden. Ein vorläufiger Bericht über diese Arbeit wurde auf dem Meeting of the Society for Psychotherapy Research im Jahre 1976 von GOMES und ARMSTRONG (1976) vorgestellt, ein fast abgeschlossener Bericht ist kürzlich veröffentlicht worden (STRUPP/HADLEY/GOMES-SCHWARTZ, 1977). Im letztgenannten Report werden die von LAMBERT, BERGIN und COLLINS (1977) zitierten 48 Untersuchungen einer kritischen Bewertung unterworfen. Wenn auch STRUPP und seine Mitarbeiter die Auffassung nicht angezweifelt haben, daß in der Psychotherapie negative Wirkungen auftreten können, so haben sie aber doch ihre Überzeugung zum Ausdruck gebracht, daß viele, wenn nicht sogar die meisten der rezensierten Untersuchungen, große Mängel hatten und es nicht möglich war, feste und rasche Schlüsse über die Häufigkeit negativer Effekte und ihrer Determinanten zu ziehen. Sie erwähnen die Studie von SLOANE et al. (1975), von der sie den Eindruck haben, daß bei ihr noch die wenigsten methodischen Einschränkungen zu machen seien, die relativ niedrige Quoten einer negativen Veränderung erbracht habe (drei bis sechs Prozent) und deren Quoten denen gleichen, die bei den Versuchspersonen der Wartelisten-Kontrollgruppe in dieser Untersuchung festgestellt wurden. Sie beziehen sich auch auf die sogenannten „Opfer“ (neun Prozent) in der Untersuchung über Encounter-Gruppen von LIEBERMAN, YALOM und MILES (1973), wobei sie aber der Auffassung sind, daß es sich in dieser Untersuchung um „Versuchspersonen“ in Encounter-Gruppen, nicht aber um Klienten, die um eine Psychotherapie ersuchen, handelte.

Neueste Studien

Unklare Schlußfolgerungen über Verursachung

Obwohl es sich also bei den negativen Auswirkungen um ein wichtiges Thema im Bereich der Psychotherapie handelt, herrscht über die Schlußfolgerungen immer noch Unklarheit vor. Vorläufig müssen wir davon ausgehen, daß in der Psychotherapie negative Wirkungen erzielt werden und sowohl Klienten- als auch Therapeuten-Variablen – einzeln oder interagierend – bei solchen Ergebnissen eine Rolle spielen. Beispielsweise können Randgruppen oder schwach integrierte Klienten, die bestimmten Therapeutengruppen ausgesetzt sind, die äußerst konfrontativ vorgehen und denen es an einfühlendem Verständnis fehlt, ganz besonders verletzbar sein. Legt man einige klinische Berichte zugrunde (STRUPP/HADLEY/GOMES-SCHWARTZ, 1977) sowie die Untersuchung von LIEBERMAN et al. (1973), dann scheint eine solche Hypothese einsichtig zu sein. Dessenungeachtet stellen STRUPP, HADLEY und GOMES-SCHWARTZ fest: „Wir wollen nicht behaupten, daß in der Psychotherapie keine negativen Auswirkungen vorkommen, wohl aber feststellen, daß Interpretationen auf der Grundlage der berichteten Befunde gründlich auf ihre Tauglichkeit hin überprüft werden müssen“ (S. 28).

Therapieeffizienz

Bei der Bewertung von Psychotherapie ist ein anderer Aspekt sehr wenig berücksichtigt worden, und trotzdem ist er sowohl von beträchtlicher sozialer als auch theoretischer und praktischer Bedeutung. Es geht um die Effizienz der verschiedenen Verfahren bzw. Ansätze, die angewendet werden. In den meisten Diskussionen über das Ergebnis oder die Effektivität der Psychotherapie hat die Aufmerksamkeit fast ausschließlich den Erfolgskriterien oder den erzielten Erfolgen gegolten, die involvierte Zeitdauer dagegen hat wenig Beachtung gefunden. Die Kosteneffektivität, um es einmal so auszudrücken, ist zwar gelegentlich erwähnt, nicht aber als eine sehr wichtige Frage ins Auge gefaßt worden. Legt man jedoch Kosten-Nutzen-Überlegungen zugrunde, pflegt eine kurze und gleichzeitig effektive Therapie viel nützlicher zu sein als eine genauso effektive, aber viel zeitaufwendigere Therapie. Das fehlende Interesse an der Effizienz hängt vielleicht mit der Tatsache zusammen, daß in den dynamischen und kommunikativen Therapien traditionellerweise davon ausgegangen wird, daß eine Psychotherapie ein langwährender und umfassender Prozeß sein muß, um effektiv sein zu können. Diese Auffassung hat die psychotherapeutische Denkweise in der Vergangenheit lange Zeit dominiert. Aufgrund dieser Sichtweise sind Kurzzeit- bzw. kurzfristige Psychotherapien von vielen Therapeuten oft mit Argwohn betrachtet worden, und sie hat dazu beigetragen, diese Therapien als oberflächlich zu charakterisieren. Es ist indes an der Zeit, sich dieser Frage ernsthaft zu widmen, und man sollte genügend Flexibilität an den Tag legen, um rigide Auffassungen zu modifizieren, falls sie mangels Beweise nicht aufrechterhalten werden können.

Kosteneffektivität

Kurzzeittherapien

Es ist eine interessante Feststellung, daß man im übrigen Humanbereich, einschließlich der Helferprofessionen, immer auf der Suche nach kürzeren und effizienteren Verfahren gewesen ist und neue Erkenntnisse als wichtige Beiträge anerkannt worden sind, in der Psychotherapie hingegen dies nicht der Fall gewesen ist. In bestimmten Bereichen ist tatsächlich genau das Gegenteil passiert. Es hat den Anschein, als ob eine Psychotherapie um so höheres Ansehen genießt, je länger sie dauert. Während FREUD über die Tatsache bekümmert war, daß seine Analysen sechs Monate oder ein Jahr lang dauern konnten, nimmt die heutige Version zwischen vier und sieben Jahre oder sogar noch länger in Anspruch, wenngleich genaue Statistiken hierzu kaum zu beschaffen sind. In der MENNINGER-Untersuchung über Psychotherapie und Psychoanalyse stellte sich heraus, daß die Klienten durchschnittlich 835 Stunden in der Psychoanalyse verbrachten (BERGIN/LAMBERT, 1978). Es scheint in den USA ziemlich sicher zu sein, daß der für

Durchschnittliche Dauer einer analytischen Therapie: mehrere Jahre

eine Psychoanalyse oder verschiedene analytisch orientierte Therapien erforderliche Zeitaufwand mindestens mehrere Jahre beträgt, und in Publikationen finden sich Berichte von sehr lange dauernden Psychotherapien von bis zu 20 Jahren und länger (SCHMIDEBERG, 1958; KELMAN, 1971). Man könnte erwartet haben, daß wir mit zunehmender Erfahrung und mehr Wissen über Psychotherapie in der Lage gewesen wären, unsere Verfahren entsprechend wirkungsvoller zu machen und zu perfektionieren. Aber ganz offensichtlich ist dies bei den mehr traditionell-einsichtsorientierten Psychotherapien nicht der Fall gewesen. Es scheint vielmehr das Gegenteil eingetreten zu sein.

Diese recht ungewöhnliche Situation verdient weitere Diskussion und Würdigung. Warum pflegen sich sehr gebildete und sozial eingestellte Personen gegenüber Versuchen, die für eine Psychotherapie erforderliche Zeit zu verkürzen, so kritisch zu verhalten? Als einzige Antwort fällt mir ein, daß solche Psychotherapeuten in ihren Überzeugungen über die Natur der Psychotherapie so stark beeinflußt und indoktriniert worden sind, daß sie ihre Sichtweisen nicht einfach beiseiteschieben und andere Möglichkeiten in Erwägung ziehen können, die dazu genau entgegengesetzt zu sein scheinen. Man hält zum Beispiel seine Anschauungen über unbewußte Konflikte, Widerstand und Einsicht mit großer Überzeugung aufrecht, die mit jedem Ansatz einer Kurzzeitpsychotherapie unvereinbar sind. Solche Ansätze betrachtet man als oberflächlich, weil sie nicht die Grundkonflikte des Klienten oder die postulierten Grundzüge einer Psychotherapie zum Gegenstand haben. Ein Bericht von AVNET (1965) über eine Untersuchung im Raume von New York City soll einige Aspekte dieses Phänomens veranschaulichen.

Beispiel

AVNET berichtet davon, daß 2100 Psychiater dazu aufgefordert wurden, an einem Group Health Insurance Project teilzunehmen und Behandlungen durchzuführen. Das Projekt war eine Pilotstudie, die ein Urteil darüber zulassen sollte, ob sich im Rahmen von Group Health Insurance Policies die Ausstattung mit einer zeitlich begrenzten Psychotherapie eignen würde. Da eine Langzeit-Psychotherapie sehr teuer kommen kann, wurde in diesem Projekt die Psychotherapie bzw. irgendeine andere beliebige Behandlung des Psychiaters auf 15 Sitzungen limitiert. Man wollte den Psychiatern für ihre Behandlungen reguläre Standardhonorare bezahlen, und eigentlich sollten die Psychiater darauf erpicht gewesen sein, daß zukünftig ihre Behandlungen in solchen Health Insurance Policies eingeschlossen würden. Dennoch kamen 900 Psychiater der Aufforderung zur Teilnahme am Projekt nicht nach. Die meisten davon behaupteten, sie würden nur Langezeit-Therapien durchführen, würden sich mit Kurzzeit-Therapien nicht befassen bzw. könnten niemandem in einer so kurzen Zeitspanne helfen. Diese Statements implizieren den Glauben, daß eine langfristige Psychotherapie effektiv und eine kurzfristige Therapie ineffektiv sei.

Von Interesse sind auch noch zwei weitere Befunde dieser Untersuchung von AVNET (1965). Zum einen empfahlen am Ende des von der Versicherungsgesellschaft zur Verfügung gestellten Therapiezeitraums die Therapeuten in 94 Prozent aller Fälle eine zusätzliche Therapie, worin sich ihre eigenen Auffassungen über die Dauer einer Psychotherapie widerspiegelt. Die meisten Klienten folgten diesen Empfehlungen aber nicht. Wenn der Psychiater hingegen feststellte, daß keine weitere Behandlung mehr anzuraten sei, folgte man dieser Empfehlung in den meisten Fällen. In einem zweiten Auswertungsgesichtspunkt ging es um die Bewertungen der zeitlich begrenzten Behandlungen, die zwei Jahre später in einer Follow-up-Untersuchung an 740 Klienten sowohl von den Klienten als auch den Therapeuten vorgenommen wurden. Die Therapeuten beurteilten 76 Prozent der Fälle, die Klienten 81 Prozent der Fälle als definitiv gebessert. 10,5 bzw. 17 Prozent wurden von den Therapeuten bzw. Klienten sogar als „wiederhergestellt" beurteilt. Solche Urteile über die Verbesserung sind zwar keine völlig adäquaten Erfolgskriterien, die Ergebnisse fallen aber im Vergleich zu übrigen Resultaten in der einschlägigen Literatur, die solche Kriterien benützt haben, sehr vorteilhaft aus. Sogar von den Therapeuten, die der Kurzzeit-Psychotherapie nicht gerade wohlgesonnen waren, beurteilten drei Viertel die Resultate einer solchen Therapie positiv.

Unterschiedliche Urteile von Therapeuten und Klienten

Ähnliche Befunde in weiteren Studien

Ähnliche Befunde werden in einer Untersuchung von MUENCH (1965) berichtet, in der versucht wurde, die möglichen Effekte einer zeitlich begrenzten Psychotherapie zu erforschen. Demnach waren sich einige der in der Klinik angestellten Therapeuten sehr unschlüssig, ob sie an einer kontrollierten Untersuchung teilnehmen sollten, bei der einige Klienten nach dem Zufallsprinzip einer zeitlich begrenzten Therapie zugeteilt wurden. Die Therapeuten waren der Meinung, es sei unfair und möglicherweise sogar schädlich für solche Klienten, wenn ihre Therapie auf diese Weise willkürlich beendet würde. Infolgedessen wurde schließlich ein Forschungsplan entworfen, wonach der Therapeut dazu berechtigt war, über das festgelegte Zeitlimit hinauszugehen, falls er dies beim einzelnen Fall für notwendig hielt. Die Untersuchung wurde danach durchgeführt und ermöglichte den Vergleich von Ergebnissen aus drei unterschiedlichen Therapieformen: eine Kurz-Psychotherapie, eine zeitlich beschränkte Psychotherapie und eine zeitlich unbeschränkte Psychotherapie. Bei Zugrundelegung von zwei objektiven Erfolgskriterien wurden folgende Ergebnisse erzielt. In bezug auf das eine Kriterium wurden keine signifikanten Unterschiede festgestellt, in bezug auf das zweite Kriterium und bei der zweiten Messung schnitten die kurzzeitigen und zeitlich begrenzten Therapien signifikant besser ab als die zeitlich unbegrenzte Therapie. Somit waren die kürzer dauernden Therapien bei der einen Erfolgsmessung genauso effektiv wie die länger dauernde Therapie und signifikant besser bei der zweiten Erfolgsmessung. Ein weiteres, interessantes Resultat dieser Untersuchung und der Befunde war, daß diese Kliniktherapeuten sich dafür entschieden, in Zukunft nur noch zeitlich begrenzte Therapien mit zehn Sitzungen durchzuführen, um den Bedürfnissen einer größeren Zahl von Personen, die eine Therapie benötigen, besser entsprechen zu können. Es handelt sich hier um eines der wenigen Forschungsprojekte innerhalb der Psychotherapie, bei dem die erzielten Ergebnisse anscheinend einen definitiven Praxiseffekt hatten.

Kurztherapien sind genau so effektiv wie Langzeittherapien

Umsetzung in die Praxis

Es gibt auch noch weitere Berichte über kurzzeitige und zeitlich begrenzte Psychotherapien, die insgesamt aufzeigen, daß solche Therapien genauso effektiv wie die Therapien sind, bei denen mehr Zeit erforderlich ist. Über eine der ersten und bekanntesten Untersuchungen wurde von SHLIEN und seinen Mitarbeitern berichtet (SHLIEN, 1957; SHLIEN/MOSAK/DREIKURS, 1962). In dieser Studie wurde eine zeitlich begrenzte klientenzentrierte Psychotherapie mit einer zeitlich begrenzten Therapie nach ADLER und einer zeitlich unbegrenzten klientenzentrierten Psychotherapie sowie mit einer Kontrollgruppe verglichen. Als Kriteriumsmessung wurde eine Selbstkonzeptkorrelation auf der Basis eines Q-Sort verwendet. Während alle drei Therapiegruppen im Vergleich zur Kontrollgruppe einen signifikanten Fortschritt zeigten, entsprachen beide Gruppen mit zeitlich begrenzter Therapie bei Therapieende der Gruppe mit zeitlich unbegrenzter Therapie bzw. waren sogar geringfügig besser, und diese Veränderung ließ sich auch noch in einer Follow-up-Erhebung feststellen. In dieser Untersuchung wurden folglich die zeitlich begrenzten Therapien hinsichtlich des Zeitaufwands effizienter beurteilt als die zeitlich unbegrenzte Therapie.

Zeitlich begrenzte Therapie ist effizienter

In einer Rezension von Vergleichsstudien erwähnen LUBORSKY et al. (1975) acht Untersuchungen, in denen eine zeitlich begrenzte mit einer zeitlich unbegrenzten Psychotherapie verglichen wird. Demnach ergaben sich in fünf Untersuchungen zwischen den beiden Therapieformen keine Differenzen. In zwei Untersuchungen sprachen die Resultate für die zeitlich begrenzte Therapie und in einer Untersuchung für die zeitlich unbegrenzte Therapie. Eigentlich überprüften sie ja nur sieben Untersuchungen und gaben zwei Schätzungen bei der Untersuchung von HENRY und SHLIEN (1958) ab, wobei die Gruppe mit zeitlich begrenzter Therapie anhand einer TAT-Messung der „affektiven Differenzierung" ein negatives Ergebnis erzielte, sich aber anhand dreier anderer Meßinstrumente – Erfolgsschätzung der Therapeuten, Verhaltensindex, Q-Sort – keine Unterschiede zeigten. Dies war die einzige Untersuchung, die bei der zeitlich begrenzten Therapie zu ungünstigeren Resultaten führte, und dies zumal nur bei einer der vier verwendeten Erfolgsmessungen. Somit geht aus dem größten Teil des Beweismaterials nicht hervor, daß eine zeitlich begrenzte Therapie schlechtere Ergebnisse erzielen würde als eine zeitlich unbegrenzte Therapie.

LUBORSKY et al. (1975) kamen zu dem Schluß, „daß Differenzen in dieser Behandlungsdimension in der Regel keine signifikanten Differenzen in den Behandlungsergebnissen hervorrufen". Diese Schlußfolgerung ist zwar gerechtfertigt, es läßt sich aber auch noch etwas hinzufügen, was noch nicht gesagt wurde, daß nämlich eine Therapieform, die in kürzerer Zeit zu vergleichbaren Ergebnissen gelangt, als eine effizientere Therapieform betrachtet werden sollte. Dies scheint mir eine klar ersichtliche und haltbare Schlußfolgerung zu sein, erstaunlicherweise ist aber in dieser Richtung wenig argumentiert worden. Zum Teil liegt der Grund wohl darin, daß viele Therapeuten gegenüber einer Kurztherapie eine ziemlich ablehnende Haltung einnehmen. Ein damit zusammenhängender Faktor ist auch die Überzeugung, daß sich anhand der zwei unterschiedlichen

Je kürzer, um so effizienter

Therapien unterschiedliche Ergebnisse sicherstellen ließen, und daß die mit längerdauernden Therapien erzielten Ergebnisse wünschenswerter seien. Ein Anspruch dieser Art erfordert jedoch mehr empirische Bestätigung als bisher.

In Zusammenhang mit diesem Problem ist auch noch eine weitere, ziemlich wichtige Erhebung zu erwähnen. Es handelt sich dabei um eine Untersuchung über ambulante Psychotherapie, in der eine ganze Reihe von Erfolgsmessungen vorgenommen und mit der Therapiedauer korreliert wurden (GARFIELD/PRAGER/BERGIN, 1971). Die Therapiedauer korrelierte zwar signifikant ($p < .05$) mit Gesamt-Ratings der Besserung bei Klienten ($r = .38$), Therapeuten ($r = .37$) und Supervisoren ($r = .36$), die erreichten Korrelationen waren aber relativ niedrig. Ferner korrelierte die Therapiedauer nicht signifikant mit übrigen, unabhängigeren Ergebnismessungen wie Differenz-Scores des MMPI, Pathologie-Ratings auf der Grundlage von Aufzeichnungen von Therapiesitzungen und einer sogenannten Scale of Disturbance. Interessant ist, daß sich in dieser Untersuchung die positivsten Ergebnisse bei Ratings der Klienten und Therapeuten am Ende der Therapie ergaben, und diese Ratings wie auch die der Supervisoren die einzigen Kriterien waren, die mit der Therapiedauer in einem Zusammenhang standen. Obwohl man im nachhinein nur Vermutungen aussprechen kann, so ist es doch möglich, daß sich solche Erfolgsratings zum Teil auf eine Rechtfertigung der auferlegten Anstrengung, des auf beiden Seiten vorliegenden Sicheinbringens und der geweckten Erwartungen zurückführen lassen.

Therapiedauer und Zusammenhang mit Beurteilungsfehlern

Außer diesen Resultaten gibt es noch zahlreiche klinische Berichte, die sich mit der Effizienz verschiedener Formen von Kurz-, Not- und Kriseninterventions-Therapien befassen und im Vergleich zu ähnlichen Berichten über länger dauernde und konventionellere Therapien günstig ausfallen (BUTCHER/KOSS, 1978; HARRIS/KALIS/FREEMAN, 1963, 1964; PHILLIPS/WIENER, 1966). Die üblichen Grenzen solcher Untersuchungen geben zwar keine solide Grundlage für einen Vergleich ab, erwecken aber dennoch den Eindruck, daß nicht alle Personen eine Langzeit-Psychotherapie brauchen bzw. daß sie bei den meisten Menschen, die wegen einer Fülle von psychischen Problemen um eine Hilfe nachsuchen, keine geeignete Vorgehensweise ist.

Brauchen alle Klienten eine Langzeittherapie?

Interessant ist, daß auch Resultate aus einer zeitlich begrenzten Kurztherapie mit anderen Ausführungsformen ähnlich denen ausgefallen sind, wie sie für Individual-Psychotherapien berichtet worden sind. In einem Überblick über Untersuchungen zur Ehe- und Familientherapie fanden GURMAN und KNISKERN (1978) bei den Resultaten zeitlich begrenzter und unbegrenzter Therapie im wesentlichen keine Unterschiede. In einer Untersuchung wurden bei einer zeitlich begrenzten Therapie bessere Ergebnisse erzielt, in einer Untersuchung stellte sich ein geringer positiver Zusammenhang zwischen Therapiedauer und Erfolg heraus, und in sechs anderen Untersuchungen konnten in bezug auf das Ergebnis zwischen den beiden Therapieformen keine Unterschiede festgestellt werden. GURMAN und KNISKERN folgerten deshalb: „Das bis auf den heutigen Tage vorliegende Beweismaterial läßt darauf schließen, daß eine zeitlich begrenzte Ehe-Familien-Therapie einer zeitlich unbegrenzten Therapie nicht unterlegen ist“ (S. 879).

Verfahrensvorschläge

Zeitliche Staffelungen

Vor dem Hintergrund der vielen unterschiedlichen Berichte dürfte es eine erstrebenswerte Vorgehensweise sein, bei den meisten Klienten mit einer zeitlich begrenzten Therapie zu beginnen und später dann zu entscheiden, ob noch eine zusätzliche Therapie angebracht ist. Auf diese Weise könnte man beträchtliche Therapiezeit einsparen, die für die Behandlung anderer Klienten zur Verfügung stünde. Solche Vorgehensweisen hat man auch in mehreren klinischen Settings ausprobiert (Harris et al., 1963, 1964; Leventhal/Weinberger, 1975), und sie haben sich als erfolgreich erwiesen. Entsprechend diesen Berichten wurden annähernd zwei Drittel aller Fälle mit Erfolg in einer Therapie behandelt, die etwa sieben Sitzungen nur dauerte; der Rest wurde entweder weiter behandelt oder anderswohin überwiesen. Hier scheint es sich um eine angemessene Vorgehensweise zu handeln, die weiter erforscht werden könnte. Man benötigt anscheinend auf jeden Fall seitens der Psychotherapeuten und des Klinikpersonals eine flexiblere und experimentierfreudigere Einstellung, um neue Möglichkeiten anzugehen und sich nicht hartnäkkig an überholte Auffassungen über Psychotherapie zu klammern. Dabei werden sich nicht alle neuen Vorstellungen als lohnenswert herausstellen, und sie werden sämtlich erforscht und bewertet werden müssen. Einige Therapeuten aber scheinen durch ihre frühere Ausbildung oder persönliche Therapie so stark indoktriniert worden zu sein, daß sie allen neuen Vorstellungen, die eine Änderung ihres Ansatzes implizieren würden, äußerst widerstrebend begegnen. Als ich mich sowohl in den USA als auch in Europa mit verschiedenen Therapeutengruppen darüber unterhalten habe, bin ich oftmals von diesem Phänomen beeindruckt worden. Wer sich auf eine Langzeit-Psychotherapie eingelassen hat, vermittelt den Eindruck, daß jegliche Form einer kürzeren Therapie oberflächlich und zweitklassig ist, und daß sie sich nicht mit etwas zufrieden geben, was sie als niedrigere Therapieziele ansehen. Um eine Analogie aus der Medizin heranzuziehen, es ist so, als ob jeder, der ein psychisches Problem hat, sich in Äquivalenz einem größeren chirurgischen Eingriff unterwerfen müsse. Kleinere Behandlungen werden nicht ins Auge gefaßt! Sicherlich können wir uns Hoffnungen darauf machen, daß wir uns in zunehmendem Maße bei der Behandlung nach dem Klienten richten und kürzere Therapien noch häufiger eingesetzt werden, sobald sich herausgestellt hat, daß sie genauso gute Dienste wie längere Therapieformen erweisen. Überlegungen über die Effektivität von Behandlungen müssen unbedingt auch durch Überlegungen ergänzt werden, die sich auf die Effizienz der Behandlungen konzentrieren.

Mehr Experimentierfreudigkeit

Abschließende Bemerkungen

Wir haben in diesem Kapitel das recht allgemeine Problem der Effektivität und Effizienz der Psychotherapie diskutiert. In vielen seriösen Urteilen über diese Problematik ist mit Recht aufgezeigt worden, daß eine wirklich adäquate Antwort nicht gegeben werden kann. Das Hauptproblem liegt darin, daß die Frage „Ist Psychotherapie effektiv?" als eine schlechte Frage betrachtet werden muß und folglich nur schlechte Antworten bringen kann. Leider erweist sich dies als eine berechtigte Kritik an der Situation, und ich habe mich zu dem Versuch hinreißen lassen, auf diese Frage irgendeine Antwort zu liefern, weil die Frage – so schlecht sie auch ist – ständig gestellt wird und schon verschiedentlich versucht worden ist, sie zu beantworten.

Ist Psychotherapie effektiv?

Wie wir in diesem Band schon an früherer Stelle erwähnt haben, ist Psychotherapie kein klar definierter und uniformer Prozeß. Es gibt vielmehr viele unterschiedliche Psychotherapieformen und therapeutische Verfahren, die von sehr verschiedenartigen Psychotherapeuten Personen angeboten werden, die eine große Vielfalt an Problemen zeigen. Über die meisten der mannigfaltigen Psychotherapien sind weder systematische Effektivitätsstudien durchgeführt, noch empirische Ergebnisse über den Erfolg ihrer Verfahren berichtet worden. Daß die Praktiker Anhänger bestimmter Denkschulen sind und ganz bestimmte Verfahren anwenden, ist in erster Linie eine Frage des Glaubens oder der persönlichen Meinung. Es existiert nämlich keine Basis für abgesicherte Schlußfolgerungen über die Effektivität der meisten Therapieformen. Die Ergebnisse relativ systematischer Untersuchungen über den Therapieerfolg stammen überwiegend aus Untersuchungen der klientenzentrierten Psychotherapeuten, der Verhaltenstherapeuten und einer recht heterogenen Gruppe, die sich aus eklektisch und psychodynamisch orientierten Psychotherapeuten zusammensetzt. Alle allgemein bekannten Resultate über die Effektivität der Psychotherapie dürften somit weitgehend auf Untersuchungen basieren, die von Therapeuten durchgeführt wurden, die diese Therapieansätze repräsentieren.

Psychotherapie ist kein uniformer Prozeß

Keine systematische Forschung

Aber selbst wenn wir diese Einschränkung im Auge behalten, ist es immer noch kein sehr leichtes Unterfangen, wenn wir auf sehr allgemeine und schlecht formulierte Fragen Antworten zu finden suchen. Sogar zwei Praktiker, die ihrem Anspruch nach Anhänger derselben Therapieschule sind, können in Wirklichkeit unterschiedliche Verfahren anwenden oder in ihren konkreten Interaktionen bei verschiedenen Klienten unterschiedlich fungieren. Therapeuten können auch bei verschiedenen Kliententypen und klinischen Problemstellungen unterschiedlich therapieren. Wir finden somit selbst dann keine völlig zufriedenstellende Sachlage vor, wenn wir wissen, daß eine ganz bestimmte Therapieform oder ein ganz bestimmter Therapeut bei 70 Prozent aller behandelten Fälle erfolgreich sind. Was wir brauchen, ist ein umfassenderes Wissen darüber, warum bestimmte Ergebnisse in bestimmten Fällen und warum nicht in anderen Fällen erzielt werden.

Schlechte Fragen: Schlechte Antworten

Forderung: spezifischere Fragestellungen

Anders ausgedrückt: Um auf Fragen über die Psychotherapie bessere Antworten zu finden, müssen wir bessere und genauer gestellte Frage fordern. Nur wenn uns dies gelungen ist, können wir in dem Versuch fortfahren, verbesserte Forschungsarbeiten über das Problem der Therapieeffektivität auszudenken. Um dem Kern der Sache näher zu kommen, müssen wir unsere Fragen mehr entlang folgender Richtschnur formulieren: Welche Arten von therapeutischen Verfahren werden bei Klienten mit gegebenen Problemstellungen bei welchen Therapeuten die größte Wirkung haben? Statt sich mit Psychotherapie wie mit einem einheitlichen Prozeß auseinanderzusetzen, müssen wir uns um spezifische Therapiestrategien für spezifische Klienten- und Therapeutentypen kümmern. Die heutzutage eingesetzten Psychotherapien müssen zum größten Teil als Universaltherapien angesehen werden. Ob es sich nun um eine klientenzentrierte Therapie, um eine analytisch orientierte Therapie oder um irgendeine andere Therapieform handelt, man geht von der Annahme aus, daß der spezielle Therapieansatz generell für alle Personen mit all ihren Formen von Anpassungsschwierigkeiten geeignet und vorteilhaft ist, mit Ausnahme vielleicht von schwer gestörten psychotischen Personen. Diese Auffassung erweist sich als unrealistisch und überholt und sollte aufgegeben werden. Stattdessen müssen wir unsere Therapieverfahren im Einzelnen betrachten und ihre Effektivität bei speziellen Problemstellungen systematisch erforschen. Nur bei einem solchen Ansatz werden wir zu einigen Techniken und Verfahren kommen, die eine überprüfte Validität für spezifische Probleme haben und zur zweckmäßigen Anwendung ausgewählt werden können. Gegenwärtig läßt sich noch am ehesten sagen, daß es sowohl einige positive Effekte zu geben scheint, die den verschiedenen Applikationen diverser Therapieansätze zuzuschreiben sind, als auch eine viel geringere Zahl negativer Effekte. Wir sind uns ferner überhaupt nicht sicher, welche Variablen für die Verursachung der erzielten Ergebnisse verantwortlich sind. Es ist klar, daß weder Psychotherapeuten noch die zu versorgende Öffentlichkeit mit der zur Zeit bestehenden Situation zufrieden sein können. Die Geschichte der Medizin wie auch die der Placebo-Effekte (SHAPIRO/MORRIS, 1978) legen nahe, daß wir uns noch in einem relativ frühen Stadium der Psychologiegeschichte befinden und noch viel mehr unternommen werden muß, bevor wir Therapieverfahren entwickelt haben, die eine deutlich ausgewiesene Leistungsfähigkeit und Effektivität besitzen. Sich dieses Problems voll bewußt zu sein, ist der erste Schritt bei dem Versuch, dem Ziel näher zu kommen.

Unrealistische Universaltherapien

Literatur

Avnet, H. H. How effective is short-term therapy? In L. R. Wolberg (Ed.), *Short-term psychotherapy*. New York: Grune & Stratton, 1965.

Bergin, A. E. The effects of psychotherapy: Negative results revisited. *Journal of Counseling Psychology*, 1963, *10*, 244–250.

Bergin, A. E. Some implications of psychotherapy research for therapeutic practice. *Journal of Abnormal Psychology,* 1966, *71,* 235–246.

Bergin, A. E. The evaluation of therapeutic outcomes. In A. E. Bergin and S. L. Garfield (Eds.), *Handbook of psychotherapy and behavior change: An empirical analysis.* New York: Wiley, 1971, pp. 299–344.

Bergin, A. E. and Lambert, M. J. The evaluation of therapeutic outcomes. In S. L. Garfield and A. E. Bergin (Eds.), *Handbook of psychotherapy and behavior change,* 2nd ed. New York: Wiley, 1978.

Bergin, A. E. and Strupp, H. H. *Changing frontiers in the science of psychotherapy.* Chicago: Aldine, 1972.

Braucht, G. N. The deterioration effect: A reply to Bergin. *Journal of Abnormal Psychology,* 1970, *75,* 293–299.

Butcher, J. N. and Koss, M. P. Research on brief and crisis-oriented therapies. In S. L. Garfield and A. E. Bergin (Eds.), *Handbook of psychotherapy and behavior change,* 2nd ed. New York: Wiley, 1978.

Chambers, G. S. and Hamlin, R. The validity of judgments based on "blind" Rorschach records. *Journal of Consulting Psychology,* 1957, *21,* 105–109.

DeCharms, R., Levy, J., and Wertheimer, M. A note on attempted evaluations of psychotherapy. *Journal of Clinical Psychology,* 1954, *10,* 233–235.

Denker, P. G. Results of treatment of psychoneuroses by the general practitioner. *New York State Journal of Medicine,* 1946, *46,* 2164–2166.

Eysenck, H. J. The effects of psychotherapy: An evaluation. *Journal of Consulting Psychology,* 1952, *16,* 319–324.

Eysenck, H. J. The effects of psychotherapy. In H. J. Eysenck (Ed.), *Handbook of abnormal psychology.* New York: Basic Books, 1961.

Eysenck, H. J. The effects of psychotherapy. *International Journal of Psychiatry,* 1965, *1,* 97–178.

Eysenck, H. J. *The effects of psychotherapy.* New York: International Science Press, 1966.

Eysenck, H. J. The nonprofessional psychotherapist. *International Journal of Psychiatry,* 1967, *3,* 150–153.

Frank, J. D. Therapeutic components of psychotherapy. A 25-year progress report of research. *The Journal of Nervous and Mental Disease,* 1974, *159,* 325–342.

Garfield, S. L., Prager, R. A., and Bergin, A. E. Evaluation of outcome in psychotherapy. *Journal of Consulting and Clinical Psychology,* 1971, *37,* 307–313.

Gomes, B. and Armstrong, S. H. Deterioration effects in psychotherapy: Once more revisited. Paper presented at the Seventh Annual Meeting, Society for Psychotherapy Research, San Diego, Calif., June, 1976.

Gurman, A. S. and Kniskern, D. P. Research on marital and family therapy. In S. L. Garfield and A. E. Bergin (Eds.), *Handbook of psychotherapy and behavior change,* 2nd ed. New York, Wiley, 1978.

Harris, M. R., Kalis, B., and Freeman, E. Precipitating stress: An approach to brief therapy. *American Journal of Psychotherapy* 1963, *17,* 465–471.

Harris, M. R., Kalis, B. L., and Freeman E. H. An approach to short-term psychotherapy. *Mind,* 1964, *2,* 198–206.

Henry, W. E. and Shlien, J. Affective complexity and psychotherapy: Some comparisons of time limited and unlimited treatment. *Journal of Projective Techniques,* 1958, *22,* 153–162.

Holtzman, W. H. and Sells, S. B. Prediction of flying ability by clinical analysis of test protocols. *Journal of Abnormal and Social Psychology,* 1954, *49,* 485–490.

Kelman, H. *Helping people. Karen Horney's psychoanalytical approach.* New York: Science House, 1971.

Lambert, M. J., Bergin, A., and Collins, J. Therapist-induced deterioration in psychotherapy. In A. Gurman and A. Razin (Eds.), *Effective psychotherapy. A handbook of research.* New York: Pergamon, 1977.

Landis, C. Statistical evaluation of psychothererapeutic methods. In S. E. Hinsie (Ed.), *Concepts and problems of psychotherapy.* London: Heinemann, 1938.

Levanthal, T. and Weinberger, G. Evaluation of a large-scale brief therapy program for children. *American Journal of Orthopsychiatry,* 1975, *45,* 119–133.

Lieberman, M. A., Yalom, I. D., and Miles, M. B. *Encounter groups: First facts.* New York: Basic Books, 1973.

Luborsky, L. A note on Eysenck's article, "The effects of psychotherapy: An evaluation." *British Journal of Psychology,* 1954, *45,* 129–131.

Luborsky, L., Singer, B., and Luborsky, L. Comparative studies of psychotherapies. *Archives of General Psychiatry,* 1975, *32,* 995–1008.

May, P. R. A. For better or for worse? Psychotherapy and variance change: A critical review of the literature. *The Journal of Nervous and Mental Disease,* 1971, *152,* 184–192.

Meltzoff, J. and Kornreich, M. *Research in psychotherapy.* New York: Atherton Press, 1970.

Muench, G. A. An investigation of the efficacy of time-limited psychotherapy. *Journal of Counseling Psychology,* 1965, *12,* 294–299.

Phillips, E. L. and Wiener, D. N. *Short-Term psychotherapy and structural behavior change.* New York: McGraw-Hill, 1966.

Rachman, S. J. The effects of psychological treatment. In H. Eysenck (Ed.), *Handbook of abnormal psychology.* New York: Basic Books, 1973.

Ricks, D. F. Supershrink: Method of a therapist judged successful on the basis of adult outcomes of adolescent patients. In D. F. Ricks, M. Roff, and A. Thomas (Eds.), *Life history research in psychopathology,* Minneapolis: University of Minnesota, 1974.

Rosenzweig, S. A transevaluation of psychotherapy—a reply to Hans Eysenck. *Journal of Abnormal and Social Psychology,* 1954, *49,* 298–304.

Schmideberg, M. Values and goals in psychotherapy. *The Psychiatric Quarterly,* 1958, *32,* 333–365.

Shapiro, A. K. and Morris, L. A. The placebo effect in medical and psychological therapies. In S. L. Garfield and A. E. Bergin (Eds.), *Handbook of psychotherapy and behavior change,* 2nd ed. New York: Wiley, 1978.

Shlien, J. M. Time-limited psychotherapy: An experimental investigation of practical values and theoretical implications. *Journal of Counseling Psychology,* 1957, *4,* 318–323.

Shlien, J. M., Mosak, H. H., and Dreikurs, R. Effect on time limits: A comparison of two psychotherapies. *Journal of Counseling Psychology*, 1962, *9*, 31–34.

Sloane, R. B., Staples, F. R., Cristol, A. H., Yorkston, N. J., and Whipple, K. *Psychotherapy versus behavior therapy*. Cambridge: Harvard University Press, 1975.

Strupp, H. H., Hadley, S. W., and Gomes-Schwartz, B. *Psychotherapy for better or worse: The problem of negative effects*. New York: Jason Aronson, 1977.

Kapitel 13
Psychotherapie: Schlußbemerkung

Ich habe auf den vorhergehenden Seiten versucht, meine Auffassungen über die Psychotherapie und die Psychotherapieszene darzulegen. Ich hatte über 30 Jahre lang mit der Psychotherapie als Praktiker, Lehrer und manchmal als Forscher zu tun, und meine Auffassungen sind natürlich durch meine eigenen Erfahrungen, durch die Beobachtungen anderer Therapeuten sowie dadurch beeinflußt worden, daß ich versucht habe, über die nahezu unübersehbare einschlägige Literatur auf dem laufenden zu sein. Einige Leser werden meinen Beobachtungen und Formulierungen natürlich nicht zustimmen und sie in erster Linie als Ausdruck meiner Vorbehalte und eingeengten Sichtweise betrachten, oder vielleicht gar als oberflächliche Herangehensweise an die Psychotherapie. Außer den evidenten Mängeln bei meinen Versuchen, meine Auffassungen zu ordnen und zu integrieren, die ich mir natürlich selbst zuschreiben muß, gibt es aber auch noch andere Gründe. Wie verschiedentlich schon erwähnt wurde, beruhen Überzeugungen und Ergebenheiten in bezug auf Psychotherapie alles andere als auf wissenschaftlichen Beweisen, und es ist nicht leicht, Ansichten zu ändern, an denen auf der Grundlage von Glaubensbekenntnissen und damit verknüpften Überzeugungen festgehalten wird. Nichtsdestotrotz müssen langfristig unbestätigte Behauptungen und Annahmen in Frage gestellt und Versuche unternommen werden, Antworten zu beschaffen und Vorgehensweisen auf der Basis empirisch abgeleiteter Daten zu modifizieren.

Kein Pessimismus, sondern Optimismus

Obwohl mir einige Leser manchmal eine ziemlich pessimistische Einschätzung der gegenwärtigen Lage der Psychotherapie vorwerfen mögen, beurteile ich in Wirklichkeit den möglichen Fortschritt in der Psychotherapie für die Zukunft recht optimistisch. Zusammen mit der starken Vermehrung der psychotherapeutischen Ansätze und einer derzeit anscheinend starken Herausstellung nichtintellektueller und unkritischer Auffassungen hat es nämlich auch eine Reihe positiver und ermutigender Entwicklungen in der Psychotherapie gegeben. Zusätzlich zu einem signifikanten mengenmäßigen Anstieg der Psychotherapieforschung ist auch ein größeres Bewußtsein und Eingeständnis der Relevanz der Therapieforschung zu verzeichnen gewesen. Wir müssen gerechterweise zugeben, daß die große Masse an Forschungsarbeiten und die kritische Einschätzung der Psychotherapie in den letzten 25 bis 30 Jahren, also einer relativ kurzen Zeitspanne, eingetreten sind. Ferner ist – in den letzten 10 Jahren etwa – ein höheres Maß an Ausgeklügeltheit in der Therapieforschung zutage getreten, und die meisten zuverlässigeren Untersuchungen

Auch positive Entwicklungen

sind während dieser Zeit entstanden. Zweifellos sind sich die Therapieforscher der Probleme viel stärker bewußt, die bei der Planung annehmbarer Forschungsarbeiten auf diesem Gebiet zu berücksichtigen sind. Dies alles sind wichtige Indikatoren eines Fortschritts, und wir können hoffnungsvoll in die Zukunft blicken, wenngleich noch viel zu tun bleibt.

Berücksichtigung sozialer Randbereiche

In den letzten Jahren ist in der Psychotherapie auch ein größeres Bedürfnis nach Experimentieren und Innovation aufgekommen. Man hat sich darum bemüht, Programme und Verfahren zu entwickeln, um den bisher vernachlässigten Problemen und Teilbereichen unserer Gesellschaft besser begegnen zu können (Butcher/Koss, 1978; Kazdin, 1978; Lorion, 1978). Eine Reihe solcher Bemühungen sind auch so zum Abschluß gebracht worden, daß uns bestimmte systematische Bewertungsdaten über deren mögliche Effektivität zur Verfügung stehen. Wie wir bereits an andere Stelle in diesem Buch erwähnt haben, sind manche Forschungsarbeiten über die Vorbereitung des Klienten auf eine Psychotherapie durchgeführt worden. Diese Arbeiten sind durch die Befunde über vorzeitige Termination der Therapie, besonders bei Personen mit niedrigerem Sozialstatus, angeregt worden. In einer dieser Untersuchungen wurde ein „Role Induction Interview" entwickelt, um Klienten mit angemessenen Therapieerwartungen zu versorgen und damit den therapeutischen Prozeß und das Therapieergebnis zu fördern. Die Gruppe, die dieses Training erhielt, übertraf eine Kontrollgruppe mit Therapieklienten in 6 von 16 Kriteriumsmessungen, das Erscheinen zu den festgelegten Therapiesitzungen eingegriffen (Hoehn-Saric et al., 1964). Strupp und Bloxom (1973) entwickelten einen Role-Induction-Film für Klienten mit niedrigem Sozialstatus und verglichen ihn mit einem Role-Induction-Interview und mit einem Kontrollfilm. Es zeigte sich, daß die Klienten, die mit einem Role-Induction-Film und mit einem Role-Induction-Interview konfrontiert wurden, signifikant größere Fortschritte in der Therapie machten als die Kontrollgruppe. Auch Holmes und Urie (1975) berichteten davon, daß Kinder nach einem Therapy-Preparation-Interview signifikant seltener eine Therapie abbrachen als Kinder einer Kontrollgruppe. Detailliertere Schilderungen über solche Arbeiten finden sich an anderer Stelle (Garfield, 1978; Heitler, 1976).

Entwicklung adäquater Therapieerwartungen

Solche Befunde sind auch positive Hinweise auf löbliche Veränderungen. Selbst das rasche Emporkommen neuerer Ansätze kann man als Indiz dafür ansehen, daß ältere Vorlieben für unproduktive Verfahren aufgegeben und neuere in der Hoffnung in Angriff genommen werden, daß sie die eigene therapeutische Effektivität erhöhen. Allerdings erwecken solche Unternehmen durch das Fehlen jeglicher Bemühungen um systematische Bewertung dieser neuen Verfahren nicht viel Vertrauen.

Therapieinflation: auch positive Aspekte

Wir haben an anderer Stelle in diesem Buch auch bereits auf weitere Entwicklungen hingewiesen, die sich gegenwärtig innerhalb der Psychotherapie abzeichnen und einen vielversprechenden Eindruck erwecken. Ein Ausdruck hierfür ist die abnehmende Bindung an eine einzelne theoretische Orientierung und die daraus resultierende Offenheit für sonstige Fassungen und Möglichkeiten. Die Ergebnisse aus der Umfrage von

GARFIELD und KURTZ (1976), wonach mehr als die Hälfte aller befragten Klinischen Psychologen eine „eklektische" Vorliebe angaben, ist ein Beweis für einen solchen Wandel. Eine zusätzliche Befragung einer Stichprobe dieser eklektischen Psychologen deutete auch darauf hin, daß ihre Bevorzugung einer eklektischen Orientierung mit der Sichtweise zusammenhing, daß ein psychotherapeutischer Ansatz alleine bei der Auseinandersetzung mit der Vielfalt von sich stellenden Problemen nicht angemessen sei (GARFIELD/KURTZ, 1977). Viele der befragten Psychologen wiesen auch darauf hin, daß für unterschiedliche Fallklassen verschiedene Verfahren erforderlich seien und sie sich folglich nicht auf einen Ansatz beschränken könnten. Diese Aussagen spiegeln natürlich einen Standort und eine Akzentsetzung wider, die der gleicht, für die ich selbst mich einsetze. Eine individualisierende Psychotherapie, die den Bedürfnissen eines einzelnen Klienten gerecht werden will, scheint offenbar eine notwendige und stichhaltige Vorgehensweise zu sein, die die Anwendung von Techniken und Verfahren erforderlich macht, die nicht auf eine einzige Denkschule alleine begrenzt sind. Bevor wir wissen, welche Vorgehensweise bei welchen Personenklassen und Problemen die beste ist, wird zwar noch beträchtliche Arbeit zu investieren sein. Ein erster Schritt in diese Richtung ist jedoch die Anerkennung und Akzeptanz einer solchen Auffassung.

Eklektische Vorlieben Klinischer Psychologen

Keine Begrenzung auf einzige Therapieschule

Eine weitere Entwicklung, von der wir vorher Kenntnis genommen haben und die einiges verspricht, ist die kognitive Verhaltenstherapie (MAHONEY/ARNKOFF, 1978). Obwohl es sich um eine recht neue Ausarbeitung handelt, wird sie durch eine ganze Reihe von Therapieansätzen und -verfahren repräsentiert. Nicht alle mögen sich zwar als besonders effektiv erwiesen haben, doch repräsentiert diese Entwicklung einen signifikanten Wandel einer von vielen als etwas restriktiv eingeschätzten Therapieschule – der Verhaltenstherapie. Diese Erweiterung und Flexibilität einer Orientierung, die innerhalb einer relativ kurzen Zeitspanne von Anhängern eines neuen und intensiven Zugangs zur Psychotherapie und Verhaltensänderung vorangetrieben wurde, ist eine ungewöhnliche und möglicherweise wichtige Entwicklung. Ob sich eine beginnende Vergegenwärtigung der Grenzen eines einzigen Ansatzes und die mögliche Annäherung einiger unterschiedlicher Akzentsetzungen in der Psychotherapie anbahnt oder nicht, das bleibt abzuwarten. Es ist aber ein Schritt hin in diese Richtung und deshalb eine sehr willkommene Entwicklung. Außerdem sind viele der in dieser Entwicklung involvierten Personen sehr fähige, aktive und tatkräftige Therapieforscher, von denen sich in der Zukunft weitere Beiträge erwarten lassen.

Die Bedeutsamkeit der kognitiven Verhaltenstherapie

Es gibt auch noch andere positive Entwicklungen, auf die sich für die Zukunft einige Hoffnungen setzen lassen. Neben einer recht offenkundigen Auflockerung eines rigorosen Festhaltens an einer einzigen Denkschule seitens der Psychotherapeuten und einer Bereitschaft, zuzugeben, daß auch andere Ansätze bei bestimmten Fallklassen einigen Nutzen haben können, ist es zu Veröffentlichungen wohlbekannter und führender Persönlichkeiten der Psychotherapie gekommen, die eine offenere Einstellung gegen-

Weitere positive Entwicklungen

über Entwicklungen außerhalb ihrer eigenen Orientierung zum Ausdruck bringen und sogar einige fundamentale Postulate ihrer eigenen Orientierung in Frage stellen. STRUPP (1975, 1978) beispielsweise hat sich zwar zeitlebens meist psychoanalytischen Auffassungen angeschlossen, hat nun aber sowohl einige Dogmen der Psychoanalyse und psychoanalytischen Therapie in Frage gestellt, die Eigenart des therapeutischen Einflusses in der Psychoanalyse und die Relevanz der Deutung inbegriffen, als auch einige der Psychoanalyse und Psychotherapie insgesamt gemeinsamen Komponenten erkannt. Verschiedene Therapieforscher haben auch versucht, analytische und verhaltensorientierte Verfahren zu integrieren und eine Synthese dieser beiden divergenten Vorgehensweisen ins Auge zu fassen (BIRK/BRINKLEY-BIRK, 1974; MARMOR, 1971, 1973; WACHTEL, 1977). In einer Arbeit von MARMOR (1971), einem psychoanalytisch orientierten Therapeuten, findet sich eine wohldurchdachte Diskussion über die Notwendigkeit, daß sich dynamisch orientierte Therapeuten und Verhaltenstherapeuten sowohl der Überlappung und Ähnlichkeiten ihrer zwei Psychotherapieformen bewußt werden, als auch die Notwendigkeit sehen, die Perspektiven so zu erweitern, daß die zur Verfügung stehenden zweckdienlichsten Verfahren zur Behandlung der jeweiligen Klienten gewählt werden. Wenngleich MARMOR auch auf einige offensichtliche, grobe Vereinfachungen der verhaltensorientierten Erläuterungen des psychotherapeutischen Prozesses aufmerksam machte, so stellte er doch in den Vordergrund, daß der „Prozeß bei beiden Ansätzen am besten unter Bezugnahme auf gegenwärtige Lerntheorien erklärbar ist, die über einfache Erläuterungen anhand von Konditionierungsvorgängen hinausgehen und auch zentrale kognitive Prozesse einschließen" (1971, S. 28). Bei dieser von einem dynamisch orientierten Psychiater erläuterten Auffassung scheint in etwa die gleiche Akzentsetzung vorzuliegen, die auch von den kognitiv-verhaltensorientierten Psychologen vorgetragen wird. Solche Anzeichen einer erweiterten Sichtweise von Psychotherapeuten sehr verschiedener theoretischer Orientierungen und Ausbildung sind in der Tat ein vielversprechendes Signal dafür, daß engstirnige, sektiererische Auffassungen von der Psychotherapie zumindest in einiger Zeit einer umfassenderen bzw. eklektischen Perspektive Platz machen werden.

Synthese divergenter Ansätze

Erweiterung von Perspektiven

Aufgabe von Sektierertum

Konvergenz am Beispiel der Therapieerwartungen

Beispielhaft für eine ähnliche Konvergenz hinsichtlich eines Aspekts des psychotherapeutischen Prozesses sind das Interesse und die Forschungsarbeiten über das Problem der Therapieerwartungen, über die wir in einem der vorherigen Kapitel schon diskutiert haben. Die Funktion von Erwartungen wurde zuerst von FRANK (FRANK et al., 1959; FRANK, 1961) und GOLDSTEIN (1962) in bezug auf traditionellere Therapieansätze untersucht und ist in den letzten Jahren in der Verhaltenstherapie stark berücksichtigt worden. Unlängst sind mehrere kritische Darstellungen dieses Forschungsbereichs von den Behavioristen (LICK/BOOTZIN, 1975; MORGAN, 1973; PEROTTI/HOPEWELL, 1976), aber auch von anderen Therapieforschern (WILKINS, 1971, 1973) veröffentlicht worden, wobei ausführlich die ersichtlichen methodologischen Mängel besprochen wurden, die sich in diesen Forschungsarbeiten vorfinden lassen. Der neueste

Standpunkt von KAZDIN und WILCOXON (1976) jedoch läßt darauf schließen, daß durch systematische Desensibilisierung Erwartungseffekte bei den positiven Therapieergebnissen tatsächlich eine große Rolle spielen können. Ungeachtet der Schlußfolgerungen, die man letztlich über die Rolle der Erwartungen in der Verhaltenstherapie ziehen wird, ist der springende Punkt in diesem Zusammenhang, daß Verhaltenstherapeuten nicht nur für die Relevanz von Therapievariablen empfänglich sind, die von Therapeuten außerhalb ihrer eigenen Therapieschule postuliert werden, sondern daß sie auf charakteristische Art und Weise ziemlich rigoros ihre Erforschung fortgeführt haben.

Konvergenz am Beispiel Hypnose

Wir können auch noch andere Beispiele der mutmaßlichen Annäherung und Konvergenz von Standpunkten innerhalb der Psychotherapie anführen. Ein interessanter Vorschlag ist von SPANOS, MOOR und BARBER (1973) veröffentlicht worden, bei dem es um mögliche gemeinsame Nenner zwischen Hypnose und Verhaltenstherapie geht. Sie erwähnen vier spezifische Variablensets, die in beiden Therapieformen vorliegen sollen: motivationale Variablen, Einstellungs- und Erwartungsvariablen, die spezifische Wirkungsweise von Suggestionen oder Instruktionen sowie als kognitive Prozesse umschriebene Variablen wie das Auftreten von zielgerichteten Vorstellungen als Reaktion auf die Suggestionen oder Instruktionen. Die Autoren geben auch zu verstehen, daß ein freier Informationsfluß zwischen den beiden Therapieansätzen zu einer gegenseitigen theoretischen Aufwertung führen könnte. Auch von WEITZENHOFFER (1972) ist eine annähernd gleiche, dringende Bitte vorgetragen worden, die sich auf die Anerkennung von Ähnlichkeiten zwischen hypnotherapeutischen und verhaltensorientierten Methoden und der Stärkung beider Verfahren aufgrund dieser Anerkennung richtet.

Wie schon erwähnt sind Verhaltenstherapeuten auch für von strikt traditionellen Lernvariablen abweichende Faktoren empfänglich gewesen. BROWN (1967) hat eine interessante Analyse von Joseph WOLPES eigenem Verhalten bei der Therapiedurchführung veröffentlicht und sowohl den möglichen Einfluß von WOLPES eigener Persönlichkeit und seinen Interaktionen mit dem Klienten als auch den kognitiven Aspekt seiner Therapie aufgezeigt. BROWN führt aus: „Die Verhaltenstherapie von Joseph WOLPE ist ein multifacettiertes Instrument, bestehend aus seiner Persönlichkeit, seiner Beziehung zu den Klienten, seinen geschickten verbalen Reaktionen und seinen spezifischen Verhaltenstechniken. Würde man sich auf den letztgenannten Faktor alleine konzentrieren, so käme es zu einem störenden Bias" (BROWN, 1967, S. 857). BROWN (1972) hat auch weiterhin die verschiedenen Strategien beschrieben, die schließlich zu einer sogenannten „multimodalen Psychotherapie" (broad spectrum psychotherapy) führen, die Therapeut-Klient-Beziehung, Managementtechniken, Verhaltenstherapie und kognitive Therapie umfaßt. LAZARUS (1971, 1973) ist ein Beispiel für einen sehr bekannten Verhaltenstherapeuten, der seine früheren Auffassungen und Vorgehensweisen zu einer multimodalen Verhaltenstherapie (broad spectrum behavior therapy) erweitert hat, die ebenfalls kognitive, kommunikative und sonstige Variablen berücksichtigt.

Multimodale Psychotherapie

Multimodale Verhaltenstherapie

Verschiedene andere Verfasser haben sowohl die Divergenzen zwischen den verschiedenen Therapieschulen als auch die eventuellen Ähnlichkeiten und Konvergenzen kommentiert, die bei diesen Ansätzen sichtbar sind (PATTERSON, 1967; TSENG/MCDERMOTT, 1975). Wenn sich auch PRIEST (1972) über eine mögliche Konvergenz der Standpunkte weniger hoffnungsvoll äußert, so ist er doch der Ansicht, daß eine Konfrontation zwischen den Ansätzen nachdenkliche Personen dazu veranlassen könnte, die Evidenz jedes Ansatzes zu untersuchen, was empirisch zumindest im Bereich des Möglichen ist.

Ist Optimismus angebracht?

Es gibt somit mehrere Hinweise auf mögliche Entwicklungen bei einer Reihe von Psychotherapien verschiedener theoretischer Überzeugungen, die zu einer besseren Integration von Verfahren und Orientierungen, zu weniger doktrinären Praktiken und zur Förderung dieser Disziplin führen könnten. Es scheint sich auch sowohl ein klares Erkennen der Gemeinsamkeiten der verschiedenen Psychotherapien sowie die Notwendigkeit zu zeigen, spezifische Probleme auf die effektivste und effizienteste Art und Weise zu behandeln. Dies ist sicherlich eine vielgewünschte Entwicklung, die sehr viel zur Auslösung eines konkreten Fortschritts beitragen könnte, besonders wenn solche Versuche zur Modifikation der Praxis zudem von systematischen Bemühungen begleitet sind, alle neu entwickelten und erprobten Verfahren zu evaluieren.

Höhere Experimentierfreudigkeit und Innovationsbereitschaft

Psychoanalytisch orientierte Kurztherapien

Zusätzlich zu dem, was möglicherweise den Eindruck einer ökumenischen Bewegung zum Abbau des Sektierertums innerhalb der Psychotherapie erweckt, gibt es noch andere sichere und bereits erwähnte Hinweise auf eine höhere Bereitschaft, sich von älteren Traditionen abzulösen, die viele Jahre lang den Therapiebereich dominiert und Experimentierfreudigkeit und Innovation behindert haben. Während es vor über 30 Jahren eine sehr ablehnende Reaktion auf die Arbeiten von ALEXANDER und FRENCH (1946) gab, als sie ein Konzept einer kürzeren, psychoanalytisch orientierten Psychotherapie vorlegten, begegnet man heute einer viel anderen Situation. Analytiker wissen nicht nur um die Entwicklungen innerhalb der Verhaltenstherapie, sondern unterstreichen bekanntlich auch sogar den Nutzen solcher Verfahren und die Notwendigkeit, den eigenen Ansatz zu erweitern. Ferner haben eine Reihe von Therapieforschern zahlreiche Berichte über Versuche verfaßt, kürzere Therapien in der Hoffnung anzubieten, lange Zeit unberücksichtigte soziale Bedürfnisse zu befriedigen (BELLAK/SMALL, 1965; HARRIS/KALIS/FREEMAN, 1963, 1964; LORION, 1978; BUTCHER/KOSS, 1978). Neben solchen innovativen Bemühungen hat es auch Anstrengungen gegeben, den Therapiebedarf zu decken, Wartelisten abzuschaffen, Klienten auf die Therapie vorzubereiten, frühzeitige Termination der Therapie zu reduzieren, Programme für sehr stark gestörte Personen zu implementieren und Verfahren für eine große Vielfalt an spezifischen Problemen wie z. B. Fettleibigkeit, Hyperaktivität, Lernschwierigkeiten, Familienkonflikte und ähnliches mehr zu entwickeln (GARFIELD/BERGIN, 1978; KAZDIN/WILSON, 1978). Obwohl nicht alle dieser innovativen Bemühungen ganz erfolgreich gewesen sind, sind solche Entwicklungen erwähnenswert. Sie verweisen auf die Initiative einer Reihe von Psychotherapeuten, Probleme neu anzupacken und effektivere Verfahren zu ihrer Bewältigung entwickeln zu wollen. Der anregende und ermutigende Aspekt der in den letzten Jahren stattgefundenen Änderungen liegt in dieser Manifestation von Experimentierfreudigkeit und des Wunsches, sich mit Psychotherapie schöpferischer zu befassen. Vor dreißig Jahren wäre es unmöglich gewesen, die Entwicklungen vorherzusagen, die tatsächlich eingetreten sind.

Ermutigende Aspekte

Infolgedessen können wir gegenwärtig zwar keine übermäßig hohen Ansprüche an die Effektivität der verschiedenen Psychotherapien stellen, wir brauchen aber auch nicht unbedingt allzu pessimistisch sein. Es gibt zum jetzigen Zeitpunkt eine Reihe von deutlichen Trends, die zumindest einige Hoffnung und Aussicht auf einen eventuellen, in der Zukunft erfolgenden Fortschritt zulassen – und die meisten davon sind ziemlich neueren Datums. Damit wollen wir natürlich nicht zum Ausdruck bringen, daß sich alles Zukünftige ungewöhnlich vielversprechend zeigt; eine solche Schlußfolgerung ist offensichtlich nicht berechtigt. Bevor wir dieses Kapitel zusammenfassen, wollen wir auch einige andere Probleme diskutieren, die sich uns heute stellen und wahrscheinlich auch in relativ naher Zukunft stellen werden. Nichtsdestotrotz sind viele positive Änderungen eingetreten und gibt es klar ersichtliche Möglichkeiten für weitere Veränderungen der derzeitigen Therapieszene.

Hoffnungsvolle Trends

Ungelöste Probleme

Obwohl sich in der Psychotherapie viele ermutigende Trends erkennen lassen, bleiben noch eine ganze Reihe ungelöster Probleme. Neben dem beständigen Bedarf an mehr Forschung, um zu einer größeren Spezifikation der therapeutischen Strategien zu gelangen, die für die effektivste Behandlung der großen Vielfalt von Problemen, die von den Klienten vorgebracht werden, erforderlich sind, gibt es noch weitere Probleme. Zum einen geht es dabei um das umfassende Thema, wer eigentlich psychotherapeutische Dienste anbieten soll. Ein weiteres Problem betrifft die notwendige Qualifikation des Psychotherapeuten und damit zusammenhängend die geeignete Ausbildung derjenigen Therapeuten, die in der Praxis stehen. Wie im Kapitel 4 aufgezeigt wurde, gibt es in diesem Bereich viele unentschiedene Streitfragen und anscheinend auch keine einfachen Lösungen. Auch gibt es Problembereiche, auf die in Ländern außerhalb der USA aufmerksam gemacht wurde.

Aufgrund des Weges, den die Psychotherapie im Laufe der Jahre beschritten hat, gibt es keine anerkannte Profession einer Psychotherapie, die für ihre Ausübung Standards und Qualifikationen festlegt und regelt. Stattdessen finden wir sowohl eine Reihe von einzelnen, anerkannten Professionen sowie auch andere Gruppen vor, die sich auf irgendeine Art und Weise auf eine psychotherapeutische Tätigkeit eingelassen haben. Professionelle Standards, Anforderungen an die Ausbildung und Moralkodizes werden somit von den einzelnen Professionen geregelt, und die

Keine anerkannte Psychotherapie-Profession

Psychotherapie macht lediglich eine der Tätigkeiten der etablierten Professionen aus. Trotz einiger Bemühungen, die Etablierung einer charakteristischen und unterscheidbaren Psychotherapie-Profession in Erwägung zu ziehen (KUBIE, 1955, 1971; HOLT, 1971), sind bei der Annäherung an dieses Ziel nur geringe Fortschritte gemacht worden, und ein entscheidender Erfolg dürfte aus Gründen, die wir vorher schon diskutiert haben, nicht sehr wahrscheinlich sein. Die einzig konkrete Hoffnung gründet sich auf die Etablierung angemessener Standards seitens der jeweiligen Professionen, eine adäquate Überwachung innerhalb dieser Professionen, eine sorgfältige Supervision und zukünftig hoffentlich irgendeine Art interdisziplinärer Ansätze zur Etablierung von Verfahren zur Prüfung und regelmäßigen Beurteilung der praktisch tätigen Psychotherapeuten. Obwohl der letztgenannte Aspekt ein etwas utopisches Ziel sein mag, ist es nicht gänzlich unerreichbar, besonders dann nicht, wenn einige der erhofften Entwicklungen in den psychotherapeutischen Verfahren tatsächlich eintreten.

Wichtige Voraussetzung für Fortschritte: Korrelation von Therapeutenmerkmalen mit Therapieerfolg

Fortschritte bei der Identifikation der notwendigen persönlichen Voraussetzungen des Psychotherapeuten, um eine effektive Arbeit leisten zu können, werden auch von den wiederholten Forschungsbemühungen abhängen, solche Merkmale mit positiven Therapieergebnissen in Beziehung zu setzen. Wir müssen darüber hinauskommen, die Idealmerkmale des Therapeuten nur aufzulisten, und stattdessen untersuchen, welche persönlichen Eigenschaften und Interaktionen positiv mit dem Therapieergebnis in Zusammenhang stehen. Ferner sollte der erfolgreiche Abschluß eines Ausbildungsprogramms, das Psychotherapie als wichtigen Teil davon enthält, auf klaren, objektiv bestimmbaren Nachweisen des Könnens und erfolgreicher Ergebnisse beruhen. Alles, was darunter ist, führt primär zur Perpetuierung der Fehler von Supervisoren und zu einem Eignungszertifikat, das nicht auf Kriterien der therapeutischen Kompetenz basiert. Es muß sich auch unter allen etablierten Professionen, die Psychotherapie als eine ihre Hauptfunktionen beinhalten, die Einsicht in den Tatbestand durchsetzen, daß Personen ohne klar ersichtliche Kompetenz in Psychotherapie nicht graduiert werden dürfen bzw. ihnen der Besitz dieser Fertigkeiten nicht attestiert werden darf. Dieses Ziel wird nicht leicht zu erreichen sein, weil jede dieser Professionen auf Fertigkeiten und Wissen aufgebaut ist, die sich nicht auf Psychotherapie beziehen. Ist folglich jemand intelligent und anderweitig kompetent, wird er in der Regel wegen unangemessener oder fehlender Fähigkeiten in Psychotherapie nicht abgewiesen werden. Man kann nur hoffen, daß solche Personen sich mit anderen professionellen Funktionen befassen und nicht mit Psychotherapie, was allerdings nicht immer der Fall ist. Es gibt aber derzeitig keine Verfahrensweise, um mit diesem Problem fertig zu werden. Mit Sicherheit ist es aber ein Problem, und jede der etablierten Mental-Health-Professionen hat gegenüber der Öffentlichkeit insgesamt die Verpflichtung, in dieser Richtung etwas zu unternehmen. Denn gewöhnlich wird es einem intelligenten Graduate Student oder Assistenzarzt in der Psychiatrie mit offensichtlich nur geringer Eignung für die Psychotherapie erlaubt sein, ihre Programme zu beenden und psychotherapeutische Behandlungen durchzuführen, es sei denn, sie sind hochgradig psychotisch.

Es gibt auch Probleme bei Personen, die den etablierten Mental-Health-Professionen nicht angehören, sich aber dennoch in verschiedenen Formen von psychotherapeutischen Aktivitäten ergehen. Da es aber keine klar abgegrenzte und allgemein anerkannte Definition von Psychotherapie gibt und da es auch sehr schwierig ist, Psychotherapie von anderen Formen aufrichtiger und positiver menschlicher Beziehungen abzugrenzen, wird es wahrscheinlich nicht möglich werden, über alle möglichen Interaktionen Kontrolle auszuüben, die einer Psychotherapie ähnlich sein und möglicherweise einen therapeutischen Effekt haben können – was auch nicht unbedingt diffamiert werden sollte. In bezug auf die offizielle Behandlung und Betreuung von Personen jedoch, die um eine psychologische Behandlung nachsuchen, gibt es einige Merkmale, bei denen eine kritische Betrachtung angebracht ist. Müssen alle Personen, die in der Psychotherapie beschäftigt sind, vor (hinter) ihrem Namen unbedingt einen Dipl.-Psych. bzw. Dr. Dipl.-Psych. (M.D. bzw. Ph.D.) führen? Den meisten professionellen Psychotherapeuten wird es zwar nicht leicht fallen, darauf eine objektive Antwort zu geben, doch es handelt sich um eine völlig berechtigte Frage, zu deren Beantwortung am besten die Forschung beisteuern kann. Wenn es auch zu dieser Problematik nicht viele Forschungsarbeiten gibt, so weisen die vorliegenden Ergebnisse doch darauf hin, daß Psychotherapeuten nicht unbedingt die derzeitigen professionellen Programme durchlaufen müssen, um kompetente Therapeuten zu werden, und daß auch keine langen Ausbildungszeiten erforderlich sind (DURLAK, 1979). Das von Margaret RIOCH und ihren Mitarbeitern am National Institute for Mental Health zur Ausbildung von „middle-age" Hausfrauen zum Psychotherapeuten entworfene experimentelle Programm liefert hierzu Daten (RIOCH, 1967; RIOCH/ELKES/FLINT, 1965). Diese Hausfrauen erhielten ein Äquivalent von einem Jahr intensiver Ausbildung in Psychotherapie, setzten diese über einen Zeitraum von zwei Jahren in der Praxis um und wurden zur bis jetzt am intensivsten erforschten und evaluierten Gruppe von Psychotherapeuten. Sie therapierten in bezug auf eine Vielzahl von Kriterien zumindest genauso gut wie der durchschnittliche professionelle Psychotherapeut, selbst dann, wenn sie von professionellen Kollegen beurteilt wurden. Und in der Tat sogar Psychiater setzten ihre Leistung mit der des durchschnittlichen Psychologen oder Sozialarbeiters gleich, wenngleich sie von ihnen nicht so gut wie ein durchschnittlicher Psychiater bewertet wurden! Die gegenwärtig von STRUPP (1977) und seinen Mitarbeitern über ausgebildete professionelle Therapeuten und nichtausgebildete Therapeuten durchgeführte Untersuchung weist auf überraschend geringe Ergebnisdifferenzen zwischen den beiden Therapeutengruppen hin. Dies ist eine sehr irritierende Situation, und wenn die vorläufigen Resultate aufrechterhalten und bekräftigt werden, werden wir einen genaueren Blick darauf werfen müssen, welche Therapeutenvariablen in der Psychotherapie bedeutsam sind.

Professionalisierung vs. Laienpsychotherapie

Gleiche Therapieeffektivität bei professionellen und nichtprofessionellen Therapeuten

Verbesserung der Ausbildungsmethoden

Insofern, als Personen mit bestimmten persönlichen Qualitäten, aber keiner abgeschlossenen professionellen Ausbildung, zufriedenstellende Leistungen als Psychotherapeuten bringen, müssen die gegenwärtigen Ausbildungsmethoden und der Zugang zur Ausübung von Psychotherapie ernsthaft in Frage gestellt werden. Vor dem Hintergrund solcher Befunde werden wir dem öffentlichen Interesse keine guten Dienste erweisen, wenn wir versuchen, übermäßig restriktiv zu bestimmen, wer Psychotherapie ausüben darf. Bei dem derzeitigen Bedarf an Dienstleistungen und relativ hohen Kosten müssen Restriktionen hinsichtlich der Ausübung von Psychotherapie, die nicht durch empirische Befunde gut untermauert sind, zu Recht als die Manifestation einer Zunftorientierung betrachtet werden.

Zunftorientierungen

In klinischen Settings, wo eine angemessene Supervision durch kompetente und erfahrene Psychotherapeuten zur Verfügung steht, sollte es deshalb wirklich kein Problem sein, nichtprofessionelle Therapeuten bzw. Laientherapeuten einzusetzen, die eine entsprechende Ausbildung erfahren haben und dahingehend entsprechend ausgesiebt worden sind, daß sie unter Umständen fähige Therapeuten sind. Das wirkliche Problem hängt mit der Aufrechterhaltung von adäquaten Standards und damit zusammen, daß die Arbeit einer Person als Psychotherapeut adäquat in bezug auf angemessene Erfolgskriterien evaluiert wird. Dies trifft jedoch, wie schon erwähnt, genauso auf professionelle Psychotherapeuten zu. Bis angemessene Verfahren zur regelmäßig wiederkehrenden Bewertung von Psychotherapeuten generell entwickelt sind, sollten solche nichtprofessionelle Therapeuten auf geeignete klinische Settings mit angemessener Supervision beschränkt sein.

Sind therapeutische Dienste überhaupt angebracht?

Ein anderer Aspekt bei der Versorgung mit psychotherapeutischen Dienstleistungen, der schon klar ersichtlich ist, ist die Frage nach der Begründung für die Versorgung mit solchen Dienstleistungen. Viele Kliniken, die öffentlich subventioniert werden, müssen sich in zunehmendem Maße die Frage stellen lassen, ob sie nachweisen können, daß ihre Dienstleistungen tatsächlich die Funktion haben, die sie angeblich haben sollen. Im Prinzip lautet die Frage: Sind diese Dienst oder Behandlungen effektiv? Sind Programme für Delinquente, Alkoholiker, Drogenabhängige und ähnliche mehr tatsächlich effektiv, erreichen sie die festgelegten Zielsetzungen? Tragen Behandlungsprogramme für gestörte Kinder dazu bei, späteren Anpassungsproblemen vorzubeugen?

Schwache Datenbasis

Es scheint in zunehmendem Maße nach Beweisen dafür gefragt zu werden, daß Programme und Behandlungsansätze tatsächlich effektiv sind und die Unterstützung verdienen, die sie erhalten haben – und den meisten klinischen Arbeiten hat es an adäquaten Daten zur Beantwortung solcher Fragen gemangelt. Die meisten Institutionen werden verschiedene Informationen, wie zum Beispiel die Anzahl der behandelten Klienten, die Anzahl der vorgenommenen Behandlungen, die durchschnittliche Verweildauer, die Anzahl der vorgenommenen Überweisungen und ähnliches zur Verfügung stellen, in den meisten Fällen aber keine systematischen Anstrengungen machen, um die Angemessenheit ihrer Dienstleistungen einer Bewertung zu unterziehen. Es könnte mit vergleichbar geringem zusätzlichem Aufwand viel mehr in dieser Richtung getan werden, nichts ist aber in der Regel getan worden. Bei ein klein wenig Planung nur könnten die Kliniken so weit kommen, daß sie einige grundlegende Daten sammeln, die sie dazu verwenden könnten, die von ihnen zur Verfügung gestellten Dienste besser zu evaluieren. Solche Modelle würden Daten liefern, die hinweisen könnten auf die Häufigkeit der versäumten Therapieinterviews, die Anzahl der behandelten Klienten pro Zeitspanne, das Ausmaß frühzeitiger Termination etc. Solche Daten könnten auch einige Informationen darüber beisteuern, wie unterschiedlich Therapeuten arbeiten, sowie auch Informationen über die Leistungsmuster verschiedener Klientengruppen. Standard-Schätzmethoden zur Einschätzung der Therapie durch den Therapeuten und Klienten würden zumindest etwas bessere Informationen liefern, als in den Fallakten zur Verfügung stehen. Ferner könnten solche Datensammlungen auch dazu verhelfen, die Aufmerksamkeit auf eventuelle Probleme wie vorzeitige Termination oder Schwierigkeiten bei bestimmten Kliententypen zu lenken, sowie beim Personal ein Interesse daran aufkommen lassen, auf der Basis dieser vorläufigen Untersuchungen irgendwelche Forschungsprojekte zu initiieren. Alle Belegschaftsmitglieder sollten an der Effektivität ihrer psychotherapeutischen Tätigkeit und deren Bewertung ein Interesse haben. Idealerweise sollten sie auch einiges Interesse für die Verbesserung der Qualität ihrer Arbeit bekunden.

Standard-Schätzmethoden und systematische Datensammlungen

Ein weiterer Aspekt der Psychotherapie bedarf stärkerer Beachtung und betrifft die Frage der Ausbildung. Obwohl sich eine wirklich angemessene Beurteilung dieses Bereichs nur schwierig vornehmen läßt, erhält man doch den Eindruck, als handle es sich um ein etwas locker organisiertes bzw. zufälliges System eines didaktischen und praktischen Trainings, das von den örtlich zur Verfügung stehenden Ressourcen abhängt. In gewisser Hinsicht ist die Ausbildung auch sektiererisch, da einige Ausbildungszentren Ausbildung nur in einer ganz bestimmten Therapieorientierung anbieten. Wie angemessen die Ausbildung ist, die man erhält, ist somit oft eine Frage des Zufalls. In vielen Fällen wird außerdem der Supervisor nicht aufgrund seiner Tüchtigkeit als Lehrer oder Psychotherapeut ausgewählt, sondern aufgrund seiner Position innerhalb des Dozentenkollegiums, das für die Ausbildung zuständig ist.

Zufälligkeit des Ausbildungssystems

Sektierertum

Neben der Bedeutung, die der Verwendung eines angemessenen Therapieergebnisses als Kriterium für die Wirksamkeit der Ausbildung zukommt, müssen noch viele andere Schritte unternommen werden, um die Ausbildung angehender Psychotherapeuten zu verbessern. Als erstes sollten Lehrer und Supervisoren ausgewählt werden, die selbst klar ausgewiesene Kompetenz in der Tätigkeit haben, die sie anderen beibringen sollen, statt Personen auszuwählen, die verfügbar sind bzw. lediglich „erfahrene" Psychotherapeuten sind. In bezug auf die allgemein verbreitete Praxis wäre dies ein revolutionärer Wandel. Es muß aber etwas in dieser Richtung geschehen, wenn wir die bestehenden Praxisstandards sowie den Unterricht verbessern wollen. Andernfalls wird Mittelmäßigkeit oder noch weniger von den Lehrern und Supervisoren an die „Schüler" weitergege-

Ausbildungskompetenz zum Teil gering

ben. Eine zweite Vorbedingung wäre, die unterrichteten Techniken und Konzepte zu erweitern, damit die Ausbildung ein breitere Basis erhält und das, was auf eine sektiererische Indoktrination hinausläuft, abgebaut wird. Als weitere Akzentsetzung sollte in Psychotherapie-Ausbildungsprogrammen die Relevanz der Effektivitätsbewertung seiner eigenen klinischen Tätigkeit sowie das Klinikzentrum als eine Funktionseinheit gesehen werden. Evaluation und Forschung müssen als grundlegende Bestandteile der eigenen professionellen Verantwortlichkeit und nicht als etwas von der eigentlichen Ausführung der Psychotherapie Losgelöstes betrachtet werden. Die Beurteilung von Forschungsarbeiten sollte nicht als etwas angesehen werden, das nur Spezialisten im Forschungsbereich vornehmen können, sondern als etwas, das von allen Beteiligten gefordert wird, um ein Feedback über seine Arbeit zu erhalten und letztlich das Niveau der Dienstleistung zu verbessern.

Abbau sektiererischer Indoktrination

Beurteilung von Forschungsarbeiten

In der Ausbildung sollte schließlich ein entsprechendes Gewicht auf die konkreten Arbeitsprozesse und Interaktionen, die in einer Psychotherapie ablaufen, gelegt werden, nicht aber primär auf theoretische Formulierungen und Spekulationen. Wer schon einmal an einer Fallbesprechung in einer Klinik teilgenommen hat, dem dürften die Spekulationen und flüchtigen Phantasien bekannt sein, die in solchen Meetings mit wenig Bezug zu Fakten oder Daten auftauchen. Spekulationen führen dazu, als Fakten behandelt zu werden, und man macht sich wenig Vorstellungen über die verblüffende Reichweite von Interpretationen, die von den verschiedenen Teilnehmern angeboten werden. Einige davon sind nicht nur weit von den tatsächlich berichteten klinischen Vorkommnissen entfernt, sondern können auch weder verifiziert noch zurückgewiesen werden. Berichte von Therapeuten über den Ablauf einer Psychotherapie sollten durch Bandaufzeichnungen der aktuellen Sitzungen ersetzt werden, damit die Wahrnehmungen und Interpretationen des Therapeuten von dem tatsächlich stattgefundenen Verhalten unterschieden werden können. Das Vorhandensein einer Videoausstattung zur Ausbildung in der Psychotherapie ermöglicht eine Vervollkommnung der Ausbildung, so daß die Arbeitsprozesse der Therapie schneller begriffen werden und die Formung zweckmäßiger Verhaltensweisen leichter zustandegebracht werden können. Eine Reihe innovativer Nutzanwendungen solcher Ausstattungen ist bereits vorgenommen worden, wenngleich viele davon auf eine ganz bestimmte Orientierung beschränkt worden sind (GARFIELD, 1977).

Konzentration von Ausbildungsinhalten auf konkrete Arbeitsprozesse der Therapie

Abbau von Spekulationen

Verbesserte technische Ausstattung

Schlußbemerkung

Zum Schluß können noch einige letzte Worte hinzugefügt werden. Die Psychotherapie hat sich im Laufe der Zeit aus einer Anzahl unterschiedlicher Ursprünge entwickelt, und man ist allmählich so weit gekommen, sie als eine Sammlung von Verfahren und Praktiken anzuerkennen, die dazu ausgedacht worden sind, um Menschen bei einer Vielzahl von Problemen, denen sie in ihrem Alltagsleben begegnen, zu helfen. Die Psychotherapie ist zu verschiedenen Zeitpunkten in unterschiedlicher Form und unter unterschiedlichen Vorzeichen angewendet worden. Psychotherapeutische Dienste sind von einer Vielzahl von Personen und Professionen in vielen sozialen und kulturellen Zusammenhängen angeboten worden – von Geistlichen, Schamanen, Hexenmeistern bis zu Ärzten, Psychologen, Psychiatern, Trainern und sogar „Quacksalbern" (FRANK, 1973; KIEV, 1964). Die Menschen scheinen einen Grund dafür gehabt zu haben, anderen ihr Vertrauen zu schenken, über Probleme zu sprechen, Rat und Anregungen einzuholen und sogar bei bestimmten Ritualen bzw. Behandlungsmethoden mitzumachen. Nicht nur jetzt in der Gegenwart, sondern auch zu früheren Zeiten gab es unterschiedliche Schulen der Psychotherapie, wenngleich sie nicht so benannt wurden und sich von den heutzutage vorfindbaren Schulen unterscheiden. Die meisten dieser Therapieformen erhoben für sich ebenfalls den Anspruch der Effektivität, und die erfolgreichen Heilverfahren wurden an eine Gruppe loyaler Anhänger und Jünger weitergegeben.

Lange Geschichte der Therapieschulen

Loyalität

Wahrscheinlich machten sich eine Reihe dieser früheren „psychotherapeutischen" Systeme einige der gleichen allgemeinen und sogar einige der spezifischen Faktoren zunutze, die sich in den meisten derzeitigen Psychotherapien als wirksam erweisen (FRANK, 1973; TORREY, 1972). Nachfolgende Psychotherapien sind in die Fußstapfen dieser ersten Vorläufer getreten, wenngleich sie ihre Verfahren mit unterschiedlichen Formulierungen bemäntelt haben. Sicherlich sind einige neue und einzigartige Verfahren entwickelt worden, und wir wissen gegenwärtig sowohl mehr über die möglichen Faktoren, die in der Psychotherapie wirksam sind, als auch über die verfeinerten Evaluierungen der Therapieeffektivität. Zwar können auch sogenannte „Placebo-Effekte" (SHAPIRO/MORRIS, 1978) in den meisten Psychotherapien bei den erzielten Ergebnissen eine bedeutsame Rolle gespielt haben, heute jedoch wissen wir viel mehr über solche Effekte, und im Vergleich zu älteren Therapieformen brauchen wir uns nicht übermäßig rechtfertigend zu verhalten oder uns von Gefühlen der Unzulänglichkeit überhäufen lassen. SHAPIRO und MORRIS (1978) machten darauf folgendermaßen aufmerksam: „Da fast alle Medikationen bis vor kurzem Placebos waren, kann man die Geschichte der medizinischen Behandlung als die Geschichte von Placebo-Effekten charakterisieren" (S. 370). Sie wiesen auch darauf hin, daß „Patienten fast jede bekannte organische und nichtorganische Substanz einnehmen – Krokodilmist, Zähne von Schweinen, Hufe von Eseln, Sperma von Fröschen, das Fett von Eunuchen, Fliegenpünktchen, Tabletten aus getrockneten Giftschlangen, Puder aus Edelsteinen, Ziegelsteinen, Kesselsteinen, Federn, Haaren, menschlichem Schweiß, Öl aus Ameisen, Regenwürmern, Wölfen, Spinnen, Moos vom Schädel von Opfertieren usw. ... Die gesamte Medizingeschichte hindurch wurden den Patienten Abführmittel, Brechmittel und Giftmittel gegeben, wurden sie punktiert, geschnitten, geschröpft, mit Zugpflastern versehen, zur Ader gelassen, ausgelaugt, erhitzt, gekühlt, in Schwitzbäder gesteckt und wurden ihnen Elektroschocks gegeben" (SHAPIRO/MORRIS, 1978, S. 370). Man kann zwar vielleicht teilweise einige

Gleiche Verfahren – unterschiedliche Namen

Placebo-Effekte

Analogien zu bestimmten Aspekten der Psychotherapie ziehen, insgesamt jedoch haben die Psychotherapeuten weniger furchteinflößende Behandlungsmethoden eingesetzt. Es sollte auch darauf aufmerksam gemacht werden, daß mit den zunehmenden wissenschaftlichen Erkenntnissen und der Verbesserung in der Medizinausbildung – als Ergebnis der Angliederung der Medical Schools an die Universitäten – die Medizin in etwa den letzten 50 Jahren bemerkenswerte Fortschritte gemacht hat und als Profession geradezu stolz auf ihre Leistungen sein kann.

Großer Forschungselan

Auch die Psychotherapie hat trotz ihrer gegenwärtigen Manifestation in den letzten Jahren einen signifikanten Fortschritt gemacht und besitzt das Potential für noch bedeutsamere Fortschritte in den vor uns liegenden Jahren. Der Forschungselan ist groß, das Festhalten an traditionellen Ansätzen hat sich merklich verringert, und es hat einen Trend sowohl zum Experimentieren als auch zu einem offenen Eklektizismus gegeben, der für Änderungen und möglichen Fortschritt nützlich ist. Einiges an Rivalitäten zwischen den wichtigen Bereichen Psychiatrie und Klinische Psychologie hat sich ersichtlich reduziert, und es hat eine ansteigende positive Einstellung gegenüber und Anerkennung von qualitativer Arbeit, ungeachtet des professionellen Bereichs, gegeben. Dies wird besonders ersichtlich in den jährlichen Meetings of the Society of Psychotherapy Research, einer multidisziplinären Organisation, in der viele führende Persönlichkeiten aller Professionen, die sich mit Psychotherapieforschung auseinandersetzen, ihre Ansichten austauschen und sich mit der allgemeinen Zielsetzung, unseren Wissensstand über die Psychotherapie voranzubringen, beschäftigen.

Soziale Verantwortlichkeit des Therapeuten

Wir haben gegenwärtig ein adäquates Forschungswissen, um Forschungsprojekte zu entwickeln, die auf viele unserer derzeitigen Fragen Antworten liefern können. Wir sind uns auch stärker als jemals zuvor der Faktoren bewußt, die bei der Ermöglichung von Änderungen mittels einer Psychotherapie wirksam sein können. Damit verbunden liegt auch eine klarere Erkenntnis unserer sozialen Verantwortlichkeit vor, möglichst effiziente und effektive psychotherapeutische Dienstleistungen zur Verfügung zu stellen. Wenngleich unser derzeitiges Wissen und unsere gegenwärtigen Strategien im Vergleich zu dem, was wir idealerweise möchten, bescheiden sind, haben wir eine vernünftige Grundlage, um für die Zukunft optimistisch zu sein. Wenn Psychotherapeuten die Tatsache akzeptieren können, daß unser Wissen relativ ist und daß wir nicht nur Veränderung antizipieren dürfen, sondern aktiv danach streben müssen, um unser Praxisniveau zu verbessern, dann wird Fortschritt schneller und mit weniger Befürchtungen und Sorge sichergestellt werden. Letzten Endes werden die Gesellschaft, der wir zu Dienste stehen, und die Menschen, denen wir helfen wollen, in den Genuß unserer Anstrengungen gelangen, wenn wir der Realität aufrecht entgegentreten und unsere Arbeit verbessern.

Literatur

Alexander, F. and French, T. M. *Psychoanalytic therapy*. New York: Ronald, 1946.

Bellak, L. and Small, L. *Emergency psychotherapy and brief psychotherapy*. New York: Grune and Stratton, 1965.

Birk, L. and Brinkley-Birk, A. W. Psychoanalysis and behavior therapy. *American Journal of Psychiatry*, 1974, *131*, 449–509.

Brown, B. M. Cognitive aspects of Wolpe's behavior therapy. *American Journal of Psychiatry*, 1967, *124*, 162–167.

Brown, B. M. The multiple techniques of broad spectrum psychotherapy. In A. A. Lazarus (Ed.), *Clinical behavior therapy*. New York: Brunner/Mazel, 1972.

Butcher, J. N. and Koss, M. P. Research on brief and crisis-oriented therapies. In S. L. Garfield and A. E. Bergin (Eds.), *Handbook of psychotherapy and behavior change*, 2nd ed. New York: Wiley, 1978.

Durlak, J. A. Comparative effectiveness of paraprofessional and professional helpers. *Psychological Bulletin*, 1979, *86*, 80–92.

Frank, J. D. *Persuasion and healing: A comparative study of psychotherapy*. New York: Schocken Books, 1961.

Frank, J. D. *Persuasion and healing*, 2nd ed. Baltimore: The Johns Hopkins Press, 1973.

Frank, J. D., Gliedman, L. H., Imber, S. D., Stone, A. R., and Nash, E. H. Patients' expectancies and relearning as factors determining improvement in psychotherapy. *American Journal of Psychiatry*, 1959, *115*, 961–968.

Garfield, S. L. Research on training the professional psychotherapists. In A. Gurman and A. Razin (Eds.), *Effective psychotherapy. A handbook of research*. New York: Pergamon Press, 1977.

Garfield, S. L. Research on client variables in psychotherapy. In S. L. Garfield and A. E. Bergin (Eds.), *Handbook of psychotherapy and behavior change*, 2nd ed. New York: Wiley, 1978.

Garfield, S. L. and Bergin, A. E. (Eds.), *Handbook of psychotherapy and behavior change*, 2nd ed. New York: Wiley, 1978.

Garfield, S. L. and Kurtz, R. Clinical psychologists in the 1970s. *American Psychologist*, 1976, *31*, 1–9.

Garfield, S. L. and Kurtz, R. A study of eclectic views. *Journal of Consulting and Clinical Psychology*, 1977, *45*, 78–83.

Goldstein, A. P. *Therapist-patient expectations in psychotherapy*. New York: Pergamon, 1962.

Harris, M. R., Kalis, B., and Freeman, E. Precipitating stress: An approach to brief therapy. *American Journal of Psychotherapy*, 1963, *71*, 465–471.

Harris, M. R., Kalis, B. L., and Freeman, E. H. An approach to short-term psychotherapy. *Mind*, 1964, *2*, 198–206.

Heitler, J. B. Preparatory techniques in initiating expressive psychotherapy with lower-class unsophisticated patients. *Psychological Bulletin*, 1976, *83*, 339–352.

Hoehn-Saric, R., Frank, J. D., Imber, S. D., Nash, E. H., Stone, A. R., and Battle, C. C. Systematic preparation of patients for psychotherapy. I. Effects on therapy behavior and outcome. *Journal of Psychiatric Research,* 1964, *2,* 267–281.

Holmes, D. S. and Urie, R. G. Effects of preparing children for psychotherapy. *Journal of Consulting and Clinical Psychology,* 1975, *43,* 311–318.

Holt, R. R. (Ed.), *New horizon for psychotherapy.* New York: International Universities Press, 1971.

Kazdin, A. E. The application of operant techniques in treatment, rehabilitation, and education. In S. L. Garfield and A. E. Bergin, (Eds.), *Handbook of psychotherapy and behavior change,* 2nd ed. New York: Wiley, 1978.

Kazdin, A. E. and Wilcoxon, L. A. Systematic desensitization and nonspecific treatment effects: A methodological evaluation. *Psychological Bulletin,* 1976, *83,* 729–758.

Kazdin, A. E. and Wilson, G. T. *Evaluation of behavior therapy: Issues, evidence, and research strategies.* Cambridge, Mass.: Ballinger, 1978.

Kiev, A. *Magic, faith and healing. Studies in primitive psychiatry today.* New York: Free Press of Glencoe, 1964.

Kubie, L. S. The pros and cons of a new profession: A doctorate in medical psychology. In M. Harrower (Ed.), *Medical and psychological teamwork in the case of the chronically ill.* Springfield, Ill.: Charles C. Thomas, 1955.

Kubie, L. S. A doctorate in psychotherapy. The reasons for a new profession. In R. R. Holt (Ed.), *New horizon for psychotherapy. Autonomy as a profession.* New York: International Universities Press, 1971.

Lazarus, A. A. *Behavior therapy and beyond.* New York: McGraw-Hill, 1971.

Lazarus, A. A. Multimodal behavior therapy: Treating the "basic id." *Journal of Nervous and Mental Disease,* 1973, *156,* 404–411.

Lick, J. and Bootzin, R. Expectancy factors in the treatment of fear: Methodological and theoretical issues. *Psychological Bulletin,* 1975, *82,* 917–931.

Lorion, R. P. Research on psychotherapy and behavior change with the disadvantaged. In S. L. Garfield and A. E. Bergin (Eds.), *Handbook of psychotherapy and behavior change,* 2nd ed. New York: Wiley, 1978.

Mahoney, M. J. and Arnkoff, D. B. Cognitive and self-control therapies. In S. L. Garfield and A. E. Bergin (Eds.), *Handbook of psychotherapy and behavior change,* 2nd ed. New York: Wiley, 1978.

Marmor, J. Dynamic psychotherapy and behavior therapy. Are they irreconcilable? *Archives of General Psychiatry,* 1971, *24,* 22–28.

Marmor, J. The future of psychoanalytic therapy. *The American Journal of Psychiatry,* 1973, *130,* 1197—1202.

Morgan, W. G. Nonnecessary conditions or useful procedures in desensitization: A reply to Wilkins. *Psychological Bulletin,* 1973, *79,* 373–375.

Patterson, C. H. Divergence and convergence in psychotherapy. *American Journal of Psychotherapy,* 1967, *21,* 4–17.

Perotti, L. P. and Hopewell, C. A. *Expectancy effects in psychotherapy and systematic desensitization: A review.* Paper presented at the 7th Annual

Meeting of the Society for Psychotherapy Research, June 18, 1976, San Diego, California.

Priest, P. N. The destiny of psychological therapies: Convergence or divergence. *British Journal of Medical Psychology*, 1972, *45*, 209–220.

Rioch, M. J. Pilot projects in training mental health counselors. In E. L. Cowen, E. A. Gardner, and M. Zax (Eds.), *Emergent approaches to mental health problems*. New York: Appleton-Century-Crofts, 1967.

Rioch, M. J., Elkes, C., and Flint, A. A. *National Institute of Mental Health project in training mental health counselors*. Washington, D.C.: U.S. Department of H.E.W. Public Health Service Publication No. 1254, 1965.

Shapiro, A. K. and Morris, L. A. The placebo effect in medical and psychological therapies. In S. L. Garfield and A. E. Bergin (Eds.), *Handbook of psychotherapy and behavior change, 2nd Ed.* New York: Wiley, 1978.

Spanos, N. P., Moor, W., and Barber, T. X. Hypnosis and behavior therapy: Common denominators. *American Journal of Clinical Hypnosis*, 1973, *16*, 45–64.

Strupp, H. H. Psychoanalysis, "Focal Psychotherapy," and the nature of the therapeutic influence. *Archives of General Psychiatry*, 1975, *32*, 127–135.

Strupp, H. H. The Vanderbilt psychotherapy process-outcome project. Paper presented at the 8th annual meeting, Society for Psychotherapy Research, Madison, Wisconsin, June, 1977.

Strupp, H. H. Psychotherapy research and practice: An overview. In S. L. Garfield and A. E. Bergin (Eds.), *Handbook of psychotherapy and behavior change*, 2nd ed. New York: Wiley, 1978.

Strupp, H. H. and Bloxom, A. L. Preparing lower-class patients for group psychotherapy: Development and evaluation of a role-induction film. *Journal of Consulting and Clinical Psychology*, 1973, *41*, 373–384.

Torrey, E. F. What western psychotherapists can learn from witchdoctors. *American Journal of Orthopsychiatry*, 1972, *42*, 69–76.

Tseng, W. and McDermott, J. F. Psychotherapy: Historical roots, universal elements and cultural variations. *The American Journal of Psychiatry*, 1975, *132*, 378–384.

Wachtel, P. L. *Psychoanalysis and behavior therapy. Toward an integration.* New York: Basic Books, 1977.

Weitzenhoffer, A. M. Behavior therapeutic techniques and hypnotherapeutic methods. *The American Journal of Clinical Hypnosis*, 1972, *15*, 71–82.

Wilkins, W. Desensitization: Social and cognitive factors underlying the effectiveness of Wolpe's precedure. *Psychological Bulletin*, 1971, *76*, 311–317.

Wilkins, W. Expectancy of therapeutic gain: An empirical and conceptual critique. *Journal of Consulting and Clinical Psychology*, 1973, *40*, 69–77.

Autorenverzeichnis

Abeles, N. 80
Abramowitz, C. V. 61
Abramowitz, S. I. 61, 90, 219
Affleck, D. C. 45, 46, 48, 52, 62
Alexander, F. 30, 99, 191, 213, 217, 300
Allison, R. B. 42
Almond, R. 54
American Psychological Association 75, 89
Anderson, J. 55
Appelbaum, D. A. 56, 58
Armstrong, S. H. 283
Arnkoff, D. B. 23, 28, 216, 297
Aronson, H. 49
Auerbach, A. H. 54, 55, 56, 58, 248
Auld, F., Jr. 52
Avent, H. H. 182, 183, 279, 285
Ayllon, T. 234, 235

Backran, H. M. 54, 55, 56, 58
Bailey, M. A. 42, 46
Baker, B. L. 222
Baker, G. 56
Bancroft, J. H. J. 121, 122, 134, 146, 178
Bandura, A. 112, 115, 120, 121, 122, 135, 143, 146, 147, 216
Barber, T. X. 135, 299
Barnes, A. R. 135
Barrett, C. L. 135
Barron, F. 56
Battle, C. C. 296
Bauer, M. L. 62
Bechtel, B. S. 42
Beck, A. T. 27, 28, 99, 215
Bednar, R. L. 30, 220, 266
Bellak, L. 300
Bergin, A. E. 1, 54, 73, 80, 85, 125, 181, 182, 229, 236, 245, 249, 252, 267, 273, 276, 277, 279, 280, 281, 282, 283, 284, 288, 300
Bernstein, A. 60, 134
Bernstein, C. S. 56, 58
Berzins, J. I. 62, 229, 250
Beutler, L. E. 80
Bibring, G. L. 41, 59
Binder, A. I, 30
Binder, V. 1, 30
Binswanger, L. 28
Birk, L. 27, 298
Blanchard, E. B. 121
Bloxom, A. L. 296
Boltax, S. 54
Bootzin, R. 59, 60, 298
Bordin, E. S. 79
Bozarth, J. D. 80, 249
Branch, C. H. 42
Braucht, G. N. 281
Brill, N. Q. 42
Brinkley-Birk, A. W. 27, 298
Brodsky, A. M. 89
Brooks, S. 135
Brown, B. M. 299
Brown, H. A. 135
Brown, J. S. 45
Bry, A. 30
Butcher, J. N. 150, 193, 288, 296, 300

Callahan, D. M. 47
Carkhuff, R. R. 24, 55, 78, 79, 80, 109, 248
Carrera, R. N. 183, 262
Cartwright, D. S. 45, 46, 54
Chambers, G. S. 249, 281
Chandler, M. 54, 55, 56, 58
Chinsky, J. M. 80, 248
Cohen, J. 54, 55, 56, 58
Cole, N. J. 42
Collins, J. 85, 279, 281, 282, 283
Costell, R. M. 45, 52
Cowen, E. L. 9
Cowles, K. 138
Coyne, R. 56, 58
Craig, T. 44, 45
Cristol, A. H. 26, 33, 54, 55, 58, 80, 134, 135, 139, 140, 183, 224, 249, 252, 259, 264, 283
Davidson, W. S. 141
Davison, G. C. 115, 116, 148, 149, 269
Decenteceo, E. T. 216
DeCharms, R. 274
DeJulio, S. S. 80, 249
Denker, P. G. 275
Derner, G. F. 73
Devine, D. A. 61
Dodd, J. 51
Dreikurs, R. 193, 287
Duncan, D. 60
Durlak, J. A. 303
Dymond, R. F. 258

Eells, J. 141, 249
Ehrlich, H. J. 62
Eichler, R. M. 42, 46
Eiduson, B. T. 44
Elkes, C. 303
Elkins, D. 80
Ellis, A. 27, 99, 100, 214
Enelow, A. J. 118
Erdwins, C. F. 121, 122
Eron, L. D. 52
Ewing, C. P. 150
Eysenck, H. J. 124, 181, 234, 273, 274, 275, 276, 281

Feather, B. W. 27, 28
Fedoravicius, A. 216
Feifel, H. 141, 249
Fernald, P. S. 61
Fiester, A. R. 44
Fine, H. L. 55
Fink, M. 48
Fisher, C. 41, 59
Fiske, D. W. 52, 54, 76, 248
Flint, A. A. 303
Folman, R. 50
Fox, R. E. 249
Frank, J. D. 35, 41, 42, 45, 46, 55, 56, 59, 97, 101, 133, 135, 136, 277, 296, 298, 307
Frankl, V. E. 28, 34

Freeman, E. H. 150, 193, 288, 289, 300
French, T. M. 30,99, 181, 213, 217, 300
Freud, S. 6, 17, 55, 104, 201, 212
Fricke, L. 220
Friedman, H. J. 60, 128
Fuller, M. 89

Gardner, E. A. 9
Gath, D. H. 121, 122, 134, 146
Garfield, S. L. 1, 2, 3, 7, 8, 9, 25, 28, 29, 31, 34, 39, 40, 41, 44, 45, 46, 48, 54, 55, 56, 57, 58, 62, 72, 73, 80, 113, 133, 135, 145, 158, 231, 236, 248, 249, 252, 256, 267, 288, 296, 297, 300, 306
Gelder, M. G. 121, 122, 134, 146, 178
Geller, J. D. 46
Gendlin, E. T. 24, 29
Gibby, R. G. 52
Gilmore, J. B. 216
Gizynski, M. 141, 252
Glenn, M. L. 201
Gliedman, L. H. 45, 59, 298
Glover, E. 31, 221
Goin, M. K. 42
Goldfried, M. R. 28, 116, 148, 149, 216
Goldschmidt, M. L. 72
Goldstein, A. P. 60, 298
Gomes, B. 283
Gomes-Schwartz, B. 85, 182, 249, 281, 283
Gottmann, J. 261
Gross, S. J. 47
Grotjahn, M. 45
Grummon, D. 80
Gurmann, A. S. 193, 267, 279, 282, 288

Hadley, S. W. 85, 182, 249, 255, 281, 283
Haggard, E. 41, 59
Hamburg, D. A. 41, 49
Hamlin, R. 249, 281
Hammer, E. R. 19
Hampe, I. E. 135
Harper, R. A. 30
Harris, M. R. 150, 193, 288, 289, 300
Hartley, D. 90, 219
Heath, R. G. 46
Heine, R. W. 49, 133, 141
Heitler, J. B. 45, 296
Heller, K. 247
Henry, W. E. 72, 74, 287
Hiler, E. W. 52
Hoch, E. L. 7
Hoehn-Saric, R. 296
Holliday, W. C. 222
Hollingshead, A. B. 13, 43
Holmes, D. 54, 252
Holmes, D. S. 296
Holroyd, J. C. 89
Holt, R. R. 70, 71, 75, 77, 248, 302
Holtzman, W. H. 249, 281
Hopewell, C. A. 60, 298
Horenstein, D. 54, 252
Horney, K. 21
Hornstra, R. K. 42
Horwitz, H. 56, 58
Houston, B. 54, 252
Huffine, C. 44, 45

Imber, S. D. 45, 55, 59, 133, 296, 298

Jackson, C. 61
Jacobs, M. A. 55
Jacobson, E., 116
Jacobson, G. 150
Jameson, E. 61
Johnson, D. T. 80
Johnson, M. 248
Johnson, V. 236
Johnston, D. W. 121, 122, 134, 146
Joint Commission on Mental Illness and Health 4
Jones, D. 220

Kadushin, C. 41, 43, 59
Kalis, B. L. 150, 193, 288, 289, 300
Kardener, S. 89
Katz, M. M. 47, 74
Kauff, P. F. 71
Kaul, T. J. 30, 220
Kazdin, A. E. 106, 108, 135, 146, 232, 236, 296, 299, 300
Kelly, E. L. 23, 76, 248
Kelman, H. 91, 285
Keniston, K. 54
Kernberg, O. F. 56, 58
Kessel, P. 108
Kiesler, D. J. 3, 24, 206, 229, 245, 261
Kiev, A. 307
Kirkner, F. 56
Kirtner, W. L. 54
Klopfer, B. 56
Knapp, P. H. 41, 59
Kniskern, D. P. 193, 279, 282, 288
Koran, L. M. 45, 52
Kornreich, M. 55, 58, 59, 182, 273, 276, 277
Koss, M. P. 193, 288, 296, 300
Kosterlitz, N. 45
Krasner, L. 97, 106, 108, 222, 234
Krauft, C. C. 80, 249
Kubie, L. S. 302
Kurtz, R. M. 2, 3, 7, 25, 29, 31, 72, 145, 231, 297
Kurtz, R. R. 80
Kurz, M. 41, 44, 256

Lamb, C. 144
Lambert, M. J. 80, 85, 124, 125, 182, 249, 273, 277, 279, 281, 282, 283, 284
Landis, C. 275
Lang, P. J. 232, 233, 234
Lazarus, A. A. 146, 147, 149, 269, 299
Leitenberg, H. 148, 269
Lennard, H. L. 60, 134
Lerner, B. 52
Lessler, K. 249
Levanthal, T. 193, 289
Levin, S. 41, 59
Levine, M. 113, 133
Levis, D. J. 183, 262
Levy, J. 274
Lewis, R. V. 42
Lick, J. 59, 60, 298
Liebermann, M. A. 29, 31, 90, 218, 219, 220, 249, 283
Lief, H. L. 46
Lief, V. F. 46
Lipkin, S. 60
LoPiccolo, J. 236
Lorion, R. P. 54, 296, 300
Lorr, M. 46, 47, 74
Lubin, B. 42, 72
Luborsky, L. 31, 54, 55, 56, 58, 75, 77, 134, 193, 248, 273, 278, 287, 281

McBrearty, J. F. 108
McCardel, J. 135
McCarter, R. H. 41, 59
McDermott, J. F. 300
McNair, D. M. 47, 48
McReynolds, W. T. 135
Mahoney, M. J. 28, 216, 297
Marks, I. 11, 41, 121, 178 232, 236, 247
Marmor, J. 27, 298
Masters, J. C. 149
Masters, W. H. 236
Mathews, A. M. 121, 122, 134, 146, 178
Mattis, P. R. 222
Maudel, G. R. 150

May, P. R. A. 281
May, R. 28, 149
Mednick, S. A. 52
Medvene, A. 220
Meichenbaum, D. 28, 216
Melamed, B. G. 232, 233, 234
Meltzoff, J. 55, 58, 182, 273, 276, 277
Menninger, K. 196
Mensh, I. 89
Miles, M. B. 29, 31, 90, 218, 219, 220, 249, 283
Miller, C. 46, 47, 262
Miller, D. R. 52
Miller, L. 135
Mintz, E. E. 89, 218
Mintz, J. 57, 251
Mitchell, K. M. 24, 80, 249
Moor, W. 135, 299
Moore, S. F. 47
Moreno, J. L. 34
Morgan, W. G. 59, 298
Morris, L. A. 103, 127, 259, 291, 307
Morse, S. J. 1, 30
Mosak, H. H. 193, 287
Muench, G. A. 193, 286
Muffley, R. A. 48
Mullen, J. 80
Muller, J. J. 55
Murray, E. J. 109, 135
Myers, J. K. 42, 52

Nash, E. H. 45, 55, 59, 296, 298
National Center for Health Statistics 44
Neville, C. W. Jr. 80
Nichols, M. P. 106
Nielzén, S. 56
Nolan, J. D. 222
Noonan, J. R. 42

Overall, B. 49

Parloff, M. B. 80, 81, 248, 249
Patterson, C. H. 135, 300
Patterson, G. R. 149, 253
Paul, G. L. 222, 259
Perotti, L. P. 60, 298
Phillips, E. L. 288
Piper, W. E. 60
Pope, K. S. 46
Pottharst, K. E. 8
Prager, R. A. 54, 55, 252, 288
Priest, P. N. 300

Rachmann, A. W. 71, 281
Raimy, V. 7, 75
Rank, O. 193
Rappaport, J. 80, 248
Raynes, A. E. 42
Razin, A. M. 267
Redlich, F. C. 13, 43
Rehagen, N. J. 135
Report of the Research Task Force of NIMH 1
Rhoads, J. M. 27, 28
Ricks, D. F. 279, 281
Rimland, B. 1, 30
Rimm, D. C. 149
Rioch, M. J. 303
Ritter, B. 121
Roback, H. B. 61, 90, 219
Rogers, C. R. 23, 24, 99, 258
Rosenbaum, C. P. 198, 199
Rosenthal, D. 41, 42, 46, 59, 108, 133
Rosenthal, T. 120, 121, 135, 143
Rosenzweig, S. 113, 133, 274
Rosenzweig, S. P. 50
Ross, A. O. 7, 232
Rubinstein, E. A. 46, 47, 74
Rudestam, K. E. 44
Ryan, V. 141, 252
Ryan, W. 43

Sattler, J. M. 46
Schaffer, L. 42, 52
Schaie, K. W. 41, 46
Schmideberg, M. 285
Schofield, W. 59, 98
Seidman, E. 141
Sells, S. B. 249, 281
Shader, R. I. 42
Shapiro, A. K. 103, 127, 128, 259, 291, 307
Shapiro, J. G. 266
Shapiro, M. B. 269
Shapiro, R. J. 50
Shaw, P. M. 121, 122, 134, 146
Shipman, W. G. 60
Shlien, J. M. 193, 287
Siegel, N. 48
Sifneos, P. E. 201
Sims, J. H. 72, 74
Singer, B. 134, 193, 273, 278, 287
Sjöholm, L. 56
Skinner, J. C. 55
Sloane, R. B. 26, 33, 54, 55, 58, 80, 134, 135, 139, 140, 183, 224, 249, 252, 264, 283
Small, L. 300
Smelser, W. 46, 47, 262
Smith, G. J. W. 56
Sorrels, J. 72
Spanos, N. P. 135, 299
Spence, D. P. 31
Spray, S. L. 72, 74
Stanton, A. H. 41, 59
Staples, F. R. 26, 33, 54, 55, 58, 80, 134, 135, 139, 140, 183, 224, 249, 252, 259, 264, 283
Stein, D. D. 72
Stein, D. M. 249
Stern, S. L. 47
Stieper, D. R. 91, 208
Stone, A. R. 45, 55, 59, 133, 296, 298
Storrow, H. A. 42
Stotsky, B. A. 52
Struening, E. L. 128
Strupp, H. H. 73, 85, 97, 135, 182, 206, 229, 245, 249, 255, 259, 280, 281, 283, 296, 298, 303
Subotnik, L. 124
Sullivan, H. S. 21
Sullivan, P. L. 46, 47, 262
Szasz, T. S. 108

Taft, J. 193
Thomas, M. G. 60
Thorne, F. C. 99, 118
Tollinton, H. J. 60
Torrey, E. F. 35, 101, 135, 307
Treppa, J. A. 220
Trier, C. S. 116
Trosman, H. 49
Truax, C. B. 24, 55, 78, 79, 80, 109, 248
Tseng, W. 300
Tunnel, B. T. Jr. 55

Uhlenhuth, E. 60
Ullmann, L. P. 234
Urie, R. G. 296

Voth, T. J. 56, 58

Wachtel, P. L. 28, 298
Wallerstein, R. S. 41, 59
Wargo, D. G. 55
Warren, C. O. 46
Warren, G. 42
Warshaw, L. 42, 46
Waskow, I. E. 80, 81, 248, 249
Watson, R. I. Jr. 1, 30
Weinberg, L. 216
Weinberger, G. 193, 289
Weiner, I. B. 201
Weinstock, H. J. 41, 59
Weiss, J. 41, 46
Weissmann, N. H. 72
Weitzenhoffer, A. M. 299
Weitzmann, B. 221

Wermer, H. 41, 59
Wertheimer, M. 274
Whipple, K. 26, 33, 34, 54, 55, 58, 80, 134, 135, 139, 140, 183, 224, 249, 252, 259, 264, 283
Wiener, D. N. 91, 208, 288
Wilcoxon, L. A. 135, 299
Wilkins, W. 59, 60, 298
Wilkinson, L. 46
Wilson, G. T. 60, 115, 146, 300
Winder, C. L. 7
Wirt, W. M. 51
Wisham, W. 56
Wogan, M. 60
Wolberg, L. R. 20, 30, 118, 201, 217
Wolfe, B. E. 80, 81, 248, 249
Wolpe, J. 113, 114, 115, 116, 122, 145, 146, 147, 149, 222
Wolpin, M. 48, 158
Woody, R. H. 28
Workman, S. N. 80
Yalom, I. D. 29, 31, 90, 218, 219, 220, 249, 283
Yamamoto, J. 42
Yates, A. J. 221, 232
Yorkston, N. J. 26, 33, 54, 55, 58, 80, 134, 135, 139, 140, 183, 224, 249, 252, 259, 264, 283

Zax, M. 9
Zetzel, E. 41, 59
Zimmer, J. M. 138

Sachregister

Abwehrmechanismen 18
Abwehrstruktur 18
Abwehrverhalten 232
Affekt 2, 17, 19, 29f., 33, 89, 99, 104ff., 211ff.
Akzeptanz
– Therapie- 41ff., 102, 134, 141
Allgemeine Psychologie 7
allgemeine (nichtspezifische) Therapiefaktoren 126, 133ff., 174f., 178
Allgemeinzustand 57
Alltagsverhalten 167f., 177
Alter und Therapie 40, 46, 55
Ambiguitätstoleranz 194
ambulant
– klinische Behandlung 41
– klinische Einrichtungen 4f., 8, 42
– Psychotherapie 160f., 288
Änderungshöhe 58
Analogiestudie 247
Angst 25, 56, 100, 104, 114f., 116, 121f., 145, 216, 218, 225, 235f., 246
– A.-hierarchie 26, 116, 232
– Prüfungs- 216
– Sprech- 149, 216
Anpassung 97, 124
– soziale 58
Assertive Training 27, 149, 240
Assistenzärzte, psychiatrische 7, 14
Assoziation, freie (verbale) 18ff., 213
Attraktivität des Klienten 61f.
Aufarbeitung 20, 213
Ausbildung in
– Beratung 4
– Klinische Psychologie 7ff., 75f.
– Psychiatrie 7f., 75f.
– psychiatrischer Sozialarbeit 7ff., 76f.
– Psychotherapie 3f., 6ff., 69ff., 301ff.

Behandlung
– B.-honorar 51, 81, 142, 159
– B.-Motivation 50f.
behavioral rehearsal
→ Verhaltenstraining
Bekräftigung 177, 235, 237
– B.-instanz 149
– B.-plan 235
– intermittierende 185
Beratung
– B.-psychologie 6
– Erziehungs- 6
– nichtdirektive 23
Beruhigung 118f., 140
Besserung 183
– B.-quote 181ff.
Bewertung d. Therapie → Evaluation

Coping-Verfahren 116
Counseling Psychology 6, 8f.

Dasein, menschliches 29, 33
Dekompensation, psychische 219
Dekonditionierung 148
Denksysteme, fehlerbehaftete 100
Depression 56, 105, 218f.
Desensibilisierung 34, 113ff., 142, 148, 165
– systematische 26, 35, 60, 114ff., 121f., 135f., 145, 147, 149, 174, 216, 231, 236, 238, 240f., 299
Design
– ABA 107
– ABAB 254
Deterioration 281ff.
– D.-effekte 281ff.
– D.-rate 281ff.
Determination (Determinismus), psychische(r) 17, 164
Deutung 19f., 22, 96, 98ff., 108, 169, 213
Diagnose, psychiatrische 40, 46

Echtheit 24, 26, 33, 78ff., 111, 139, 174, 248
Effektivität der Psychotherapie
→ Therapieeffektivität
Effizienz der Psychotherapie
→ Therapieeffizienz
Eheprobleme 125f.
Ehetherapie 282, 288
Eigenschaften des Therapeuten 50, 140, 248f.
Eindruck, erster 164
Einsicht 2, 22f., 35, 98ff., 105, 123, 128, 134, 142f., 213
– E.-lernen 20, 23, 35, 100
Eklektiker 3, 145, 175, 231
eklektisch 2, 14, 99, 145, 274, 276, 290, 297
– Ansatz 14, 145, 174f., 237ff.
– orientiert (Orientierung) 31, 80, 133, 297
– Perspektive 298
– Psychotherapie 274, 276
– Therapeut 23, 29, 175, 238f.

Eklektizismus 23, 145, 231, 238, 308
Elektromyogramm 232f.
Elektroschocktherapie 2
emotional reeducation 217
emotional release
→ Katharsis
emotionale Freisetzung 104ff., 217
Emotionen 29f., 104, 111, 165, 185, 211ff.
Empathie 24, 26, 33f., 78ff., 111, 139, 174, 248
Encounter
– E.-bewegung 29f., 218
– E.-gruppen 9, 89, 218ff., 249, 283
– E.-therapie 29
Entfremdung 149
Entspannung 26, 115f., 149, 238
– E-training 241
– E.-übungen 178
Entwicklung, psychosexuelle 17, 22, 35
Enuresis 236
Erleben 28
Ersatzsymptome 17, 212, 221f.
Erstinterview 105, 146, 156ff., 176, 192
Erwartung
– E.-haltung 60, 119f., 135
– E.-konzept 60f.
Erziehungsberatung 6
Ethische Verpflichtung des Therapeuten 86ff.
Evaluation 173, 191, 207f., 221, 231, 239, 255
Existenz, menschliche 28f.
Experiencing 29
Expertenrolle 23
Extinktion 115

Facing
→ Problemkonfrontation
Fallbesprechungen 188
Familientherapie 13, 282, 288
Fertigkeiten, soziale 225, 230
Flooding 136, 236
Follow-up-Erhebung (-Untersuchung) 208, 221f., 233, 287
Freßsucht 235

Gefühl 23f., 165, 177
– G.-ausdruck 142
Generalisierung (Generalisierbarkeit) 246f., 250, 255
Geschlecht des Klienten und Therapie 40, 40f., 55
Gestalttherapie 138, 229
Glaubenssystem 101, 208
Gruppentherapie 13, 51
Guidance 9
– G.-techniken 136
guided participation 236

Helfer 136
– H.-rolle 23, 25, 35, 84, 86
Hemmung, reziproke 114f., 135, 236
Hier-und-Jetzt (-Prinzip) 28f.
Hollingshead Index of Social Class 45
Honorar
→ Behandlungshonorar
Hypnose 17, 116, 135, 299

Ich-Stärke 55f., 246
Identitätskrise 150
Implosion (Implosionstherapie) 122, 145, 262
Individualtherapie 13
Indoktrination in der Therapieausbildung 71f.
Information
– I.-vermittlung an Klienten 105, 117ff., 158f.
– über den Klienten 157
Instruktion
– therapeutische (verbale) 60, 211
– unterweisende 121
Intelligenz und Therapie 40, 58f.
Intention, paradoxe 34
Interaktion 124, 141, 148, 181, 187
– therapeutische 9ff., 24, 49, 82ff., 103, 185ff.
– verbale 9ff., 33, 35, 52, 114, 211
Interpersonale Therapie 22, 229
In-Vivo-Verfahren 145

Katharsis, kathartische (Ab-)Reaktion 17, 104ff., 113, 142, 165, 212, 217, 220
Kinderpsychotherapie 123
Kinder- und Jugendlichen-Psychotherapie 9
Klienten
– K.-alter 40, 46, 55
– K.-attraktivität 61f.
– K.-geschlecht 40, 45f., 55
– K.-intelligenz 40, 58f.
– K.-selektion 41ff., 213
– K.-typ 214
– K.-variablen 244ff.
– K.-wahrnehmung des Therapeuten 50
Klientenzentrierte Psychotherapie 23ff., 78ff., 118, 138, 141, 174f., 229
Klinische Psychologie 6ff., 72, 308
klinisches Setting 157, 193, 247, 250, 256f., 266f., 304
Kognition 23, 27, 33, 111, 211ff.
Kognitive Therapie 215
Kommunikation
– K.-stil des Klienten 167, 211
– verbale 136f.
Konditionierung 100
– aversive 233
– Gegen- 236
– operante 106ff.
Konflikt
– aggressiver 35
– sexueller 35
– unbewußter 215f.
Konsistenz des Therapeutenverhaltens 190f.
Kontaktfreudigkeit d. Klienten 61f.

Kontrollgruppe 245, 257ff., 274f., 277ff., 287
– attention-placebo- 259f.
– K. ohne Behandlung 258f.
– Wartelisten- 139, 259, 278
Korrelation, multiple 47
Ko-Therapeuten 149
Kreuzvalidierung 47, 248
Krisen-Psychotherapie (-Intervention) 150f., 193, 288
Kurzzeittherapie 192ff., 201, 284ff.

Laienanalytiker 6
Laienpsychotherapie 303
Langzeittherapie 56, 90f., 123, 159, 193, 203f., 284ff.
Lehranalyse 71ff.
Leidensdruck 10, 12, 60
Lernprozesse in der Psychotherapie 59, 108f.
Lerntheorie 25
Likability des Klienten 61f.
Locus of Control 61

Marathongruppe 29f., 89, 106, 218f.
Masturbation 118
matching 246
Materialgewinnung 22
Mental-Health
– M.-H.-Berufe (Professionen) 4, 9, 14, 70, 87, 302f.
– M.-H.-Einrichtungen 12ff.
Mental Illness 4, 13
Messing
– klinische 46
– Wiederholungs- 58
Modell-Lernen 61, 120ff., 135f., 145, 149, 236f.
MMPI (-Skalen) 47, 51, 80, 262
Multimodale Psychotherapie 299

Negative Übung 34
Neurologie 7
Neopsychoanalyse 23
Neurose (neurotische Störung, Symptome) 17, 218
– existentielle 150
Nottherapie 151, 288
Nude Marathon Groups 89, 218

Objektivität 125, 161f., 171, 187, 189

Paradoxe Intention 34
Pastoral Counseling (Pastoralberatung) 6, 9, 12
Persönlichkeit
– Gesamtentfaltung der P. 57
– P.-defizite 148
– P.-merkmale des Klienten 46f., 53ff.
– P.-merkmale (P.-eigenschaften) des Therapeuten 69ff., 102, 106
– P.-theorie 7

Pharmakotherapie 2, 7
Phobie 25, 115, 120, 145f., 148, 236
– Hunde- 120f.
– Schlangen- 61, 145
– Schul- 232
Placebo-Effekt 103, 126ff., 135, 259, 307
Plaudertherapie 211
Pretraining Programs in Psychotherapy 85
Privatklinik 51
Privatpraxis 13, 41, 46, 199
Probeanalyse 159
Probezeit 159
Problemkonfrontation 121f.
– frontale 122
– schrittweise 122
Professionalisierung 303
Prognose-Indikator 56
Prozeß, (psycho-)therapeutischer 21, 23, 36, 39, 49, 71, 102, 134, 138, 151, 155ff., 180ff., 226, 243f., 279, 298
Psychoanalyse 3, 6, 17ff., 30, 55f., 71ff., 100, 139f., 212ff., 274, 284f., 298
Psychodrama 34
– P.-therapeuten 9
Psychopathologie 7f., 226
Psychotherapeut 5ff.
Psychotherapie
→ Therapie

Randomisierung 245f.
Rasse und Therapie 40, 46
Ratings des Therapieerfolgs durch
– Klienten 53, 252, 288
– Supervisoren 252f., 288
– Therapeuten 53f., 251f., 288
– unabhängige Beurteiler 53, 252f.
Rational Therapy 100, 215
Rational-emotive Therapie 11, 27f., 61, 100, 138, 214f., 229
Rationalisierung 179, 208
Reifungsprozesse 123
Reizüberflutung 236
Reizübersättigung 234
Release 142, 220
Relaxation, progressive 116
Reliabilität 47, 246ff., 251, 253, 277
Rollenspiel 136, 147, 178, 237
Rorschach-Test (Rorschach Prognostic Scale) 47, 56
Rotter-I-E-Skala 61
Rückfallquote 208

Scharlatanerie (Scharlatane) 6, 61, 102, 128
Scheintherapie 218
Schichtzugehörigkeit und Therapie 40, 43, 45, 52, 54, 59
Schizophrenie 234
Schulpsychologie 6, 8f., 12
Selbst
– S.-behauptungstraining → Assertive Training
– S.-einschätzung 60, 123
– S.-entfaltung 24
– S.-erfahrung 34
– S.-exploration 10, 23, 107, 117f., 123, 196
– S.-heilung 123
– S.-kongruenz 24, 78ff., 139

– S.-konzept 53, 287
– S.-regulierungsprozesse 124
– S.-wahrnehmung 143
Self-Fullfilling-Prophecy 173
Self-Report-Questionnaires 55
Sensibilität des Therapeuten 69
Sexuelle Beziehungen in der Therapie 89
Signifikanz
– klinische 261 ff.
– S.-niveau 261 ff.
– S.-test 261
– statistische 261 ff.
Situation
– soziale 10, 121
– therapeutische 10 ff.
Sitzungstermine 170 f.
social case history 157
Social Work Trainess 14
Sozialarbeit(er), psychiatrische(r) 4
Sozialwahrnehmung 143, 160
spezifische Therapiefaktoren 133 ff., 144 ff., 174, 307
Spieltherapie 135
Spontanremission (-heilung) 124 f., 276
Stabilität
– des Therapeuten 73
– Gesamt- 54
– S.-niveau 54, 150
Statistik 261 ff.
Status und Therapie
– beruflicher (sozialer) 42, 45
– sozioökonomischer 41 f., 45
Stichprobe 245 ff., 261
– Klienten- 47, 245 ff.
– S.-größe 247
– S.-kategorie 247
Stimulus-Prävention 236
Störungen 40, 222
– Lern- 232
– neurotische 124
– paranoide 160
– phobische 254
– psychische 5, 8, 12, 222
– spezifische 144
– Sexual- 147, 236
– Sprach- 236
Supervision 183, 302, 304 f.

TAT 281
Taxierungsprozeß 164
Termination
→ Therapiebeendigung
Testdiagnostik 7
Tests 46, 53, 253 f., 257
Therapeuten
– T.-ausbildung 3 f. 6 ff., 69 ff., 301 ff.
– T.-eigenschaften 50, 140, 185, 248 f.
– T.-emotionen 185, 188
– T.-flexibilität 189
– T.-persönlichkeit 185 f.
– T.-qualifikation 301
– T.-ratings 53, 251 f., 288
– T.-rolle 117, 190 f.
– T.-sensibilität 189
– T.-variablen 69 ff., 248
– T.-verhalten 188 f.
– T.-wahrnehmung 185 f., 188
– T.-wertesystem 108
Therapeut-Klient-Beziehung 11 f., 89, 95 ff., 136 f., 166, 299
Therapeut-Klient-Rollenstruktur 165 f., 174
Therapie
– aufdeckende 23, 99, 217, 230
- direktive 10, 61, 99
– existentialistische 28 f.
– humanistische 27 ff.
– klientenzentrierte 23 ff., 78 ff., 118, 138, 141, 174 f., 229
– kognitive 25 ff., 214 ff., 299
– kommunikativ orientierte 1, 11, 27
– nondirektive (nichtdirektive) 23 ff., 61, 99
– psychodynamisch (analytisch) orientierte 11, 22, 25, 27, 44, 71 ff., 99 ff., 118, 141, 174 f., 196, 201, 217
– stützende 22, 99, 117 f., 230
– verhaltensorientierte 25 ff., 151
– zeitlich begrenzte 192 ff., 200 f.
– T.-abbruch 43 ff., 160, 172
– T.-ablehnung des Klienten 41 f.
– T.-akzeptanz 41 ff., 102, 134, 141
– T.-aufnahme 155 ff.
– T.-beendigung (T. ende) 194 ff., 200 ff., 207
– T.-beginn 146
– T.-bewertung → Evaluation
– T.-dauer 43 ff., 201, 284 ff.
– T.-effektivität 5, 32, 53, 73, 86, 273 ff., 303
– T.-effizienz 284 ff.
– T.-erfolg 53 ff., 140, 181, 219, 255, 264, 276 ff.
– T.-ergebnis 53 ff., 78 f., 88, 126, 128, 139, 181, 244 f., 276 ff.
– T.-erwartung 10, 48 f., 59 ff., 96, 119 f., 122, 157 f., 164, 182, 230, 298
– T.-faktoren 133 ff.
– T.-forschung 1, 4, 24, 39, 46 f., 78 ff., 82 ff., 134 f., 221, 229, 243 ff., 273 ff., 295 f., 308
– T.-fortschritte 19, 24, 53, 84, 98, 105, 110, 181, 183, 185, 195 f., 205 f., 213, 251
– T.-inflation 4, 296
– T.-kompetenz 7
– T.-mißerfolg 205 f.
– T.-modifikation 170
– T.-motivation 10, 12, 40, 42, 48, 50 ff., 166 f., 246
– T.-orientierung des Therapeuten 31
– T.-plan 146, 169, 181, 184, 189, 191, 231, 240
– T.-präferenzen 61
– T.-prognose 173
– T.-programm 26, 230, 238

– T.-schulen 1ff., 14, 21, 30f., 134f., 138, 151, 225, 244, 273f., 289, 297ff., 307
– T.-stillstand 183, 188
– T.-typ 61, 206
– T.-verhalten 142, 168
– T.-verlauf 159, 244
– T.-ziele 57, 156, 169, 172, 174, 179, 192, 200, 203, 238
Tranquilizer 4
Transaktionsanalyse 229
Triebimpulse 17

Überzeugungen
– in der Therapie 60
– gestörte (verzerrte) 27, 99, 215
Übung
– negative 34
– praktische Übungen im Alltag 149
Übertragung 2, 19f., 22, 89, 99, 169
– positive 19f.
– negative 19f., 43
– Ü.-beziehung 123
– Ü.-reaktion 215
unbewußt
– Konflikte 17, 22, 25
– Motivation 17, 22
– Motive 25
Uniformitätsmythos 3, 229, 249
Universaltherapie 280, 291
Unpünktlichkeit in der Therapie 171
Unterstützung 118f.
Untersuchung, psychiatrische 7
Unterweisung
→ Guidance

Validität 47, 53f., 70, 246, 253, 277
– Augenschein- 251
– externe 161
Variablen
– demographische 54
– Ergebnis- 250
– Klienten- 39ff., 244ff.
– quantitative 40
– Stör- 244
– Therapeuten 69ff.
– therapeutische 95ff.
Verdrängung 17ff.
Vergleichende Untersuchungen 245
Verhalten 211ff.
– abweichendes (deviantes, abnormes) 5f., 17, 25
– Annäherungs- 122, 148, 254
– aggressives 235
– autistisches 236
– gestörtes 25, 100
– V.-änderung 254
– V.-beobachtung 159, 232
– V.-defizite 148, 231
– V.-exzesse 231
– V.-modifikation 110, 216, 223, 231
– V.-programm 108, 149, 231, 234f.
– V.-störungen 12f., 120, 149, 223
– V.-training 27, 34, 61, 149, 178
– Vermeidungs- 25, 121, 148
Verhaltenstherapie 3, 6, 10, 25ff., 35, 52, 55f., 61, 100, 113, 135, 139ff., 145, 148, 211, 216, 220ff., 231ff., 237, 297, 299
– kognitive 28, 216, 297
– multimodale 299
Versorgung, psychotherapeutische 12ff., 304f.
Verstärkung 106ff., 231
– positive 109
– negative 109
– V.-programm 231
Verstehen 99, 128, 134, 141
– intellekutelles 30
Vertrauenswürdigkeit des Therapeuten 70
Vertrautheit in der Therapie 89

Wärme 26, 33f., 78ff., 174, 248
– nonpossessive 24, 78ff., 111
Wahrnehmung des Therapeuten 185f., 188
Wertesystem des Therapeuten 108
Widerstand 2, 18ff., 22, 43, 108, 169
Wiederherstellung 182f.

Zeit als Therapievariable 123ff., 203
Zwischenstufen der Therapie 181ff.